教育部人文社会科学重点研究基地北京师范大学史学理论与史学史研究中心重大项目

·白话本·

资治通鉴

（全十册）

第六册

卷第一百五十一至卷第一百八十四（梁纪七至隋纪八）

（宋）司马光　编著
张大可　语译

创于1897 商務印書館 The Commercial Press

第六册目录

梁纪七

梁武帝普通七年至大通元年（公元 526—公元 527）

【起柔兆敦牂（丙午，公元 526 年），尽强圉协洽（丁未，公元 527 年），凡二年】

【大事提要】

本卷记事起自公元 526 年，至公元 527 年，凡二年，当梁武帝普通七年至大通元年。本卷所载大事，南朝萧梁的大事一件：梁武帝建同泰寺，使得梁朝佛教到达一个高峰。北魏大事四件。其一，开卷即是北魏各地接连的造反。其二，北魏朝政到了更加混乱的一个节点。元徽外表上温和谨慎，而内心非常嫉妒别人的才能，在赏罚方面随心所欲，北魏的朝政因此更加混乱了。其三，葛荣自称天子。其四，尔朱荣已经不把北魏朝廷放在眼里。北魏安北将军、都督恒朔讨虏诸军事尔朱荣路过肆州，肆州刺史尉庆宾忌恨他，据城不出。尔朱荣发怒，领兵袭击肆州，抓住了尉庆宾，回到了秀容，让他的堂叔尔朱羽生代理肆州刺史，北魏朝廷不能制止。

高祖武皇帝七

梁武帝普通七年（丙午，公元 526 年）

春天，正月初一日辛丑朔，梁大赦天下。

正月十二日壬子，北魏命令汝南王元悦兼任太尉。

北魏安州的石离、穴城和斛盐三地戍守的军队哗变，响应杜洛周，聚合起来有两万之多，杜洛周从松岍出发赶赴去。行台常景指派别将崔仲哲驻扎在军都关截击，崔仲哲战败而全军覆没，元谭的军队在夜间崩溃，北魏委派别将李琚代替元谭担任都督。崔仲哲是崔秉的儿子。

当初，北魏广阳王元深同城阳王元徽的妃子通奸。元徽担任了尚书令，受到胡太后的信任。恰好恒州人请求元深担任刺史，元徽说元深城府太深，难以测知。到杜洛周反叛时，住在恒州五原的降户策划要拥戴元深为君主，元深害怕了，上书请求回洛阳。北魏委派左卫将军杨津代替元深担任北道大都督，诏令元深担任吏部尚书。元徽是元长寿的儿子。

五原的降户鲜于脩礼等人率领北镇流民在定州的左城造反，改年号为鲁兴，带兵向州城进发，州兵抵抗而失利。杨津到了灵丘，闻知定州情况危急，领兵前去援救，入据州城。鲜于脩礼到了，杨津准备出城迎击他，长史许被不允许，杨津手拿剑刃去刺许被，许被跑开了得以幸免。杨津打开城门出战，斩首数百，贼寇撤退了，人心才稍微安定下来。不久诏令杨津担任定州刺史兼北道行台。北魏任命扬州刺史长孙稚为大都督北讨诸军事，与河间王元琛共同讨伐鲜于脩礼。

二月二十一日甲戌，梁前往北伐的各路军队解除戒严。

北魏西部敕勒斛律洛阳造反于桑乾西边，与费也头牧子相互联结。三月十五日甲寅，游击将军尔朱荣打败斛律洛阳于深井，又在北河西打败了费也头牧子。

夏季，四月十七日乙酉，梁临川靖惠王萧宏去世。

北魏大赦天下。

四月二十五日癸巳，北魏任命侍中、车骑大将军城阳王元徽担任仪同三司。元徽与给事黄门侍郎徐纥一同在胡太后面前诋毁侍中元顺，使他外出为护军将军、太常卿。元顺在西游园向胡太后辞行，徐纥侍立在胡太后身侧，元顺指着徐纥对胡太后说："此人是魏国的宰嚭，魏国不亡，他终不死！"徐纥耸着肩膀出去了，元顺大声叱斥徐纥："你的那点书写的小才能，只堪供几案之用，岂可以在门下省做官，玷污了门下省，败坏我朝常道！"于是拂衣而起。胡太后默不作声。

北魏朔州城的平民鲜于阿胡等人占据州城造反。

杜洛周南下，抢掠蓟城，北魏常景派遣梁仲礼击破了他。丁未，都督李琚与杜洛周在蓟城北边交战，李琚战败覆没。常景率众抵抗，杜洛周带着人马回到了上谷。

长孙稚走到鄴地时，朝廷诏令解除了他的大都督职务，以河间王元琛代替。长孙稚上奏说："前次我与元琛同在淮南，元琛失败而我独以保全，于是便产生了私下恩怨，现今我实在难以接受他的指挥调遣。"北魏朝廷没有准许。前进到呼沱时，长孙稚不想出战，但元琛不许，强迫他出战。鲜于脩礼在五鹿截击了长孙稚，元琛没有前去援救，长孙稚的军队大败，长孙稚、元琛一并获罪而被除名。

五月初九日丁未，魏孝明帝颁布诏书将要北征，朝廷内外戒严，后来没有成行。

（以上为第一段，写北魏天下大乱，各地接连发生反叛事件，朝廷应接不暇，再加之胡太后宠用奸佞徐纥等人，魏孝明帝元诩无所作为，政事败坏，到了一发不可收拾的地步。）

衡州刺史元略，自从到了江南以后，早晚哭泣，常常如居丧那样。到北魏元叉死后，胡太后想召元略回来，知道元略因刁双而获免，便征召刁双为光禄大夫，遣送江革、祖暅之返回南方以便换回元略。梁武帝以周到的礼节遣送元略回去，恩宠馈赠特别丰厚。元略刚渡过了淮河，北魏便委任他为侍中，赐爵位为义阳王。北魏任命司马始宾为给事中，栗法光为本县县令，刁昌为东平太守，刁双为西兖州刺史。凡是元略所经过的地方，一餐一宿都给予赏赐。

北魏任命丞相高阳王元雍为大司马。又任命广阳王元深为大都督，征讨鲜于脩礼。任命章武王元融为左都督，裴衍为右都督，两人俱接受元深的指挥调遣。

元深让自己的儿子随行，城阳王元徽告诉胡太后说："广阳王携带着爱子，掌握兵权在外，将会有异心。"胡太后便下令元融、裴衍暗中对元深加以防备。元融、裴衍把胡太后的旨令出示给元深，元深害怕了，因此事情不论大小，都不敢自己决定。胡太后派人问其中缘故，元深回答："元徽恨我恨得入骨，我远在外地，与朝廷关系疏远，元徽陷害我，无所不用。自从元徽执政以来，我的表奏请示，大多不能获准。元徽不但谋害臣而已，凡是跟随我的将士中有功劳的人都受到排挤压制，无法同别的军队相比，仍然备受仇恨、嫉妒，有的人稍有罪过，便苛求罗织，以至于被斩首，所以跟从我的人，无不恐惧不安。如果有谁说我好，元徽便对他视如仇敌，而对说我坏话的人，元徽便对待他如亲戚一般。元徽在朝中掌权，从早到晚想致我于不测之死罪，臣如何能够安心呢？陛下如果让元徽出朝到外州任职，臣没有了内顾之忧，庶几可以战死于贼庭，为朝廷效忠尽力。"胡太后没有准许。

元徽同中书舍人郑俨等人相互勾结，元徽外表上温和谨慎，而内心实际上非常嫉妒别人的才能，欲居他人之上，在赏罚方面随心所欲，北魏朝政因此而更加混乱了。

（以上为第二段，写北魏胡太后迎回在元义专权时因起兵而败逃南梁的元略；城阳王元徽与中书舍人郑俨相互勾结，排除异己，使朝政更加混乱不堪。）

五月初十日戊申，北魏燕州刺史崔秉率领众人弃城投奔定州。

五月二十七日乙丑，北魏任命安西将军宗正珍孙为都督，去讨伐汾州反叛了的胡人。

六月，北魏徙居绛郡的蜀人的陈双炽聚众造反，自称始建王。北魏任命代理镇西将军长孙稚为讨蜀都督。别将河东人薛脩义轻骑来到陈双炽的战垒前面，晓以利害，陈双炽便投降了。朝廷诏令任命薛脩义为龙门镇将。

六月初九日丙子，北魏改义阳王元略为东平王，不久之后，又提升为大将军、尚书令，深受胡太后的信任，与城阳王元徽受信任的程度等同，但是徐纥、郑俨专权，元略也不敢有所违抗。

杜洛周派遣都督曹纥真等人率兵掠夺蓟南，秋季，七月初九日丙午，行台常景派遣都督于荣等人在栗园攻击曹纥真等人，大破敌人，斩了曹纥真以及将卒三千多名。杜洛周率众南去范阳，常景同于荣等人又击败了杜洛周。

北魏仆射元纂以行台身份镇守恒州。鲜于阿胡率领朔州的流民侵犯恒州，七月十一日戊申，攻陷了平城，元纂奔投冀州。

梁武帝得知淮河堰堤水很大，寿阳城差不多淹没了，又派遣郢州刺史元树等人从北道攻打黎浆，派豫州刺史夏侯亶等人从南道攻打寿阳。

八月二十七日癸巳，强盗首领元洪业斩了鲜于脩礼，请求投降北魏。强盗同伙葛荣又杀了元洪业而自任头领。

北魏安北将军、都督恒朔讨虏诸军事尔朱荣路过肆州，肆州刺史尉庆宾忌恨他，据城不出。尔朱荣发怒，领兵袭击肆州，抓住了尉庆宾，回到了秀容，让堂叔尔朱羽生代理肆州刺史，北魏朝廷不能制止。

当初，贺拔允及其弟弟贺拔胜、贺拔岳跟随元纂在恒州，平城失陷之后，兄弟几人相互失散。贺拔岳投奔了尔朱荣，贺拔胜投奔了肆州。尔朱荣攻克肆州之后，得到了贺拔胜，十分高兴地说："得到了你们兄弟，天下不愁不能平定！"任命贺拔胜为别将，军中大事大多与贺拔胜商议。

九月十三日己酉，梁鄱阳忠烈王萧恢去世。

葛荣得到了杜洛周的部众之后，北去瀛州，北魏广阳忠武王元深从交津领兵追踪而进。九月十五日辛亥，葛荣到了白牛逻，率轻骑突袭章武王元融，杀了他。葛荣自称天子，国号为齐，改年号为广安。元深得知元融失败，便按兵不动。侍中元晏秘密地告诉胡太后："广阳王徘徊不进，坐图非分之想。有一个叫于谨的人，他智谋才略过人，担任元深的军师，在如今动荡不安的时候，恐怕不是陛下忠诚之臣。"胡太后深表同意，便张榜于尚书省门前，以重赏招募能抓住于谨的人。于谨得知这一情况之后，对元深说："如今女主临朝，信任重用谗邪奸佞之徒，假如不明白殿下一片真心，恐怕灾祸很快就会降临。于谨请求捆绑自己赴朝廷，向有关官署投案服罪。"便径直来到尚书门前的榜文之下，自称是于谨，有关官署把情况报告了朝廷。胡太后召见于谨，勃然大怒。于谨详细地讲述了元深对朝廷的忠诚，同时说明了停兵不进的原因，胡太后怒气消去，放了于谨。

元深领兵返回，前往定州，定州刺史杨津也怀疑元深有异谋。元深知道情况之后，停在州城南边的南佛寺。两天之后，元深召来都督毛谧等人，结交而订立盟约，约定危难的时候互相援救。毛谧越发怀疑他了，便秘密地告诉杨津，说元深图谋不轨。杨津派遣毛谧讨伐元深，元深跑走了，毛谧呼喊着去追逐元深。元深同身边人抄小道到了博陵地界，遇上了葛荣的流动骑兵，抓获送到葛荣那里。寇贼们见了元深，喜欢他的人还不少，葛荣刚自立为王，对此很反感，便杀了元深。城阳王元徽诬陷元深投降了贼寇，逮捕了他的妻子、儿子。元深的府佐宋游道替他们申诉，才得以释放。宋游道是宋繇的玄孙。

（以上为第三段，写北魏叛军首领葛荣的势力不断壮大，自称天子，国号为齐；北魏任用奸佞，无端猜疑，广阳王元深送了性命；尔朱荣逐渐显露不臣之心。）

十月十八日甲申，北魏行台常景击败了杜洛周，斩杀杜洛周手下的武川王贺拔文兴等人，捕获了四百人。

就德兴攻陷了北魏的平州，杀死刺史王买奴。

天水百姓吕伯度，本来是莫折念生的同党，后来又占据显亲这个地方抵抗莫折念生，接着因不能取胜，便跑去投靠了胡琛，胡琛任命他为大都督、秦王，资助了兵力战马，让吕伯度去攻打莫折念生。吕伯度多次打败莫折念生的军队，又占据了显亲，于是反叛了胡琛，从东边引来魏军。莫折念生穷途无路，向萧宝寅乞求投降，萧宝寅指使行台左丞崔士和占据了秦州。北魏任命吕伯度为泾州刺史，封为平秦郡公。大都督元叉把军队停在陇口，久而不进，莫折念生又反叛了，抓住崔士和送往胡琛那里，在路上杀了崔士和。之后，吕伯度被万俟丑奴杀了，贼寇的势力更加强大，萧宝寅无法制伏。胡琛与莫折念生相互勾通，对破六韩拔陵渐渐不恭起来，破六韩拔陵派遣臣子费律到了高平，诱惑胡琛，斩了胡琛，万俟丑奴把胡琛的部众全部兼并了。

冬季，十一月十五日庚辰，梁大赦天下。

丁贵嫔去世，太子滴水不进，梁武帝派人对他说："哀伤不能毁了性命，何况我还在呢！"这才饮粥数合。太子身体向来肥壮，腰带有十围之长，可是到这时却消瘦过半。

夏侯亶等人的军队进入北魏境内，所向披靡。十一月十六日辛巳，北魏扬州刺史李宪献出寿阳投降，宣猛将军陈庆之入据该城，投降的有五十二城，俘获男女七万五千名。十一月二十二日丁亥，放李宪回北魏，又以寿阳为豫州，改合肥为南豫州，任命夏侯亶为豫、南豫二州刺史。寿阳久遭战乱，百姓大多离散，夏侯亶减轻刑罚，少收税赋，经营农业，减免劳役，很快民户又多起来了。

杜洛周围攻范阳，十二月初四日戊戌，范阳百姓抓住了北魏幽州刺史王延年、行台常景，送给杜洛周，杜洛周开门接纳了他们。

北魏齐州平原郡的百姓刘树等人造反，攻陷郡县，频频地击败州里的军队，刺史元欣任用平原人房士达为将领，讨平了叛乱。

梁将曹义宗占据了穰城以逼近新野，北魏派遣都督魏承祖以及尚书左丞、南道行台辛纂去援救。曹义宗交战失利，不敢前进。辛纂是辛雄的堂兄。

北魏国内盗贼日益增多，征讨不停，国家财用耗竭，提前征收了六年的租调，还不够用，于是停发了给百官的酒肉，又向每个进入集市的人征收一枚钱的税，以至投住旅店都要纳税，百姓无不嗟怨。吏部郎中辛雄上疏认为："华夷之民相聚生乱，难道还有别的什么遗憾的事情吗？正是由于太守、县令任用不当，百姓不堪他们的欺压的缘故。宜于现今对百姓趁早加以抚慰。但是对于郡守县令的选拔，向来都不重视，无官职的王公贵族和杰出人才，都不肯担任这些官职。应该改革这一弊端，把郡县分为三等，清官选补的办法，巧妙地竭尽其才能和门望两个方面，如果不能同时具备，后门望而先才能，不能拘泥于年资的长短。三年升降一次，有称职者，可以委任为京城中的官员；如果没有担任太守、县令的经历，便不能在朝廷内任职。如此一来，便人人思以自勉，百姓的枉屈可以申雪，天下强暴自然平息了。"

没有被采纳。

（以上为第四段，写北魏国内叛乱日益严重，征讨不断，国家财用耗竭，提前征收六年租调；郡县官吏选拔不被重视，辛雄上书，建议改革选拔办法，不被采纳。）

梁武帝大通元年（丁未，公元 527 年）

春季，正月初一日乙丑，梁任命尚书左仆射徐勉为仆射。

正月初七日辛未，梁武帝在南郊祭天。

正月初十日甲戌，北魏任命司空皇甫度为司徒，仪同三司萧宝寅为司空。

北魏从定、相两个州中分出四个郡设置了殷州，任命北道行台博陵人崔楷为刺史。崔楷上表说："殷州如今刚刚设立，连一尺长的刀刃、一斗粮食都没有，乞求给予兵器和粮食。"诏令外台计算一下应该给的兵器和粮食的数量，然后上报批复，最后竟然一点儿也没给。有人劝崔楷留下家属，单人匹马去赴任，崔楷说："我听说食人的俸禄，分担人的忧愁，如果我单身独往，那么将士们谁还肯坚守其志呢！"便带着全家去上任。葛荣逼近州城，有人劝崔楷把家人中老弱幼小者送去别处避一下，崔楷便在夜间把幼子以及一个女儿送出城，很快又后悔了，说："人们一定要说我的内心不坚定，亏损忠义而保全父爱。"又命令人把他们追了回来。贼寇到了，强弱悬殊，城中又没有防守抵御的器具。崔楷抚慰将士们，勉励他们抵抗敌人，大家无不奋勇争先，都说："崔公尚且不惜家中百口人的性命，我们又何能爱惜自身呢！"连战不停，死者相枕，但是大家终无叛逃之意。正月初七日辛未，州城失陷，崔楷执节而不屈服，葛荣杀了他，便又开始围攻冀州。

萧宝寅连年出兵，将士们疲惫不堪。秦地的贼寇攻打萧宝寅，宝寅在泾州一败涂地，事后收集散兵一万多人，驻扎在逍遥园，东秦州刺史潘义渊献出汧城投降了贼寇。莫折念生进逼岐州，城里的人抓住了刺史魏兰根来响应莫折念生。州刺史毕祖晖战败身亡，行台辛深弃城逃跑了，北海王元颢的军队也战败了。贼寇首领胡引祖占据北华州，叱干麒麟占据豳州来响应莫折天生，整个关中大乱。雍州刺史杨椿招募了七千多兵力，率领拒守，诏令加杨椿为侍中兼尚书右仆射，担任行台，指挥关中各位将领。北地功曹毛鸿宾带领贼寇抢掠渭北，雍州录事参军杨侃率兵三千袭击他们；毛鸿宾害怕了，请求讨伐贼寇将功赎罪，便擒获送来了宿勤乌过仁。宿勤乌过仁是宿勤明达哥哥的儿子。莫折天生乘胜侵犯雍州，萧宝寅的部将羊侃隐蔽在战壕之中用箭射莫折天生，莫折天生应弦而毙，其部众便溃散了。羊侃是羊祉的儿子。

（以上为第五段，写北魏设置殷州，刺史崔楷举全家赴任，一腔忠义，拼死战斗，城破家亡；关中大乱，羊侃射杀叛军首领莫折天生，叛众溃散。）

北魏右民郎阳平人路思令上疏："军队出征有功绩，在于将帅，得到合适的人担任将帅则天下唾手可以廓清，选人不当则京都外也会成为战场。愚意以为多年来军中将帅大多由宠贵子孙担任，饮酒跑马，志气浮华，扬眉扼腕，以攻战而自我称许；面临强敌的时候，则忧恐交织于心，原先的雄图锐气，一朝消失殆尽。便命令羸弱者在前面为自己挡住敌寇，强壮者在后面为自己护身，加上武器不精良，前进与停止没有节度，以此抵挡据险而守的敌寇，屡经战阵的强敌，想让他们不败，岂能办得到呢！因此兵卒们知道战而必败，开始集结就纷纷逃散；将帅们畏惧敌人，拖延而不前进。国家则以为给他们的官爵低了，屡屡地给他们加官晋爵；还怀疑给的赏赐太轻了，便日日散发金帛。库藏空竭，民财殚尽，遂使贼徒越发多起来了，百姓凋敝，原因正在这里。德可以感动礼义之人，恩可以劝励敢死之士。现今朝廷如果能做到升降贤愚，赏罚善恶，精选训练士卒，缮修武器，先派善辩之士去对盗贼晓以祸福利害，如果不思悔改，便派兵去讨伐，以顺应讨伐叛逆，这样，何异于用利斧而伐朝菌，煽大火而燎毛发呢！”孝明帝没有听从。

正月二十四日戊子，北魏任命皇甫度为太尉。

正月二十五日己丑，魏孝明帝因为四方的叛乱没有平定，诏令内外戒严，将要亲自出征讨伐，但是最后也未能成行。

谯州刺史湛僧智围攻北魏东豫州，将军彭群、王辩围攻琅邪，北魏朝廷命令青、南青两州援救琅邪。司州刺史夏侯夔率领壮武将军裴之礼等人出义阳道，攻打北魏的平静、穆陵、阴山三关，都攻克了。夏侯夔是夏侯亶的弟弟；裴之礼是裴邃的儿子。

北魏东清河郡山贼群起，诏令齐州长史房景伯担任东清河太守。东清河郡的百姓刘简虎曾经对房景伯无礼，举家逃亡，房景伯到处搜捕，抓获了他，任用他的儿子为西曹椽，令其去晓谕山贼。山贼们见房景伯不念旧恶，全都相继出来投降了。

房景伯的母亲崔氏，通晓经学，有见识。贝丘有一妇人诉说自己的儿子不孝，房景伯告诉了母亲，母亲说：“我听说闻名不如见面，山民不知礼义，何以值得深加责难呢！”便召来这一妇人，同她对坐进食，让这个妇人的儿子待立在堂下，使他观看房景伯如何供奉母亲进食。不到十天，这个不孝的儿子悔过了，请求回去。崔氏说：“他虽然在面子上觉得惭愧了，但心里却未必如此，还是继续留在这里吧。”又过了二十多天，这个妇人的儿子叩头流血，母亲流着泪水乞求回家，这才允许他们回去了，最后这个不孝之子以孝而闻名天下。房景伯是房法寿的族侄。

二月，秦地的贼寇占据了北魏的潼关。

二月二十七日庚申，北魏东郡的百姓赵显德造反，杀了太守裴烟，自称为都督。

将军成景儁攻打北魏彭城，北魏任命前荆州刺史崔孝芬为徐州行台去抗御。在此之前，崔孝芬因系元义的同党而获罪，与卢同等人一起被除名。即将赴徐州上任，入宫向胡太后辞别，胡太后对他说：“我同你是姻亲，为何要把头伸进元义车中，说：‘这个老婆子应该立即被赶跑。’”崔孝芬说：“我承受国家的厚恩，确实没有说过这样的话。假使说过，谁又能听到过呢！如果有人听到过，那么他与元叉的亲密就远远地超过臣了。”胡太后怒气消了，怅然而面有愧色。成景儁准备拦截泗水来淹灌彭城，崔孝芬与都督李叔仁等人进攻成景儁，成景儁逃回去了。

三月初一日甲子，魏孝明帝诏告天下将要西征，朝廷内外戒严。正好秦地的盗贼向西逃跑，重新得到了潼关，三月初五日戊辰，诏告天下回驾北伐。其实，都没有出行。

葛荣长期包围信都，北魏任命金紫光禄大夫源子邕为北讨大都督援救信都。

当初，梁武帝修建了同泰寺，又开了大通门来与他门相对，取“同泰”与“大通”的反切的字音相协，梁武帝早晚临幸同泰寺，都出入这道门。三月初八日辛未，梁武帝来到同泰寺举行舍身仪式；三月十一日甲戌，回到宫中，颁发大赦令，改年号为大通。

（以上为第六段，写北魏路思令上书言事，魏孝明帝根本听不进去；清河郡守房景伯以孝治政；南朝梁武帝修建同泰寺，舍身，改元大通，成了忠实的佛教徒。）

北魏齐州广川的平民刘钧聚众造反，自任大行台；清河的百姓房项自任大都督，占据了昌固城。

夏季，四月，北魏将领元斌之讨伐东郡，斩了赵显德。

四月十六日己酉，柔然头兵可汗派遣使者来向北魏进贡，并且请求帮助北魏讨伐群贼。北魏人害怕他反复无常，诏告因正当盛暑不宜出征，且待以后的圣旨。

北魏萧宝寅失败，有关部门判处他死刑，孝明帝诏令免死而黜为庶人。雍州刺史杨椿有病请求辞职，又任命萧宝寅为都督雍泾等四州诸军事、征西将军、雍州刺史、开府仪同三司、西讨大都督。从潼关以西都受他的指挥调遣。杨椿回到了乡里，他的儿子杨昱将去洛阳，杨椿对儿子说：“当今雍州刺史的人选没有超过萧宝寅的，但他的高级官佐，朝廷应当派遣心腹大臣来担任，怎能由他自己来授任呢？这是圣朝百虑而一失之处呀。况且萧宝寅不必借担任刺史为荣，我看他得到了雍州刺史的官职，特别喜悦，至于赏罚言行，不依据常规，恐怕心有异谋。你现今去京师，应把我的这个意思启奏太后和皇上，并且报告宰相，另外派遣长史、司马、防城都督，想安定关中，正需这三个人哪！如果不派遣，萧宝寅必将成为朝廷的忧患。”杨昱把杨椿的建议面陈魏孝明帝和胡太后，但都不听从。

五月初四日丙寅，成景儁攻打北魏的临潼、竹邑，攻克了。东宫直阁兰钦攻打北魏的萧城、厥固，拔取了，兰钦斩了北魏将领曹龙牙。

六月，北魏都督李叔仁讨伐刘钧，平定了刘钧。

秋季，七月，北魏陈郡百姓刘获、郑辩在西华造反，改年号为天授，并与湛僧智合谋，北魏任命东豫州刺史谯国人曹世表为东南道行台去讨伐，源子恭代替曹世表担任东豫州刺史。众将领因为贼寇人多势强，官军兵力弱小，且全是些残兵败卒，不敢交战，想保城而自守。曹世表正患了背肿病，坐车出来，叫来统军是云宝，告诉说："湛僧智之所以敢深入内地为寇，因为刘获和郑辩都在州民中有名望，为他作内应。前不久听说刘获带兵想迎接湛僧智，离这里八十里远。现今出其不意而发动攻击，一战即可击破，刘获被击破，湛僧智自然就会逃跑。"于是挑选了士兵和战马交给是云宝，天黑时出了城，天刚亮到了，攻击刘获，大败刘获，穷追而不舍，余党全被铲平。湛僧智得知情况之后，逃回去了。郑辩同源子恭过去有交情，逃匿在源子恭那里，曹世表集合将吏当面斥责源子恭，收捕了郑辩，斩了他。

北魏相州刺史东安王元鉴与北道都督裴衍一同援救信都。元鉴庆幸北魏多事故，暗中藏有异谋，便占据邺地而反叛，投降了葛荣。

七月二十八日己丑，北魏大赦天下。

当初，侍御史辽东人高道穆奉命出使相州，前刺史李世哲奢侈放纵，不守法制，高道穆查办了他。李世哲的弟弟李神轨执政，高道穆的哥哥高谦之的家奴投诉高谦之，李神轨拘捕了高谦之，交给廷尉治罪。大赦令将颁布，李神轨启奏胡太后先赐高谦之死，朝中人士无不可怜同情他。

彭群、王辩围攻琅邪，从夏天直到秋天，北魏青州刺史彭城王元劭派遣司马鹿悆，南青州刺史胡平派遣长史刘仁之率兵攻击彭群、王辩，击破了，彭群战死。元劭是元勰的儿子。

八月，北魏派遣都督源子邕、李神轨、裴衍攻打邺城。源子邕行到汤阴时，安乐王元鉴派弟弟元斌之夜袭源子邕的营地，没有获胜。源子邕乘胜而围攻邺城，八月十七日丁未，攻克了邺城，斩了元鉴，将其首级传送到洛阳，改元鉴的姓为拓跋氏。北魏便派遣源子邕、裴衍讨伐葛荣。

九月，秦州城平民杜粲把莫折念生满门杀尽，杜粲自己执掌了州政。南秦州城平民辛琛也自理州政，派遣使者到萧宝寅处请求投降。北魏又任命萧宝寅为尚书令，并归还了过去的封地。

（以上为第七段，写北魏各地反叛风起云涌，宗亲败类也乘机兴风作浪，萧宝寅战败后被贬为庶人，现官复原职；元鉴反叛，被平定。）

谯州刺史湛僧智在广陵围攻北魏东豫州刺史元庆和，北魏将军元显伯前去援救他，司州刺史夏侯夔从武阳带兵来援助湛僧智。冬季，十月，夏侯夔来到广陵城下，元庆和率全城投降。夏侯夔把受降功劳让给湛僧智，湛僧智说："元庆和要投降大人，不想投降湛僧智，我现今如果前去受降，必定与他的心意不符。况且我所率领的都是应募而来的乌合之徒，无法用法令来约束他们；大人向来治军严肃，必定不会发生侵暴事件，受降使其归附，再也合适不过了。"夏侯夔便登上城楼，拔去北魏的旗帜，竖立了梁朝的旗帜；元庆和放下兵器出城投降，全城吏民安居不乱，共俘获了男女四万多口。

臣司马光评论说：湛僧智可称是君子啊！能忘掉自己长期攻战的劳苦，让给梁朝新到的将领，知道自己的短处，不掩盖他人的长处，功成而不取以成就国家大事，忠而无私，可以称为君子啊！

元显伯在夜间逃遁，梁军追击他，斩俘人数以万计数。诏令任命湛僧智兼任东豫州刺史，镇守广陵。夏侯夔领兵屯驻安阳，派别将攻破了楚城并屠灭全城，从此义阳北道便同北魏断绝了。

领军曹仲宗、东宫直閤陈庆之攻打北魏涡阳，诏令寻阳太守韦放率兵去与曹仲宗等会合。北魏散骑常侍费穆带兵突然来到，韦放的营垒还没有建好，麾下只有二百余人，韦放脱掉盔甲而下马，坐在胡床上安排布置，士兵们都殊死奋战，人人以一当百，魏军便撤退了。韦放是韦叡的儿子。

北魏又派遣将军元昭等人率领五万人马援救涡阳，前军到了驼涧，离涡阳只四十里远。陈庆之准备前去迎战，韦放认为北魏的前锋部队必定都轻装而勇锐，不如不要进击，等他们来到以后再说。陈庆之说："魏兵远道而来，疲惫不堪，离我们远，必定不会怀疑，乘他们没有全部会集起来，必须挫伤他们的气势。诸位如果有疑虑，我陈庆之请求独自前去攻取他们。"他便率领麾下二百名骑兵出击，打败了对方，魏军大为惊恐。陈庆之便返回，同众将连营而进，背对涡阳城与魏军相持。从春天到冬天，共打了数十上百仗，将士非常疲惫。听说北魏人要在军队后面修筑战垒，曹仲宗等人担心腹背受敌，便商议带兵撤回去，陈庆之持节站在营门口说："大家一起来到这里，已经过去一年了，花费去的钱物极其多。如今各位都没有斗心，只是思谋退缩，这哪里是想建立功名，分明是聚在一起抄掠行暴罢了！我听说军队置之于死地，然后才可以求生，必须敌虏全部聚合在一块之后，再同他们决战。如果你们确想班师回去，我陈庆之另有皇上的秘密圣旨，今日如有触犯之人，我便要依照圣旨而处置他。"曹仲宗等人才不再想撤兵了。

魏军修建了十三座城堡，想以此而控制梁军。陈庆之带领人马口衔木棒，于夜间悄悄出城，攻陷了四座城堡，涡阳城主王纬乞求投降。韦放从投降的北魏士兵中挑选出三十多人，分别去给北魏各军营报信，陈庆之把生俘的敌人和被杀的敌人的左耳排列成阵，击鼓叫喊而跟随着，魏人九个城堡全都崩溃，穷追猛击，差不多把魏军俘虏斩杀干净，尸体把涡河都堵住了，城中的男女三万余口也归顺了。

（以上为第八段，写南朝梁谯州刺史湛僧智谦让受降功劳，司马光誉为"君子"；东宫直閤陈庆之有勇有谋，在敌人连修十三座城堡的情况下，奋勇出击，攻下涡阳。）

萧宝寅在泾州兵败之后，有人劝他回洛阳认罪，也有人劝他："不如留在关中立功赎罪。"行台都令史河间人冯景说："拥有兵众却不回去，这罪就更大了。"萧宝寅没有听从冯景的意见，自认为出师多年，所浪费掉的财物无法计算，一旦倾覆失败，内心难以自安。北魏朝廷也怀疑他了。

中尉郦道元，向来有威严勇猛的名声，司州牧汝南王元悦所宠信的丘念玩弄权术放纵恣意，郦道元将他收捕下狱；元悦向胡太后求情，胡太后想要赦免丘念，郦道元杀了丘念，并以丘念的罪行而弹劾元悦。

当时萧宝寅谋反的情状已经显露，元悦便奏请任命郦道元为关右大使。萧宝寅得知，认为是来收拾自己，特别害怕，长安的轻浮浅薄的贵族子弟又劝说萧宝寅起兵。萧宝寅就此事询问河东人柳楷，柳楷说："大王是齐明帝的儿子，天下归心于您，如果现今起兵谋事，正顺应众望。况且民谣说：'鸾生十子九子孵不出鸟，一蛋是好卵关中必大乱。'大王该治理关中，有什么怀疑的呢！"郦道元到了阴盘驿，萧宝寅派手下的将领郭子恢去攻杀了他，收殓了尸体，然后上奏朝廷说是被秦地的白虏所杀害，又上表替自己申辩，说杨椿父子陷害自己。

萧宝寅的行台郎中武功人苏湛卧病在家，萧宝寅命令苏湛的姨表弟、开府属的天水人姜俭去游说苏湛，说："元略受萧衍的旨令，回来要除掉我，郦道元此次前来，事情不可预测，我不能坐以待毙，现今必须为自身考虑，不再作魏朝的臣子了。死生荣辱，与您共享。"苏湛听了之后，放声大哭。姜俭立即制止了苏湛，问道："为何这样呢？"苏湛回答说："我一家百口如今将遭屠灭，为何不哭呢！"又哭了几十声，才慢慢地对姜俭说："你替我报告齐王，大王本是穷途之鸟投入林中，依靠朝廷给了王羽翼，才得到了现今这样的荣宠。正值国家多事之秋，不能竭忠报恩，反而想乘人之危，听信于道听途说之言，想以羸弱残败之兵把守潼关而问鼎。如今魏的气运虽然衰败了，但天命还没有改变。况且大王恩义还没有遍及于民，所以只能看到齐王的失败，不会看见他的成功，苏湛我不能为了大王而使百口之家遭受屠灭。"萧宝寅又指使姜俭对苏湛说："我为了活命不得不这样，之所以没有提前告诉你，是害怕坏了我的计谋。"苏湛说："凡是图谋大事，应当得到天下奇才一起共事，如今你只同长安的那些赌徒们策划，这能有成功的道理吗？苏湛我担心荆棘定将生满殿堂之中，愿放我这把老骨头回乡里去，或许可以病死在家，地下见到先人。"萧宝寅向来看重苏湛，并且知道苏湛不会被自己所用，便允许他回武功去了。

十月二十五日甲寅，萧宝寅自称齐帝，改年号为隆绪，赦免了自己的部下，设置了各种官职。都督长史毛遐是毛鸿宾的哥哥，他同毛鸿宾率领氐羌部落在马祗栅起兵抗击萧宝寅，萧宝寅派遣大将军卢祖迁攻打，结果被毛遐杀了。萧宝寅正在南郊举行祭天仪式，登基的礼仪还没有完毕，得知卢祖迁失败，神色大变，来不及整顿好队伍，便狼狈而归。任命姜俭为尚书左丞，视为心腹。文安人周惠达是萧宝寅的使节，正在洛阳，有关官署要收捕他，周惠达逃回了长安。萧宝寅任命周惠达为光禄勋。

丹杨王萧赞得知萧宝寅谋反了，因为害怕而逃向白马山，到了河桥，被人抓获，魏孝明帝知道他没有参与策划，便释放并安慰他。行台郎封伟伯等人与关中地区的豪强密谋起兵杀掉萧宝寅，事情泄露而亡。

北魏任命尚书仆射长孙稚为行台去讨伐萧宝寅。

（以上为第九段，写北魏齐王萧宝寅由于攻打叛军失败，萌生了谋反的念头，听信谣言，不听苏湛劝阻，派将领杀掉关右大使郦道元，称帝于长安，改元隆绪。）

梁朝正平的百姓薛凤贤造反，族人薛脩义也聚众在河东，另外割据盐池，围攻蒲坂，东西连通来响应萧宝寅。朝廷诏令都督宗正珍孙去讨伐。

十一月初八日丁卯，梁任命护国将军萧渊藻为北讨都督，镇守涡阳。十一月初九日戊辰，以涡阳为西徐州。

葛荣围攻信都，从春天到冬天，冀州刺史元孚激励将士，昼夜拒守，粮储竭尽，外无救援。十一月三十日己丑，信都城失陷，葛荣抓住了元孚，把城中居民全部赶出去，冻死者十分之六七。元孚的哥哥元祐担任防城都督，葛荣把将士们全部召集起来，议定元孚兄弟二人的生死去留。元孚兄弟各自引咎，争着去死，都督潘绍等几百人都叩头请求愿意代元孚去死。葛荣说："这些人都是魏朝的忠臣义士啊！"元孚兄弟和被押的五百人都得到赦免。

北魏任命源子邕为冀州刺史，率兵讨伐葛荣；裴衍上表请求同行，诏令同意了。源子邕上奏："裴衍去，臣请求留下来；如果臣去，那么裴衍留下；如果强迫同行，则败在旦夕。"不同意。十二月二十日戊申，到达阳平东北的漳水曲，葛荣率领十万部众进攻他们，源子邕和裴衍都战败而亡。

相州的官民闻知冀州已经失陷，源子邕等人战败，人人无计自保。相州刺史恒农人李神镇定自若，神色不改，抚慰劝勉将士，大小致力，葛荣调集精锐攻打，最终不能攻克。

秦州百姓骆超杀了杜粲，请求投降北魏。

（以上为第十段，写北魏信都被叛首葛荣围困失陷，刺史元孚与其兄元祐被俘，各自引咎争死，葛荣义而释之；朝廷派源子邕与裴衍攻打葛荣，双双败亡，冀州失陷。）

【点评】

北魏日衰。胡太后第二次摄政，任用郑俨、徐纥一帮佞臣，政事废弛，赏罚随心所欲，成为北魏朝政更加混乱的一个节点。加之国内叛乱日益增多，征讨不停，国家财用耗竭，提前征收了六年的租调，还不够用，于是停发了给百官的酒肉，又向每个进入集市的人征收一枚钱的税，以至于投住旅店都要纳税，百姓无不嗟怨。统治的基础动摇了。为之后尔朱荣之乱埋下伏线。

梁纪八

梁武帝大通二年（公元 528）

【著雍涒滩（戊申，公元 528 年），凡一年】

【大事提要】

本卷记事公元 528 年，凡一年，当梁武帝大通二年。本卷所载大事有四，均集中在北魏。其一，本卷所记大事主要以魏孝明帝与胡太后母子之间的矛盾为开端，以尔朱荣事迹为主线。胡太后鸩杀孝明帝，激起尔朱荣、元天穆等起兵入洛阳，尊奉元子攸为皇帝。尔朱荣杀了胡太后及幼主，尔朱荣的胡兵又杀朝廷官员两千余人，史称“河阴之变”。其二，天下纷扰，各自称雄，万俟丑奴自称天子。其三，尔朱荣杀葛荣，五州皆平。其四，尔朱荣发现高欢的政治才能，高欢便经常参与尔朱荣的军事谋划，自此崭露头角。

高祖武皇帝八

梁武帝大通二年（戊申，公元 528 年）

春季，正月初五日癸亥，北魏任命北海王元颢为骠骑大将军、开府仪同三司、相州刺史。

北魏北道行台杨津防守定州城，处于鲜于脩礼和杜洛周两支军队之间，都不断来围攻定州城。杨津积蓄柴草粮食，修治兵甲器械，相机抵御抗击，敌军不能攻克。杨津暗中派人手持铁券游说贼军，贼军中有响应杨津的人，给杨津写信说：“贼军之所以包围定州城，只是为了得到城中北方人罢了，城中的北方人，应该全部杀掉，如果不这样的话，一定会成为后患。”杨津将定州城中的北方人全部集中于内城中，却并未杀掉，这些北方人对杨津的仁义之举无不感激。

等到葛荣代替鲜于脩礼统领军队后，派人向杨津游说，许诺做司徒。杨津杀掉了葛荣的使者，固守定州城三年。杜洛周包围着定州城，魏军不能来相救。杨津派自己的儿子杨遁突围出去，来到柔然向头兵可汗求救。杨遁日夜哭泣恳请，头兵可汗派他的堂祖父吐豆发率一万精锐骑兵南下救援。前锋行至广昌县时，贼兵扼守住了隘口，柔然军又退了回去。正月初七日乙丑，杨津的部下长史李裔引贼军入城，抓住了杨津，贼军打算烹了杨津，后来又放了他。瀛州刺史元宁率城投降了杜洛周。

正月初七日乙丑，北魏潘嫔生了一个女儿，胡太后诈称是皇子。正月初八日丙寅，北魏大赦天下，改元为武泰。

萧宝寅包围了冯翊，没有攻下。长孙稚的军队到了恒农，行台左丞杨侃对长孙稚说："从前魏武帝跟韩遂、马超在潼关交战，相持不下，韩遂、马超的才能，远不能与魏武帝相匹敌，但是却很长时间决不出胜负来，原因就在于扼守住了险要关口。现今敌人守备防御已经稳固，即使魏武帝再生，也施展不出智慧与勇敢。不如向北夺取蒲反城，渡过黄河向西，进入腹地，置军于必死之地。则华州之围会不战而自解，潼关守敌必定顾虑后方而逃走。周围的城池解决了，长安城便可坐而取之。如果我的计策可行的话，愿意为明公做前锋。"长孙稚说："您的计策倒是很好，但是现今薛脩义包围着河东，薛凤贤据守着安邑，宗正珍孙把守着虞坂无法前进，怎么能前往呢？"杨侃说："珍孙只不过是行阵上的武夫，因偶然的机缘得以成为将领，他只能被人驱使，哪能指挥得了别人！河东郡的治所在蒲反城，西边靠近黄河，所辖区域大部分在郡治所的东部。薛脩义率军队百姓向西包围了郡的治所蒲反城，他们的父母、妻子、儿女却还都留在原来的村庄，一旦听说官军到了，他们都会有内顾之忧的，一定会望见风声自己崩溃。"长孙稚于是便派儿子长孙子彦与杨侃一起率骑兵从恒农北渡黄河，占据了石锥壁。杨侃公开宣称说："现今暂时停在这里等待步兵，并且看一看民心所向。"于是命令那些送来投降者的名单的人各自回到村子，并且告诉他们："等到官军燃起三堆烽火时，应当也燃举烽火相呼应。那些不举烽火呼应的人，便是贼军的同党，要杀掉他们，将没收的财产犒赏军队。"这时村民们相互转告，即使内心不想投降的人也假装举起烽火，一夜之间，火光遍布数百里。围攻蒲反城的贼兵不知其中原委，各自溃散逃归。薛脩义也逃回老家，与薛凤贤一起请求投降。正月十八日丙子，长孙稚攻克了潼关，于是进入了河东郡。

这时候正赶上北魏朝廷颁布诏书要废除掉盐池税收，长孙稚便上表认为："盐池是天然物产，靠近京城，应该当作宝贝好好守护，均衡地补给百姓。当今，四方多忧患，国家府库空虚，冀州、定州侵扰纷攘，正常的户调绢帛无法收上来，一切全靠府库的储备，有出无入。大致估算一下盐税收入，一年之中，按绢的价值计算的话，不少于三十万匹绢的收入，这就犹同将冀州、定州这两个州置于京郊一样。现今如果废除，那可就是两次失计了。臣上次之所以敢违抗圣旨，没有先讨伐关内的贼兵，而是先径直解除了河东之围，这并不是以长安为缓而以蒲反为急，一旦失去盐池，则三军势必会缺乏粮食。上天助我大魏，这一计策果然是正确的。过去高祖皇帝太平之年，什么都不缺少，尚且创置盐官对盐池加以管理、保护，那样做的目的，并不是要跟老百姓争利，而是担心由于利益而扰乱社会风俗。何况当今国家财政不足，租税已经提前征收了六年，户调已经折合到明年，这些都是掠取百姓私财的措施，事情出于不得已。臣这就会同那些管理、保护盐池的将尉们，回去率领他们的部下，仍按往常一样征收盐税，是否废除，再听陛下以后的诏令。”

萧宝寅派部将侯终德攻击毛遐的部队。正值郭子恢等人屡次被魏军打败，侯终德趁着其势力受挫之际，回去袭击萧宝寅，到了白门的时候，萧宝寅才发觉。正月十九日丁丑，萧宝寅与侯终德交战，结果战败，携带妻子南阳公主和他们的小儿子，带着部下一百多名骑兵从后门逃出，投奔了万俟丑奴。万俟丑奴封萧宝寅为太傅。

二月，北魏任命长孙稚为车骑大将军、开府仪同三司、雍州刺史、尚书仆射、西道行台。

（以上为第一段，写北魏北道行台杨津防守定州因无援而失陷；西道行台长孙稚攻克潼关，进入河东郡，反对废盐池税；齐王萧宝寅据关中反叛，很快被平定。）

群盗李洪等攻取烧毁了巩县以西、伊阙口以东的大片地区，并与南方诸蛮族相互勾结。北魏都督李神轨、武卫将军费穆率军征讨。费穆在伊阙口南打败了李洪，于是平定了匪乱。

葛荣率军攻打杜洛周，杀了杜洛周，收编了他的部众。

北魏胡太后再次当政以来，宠信之徒横行专权，政事废弛，朝廷的恩德威信树立不起来，盗贼纷起，边界一天天缩小。孝明帝年纪渐渐长大，太后也认为自己的所作所为不够谨慎，担心左右会向孝明帝汇报，于是凡是孝明帝平时所宠信的人，太后便借某种事由除掉他们，竭力堵塞视听，不让孝明帝知道外面发生的事情。通直散骑常侍昌黎人谷士恢受皇帝宠信，命他统领宫中卫士。胡太后多次含蓄地暗示谷士恢，想把他调为地方官，但谷士恢受宠，不愿离开京城，胡太后便罗织罪名将他杀了。有一个密多道人，会说胡语，孝明帝经常让他在身边服侍。胡太后派人在城南杀了他，还假装悬赏缉拿罪犯。从此母子二人之间隔阂越来越深。

（以上为第二段，写北魏胡太后再次临朝听政，政治日益败坏，自己行为不端，又怕传到儿子元诩耳中，便阻塞消息，又杀害元诩亲信，母子隔阂日益加深。）

当时，车骑将军、仪同三司及并、肆、汾、广、恒、云六州讨虏大都督尔朱荣，兵势强盛，北魏朝廷很是害怕。高欢、段荣、尉景、蔡儁等人原先是杜洛周同党，本想图谋取代杜洛周，结果没成功，于是逃奔葛荣，接着又投奔尔朱荣。刘贵先前便在尔朱荣处做事，多次向尔朱荣推荐高欢，尔朱荣见高欢憔悴，并没有觉出什么出奇之处。一次高欢随尔朱荣来到马棚，马棚中有一匹强悍凶猛的马，尔朱荣令高欢剪马鬃。高欢不套笼头不捆马蹄便修剪起来，这匹马竟然也没踢没咬。高欢修剪完后站起身来，对尔朱荣说：“制服坏人也跟这是同一道理。”尔朱荣很惊奇他的话，于是请高欢坐在床下，屏退左右，向他征询当前的国家大事。高欢说道：“我听说您有十二座山谷的马，按颜色分成不同的马群，畜养来到底是要做什么用呢？”尔朱荣说："只管说出你的看法！"高欢说："现今皇上软弱，太后淫乱，奸佞小人专权，朝廷的政策不能贯彻执行。凭明公的雄才大略，若乘此时起兵，讨伐郑俨、徐纥的罪行，肃清皇上身边。那么您的霸业挥鞭之际便可成就，这就是贺六浑的心意。"尔朱荣听了非常高兴，二人从中午谈至半夜才出来。从此以后，高欢便经常参与尔朱荣的军事谋划。

并州刺史元天穆，是元孤的五世孙，跟尔朱荣关系密切，尔朱荣像对待哥哥一样待他。尔朱荣经常跟元天穆及部下都督贺拔岳密谋，打算发兵进入洛阳，对内诛杀奸佞之人，对外肃清各地匪盗，元天穆和贺拔岳二人都劝尔朱荣这样做。

尔朱荣向朝廷上书说："山东群盗的活动正猖獗，冀州、定州已经失陷敌手，官军屡战屡败，我请求派遣三千精锐骑兵向东增援相州。"太后对此很是怀疑，便回答说："莫折念生已被斩首，萧宝寅被活捉，万俟丑奴已请求投降，关陇地区的贼盗已经平定。费穆大破群蛮，绛蜀地区逐渐平定。再者，北海王元颢已率军二万出镇相州，不必再出兵增援了。"尔朱荣又上书认为："贼兵的势力虽然衰落，但官军却屡次失败，军心畏惧，恐怕实际上很难起作用。如果不另想策略的话，无法万全。微臣愚见，蠕蠕国国王阿那瓌受我厚恩，不应忘记报答，应该让他发兵东至下口以攻击贼兵的背后，令北海王元颢的部队严加戒备以攻击贼兵的正面。臣的部队虽然很少，也要尽全力命他们从井陉以北，滏口以西，分路占据险要地区，攻击其肘腋。葛荣虽然吞并了杜洛周，但威信还未树立，部下并非一族，可以离散他们。"尔朱荣便命令部队征召义勇之人充军，向北守卫马邑城，向东堵塞井陉。徐纥劝胡太后派人持铁券离间尔朱荣的左右，尔朱荣听说后，很忌恨徐纥。

（以上为第三段，写北魏尔朱荣兵势强盛，高欢借剪马鬃对其谏说，深得其赏识，并参与谋划军事；尔朱荣按捺不住野心，反复上书胡太后，意欲出兵平乱。）

魏孝明帝也很厌恶郑俨、徐纥等人，碍于胡太后而不能除掉，秘密颁布诏书命尔朱荣发兵向内，想以此来胁迫胡太后。尔朱荣任命高欢为前锋，部队行至上党时，孝明帝又下密诏阻止了这一行动。郑俨、徐纥担心灾祸会降临到自己头上，便暗中与胡太后策划阴谋毒死孝明帝。二月二十五日癸丑，孝明帝暴病去世。二月二十六日甲寅，胡太后立皇女为皇帝，大赦天下。不久又颁布诏书宣称："潘充华实际上生的是女儿。原来的临洮王元宝晖的后代元钊，是高祖的嫡系后代，应该做皇帝。文武百官各进二级官位，宿卫进三级官位。"二月二十七日乙卯，元钊即位。元钊这时刚刚三岁，胡太后想长久地独揽大权，所以看中了元钊年纪小，才立他为帝。

尔朱荣听说这事，大怒，对元天穆说："主上去世了，年纪十九岁了，海内仍把他称作小皇帝，何况现今立一个还不会说话的幼儿来统治天下，想要求得国家长治久安，怎么可能呢？我打算率领铁骑兵奔赴哀悼皇帝，剪除奸佞之人，重立一位年纪大一点的皇帝，怎么样？”元天穆说：“这真是伊尹、霍光今日再生啊！”于是尔朱荣直言上书陈述不同意见：“大行皇帝背弃万方，海内都认为是毒酒招致祸害。哪儿有皇帝生病，开初不召医生看视，贵戚大臣都不服侍左右，这怎能不让天下之人奇怪、诧异呢！又立皇女为储君，虚假地大赦天下，上欺天地，对下迷惑朝野。接着又选立皇帝于孩童之中，实际上让奸臣竖子把持朝政，毁坏国家纲纪，这与掩目捕雀、塞耳盗铃有何区别？现今各地盗匪沸腾，邻国窥伺，却打算让一个还不会说话的孩子来镇抚安定天下，不是太难了吗！希望朝廷允许臣回到京城，参与商讨国家大计，向侍卫之臣询问皇帝驾崩的原因，访查侍卫们不知道的真实情况，将徐纥、郑俨之徒交给法官查办，以雪不共戴天之耻，答谢远近怨恨之情，然后重新选择一位皇族成员承继皇位。”尔朱荣的堂弟尔朱世隆，当时任直阁，太后派他到晋阳慰问安抚尔朱荣。尔朱荣打算留下尔朱世隆，尔朱世隆说道：“朝廷现今怀疑兄长，所以才派我来，现今留下我，就会使得朝廷能够预先做好防备，不是好计策呀！”便让尔朱世隆回去了。

（以上为第四段，写北魏的宫廷斗争进入白热化，魏孝明帝元诩密诏尔朱荣出兵胁迫太后，太后则伙同奸佞郑俨、徐纥毒杀元诩，尔朱荣以此为口实，发出声讨令。）

三月二十六日癸未，葛荣攻陷北魏的沧州，抓获了刺史薛庆之，居民死了十分之八九。

三月二十八日乙酉，魏将孝明帝安葬于定陵，庙号为肃宗。

尔朱荣跟元天穆商议，认为彭城武宣王元勰忠诚有功勋，他的儿子长乐王元子攸平素声望很高，打算立元子攸为帝。又派侄子尔朱天光及亲信奚毅、仆人王相来到洛阳，与尔朱世隆秘密商议。尔朱天光见到元子攸后，向他详细地讲了尔朱荣的想法，元子攸答应了。尔朱天光等人回到晋阳，尔朱荣仍犹疑不定，于是便为显祖的子孙每人都铸铜像，结果只有长乐王元子攸的铜像铸成了。尔朱荣这才起兵从晋阳出发，尔朱世隆逃出京城，在上党与尔朱荣会合。胡太后听说后，非常恐惧，将王公大臣全部召入宫中商议对策。皇族宗室和大臣们都很痛恨胡太后平日的所作所为，没有人肯讲话。只有徐纥说：“尔朱荣这个小胡人，竟敢起兵冒犯朝廷，文武禁卫军足以将他制伏。只要守住险要地区以逸待劳，尔朱荣的孤军千里而来，兵马疲惫不堪，击破他是一定的。”太后认为徐纥说得对，任命黄门侍郎李神轨为大都督，率兵迎击，副将郑季明、郑先护率兵守卫河桥，武卫将军费穆驻扎在小平津。郑先护是郑俨的堂祖父兄弟。

尔朱荣的军队到达河内后，尔朱荣又派王相秘密进入到洛阳城，迎接长乐王元子攸。夏季，四月初九日丙申，元子攸与他的哥哥彭城王元劭、弟弟霸城公元子正偷偷从高渚渡过黄河，四月初十日丁酉，在河阳跟尔朱荣见了面，将士们都高呼万岁。四月十一日戊戌，尔朱荣等渡过黄河，元子攸登上皇帝位，任命元劭为无上王，元子正为始平王；任命尔朱荣为侍中、都督中外诸军事、大将军、尚书令、领军将军、领左右，并封为太原王。

郑先护平素与孝庄帝元子攸的关系密切，听说他已经登临帝位，便与郑季明一起打开城门将尔朱荣的部队接进城中。李神轨来到河桥后，听说北中已经失守，便立即逃回；费穆丢下士兵自己先投降了尔朱荣。徐纥假传圣旨夜里打开宫殿大门，牵出养在骅骝厩中的十匹御马，向东逃奔到了兖州。郑俨也逃回了老家。太后将孝明帝的后宫嫔妇们召集在一起，命令她们都出家为尼，太后自己也削了发。尔朱荣召令文武百官迎接圣驾，四月十二日已亥，文武百官捧着皇帝的印玺、绶带，准备了车辇，迎孝庄帝元子攸于河桥。四月十三日庚子，尔朱荣派骑兵抓获了太后和小皇帝，将他们送到了河阴。太后对尔朱荣讲述了许多话，尔朱荣拂袖而起，将胡太后和小皇帝沉入了黄河。

费穆暗中劝尔朱荣说："您的兵马不足万人，现今长驱洛阳，前面没有任何抵抗，既没有什么战胜之威，平素人们心中对您又不畏服。以京城众多的军队，文武百官势力强盛，知道了公的虚实，便会对您有轻视侮辱之心。若不大行诛杀、惩治，另外培植亲信，恐怕您回到北方的时候，还未过太行山，内乱便会发生。"尔朱荣内心认为话很对，于是便对亲信慕容绍宗说："洛阳人口众多，骄侈成习，如不加以除灭，终究难以制服。我打算趁文武百官出迎之际，全部杀掉他们，你看怎样？"慕容绍宗说道："太后荒淫无道，奸佞小人专权，将天下搞得混乱不堪，所以您才起义兵以整肃朝廷。现今却无故杀戮许多官员，不分忠臣奸臣，恐怕会使天下人大失所望，这不是上策。"尔朱荣不听，于是请孝庄帝沿黄河向西来到淘渚这个地方，尔朱荣率百官来到皇帝行宫的西北，说是要祭天。文武百官集中起来后，尔朱荣布置骑兵四面包围，指责这些文武百官说，天下动乱，孝明帝突然死去，都是由于朝廷大臣贪赃枉法，酷虐无忌，不能匡正辅弼，因此命令部队诛杀了他们。从丞相高阳王元雍、司空元钦、仪同三司义阳王元略以下，被杀的达两千多人。原黄门郎王遵业兄弟正在居父丧，王遵业的母亲是孝庄帝的伯母，他们一起出来迎接孝庄帝，结果也都被杀掉了。王遵业是王慧龙的孙子，聪明豪爽而又博学，人们一方面很怜惜他的才学，一方面又讥讽他过于躁进。有一百多名朝廷官员后来才到，尔朱荣又让骑兵包围了他们，对这些官员下令说："如果谁能作一篇禅让皇位的文告，就可以免死。"侍御史赵元则站出来响应，于是便让他起草禅让文告。尔朱荣又命令士兵们高呼："元氏既灭，尔朱氏兴！"士兵们一齐高呼万岁。尔朱荣又派数十人持刀来到行宫，孝庄帝与无上王元劭、始平王元子正一起来到帐外。尔朱荣先派并州人郭罗刹、西部高车人叱列杀鬼侍立在孝庄帝两侧，假装说是保护孝庄帝，将他抱入帐中，其余的人便杀了元劭和元子正。接着尔朱荣又派数十人将孝庄帝迁到了河桥，置于尔朱荣的帐下。

（以上为第五段，写北魏太原王尔朱荣杀入洛阳，立元子攸为帝，于河阴将胡太后和小皇帝元钊沉入黄河，并大开杀戒，杀死朝臣两千多人，史称“河阴之变”。）

魏孝庄帝忧伤愤慨但是却无计可施，派人向尔朱荣传达旨意说：“帝王迭相兴起，盛衰没有常数。现今天下纷乱，将军奋袂起兵，所向无敌，这是天意，不是靠人的力量所能达到的。我原来投奔于你，只是希望能够活下来罢了，哪敢妄想登帝位！将军逼我做皇帝，我才到了现今这个地步。如果上天有意安排你做皇帝的话，将军你应选好时机正式称帝。如果你推辞而不做，想保存大魏的社稷，那么您也应该另选一位亲信而又贤明的人做皇帝来加以辅佐。”当时，都督高欢劝尔朱荣称帝，尔朱荣的部下大多赞同，尔朱荣犹疑未决。贺拔岳进言道：“将军您首先发起义兵，志在铲除奸逆，大功还未告成，便急着有这种打算，恐怕只能很快招来灾祸，看不出有什么好处。”尔朱荣于是便用黄金给自己铸像，共铸了四次，都没有成功。功曹参军燕郡人刘灵助善于占卜，尔朱荣对他很信任。刘灵助认为天时人事上看都不可以。尔朱荣说道：“如果我来做不吉利的话，便应当迎元天穆做皇帝。”刘灵助说：“元天穆也不吉利，只有长乐王元子攸符合天意。”尔朱荣也精神恍惚，支持不住了，过了很长时间才清醒过来，深感惭愧悔恨地说：“错到这个地步，只有以死来向朝廷谢罪了。”贺拔岳请求杀掉高欢来谢罪天下，尔朱荣的部下说：“高欢虽然愚蠢粗陋，说话没有考虑到会有灾难，但是现今天下混乱，还需依靠武将，请饶了他，收其后效。”尔朱荣这才作罢。夜里四更时，又迎请皇帝回到营帐，尔朱荣朝着孝庄帝的马头叩头请求死罪。

尔朱荣所率领的胡人骑兵因为杀死朝廷大臣太多，不敢进入洛阳城，便想将国都迁到北方。尔朱荣犹疑了很长时间，武卫将军泛礼坚决反对迁都。四月十四日辛丑，尔朱荣护送孝庄帝进入洛阳城。孝庄帝登上太极殿，颁布诏书大赦天下，改年号为建义。跟从太原王的将士，全部晋升为五级官阶，在京城中的文官晋升二级官阶，武官晋升三级，百姓免除租役三年。当时文武百官已荡然无存，即使活下来的也大都逃窜藏匿起来，不再露面，只有散骑常侍山伟一人拜见孝庄帝，接受赦免。洛阳城中的官员百姓都担惊受怕，人人都另有所虑，有的说尔朱荣要纵兵大肆掠取，有的说尔朱荣要迁都晋阳。富贵人家放弃了住宅，贫困人家携带包裹，都纷纷逃奔他乡，城中人口还剩下不到十分之一二，官府守备都空无一人。尔朱荣于是上书说：“大兵往来交战，很难整齐统一，朝廷中的王和大臣横遭杀戮的很多，臣现今即使粉身碎骨也不足以抵消所犯的罪责，请求圣上追封那些死去的大臣，以稍微弥补我的罪责。请求追封无上王为无上皇帝，其余在河阴被杀的人，凡原先是分封王的，追封三司，三品官员封赠令仆，五品官员封赠刺史，七品官员以下至布衣封赠郡守、镇将。死者如果没有后代听任另择继承人，立即授予封爵。另外，再派使者慰问城内的百姓。”孝庄帝颁布诏书同意了。这时朝廷官员才渐渐地出头露面，人心才稍微安定下来。追封无上王之子元韶为彭城王。尔朱荣仍坚持迁都的主张，孝庄帝也不敢违背他的意愿。都官尚书元谌争辩迁都的事情，认为不能迁都，尔朱荣怒冲冲地说：“关你什么事，这么顽固！况且河阴的事情，你应该知道吧！”元谌说道：“天下大事应该让天下人共同议论，何必用在河阴的残酷杀戮来吓唬元谌呢！元谌是皇族宗室，位居尚书之职，既然活着也没什么益处，那么死了又能减少什么呢？使我今日碎首流肠，也没什么可畏惧的！”尔朱荣听了大怒，想治元谌的罪，尔朱世隆死死劝谏，尔朱荣这才作罢。当时在场见到这种情形的人没有不感到害怕的，元谌却神色如故。几天以后，孝庄帝与尔朱荣登高远眺，看到宫殿巍峨壮丽，树木成行，这才感叹地说：“臣过去太愚蠢糊涂了，竟会有向北迁都的想法，现今看到皇宫如此壮丽雄伟，仔细想一想元谌尚书的话，深深感到他说的对。”便打消了迁都的主张。元谌是元谧的哥哥。

四月十六日癸卯，北魏任命江阳王元继为太师，北海王元颢为太傅；任命光禄大夫李延寔为太保，赐爵濮阳王；任命并州刺史元天穆为太尉，赐爵上党王；任命前侍中杨椿为司徒；任命车骑大将军穆绍为司空，兼尚书令，进爵位顿丘王；任命雍州刺史长孙稚为骠骑大将军、开府仪同三司，赐爵冯翊王；任命殿中尚书元谌为尚书右仆射，赐爵魏郡王；加封金紫光禄大夫广陵王元恭为仪同三司；其余突然从平民成为显贵官员的人，不计其数。李延寔是李冲的儿子，由于是孝庄帝舅舅的缘故，得以破格提拔。

徐纥的弟弟徐献伯是北海太守，徐季产是青州长史，徐纥派人通知了朝廷所发生的变故，他们兄弟二人都带着家眷逃离了，与徐纥一起投奔了泰山郡。郑俨和堂兄荥阳太守郑仲明图谋占领郡城起兵，结果被部下杀掉了。

四月二十日丁未，梁武帝诏令宣布解除京城内外的戒严。

（以上为第六段，写北魏尔朱荣放弃称帝；孝庄帝元子攸抚恤河阴之变惨死的朝臣；尔朱荣欲迁都，被都官尚书元谌谏止。）

北魏郢州刺史元显达请求投降，诏令郢州刺史元树迎接，夏侯夔也从楚城前往郢州与他们会面，便留下来镇守郢州。将北魏的郢州改为北司州，夏侯夔为北司州刺史，兼管司州。夏侯夔进攻北魏的毛城，逼近新蔡；豫州刺史夏侯亶包围了南顿，攻打陈项城；北魏行台源子恭据城抵抗。

四月二十三日庚戌，北魏赐封尔朱荣的儿子尔朱义罗为梁郡王。

柔然头兵可汗多次向北魏上贡，北魏诏令准许头兵可汗参拜时不称名，上书不用称臣。

北魏汝南王元悦和东道行台临淮王元彧听说河阴之变后，都来投奔。此前北魏投降的人都称自己在北魏的官职为伪官，元彧在上表时自称是北魏临淮王；梁武帝也很赞赏他的儒雅风度，并未加以责难。北魏北海王元颢将要前往相州上任，走到汲郡的时候，听说葛荣大肆南犯和尔朱荣残暴杀戮文武百官，便暗中做好了安全方面的考虑，故意在路上拖延推迟；又让他的舅舅殷州刺史范遵兼管相州的政事，代替原来的相州刺史李神守卫邺城。行台甄密知道元颢另有他谋，便联合废掉了范遵，仍推举李神管理相州的事务，并派兵迎接元颢，同时观察元颢的变化。元颢听说了之后，便率领部下前来投奔。甄密是甄琛的堂弟。北魏北青州刺史元世儁、南荆州刺史李志都率全州人马来投降。

五月初一日丁巳朔，北魏加封尔朱荣为北道大行台。任命尚书右仆射元罗为东道大使，光禄勋元欣做他的副手，巡视地方，凡赏罚升降之类的事情，可以全权处理，先斩后奏。元欣是元羽的儿子。

尔朱荣参见魏孝庄帝于明光殿，为河桥的事情谢罪，发誓决不会对朝廷有二心，孝庄帝起身亲自阻止他，同时又对尔朱荣发誓说决不会对他有疑心。尔朱荣非常高兴，便要来酒喝，结果喝得烂醉如泥。孝庄帝想趁机杀了他，左右大臣苦苦劝谏，这才作罢，便让人用床将尔朱荣抬到了中常侍省。尔朱荣半夜才醒过来，于是直到天亮也没有合上眼，从此以后尔朱荣再也不在宫城中留宿了。

尔朱荣的女儿过去是孝明帝的妃子，尔朱荣想让孝庄帝立她为皇后，孝庄帝犹疑不决。黄门侍郎祖莹说："从前晋文公在秦国避难的时候，怀嬴就侍候了他；事情有时会违背经典但合乎道义，陛下何必疑虑呢！"孝庄帝采纳了建议，尔朱荣心中十分高兴。

尔朱荣神态举止轻佻、放纵，喜欢骑马射箭，每次入朝参见，别的什么也不做，只是以骑马上下为游戏；在西林园设宴比赛射箭时，总要请皇后出来观看，并且将王公妃嫔、公主都召集到同一大堂。每次看到孝庄帝射中了，尔朱荣总要起舞狂叫，文武百官跟着纷纷起舞，就连妃嫔、公主们也不由得随之挥袖舞动。等到酒酣耳热的时候，一定要正襟危坐高唱胡歌；日暮黄昏罢宴回府时，尔朱荣与左右手拉着手，踏地为节拍，同唱《回波乐》曲离开皇宫。尔朱荣生性非常严酷残暴，喜怒无常，刀槊、弓箭总是不离身边。每当他对人发怒的时候，便要殴打射杀，左右总担心会死去。曾经有一次，尔朱荣看到两个沙弥骑在同一匹马上，便命令他们两个人互相触碰撞击，两个人没劲了不能动弹了，就让旁边的人拉着两人的头相撞，直到撞死为止。

（以上为第七段，写北魏政局不稳，权臣尔朱荣肆虐，宗室大臣以及州郡要员纷纷投奔南朝；尔朱荣为北道大行台，与孝庄帝元子攸达成政治交易，手舞足蹈。）

五月初五日辛酉，尔朱荣准备回晋阳，孝庄帝在邙阴设宴为他送行。尔朱荣命令元天穆到洛阳，加封元天穆为侍中、录尚书事、京畿大都督兼领军将军，又任命行台郎中桑乾人朱瑞为黄门侍郎兼中书舍人。于是朝廷的重要官职，都由尔朱荣的心腹之人担任。

五月初十日丙寅，魏孝庄帝颁布诏书："自孝昌年间以来，凡是有冤屈无处投诉的，都集中到华林东门，朕要亲自审问。"当时正值动乱之后，国家仓库空虚，开始诏令："凡向国家交纳八千石粮食的人赐爵散侯；平民百姓交纳五百石的，赐给做官的资格，和尚则授予本州僧统或本郡县的维那。"

尔朱荣赴洛阳的时候，派遣其都督樊子鹄取唐州，唐州刺史崔元珍、行台郦恽拒守不从。五月十九日乙亥，樊子鹄攻占了平阳城，斩杀了崔元珍和郦恽。崔元珍是崔挺的堂弟。

将军曹义宗包围北魏的荆州，筑坝堵水，淹了荆州城，只差几板高荆州城就被淹没了。当时北魏正是多事之秋，不能派兵救援荆州，荆州城中粮食吃尽了，刺史王罴就跟将士们一起煮稀粥平均分着吃。每次出战的时候，不披铠甲，总是仰天大叫道："荆州城，乃是孝文皇帝所创置，上天如果不保佑国家，就让箭射中我王罴的额头吧；否则，王罴一定要打败敌人。"这样持续了三年，王罴前后出战多次，也并没有受过伤。五月二十七日癸未，北魏命令中军将军费穆负责南征的军事行动，率兵救援荆州。

（以上为第八段，写北魏权臣尔朱荣回太原，留下元天穆掌管朝廷；孝庄帝元子攸亲自处理冤案，国库空虚，颁布交粮赐爵令；刺史王罴孤军坚守荆州城池三年。）

北魏临淮王元彧听说魏孝庄帝的地位已经确定，便以母亲年老为由请求回到北魏，言词极为恳切。梁武帝爱惜他的才能，却又不能违背他提出的请求，六月初一日丁亥，让元彧回到了北魏。北魏朝廷任命元彧为侍中、骠骑大将军，加封仪同三司。

北魏员外散骑常侍高乾是高祐的侄子，与弟弟高敖曹、高季式都是豪爽侠义之人，与魏孝庄帝有旧交。尔朱荣向洛阳的时候，逃奔到齐州，听说了河阴之变后，便聚集流民在黄河、济水之间起兵，接受了葛荣的官职爵位，多次打败北魏州郡的军队。魏孝庄帝派元欣前往宣布谕旨，高乾他们才归降，任命高乾为给事黄门侍郎，并兼武卫将军，又任命高敖曹为通直散骑侍郎。尔朱荣认为高乾兄弟以前曾背叛朝廷，发动叛乱，不应该担任重要官职，魏孝庄帝于是只好解除了高乾兄弟等人的官职，让他们回到家乡。高敖曹又干起了打家劫舍的勾当，被尔朱荣诱捕后，跟薛脩义一同拘押在晋阳。高敖曹名叫高昂，敖曹是字，人们一直以字称呼他。

葛荣的军队缺乏粮食，于是葛荣便派遣他的仆射任褒率兵向南侵犯到了沁水县。

北魏任命元天穆为大都督东北道诸军事，率领宗正珍孙等将领讨伐。

北魏前幽州平北府主簿河间人邢杲率河北流民十几万户在青州北海郡起兵造反，自称汉王，改年号为天统。六月二十二日戊申，北魏任命征东将军李叔仁为车骑大将军、仪同三司，率军讨伐。

六月二十五日辛亥，魏孝庄帝颁布诏书："朕要亲自统领六军，扫除平定燕、代。"任命大将军尔朱荣率领左军，上党王元天穆率领前军，司徒杨椿为右军，司空穆绍率领后军。葛荣的军队退守相州城北。

秋季，七月初十日乙丑，北魏加封尔朱荣为柱国大将军、录尚书事。

七月壬子，北魏光州人刘举在濮阳聚众造反，自称皇武大将军。

这一月，万俟丑奴自称天子，设置文武百官。正赶上波斯向北魏献上狮子，万俟丑奴将狮子截留下来，改年号为神兽。

（以上为第九段，写临淮王元彧听说元子攸即位，请求回归；万俟丑奴自称天子，置文武百官。）

北魏泰山郡太守羊侃，因为祖父羊规曾做过刘宋高祖刘裕的祭酒从事，常常有向南归去的想法。徐纥投奔羊侃后，趁机劝羊侃起兵反叛北魏，羊侃听从了徐纥的建议。兖州刺史羊敦，是羊侃的堂兄，暗中知道了这件事，便凭据州城抗击羊侃。八月，羊侃率兵袭击羊敦，没能成功，便在兖州周围修筑了十几座城堡进行围困，并派使者来请求投降。颁布诏书令广晋县侯泰山郡人羊鸦仁等率部接应。北魏则任命羊侃为骠骑大将军、泰山公、兖州刺史，羊侃斩杀了北魏派来的使者，没有接受北魏的任命。

将军王弁率兵侵犯北魏的徐州，蕃郡人续灵珍率万余人攻打蕃郡以响应梁军。北魏徐州刺史杨昱击溃了续灵珍的部队，斩杀了续灵珍，王弁率部返回。

八月十九日甲辰，北魏大都督宗正珍孙率兵在濮阳攻打刘举，消灭了刘举。

葛荣率军包围了邺城，军队号称一百万，流动作战的小股军队已经过了汲郡，所到之处大肆残杀掠夺。尔朱荣上表请求率军讨伐。九月，尔朱荣将侄子肆州刺史尔朱天光召来，留守晋阳，说道："我本人不能到的地方，不是你在就无法使我放心。"尔朱荣自己率七千精锐骑兵，各备两匹战马，以侯景为前锋，日夜兼程，向东出了滏口。葛荣叛乱为时已久，一直横行于黄河以北，尔朱荣的兵马少不能相敌，人们认为尔朱荣断无获胜的道理。葛荣听说后，喜形于色，命令他的部队说："这很好对付，诸位每人都准备一根长绳，到时候只管捆绑就是了。"从邺城往北，排成数十里的长阵，如张开的簸箕一样向前推进。尔朱荣将队伍埋伏在山谷之中，作为奇兵。分派督将以上的军官每三人为一处，每处有数百名骑兵，命令各处故意扬起尘土，擂起战鼓，大声喊叫，使敌人摸不清有多少人马。又考虑到人马近战时，用刀不如用棒，命令士兵每人带一根短棒，放在马肚的一侧，到交战时担心下马斩首会影响骑兵追逐，便不允许按照斩下首级计功，只用木棒击打就可以了。分别命令强壮英勇的士兵四路冲杀，号令严明，将士们同仇敌忾，个个奋勇争先。尔朱荣亲自冲锋陷阵，从敌人背后杀出，里应外合，内外夹击，大破贼兵，在阵前抓住了葛荣，其余的部众全部投降了。因贼军众多，如果马上将他们分开的话，恐怕会引起贼军的疑虑恐惧，说不定还会再次聚集起来，于是尔朱荣下令让他们各从所乐，亲属相随，任意在哪儿定居均可。投降的士兵人人欢喜，很快便四处逃散，几十万大军一早晨便遣散光了。等到已经走出百里之外，才开始去分路押解他们，随他们方便加以安置，各得所宜。又从葛荣的队伍中选拔了一批将领，根据他们的才能，分别授予适当的官职，新归附的安定下来，当时人对处置事情如此迅速果断都很佩服。派人用囚车将葛荣送到洛阳，这样，冀、定、沧、瀛、殷五州全部平定了。这时，上党王元天穆驻军于朝歌城南，穆绍、杨椿还未及发兵，而葛荣的军队便已经被尔朱荣消灭了，于是都停止发兵。

当初，宇文肱跟从鲜于脩礼攻打定州，在唐河战死。他的儿子宇文泰也在鲜于脩礼军中，鲜于脩礼死后，宇文泰又投奔了葛荣。葛荣兵败之后，尔朱荣爱惜宇文泰的才干，让他做了统军。

九月二十一日乙亥，北魏大赦天下，改年号为永安。

九月二十七日辛巳，北魏任命尔朱荣为大丞相、都督河北畿外诸军事，尔朱荣的儿子平昌公尔朱文殊、昌乐公尔朱文畅也都晋升爵位为王。任命杨椿为太保，城阳王元徽为司徒。

冬季，十月初三日丁亥，葛荣被押至洛阳，魏孝庄帝亲临阊阖门，押来参见，在集市斩首。

（以上为第十段，写北魏太原王尔朱荣率领七千精锐骑兵，快马加鞭，一举消灭了葛荣的号称百万的军队，葛荣被押到都城洛阳斩首。）

梁武帝封北魏北海王元颢为魏王，并派东宫直阁将军陈庆之带兵护送他返回北方。

十月十二日丙申，北魏任命太原王尔朱荣的嫡长子尔朱菩提为骠骑大将军、开府仪同三司。十月十三日丁酉，将长乐等七郡各万户，连同先前已有的十万户，作为太原王的采邑。十月十四日戊戌，加封尔朱荣为太师。这些都是奖赏尔朱荣平定葛荣的功劳。

十月二十八日壬子，北魏江阳武烈王元继去世。

北魏派遣征虏将军韩子熙招降邢杲，邢杲诈降，随后又反叛了。李叔仁在惟水攻击邢杲，失利后退回了。

北魏费穆率军突然来到荆州。曹义宗战败了，被北魏俘获，荆州的围困才解除。

元颢率军袭击并占据了北魏的铚城。

北魏行台尚书左仆射于晖等率军几十万，在瑕丘攻击羊侃。徐纥担心大事不成，劝说羊侃允许他去向梁朝请求救兵，羊侃相信了，徐纥便前来梁投降。于晖等将羊侃里外包围了十几层，寨中的箭已用完，梁朝军队又未前进。十一月初十日癸亥夜里，羊侃率军突围而出，边战边走，一天一夜才逃出北魏国境，来到渣口，队伍还剩下一万多人，战马二千匹。士兵们彻夜放声悲歌，羊侃向将士们谢罪道："你们怀恋故土，按人之常情，我不能强迫大家跟从于我，请大家或去或留，就在这儿分手吧！"于是大家各自拜谢，告辞离去。北魏便又收复了泰山郡。于晖是于劲的儿子。

十一月二十五日戊寅，北魏任命上党王元天穆为大将军、开府仪同三司，世袭并州刺史。

十二月二十七日庚子，北魏诏令于晖回师讨伐邢杲。

葛荣的余党韩楼又占据幽州反叛了，北魏的北部地区承受祸患。尔朱荣任命抚军将军贺拔胜为大都督，镇守中山；韩楼畏惧贺拔胜的威名，不敢向南进犯。

（以上为第十一段，写北魏太原王尔朱荣平定葛荣叛军，加官进爵，封十万户；泰山太守羊侃反叛，被行台尚书于晖打败；葛荣余党韩楼据幽州反叛。）

【点评】

胡太后杀子自毙。权力是很可怕的东西，绝对的权力更是容易激发出人性最为残酷的一面，本卷中胡太后母子就是一个例子。北魏胡太后再次掌权，唯恐失去权柄，这时便不再有母子亲情，将魏孝明帝所亲信的人尽皆废黜，母子之间的嫌隙由是与日俱增。郑俨、徐纥恐祸将及己，劝太后废掉孝明帝。魏孝明帝旋即暴毙。任性的胡太后便立三岁幼儿即皇帝位。这样的事情自然引起公愤，有力者必然会有表示，掌握一方兵权的尔朱荣大怒，引兵向京城，收太后、幼主于河阴，沉入黄河。又拥立子攸为帝，尔朱荣的目的初步达到，权力到手。当人劝尔朱荣诛杀大臣立威时，无限膨胀的尔朱荣自然接受，召见北魏百官，两千多官员被捕杀，北魏政权的官僚基础遭受极大打击。北魏政治转折在胡太后，权力吞噬了她的母性，遂给人以可乘之机。

资治通鉴（白话本） 卷第一百五十三

梁纪九

梁武帝中大通元年（公元529）

【屠维作噩（己酉，公元529年），凡一年】

【大事提要】

本卷记事公元529年，凡一年，当梁武帝中大通元年。本卷所载大事，南朝萧梁的大事紧紧围绕梁武帝，中心又在他如何佞佛。梁武帝亲临同泰寺，两次设置四部无遮大会，亲自讲解《涅槃经》。参加的僧人、俗众有五万多人。历代皇帝喜好佛教的不少，但是像他这样全身心投入的不多，像他这样能够读得懂佛经的少之又少，能够讲解佛经的更是凤毛麟角。北魏大事两件。其一，北海王元颢投降萧梁，任用梁名将陈庆之为卫将军、徐州刺史，引兵向北魏京城洛阳，凡经四十七战，取城三十二座，所向皆克。其二，元颢猜忌陈庆之，致使陈庆之攻克洛阳后却不能守住，结果大败而归，回到建康。

高祖武皇帝九

梁武帝中大通元年（己酉，公元529年）

春季，正月初二日甲寅，北魏于晖部下都督彭乐率领两千多名骑兵反叛，投奔韩楼，于晖回师。

正月初九日辛酉，梁武帝在南郊祭天，大赦天下。

正月十二日甲子，北魏汝南王元悦请求允许回到北魏，北魏答应了他的请求。

正月二十九日辛巳，梁武帝在明堂祭祀。

二月十二日甲午，北魏孝庄帝尊彭城武宣王为文穆皇帝，庙号为肃祖；尊母亲李妃为文穆皇后。打算将父母的牌位迁到太庙，尊奉孝文帝为伯考，大司马兼录尚书临淮王元彧上表劝谏，认为："汉高祖立太上皇庙于香街，光武帝将南顿君庙立在舂陵。汉元帝跟汉光武帝的关系早已超出了五服，仍然奉行后代子孙之道，入宗族继承大宗。高祖德合天下，道充环宇，肃祖虽然功盖宇宙，终究北面是臣子。再者，如果两位皇后也都要享有这种祭祀的礼遇，这就如同君臣共筵，叔嫂同室，私下以为不可。"吏部尚书李神儁也上表劝谏，但未被采纳。元彧又请求去掉"帝"而保留"皇"，也未被接受。

梁朝颁布诏书将二百四十种称号的将军重新确定为四十四班。

二月二十日壬寅，北魏颁布诏书任命济阴王元晖业兼任行台尚书，统领丘大千等人镇守梁国。元晖业是拓跋小新成的曾孙。

三月十一日壬戌，北魏诏令上党王元天穆讨伐邢杲，以费穆为前锋大都督。

夏季，四月初二日癸未，北魏迁肃祖及文穆皇后的神位至太庙，又追尊彭城王元勰为孝宣皇帝。临淮王元彧劝谏道："这种事自古从未有过，陛下这样做不合法度，后世之人会怎么看呢？"孝庄帝不听从。

北魏元天穆将要攻打邢杲，由于北海王元颢正在进犯北魏，召集文武官员商议此事。众人都认为："邢杲军力强盛，应该先讨伐。"行台尚书薛琡说："邢杲的军队数量虽多，但都是些偷鸡摸狗之徒，没有什么远大抱负。元颢是皇室的近亲，此番前来号称义举，其势难以推测，应该首先消灭他。"元天穆因为将领们大多都希望先讨伐邢杲，加之北魏朝廷也认为元颢势力孤单，力量微弱，不足为虑，命令元天穆等人先平定齐地，回师再攻打元颢，于是元天穆率军东进。

元颢与陈庆之乘北魏空虚之际，从铚城进发，率军攻占了荥城，随后便到了梁国城。北魏守将丘大千有军队七万人，分别构筑了九座城堡以抵抗。陈庆之率兵攻打，从早晨直至下午申时，攻下了三座堡垒，丘大千只好请求投降。元颢登坛烧柴祷告，在睢阳城南登基即位，改年号为孝基。济阴王元晖业率领的两万羽林军驻扎在考城，陈庆之率军攻取考城，活捉了元晖业。

（以上为第一段，写北魏孝庄皇帝元子攸将其父元勰迁到太庙祭祀，临淮王元彧上书，认为不合礼仪，被拒绝；北海王元颢借助南梁兵力，杀回北魏，即位睢阳。）

四月二十日辛丑，北魏上党王元天穆和尔朱兆在济南打败了邢杲，邢杲投降，被押送至洛阳斩首。尔朱兆是尔朱荣的侄子。

五月初六日丁巳，北魏命东南道大都督杨昱镇守荥阳，尚书仆射尔朱世隆镇守虎牢，侍中尔朱世承镇守崿岅。五月十四日乙丑，北魏京城内外戒严。

五月十七日戊辰，北海王元颢攻克梁国。元颢任命陈庆之为卫将军、徐州刺史，率军西进。杨昱拥有七万大军，据守荥阳，陈庆之前去攻打，没有能够攻克。元颢派人劝杨昱投降，杨昱没有听从。元天穆和骠骑大将军尔朱吐没儿率大军前后相继来到，梁军士卒都很恐惧，陈庆之解下马鞍，一边喂马一边告谕将士们："我们到这里以来，屠城夺地，确实已经不少了；你们杀戮人家的父兄，掠取人家的子女，也不计其数了，元天穆的部下，都已经是我们的仇敌。我军才七千人，而敌军则有三十余万之多，所以眼下之事，大家只有抱着必死之心才有可能免遭杀戮。敌人的骑兵多，我们不能同他们在野外作战，应当乘他们还没全部到来的时候，急速攻下荥阳城以作为据守的地方。各位不要再有什么疑虑了，否则就是选择了任人宰割的道路。”于是擂鼓助战，命将士登城攻坚，将士们当即蜂拥着攻入城中，五月二十二日癸酉，攻下了荥阳，抓住了杨昱。部将三百余人俯伏在元颢帐前请求道：“陛下渡江三千里，连一支箭的花费都没有，但是昨日荥阳城下一个早晨，我军便伤亡五百余人，希望把杨昱交给我们处置，以解大家的心头之恨！”元颢说：“我在江东听梁朝国主讲，当初举兵南下，到达建康时，吴郡太守袁昂便曾据城不降，常常称赞袁昂这种忠贞气节。杨昱是一位忠臣，为什么要杀掉他呢！除杨昱之外，其他人任你们处置。”于是斩杀了杨昱部将三十七人，把他们的心挖出来吃了。很快，元天穆等人率军包围了荥阳城，陈庆之率三千骑兵背靠荥阳城，奋勇拼搏，大败元天穆军，元天穆、尔朱吐没儿都逃走了。陈庆之进击虎牢城，尔朱世隆弃城逃走，抓获了北魏东中郎将辛纂。

魏孝庄帝打算离开京城躲避元颢大军，但不知该去哪里好。有人劝他到长安去，中书舍人高道穆说道：“关中地区荒凉残破，怎么能再到那里去呢？元颢的军队不多，乘虚而入，这是由于选用将帅不当，所以才能攻到这里。陛下亲自率领禁卫军，以重金招募士兵，多加奖赏，背城一战，臣等竭尽全力，打败元颢的这支孤军是一定的。担心胜负难以预料的话，那么圣驾不如渡过黄河，命大将军元天穆、大丞相尔朱荣各自率军前来会合，构成掎角之势，进讨元颢的军队，十天一月之内，一定会取得胜利，这是万全之策。”孝庄帝采纳了这个意见。五月二十三日甲戌，魏孝庄帝一行向北进发，夜间，来到了河内郡郡城的北边。命令高道穆在烛光下起草了几十张诏书，公告远近，这时四方才知道魏孝庄帝的所在。五月二十四日乙亥，魏孝庄帝进入河内郡。

临淮王元彧和安丰王元延明，带领文武百官，封存府库，备好法驾迎接元颢。五月二十五日丙子，元颢进入洛阳宫，改年号为建武，大赦天下。任命陈庆之为侍中、车骑大将军，增加封邑一万户。杨椿在洛阳，他的弟弟杨顺是冀州刺史，侄子杨侃为北中郎将，正跟随魏孝庄帝在河北。元颢心里很忌恨杨椿，但由于杨椿家世显赫，担心失去众望，没有敢杀掉杨椿。有人劝说杨椿离开洛阳逃跑，但杨椿说：“我家老小上百口，能逃到哪儿去呢？正应当坐待天命。”

（以上为第二段，写南朝名将陈庆之护送元颢入洛，遇到数十倍的敌人，沉着迎战，将其打败；北孝庄帝元子攸逃奔河内，元颢进入北魏都城洛阳。）

元颢的后军都督侯暄镇守睢阳作为后援，北魏行台崔孝芬、大都督刁宣急速前去包围了侯暄，昼夜猛攻睢阳城，五月二十七日戊寅，侯暄突围逃跑，但被抓住杀掉了。

上党王元天穆等率四万军队攻下了大梁，分别派遣费穆带两万人攻打虎牢城，元颢派陈庆之攻击费穆。元天穆畏惧元颢，打算北渡黄河，便对行台郎中济阴人温子昇说：“你想去洛阳，还是随我北渡黄河？”温子昇说：“主上因虎牢失守，才弄得如此窘迫。元颢新来，民心还未安定，现今前去攻击他，一定会成功。大王平定京邑后，再奉迎皇帝大驾，这乃是齐桓公、晋文公的举动啊！现今舍此而不为，却要北渡黄河，私下里真为您感到惋惜。”元天穆觉得意见很好却不能采纳，于是率军渡过了黄河。费穆攻打虎牢城，眼看就要取胜了，听说元天穆向北渡过了黄河，认为这样一来自己便没有了后继援兵，便投降了陈庆之。陈庆之率军进击大梁、梁国，都攻下了。陈庆之凭借数千的兵众，从铚城出发至洛阳，共攻占了三十二座城池，大小四十七战，所向披靡。

元颢命黄门郎祖莹起草了一封信给魏孝庄帝说："朕哭泣恳请梁朝发兵，誓在报仇雪耻，正是要向尔朱荣问罪，解救您于桎梏之中。您托命于豺狼，委身于虎口，就是获取了一些百姓、土地，也本来是尔朱荣的东西，本来就不属于您所有。当今国家的兴隆废替，全在于你我二人。如果上天助顺天理者，那么皇魏又可再次中兴；若不能这样，那么对于尔朱荣来说便是福，而对于您则是祸。您应该三思，荣华富贵方可保住。"

元颢进入洛阳后，黄河以南的州郡大多归附了他。齐州刺史沛郡王元欣召集文武官员商议何去何从时说："北海王和长乐王，都是皇室近亲，现今庙中藏主石室并未迁移，我打算接受赦免，诸位认为如何？"在座的莫不大惊失色。军司崔光韶高声说："元颢受梁朝节制，勾结仇敌的军队来颠覆自己的国家，这是大魏的乱臣贼子。难道仅是因为大王家中的事情应当对他切齿痛恨，下官均受朝廷的恩典，所以不敢听从您的意见！"长史崔景茂等人都说："军司说得很对。"元欣便杀了元颢派来的使者。崔光韶是崔亮的堂弟。这样一来，襄州刺史贾思同、广州刺史郑先护、南兖州刺史元暹等，也都不接受元颢的任命。贾思同是贾思伯的弟弟。元颢封冀州刺史元孚为东道行台、彭城郡王，元孚将元颢的委任书封好，派人送给了魏孝庄帝。平阳王元敬先在河桥起兵讨伐元颢，没能成功而死去。

北魏以侍中、车骑将军、尚书右仆射尔朱世隆为使持节、行台仆射、大将军、相州刺史，镇守邺城。

魏孝庄帝出奔时，只是单骑一人离去，宫廷侍卫及后宫嫔妃都依旧安住在京城。元颢一旦取得了政权，各种号令全由元颢发出，四方百姓都希望他推行新风，清明政治，但是元颢自以为上天授予自己皇位，很快便产生了骄傲怠惰之心。过去的宾朋老友、亲近之人，都受到了宠爱、厚待，这些人干扰政事，日夜纵酒为乐，不体恤军国大事，从南朝带来的士兵，在城中欺凌百姓，朝野上下大失所望。高道穆的哥哥高子儒从洛阳逃出追随魏孝庄帝，魏孝庄帝问他洛阳城中事情，高子儒说："元颢失败就在旦夕，不足忧虑。"

（以上为第三段，写南朝名将陈庆之一路攻城略地，所向披靡，攻占了洛阳；北海王元颢建立政权，令由己出，而骄奢淫逸，很快失去人心，州郡不附。）

尔朱荣听说魏孝庄帝向北方出走了，立即乘传车见孝庄帝于长子，一边走一边部署部队。魏孝庄帝当天便开始南还，尔朱荣做前锋。十天之内，魏军便大批集结起来，粮食兵器等物资也陆续运到了。六月初二日壬午，北魏大赦天下。

尔朱荣南下，并州、肆州便不安定了，便任命尔朱天光为并、肆等九州行台，仍负责并州的事务。尔朱天光到晋阳后，安排布置，并制定约束措施，所属辖地都很稳定。

六月初九日乙丑，费穆来到洛阳，元颢将他带到朝中，把河阴杀害文武百官之事怪罪于他，杀了他。元颢派都督宗正珍孙和河内太守元袭据守河内；尔朱荣率军攻打河内，上党王元天穆率兵与尔朱荣会合，六月二十二日壬寅，攻取河内城，杀了宗正珍孙和元袭。

闰六月初一日辛亥，北魏淮阴太守晋鸿献出湖阳城向梁朝投降。

闰六月初九日己未，梁朝南康简王萧绩去世。

北魏北海王元颢得志以后，秘密跟临淮王元彧、安丰王元延明谋划反叛梁朝。由于混乱局面还没有平定，仍需借助陈庆之的兵力，所以表面上依然与之虚与委蛇，但言语之间多所猜忌。陈庆之也暗中做了防备，劝说元颢："现今远道而至于此，不服的人还很多，他们如果知道了我们的虚实，联合兵力，四面包围，将如何抵御呢？应该启奏梁朝天子，再增精兵，同时敕令各州，如果有梁朝人陷没在该地，必须全部送到我们这里来。"元颢打算采纳陈庆之的建议，元延明说："陈庆之兵不过数千，已经很难驾驭了，现今再增加他的兵力，怎会为人所用呢？大权一旦失去，一举一动就都要由别人决定，大魏的宗庙从此也就要覆亡了。"元颢便没有采纳陈庆之的意见。又担心陈庆之暗中上表，便自己写了表文说："现今河北、河南全部平定了，只有尔朱荣尚敢顽抗，我与陈庆之便能擒获他。目前各州郡刚刚归服，正需要安抚，不宜再增加兵力，使百姓惶恐不安。"梁武帝便诏令正在进军的各部队都停在边境上。

洛阳城中的南方军队不满一万，而羌、胡的军队却是南兵的十倍，军副马佛念为陈庆之出谋划策说："将军威扬河、洛，声震中原，功高势强，被魏国所猜疑，一旦发生不测，能不担心吗？不如乘元颢还没有防备之际，杀掉元颢，占据洛阳，这是千载难逢的机会呀！"陈庆之没有采纳他的意见。元颢先任命陈庆之为徐州刺史，陈庆之坚决要去彭城，元颢心里很害怕，不派遣，说："主上将洛阳全都委托给您负责，如果忽然听说离开魏朝寄托的洛阳而去彭城的话，便会认为您是想尽快求取功名富贵，而不为国家考虑。这不仅有损于您，恐怕我也会一起受到圣上的责难。"陈庆之便不敢再说什么了。

（以上为第四段，写元颢与陈庆之产生矛盾。）

尔朱荣与元颢的军队相持于黄河上。陈庆之镇守北中城，元颢亲自据守河桥南岸。陈庆之三天之中打了十一仗，杀伤很多敌人。有一位夏州义士为元颢镇守河中渚，暗中与尔朱荣串通好，请求为尔朱荣破桥立功。尔朱荣率兵赶到河桥，等到桥破之后，尔朱荣的部队没有接应上，元颢将通敌的士兵全都杀了，尔朱荣怅然失望。元颢又派安丰王元延明沿黄河固守，北军无船渡河，便商议打算北撤，以后再想办法攻打元颢。黄门郎杨侃说："大王从并州发兵的时候，是已经知道夏州义士会来给您做内应所以才来的呢，还是想广泛施展您的雄才大略匡复帝室才来的呢？用兵之事，何尝不是打散了再聚集起来，伤好了再继续战斗，何况现今并没有受到损失，怎么能由于这一件事没成功，便将所有的计划就都废弃了呢？当今天下百姓仰望，就看您这一次举动了。如果没有取得什么收获，您便很快又回师的话，百姓大失所望，各自考虑何去何从，谁胜谁负也就难说了。不如征调百姓的木材，多做一些木筏，间杂一些舟船，沿黄河排列开来，数百里中，都摆出渡河的架势，首尾既然相距很远，元颢不知道该防哪里为好，一旦我军渡过黄河，一定立下大功。"高道穆说："当今圣驾飘荡，皇上忧虑，臣下羞辱。大王拥有百万大军，辅佐天子而命令诸侯，如果分兵制造木筏，各个分散渡河的话，破元颢的军队易如反掌，为何却舍此而北归，使元颢又得以完善征集士卒呢？这真是如同养虺成蛇，后悔不及啊！"尔朱荣说："杨黄门已经陈述这一计策，要一起商议一下。"刘灵助对尔朱荣说："不出十天，黄河以南一定会平定。"伏波将军正平郡人杨櫆跟他的族人住在马渚，自己说家里有几艘小船，请求做向导。闰六月十八日戊辰，尔朱荣命令车骑大将军尔朱兆和大都督贺拔胜率军捆绑木材做木筏，从马渚西边的硖石这个地方夜渡黄河，袭击了元颢的儿子领军将军元冠受的部队，抓获了元冠受，安丰王元延明的士卒们知道了这一情况之后，溃散奔逃。元颢失去了依靠，率部下数百名骑兵向南逃走，陈庆之收拢步兵、骑兵共几千人，结队向东逃归。元颢原先攻取的那些城池，全都又投降了北魏。尔朱荣亲自率军追击陈庆之，正赶上嵩高河发大水，陈庆之的队伍死的死、逃的逃，差不多损失殆尽。陈庆之于是剃光头发胡须，打扮成僧人的模样，从小路逃出汝阴，回到了建康，梁朝仍按功授他为右卫将军，封永兴县侯。

中军大都督兼领军大将军杨津率军守卫在皇宫中，洒扫宫庭院落，封闭朝廷府库，到北邙迎请魏孝庄帝，痛哭流涕地谢罪，孝庄帝安慰犒赏了他。闰六月二十日庚午，孝庄帝入居华林园，大赦天下。任命尔朱兆为车骑大将军、仪同三司，从北方来的将士以及随侍的文武百官和那些未降元颢的加官五级，河北向朝廷报告敌情的官员和河南坚决未降元颢的官员加官二级。闰六月二十二日壬申，加封大丞相尔朱荣为天柱大将军，并增加封户，加上以前的封户，共二十万户。

北海王元颢从轘辕向南逃至临颍，随从骑兵各自逃散，临颍县吏江丰杀掉了元颢，闰六月二十三日癸酉，元颢的首级送到了洛阳。临淮王元彧又归附了魏孝庄帝，安丰王元延明携带妻子儿女前来投奔。

（以上为第五段，写北魏太原王尔朱荣率军勤王，与元颢军队战于黄河沿岸，将其消灭；陈庆之假扮成和尚，才得以逃脱；孝庄帝元子攸返回京都洛阳，大赏有功将士，元颢被斩，传首洛阳。）

陈庆之攻入洛阳的时候，萧赞上书请求允许回到梁朝。当时吴淑媛还在，梁武帝让吴淑媛将萧赞幼时穿的衣服给萧赞送去，书信等还未传到，陈庆之便失败了。陈庆之从北魏回到梁朝后，特别看重北方人，朱异对此感到奇怪，问陈庆之为什么这样，陈庆之说道："我当初认为长江以北地区都是戎狄之乡，等到了洛阳之后，才知道名门士族都在中原，不是江东所能企及的，有什么理由轻视北方人呢？"

闰六月二十四日甲戌，北魏任命上党王元天穆为太宰，城阳王元徽为大司马兼太尉。闰六月二十五日乙亥，魏孝庄帝在都亭设宴慰劳尔朱荣、上党王元天穆以及从北方来洛阳救援的将领们，出宫女三百人、绫罗锦缎几万匹，按功劳大小分别给予不同的赏赐。凡是受过元颢的爵位、奖赏、官职和免除赋役的人，对其所得全部追了回来。

秋季，七月初二日辛巳，魏孝庄帝开始进入宫中。

北魏任命高道穆为御史中尉。孝庄帝的姐姐寿阳公主在路上妨碍了高道穆清路开道，手持赤棒的清路卒大声呵斥，寿阳公主仍不停车，高道穆命士卒砸了寿阳公主的车子。寿阳公主哭诉于孝庄帝，孝庄帝说："高道穆是清直之人，他所干的是公事，我怎么能用私情而责怪他呢！"高道穆见孝庄帝，孝庄帝说："家姐在路上触犯了你，我对此深感惭愧。"高道穆摘下帽子谢罪，孝庄帝说："朕因为这件事而感到有愧于你，你何必要向我谢罪呢。"

这时候，北魏流通着很多分量不足的薄钱，一斗米几乎值一千钱。高道穆上表认为："现今市场上的铜价是八十一钱买一斤铜，私人铸造薄钱，每斤铜铸造出二百多钱尚有盈余。朝廷一方面向人们展示了私铸钱币的丰厚利润，随后又对私铸钱币的人施以重刑，这样有罪之人虽然很多，但偷铸钱币的人却也越来越多。现今的钱徒有五铢钱的名字，实际上连二铢的重量都不够，如果将其放在水上，恐怕都不会沉下水。这乃是日积月累，纠察督禁不够严厉，朝廷有失，那些私铸钱币之人又何罪之有！应该改铸大钱，刻上年号，记录开始的时间，如此则一斤铜只能铸七十钱，这样一来，私人铸钱的费用连成本尚不能赚取，不会有什么利润可言了，自然就会打消念头，更何况朝廷还有严峻的刑罚呢！"金紫光禄大夫杨侃也奏请允许百姓与官方都铸五铢钱，使百姓愿意这样做，弊端自然也就改正了。魏孝庄帝采纳了建议，从此开始铸永安五铢钱。

（以上为第六段，写南朝名将陈庆之当初进入洛阳颇有感触，认为衣冠人物尽在中原；北魏孝庄帝元子攸论功行赏，对尔朱氏一党的赏赐无以复加；铸造永安五铢钱。）

七月十二日辛卯，北魏任命车骑将军杨津为司空。

当初，北魏因梁、益两州疆域荒僻遥远，另行设置巴州用来统领獠人，共二十余万户，任命巴州当地的酋长严始欣为刺史；又设置了隆城镇，任命严始欣的同族侄子严恺为镇将。严始欣贪婪残暴，孝昌初年，各部獠人反叛，包围了州城，行台魏子建招抚晓谕，獠人这才解散。严始欣担心获罪，便暗中前来请求投降，皇帝派使者带着诏书、铁券、衣冠等赐予严始欣，结果被严恺所截获，将其送到魏子建处。魏子建奏请将隆城镇改为南梁州，任命严恺为刺史，将严始欣囚禁于南郑城。北魏任命唐永为东益州刺史以取代魏子建，任命梁州刺史傅竖眼为行台。魏子建离开东益州后，氐人和蜀人很快便反叛了，唐永弃城而逃，东益州便陷落了。

傅竖眼最初到梁州时，梁州人纷纷庆贺，不久，傅竖眼便长期患病，不能亲自处理政事。傅竖眼的儿子傅敬绍，骄奢淫逸，贪婪残暴，梁州人深以为患。严始欣重金贿赂傅敬绍，得以回到巴州，便举兵攻击严恺，消灭了严恺，率巴州民众来投降，梁武帝派遣将军萧玩等援助。傅敬绍看到北魏朝廷正混乱不堪，便暗中有了据守南郑的打算，派他的妻兄唐昆仑在城外面煽动诱惑山民一起前来包围梁州城，傅敬绍打算做内应。梁州城被包围起来后，计划泄露，于是梁州城中的将士们一起抓住了傅敬绍，将傅敬绍的阴谋告知了傅竖眼并杀掉了傅敬绍，傅竖眼因感到耻辱和恼恨而去世。

八月初十日己未，北魏任命太傅李延寔为司徒。八月二十五日甲戌，侍中、太保杨椿退休。

九月十五日癸巳，梁武帝亲临同泰寺，设置四部无遮大会。梁武帝脱下御服，换上法衣，行清净大舍，以同泰寺中的便省为居所，室内设素床瓦器，乘小车，用家臣做仆人。九月十六日甲子，梁武帝升讲堂法座，为四部大众开讲《涅槃经》。九月二十五日癸卯，群臣用一亿万钱向佛、法、僧三宝祈求，用以赎回皇帝菩萨，僧众默许了。九月二十七日乙巳，百官来到同泰寺东门，上表请梁武帝回到北辰皇宫，请了三次，才同意。梁武帝三次复信，前后都用“顿首”的谦辞。

北魏尔朱荣派大都督、尖山县人侯渊到蓟州讨伐韩楼。尔朱荣给他的兵力很少，骑兵只有七百人，有人为此说话，尔朱荣说道：“侯渊善于临机应变，这是他的长处；如果统帅很多军队，反而未必能指挥调度。现今率领这些军队讨伐韩楼这叛贼，必定能取得胜利。”侯渊大张旗鼓、多多增设供军队使用的器具，亲自率几百名骑兵深入韩楼的境地。在离蓟州一百余里的地方，正遇上贼将陈周的一万余骑兵和步兵，侯渊潜伏下来从背后出击，大破陈周的人马，俘获五千余人。之后又很快归还了这些人的战马和兵器，放他们回蓟州城中，左右劝谏道："既然已经俘获了贼军，为什么却又资助让回去呢？"侯渊说道："我军兵力很少，不能力战死拼，必须设奇计以离间敌人，才能够打败敌人。"侯渊估计那些被放还的敌兵已经到了蓟州城，便率骑兵连夜前进，天亮的时候，到达蓟州城下，击打城门。韩楼果然怀疑那些被放还的降卒要作侯渊的内应，弃城而逃，侯渊追上并抓获了韩楼，幽州平定了。北魏任命侯渊为平州刺史，镇守州治范阳。

在此之前，北魏任命征东将军刘灵助兼尚书左仆射，到濮阳的顿丘去慰劳幽州的流民，刘灵助趁势率流民们回归北魏，与侯渊一道共同消灭韩楼，仍然命令刘灵助负责管理幽州的事务，加封他为车骑将军，同时又任幽、平、营、安四州的行台。

万俟丑奴攻击北魏东秦州，拔取了东秦州，杀了东秦州刺史高子朗。

冬季，十月初一日己酉，梁武帝又设四部无遮大会。参加的僧、俗有五万多人。大会之后，梁武帝乘金辂车回到皇宫中，登上太极殿，大赦天下，改年号为中大通。

（以上为第七段，写北魏巴州刺史严始欣率州投降南朝；太原王尔朱荣派将领侯渊智攻破叛军首领韩楼；南朝梁武帝萧衍一心向佛，两设无遮大会，亲讲佛经。）

北魏任命前司空萧赞为司徒。

十一月初二日己卯，梁将就德兴向北魏请降，营州平定。

十一月二十九日丙午，北魏任命城阳王元徽为太保，丹扬王萧赞为太尉，雍州刺史长孙稚为司徒。

十二月初四日辛亥，梁朝兖州刺史张景邕、荆州刺史李灵起、雄信将军萧进明反叛，投降了北魏。

梁朝任命陈庆之为北兖州刺史。有一妖贼名叫僧强，自称天子，土豪蔡伯龙起兵响应他，士卒达三万人，攻陷了北徐州，陈庆之率兵前往征讨，斩杀了僧强、蔡伯龙等。

北魏委任岐州刺史王罴代理南秦州的军政事务，王罴诱捕南秦州境内的群盗，全部杀掉了。

（以上为第八段，写南朝僧强起兵造反，攻陷北徐州，名将陈庆之为北兖州刺史，率军前往平定；北魏岐州刺史王罴代理南秦州刺史，迅速平定了境内群盗。）

【点评】

陈庆之识见不凡。本卷大起大落的人物应该是梁将陈庆之了。北魏北海王元颢投降了梁，任用梁的名将陈庆之为卫将军、徐州刺史，引兵向西。本年四月，乘虚自铚县到了梁国，击败拥兵七万、筑垒九座相拒的北魏将丘大千。不久又于考城大败北魏将元晖业两万人。五月，引兵西进，接连拔取荥阳、虎牢二城，荥阳一战，以七千人克元天穆三十余万之众，护送元颢入洛阳。陈庆之凡四十七战，取城三十二座，所向皆克，功绩显赫，威震中原。尔朱荣大兵南下，陈兵数百里，羌、胡之众十倍于洛阳。陈庆之守北中城，战败，化装成和尚，方才逃脱回建康。若不是元颢猜疑，陈庆之不会败得如此惨烈。

陈庆之不仅是一员武将，其政治眼光也了得。他自北魏回到梁，特别重视北方人。朱异对此感到奇怪，问陈庆之为什么这样，陈庆之说：“我当初认为长江以北地区都是戎狄之乡，等到了洛阳之后，才知道衣冠人物都在中原，不是江东所能企及的，有什么理由轻视北方人呢？”这一观点颠覆了千百年来对北方人，具体而言是对“戎狄”这些北方少数民族的蔑视。陈庆之正眼看待他们，不仅仅是正视，而且是高看一眼了。陈庆之撇开民族偏见，公正地看待戎狄，算是十分难能可贵了。衣冠人物，本在中原，晋南渡之后，士人集聚建康。陈庆之从建康到了洛阳，有了比较，又有客观的态度，所以才会有客观的结论，并且大胆地讲出来，尤其令人敬仰。洛阳之所以吸引衣冠人物，实乃魏孝文帝的改革之功，促进民族融合，士人向往。

资治通鉴（白话本） 卷第一百五十四

梁纪十

梁武帝中大通二年（公元 530）

【上章阉茂（庚戌，公元 530 年），凡一年】

【大事提要】

本卷记事公元 530 年，凡一年，当梁武帝中大通二年。本卷所载大事，南朝萧梁大事一件，即梁将陈庆之包围北魏悬瓠。北魏大事三件，都是围绕着尔朱氏展开。其一，魏孝庄帝元子攸不甘大权旁落尔朱氏手中，于是诈称皇太子出生，召尔朱荣入朝。孝庄帝横刀膝下，亲手杀死了尔朱荣。其二，尔朱荣死后，汾州刺史尔朱兆为了替死去的叔父报仇，发兵攻入京师洛阳，俘虏了魏孝庄帝元子攸。长广王元晔被尔朱兆拥立登上了帝位。尔朱兆满载着掠夺的财物回到晋阳，留下叔父尔朱世隆牵制元晔。其三，高欢开始显山露水。

高祖武皇帝十

梁武帝中大通二年（庚戌，公元 530 年）

春季，正月十三日己丑，北魏益州刺史长孙寿、梁州刺史元儁等派将领攻打严始欣，将其斩首，萧玩等也战败而死，逃跑伤亡一万余人。

辛亥，北魏东徐州城百姓吕文欣等人杀死了刺史元大宾，占据东徐州城反叛，北魏派遣都官尚书平城人樊子鹄讨伐吕文欣。二月初八日甲寅，斩了吕文欣。

万俟丑奴侵扰关中，北魏尔朱荣派武卫将军贺拔岳讨伐。贺拔岳私下里对贺拔胜说：“万俟丑奴是强敌，现今攻讨他不能取胜，固然有罪，但打败了他，谗佞嫉妒之言也会产生。”贺拔胜问道：“那该怎么办呢？”贺拔岳说：“希望让一位尔朱氏家族的人为统帅，我辅佐他。”贺拔胜向尔朱荣讲了贺拔岳的建议，尔朱荣很高兴，便任命尔朱天光为使持节、都督二雍二岐诸军事、骠骑大将军、雍州刺史。以贺拔岳为左大都督，任命征西将军代郡人侯莫陈悦为右大都督，贺拔岳、侯莫陈悦二人均作为尔朱天光的副手以征讨。

尔朱天光开始出发时，只配备了一千名士兵，依靠征发洛阳以西沿途百姓的马匹补给。当时，赤水的蜀贼切断了道路，北魏朝廷诏令侍中杨侃先去抚慰劝谕赤水蜀贼，并征集他们的马匹，叛贼将领犹疑不决。魏军到潼关后，尔朱天光不敢再前进了，贺拔岳说："蜀贼都是些鸡鸣鼠盗之辈，您尚且如此迟疑不决，如果遇到大敌的话，又将如何应敌呢！"尔朱天光说道："今天的事情，我就全部委托给你了。"贺拔岳便向渭水北岸的蜀贼进击，大破贼军，缴获战马两千匹，挑选贼军中健壮的士卒以充实魏军，又征集百姓的马匹合计一万多匹。由于兵力还比较少，因此部队停了下来没有继续前进。尔朱荣大怒，派骑兵参军刘贵乘驿马赶至军中，责备尔朱天光，将尔朱天光打了一百杖，又增兵两千人。

三月，万俟丑奴亲自率众包围了岐州，派遣其大行台尉迟菩萨、仆射万俟仵从武功南渡渭水，围攻营盘。尔朱天光先派贺拔岳率一千骑兵前往救援，尉迟菩萨等已拔起营盘返回了，贺拔岳故意大肆杀害掠夺万俟丑奴的官吏百姓，以此来激怒敌人，但是尉迟菩萨已率两万步兵和骑兵回到了渭水北岸。贺拔岳率数十轻骑在渭河南岸，与北岸的尉迟菩萨隔河对话，称扬北魏的国威。尉迟菩萨不亲自出面，只命令传话的使者向贺拔岳传话，贺拔岳大怒，说道："我跟尉迟菩萨说话，你算什么人！"于是用箭射杀了他。第二天，又带了一百多名骑兵隔着渭水跟贼军说话，渐渐地将贼军引向了东边，到了一处可以涉水而过的浅水地带，贺拔岳立即驰马向东跑去，贼军以为贺拔岳要逃跑，便抛下步兵，轻骑南渡渭水追击贺拔岳的部队，贺拔岳已经在一条横向土冈背后设下伏兵等待贼军，等贼军一半人马刚渡过冈东，贺拔岳回兵反击，贼军败逃而去。贺拔岳下令，贼军凡下马者不杀，贼军纷纷下马，很快俘获三千人，马匹也没有丢掉，便捉获了尉迟菩萨。魏军仍渡过渭水北岸，贼军万余步兵投降，连同缴获其辎重。万俟丑奴听说了，放弃了岐州，向北逃至安定，在平亭设置了营栅。尔朱天光这才从雍州至岐州，跟贺拔岳会合。

夏季，四月，尔朱天光的部队来到了汧水和渭水之间，部队停下来，放养战马，并且放出话来说："天气就要变热了，不能行军作战，等到秋天凉爽了以后再考虑进军或退兵。"魏军抓获了万俟丑奴的侦察兵，又放回去。万俟丑奴相信了这些话，便解散部队，令部队在细川耕作，并派太尉侯伏侯元进率五千士兵，凭据险要设立营栅，其余一千人以下便设立营栅的很多。尔朱天光了解到万俟丑奴的兵势已经分散，傍晚时分，暗中督责各个部队，相继出发，黎明时分，包围并攻取了侯伏侯元进的大寨，所俘获的俘虏，全部放了回去，其他各营栅的贼军听说了之后，都投降了。尔朱天光昼夜前进，抵达安定城下，贼人的泾州刺史侯几长贵率城投降。万俟丑奴放弃平亭城出逃，想去高平城，尔朱天光派贺拔岳率轻骑追击，四月二十二日丁卯，在平凉追上了敌人。贼军还未列成阵势，直阁代郡人侯莫陈崇单骑闯入贼人营阵，从马上生擒了万俟丑奴，并趁势高呼，贼军都望风披靡，没有人敢阻挡侯莫陈崇，北魏的后续骑兵聚集得越来越多，贼军全线崩溃，于是大破贼军。尔朱天光又进逼高平，城中人抓住萧宝寅，将其送到魏军中请降。

四月二十七日壬申，梁朝任命吐谷浑王佛辅为西秦州、河州两州的刺史。

四月二十九日甲戌，北魏因关中已经平定，大赦天下。万俟丑奴、萧宝寅被押至洛阳，置于阊阖门外的大街上，洛阳城中的男女老少聚集围观了三天。丹扬王萧赞上表请求饶萧宝寅一命，吏部尚书李神儁、黄门侍郎高道穆平素与萧宝寅友善，也想帮萧宝寅求情，便对魏孝庄帝说："萧宝寅叛逆的事情，发生在前朝。"这时正赶上应诏王道习从外面进来，孝庄帝问王道习："你在外面听到了什么？"王道习回答说："只听到有人说李尚书、高黄门跟萧宝寅亲密友爱，这二人都处在便于进言的官位上，一定能够保全萧宝寅。而且这两个人说萧宝寅叛逆的事情发生在前朝，萧宝寅为万俟丑奴的太傅，难道不是在陛下的时候吗？贼臣如果不翦除掉，王法还能施加于谁呢！"孝庄帝便赐萧宝寅死于驼牛署，将万俟丑奴斩首于都市中。

（以上为第一段，写北魏叛军首领万俟丑奴侵扰关中，北魏将领尔朱天光率军讨伐，大获全胜，生擒丑奴，活捉其太傅萧宝寅，万俟丑奴被斩于洛阳闹市，萧宝寅被赐死。）

六月十三日丁巳，梁武帝又加封原北魏汝南王元悦为魏王。

六月十四日戊寅，北魏颁布诏书，凡胡氏家族的亲属在朝廷受过爵位的一律罢黜为平民。

六月十六日庚申，梁朝任命北魏降将范遵为安北将军、司州牧，跟随魏王元悦北还。

万俟丑奴兵败后，从泾州、豳州以西直到灵州，贼党都归降了北魏，只有任命的行台万俟道洛率六千部众逃入深山之中，拒不投降。当时高平一带大旱，尔朱天光由于马匹缺少水草，退兵屯驻在高平城东五十里的地方，派都督长孙邪利率领二百人管理原州事务，镇守在高平城内。万俟道洛暗中跟高平城中百姓合谋，偷袭了长孙邪利，连同其部下都杀害了。尔朱天光率各路人马赶赴高平城救援，万俟道洛出城迎战，结果战败，率其部下向西逃进了牵屯山，据险自守。尔朱荣因尔朱天光损失了长孙邪利，还没有抓获万俟道洛，又派使者打了尔朱天光一百杖，以皇帝诏书的名义贬黜尔朱天光为抚军将军、雍州刺史，降爵位为侯。

尔朱天光率军至牵屯山追击万俟道洛，万俟道洛战败逃走，进入陇山，归附略阳的贼军首领王庆云。万俟道洛骁勇绝伦，王庆云非常高兴，以为这样一来大事可成，于是便在水洛城称帝，设置文武百官，任命万俟道洛为大将军。

秋季，七月，尔朱天光率诸军进入陇地，来到了水洛城。王庆云、万俟道洛出城迎战，尔朱天光用箭射中了万俟道洛的手臂，万俟道洛丢掉弓箭回马便走，尔朱天光趁势拔下了贼军的东城。贼军聚集起兵力退至西城，城中无水，士兵们又渴又乏，有投降北魏的士兵告诉尔朱天光说：王庆云、万俟道洛打算突围逃走。尔朱天光担心敌人逃掉，于是便派人招降王庆云，让他早日投降，并对他说："如果自己还不能决定的话，应该叫大家今夜共同商议一下，明天早晨回话。"王庆云等贼将希望能稍微缓解一下，以便等待夜间突围出逃，便回报说："请等到明天吧。"尔朱天光通过使者告诉王庆云等贼将说："我知道你们需要水，今天我的军队会稍微后退一些，任你们取山涧水饮用。"贼兵大喜，便不再有逃走之意。尔朱天光暗中让士兵们多做拒马枪，各长七尺，天黑后，环绕城边布置好，险要路口布置得更多一些，同时又让士兵埋伏在枪丛中，以防备敌人冲锋突围，还让人暗中在城北捆扎长梯子以备攻城之用。这天夜里，王庆云、万俟道洛果然驰马突围出逃，遇上拒马枪，战马各自受伤倒下，伏兵又起，当时便抓获了王庆云、万俟道洛二人。北魏士兵沿长梯登上城墙进入城内，其余贼军都从城南突围，遇上拒马枪后也被阻止住了，走投无路只好请降。七月初三日丙子，尔朱天光收缴了降兵的武器，将敌军全部活埋了，死者达一万七千人，又将他们的家属分别赏赐给将士。这时候，三秦、河、渭、瓜、凉、鄯等州也都投降了。

尔朱天光驻军略阳。皇上颁布诏书恢复了尔朱天光的官职、爵位，不久又加封为侍中、仪同三司。任命贺拔岳为泾州刺史，侯莫陈悦为渭州刺史。秦州城民图谋杀掉刺史骆超，南秦州城民图谋杀掉刺史辛显，被骆超、辛显发觉了，投奔了尔朱天光。尔朱天光派兵讨伐平定了秦州、南秦州的叛乱。

（以上为第二段，写北魏王庆云称帝水洛城，被尔朱天光擒杀，三秦、河、渭、瓜、凉、鄯诸州的叛乱随之被平定。）

步兵校尉宇文泰跟从贺拔岳进入关内，因功劳升迁至征西将军，代理原州事务。当时关、陇地区经济凋敝，宇文泰以恩德信义抚慰百姓，当地百姓非常感激喜悦，都说："要是早点遇到宇文使君的话，我们怎会跟着参与叛乱呢！"

八月初七日庚戌，梁武帝在德阳堂为魏王元悦饯行，派兵送到边境上。

北魏尔朱荣虽居处京城之外的藩镇，却遥控朝政，广树党羽，布置于魏孝庄帝左右，以便窥伺观察朝中动静，朝中大事小事，他都知晓。魏孝庄帝虽然受到尔朱荣的控制，但他生性勤于政事，从早到晚处理政务也不疲倦，多次亲自察览诉状，审理冤案。尔朱荣听说后，很不高兴。魏孝庄帝又跟吏部尚书李神儁商议整顿官吏的选拔，尔朱荣过去曾补授过一位曲阳县令，李神儁以官阶相差太悬殊为由，没有批准，另选了别人。尔朱荣大怒，便派自己所补授的人前去曲阳县抢夺县令的职位。李神儁很恐惧，就辞了官职，尔朱荣便让尚书左仆射尔朱世隆主持吏部。尔朱荣启请他的亲党为河南各州的刺史，孝庄帝没有同意。太宰元天穆入见，当面请求批准，孝庄帝还是没有答应。元天穆说道："天柱将军既然对国家有大功，身为宰相，如果他要求调换全国的所有官员的话，恐怕陛下也不能违背他的意旨，为什么他启奏几个人为河南诸州的刺史，您竟然不允许呢？”孝庄帝严肃地说道：“天柱将军如果不想做人臣的话，朕也可以被他取代；如果他还想保持臣节的话，就绝无更换天下百官的道理。”尔朱荣听说后，非常恼怒怨恨，说道：“他的天子的位子是靠谁才坐上的，今天竟然不采纳我的意见了！”

尔朱皇后生性妒忌，多次向孝庄帝发泄怨恨不满之意。孝庄帝派尔朱世隆向她晓以大义，尔朱皇后说：“天子是我家设立的，今天竟然这样，我父亲当初如果自己做皇帝的话，今天什么事情也就决定了。”尔朱世隆说道：“正是由于自己没有做皇帝，如果当初自己做了，我现今也可封王了。”

魏孝庄帝外面受逼于尔朱荣，在内又受逼迫于尔朱皇后，因此总是怏怏不乐，并不因为自己是皇帝而感到快乐，唯一可庆幸的是寇盗尚未平息，希望寇盗与尔朱荣相抗衡。等到关、陇地区已经平定，捷报传到朝廷的时候，孝庄帝并没有很高兴，只是对尚书令临淮王元彧说道：“从今以后天下便无贼寇了。”元彧见孝庄帝脸色不悦，说道：“臣担心贼寇平定以后，才是圣上多费思虑之时。”孝庄帝怕其他人听到了感到奇怪，赶忙用别的话题打乱元彧道：“是的，抚慰安定战乱后的余民，实在不容易。”尔朱荣见四方平定无事，上奏道：“参军许周劝臣取得九锡的特殊荣宠，臣厌恶他说的话，已经斥责了他一通，让他离开了。”尔朱荣当时希望能够得到孝庄帝特殊的礼遇，所以故意以此来委婉地向孝庄帝暗示自己的愿望，孝庄帝实在不想给尔朱荣以特殊礼遇，大加称赞了一番尔朱荣的忠诚之心。

（以上为第三段，写北魏权臣尔朱荣居处藩镇，却遥控朝政，与孝庄帝元子攸产生了不可调和的矛盾，正处于爆发的边缘。）

尔朱荣喜好打猎，不管寒暑，列队四面围狩，命令士卒必须整齐划一，遇到艰难险阻也不得逃避。如果有一只鹿逃出去，必定会有几个人被处死。有一个士兵看到老虎后吓得逃开了，尔朱荣对他说道：“你怕死吗？”当即便将那个士兵斩了，从此每次打猎，士卒们如同上了战场。有一次在一条幽僻的山谷中发现了老虎，尔朱荣命十几个人空手与老虎搏斗，而且不能损伤老虎，死了好几个人，最后才擒获了老虎。尔朱荣以此为乐，部下却吃尽了苦头。太宰元天穆闲暇时对尔朱荣说：“大王功业非常兴盛，四方安定无事，正应该兴修德政，休养百姓，按着季节行围打猎，为什么一定要在盛夏时狩围打猎，伤害自然的和谐之气呢？”尔朱荣捋起袖子说：“灵后女主，行为不正，推奉天子，乃是臣子的常节。葛荣之徒，本来都是些奴才之辈，乘时发动叛乱，好比是奴婢逃跑，擒获了就是了。近来受国家大恩，却还未能统一海内，怎能说是已经建立了功勋业绩！如果听到朝内官员还是松松垮垮，今年秋天想与你整顿兵马，到嵩山围猎，让那些贪官显贵到围子中与老虎搏斗。然后再出兵鲁阳，扫平三荆之地，一并擒获南方蛮贼，向北镇抚六镇之后，回军的时候，再铲除汾州界内的胡匪。明年，挑选精锐骑兵，分道出兵江、淮，萧衍如果投降的话，封一个万户侯；如果不投降，便率领数千骑兵直渡江淮，将其缚取。然后与你侍奉天子，巡视四方，这才可以称得上是建立了功勋啊。现今如果不频频围猎的话，士兵们就会懈怠，怎么能够再用呢！”

城阳王元徽的妃子，是孝庄帝舅舅的女儿；侍中李彧，是李延寔的儿子，也是皇帝的姐夫。元徽、李彧想得到权力，获得皇帝的恩宠，担心尔朱荣是自己的祸害，终日在皇帝面前诋毁尔朱荣，劝皇帝除掉他。孝庄帝从河阴之难中吸取教训，担心尔朱荣最终难以驾驭，从此便萌生了除掉尔朱荣的想法。侍中杨侃、尚书右仆射元罗也参与了这一谋划。

正赶上尔朱荣请求入朝，想照看尔朱皇后分娩，元徽等人劝孝庄帝趁尔朱荣入朝之际刺杀他。只有胶东侯李侃晞、济阴王元晖业说道：“尔朱荣如果来的话，一定会有所防备，恐怕不好对付。”元徽等人又想杀掉尔朱荣的党羽，派兵去对付尔朱荣。孝庄帝犹疑不定，洛阳城中官民忧虑害怕，中书侍郎邢子才之徒已经跑出洛阳城向东逃走了，尔朱荣于是给朝中每个大臣都写了一封信，表示各人可以随意去留。中书舍人温子昇将信呈给了孝庄帝，孝庄帝总希望尔朱荣不来，等到看了信后，知道尔朱荣一定要来，脸色很不高兴。邢子才名叫邢劭，以其字相称，他是邢峦的族弟。当时有很多人都是以字相称，所以旧史书都因袭下来称呼他的字。

武卫将军奚毅，建义初年以来往返传达使命，孝庄帝对他期望看重，但又由于他是尔朱荣所亲信的人，因此不敢跟他说实情。奚毅对孝庄帝说：“如果有什么变故的话，我宁肯为陛下而死，也不会去为契胡做事。”孝庄帝说道：“朕保证天柱将军不会有什么异心，朕也不会忘记你的忠诚。”

（以上为第四段，写北魏权臣尔朱荣不分寒暑出猎，既有爱好打猎，也有训练士兵以统一天下而建功的意思；尔朱荣欲入朝，孝庄帝元子攸与谋臣策划将其杀之。）

尔朱世隆怀疑孝庄帝想要有所变动，便写了封匿名信贴在了自己家门上，信上称：“天子与杨侃、高道穆等人策划，打算杀掉天柱将军尔朱荣。”尔朱世隆自己又取下这封信呈送给了尔朱荣。尔朱荣仗恃自己的力量强大，对此并不在意，亲手撕了这封信，朝地上唾了一口说道：“尔朱世隆太没有胆量了，谁敢有这样的想法！”尔朱荣的妻子北乡长公主也劝尔朱荣不要入朝，尔朱荣不听。

当月，尔朱荣率四五千骑兵从并州出发，当时人们都说“尔朱荣要反叛”，又说：“天子肯定图谋尔朱荣。”九月，尔朱荣到了洛阳，孝庄帝当时便想杀了他，由于太宰元天穆还在并州，担心成为后患，所以忍住未杀，同时召元天穆进京。有人告诉尔朱荣说：“皇上想图谋您。”尔朱荣便将这话上奏了孝庄帝，孝庄帝说道：“外边的人也传言说太原王想害了我，怎么可以相信呢！”这时尔朱荣便不再怀疑，每次入朝拜谒皇帝，随从也不过几十人，并且都赤手不带兵器。孝庄帝又打算放弃原来的想法，城阳王元徽说道："即使尔朱荣不反叛，又怎么能容忍他这样呢，何况不可保证他不反呢！"

在这以前，彗星出现在中台的位置，又扫过大角星。恒州人高荣祖对天文历象很通晓，尔朱荣问他，高荣祖回答说："这是除旧布新的预兆。"尔朱荣非常高兴。尔朱荣到了洛阳城后，行台郎中李显和说："天柱将军来到京城，怎么可以没有九锡，何须大王亲自索要！也是当今天子不辨情势。"都督郭罗察说："今年一定可以写作禅让的文章，何止加九锡呀！"参军褚光说："人们都说并州城上有紫气，何须忧虑天柱大将军不应此征兆！"尔朱荣的部下大加凌侮孝庄帝左右之人，肆无忌惮，所以这些事都传到了孝庄帝那里。

奚毅又入宫晋见孝庄帝，请求屏除左右，孝庄帝便走下明光殿与奚毅交谈，知道他非常忠诚，于是便召见城阳王元徽及杨侃、李彧等人，将奚毅的话告诉了他们。尔朱荣的小女儿嫁给孝庄帝的侄子陈留王元宽，尔朱荣有一次指着元宽说："我最终会得到这位女婿的帮助。"元徽将这事告诉了孝庄帝，说道："尔朱荣顾虑到陛下最终会成为自己的后患，如果有了东宫太子，他必然贪心立幼子为帝，如果皇后生的不是男孩，就会立陈留王。"孝庄帝做梦梦见自己持刀割掉了十个手指，很讨厌这个梦，告诉了元徽和杨侃，元徽说道："蝮蛇刺了手，壮士便要割断手腕，割掉手指跟这同一道理，这是吉祥之兆啊！"

九月十五日戊子，元天穆到了洛阳，孝庄帝出宫迎接。尔朱荣与元天穆一起随孝庄帝来到西林园宴饮射猎，尔朱荣奏请道："近来侍卫和臣子都不再习武，陛下应率五百骑兵到外面围猎，正好也可以解脱辞讼公务带来的劳苦。"在这之前，奚毅曾说尔朱荣打算趁围猎的时候胁迫天子迁都，因此孝庄帝更加怀疑了。

九月十八日辛卯，孝庄帝召见中书舍人温子昇，告诉了想杀尔朱荣的情况，并问温子昇当年王允杀董卓的事，温子昇从头至尾详细地讲述了那件事。孝庄帝说道："王允当时若立即赦免凉州人的话，一定不会落到最后那种地步。"过了许久，孝庄帝又对温子昇说："朕内心的真实情感和想法，你是都知道的。即使冒死也一定要做，何况还不一定死呢，我宁愿像高贵乡公曹髦那样死，也不愿像常道乡公曹奂那样活着！"孝庄帝认为杀掉尔朱荣、元天穆，然后立即赦免其党羽，那些党羽便一定都不会反叛了。应诏王道习说："尔朱世隆、司马子如、朱元龙等人深受尔朱荣的信任，了解国家的虚实，不应留着他们。"元徽和杨侃都说："如果尔朱世隆被杀，那么尔朱仲远和尔朱天光怎么还会来呢！"孝庄帝也认为他们两人说的对，元徽又说道："尔朱荣腰间经常带着刀，也许困厄、窘迫的时候会伤人的，事发的时候希望陛下起身躲避一下。"杨侃等十余人便在明光殿东侧埋伏了下来。这一天，尔朱荣与元天穆一同入朝，坐下来还没吃完饭，便起身出去了，杨侃等人从东边的台阶上殿时，看到尔朱荣、元天穆已经到了中庭，这一次没能成功。

（以上为第五段，写北魏权臣尔朱荣来到都城洛阳，孝庄帝元子攸与心腹谋议诛除，第一次尝试没有成功。）

九月十九日壬辰，这一天是孝庄帝父母的忌日；九月二十日癸巳，这一天是尔朱荣父母的忌日。九月二十一日甲午，尔朱荣短暂上朝之后，便到陈留王家里饮酒去了，喝得大醉，于是便称说生病了，连日没有上朝。孝庄帝的计划大多被泄露出去了，尔朱世隆又将这些告诉了尔朱荣，并且劝尔朱荣赶快逃走，尔朱荣对孝庄帝很轻视，认为孝庄帝不能有所作为，说道："何必这么着急呢！"

参与孝庄帝谋划的人都非常害怕，孝庄帝也很担心。城阳王元徽说："用皇后生太子为借口，尔朱荣肯定会入朝，趁机便可杀了他。"孝庄帝说："皇后怀孕才九个月，这样说行吗？"元徽说道："女人怀孕不到分娩日期就生了孩子的很多，尔朱荣肯定不会怀疑的。"孝庄帝听从了元徽。九月二十五日戊戌，孝庄帝在明光殿东厢埋伏好武士，对外声言说皇后生了皇太子，派元徽飞马赶到尔朱荣的府第告诉消息。尔朱荣当时正跟上党王元天穆赌博，元徽摘下了尔朱荣的帽子，拿在手上欢舞盘旋，再加上殿内文武信使前来催促尔朱荣，尔朱荣便相信了，跟元天穆一起来到朝廷。孝庄帝听说尔朱荣来了，不禁惊慌失色，中书舍人温子昇说："陛下脸色都变了。"孝庄帝赶忙要酒来喝。孝庄帝命温子昇起草赦文，写成之后，拿着走出宫殿，这时正遇上尔朱荣从外面进来，尔朱荣问道："这是什么文书？"温子昇神色不变，答道："这是皇上的诏书。"尔朱荣没有拿来看便走了进去。孝庄帝在东墉下西向坐，尔朱荣、元天穆在御榻西北面南向坐。元徽进来后，刚拜了一拜，尔朱荣便看见光禄少卿鲁安、典御李侃等人持刀从东门闯了进来，尔朱荣赶快起身，快步奔向孝庄帝的座位，孝庄帝预先将刀横在膝下，亲手杀了尔朱荣。鲁安等奔上前去一阵乱砍，尔朱荣与元天穆同时被杀死。尔朱荣的儿子尔朱菩提及车骑将军尔朱阳覩等三十名随尔朱荣入宫的人，也都被伏兵所杀。孝庄帝得到了尔朱荣的手版，上面有几张启奏书，记的都是些要除掉或留下的在孝庄帝左右的人名，不是尔朱荣心腹的人均在赶出之列。孝庄帝说道："这小子如果活过了今天，就难以制驭了。"当时朝廷内外一片欢呼之声，声音响彻洛阳城。文武百官纷纷入朝庆贺。孝庄帝登上阊阖门，颁布诏书宣布大赦天下，派武卫将军奚毅、前燕州刺史崔渊率兵镇守北中城。当夜，尔朱世隆护卫着北乡长公主率尔朱荣的部曲烧毁了西阳门，逃出洛阳城，屯驻于河阴。

（以上为第六段，写北魏孝庄帝元子攸假称皇后生子，哄骗尔朱荣入宫，亲手将其诛杀。）

卫将军贺拔胜与尔朱荣亲党田怡等人听说尔朱荣已死，急忙奔赴尔朱荣的府第。当时宫殿大门还未来得及严加防卫，田怡等商议立即攻打皇宫，贺拔胜制止说："天子既然做了如此重大的事，一定会早有防备，我们人马这么少，怎么能轻率从事呢？现在只能先逃出洛阳城，再想别的办法吧。"田悦这才作罢。等到尔朱世隆逃走时，贺拔胜却没有跟从一起出逃，孝庄帝对贺拔胜很嘉奖。朱瑞虽然被尔朱荣所信任，但与朝廷大臣之间的关系处得很好，孝庄帝对他也很善待，所以朱瑞随尔朱世隆出逃后中途又逃了回来。

尔朱荣平素对金紫光禄大夫司马子如很器重，尔朱荣死后，司马子如从宫中逃了出来，来到了尔朱荣的府第，抛弃了家人，跟随尔朱荣的妻子和儿子逃出了洛阳城。尔朱世隆想马上回到北方，司马子如说道："兵不厌诈，当今天下一片混乱，只有强者才能号令天下，当此之际，不能以弱者姿态显示于人，如果急急忙忙向北逃去的话，恐怕内部就会发生不测的事情，不如分兵据守河桥，回军京师，出其不意，或许可以成功。即使不能成功，也足以显示还有余力，使天下的人畏惧我们的强大，不敢叛离。"尔朱世隆听从了。九月二十六日己亥，尔朱世隆的部队攻占了河桥，擒获了奚毅等人，将他们杀掉，占据了北中城。北魏朝廷大为惊恐，于是派遣前华阳太守段育前往慰问安抚，尔朱世隆将段育斩首示众。

北魏任命雍州刺史尔朱天光为侍中、仪同三司。任命司空杨津为都督并肆等九州诸军事、骠骑大将军、并州刺史，兼尚书令、北道行台，统辖河、汾地区。

尔朱荣当初到洛阳的时候，将高敖曹带在身边，囚禁在驼牛署中。尔朱荣死后，孝庄帝召见高敖曹，慰问嘉勉了他。高敖曹的哥哥高乾从东冀州赶到了洛阳城，孝庄帝任命高乾为河北大使，高敖曹为直阁将军，让他们回去，召集乡勇作为朝廷的外援。孝庄帝亲自送高氏兄弟至河桥，举起酒杯，指着黄河水说："你们兄弟二人是冀部豪杰，能使士卒拼死效力，京城倘若有什么变故，你们可以为我作战。"高乾流着眼泪接受了诏命，高敖曹拔剑起舞，发誓以死报效。

冬季，十月初一日癸卯朔，尔朱世隆派尔朱拂律归率领胡骑一千名，都穿着白色孝服，来到洛阳城下，索要太原王尔朱荣的尸首。孝庄帝登上大夏门观望后，派主书牛法尚对尔朱拂律归说："太原王为国立功，但是没有能保住晚节，阴谋策划叛乱，国法不分亲疏，已经按照刑书处死。但是，罪行只限于尔朱荣一人，其余的人一概不予追究。你们如果投降的话，官职爵位一切照旧。"尔朱拂律归说道："臣等追随太原王入朝，太原王忽然蒙受如此奇冤，现今我们不忍心空手回去。希望得到太原王的尸首，也就死而无恨了。"说着便流下了眼泪，不胜悲哀，胡兵们也都大声恸哭，哭声震动了洛阳城。孝庄帝也不禁为之悲伤，派侍中朱瑞持铁券赐予尔朱世隆。尔朱世隆对朱瑞说："太原王功盖天地，忠心为国，长乐王尚且不顾信誓，枉加残害，今天这两行铁字，何足为信！我一定要为太原王报仇，决无投降之理！"朱瑞回来后，报告了孝庄帝。孝庄帝便取出府库中的财物放在洛阳城西门外，招募不怕死的壮士以讨伐尔朱世隆，一天便招募了一万人，与尔朱拂律归等在城外交战。尔朱拂律归等从小在军旅中长大，洛阳城内的人不熟悉作战，因此几次战斗都未能打败尔朱拂律归。十月初二日甲辰，孝庄帝任命前车骑大将军李叔仁为大都督，率军讨伐尔朱世隆。

（以上为第七段，写北魏权臣尔朱荣被杀后，他的党羽部属纷纷反叛，孝庄帝与尔朱荣余党矛盾激化，欲用铁券笼络，而其余党不论生死，铁了心要报仇，一时乌云笼罩洛阳城。）

十月初六日戊申，皇子出生，北魏大赦天下。任命中书令魏兰根兼任尚书左仆射，为河北行台。定、相、殷三州都受魏兰根统辖。

尔朱氏的军队仍然守在洛阳城下，孝庄帝召集朝廷大臣广泛商议，都恐慌得不知如何是好。通直散骑常侍李苗拂袖起身说："现今贼兵如此猖狂，朝廷面临不测之忧，这正是忠臣烈士报效尽忠之日。臣虽然不是武将，请求率一旅之师为陛下截断河桥。"城阳王元徽、高道穆都认为李苗的建议很好，孝庄帝便答应了。十月十二日乙卯，李苗募人从马渚的上游乘船在夜间顺流而下，离桥还有几里，放出火船焚烧河桥，瞬间到了桥边。南岸的尔朱世隆士兵，看到以后，争着涌上桥向北逃，不一会儿，桥便烧断了，溺死的人很多。李苗率一百多人停驻在水中小岛上等待南援之兵，但官军一直未到，尔朱氏的部队便向他们发动攻击，士兵全部战死，李苗自己也投水而死。孝庄帝对李苗之死很是伤心痛惜，追赠他为车骑大将军、仪同三司，封河阳侯，谥号为忠烈。尔朱世隆也收兵北逃。十月十四日丙辰，孝庄帝颁布诏书命令行台源子恭率一万步兵和骑兵出西道，杨昱率招募来的八千士兵出东道以讨伐尔朱世隆。源子恭仍然镇守太行关的丹谷，修筑堡垒以防备贼军。尔朱世隆的部队来到建州，建州刺史陆希质紧闭城门坚守，尔朱世隆拔取建州城，屠杀了城中所有的人，以尽情发泄忿恨，只有陆希质逃走，免于一死。

魏孝庄帝颁布诏书任命前东荆州刺史元显恭为晋州刺史，兼尚书左仆射、西道行台。

北魏东徐州刺史广牧人斛斯椿一直依附于尔朱荣，尔朱荣死后，斛斯椿很恐惧，听说汝南王元悦在东徐州的边境上，于是便率领部众放弃了东徐州，投奔了元悦。元悦任命斛斯椿为侍中、大将军、司空，加封灵丘郡公，又任命其为大行台前驱都督。

汾州刺史尔朱兆听到尔朱荣死了，从汾州率骑兵占据了晋阳。尔朱世隆到了长子，尔朱兆前来与他会合。十月三十日壬申，共同推举太原太守、行并州事长广王元晔即皇帝位，大赦天下，改年号为建明。元晔是元英的侄子。任命尔朱兆为大将军，进爵为王；尔朱世隆为尚书令，赐爵乐平王，加封为太傅、司州牧；尔朱荣的堂弟尔朱拂律归为太尉，赐爵常山王；尔朱世隆的哥哥天柱大将军长史尔朱彦伯为侍中；徐州刺史尔朱仲远为车骑大将军，兼尚书左仆射、三徐州大行台。尔朱仲远这时也出兵指向洛阳。

尔朱天光当时攻克平凉的时候，宿勤明达请求投降，但不久又反叛了，向北逃走。尔朱天光派贺拔岳率兵讨伐，宿勤明达逃奔到东夏。贺拔岳听说尔朱荣已死，便不再穷追，回兵泾州以等待尔朱天光。尔朱天光与侯莫陈悦也南下陇地，跟贺拔岳商议率兵到洛阳。魏孝庄帝派朱瑞前去慰问晓谕尔朱天光，尔朱天光跟贺拔岳策划打算让孝庄帝外逃，然后再重新立一个皇族成员为皇帝。于是尔朱天光频频向孝庄帝上表称："臣确实没有异心，只是想见到皇上，当面申述尔朱氏的罪过。"同时又让他的部下向孝庄帝上表说："尔朱天光暗中早有异图，希望陛下想个足以制胜的计谋以防备尔朱天光。"

范阳太守卢文伟引诱平州刺史侯渊出城狩猎，乘机紧闭城门不许侯渊返回。侯渊率军驻扎在范阳郡的南面，为尔朱荣举哀悼念，整军向南进发，来到了中山，行台仆射魏兰根中道拦击侯渊，被侯渊打败。

魏孝庄帝任命城阳王元徽兼任大司马、录尚书事，负责朝廷内外的一切事务。元徽心里认为尔朱荣既然已经死了，枝叶自然也会四下分散了，等到尔朱世隆等人率兵四起，声势一天天兴盛后，元徽心中非常忧虑、恐惧，不知该如何是好。元徽生性嫉妒，不愿别人超过自己，常常独自与孝庄帝谋划商议，群臣中有献计献策的，总是劝孝庄帝不要采纳，并且说："何必担心这些小贼寇不能平定！"元徽又很吝惜财货，对官兵的赏赐都很微薄，有时本来赏赐较多，但元徽却中途又克扣减少，有时已经赏给了却又追夺回来，所以徒费钱财但人们却感觉不到朝廷的恩泽。

（以上为第八段，写北魏权臣尔朱荣党羽尔朱世隆与尔朱兆会合于晋阳，拥戴长广王元晔即位；孝庄帝元子攸无计可施，重用庸才城阳王元徽，其败亡指日可待。）

十一月初一日癸酉朔，魏孝庄帝任命车骑将军郑先护为大都督，与行台杨昱一起讨伐尔朱仲远。

十一月初三日乙亥，魏孝庄帝任命司徒长孙稚为太尉，临淮王元彧为司徒。

十一月初四日丙子，魏孝庄帝将雍州刺史、广宗公尔朱天光进爵为王。长广王元晔也任命尔朱天光为陇西王。

尔朱仲远攻打西兖州，十一月初五日丁丑，攻下了西兖州，活捉了刺史王衎。王衎是王肃的侄子。十一月十一日癸未，魏孝庄帝任命右卫将军贺拔胜为东征都督，十一月二十日壬辰，任命郑先护兼尚书左仆射，为行台，与贺拔胜共同讨伐尔朱仲远。十一月二十六日戊戌，颁布诏书罢免了魏兰根的行台，任命定州刺史薛昙尚兼尚书，为北道行台。郑先护对贺拔胜有所怀疑，将其置于大营之外。十一月二十八日庚子，贺拔胜与尔朱仲远在滑台以东交战，贺拔胜战败，投降了尔朱仲远。

当初，尔朱荣曾在闲暇的时候问左右道："一旦没有了我，谁可以统领军队？"左右都说尔朱兆可以。尔朱荣说："尔朱兆虽然战斗勇猛，但他率领的部队至多不能超过三千骑，再多就会乱了。能够代替我的人，只有贺六浑（高欢）啊。"因此尔朱荣告诫尔朱兆说："你不是他的对手，最终要被他穿了牛鼻子。"便任命高欢为晋州刺史。等到尔朱兆率军向洛阳的时候，派人召请高欢，高欢派长史孙腾前去见尔朱兆，推辞说："山蜀的叛乱还没有平息，现今正在讨伐，不能放弃，以免招致后患。等到平定山蜀叛乱后，当隔黄河构成掎角之势。"尔朱兆很不高兴，对孙腾说道："你回去告诉高晋州，我做了一个好梦，梦见自己与先人登上高丘，高丘周围的土地，耕翻得已经很仔细了，却只剩下了马蔺草，先人命我将马蔺草拔除掉，我随手便将草拔除干净了。由此来看，一定会无往而不克的。"孙腾回去向高欢汇报，高欢说道："尔朱兆如此猖狂愚蠢，竟敢做叛乱之事，看来我是不能长久侍奉尔朱氏了。"

（以上为第九段，写高欢原来投奔尔朱荣，尔朱荣对他非常赏识，青眼有加，认为他非尔朱兆等人所能比。）

十二月初一日壬寅朔，尔朱兆攻打丹谷，都督崔伯凤战死，都督史仵龙打开营门向尔朱兆请降，源子恭溃退逃走。尔朱兆率轻装士兵倍道兼程，从河桥的西边渡过了黄河。在这之前，孝庄帝以为黄河又深又宽，尔朱兆不可能很快渡过黄河，但是这一天，黄河水还没不过马肚子。十二月初三日甲辰，狂风大作，黄尘漫天，直至尔朱兆的骑兵叩击皇宫的宫门，值宿的卫士才发觉，搭弓放箭，由于狂风，箭射不出去，便都四散奔逃。华山王元鸷，是元斤的玄孙，一直依附于尔朱氏。孝庄帝开始听说尔朱兆南下的时候，想亲自统领六军讨伐，元鸷却对孝庄帝说："黄河水宽万仞，尔朱兆怎么过得来呢！"孝庄帝自己也觉得很安全。等到尔朱兆的部队攻进了皇宫，元鸷又制止宫廷卫兵，不让他们与之交战。孝庄帝走出云龙门外，遇到城阳王元徽正骑马而逃，孝庄帝连声呼叫元徽，元徽却头也不回，径自逃去。尔朱兆的骑兵抓住了孝庄帝，将他锁在永宁寺的楼上，孝庄帝感到十分寒冷，向尔朱兆要头巾，尔朱兆没有给他。尔朱兆扎营于尚书省，用天子专用的金鼓，在庭中设刻漏。扑杀了皇子，对宫中的嫔御、妃子、公主大加污辱，纵兵大肆掠夺财物，杀了司空临淮王元彧、尚书左仆射范阳王元诲和青州刺史李延寔等。

城阳王元徽逃到山南，来到了前洛阳令寇祖仁家。寇祖仁一家出了三位刺史，都是由元徽引荐提拔的，由于有此旧恩，元徽前来投奔。元徽带有黄金百斤，马五十匹，寇祖仁贪图财物，表面上虽然留纳了元徽，私下里却对家人说："听说尔朱兆正在悬赏捉拿城阳王元徽，抓到他的人封千户侯，今天富贵的日子到了！"寇祖仁便吓唬元徽，说官方抓捕他的人就要到了，让元徽赶快逃到别处去，派人在半路上杀了元徽，将元徽的人头送到了尔朱兆处，尔朱兆却并未对寇祖仁加以赏赐。尔朱兆梦见元徽对自己说："我有二百斤黄金、一百匹马在寇祖仁家中，你可以派人去取。"尔朱兆梦中醒来后，认为自己刚才的梦是真的，于是便收捕了寇祖仁，向他索要黄金和马匹。寇祖仁以为别人已密告了尔朱兆，伺察风头招之认服罪，说："实际得到的是一百斤黄金和五十匹马。"尔朱兆怀疑还有隐瞒，便按梦中所见所闻搜查寇祖仁家，寇祖仁家自己原有黄金三十斤、马三十匹，也全都送与了尔朱兆。尔朱兆仍不相信，一怒之下，拘捕了寇祖仁，把他脑袋悬挂在树上，用大石头坠在脚上，鞭打至死。

尔朱世隆来到洛阳，尔朱兆自认为是自己的功劳，责怪尔朱世隆说："叔父您身在朝廷这么长时间，耳闻目见应该很广，为什么竟让天柱将军遭此大祸！"尔朱兆手按宝剑，怒目圆睁，声色俱厉。尔朱世隆说好话下拜谢罪，这才算完事，但从此尔朱世隆对尔朱兆深为怨恨。尔朱仲远也从滑台来到了洛阳。

（以上为第十段，写北魏尔朱兆率军攻入洛阳，囚禁孝庄帝元子攸；北魏前洛阳令寇祖仁贪财杀害恩人城阳王元徽，自己亦因财送命；尔朱世隆入洛与尔朱兆争功，产生嫌隙。）

十二月初七日戊申，北魏长广王元晔大赦天下。

尔朱荣死的时候，魏孝庄帝颁布诏书命令河西贼帅纥豆陵步蕃攻袭秀容郡。等到尔朱兆进入洛阳后，纥豆陵步蕃便挥军南下，兵势十分强盛，所以尔朱兆来不及在洛阳久留，赶忙回师晋阳去防御。尔朱兆让尔朱世隆、尔朱拂律归、尔朱彦伯等人留守洛阳。十二月十三日甲寅，尔朱兆将孝庄帝迁至晋阳。尔朱兆自己在河梁监督掠取财货，高欢听说孝庄帝要被押至晋阳，便率骑兵东巡，打算截住，但未能赶上。便给尔朱兆写了一封信，向尔朱兆陈述利害，劝他不要伤害天子，承受恶名声。尔朱兆大怒，没有采纳高欢的劝谏。尔朱天光率轻骑来到洛阳，会见了尔朱世隆等人，之后便回到了雍州。

当初，孝庄帝担心源子恭镇守丹谷的军队会失败，便想做向南逃亡的打算，假托是要征讨蛮贼，任命高道穆为南道大行台，但是还未来得及出发，尔朱兆便攻入了洛阳城。高道穆假托有病逃离洛阳，被尔朱世隆所杀。主事之人请求追回对李苗的封赐，尔朱世隆说："当时大家商议，再过一两天便要纵兵大肆掠抢，焚烧掉洛阳城，多亏了李苗，京城才得以保全，天下之善是一样的，不应再追回李苗的封赐。"

尔朱荣死时，尔朱世隆等向泰宁太守代郡人房谟征调兵员，房谟没有答应，前后共斩杀了三位使者，同时派弟弟房毓前往洛阳。等到尔朱兆得志之后，尔朱兆党羽建州刺史是兰安定将房谟抓住囚禁于建州狱中，泰宁郡的蜀人听说后，便反叛了。

是兰安定给房谟一匹瘦弱的马，让他前往军前慰劳安抚，反叛军见到房谟后，都远远叩拜。房谟原先乘的那匹马，被是兰安定给了别的将士，这名将士战败后，马被蜀人得到，蜀人以为房谟遇害了，都悲哭不已，精心饲养这匹马，不允许别人骑，儿童、妇女们争相给这匹马喂草料，都说这是房公的马。尔朱世隆听说之后，免掉了房谟的罪名，任命为自己府中的长史。

由于军队人数少，北道大行台杨津驻留在邺城招募新兵，打算从滏口进入并州，这时正赶上尔朱兆攻入洛阳，杨津便遣散了众人，只带了一些骑兵回到朝廷。

尔朱世隆同他的几个兄弟密谋，担心长广王的母亲卫氏会干预朝政，待到她出行在外的时候，便派了几十名骑兵装扮成强盗，在洛阳城一个小巷中杀了卫氏，很快又贴出告示悬赏千万钱捉拿凶手。

十二月二十三日甲子，尔朱兆将魏孝庄帝缢杀于晋阳的三级佛寺中，同时杀害了陈留王元宽。

（以上为第十一段，写尔朱兆杀害北魏孝庄帝元子攸。）

这一月，纥豆陵步蕃在秀容大破尔朱兆，向南逼近晋阳。尔朱兆很害怕，派人召请高欢并力攻敌。僚属都劝高欢不要答应尔朱兆的召请，高欢说道："尔朱兆正处于危急之中，我保证他不会有其他方面的企图。"便率军出发了。高欢的亲信贺拔焉过兒请高欢缓慢行进，以使尔朱兆更加困顿，于是高欢便常常逗留，以汾河上没有桥，无法过河为托辞。纥豆陵步蕃的部队气势越来越盛，尔朱兆屡战屡败，向高欢告急，高欢这才前去增援。尔朱兆当时为避开纥豆陵步蕃而往南撤，纥豆陵步蕃来到平乐郡，高欢与尔朱兆进兵合击，大败纥豆陵步蕃军，在石鼓山斩杀了纥豆陵步蕃，其部众四散逃亡。尔朱兆很感激高欢，与高欢相互发誓结为兄弟，尔朱兆带数十名骑兵来到高欢住所，通宵饮酒宴乐。

当初，葛荣的部下流入到并州、肆州的有二十多万人，深受胡人的欺凌，都无以为生，前后大大小小反叛了二十六次，被杀掉了一大半，仍然没有停止图谋叛乱。尔朱兆认为是个祸患，便问计于高欢。高欢说道："六镇之民反叛，不能全部杀掉，应该选一位您的心腹之人，让他统领六镇军民，如有反叛者，则惩处其首领，那样的话，受惩处的人就少了。"尔朱兆说："好主意！但派谁去合适呢？"贺拔允当时也在座，建议让高欢统领六镇军民。高欢扬拳便朝贺拔允的嘴巴打过去，打掉了一颗牙齿，说道："天柱大将军在世的时候，奴辈受其调遣如鹰犬一般，今日天下大事取舍全在大王，阿鞠泥怎敢僭越职权大胆妄言，请大王杀了他！"尔朱兆认为高欢对自己很忠诚，于是便将六镇军民交与高欢统领。高欢以为尔朱兆醉了，担心他酒醒之后又反悔，便赶快走出营帐，对将士们宣布说："我受大王委托统领州镇兵，你们到汾河东岸集合。"于是在阳曲川建立了幕府，列阵部署。士兵们平素憎恨尔朱兆而乐意做高欢的部下，纷纷前来投奔。

（以上为第十二段，写北魏军队频频得胜，进逼晋阳，尔朱兆召请高欢并力攻打，高欢缓行，使其疲困，又设法获取信任，遂获得六镇残余兵马，后乘势而起。）

过了一些时候，高欢又派刘贵向尔朱兆请示，因为“并州、肆州连年霜旱，降户只好挖田鼠为食，面无谷色，这样只能白白玷污您的境内，请下令让他们到太行山东面乞讨食物，等到解决了温饱之后再做安排”。尔朱兆批准了这一建议。长史慕容绍宗劝谏道：“不可以同意这一建议。当今天下纷乱，人人各怀异想，高欢雄才盖世，如果再让他握重兵在外，这好比是借云雨给蛟龙啊，将来就无法控制了。”尔朱兆说：“我与高欢有香火重誓，何必过虑！”慕容绍宗道：“亲兄弟尚且不能完全相信，何况香火结盟呢！”当时尔朱兆的左右部下已经接受了高欢的重金，于是便趁机称慕容绍宗跟高欢有旧仇，尔朱兆大怒，囚禁了慕容绍宗，催促高欢尽早出发。高欢从晋阳出滏口，中途遇上了从洛阳来的北乡长公主，北乡长公主带有三百匹好马，高欢将这些好马全部截夺下来，另用老马瘦马掉换了。尔朱兆听说了这件事后，便放出慕容绍宗，和他商议。慕容绍宗说道：“高欢目前还未走远，仍是您的掌中之物呢。”尔朱兆亲自追赶高欢，追至襄垣县，正值漳河暴涨，桥梁被冲坏了。高欢隔着漳河遥拜尔朱兆道：“我之所以借公主的马匹，并非有别的目的，只是为了防备山东的盗贼罢了。大王相信公主的谗言，亲自前来追赶，我不害怕渡过河来受死，但恐怕部下便要叛离了。”尔朱兆自己说没有这个意思，于是轻马渡过漳河，与高欢并坐在大帐前，将佩刀交给高欢，引颈让高欢斩杀。高欢痛哭着说：“自从天柱将军去世后，贺六浑还有谁可以仰望！只愿您长命百岁，有处效力罢了。现今却被旁人挑拨离间，您怎忍心说出这种话呢！”尔朱兆将刀扔在地上，又杀了白马，与高欢盟誓，尔朱兆留下来与高欢通宵宴饮。尉景埋伏下士兵想捉捕尔朱兆，高欢咬破臂膀制止了他，说：“现今如果杀了尔朱兆，他的党羽肯定会聚集起来并力来争，我们兵饥马瘦，不能与他匹敌，如果这时候有非凡的人乘机而发难，那么祸害就更大了。因此不如暂且放走他。尔朱兆虽然骁勇善战，但却凶悍无谋，不足为虑。”第二天，尔朱兆渡河回营，又召请高欢，高欢上马要前去会见尔朱兆，孙腾牵住高欢的衣服，高欢才止步。尔朱兆隔河责骂高欢，驰马回到晋阳。尔朱兆的心腹念贤率领降户家属另外安营，高欢假意与念贤友善，借口观赏念贤的佩刀，取来杀了他。士兵们欢欣鼓舞，更愿意归附依从高欢了。

（以上为第十三段，写高欢得到六镇残兵的统领权，又思考如何逃出虎口，便请求率军到太行山以东就食，尔朱兆有勇无谋，轻率答应，高欢从此犹龙入大海。）

齐州城的百姓赵洛周听说尔朱兆攻入洛阳，便赶走了齐州刺史丹杨王萧赞，率城归附了尔朱兆。萧赞化装成和尚，逃进长白山，辗转流亡，死于阳平县。梁朝有人将萧赞的棺柩盗出送回，梁武帝仍然按安葬儿子的礼仪将萧赞葬在皇族的陵地。

北魏荆州刺史李琰之，是李韶的族弟。南阳太守赵修延，因李琰之是孝庄帝的外戚，便诬称李琰之想投奔梁朝，发兵袭击州城，抓获了李琰之，自己掌管州政事务。

魏王元悦改年号为更兴，听说尔朱兆已经进入洛阳城，自知无济于事，于是南还梁朝。斛斯椿又叛离元悦投奔了北魏。

这一年，梁武帝颁布诏书任命陈庆之为都督南北司等四州诸军事、南北司二州刺史。陈庆之率兵包围了北魏的悬瓠，在溱水大破北魏颍州刺史娄起等，又在楚城大破北魏行台孙腾等。罢除义阳镇兵，停止水陆漕运，长江、洞庭湖沿岸各州都得以休养生息；开垦田地六千顷，两年之后，仓廪充实。

（以上为第十四段，写南朝投奔北魏的齐州刺史萧赞被驱逐，辗转流亡而死；南朝名将陈庆之为南朝镇守北疆，兵围北魏悬瓠，罢除义阳镇兵，让当地民众休养生息，仓廪充实。）

【点评】

尔朱兆非高欢对手。高欢胜过尔朱兆，是在二人斗争中显现出来的。首先，文中借助尔朱荣之口评价高欢非等闲之辈。尔朱荣曾将尔朱兆与高欢相比较："尔朱兆虽然战斗勇猛，但他率领的部队至多不能超过三千骑，再多就会乱了。能够代替我的人，只有贺六浑啊！"尔朱荣并因此告诫尔朱兆说："你不是他的对手，最终要被他穿了牛鼻子。"此话一言成谶，尔朱兆最后果然死于高欢之手。（高欢派窦泰出击秀容郡，尔朱兆正在庭中宴会，突闻高欢军驰至，仓皇惊走，高欢军袭破尔朱兆于秀容城。尔朱兆遂杀死骑乘的白马，自缢在一棵树上，他的残部都投降了高欢。）尔朱兆与高欢相比较还有一事，当尔朱兆率军向洛阳的时候，派人召请高欢，高欢献上一计却不被采纳，尔朱兆口出狂言，使得高欢对其有了一个基本判断，对自己的所向所从有了明确的考虑："尔朱兆如此猖狂愚蠢，竟敢做叛乱之事，看来我不能长久侍奉尔朱氏了。"

又一件事，尔朱兆将孝庄帝迁至晋阳，自己在河梁监督掠取财货，高欢听说孝庄帝要被押至晋阳，便率骑兵东巡，打算截住，但未能赶上，便给尔朱兆写了一封信，向尔朱兆陈述利害，劝他不要伤害天子，以免承受恶名。本是好计策，不料尔朱兆非但不听从，反而大怒。

再一件事，尔朱兆将六镇事务交于高欢，放虎归山，正好为高欢兴起创造了条件。最愚蠢的是，尔朱兆竟然不知道政治斗争的残酷性，不知道你死我活，不知道天下只能留一位枭雄的道理，只是信从兄弟结拜的牢靠，再一次放走了高欢，养虎遗患，自食恶果。

资治通鉴（白话本） 卷第一百五十五

梁纪十一

梁武帝中大通三年至四年（公元531—公元532）

【起重光大渊献（辛亥，公元531年），尽玄黓困敦（壬子，公元532年），凡二年】

【大事提要】

本卷记事起自公元531年，至公元532年，凡二年，当梁武帝中大通三年至中大通四年。本卷所载大事，南朝萧梁大事一件，公元531年，梁昭明太子萧统去世。其所编撰的《文选》对后世影响甚大。北魏大事三件。其一，公元531年，北魏尔朱世隆逼迫元晔禅位于曾装聋扮哑达八年之久的广陵王元恭。做了5个月皇帝的元晔，此后生死不明。其二，晋州刺史高欢以讨伐尔朱氏为名乘机攻占洛阳，立元朗为帝，是为后废帝。其三，公元532年，高欢废节闵帝及后废帝，立元脩为孝武帝，自为大丞相。

高祖武皇帝十一

梁武帝中大通三年（辛亥，公元531年）

春季，正月初十日辛巳，梁武帝在南郊祭天，大赦天下。

北魏尚书右仆射郑先护听说洛阳城失守，部众逃散，就前来投奔了梁。正月二十五日丙申，梁任命郑先护为征北大将军。

二月初一日辛丑，梁武帝祭祀明堂。

北魏自从孝庄帝被囚禁以后，宫室空虚已经将近百日。尔朱世隆镇守洛阳，商人行旅流通，盗贼不敢骚扰。尔朱世隆兄弟暗中商议，认为长广王与皇族嫡系比较疏远，又素来没有声望，打算重新立一位嫡系近亲做皇帝。仪同三司广陵王元恭是元羽的儿子，好学而又有远志气度，正光年间任给事黄门侍郎，因元叉专权，假托嗓子嘶哑，住到了龙华佛寺，不与外人交往。永安末年，有人向孝庄帝报告说广陵王装哑，将别有企图。元恭很害怕，逃到上洛山，洛州刺史将他抓住送到了洛阳，囚禁了很长一段时间，没有发现谋反的证据便释放了他。关西大行台郎中薛孝通对尔朱天光说："广陵王是高祖的侄子，向有好声望，泯灭无迹，沉默不言，已经多年，如果推奉为皇帝，一定会天人和谐。"尔朱天光跟尔朱世隆等商议立元恭为帝，怀疑他确实喑哑不能说话，便派尔朱彦伯秘密前去敦请元恭，并加以胁迫，元恭说出“天何言哉”四个字来，尔朱世隆等人大喜过望。薛孝通是薛聪的儿子。

二月二十九日己巳，长广王来到邙山南侧，尔朱世隆等人已经替他做好了禅让文告，派泰山太守辽西人窦瑗手持鞭子独自进入长广王的营帐中，向长广王启奏道：“天意人心，都在广陵，希望您施行尧、舜那样禅让的事情。”便让长广王签署了禅让的文书。广陵王奉表辞让了三次，然后才登上皇帝宝座，大赦天下，改年号为普泰。黄门侍郎邢子才起草了赦文，文中记述了孝庄帝枉杀太原王尔朱荣的情况，魏节闵帝元恭说道：“孝庄帝亲手翦灭强臣，并非为失德的举动，只是上天命定了战乱的局势，所以才重蹈成济那样的灾祸罢了。”回头命左右取来笔砚，亲自起草赦文，直截了当地写道：“门下省：朕以寡德之身，时逢乐于推荐贤良的世道，愿与天下百姓，共同庆贺。宽赦罪人的法律，完全依照以往形成的常法。”节闵帝闭口不言长达八年之久，到这时才讲话，朝廷内外没有不欣然喜悦的，认为他是一位贤明之君，希望能够使天下太平。

二月三十日庚午，魏节闵帝颁布诏书说：“三皇称‘皇’，五帝称‘帝’，三代称‘王’，大致是越来越谦虚自抑，从秦朝以来，竞相称‘皇帝’，我现今只称‘帝’，就已经是很高的褒扬了。”加封尔朱世隆为仪同三司，追赠尔朱荣为相国、晋王，加九锡。尔朱世隆让文武百官商议让尔朱荣配飨的事情，司直刘季明说：“如果配飨宣武帝的话，尔朱荣在那朝并无功勋；如果配飨孝明帝的话，尔朱荣又曾亲手杀害了其母亲；如果配飨庄帝的话，尔朱荣又为臣不终。由此看来，没有可以配飨的。”尔朱世隆恼怒地说道：“你罪该万死！”刘季明道：“下官既然身为谏议官之首，就应该依礼直陈意见，如有不合圣尊心意之处，是杀是剐，任听裁处！”尔朱世隆也没有加罪于刘季明。最后将尔朱荣配飨于高祖庙廷。又为尔朱荣在首阳山立了庙，在周公旧庙的基址上建成，以此表示尔朱荣的功绩可以跟周公相比。庙建成后，不久便被一场大火焚烧掉了。

尔朱兆因没能参与废立皇帝的谋划，大怒，打算攻打尔朱世隆。尔朱世隆连忙派尔朱彦伯前去劝说，尔朱兆才按兵没有发作。

（以上为第一段，写北魏尔朱氏原立长广王元晔为帝，感到没有利用价值，重立广陵王元恭；元恭在元义擅权时作哑，逃到寺庙、深山，冷观朝局变动，今出山为帝。）

当初，魏孝庄帝派安东将军史仵龙、平北将军阳文义各自率领三千士兵镇守太行岭，侍中源子恭镇守河内。等到尔朱兆大军南下，史仵龙、阳文义率军先投降了，因此源子恭的部队也望风而溃，尔朱兆才得以乘胜直入洛阳城。到现今，尔朱世隆为史仵龙、阳文义二人表功，要将他们二人都封为千户侯，魏节闵帝说道：“史仵龙、阳文义二人对您有功，但于国家却无功。”最终没有同意。尔朱仲远镇守滑台，上表朝廷请求批准其属下的一位都督为西兖州刺史，先任用之后才上表奏闻朝廷，颁布诏书答复说："既然已经能够就近补用了，何劳远奏于朝廷！"尔朱天光灭万俟丑奴的时候，得到波斯国向北魏朝廷进献的狮子，于是派人将这头狮子送到了洛阳城。等到节闵帝即位后，颁布诏书说："禽兽被囚禁，违背了它的天性。"便命人将狮子送还给波斯国。使者因波斯国路途遥远，难以到达，便于中途杀掉了狮子后返回朝廷，有关部门弹劾使者违背了圣上旨意，节闵帝说道："怎么可以因为一头野兽而加罪于人呢！"便赦免了使者。

北魏镇远将军清河人崔祖螭等人聚集起青州七郡之众包围了州治东阳，十天之内，就聚集了十万多人。青州刺史东莱人王贵平率东阳城中的百姓固守城池，派太傅谘议参军崔光伯出城劝慰安抚崔祖螭。崔光伯的哥哥崔光韶说："东阳城民欺凌其属郡百姓时日已久，众人怒气很盛，不是靠劝慰调停所能化解的，我弟弟此次前去，一定难以生还。"王贵平强迫崔光伯前往，崔光伯出城后，便被人射杀了。

幽、安、营、并四州行台刘灵助，自称有方术可以趋使人行动，又推算说尔朱氏将要衰败，便起兵自封为燕王、开府仪同三司、大行台，扬言要为孝庄帝报仇，而且胡编了图谶，说"刘氏当王"。因此幽、瀛、沧、冀州的百姓很多前来投奔他。投奔的人以夜间举火把为号，不举火把的，各村就一起把他们杀光。刘灵助率军南下来到了博陵郡的安国城。

尔朱兆派监军孙白鹞到冀州，假托征调百姓的马匹，打算等高乾兄弟送马来的时候收捕他们。高乾等已知道孙白鹞的用意，便与前河内太守封隆之等人合谋，暗中部署部队，袭击并占据了信都，杀掉了孙白鹞，抓获了冀州刺史元嶷。高乾等想推举高乾的父亲高翼主持冀州的行政事务，高翼推辞道："和协安抚乡里百姓，我不如封隆之。"于是推举封隆之代行州事，并为孝庄帝举哀，将士们都身穿孝服，升坛誓师，向各州郡发出檄文，共同讨伐尔朱氏，受刘灵助指挥。封隆之是封磨奴的族孙。

殷州刺史尔朱羽生率五千人马袭击信都，高敖曹来不及披挂铠甲，便率领十几个人骑马去迎击，高乾从城中用绳子送下来五百人，追救高敖曹，没能赶上，高敖曹已与尔朱羽生的部队交战，尔朱羽生大败而逃。高敖曹的槊术盖世无双，部下以一当百，当时人们将高敖曹比作项羽。

高欢驻军于壶关的大王山，六十天后才率兵东进，扬言讨伐信都。信都人都很恐惧，高乾说道："我听说高晋州雄才武略盖世，他志向不肯久居人下。况且尔朱氏无道，上弑君主，下虐百姓，这正是英雄立功的机会，今日到信都来，肯定有更深的谋划，我应当轻骑前往迎接，暗中观察其意图，诸位不必恐惧。"高乾便率十余骑人马与封隆之的儿子封子绘一起秘密至滏口求见高欢，劝高欢说："尔朱氏残暴叛逆，人神共怨，凡是明白事理的人，谁不想奋起讨伐！明公平素威德卓著，天下之人倾心归慕，若能据道义兴兵，则那些倔强之徒，不足以跟您相抗衡。鄙地冀州虽然很小，户数不下十万，赋税足够接济军资的，希望您深思熟虑。"高乾言辞慷慨激昂，高欢非常高兴，当夜与高乾在同一个帐篷睡觉。

（以上为第二段，写北魏广陵王元恭为帝，初步显示其智慧和才干，但最终败于不善韬光养晦；高欢驻军两个月后，率军东进，高乾洞晓高欢志向，轻马相迎，相见甚欢，劝高欢讨伐尔朱氏。）

当初，河南太守赵郡人李显甫，生性喜欢豪放行侠，集聚了数千户李姓人家居住于殷州西山方圆五六十里的地方。李显甫死后，儿子李元忠承继了家业。李家一直很富足，过去多将钱出借他人以获利息，李元忠将契约全部烧掉，免除了所有借钱人的债务，乡亲们都非常敬重他。当时盗贼四起，清河县有五百人西戍边关，回来时经过赵郡，因盗贼拦阻不通，便一同来投奔李元忠。李元忠派手下仆人为他们做向导，并对他们说："如果遇上贼寇的话，只说是李元忠派来的。"这些人按照李元忠吩咐的话去说，那些贼寇果然都放行。等到葛荣起兵后，李元忠率领宗族亲党修筑堡垒来御敌自卫，他亲自坐在大槲树下，前后共斩违抗命令者三百人。贼军前来时，李元忠每次都将他们击退。葛荣说道："我从中山到这里，连连被赵郡李氏打败，这样怎能成就大事！"于是出动全部军队围攻，抓获了李元忠，将他随军羁押。贼人被平定之后，任命李元忠为南赵郡太守，李元忠喜好饮酒，没有什么政绩。

等到尔朱兆弑杀孝庄帝以后，李元忠弃官回乡，策划兴兵讨伐尔朱兆。正赶上高欢出兵东进，李元忠便乘一辆敞篷车，车上载着素筝浊酒前来迎接。高欢听说李元忠是一位酒徒，便没有立即会见他。李元忠下车后独自坐下，斟酒撕肉，边饮边吃，对高欢的门卫说："本来说高公能招揽英雄豪杰，今天知道国士到了门前，却并不像周公吐哺、汉高祖停止洗发那样去迎接贤士，他这个人也可想而知了，请退还我的名帖，不必通报了。"门卫报告给高欢，高欢听后马上接见李元忠，引入大帐之中。两杯酒喝过，李元忠从车上取下筝弹奏起来，长歌一曲，慷慨激昂，唱完歌，对高欢说道："而今天下形势已昭然可见，明公您还要为尔朱氏效力吗？"高欢道："富贵都得之于彼人，怎敢不为尔朱氏尽节！"李元忠道："不是英雄啊！高乾邕兄弟来过没有？"当时高乾已经见过了高欢，高欢却哄骗李元忠说："高乾兄弟生性粗犷，怎肯前来！"李元忠道："虽然为人粗犷些，却非常明晓事理哪！"高欢说道："赵郡您真是喝醉了。"于是让人将李元忠扶出去。李元忠不肯起身，孙腾进言道："这个人乃是上天派来的，您不能违背了天意啊！"高欢于是又留下李元忠，与他交谈。李元忠陈述时事言辞慷慨，泪流满面，高欢也不禁悲从中来。李元忠趁机向高欢献计道："殷州太小，缺乏粮草兵器，不能成就大事。如果前往冀州，高乾邕兄弟定会成为明公的东道主，倾心事公，便把殷州委托高氏兄弟。冀州、殷州既已联为一体，那么沧州、瀛州、幽州、定州等自然顺服了，只有刘诞这个狡猾的胡人也许会抗拒，但他远不是明公的对手。"高欢听后紧紧握住李元忠的手，向他道歉。

高欢到了太行山东面，对士兵严加约束，不许侵犯百姓一丝一毫的东西。每次行军路过麦地，高欢总是牵马步行，远近之人听说以后，都称赞高仪同带兵有方，纪律严明，更加归心于他了。

高欢向相州刺史刘诞索要粮食，刘诞不给，这时恰有军营租米，高欢便派兵将米抢夺过来。部队前进至信都，封隆之、高乾等打开城门迎接高欢入城。高敖曹当时正在外面攻城略地，听说此事之后，认为高乾真是妇人之见，于是送给了他一件裙子。高欢特派长子高澄执子孙之礼往见高敖曹，高敖曹这才与高澄一起回到信都。

（以上为第三段，写北魏赵郡李元忠向高欢献策，建议以信都为大本营；驻镇信都的高乾兄弟亦投靠高欢，开门迎接；高欢纪律严明，秋毫无犯，深得民心。）

三月初三日癸酉，北魏封长广王元晔为东海王，任命青州刺史鲁郡王元肃为太师，淮阳王元欣为太傅，尔朱世隆为太保，长孙稚为太尉，赵郡王元谌为司空，徐州刺史尔朱仲远、雍州刺史尔朱天光二人并为大将军，并州刺史尔朱兆为天柱大将军；赐高欢爵位为勃海王，征召高欢入朝。长孙稚坚决要求辞去太尉之职，于是便任命他为骠骑大将军、开府仪同三司。尔朱兆推辞不受天柱大将军的官职，说道：“这是叔父生前的最后官职，我怎敢接受呢！”坚决推辞，于是没有授予尔朱兆天柱大将军之职，不久又加封尔朱兆为都督十州诸军事，世袭并州刺史。高欢推辞不肯应召入朝。尔朱仲远改镇大梁，又加封为兖州刺史。

尔朱世隆当初担任尚书仆射的时候，畏惧尔朱荣的威严，谨慎小心，对尚书省文书也多留心处理，应对接洽宾客，有贤明敏达的名声。等到尔朱荣死后，尔朱世隆便再也没有什么顾虑害怕的了，身为尚书令，竟在家中处理公事，坐在家里治理尚书省的事，无论事情大小，若不先禀告尔朱世隆，有关部门便不敢执行。他让尚书郎宋游道、邢昕在其大厅东西两旁分坐，接受各种呈告诉讼文书，一切均要称尔朱世隆之命方能执行。公然贪赃枉法，他人生死全由其随意定夺；尔朱世隆还想收买军心，对将士滥加提拔，都提为将军，没有员额限制，从此授勋奖赏之官，大都很杂很滥，人们不再看重官爵。这时，尔朱天光专制关西，尔朱兆占有并州、汾州，尔朱仲远独擅徐、兖二州，尔朱世隆则身居朝中，大权独揽，此四人一个更比一个贪婪、残暴。其中尤以尔朱仲远为最，所辖境内的富家大族，大多被尔朱仲远诬陷为谋反，以公家的名义没收妇女及财产，收入尔朱仲远囊中，将男子投入河中，这类事情数不胜数。从荥阳以东，租税全部纳入军用，不向洛阳上交。东南各州郡自牧守以下到普通的士卒百姓，畏惧尔朱仲远如同畏惧豺狼一般。因此四方百姓都很憎恶尔朱氏，但畏惧尔朱氏的强大，不敢违抗罢了。

（以上为第四段，写北魏广陵王元恭即位后，尔朱氏当权，从中央到地方，尔朱世隆、尔朱天光、尔朱兆、尔朱仲远等各霸一方，贿赂公行，朝局乌烟瘴气，不得人心。）

三月十九日己丑，北魏任命泾州刺史贺拔岳为岐州刺史，渭州刺史侯莫陈悦为秦州刺史，均加封仪同三司。

北魏派大都督侯渊、骠骑大将军代郡人叱列延庆率军讨伐刘灵助。到了固城，侯渊畏惧刘灵助兵力强盛，打算引兵往西入关，据关凭险以等待变化。叱列延庆对侯渊说："刘灵助乃是庸人，假借妖术迷惑众人，大兵一到，他们只想凭仗其符咒取胜，怎肯拼死厮杀跟我军决胜负呢！不如扎营城外，诈称要领兵往西回去，刘灵助听说后一定会戒备松懈，之后秘密出兵袭击敌人，定能擒获刘灵助。"侯渊采纳了叱列延庆的计策。出城驻扎于固城西面，声言要回师。三月二十六日丙申，挑选一千名精锐骑兵夜间出发，直抵刘灵助的营垒。刘灵助战败被杀，首级被传送至洛阳。当初，刘灵助起兵的时候，自己曾占卜胜负，说："三月底，我一定入定州，尔朱氏不久就要灭亡。"等到将刘灵助首级用匣子装着送到定州的时候，果真是这月的月末。

夏季，四月初六日乙巳，梁昭明太子萧统去世。昭明太子自从举行冠礼以后，梁武帝开始让他处理朝政，各部门的官员前来奏事，都汇集到太子那里。昭明太子善于辨析真伪谬误，秋毫洞察，只是命有关部门改正，并不追究罪责。断案公正，对犯人往往多加保全宽宥，待人宽和，能容纳众人，喜怒不表形于脸色。喜欢读书撰写文章，引进接待才俊之士，赞赏爱重，毫无倦怠。出居东宫二十多年，不蓄养乐工歌伎。每当天降大雨或积雪不化的时候，派手下人巡视一番大街小巷，发现有穷苦之人则加以赈济。天性孝顺，居处东宫，即便是悠闲无事的时候，一起一坐，都要面朝西边，如事先接到诏令，召明日入宫，则正襟危坐直到天明。病重之后，唯恐皇帝担忧，每次派人送来问候的敕文，太子总是要自己勉强回信奏答。去世的时候，朝野上下都非常惊愕、惋惜，建康城中的男女老少，奔走宫门，沿途道路哭声不断。

四月十四日癸丑，北魏任命高欢为大都督、东道大行台、冀州刺史，又任命安定王尔朱智虎为肆州刺史。

北魏尔朱天光出兵夏州，调兵遣将征讨宿勤明达，四月二十四日癸亥，擒获了宿勤明达，送到洛阳后处斩。

四月二十七日丙寅，北魏任命侍中、骠骑大将军尔朱彦伯为司徒。

北魏颁布诏书要求有关部门不得再称梁为伪梁。

五月初七日丙子，北魏荆州城百姓斩了赵修延，又推举李琰之代行州政。

北魏尔朱仲远派遣都督魏僧勖等到东阳去讨伐崔祖螭，将他斩首。

当初，梁昭明太子埋葬生母丁贵嫔的时候，曾派人四处求购风水宝地。有人向宦官俞三副行贿卖地，得到三百万钱的话，则将其中的一百万钱送给俞三副。俞三副于是便暗中启奏梁武帝说："太子所购之地不如现今这块土地对皇上更吉祥。"梁武帝年纪大了，忌讳很多，便命令将这块地买了下来。埋葬以后，有个道士说："这块地不利于长子，但如果镇一镇，或许还可以宽延。”于是便将蜡鹅及其他物品埋在了墓侧的长子之位。宫监鲍邈之、魏雅当初都很受昭明太子宠信，鲍邈之后来被魏雅疏远，便暗中向梁武帝启奏道：“魏雅为了太子以巫术祈祷鬼神。”梁武帝派人去墓地检查挖掘，果然挖到了蜡鹅等物。大惊，要彻底追究这件事，徐勉竭力劝谏，只诛杀了道士。因为此事，太子终生惭愧忧愤，难以自明。太子去世后，梁武帝将太子的长子南徐州刺史华容公萧欢召到建康，想立为继承人，但心中仍记恨那件往事，犹豫了很长时间，最终还是没有立萧欢为继嗣。五月二十一日庚寅，又把萧欢打发回南徐州。

臣司马光评论说：君子对于正道，不能稍微有所偏离，也不能有半步错失啊。以昭明太子的仁孝，以梁武帝的慈爱，一旦产生了一点嫌疑，自身因忧郁而致死，罪过延及后代子孙。求吉反而得凶，无法洗刷，能不引以为戒么！所以诡诈怪诞之徒，奇异邪佞之术，君子要远远地离开。

（以上为第五段，写南朝太子萧统去世，令人唏嘘，司马光感慨，萧统一旦沾上嫌疑，终身难以自明，忧郁而死，甚至影响子孙，亲君子，远小人，可不慎哉！）

五月二十七日丙申，梁朝立昭明太子同母弟晋安王萧纲为皇太子。朝野之士多认为不符合正常的顺序，司议侍郎周弘正，曾做过晋安王萧纲的主簿，向萧纲上书道：“谦让的道德不被保存，已经有很多年了。敬告大王殿下，天意推举圣者，四海归顺仁德君子，所以皇上传下德音，立大王于储副之位。真心希望您能像目夷那样崇尚仁义，不居皇位；像子臧那样固辞君位，坚守臣节；躲开王舆而不乘；抛万乘的尊位如弃敝屣，几乎可以一改浇薄竞争的风俗，发扬光大吴国的风气。古代有这样的人，今天还能听到他们说过的话，但是今天能够付诸行动的，除了殿下还有谁！使得往古无为之治的风气再现于今日，令谦让王位的举动流传后世，难道不是一件盛事么！”萧纲没有听从周弘正的劝谏。周弘正是周舍哥哥的儿子。

梁皇太子萧纲任命侍读东海人徐摛为家令，兼任管记，不久又任命为领直。徐摛的文章词赋，艳华轻丽，宫坊的文人都模仿他的风格，当时人们称之为“宫体”。梁武帝听说之后，很是恼怒，便将徐摛召来，打算好好讥诮责怪一番，等到见到后，发现徐摛应答得很机敏，言辞也富有文采，梁武帝内心的不快之意反而消释了。接着又向徐摛问了一些经史和佛教方面的问题，徐摛纵横比较，应对如流，梁武帝感叹惊异，越来越宠幸了。领军朱异很不高兴，对亲信的人说：“徐叟出入两宫，深受宠幸，越来越构成威胁了，我必须早点找个安身之所。”朱异乘机向梁武帝进言道：“徐摛年纪已大，又喜爱山水，希望能到一个郡中任职以自养闲逸。”梁武帝以为徐摛真的想这样做，便将徐摛召来，对他说道：“新安郡山水景色非常优美。”于是便把徐摛调出京城任新安郡太守。

六月十五日癸丑，梁武帝立华容公萧欢为豫章王，弟弟枝江公萧誉为河东王，曲阿公萧詧为岳阳王。梁武帝因为社会舆论言说不顺，所以以大郡封赏萧欢兄弟，想用这个办法来安抚他们。过了很长一段时间，鲍邈之因诱骗抢人触犯刑法，罪行并不至于判处死刑，但太子萧纲想到昭明太子的冤屈，便挥泪将他处决了。

（以上为第六段，写南朝昭明太子萧统同母弟萧纲被立为太子；其侍读徐摛的宫体诗受到梁武帝萧衍欣赏，形成雕琢、华靡的文风。）

北魏高欢将起兵征讨尔朱氏，镇南大将军斛律金、军主善无库狄干与高欢的妻弟娄昭、高欢妻子的姐夫段荣等都力劝高欢成事。高欢于是假借尔朱兆的名义写了一封假信，对士兵们说尔朱兆要把六镇之人配给契胡为部曲，大家听后都很忧虑恐惧。高欢又伪造了一张并州的符令，要征调高欢军讨伐步落稽。高欢派了一万人马，正要出发，孙腾与都督尉景为六镇人请求高欢停留五天，这样停留了两次。高欢亲自将这支队伍送到郊外，流着眼泪与将士们告别，将士们都失声痛哭，声震原野。高欢于是又晓谕道：“我与你们都是失去了故乡之人，情义如同一家人，没想到上面竟然如此征调我们！今天如果向西去并、汾讨伐步落稽，奔赴战场是死，延误了军期也是死，配属给契胡，还是要死，如何是好？”众人齐声说道：“只有造反了！”高欢说：“造反乃是急迫时候的办法，但是应该推举一个人为首领，谁可以呢？”众人共推高欢为首领，高欢说道：“你们同乡难以治理。不见当初葛荣么。虽然拥有百万大军，但却全无法令制度，终究自己败亡了。现今推举我为首领，就应该跟以前有所不同，不能凌辱汉人，违犯军纪，生死任凭我才行；如果不可以，我不会上任而被天下人耻笑。”众人都叩头说：“我们不论生死都听您号令！”高欢于是杀牛犒赏将士，六月二十二日庚申，高欢在信都起兵，但尚未敢公开声言反叛尔朱氏。

正值李元忠发兵逼近殷州，高欢命高乾率军前去援救。高乾轻骑入城会见刺史尔朱羽生，与尔朱羽生一起商议军事计划，尔朱羽生跟高乾一起出城，高乾趁机捕获并斩杀了尔朱羽生，带着尔朱羽生的人头前来拜见高欢。高欢摸着胸口说：“今日只好决计造反了！”遂任命李元忠为殷州刺史，镇守广阿。高欢于是上表朝廷历举尔朱氏的罪状，尔朱世隆将此表私藏没有上报。

（以上为第七段，写北魏高欢决意起兵讨尔朱氏，先用计谋，煽起士兵的反叛情绪，并制定约束律令；后让高乾谋杀尔朱氏干将尔朱羽生，而后正式宣布诛讨尔朱氏。）

北魏杨播与其弟杨椿、杨津都素来有声望品德。杨播性情刚毅，杨椿、杨津性格谦恭。世代孝悌，缌服以内的亲属同灶而食，全家男女上百口，都没有异言。杨椿、杨津官位皆至三公，杨家一门出了七位郡太守，三十二位州刺史。孝庄帝诛杀尔朱荣的时候，杨播的儿子杨侃参与了谋划；城阳王元徽、李彧，都是杨家的姻亲。尔朱兆攻入洛阳后，杨侃逃回华阴故里，尔朱天光派杨侃的岳父韦义远召请杨侃，要与他盟誓，并答应赦免杨侃的罪行。杨侃说道："尔朱天光即使食言，死者也不过我一人，仍然希望保全一家百口。"于是就出来答应了，被尔朱天光所杀。当时杨椿已退休，跟儿子杨昱正在华阴，杨椿的弟弟冀州刺史杨顺、司空杨津、杨顺的儿子东雍州刺史杨辨、正平太守杨仲宣都在洛阳。秋季，七月，尔朱世隆诬奏杨氏家族谋反，请求收捕杨氏家族治罪，魏节闵帝没有同意。尔朱世隆苦苦奏表，节闵帝不得已，只好命令有关部门审查上报。七月初四日壬申深夜，尔朱世隆派兵包围了杨津的府第，尔朱天光也派兵至华阴逮捕了杨椿一家。这样杨家东、西两支不分老少都被杀了，家财籍没入官。尔朱世隆上奏说："杨氏确实想反叛，竟敢抗拒前往收捕的官军，现已全部杀掉。"节闵帝惋叹良久，什么话也没说，朝廷内外听闻此事，无不痛惜愤怒。杨津的儿子杨逸为光州刺史，尔朱仲远派人到光州斩杀了杨逸。只有杨津的儿子杨愔在全家被收捕时恰巧外出不在家中，逃走藏匿起来，才得以幸免，前往信都去见高欢，哭泣着诉说家中所遭受的灾祸，并趁机为讨伐尔朱氏出谋划策，高欢很器重杨愔，任命他为行台郎中。

（以上为第八段，写北魏尔朱世隆等人上演最后的疯狂，丧心病狂地将杨播一族全部杀光，唯有杨愔一人逃过灾难。）

七月初七日乙亥，梁武帝临御前殿册封太子，大赦天下。

七月十八日丙戌，北魏司徒尔朱彦伯因旱灾辞去司徒职务，七月二十日戊子，任命尔朱彦伯为侍中、开府仪同三司。尔朱彦伯在尔朱氏弟兄中没有什么过错罪恶。尔朱世隆坚决推辞太保之职，魏节闵帝特意设置仪同三师的官职，地位在上公之下，七月二十二日庚寅，任命尔朱世隆为仪同三司。斛斯椿向尔朱世隆诬告朱瑞谋反，尔朱世隆杀了朱瑞。

七月二十二日庚寅，梁朝颁布诏书："凡皇宗外戚有缌麻以上服属关系的，妇女都可以赏赐汤沐邑，男子封乡侯或亭侯，按服属关系的远近为等差。"

七月二十四日壬辰，梁任命吏部尚书何敬容为尚书右仆射。何敬容是何昌寓的儿子。

北魏尔朱仲远、尔朱拂律归等听说高欢起兵反叛，自恃力量强盛，并不忧虑，只有尔朱世隆感到非常担心。尔朱兆率步兵和骑兵二万人马从井陉出发，直扑殷州，李元忠弃城逃奔信都。八月初九日丙午，尔朱仲远、尔朱拂律归等率兵讨伐高欢。九月十二日己卯，北魏任命尔朱仲远为太宰，九月十三日庚辰，任命尔朱天光为大司马。

九月二十六日癸巳，魏节闵帝追尊父亲广陵惠王元羽为先帝，母亲王氏为先太妃，封弟弟元永业为高密王，儿子元恕为勃海王。

冬季，十月十三日己酉，梁武帝亲临同泰寺，登上法座，向众人宣讲《涅槃经》，持续了七天才结束。

乐山侯萧正则，过去由于犯罪，被流放到了郁林，招纳亡命之徒，想攻打番禺。广州刺史元仲景讨伐杀掉了他。萧正则是萧正德的弟弟。

孙腾劝说高欢道："今天与朝廷隔绝不通，号令无处禀告，如果不权且立一位皇帝的话，众人就会瓦解溃散。"高欢疑惑不定，在孙腾的一再请求下，才立勃海太守元朗为皇帝。元朗是元融的儿子。十月初六日壬寅，元朗在信都城西即皇帝位，改年号为中兴。任命高欢为侍中、丞相、都督中外诸军事、大将军、录尚书事、大行台，高乾为侍中、司空，高敖曹为骠骑大将军、仪同三司、冀州刺史，孙腾为尚书左仆射、河北行台，魏兰根为右仆射。

（以上为第九段，写北魏尔朱氏听说高欢起兵，不以为意，尔朱兆调度兵马前往讨伐；高欢在孙腾的再三劝说下，在信都拥立勃海太守元朗为帝，改元中兴。）

十月十三日己酉，尔朱仲远、尔朱拂律归与骠骑大将军斛斯椿，车骑大将军、仪同三司贺拔胜，车骑大将军贾显智等率军驻扎在阳平县。贾显智名字叫贾智，通常以字相称，是贾显度的弟弟。尔朱兆率军出兵井陉，驻扎于广阿，号称有十万人马。高欢施反间计，说"尔朱世隆兄弟要谋杀尔朱兆"，又说"尔朱兆与高欢共同谋划要杀掉尔朱仲远等人"，因此尔朱氏兄弟之间相互猜疑，徘徊不进。尔朱仲远等多次派斛斯椿、贺拔胜前往尔朱兆处告知劝解，尔朱兆率三百名轻骑来到尔朱仲远处，与尔朱仲远同坐大帐下。尔朱兆脸色有不平之气，手中挥舞着马鞭，长啸凝望远方。他怀疑尔朱仲远等人有变化，于是便赶快离开出来，飞驰而回。尔朱仲远派斛斯椿、贺拔胜等人追赶尔朱兆，对他进行劝说，尔朱兆将斛斯椿、贺拔胜抓了带回营中。尔朱仲远、尔朱拂律归闻知后非常恐惧，率军南逃。尔朱兆历数贺拔胜罪状，要将他处斩，说道："你杀了卫可孤，这是第一条罪状。天柱大将军被杀后，不和尔朱世隆等人一起前来，却东征尔朱仲远，这是第二条罪状。我早就想杀你了，今天还有什么话说？"贺拔胜说道："卫可孤是国家的大祸患，我父子将其诛杀，功劳巨大，却算作罪状么？天柱大将军被杀，是君弑臣，贺拔胜宁肯有负于大王，也不能负于朝廷。今天的事，我是活是死全在于大王。只是贼寇越来越近，兄弟骨肉之间却离心离德，从古至今，没有像这样而不灭亡的。贺拔胜并不怕死，只是恐怕大王失策了。"尔朱兆便宽赦了贺拔胜。

高欢将要与尔朱兆交战，但是畏惧尔朱兆的军队强大，便问计于亲信都督段韶，段韶说："所谓众，乃是得到众人拼死效力；所谓强大，乃是得到天下的人心。尔朱氏上弑天子，中间屠杀公卿百官，对下凌残百姓，大王以顺讨逆，就如同以开水浇雪，有什么众多强大可言！"高欢说道："虽然如此，我们以弱小对抗强大，如果得不到上天保佑，恐怕不能成功。"段韶说："我听说'小国能抵抗大国，必是小国有道，大国淫邪不正’。我还听说‘上天并无亲近疏远，只辅佐有德之人’。现今尔朱氏外乱天下，内失英雄之心，有智之人不为其出谋划策，勇武之人不为其拼死战斗，民心失去，天意怎会不顺从呢！”段韶是段荣的儿子。十月十五日辛亥，高欢在广阿大破尔朱兆，俘获军士五千余人。

十一月十九日乙未，梁武帝亲临同泰寺，向僧众宣讲《般若经》，持续了七天才结束。

十一月十四日庚辰，北魏高欢率军攻打邺城，相州刺史刘诞据城固守。

这一年，北魏南兖州城百姓王乞得劫持刺史刘世明，率全州前来投降。刘世明是刘芳的同族兄弟之子。节闵帝任命侍中元树为镇北将军、都督北讨诸军事，镇守谯城。任命刘世明为征西大将军、郢州刺史，加封仪同三司。刘世明不接受，坚决请求回到北朝，节闵帝答应了。刘世明到了洛阳后，向朝廷奉还了所持的符节，回到家乡，不再做官，直到去世。

（以上为第十段，写北魏将领尔朱兆率军攻打高欢，气势汹汹；高欢采用反间计，大破尔朱兆于广阿；南兖州刺史刘世明被挟持到南朝，返回北魏洛阳，不再出仕。）

梁武帝中大通四年（壬子，公元 532 年）

春季，正月初一日丙寅，梁任命南平王萧伟为大司马，元法僧为太尉，袁昂为司空。

梁朝立西丰侯萧正德为临贺王。萧正德自己交接于朱异，梁武帝既已加封了昭明太子等几个儿子，朱异进言说萧正德爵位太低，所以便将萧正德封为王。

梁朝任命太子右卫率薛法护为司州牧，派他护送魏王元悦到洛阳。

正月初五日庚午，梁朝立太子萧纲的长子萧大器为宣城王。

北魏高欢攻打邺城，挖好地道，将支撑地道顶部的柱子点火烧掉，于是城墙坍塌，陷入地中。正月十七日壬午，攻下了邺城，擒获了刘诞，任命杨愔为行台右丞。当时军国大事很多，文告檄文命令等，都出自杨愔和开府谘议参军崔㥄之手。崔㥄是崔逞的五世孙。

二月，梁武帝任命太尉元法僧为东魏王，想让他回到北朝，兖州刺史羊侃为军司马，与元法僧同行。

扬州刺史邵陵王萧纶派人到市场上赊购锦彩丝布几百匹，商人们都闭店不出；少府丞何智通将此事报告了朝廷。结果萧纶被责令回到府第，萧纶便派防閤戴子高等人在京城的巷子中用槊刺杀何智通，槊刃从何智通背部刺出。何智通认识戴子高，他用手指蘸着身上的血在车壁上写下“邵陵”二字之后才死去，因此这件事才被人发觉。二月十五日庚戌，萧纶因犯罪被黜为平民，锁禁于府第之中，过了二十天，才去掉锁链，很快又恢复了封爵。

二月十六日辛亥，北魏安定王元朗追谥孝庄帝为武怀皇帝。二月二十九日甲子，任命高欢为丞相、柱国大将军、太师。三月初二日丙寅，任命高澄为骠骑大将军。三月十三日丁丑，安定王率领文武百官入居邺城。

尔朱兆与尔朱世隆等人彼此相互猜疑、牵制，尔朱世隆低声下气，带着厚礼对尔朱兆劝解，想让尔朱兆到洛阳，然后一切都随所想。尔朱世隆又请节闵帝纳尔朱兆的女儿为皇后。尔朱兆这才高兴起来，并且和尔朱天光、尔朱拂律归等人又立下誓约，重新互相亲近和睦。

斛斯椿私下对贺拔胜说："天下之人都痛恨尔朱氏，而我们却还在为他们所用，灭亡之日不远了，不如图谋他。"贺拔胜说："尔朱天光与尔朱兆各自占据一方，要想全部除掉他们很难，如果不能全部除掉他们，一定成为后患，怎么办呢？"斛斯椿道："这容易做到。"便劝说尔朱世隆督促尔朱天光等人到洛阳来，共同讨伐高欢。尔朱世隆多次征召尔朱天光，尔朱天光却不来，于是尔朱世隆便派斛斯椿亲自前往邀请尔朱天光，说道："高欢作乱，除非大王才能平定，怎么能够坐视宗族遭受夷灭而不顾呢！"尔朱天光不得已，将要率军向东出发，问计于雍州刺史贺拔岳，贺拔岳说："尔朱氏一家雄踞三方，兵马强盛，高欢乃乌合之众，怎能为敌！只要能够同心协力，将无往而不胜。如果骨肉之间相互猜疑，那么连存身自保尚且来不及，又怎能制服敌人呢！照下官看来，不如暂且镇守关中地区以稳固自己的根本，然后分路派遣精锐部队与其他部队联合，这样的话，进可以战胜敌人，退可以保全自己。"尔朱天光没有采纳。闰三月初八日壬寅，尔朱天光从长安出发，尔朱兆从晋阳出发，尔朱拂律归从洛阳出发，尔朱仲远从东郡出发，几路人马都会聚于邺城，军队号称二十万，沿洹水两岸驻扎下来。节闵帝任命长孙稚为大行台，总督各路大军。

高欢命吏部尚书封隆之镇守邺城，闰三月十九日癸丑，高欢率军出邺城驻扎于紫陌，大都督高敖曹率领乡里部曲王桃汤等三千人跟随。高欢说道："高都督所统率的都是汉兵，恐怕不足以成事，我打算拨给你一千多名鲜卑兵，混杂在一起使用，你看怎么样？"高敖曹说："敖曹所率领的部队，已训练了很长时间，前后几次格斗，并不比鲜卑兵弱。现今如果混杂起来，彼此感情会不融洽，打了胜仗都要争功，后退便会互相推罪于对方，所以不必混杂在一起。"

闰三月二十六日庚申，尔朱兆率三千轻骑夜袭邺城，攻打西门，没有成功，败退下来。闰三月二十七日壬戌，高欢率领不满二千的骑兵和不满三万的步兵，众寡不敌，便在韩陵布成了一个圆阵，将牛驴等牲畜用绳索连接起来堵塞了归路，这时将士们个个都有拼死战斗的意志。尔朱兆望见高欢，远远地责骂高欢背叛自己，高欢道："我原来与你同心协力，是为了共同辅佐皇上，如今天子何在？"尔朱兆说道："永安冤杀天柱大将军，我不过是为了报仇而已。"高欢道："我过去听说了天柱大将军的计谋，你当时就在门前站着，怎能说不是反叛呢！况且君杀臣是天经地义的事，又有什么仇可报的？今日一切情义都断绝了。"于是交战。高欢统帅中军，高敖曹统帅左军，高欢的堂弟高岳统帅右军。高欢作战不利，尔朱兆等乘机进攻高军。高岳率五百名骑兵从正面冲击尔朱兆军，别将斛律敦将失散了的士卒聚集起来从后面打击尔朱兆军，高敖曹则率一千骑兵从栗园出发横击尔朱兆。尔朱兆等大败，贺拔胜和徐州刺史杜德于阵前投降了高欢。尔朱兆捶拍着胸口对慕容绍宗说道："没有采纳您的建议，到了这个地步！"尔朱兆想率轻骑向西逃奔，慕容绍宗调转旗向，吹响号角，把逃散的士兵收聚成一支部队，带着他们逃跑了。尔朱兆逃回晋阳，尔朱仲远逃奔东郡。尔朱彦伯闻知尔朱拂律归等战败，打算亲自率军镇守河桥，尔朱世隆不同意。

尔朱拂律归、尔朱天光将要前往洛阳，大都督斛斯椿对都督贾显度、贾显智说："今天不先抓获尔朱氏的话，我们这些人就要全都死光了。"于是几个人夜间便在桑树下盟誓，约定好兼程抢先返回洛阳。尔朱世隆派他的外兵参军阳叔渊飞马赶奔北中，选拔检阅那些败兵，分批进入洛阳城。斛斯椿赶到洛阳，未能进入城中，便哄骗阳叔渊说："尔朱天光的部下都是西部人，我听说他们打算要大肆掠抢洛阳城，之后迁都到长安，你应先让我进城，做好准备。"阳叔渊相信了他的话。夏季，四月初一日甲子朔，斛斯椿等占据河桥，将尔朱氏的党羽全部杀掉了。尔朱拂律归、尔朱天光想攻打河桥，赶上天下大雨，昼夜不停，兵马疲惫困顿，弓箭施展不开，于是只好向西逃去，逃到溠陂津时，被人擒获，送到了斛斯椿处。斛斯椿派行台长孙稚到洛阳向朝廷报告，另外又派贾显智、张欢率骑兵袭击尔朱世隆，将其抓获。尔朱彦伯当时正在宫中，长孙稚在神虎门启请道："高欢义军振起，请诛杀尔朱氏。"节闵帝派舍人郭崇通报了尔朱彦伯，尔朱彦伯狼狈逃出宫中，被人抓获，与尔朱世隆一起被斩首于阊阖门外，又将尔朱彦伯、尔朱世隆的首级连同尔朱拂律归、尔朱天光一起送到高欢处。

魏节闵帝派中书舍人卢辩到邺城慰劳高欢，高欢让卢辩见安定王，卢辩高声抗议不见安定王，高欢不能使卢辩屈服，只好放了他。卢辩是卢同哥哥的儿子。

（以上为第十一段，写北魏尔朱氏集中兵力于邺城，被高欢击败，尔朱世隆被斛斯椿斩首于洛阳，尔朱彦伯亦被擒杀。）

四月初八日辛未，骠骑大将军、行济州事侯景投降了安定王，安定王任命侯景为尚书仆射、南道大行台、济州刺史。

尔朱仲远前来投降梁朝。尔朱仲远帐下的都督乔宁、张子期从滑台到高欢处请求投降。高欢斥责他们说："你们侍奉尔朱仲远，享尽了荣华富贵，盟誓旦旦，许诺同生共死。以前尔朱仲远在徐州叛乱，你们是军队主帅，现今尔朱仲远失势南逃，你们又背叛了尔朱仲远。你们侍奉天子时候是为不忠，侍奉尔朱仲远则不讲信义，犬马还认识饲养它的主人，你们竟然连犬马都不如！"便杀掉了乔宁和张子期。

尔朱天光率军东下的时候，留下了弟弟尔朱显寿镇守长安城，召请秦州刺史侯莫陈悦和自己一起东下洛阳。贺拔岳知道尔朱天光肯定失败，便想留住侯莫陈悦共同图谋尔朱显寿以响应高欢，但却想不出什么办法来。宇文泰对贺拔岳说道：“现今尔朱天光尚且很近，侯莫陈悦未必会有二心，如果把这计划告诉了他，恐怕侯莫陈悦会惊慌恐惧。但侯莫陈悦虽然是主将，却不能辖治众人，如果先劝说他的部队，一定会是人人都有愿留下之心，侯莫陈悦东进误了尔朱天光约定的日期，后退则又担心人心浮动，发生变乱，乘这个时候劝说侯莫陈悦，事情没有不遂意的。”贺拔岳大喜，便命宇文泰到侯莫陈悦军中去劝说，侯莫陈悦便和贺拔岳一起袭击长安城。宇文泰率轻骑为前锋，尔朱显寿弃城而逃，追到华阴，被抓获。高欢任命贺拔岳为关西大行台，贺拔岳任命宇文泰为行台左丞、领府司马，无论大事小事都交与他处理。

尔朱世隆抵抗高欢的时候，派齐州行台尚书房谟招募士兵赶奔四渎，又派房谟的弟弟青州刺史房弼赶赴乱城，扬言要北渡黄河，构成犄角之势。等到韩陵失败后，房弼回到东阳，听说尔朱世隆等人已死，便打算前来投奔，多次与部下割臂盟誓。房弼的帐下都督冯绍隆，一直深受房弼信赖，劝说房弼：“现今正是生死勤苦的时候，您应该进一步刺出胸前之血和众人盟誓。”房弼采纳了冯绍隆的建议，于是将部下召集起来，敞开前胸令冯绍隆刺血，冯绍隆趁机用刀杀了房弼，将他的首级送到了洛阳。

（以上为第十二段，写北魏尔朱氏兵败如山倒，势力接近消亡，尔朱仲远投降南朝；尔朱显寿被俘获，关西归于高欢；尔朱弼被杀，山东的地盘也归高欢。）

四月十三日丙子，安东将军辛永率领建州投降了安定王。

四月十八日辛巳，安定王到了邙山。高欢因安定王与皇族嫡系比较疏远，派仆射魏兰根前往洛阳慰问，同时观察一下节闵帝的为人，再推奉他为皇帝。魏兰根认为节闵帝神气高扬，担心以后难以驾驭，便与高乾兄弟及黄门侍郎崔㥄等一起劝高欢将节闵帝废掉。高欢召集百官向大家征询应该立谁为帝，没人作声，太仆代郡人綦毋儁盛赞节闵帝贤明，应该主持社稷，高欢很高兴，觉得綦毋儁说得很对。崔㥄正言厉色地说道：“如果要说贤明，自然应该等待我们高王，慢慢登上皇位。广陵王既然是由叛乱的胡人所立，怎么还能做天子！如果听从了綦毋儁的话，大王队伍怎么称得上是义举？”高欢便将节闵帝幽禁在崇训佛寺中。

高欢进入洛阳的时候，斛斯椿对贺拔胜说道：“当今天下的事情，全在于我和您了，如果不先发制人的话，将会被别人所制。高欢现今刚到洛阳，图谋他还不难。”贺拔胜说道：“高欢有功于国家，杀害他不吉祥。近几夜我与高欢同住，叙谈往昔之情，再加上他受你的恩义很多，何苦要怕他呢！”斛斯椿这才作罢。

高欢因为汝南王元悦是孝文帝的儿子，将元悦召来，想立他为皇帝，但又听说元悦暴戾无常，便作罢。

当时北魏诸位亲王大多逃走藏匿了起来，尚书左仆射平阳王元脩，是元怀的儿子，躲藏在乡间田舍中。高欢想立元脩为帝，派斛斯椿去寻找。斛斯椿找到元脩所亲信的员外散骑侍郎太原人王思政，问元脩的所在，王思政说："要知道问的来意。"斛斯椿道："想立为天子。"王思政这才说出元脩在什么地方。斛斯椿随王思政去见元脩，元脩见了他们脸色大变，对王思政说道："是不是出卖我了？"王思政道："当然不是。"元脩又说："敢保证么？"王思政答道："事情千变万化，怎么能保证呢！"斛斯椿飞马向高欢做了汇报，高欢派四百名骑兵将元脩接入毛毡大帐，向元脩表达了自己的诚挚之心，言谈之际泪落沾襟。元脩以寡德为由推让再三，高欢两拜，元脩也拜了一拜。高欢出帐，准备好皇帝的服装、用品让元脩沐浴整衣，彻夜严加警戒。第二天早晨，文武百官执鞭朝拜，高欢让斛斯椿进奉劝进表。斛斯椿进入帷门，弯腰施礼伸着头不敢进到元脩跟前，元脩命王思政接过劝进表，看过之后，说道："我不得不即位称朕了。"高欢于是为安定王作诏书禅位于元脩。

四月二十五日戊子，魏孝武帝元脩在洛阳东郭外登上皇帝位，采用代都旧有的制度，将黑毡蒙在七个人身上，高欢便是其中一人。孝武帝在毡上向西拜过天之后，便入御太极殿，群臣朝贺。登上阊阖门，大赦天下，改年号为太昌。任命高欢为大丞相、天柱大将军、太师，世袭定州刺史。四月二十七日庚寅，加封高澄为侍中、开府仪同三司。

（以上为第十三段，写北魏立君王如同儿戏，元恭是尔朱氏所立，今高欢得势，便另立新帝，平阳王元脩被推上皇帝位，即魏孝武帝。）

当初，高欢从信都起兵的时候，尔朱世隆知道司马子如跟高欢有老交情，将司马子如从侍中、骠骑大将军的职位上撤下，出任南岐州刺史。高欢进入洛阳后，征召司马子如为大行台尚书，从此司马子如朝夕在高欢身边，参与军国大事。广州刺史广宁郡人韩贤，一直很受高欢赏识，高欢进到洛阳后，凡是尔朱氏所任命的官职爵位都被撤销废除了，只有韩贤的官爵还和过去一样。

北魏任命前御史中尉樊子鹄兼任尚书左仆射，为东南道大行台，与徐州刺史杜德一起追击尔朱仲远，尔朱仲远已逃出境外，于是便到谯城攻打元树。

丞相高欢征召贺拔岳为冀州刺史，贺拔岳畏惧高欢，便打算单人匹马入朝接受任命。行台右丞薛孝通劝贺拔岳道："高欢以几千鲜卑军队打败了尔朱氏的百万大军，确实很难与他相匹敌。但各位将领有的过去一直职位在他之上，有的跟他职位相等，俯首屈从于他，其势乃迫不得已。现今这些将领有的在京师洛阳，有的占据着州镇，高欢除掉他们则会失去人心，若留着他们则会成为他的心腹之患。况且尔朱兆虽然败逃，却仍在并州，高王正在内抚群雄，外抗强敌，怎能离开老窝，与您争夺关中之地呢！现今关中的英雄豪杰，都倾心于您，愿意为您效力。您若把华山当作城墙，把黄河当作沟堑，进可以兼并崤山以东的区域，退可以封锁函谷关，为什么要捆住自己的手脚，受制于别人呢！”话还未说完，贺拔岳便握住薛孝通的手说：“您说得对。”于是客气地给高欢写了封信加以推辞，未前去接受任命。

四月二十九日壬辰，丞相高欢回到邺城，将尔朱拂律归、尔朱天光送到洛阳杀掉了。

五月初二日丙申，魏孝武帝在门下省用药酒毒死了节闵帝，之后颁布诏书命令各部门举办丧事，用特别的葬礼埋葬。

北魏任命沛郡王元欣为太师，赵郡王元谌为太保，南阳王元宝炬为太尉，任命长孙稚为太傅。元宝炬是元愉的儿子。丞相高欢坚决推辞不当天柱大将军，五月初五日戊戌，孝武帝同意了他的请求。五月十六日己酉，任命清河王元亶为司徒。

侍中河南人高隆之，本是徐氏的养子，丞相高欢认他为弟，高隆之倚仗高欢的权势对公卿们的态度很骄横，南阳王元宝炬将他痛打了一顿，骂道：“镇兵竟敢如此狂妄！”魏孝武帝因高欢的缘故，于六月初五日丁卯，将元宝炬贬黜为骠骑大将军，令其回到家中。

魏孝武帝为避广平武穆王的名讳，将武怀皇帝的谥号改为孝庄皇帝，庙号为敬宗。

秋季，七月初八日庚子，北魏又任命南阳王元宝炬为太尉。

七月初十日壬寅，北魏丞相高欢率兵入滏口，大都督库狄干率兵入井陉，攻打尔朱兆。七月十八日庚戌，魏孝武帝派骠骑大将军、仪同三司高隆之率步兵骑兵十万人与高欢在太原会师，于是任命高隆之为丞相军司。高欢驻军于武乡，尔朱兆大肆抢掠晋阳，向北逃奔秀容县。并州平定。高欢因晋阳四面环山，于是在晋阳建大丞相府，住在那里。

北魏夏州移民郭迁占据青州，反叛朝廷，青州刺史元嶷弃城而逃。朝廷诏令行台侯景等人讨伐，攻下了青州。郭迁前来投奔梁朝。

北魏东南道大行台樊子鹄在谯城包围了元树，分兵攻取了蒙县等五座县城，以断绝元树的援兵之路。元树向樊子鹄请求率军南归，将占据的地盘还给北魏，樊子鹄等同意了这一请求，并与元树订立了盟约。元树的部队一半人马刚出城，樊子鹄突然袭击，抓获了元树和谯州刺史朱文开，把他们带了回来。羊侃率军行至官竹这个地方时，听说元树已兵败，便又回去了。九月，元树被押送到了洛阳，过了一段时间，元树又打算南奔梁朝，北魏人杀了他。

九月十四日乙巳，梁武帝任命司空袁昂兼任尚书令。

冬季，十一月初七日丁酉，太阳到了最南端，魏孝武帝在圜丘祭天。

十一月十四日甲辰，北魏杀了安定王元朗和东海王元晔。

十一月十九日己酉，魏孝武帝任命汝南王元悦为侍中、大司马。

北魏安葬灵太后胡氏。

梁武帝听说北魏朝廷已经安定，十二月二十一日庚辰，又任命太尉元法僧为郢州刺史。

魏孝武帝因南王元悦与自己亲属关系近而且地位又高，十二月二十八日丁亥，杀了元悦。

北魏大赦天下，改年号为永兴，因为与太宗年号相同，便又改为永熙。

魏孝武帝娶丞相高欢的女儿为皇后，命太常卿李元忠将彩礼送至晋阳。高欢与李元忠宴饮，谈起往事，李元忠说道："昔日您兴兵起义的时候，热热闹闹，欢欢乐乐，近来却静悄悄的，没人来问候了。"高欢拍手大笑，说道："这人是在逼我起兵啊。"李元忠开玩笑地说："如果不把权力交给侍中，我就再找一处能够起兵的地方。"高欢道："起兵的人不用担心没有，只是恐怕像我这样的老头儿你不会再遇到了。"李元忠说道："正因为这老头儿难以遇到，所以不会离开的。"于是捋着高欢的胡须大笑起来。高欢知道李元忠平素的想法，因此很是看重他。

尔朱兆到了秀容县后，分兵把守险要隘口，四出侵犯抢掠。北魏丞相高欢扬言要讨伐尔朱兆，军队已经出发又停止讨伐，这样搞了三四次，尔朱兆便懈怠下来了。高欢估计尔朱兆在年初可能要举行宴会，于是便派都督窦泰率精锐骑兵飞速行军，一天一夜行军三百里，高欢率领大军随后进发。

（以上为第十四段，写北魏孝武帝元脩不是"省油灯"，即位后，把三个傀儡皇帝都杀了，以绝后患；尔朱氏只剩下尔朱兆，高欢亲率大军奔袭。）

【点评】

高欢称帝呼之欲出。尔朱氏在高欢穷追猛打之下，节节败退，溃不成军。高欢一心想做皇帝，但是遮遮掩掩，推出了一个又一个皇帝，就是不肯自己当皇帝。高欢的顾虑在天下人心。李元忠是高欢的老友，深知高欢的心事，他以开玩笑的方式挑明话题，说："如果不给我封侍中，我就另找一处起兵的地方了。"北朝侍中是皇帝身边典机密的侍从，常受遗诏辅政，有"小宰相"之称。高欢听了心领神会，也交心说："起兵的人不是没有，只是恐怕像我这样的老头儿你不会再遇到了。"意思是说，这皇帝早晚是我高欢的，你不用离开我，跟着干就是了。

高欢虽然出身卑微，但是他天生有政治头脑，魏孝武帝娶丞相高欢的女儿为皇后，这事肯定是高欢一手操办，为的是政治联姻。但是高欢主宰朝廷大权之后的种种表现，仍然显露出他的短板，高欢以不讲信义为由杀了乔宁和张子期，却不记得自己和尔朱兆的承诺，显然不能自圆其说；侍中河南人高隆之，本是徐氏的养子，高欢认他为弟，高隆之倚仗高欢的权势，对公卿们的态度很骄横，连皇帝也无可奈何，这只能解释为高欢的放纵。还没有坐天下，就已经不能自敛，高欢的轻佻，由此可见。

梁纪十二

梁武帝中大通五年至六年（公元 533—公元 534）

【起昭阳赤奋若（癸丑，公元 533 年），尽阏逢摄提格（甲寅，公元 534 年），凡二年】

【大事提要】

本卷记事起自公元 533 年，至公元 534 年，凡二年，当梁武帝中大通五年、六年和魏孝武帝永熙二年、三年。此时南朝承平，无事可述，而北魏发生政权更迭的大事变，故本卷内容集中记述北魏命丧权臣的短命皇帝孝武帝一朝的事变，然后详载北魏分裂为东魏和西魏的始末，为北齐和北周的兴起伏笔。

高祖武皇十二

梁武帝中大通五年（癸丑，公元 533 年）

春季，正月初二日辛卯，梁武帝在京城南郊举行祭祀典礼，大赦天下。

北魏都督窦泰偷袭尔朱兆的驻地。尔朱兆的军队正处于岁首欢宴休假期间，防范松懈，突然发现魏军来袭，惊荒逃窜，在赤谼岭被追及，大败，全军溃散投降。尔朱兆逃入深山，吩咐部将西河人张亮和随身保镖陈山提割下自己的头颅去投降，但两人都不忍下手。尔朱兆于是杀了自己的坐骑白马，自己吊死在树下。北魏丞相高欢亲自送葬哭丧，用高规格的礼仪安葬了尔朱兆。慕容绍宗率领尔朱荣的妻子儿女以及尔朱兆的余部向高欢投降，高欢敬重他的忠义，所以待他很优厚。尔朱兆在秀容时，身边亲将差不多都秘密地与高欢通信，只有张亮没有这样做，高欢赞赏他的节操，任用他为丞相府参军。

北魏撤裁各地的行台机构。

正月二十二日辛亥，梁武帝在明堂举行祭祀典礼。

正月二十八日丁巳，魏孝武帝追尊他的父亲广平王元怀为武穆帝，王太妃冯氏为武穆后，生母李氏为皇太妃。

劳州刺史曹凤、东荆州刺史雷能胜等人率领全城军民投降北魏。

北魏侍中斛斯椿听说乔宁、张子期被处死，心中不安，因此与南阳王元宝炬、武卫将军元毗，以及王思政秘密劝说孝武帝除掉丞相高欢。元毗，就是常山王元遵的玄孙。中书舍人元士弼也进言说高欢在接受诏命时不恭敬，孝武帝因此很不高兴。斛斯椿建议孝武帝设置宫廷都督部曲，并增加守卫宫内的武士人数，从直阁以下，增员达数百人，都是从各地挑选的勇武刚健的人来充任。孝武帝多次外出巡视，都由斛斯椿亲自部署警卫，独立行动编队。从此，政务、军谋都是孝武帝专与斛斯椿商议决定。孝武帝因关中大行台贺拔岳拥有重兵，于是与贺拔岳秘密联结，又派出侍中贺拔胜担任三荆等七州诸军事的都督，想依靠贺拔胜、贺拔岳兄弟的力量来对抗高欢，高欢对此更加不满。

侍中、司空高乾先前在信都任职时，遇父亲去世，没等到服丧期满就去赴任。到孝武帝即位时，他上奏章请求辞职回家守丧尽孝。孝武帝下诏允许高乾辞去侍中，仍保留司空职位。高乾虽然请求解职，但没想到申请立即被批准，既然失去了内侍的职务，朝政大事多不能参与，因此高乾平日居家闷闷不乐。孝武帝已经与高欢离心离德，就希望高乾为己所用，曾经在宫内华林园饮宴散席之后，单独留下高乾，对高乾说：“高家世代忠良，当今又建立了平定尔朱氏的特殊功勋，朕与卿名分为君臣，恩义如同兄弟，应当共同订立一个盟约，以便增进情谊。”孝武帝说完殷勤地逼迫高乾答应。高乾回答说：“臣以身许国，怎敢有二心。”当时事出突然，高乾也没多想，他哪里想到孝武帝别有用心，于是没有坚决推辞，也没把这件事报告给高欢。等到孝武帝组建宫中侍卫亲军，高乾对身边亲近的人说：“皇上不亲近功高贤能的大臣，反而召集信任一群小人，还多次派遣元士弼、王思政往来关西与贺拔岳密议，又派出贺拔胜出任荆州都督，表面上看似疏远猜疑群小，暗地里是培植党羽，让贺拔胜兄弟靠拢、亲近，希望贺氏兄弟控制西部地区。祸乱就要起来了，一定会波及我。”高乾于是秘密地报告给高欢。高欢立即把高乾召到并州，当面讨论时事，高乾趁机劝说高欢迫使孝武帝禅位，自己登基。高欢随即用衣袖掩住高乾的嘴说道：“不要胡说！现在就让你做侍中，门下省的事务全部委托给你了。”高欢多次上奏要高乾复职，孝武帝都不批准。高乾预料祸乱将要发生，就秘密致信高欢，请求外出到徐州任职。二月初三日辛酉，高乾被任命为骠骑大将军、开府仪同三司、徐州刺史，另外任命咸阳王元坦为司空。

二月二十五日癸未，梁武帝驾临同泰寺，讲解《般若经》，讲了七天才结束，与会听讲的人有数万之众。

在北魏正光年间以前，阿至罗部众经常依附北魏。等到中原战乱纷繁，阿至罗也乘机反叛，丞相高欢对他们进行招抚，阿至罗重新投降，总计十万户。三月初三日辛卯，孝武帝下诏再次任命高欢为大行台，授予他对阿至罗有随机处置之权。高欢于是决定给降民一批粮食和布帛，参与论事的人认为是白白耗费财物，没有什么益处，但高欢没有听从。等到讨伐河西时，这批降民发挥了极大的作用。

高乾即将到徐州上任，孝武帝得知他泄露了机密，于是下诏给丞相高欢说：“高乾恭敬地与朕私下订有盟誓，如今又在你面前搬弄是非，脚踏两只船。”高欢得知高乾与孝武帝私下订盟，就十分厌恶他，立即取出高乾前后写来的几封论及时政的书信密封后派人送给了孝武帝。孝武帝召见高乾，当着高欢使者的面斥责高乾。高乾说：“陛下自己别有图谋，却说我反复无常，皇上要加罪给一个人，他怎能推卸掉呢！”于是高乾被赐死。孝武帝又秘密地下手诏给东徐州刺史潘绍业杀死高乾的弟弟高敖曹。高敖曹在这之前得知高乾死讯，就埋伏壮士在途中，抓住了潘绍业，从他衣领里搜出了孝武帝的手书，仓皇率领十几个骑兵逃奔晋阳。高欢抱着高敖曹的头痛哭着说：“皇上枉杀了司空高乾。”高敖曹的哥哥高仲密任光州刺史，孝武帝敕令青州切断高仲密回晋阳的归路，高仲密就从小道逃回了晋阳。高仲密名慎，平时只用表字。

北魏太师鲁郡王元肃辞世。

三月二十八日丙辰，梁南平元襄王萧伟辞世。

三月二十九日丁巳，北魏任用赵郡王元谌为太尉，南阳王元宝炬为太保。

北魏尔朱荣当初进兵洛阳的时候，烧毁了太常府的乐器库房，钟磬等乐器全被焚毁。节闵帝元恭下诏责令录尚书事长孙稚、太常卿祖莹等人重新制造，直到这时才完成，命名为大成乐。

北魏青州平民耿翔聚众攻掠三齐，胶州刺史裴粲只会高谈阔论，对变乱没有防备。夏季，四月，耿翔偷袭胶州城。裴粲亲信报告说贼来攻城了，裴粲说：“岂有此理。”过了一会，亲信又报告说贼已经进城了。裴粲还不紧不慢地说：“耿王来了，就把他带到公堂来，其他部众，交付城民处治。”结果，耿翔砍了裴粲的头，送到梁朝投降。

五月，北魏徐州平民王早等人杀了刺史崔痒，占领下邳城向梁朝投降。

六月十五日壬申，北魏任命骠骑大将军樊子鹄为青州、胶州大使，节制济州刺史蔡儁等进剿耿翔。秋季，七月，魏军攻到青州，耿翔放弃青州城，逃奔梁朝，梁武帝下诏任命他为兖州刺史。

七月初六日壬辰，北魏任命广陵王元欣为大司马，赵郡王元谌为太师。七月二十四日庚戌，任命前司徒贺拔允为太尉。

当初，贺拔岳委派行台郎冯景到晋阳，丞相高欢得知贺拔岳使者到来，非常高兴，说：“贺拔公怎么还想得起我呀！”高欢于是与冯景歃血为盟，约定与贺拔岳结为兄弟。冯景回去后，对贺拔岳说：“高欢奸诈有余，不可信任。”府司马宇文泰自告奋勇出使晋阳以便观察高欢的为人。高欢见了宇文泰，十分惊奇他的状貌，说：“这个年轻人仪表非凡。”就想把他留下来。宇文泰坚决要求回去复命；高欢就放宇文泰走了，但很快又后悔起来，立即派驿使紧急追赶，驿使一直追到函谷关也没有追上，只好返回。

宇文泰回到长安，对贺拔岳说："高欢之所以还没篡夺帝位，他害怕的恰恰是您兄弟二人；侯莫陈悦这样的人，高欢并不畏惧。大人只要暗中做好准备，除掉高欢不是难事。现今费也头手下善射骑兵一万多人，夏州刺史斛拔弥俄突有精兵三千多人，灵州刺史曹泥、河西流民纥豆陵伊利等人都各自有一帮人马，他们都不知投归哪一边。您若进军陇右，扼守该地要害，用军威来震慑他们，再用恩惠来招抚他们，便可以收编他们的兵马来壮大我军的力量。向西和睦氐、羌，向北安抚大漠胡族，巩固要塞，然后回师长安，辅佐魏皇室，这样的举措是可以与齐桓公、晋文公相媲美啊。"贺拔岳非常高兴，又差遣宇文泰到洛阳办事，秘密地向孝武帝奏报情况。孝武帝大喜，加官宇文泰武卫将军，让他回去复命。八月，孝武帝任命贺拔岳为都督雍州、华州等二十州诸军事、雍州刺史、又刺取心前的血，派使者送给贺拔岳。贺拔岳于是领兵西屯平凉，以放养军马为名。斛拔俄弥突、纥豆陵伊利以及费也头万俟受洛干、铁勒斛律沙门等都依附于贺拔岳。只有曹泥独自依附高欢。秦州、南秦州、河州、渭州等四州刺史同往平凉聚会，接受贺拔岳的节制。贺拔岳认为夏州是边防要地，想找一个能干的刺史来镇守，部众举荐宇文泰。贺拔岳说："宇文左丞是我的左右手，怎能让他离开！"贺拔岳沉默思考了好几天，最终还是上奏孝武帝，推荐宇文泰担任夏州刺史。

九月，癸酉日，北魏丞相高欢上奏辞去王爵，孝武帝没有允准，但高欢请求将自己的封邑十万户分赏给从信都追随他讨伐尔朱荣的有功人员，得到允准。

冬季，十月初五日庚申，梁朝任命尚书右仆射何敬容为左仆射，任命吏部尚书谢举为尚书右仆射。

十一月初九日癸巳，北魏任命殷州刺史中山人邸珍为徐州大都督、东道行台、仆射，由他率军进讨下邳。

十二月初三日丁巳，魏孝武帝狩猎于嵩高；十五日己巳，巡幸温泉洗浴；二十三日丁丑，回到宫中。

北魏荆州刺史贺拔胜进犯雍州，攻占了下迮戍哨所，煽动当地土著居民归附北魏；雍州刺史庐陵王萧续派兵出击，多次被贺拔胜打败，汉水以南地区震恐。贺拔胜又派兵攻打冯翊、安定、沔阳、酂城，全部占领。萧续派出电威将军柳仲礼驻守谷城，抗击魏军，贺拔胜进军围攻，没能取胜，这才撤退。这场浩劫使沔阳以北地区成为一片废墟。柳仲礼，是柳庆远的孙子。

北魏丞相高欢忧虑贺拔岳、侯莫陈悦势力强大，尚书右丞翟嵩献计说："我能离间两人，让他们自相残杀。"高欢就派遣他去办这件事。高欢又派丞相长史侯景招抚纥豆陵伊利，但遭到拒绝。

（以上为第一段，写北魏孝武帝内惩高欢亲信高乾，外结贺拔岳、贺拔胜兄弟；高欢优抚阿至罗，拉拢与离间关中诸将，君臣双方明争暗斗，北魏政权危机四伏。）

梁武帝中大通六年（甲寅，公元534年）

春季，正月初九日壬辰，北魏丞相高欢在五原苦水河西攻灭纥豆陵伊利，迁徙他的部落到苦水河东。魏孝武帝斥责高欢说："纥豆陵伊利不侵扰不反叛，是魏朝的忠臣，你却突然攻伐，难道就不能派一个使者来请示吗？"

北魏东梁州土著民反叛，二月，孝武帝诏令东雍州代理刺史丰阳人泉企进讨，平定了叛乱。泉企世世代代都是商、洛两县的大豪族，北魏世祖拓跋焘任用泉企的曾祖泉景言为商洛县令，封为丹水侯，允许子孙世袭爵位。

二月初九日壬戌，北魏大赦。

二月初十日癸亥，梁武帝亲耕籍田；大赦天下。

北魏永宁寺佛塔失火烧毁，看到这场火灾的人无不痛哭，哭声震动整个都城。

北魏贺拔岳打算讨伐曹泥，派遣都督武川人赵贵到夏州征询宇文泰的意见。宇文泰说："曹泥据守一座边远的孤城，不必忧虑。侯莫陈悦既贪婪又无信义，应当首先除掉他。"贺拔岳没有采纳，反而宣召侯莫陈悦到高平会合，共讨曹泥。侯莫陈悦此时已听信了翟嵩的谗言，正打算除掉贺拔岳。贺拔岳多次与侯莫陈悦宴会交谈，长史武川人雷绍进言劝说，贺拔岳没有听进去。贺拔岳派侯莫陈悦为先锋，进军到河曲。侯莫陈悦诱请贺拔岳到他的军营中商议军事，说话间侯莫陈悦假称肚子痛起身离去。这时，侯莫陈悦的女婿元洪景拔刀杀了贺拔岳。贺拔岳手下的人惊慌四散逃走，侯莫陈悦派人晓谕说："我奉朝廷密令，只杀贺拔岳一个人，诸位不要害怕。"众人信以为真，都不敢妄动。但侯莫陈悦犹豫不决，没有及时安抚收编贺拔岳的部众，只率领本部人马回到陇州，驻军水洛城。贺拔岳的部众零散回到平凉，赵贵到侯莫陈悦驻地请求运回贺拔岳的遗体安葬，得到许可。贺拔岳死后，侯莫陈悦部属都互相庆贺，行台郎中薛憕却私下对亲近的人说："侯莫陈悦才能谋略素来低下，就随便杀害了良将，我们这些人注定要成为人家的俘虏，有什么值得庆贺的。"薛憕，是薛真度的侄孙。

贺拔岳的部众没了头领，诸将认为都督武川的寇洛年龄最长，就推举他统帅诸军；寇洛一向没有威望谋略，不能凝聚部众，就自动请求让贤。赵贵说："夏州刺史宇文泰，才略是当今第一，远近的人都归心于他，赏罚严明，士兵乐意效力，若果请他来做统帅，大事就能成功。"诸将有的主张从南方去请贺拔胜，有的想报告北魏朝廷，犹豫不决。都督盛乐人杜朔周说："远水不救近火，今天的事，没有宇文泰就成不了事，赵贵将军的建议才是正确的。请允许我骑快马去向宇文泰告丧，同时请他来主持军务。"众人同意了杜朔周的建议。

宇文泰与部将宾客共同商议是否去平凉，前太中大夫颍川人韩褒说："这是天赐良机，没什么可疑虑的。侯莫陈悦不过是个井底之蛙罢了，使君前往，一定能擒获他。"众将认为："侯莫陈悦驻屯水洛城，距离平凉不远，如果他已收编了贺拔岳的部众，除掉他就很困难，希望暂时留在夏州等待时局的变化。”宇文泰说：“侯莫陈悦既然杀害了元帅，理应乘机占据平凉，而他却退据水洛城，我已料定他没有什么能耐。最难得到而容易丧失的就是时机，如果不赶快去接收，贺拔岳的部众将会人心涣散。”

夏州第一大户都督弥姐元进密谋响应侯莫陈悦，宇文泰洞察这一情况，于是与都督高平人蔡祐商量如何捉拿元进。蔡祐说：“元进肯定会反咬一口，不如干掉他。”宇文泰说：“你能决断大事。”于是召元进等人议事，宇文泰说：“陇州逆贼叛乱，我义不容辞与各位齐心合力讨伐，但在坐各位中好像有人不赞同，那就说一说你们的意见吧。”这时蔡祐身披铠甲，手执大刀，径直闯进议事公堂，瞪着眼睛对诸将说：“早上齐心谋划的事，傍晚就心生异端，还有什么脸面做人！今天一定要杀掉这个内奸。”在座的人都叩头说：“希望把此人揪出来。”蔡祐于是高声呵斥元进，举刀砍了他的头，消灭了其党羽，接着与诸将共同盟誓，齐心讨伐侯莫陈悦。宇文泰对蔡祐说：“从今以后，我把你当作儿子一样看待，你能把我当作父亲吗？”

宇文泰与部属骑快马驰赴平凉，命令杜朔周率军抢先占据弹筝峡。当时平民百姓惶恐不安，纷纷逃离，士兵们趁机抢掠。杜朔周说：“宇文大人正在讨伐罪人，拯救百姓，身为军士怎能助贼为虐呢？”于是安抚惊慌逃窜的百姓，遣送他们回去，远近的人都真心归服。宇文泰得知这一情况，连声称赞。杜朔周，本姓赫连，曾祖因避难改姓杜，宇文泰让他恢复旧姓，取名赫连达。

丞相高欢派侯景招抚贺拔岳的部众，宇文泰到达安定与侯景相遇。宇文泰对侯景说：“贺拔大人虽然死了，宇文泰还在，你来干什么！”侯景大惊失色说：“我好比是一支箭，听凭别人发射罢了。”于是掉头走了。

宇文泰到了平凉，非常悲痛地哭吊贺拔岳，将士们又悲又喜。

高欢又派侯景与散骑常侍代郡人张华原、义宁太守太安人王基慰劳宇文泰。宇文泰不肯接受，还想把这些人扣留下来，说：“留下来的共享富贵，否则，今天就是你们的忌日。”张华原说：“大人想用死来逼迫我们，我张华原对此并不害怕。”宇文泰只好让他们回去。王基回来对高欢说：“宇文泰是一位英雄豪杰，请赶快在他立足未稳时消灭他。”高欢说：“你难道没看到贺拔岳与侯莫陈悦火并的下场吗？我照样用计谋不费力气地取他的性命。”

魏孝武帝得知贺拔岳已死，派武卫将军元毗慰劳贺拔岳的军众，并带回洛阳，同时调回侯莫陈悦。元毗到了平凉，部众已推举宇文泰为主帅，侯莫陈悦已经依附丞相高欢，不听从调遣。宇文泰托元毗上奏孝武帝说：“大臣贺拔岳突然遭到谋杀，都督寇洛等将士让我代理军务。已接到诏书调贺拔岳军进京，而今高欢已率军到达河东，侯莫陈悦还驻扎在水洛城，贺拔岳的部众大多是当地苦水河西部人，留恋自己的故乡，若果真逼迫他们进京，侯莫陈悦在后追击，高欢在前面拦截，恐怕会祸乱国家，殃及百姓，遭受更大的损失。请求允准稍事停留整顿，慢慢开导，逐渐将部众拉向东部地区。”魏孝武帝就任命宇文泰为大都督，统率贺拔岳部众。

当初，贺拔岳任用东雍州刺史李虎为左厢大都督，贺拔岳死后，李虎逃奔荆州，劝说贺拔胜前去收编贺拔岳的部众，贺拔胜没有听从。李虎得知宇文泰代理贺拔岳统率部众，就从荆州返回前去投靠，路过阌乡县时被丞相高欢的部将抓获，用囚车送到洛阳。魏孝武帝正在谋划夺取关中，得到李虎非常高兴，授予卫将军之职，优厚赏赐，派他去协助宇文泰。李虎，是李歆的玄孙。

宇文泰致书侯莫陈悦，斥责说：“贺拔岳大人曾经为国家立下大功。你名声小，德行薄，是贺拔岳大人推荐你为陇右行台。现今高欢专权，你与贺拔岳大人共受皇上密旨，多次相互订有盟约；而你却勾结国贼，危害宗庙，歃血盟誓还没完，嘴角沾的血都没干，杀人的匕首就出了手。现今我与你都奉命调回京城，今天是进还是退，完全由你自己决定。你如果撤离陇山，东归洛阳，我也从北边出发与你同回京城，假若你犹豫不决，心怀二意，我立即与你兵戎相见。”

魏孝武帝征询宇文泰安定秦陇地区的策略，宇文泰上奏章说：“应当召回侯莫陈悦改任朝官，要不然就委任他到瓜州、凉州一带做一个边将。不这样做的话，终将是祸患。”

原州刺史史归一向受到贺拔岳的信任，河曲事变发生后，反而倒向侯莫陈悦一边。侯莫陈悦派他的党羽王伯和、成次安两人率领两千人协助史归镇守原州。宇文泰派遣都督侯莫陈崇率领一千轻骑兵去袭击原州。侯莫陈崇趁夜色带领十个骑兵，直抵原州城下，命令其余部众都埋伏在附近。史归见来人很少，不设防备。侯莫陈崇当即入城，占领城门，高平县令陇西人李贤和他的弟弟李远穆在城内，为侯莫陈崇的内应。就这样里应外合，击鼓呐喊，伏兵全部奋起，很快抓获了史归以及王伯和、成次安等，回到平凉。宇文泰上奏推荐侯莫陈崇代理原州刺史。三月，宇文泰率军进攻侯莫陈悦，到达原州，各路部队齐集。

夏季，四月初一日癸丑朔，发生日食。

北魏南徐州刺史陇西人李弼规劝侯莫陈悦说：“贺拔岳大人没有罪过就被你杀害，却没有收编他的部众，现今宇文泰率领他们杀来，声言为主子报仇，这样的气势不可战胜，你应当交出兵权表示悔过，如果不这样，做一定会大祸临头。”侯莫陈悦没有听从。

宇文泰率军向陇山进发，留下侄儿宇文导为都督镇守原州。宇文泰军令严明，一路秋毫无犯，百姓非常高兴。军队出了木狭关后，雪厚二尺，宇文泰仍然日夜兼程，以便出其不意地发起进攻。侯莫陈悦得到消息，退守略阳，只留一万人守水洛城。宇文泰到达，水洛城立即投降。宇文泰派遣轻骑数百人奔袭略阳，侯莫陈悦再次退守上邽，调集李弼一同对抗宇文泰。李弼知道侯莫陈悦必败，暗中遣使与宇文泰联络，请求为内应。侯莫陈悦放弃上邽城，向南撤退扼守山中险要路口。李弼对自己所属部众说："侯莫陈悦大人想要回到上邽，你们为何不整理行装！"李弼的妻子是侯莫陈悦的姨母，所以士兵们都听信李弼，纷纷回到上邽城。李弼抢先守住城门，安抚回城士兵，随后率领全城将士向宇文泰投降，宇文泰当即委任李弼为秦州刺史。当晚，侯莫陈悦率军出战，但军心惊骇，不战自溃。侯莫陈悦生性猜忌，又打了败仗，对手下亲近的人都怀疑，不让靠近，只和两个弟弟、自己的儿子以及谋杀贺拔岳的七八个人在一起，丢弃部众，落荒而逃。一连几天，在山中往来转圈，不知逃向哪里存身。手下亲信劝他逃向灵州依附曹泥，侯莫陈悦听从了，自己骑一匹骡子，让手下的人步行跟随，想从山中小道去灵州。宇文泰派原州都督贺拔颖追击，侯莫陈悦望见追骑逼近，就在荒野上吊自杀。

宇文泰进入上邽城，任命薛憕为记室参军。接收侯莫陈悦的府库，财物堆积如山，宇文泰分毫不取，全部赏赐给士兵。手下亲信偷了一个银瓮回来，宇文泰知道后严惩了这个人，当即剖开银瓮分给了将士。

侯莫陈悦的党羽豳州刺史孙定兒据守州城不投降，有几万人马。宇文泰派遣中山人刘亮进击。孙定兒认为宇文泰的大军离州城尚远，没有防备。刘亮首先在靠近州城的高地上竖起一面大将旗帜，然后亲自带领二十个骑兵奔驰进城。孙定兒正在举行酒宴，突然看到刘亮到来，惊骇得不知所措。刘亮挥刀杀了孙定兒，遥指城外大旗，对两个骑兵命令说："出城叫大军进城！"城中守军胆战心惊，全都服服帖帖的。

先前，过去的氐王杨绍先趁北魏内乱时逃回武兴，重新称王。凉州刺史李叔仁被当地平民扣押，氐、羌、吐谷浑各族都在所居地起事，从南岐州到瓜州、鄯州，跨州据郡的反叛者不可胜数。宇文泰命令李弼镇守原州，夏州刺史拔也恶蚝镇守南秦州，渭州刺史可朱浑道元镇守渭州，卫将军赵贵代理秦州刺史，征调豳州、经州、东秦州、岐州等四州的粮饷供给军队。杨绍先害怕了，只好臣服北魏，主动送来妻子和儿子作人质。

夏州长史于谨进言宇文泰说："明公据有关中险固之地，将士骁勇，土地肥美。当今天子在洛阳，受到群凶的逼迫，如果陈述你对皇上的忠诚，讲明目前时局的利害，请求迁都关中，这样你就可以借重天子的威名来号令诸侯，打着皇帝的旗号讨伐叛乱，这就是齐桓公、晋文公的事业，千载难逢啊！"宇文泰非常赞同。

丞相高欢得知宇文泰平定了秦陇地区，派遣使者用甜言蜜语和赠送厚礼来结交，宇文泰不肯接受，密封了高欢发来的书信，派都督济北人张轨送给孝武帝。斛斯椿问张轨："高欢叛逆朝廷，路人皆知，所有的人都把希望寄托在西方，不知宇文泰比起贺拔岳来怎么样？"张轨回答说："宇文泰文能治国，武能定乱。"斛斯椿说："果真如你所说，那宇文泰确实是可以依靠的对象。"

魏孝武帝命令宇文泰派出两千骑兵镇守东雍州，作为援助力量，又命令宇文泰率领大军稍稍东移。宇文泰委派大都督武川人梁御为雍州刺史，率领步骑五千为前锋。在此之前，丞相高欢派遣他的都督太安人韩轨领兵一万人据守蒲坂救援侯莫陈悦，雍州刺史贾显度派船迎接。梁御见到贾显度，劝他追随宇文泰，贾显度当即出城迎接梁御，梁御就这样占领了长安。

魏孝武帝任用宇文泰为侍中、骠骑大将军、开府仪同三司、关西大都督，封略阳县公，可以皇帝名义任命官爵。宇文泰任命寇洛为泾州刺史，李弼为秦州刺史，前略阳太守张献为南岐州刺史。南岐州刺史卢待伯不向张献移交权力，宇文泰派遣轻骑袭击南岐州将卢待伯抓获。

（以上为第二段，写宇文泰乘乱崛起，据有关中。）

京师侍中封隆之进言丞相高欢说："斛斯椿等现在在京师，一定会生出祸乱。"封隆之与仆射孙腾两人曾争着迎娶魏孝武帝的妹妹平原公主，公主嫁给了封隆之，孙腾就把封隆之对高欢说的话泄露给斛斯椿，斛斯椿告诉了魏孝武帝。封隆之害怕了，逃回乡里，高欢就召封隆之到晋阳。正好孙腾带了兵器进入台省，擅自杀死御史，害怕治罪，也逃到高欢那里。领军将军娄昭以生病为由辞职投奔晋阳。魏孝武帝任命斛斯椿兼任领军将军之职，又更替了都督以及河南、关西各州的刺史。华山王元鸷任徐州刺史，高欢派大都督邸珍强行夺取了城门钥匙。建州刺史韩贤、济州刺史蔡儁，都是高欢的党羽。魏孝武帝裁建州来撤掉韩贤；让御史揭发蔡儁的罪过，用汝阳王元叔昭取代蔡儁。高欢上奏说："蔡儁功勋卓著，不应当解除他的职务；汝阳王德高望重，应当委任他做一个大镇的重臣；臣的弟弟高永宝，忝任定州刺史，应该让位给贤才。"魏孝武帝不予采纳。五月［初五日丙戌］，魏孝武帝增设勋府庶子，左右厢各六百人；又增设骑官，左右厢各二百人。

魏孝武帝计划讨伐晋阳，五月初十日辛卯，下令戒严，说是"要亲自挂帅讨伐梁朝"。征伐河南各州的部队在洛阳进行盛大的阅兵仪式，列队南端临近洛水，北端靠近邙山，孝武帝一身戎装，在斛斯椿陪同下阅兵。六月初六日丁巳，孝武帝密令丞相高欢，假称"宇文黑獭、贺拔胜怀有野心，所以假称南伐，暗中做准备，你也应当一同行动，做好援助的形势。读罢诏令立即烧掉"。高欢上奏说："荆州贺拔胜、雍州宇文泰将要反叛，臣下即日暗中领兵三万，从河东西渡，另派恒州刺史库狄干等领兵四万从来违津渡河，领军将军娄昭等领兵五万讨伐荆州，冀州刺史尉景等率领山东兵七万、突骑五万讨伐江东，各路都已做好部署，恭候皇上吩咐。"孝武帝知道高欢已经觉察了自己的行动，于是公开高欢的奏章，交给群臣讨论，想阻止高欢的行动。高欢也召集并州僚属共同商议，还写成表章上奏，信誓旦旦地说："我高欢遭到小人的离间，以致陛下产生疑心。我如果辜负陛下，将受到上天的惩罚，还要断子绝孙。陛下如能信任我的赤胆忠心，免动干戈，希望您能把那一两位奸臣小人从您身边赶走。”

六月十六日丁卯，魏孝武帝令大都督源子恭守阳胡，汝阳王元暹守石济，又任命仪同三司贾显智为济州刺史，率领豫州刺史斛斯元寿东赴济州。斛斯元寿，是斛斯椿的弟弟。蔡儁拒绝交出权力，魏孝武帝更加震怒。六月二十日辛未，魏孝武帝再次命人抄录文武百官商议的意见回复高欢，同时命舍人温子昇拟写诏令给高欢，说：“朕没有动用一件兵刃，坐享天子宝座，可以说生我的是父母，使我尊贵的是高王您。现今如果是我无事生非背离你，打算与你相互攻伐，那就让我和子孙像你的誓词一样遭受上天的惩罚。近来担忧宇文泰作乱，贺拔胜呼应，所以戒严，想和你互为声援。现今观察宇文泰等人的行动，没有反叛迹象。东南方不顺服，由来已久，现今天下户口减半，不宜滥用武力。朕生性愚昧，不知道你说的奸臣是谁。不久前处死高乾，难道是朕一个人的意思！你突然对高昂说他哥哥死得冤枉，人的耳目哪能这样容易被蒙骗！朕还听到库狄干曾经对你说过这样的话：‘本想立一个懦弱的人为皇上，却无意中立了这个年长的皇上，致使不可控制。现在只需出兵半月，就可废黜皇上，另外立一个。’像这样的议论，是从你身边的勋贵传出的，难道是出自我身边的奸臣之口！去年封隆之反叛，今年孙腾逃离，这两人到了你的身边，你不治罪，不送回，谁不责怪你！你若事君尽忠，为什么不杀掉这两人，将首级送到京城！你的上奏说是‘西征’，可是四面俱进，有的想南渡指向洛阳，有的想东临江南，说话的人自己都感到不能自圆其说，听的人难道还能不怀疑！你如果安静地居住在晋阳，朕这里即使有百万大军，始终不会有算计你的心思。你若用兵南下，朕即使一匹马一辆车都没有，仍然要赤手空拳地抗争到死，朕本来德薄，但你已经拥立我为皇帝，百姓没有识见，有的还说朕不错。如果朕被别的人赶下台，那显然说明朕有罪过；如果朕是被你所杀，即使受尽侮辱，粉身碎骨，也丝毫没有怨恨。本来指望君臣一体，像合起来的符信契约一样，没料到今天竟疏远到如此地步。”

中军将军王思政进言魏孝武帝说：“高欢的野心，昭然若揭。洛阳不是用武的地方，宇文泰心向王室，现今前往依靠他，日后再收复洛阳，何愁不成功呢？”魏孝武帝十分赞同，就派遣散骑侍郎河东人柳庆到高平会见宇文泰，共同商量时事。宇文泰请求迎接孝武帝，柳庆回京报告，孝武帝又私下对柳庆说：“朕打算到荆州去依靠贺拔胜怎么样？”柳庆说：“关中地形险要，宇文泰的才能和胆略可以依靠。荆州地形不是要害，南边受到梁朝的逼迫，臣下愚笨，看不到荆州的好处。”魏孝武帝又问阁内都督宇文显和。宇文显和也劝孝武帝西入关中。当时魏孝武帝征调州郡军队，东郡太守河东人裴侠率领部众到了洛阳，王思政问裴侠说：“当今权臣专断，皇室威望一天天下降，怎么办呢？”裴侠说：“宇文泰得到全军拥护，据有险固地利的地方，这好比是自己抓住了戈矛，怎么可以把刀把子交给别人呢？虽然想去靠他，恐怕是避开了沸水又落入了火坑。”王思政说：“既然是这样，那怎么样才可以呢？”裴侠说：“除掉高欢立马有祸患，西入关中有将来的忧虑，不如先到关中，慢慢考虑下一步怎么做。”王思政认为有道理，就把裴侠推荐给魏孝武帝，魏孝武帝授予他左中郎将的职位。

当初，丞相高欢认为洛阳久经战乱，想迁都到邺城。魏孝武帝说：“高祖定都河、洛，为万世的根基；高王既然建立了稳定国家的大功，就应当遵守太和年间留下的规矩。”高欢这才作罢。到了这时，又重提迁都的事，派遣三千骑兵镇守建兴，增加了河东和济州的守军，把在各州征集的粮食，全部运进邺城。魏孝武帝颁下敕令对高欢说：“高王想要平息民愤，杜绝非议，只有调回河东的兵马，撤除建兴的防务，将邺城的粮食送到京师，追回济州的增援军队，让蔡儁接受调职命令，邸珍离开徐州，放下武器，解散兵马，各自经营自己的家事，缺少粮食，另外派人转运。这样，那些说你坏话的人就会闭嘴，怀疑和后悔都不会发生。高王就可在太原高枕无忧，朕也安心垂手京都了。高王如果挥兵南下，图谋篡位，朕虽然威武不足，为了保全国家和宗庙，就是想罢休也是不可能的。决定权在高王你的手上，不是朕能够决定的。这好比垒山，就差一筐土了，朕和你双方都会很遗憾。”高欢又上奏极力数说宇文泰、斛斯椿的罪恶。

魏孝武帝任用广宁太守广宁人任祥兼尚书左仆射加开府仪同三司，任祥弃官逃走，渡过黄河，占据广宁郡城等待高欢。魏孝武帝就发布敕令，凡来自北方的文武百官听凭自愿去留，并颁下布诏书列举高欢的罪状，调贺拔胜赴行在所。贺拔胜询问太保掾范阳人卢柔，卢柔说：“高欢叛逆，明公率领全部将士赶赴京都，与高欢决一胜负，即使献出生命也在所不辞，这是上策。北边据险鲁阳，南边吞并从前楚国的地方，东边连结兖州、豫州，西边结盟关中，动员百万大军，乘机而动，这是中策。以三荆地盘作资本，投降梁朝，功业与名誉全都没了，这是下策。”贺拔胜笑而不答。

魏孝武帝任命宇文泰兼尚书仆射，为关西大行台，许诺冯翊长公主嫁他为妻，对宇文泰账内都督秦郡人杨荐说：“卿回去对宇文行台说，派骑兵来迎接我！”任命杨荐为直阁将军。宇文泰任命前秦州刺史骆超为大都督，率领轻骑一千赶往洛阳，又派遣杨荐与长史宇文侧出关等候接驾。

丞相高欢召他的弟弟定州刺史高琛守卫晋阳，命长史崔暹为助手。崔暹，是崔挺的儿子。高欢整军向南进发，通告部众说：“孤因尔朱氏作乱，挺身而出伸张正义，拥立皇上，一颗真诚的忠心，一片赤诚之心，人神共知，可恨横遭斛斯椿谗言陷害，我的忠心被视为叛逆，现今向南进军，只不过是诛除斛斯椿罢了。”命高敖曹为先锋。宇文泰也向各州郡发布文告，列举高欢罪恶，亲自率领大军从高平出发，前锋屯驻弘农。贺拔胜驻军于汝水。

秋季，七月初九日己丑，魏孝武帝亲率十余万大军屯驻河桥，命斛斯椿为前锋，列阵于邙山之北。斛斯椿请求率领精锐骑兵两千人渡过黄河出其不意袭击疲惫的敌人，魏孝武帝起初赞同；黄门侍郎杨宽劝说孝武帝："高欢以臣伐君，哪有不准备周全的。现在这个时候把兵权交给别人，恐怕发生其他变故。斛斯椿如果渡过河去，万一成功了，这是灭了一个高欢，又生出另一个高欢啊。"孝武帝于是敕令斛斯椿停止行动。斛斯椿叹息说："近来荧惑星进入南斗，现今皇上听信左右的谗言，不用我的计谋，难道是天意吗？"宇文泰得知这一消息，对左右的人说："高欢数日之内行军八九百里，这是用兵最忌讳的，应当趁机袭击他。而皇上因为皇帝的尊贵，不能渡河决战，只好沿着黄河据守渡口。况且黄河万里，防守很难，如果有一处遭到突破得以渡河，大事就完了。"立即命大都督赵贵为别道行台，从蒲坂渡河，直扑并州高欢老巢，派遣大都督李贤率领精骑一千增援洛阳。

魏孝武帝派斛斯椿与行台长孙稚、大都督颍川王元斌之镇守虎牢关，行台长孙子彦镇守陕城，贾显智、斛斯元寿镇守滑台。元斌之是元鉴的弟弟；长孙子彦是长孙稚的儿子。高欢命相州刺史窦泰进军滑台，建州刺史韩贤进军石济。窦泰与贾显智在长寿津相遇。贾显智暗中与窦泰约定投降高欢，领兵后撤。军司元玄觉察了，立即飞马返回，请求增援，魏孝武帝派大都督侯几绍率军前往，与窦泰在滑台东面相遇交战，贾显智率军投降，侯几绍战死。北中郎将田怙为高欢内应，高欢悄悄率军前进至野王，魏孝武帝得知田怙为内奸，处死田怙。高欢进军到黄河北岸十几里的地方，再次派使者向魏孝武帝口头申诉他的忠心，魏孝武帝不理睬。七月二十六日丙午，高欢挥师渡河。

魏孝武帝向群臣征询对策，有的主张投奔梁朝，有的主张南下依靠贺拔胜，有的主张西入关中，有的主张守住洛口决一死战，拿不定主意。元斌之与斛斯椿争权，元斌之丢下斛斯椿跑了回来，欺骗魏孝武帝说："高欢的军队已经到了。"七月二十七日丁未，魏孝武帝派使者召回斛斯椿，于是率领南阳王元宝炬、清河王元亶、广阳王元湛以及五千骑兵留宿在瀍水西岸，南阳王舍下的僧人惠臻拿着玉玺、手提大刀随从。大家都知道皇上即将向西出发前往关中，当夜，逃亡的人有一大半，元亶、元湛也跑回洛阳。元湛，是元深的儿子。武卫将军云中人独孤信单骑追随魏孝武帝，魏孝武帝叹息说："将军告辞父母，丢下妻子赶来，'世乱识忠臣'，这话一点不假。"七月二十八日戊申，魏孝武帝西奔长安，李贤在崤山中与魏孝武帝相遇。七月二十九日己酉，高欢进入洛阳宿于永宁寺，派遣领军将军娄昭等人追赶魏孝武帝，请他返回洛阳。长孙子彦没能守住陕城，弃城逃走。高敖曹率领精骑追魏孝武帝到了陕城西边，没有追上。魏孝武帝快马加鞭，长途跋涉，又饥又渴，连续两三天，随从官员只能喝点山涧泉水充饥。到达湖城，当地王思村村民献给魏孝武帝一些麦米饭和开水，魏孝武帝很高兴，宣布免除这个村庄十年的赋役。到了稠桑，潼关大都督毛鸿宾进献酒食，随从官员才解除了饥渴。

八月初四日甲寅，丞相高欢聚集百官说："作为臣子，职责是辅佐君主，拯救危难，如果在朝不谏争，出巡不陪从，和平时争权夺利，危难时抛弃皇帝逃窜，为臣子的节操到哪里去了。"众人无言以对。兼尚书左仆射辛雄说："皇上与宠信的近臣决定大事，像我辛雄这样的人无权过问，等到皇上离京西去，如果追随，恐怕被看作是奸臣同党，所以留下来等待大王，却又蒙受不随从的斥责，我们无论进退都无法逃避罪责。"高欢说："卿等职任大臣，应当以身报国，那些奸臣专权的时候，卿等何曾说过一句诤谏皇上的话？造成国家政局败坏到这等地步，还想推脱罪责。"于是将辛雄，以及开府仪同三司叱列延庆、兼吏部尚书崔孝芬、都官尚书刘廞、兼度支尚书天水人杨机、散骑常侍元士弼等人收入死囚牢，全部处死。崔孝芬的儿子司徒从事中郎崔猷从小道逃入关中，魏孝武帝让他任原职在门下省办事。高欢推荐司徒清河王元亶为大司马，以皇上名义处理政事，在尚书省办公。

宇文泰派赵贵、梁御率领铁甲骑兵两千迎接圣驾，魏孝武帝沿着黄河西行，对梁御说："这河水向东流，朕却往西走，如果有一天重返洛阳，朕亲自祭奠陵庙，这是卿等的功劳啊。"魏孝武帝及左右的人都流泪痛哭。宇文泰备好仪仗卫队迎接魏孝武帝，在东阳驿拜见皇上，宇文泰摘下顶戴流着眼泪说："臣下没能遏制住叛贼肆虐，致使皇上颠沛流离，是臣下的罪过。"魏孝武帝说："你的忠贞节操，远近皆知，由于朕寡德，招致贼寇横行，今天与你相见，十分惭愧。朕正要把国家大事托付给你，你要努力啊！"将士都高呼万岁。于是魏孝武帝进入长安，暂时以雍州官衙为宫殿。大赦天下。任命宇文泰为大将军、雍州刺史，兼尚书令，军国大政，都由宇文泰裁决。另设立两个尚书，分别掌管机要之事，由行台尚书毛遐、周惠达两人分任。当时军政庶务刚刚开办，两人储备粮食，修造兵器，精选士卒马匹，魏朝幸存仰赖于这。宇文泰取冯翊长公主为妻，被任命为驸马都尉。

先前，荧惑星进入南斗星区，离开了又回来，前后停留了六十天。梁武帝根据谚语所说的"荧惑入南斗，天子下殿走"，就光着脚走下宫殿用以消灾祈福，等到得知魏孝武帝西奔，就惭愧地说："难道胡虏也配应验天象吗？"

八月初九日己未，武兴王杨绍先出任秦州、南秦州两州刺史。

八月十一日辛酉，北魏丞相高欢亲自率军赶去迎接孝武帝。八月十八日戊辰，清河王元亶下令大赦天下。高欢追到弘农。九月，癸巳［二十五日乙巳］，高欢派行台仆射元子思带领侍从官迎请孝武帝。九月二十九日己酉，高欢攻占潼关，生擒毛鸿宾，进军驻屯华阴长城，龙门都督薛崇礼举城投降高欢。

贺拔胜派长史元颖代理荆州事务，守卫南阳，亲自率领部队西赴关中。进军到淅阳，得知高欢已屯驻华阴，打算撤军，行台左丞崔谦说："现今皇室颠覆，皇上出逃，明公应当日夜兼程，赶到皇上所在的地方朝见，然后与宇文行台同心协力，高举大义的旗帜，天下的人谁不闻风响应呢！如今要放弃这一义举而撤退，恐怕人人都会失望而离散，一旦失去这个大好机会，后悔就来不及了。”贺拔胜没有采纳，于是退还荆州。

高欢率军退回河东驻扎，派行台长史薛瑜守潼关，大都督库狄温守封陵，在蒲坂津西岸筑城，任命薛绍宗为华州刺史，让他驻守这座新城，任命高敖曹代理豫州事务。

高欢自从晋阳率军出发，到这时总共已上书魏孝武帝四十封，魏孝武帝都没答复。高欢就向东撤退，派遣行台侯景等领兵攻向荆州，荆州平民邓诞等抓获元颖策应侯景。贺拔胜率军返回到达荆州，侯景截击，贺拔胜兵败，只率领了数百骑投奔梁朝。

魏孝武帝原先在洛阳时，曾秘密派遣阁内都督河南人赵刚征召东荆州刺史冯景昭率兵入援，兵还没有出发，魏孝武帝就西进关中。冯景昭聚集府中文武官员商议投靠谁，司马冯道和主张据守州城等待高欢处置。赵刚说：“明公应当带兵赶往皇上所在的地方。”过了好一阵，再没有人说话。赵刚抽出战刀，丢在地上说：“明公想要做忠臣，请求处死冯道和；如果想依附叛贼，就赶快杀我赵刚。”冯景昭深受感动，醒悟过来，立即率部赶往关中。侯景领兵逼近穰城，东荆州平民杨祖欢等拉起一支队伍，在要道上截击冯景昭，冯景昭战败，赵刚逃入南蛮之中。

冬季，十月，丞相高欢返回洛阳，又派僧人道荣上奏魏孝武帝说：“陛下如果在关中远赐一份诏书给我，答应返回京都洛阳，臣当即率领文武百官，清扫干净宫殿。如果返回主持政务遥遥无期，那么七庙不能没有主人，天下诸侯必须有所归附，臣宁愿辜负陛下，也不能辜负国家。”魏孝武帝仍然不作答复。高欢就召集百官和元老，讨论应当拥立何人为新君。当时清河王元亶出入宫禁已经按皇帝的礼仪戒备，高欢厌恶并觉得很可笑，就找一个借口说：“从孝昌年间以来，宗庙的辈分乱了秩序，永安孝庄帝在宗庙只把孝文帝当作伯父祭奠，永熙孝武帝因与孝明帝是兄弟辈分而把孝明帝灵位迁入宗庙侧室，这些年来皇业沦丧，皇上在位时间短暂，这都是皇位继承人辈分不对造成的。”于是拥立清河王元亶的嫡长子元善见为帝。高欢对元亶说：“与其立你为帝，还不如立你儿子为帝。”元亶惶恐不安，私自轻装快马南逃，高欢派人把他追了回来。十月十七日丙寅，孝静帝元善见在洛阳城东北角筑坛即位，时年十一岁。大赦天下，改元天平。

西魏宇文泰进军攻打潼关，杀死薛瑜，俘获七千人，得胜返回长安，晋升为大丞相。东魏行台薛脩义等渡过黄河占领杨氏壁。西魏司空参军河东薛端率领村民击退东魏军，收复杨氏壁。丞相宇文泰派遣南汾州刺史苏景恕镇守杨氏壁。

十月十八日丁卯，梁武帝任命信武将军元庆和为镇北将军，率军讨伐东魏。

当初，魏孝武帝与丞相高欢发生矛盾以后，齐州刺史侯渊、兖州刺史樊子鹄、青州刺史东莱王元贵平暗中相结，以观时局变化。侯渊还派使者向高欢致意。等到魏孝武帝入关，清河王元亶代理朝政，派汝阳王元暹为齐州刺史，元暹到了齐州城西，侯渊不允许进城。城民刘桃符等悄悄带领元暹进入城中，侯渊匆匆率领护卫骑兵逃走，侯渊的妻儿和部属都成了元暹的俘虏。侯渊走到广里，刚好碰到元亶以皇帝名义发来的制令，任命他为青州刺史。使者还带了一封高欢给侯渊的信，说："你不要因为手中兵少害怕东行，齐地的百姓风俗轻浮，唯利是图，齐州人能够迎接汝阳王，青州人岂能不开门迎接你呢！"侯渊回头东行，元暹归还他的妻儿部属。可是青州的元贵平不接受更替，侯渊就袭击高阳郡，占领了郡城，在城中安置好家室及辎重。侯渊自己则率领轻骑在城外巡逻游击。元贵平派他的长子领兵攻打高阳城，侯渊则在当夜进军东阳，看到一些州民正在运送军粮，就欺骗他们说："高欢的军队打过来了，把我们的青州兵差不多都杀完了。我是元贵平世子手下的人，侥幸逃了回来，你们还往前线去干什么！"听到这话的民夫信以为真，丢下粮食逃跑了。到天快亮时，侯渊又对进城的行人说："高欢的军队昨夜已进了高阳城，我们是前锋，现今到了这里，不知侯渊这人究竟在哪里！"东阳城民惶恐害怕，于是绑着元贵平出来投降。十月十九日戊辰，侯渊杀了元贵平，把他的人头送到洛阳。

十月二十一日庚午，东魏任命赵郡王元谌为大司马，咸阳王元坦为太尉，开府仪同三司高盛为司徒，高敖曹为司空，元坦，是元树的弟弟。

丞相高欢认为洛阳在西边靠近西魏，在南边紧靠梁朝，于是建议迁都邺城，命令下达才三天就立即行动。十月二十七日丙子，东魏孝静帝从洛阳出发，四十万户平民狼狈地上路。文武百官的马匹都被征用，尚书丞郎以上高官，不是陪侍皇上的人只能骑毛驴。高欢亲自留在后面指挥，迁都事毕，才返回晋阳。改司州为洛州，任命尚书令元弼为洛州刺史，镇守洛阳。任命行台尚书司马子如为尚书左仆射，与右仆射高隆之、侍中高岳、孙腾留在邺城，共掌朝政。孝静帝颁布诏书，从洛阳迁到邺城的平民家业还没有恢复，国家发放一百三十万石粮食救济他们。

十一月，兖州刺史樊子鹄占据瑕丘以抗拒东魏，南青州刺史大野拔率部投奔了他。

十一月十一日庚寅，东魏孝静帝到达邺城，居住在北城相州官衙，改相州刺史为司州牧，魏郡太守为魏尹。这时，六坊卫队随从孝武帝西行的人不到一万，其余的都迁到邺城，都给予常年的俸禄，春秋两季还要赏赐布帛供他们制作衣服，为了维持这些开支，就在法定的赋调之外，从年成丰收的地方用绸缎折价购买粮食供给国家使用。

十二月，西魏丞相宇文泰派遣仪同李虎、李弼、赵贵进军灵州，攻打曹泥。

闰十二月，梁将元庆和攻占了东魏濑乡。

西魏孝武帝在宫中失礼乱伦，有三个堂妹没有嫁人，都被封为公主。平原公主元明月，是南阳王元宝炬的同胞妹妹，跟随孝武帝入关，丞相宇文泰指使元氏诸王把明月抓出宫来杀了；孝武帝心中不满，发脾气，有时弯弓射箭，有时敲打桌子，因此又与宇文泰产生了矛盾。十一月十五日癸巳，孝武帝喝酒被毒死。宇文泰与群臣商议拥立新皇帝，多数大臣举荐广平王元赞。元赞，是孝武帝哥哥的儿子，侍中濮阳王元顺，把宇文泰请到另一个房间流着眼泪说："高欢逼走先帝，拥立幼主以便专权，明公应当与高欢的做法相反才好。广平王年幼，不如拥立一个年长的皇上。"宇文泰于是拥立太宰南阳王元宝炬为皇帝。元顺，是元素的曾孙。孝武帝的灵柩被安放在草堂佛寺，谏议大夫宋球恸哭吐血，吃不下饭，喝不下水，绝食了好几天。宇文泰考虑到宋球是一位有名的儒士，就没有加罪于他。

先前，贺拔胜在荆州时，上奏章推荐卫将军独孤信为大都督。东魏攻占荆州后，西魏任命独孤信为都督三荆州诸军事、尚书右仆射、东南道行台、大都督、荆州刺史。以便他去招抚荆州军民。

荆州蛮族酋长樊五能攻破淅阳郡策应西魏军，东魏西荆州刺史辛纂打算征讨樊五能，行台郎中李广劝谏说："淅阳四面荒野没有居民，只有一座孤城，山路幽深艰险，山里山外都是蛮人，现今派兵少了，难以战胜蛮贼；派兵多了，那么州城空墟，万一不能成功，就要大损威名，人心一旦动摇，州城就难保了。"辛纂说："难道就让贼寇纵横不征讨吗？"李广说："现今忧虑的是心腹之患，哪有工夫去治皮毛疮疥！听说高欢的军队就要来援，明公只需责令所属各城，加强壁垒安抚民众等待援兵的到来，虽然丢了淅阳，不值得可惜。"辛纂不听，派兵攻打淅阳，果然兵败，诸将趁机逃亡，没有一个回来。

荆州城平民暗中派人去迎请独孤信。独孤信进军到武陶，东魏派遣恒农太守田八能率领蛮兵在淅阳阻挡独孤信，又派遣都督张齐民率领步骑三千绕出独孤信的后面。独孤信对部众说："现今我军不满千人，又腹背受敌，如果回过头来攻击张齐民，那么当地土民认为我军退走，一定反过来截击我军，还不如迎头进击樊八能，打败了樊八能，张齐民就会不战自溃。"于是进击，打败了樊八能，乘胜袭击穰城；辛纂整兵出战，又大败逃回州城。城门还来不及关上，独孤信令都督武川人杨忠为前锋，杨忠大声呵斥城门卫兵说："大军已到，城中有内应，你们要想活命，还不赶快逃走！"守门卫士全都逃散。杨忠率众进入城中，杀了辛纂，枭首示众。城中军民都吓得服服帖帖。独孤信兵分三路占领了三荆。过了半年，东魏高敖曹、侯景率军突然袭击州城，独孤信兵少不敌，和杨忠投降了梁朝。

（以上为第三段，写北魏分裂始末，孝武帝不武，灭狼未果，反落虎口，既丧性命，更葬送了北魏政权。）

【点评】

孝武帝败亡。高欢因发难平定尔朱氏之乱，拥立孝武帝，由一个边将一跃成为权臣，但根基不厚，只好保守晋阳根本，安插亲信遥控洛阳北魏政权。孝武帝不甘做一个傀儡皇帝，奋起抗争，虽然败亡，可歌可泣。当时，高欢军事力量和政治力量并不占优势，孝武帝不费吹灰之力就赶走了朝中高欢安插的亲信高乾、高隆之等人，振兴皇室显露出一丝曙光。可惜孝武帝才略平庸，猜忌任性，得不到良辅，策略失当，又急于求成，矛盾迅速激化，政权未稳而兵锋骤起，于是事不可为。孝武帝又不修内行，威仪扫地，人心涣散，只两年时间就在政争中结束了生命，葬送了北魏王朝，使自己成了一个可怜可叹的悲剧人物。

梁纪十三

梁武帝大同元年至三年（公元535—公元537）

【起旃蒙单阏（乙卯，公元535），尽强圉大荒落（丁巳，公元537年），凡三年】

【大事提要】

本卷记事起自公元535年，至公元537年，凡三年，当梁武帝大同元年、二年、三年，西魏文帝大统元年、二年、三年，东魏孝静帝天平二年、三年、四年。南朝梁武帝无所作为，南朝无事，修好北方。本卷主要载述北朝初分为东、西魏，权臣当政，各立新君傀儡，高欢与宇文泰各自内修政理，外示用武，两次大战形成势均力敌的局面。

高祖武皇帝十三

梁武帝大同元年（乙卯，公元535年）

春季，正月初一日戊申朔，梁武帝大赦天下，改年号为大同。

这一天，西魏文帝元宝炬在长安城西郊举行祭天典礼，即皇帝位，大赦天下，改年号为大统，追尊他的父亲京兆王元愉为文景皇帝，追尊已去世的母亲杨氏为皇后。

原北魏渭州刺史可朱浑道元原先依附侯莫陈悦，侯莫陈悦死后，西魏丞相宇文泰进攻道元，没有攻下渭州，只好与道元订立盟约而退军。可朱浑道元祖上世世代代居住在怀朔，道元与东魏丞相高欢交好，而且母亲、兄长都居住在邺城，因此经常与高欢联络。宇文泰总想攻击他，于是可朱浑道元率领部属三千户从西北方向的乌兰津渡过黄河进抵灵州，灵州刺史曹泥给他补充钱粮，护送到云州。高欢得到报告，派人带上钱粮前去迎接，授予道元为车骑大将军。

可朱浑道元到达晋阳，高欢才知道魏孝武帝的死讯，随即启奏请求为孝武帝举哀并穿孝服。东魏孝静帝召集群臣商议这件事，太学博士潘崇和认为："君主对臣下不以礼相待，那么已脱离君臣关系的臣子不必为旧君主服丧哀悼，因此，商汤的百姓不为夏桀哭丧，周武王的百姓不为纣王穿丧服。"国子博士卫既隆、李同轨商议后认为："高皇后与先帝分离，并没有公开断绝关系，还是应该为先帝服丧。"东魏孝静帝采纳了他们的意见。

西魏骁骑大将军、仪同三司李虎等招降了费也头的部众，与他们一同攻打灵州，总计持续了四十天，曹泥请求投降。

正月初二日己酉，西魏晋升丞相略阳公宇文泰为都督中外诸军事、录尚书事、大行台，又加封安定王。宇文泰坚决辞去王爵和录尚书事，于是封为安定公。晋升尚书令斛斯椿为太保，任命广平王元赞为司徒。

正月初八日乙卯，西魏文帝册立妃子乙弗氏为皇后，儿子元钦为皇太子。乙弗皇后仁慈宽厚，节约勤俭，没有妒忌之心，文帝非常敬重她。

稽胡人刘蠡升，自从孝昌年间以来，就自称天子，改年号叫神嘉，居住在云阳谷地区，东魏的边境经常遭受骚扰，人们称之为“胡荒”。正月十五日壬戌，东魏丞相高欢率兵袭击刘蠡升，大获全胜。

勃海王高欢的世子高澄与高欢的妾郑氏私通，高欢回来后，一个婢女向高欢告密，另外两个婢女作证，高欢把高澄打了一百棍，关押起来，高澄的生母娄妃也被软禁起来，不得与高欢相见。高欢收纳北魏敬宗的皇后尔朱氏，非常宠爱，生了儿子高浟，高欢想把他立为世子。高澄向司马子如求救。司马子如进王府拜见高欢，装作什么也不知道，请求看望娄妃。高欢告诉了原委。司马子如说：“我的儿子司马消难也和我的妾私通，这种事只能掩盖。娄妃是大王的结发妻子，曾长期拿父母家的钱财资助大王，大王在怀朔时曾遭杖责，被打得体无完肤，娄妃日夜守护在你身边；后来躲避葛荣的祸乱，一起逃到并州，非常贫困，娄妃烧马粪，做饭，亲自制靴子，患难的恩义哪能忘记呢！你们夫妻天生一对，所生女儿为皇后，男儿应当继承大业。再说娄妃弟弟娄领军掌握禁军有很大的功勋，不宜动摇。一个女人就像一棵小草，何况一个婢女的话也不一定当真。”高欢就让司马子如重新审问。司马子如见到高澄，责备他说：“一个男子汉怎么可以因畏惧威严就给自己泼脏水呢！”司马子如又指使作证的两个婢女推翻自己的证词，威逼那个告发的婢女上吊自杀，司马子如这才向高欢报告说：“那件事果然是无中生有。”高欢非常高兴，召见娄妃和高澄。娄妃远远看见高欢，走一步叩一次头，高澄也是叩头前行，父子、夫妇相见哭成一团，从此和好如初。高欢摆酒宴招待司马子如，说：“成全我家父子关系的人，就是您司马子如啊！”赏赐司马子如黄金一百三十斤。

正月十七日甲子，西魏任命广陵王元欣为太傅，仪同三司万俟寿洛干为司徒。

正月二十二日己巳，东魏任命丞相高欢为相国，允许使用象征皇帝权威的用黄金装饰的大斧，赐给特殊的礼仪待遇；高欢坚决推辞没有接受。

东魏大行台尚书司马子如率领大都督窦泰、太州刺史韩轨等进攻潼关，西魏丞相宇文泰驻军于霸上。司马子如和韩轨领兵迂回，从蒲津夜渡黄河，进攻华州。当时，华州城正在修筑，还没有完工，梯子还倚靠在城墙外侧，天刚亮时，东魏士兵爬上梯子进入城内。刺史王罴睡觉还没有起床，听到官衙外人声嘈杂，来不及穿衣服，光着身子，赤着双脚，露着发鬓，拿着一根木棍，大叫着冲了出来，东魏士兵见状，反倒惊慌失措，回头逃跑。王罴一直追到东城门，部下也渐渐集聚起来，双方交战，东魏军大败，司马子如等人率领败军撤退回去。

二月初四日辛巳，梁武帝在明堂举行祭祀典礼。

二月初五日壬午，东魏任命咸阳王元坦为太傅、西河王元悰为太尉。

东魏委派尚书右仆射高隆之征发十万民夫拆毁洛阳宫殿，将拆下的建筑材料运到邺城。

二月初十日丁亥，梁武帝举行亲耕籍田典礼。

东魏仪同三司娄昭等进攻兖州，樊子鹄派前任胶州刺史严思达镇守东平，娄昭攻克了东平。于是率军围攻瑕丘，但久攻不下，娄昭引水灌城；二月十二日己丑，大野拔进见樊子鹄商议事务，借机砍了樊子鹄的人头出降东魏。当初，樊子鹄因为部众寡少，驱赶全城百姓无论老少都为兵守城，樊子鹄死后，这些守城兵一哄而散。东魏诸将劝娄昭将他们尽行抓捕正法。娄昭说："这座州城已不幸，横遭摧残伤害，人们都踮起脚尖盼望官兵把他们从水深炎热中拯救出来，如今我们再诛杀他们，那老百姓真就哭诉无门了。"于是，诸将皆放弃了追杀。

二月二十一日戊戌，梁朝司州刺史陈庆之讨伐东魏，与东魏豫州刺史尧雄交战，失败而还。

三月十五日辛酉，东魏任命高盛为太尉，高敖曹为司徒，济阴王元晖业为司空。

东魏丞相高欢假意与稽胡王刘蠡升订盟讲和，答应把女儿嫁给刘蠡升的太子为妻。刘蠡升因此不设置防备，高欢发兵偷袭。三月十五日辛酉，刘蠡升的部下北部王砍了刘蠡升的人头投降高欢。刘蠡升的残部又立了他的儿子南海王为皇帝，高欢再次进兵攻击，俘获了南海王和皇后、诸王，以及公卿以下共四百多人，俘获的华、夷民众五万余户。

三月二十六日壬申，高欢到邺都朝见孝静帝，把自己女儿也就是之前孝武帝的皇后嫁给彭城王元韶为妻。

西魏丞相宇文泰考虑到战事未息，官民都疲劳穷困，就指示有关部门参考古今治国事例，找出适合于当今的政治措施，制订成二十四条新法令，上奏给文帝批准后执行。

宇文泰启用武功人苏绰为行台郎中，过了一年多，宇文泰还不了解苏绰，可是行台衙门中的人都称赞苏绰能干，凡有疑难的事都找苏绰决断。宇文泰与仆射周惠达商议大事，周惠达拿不出主意，就请求外出找人讨论。周惠达走出相府，把事情原委告诉了苏绰，苏绰为他做了分析解答，周惠达再进入相府向宇文泰报告，宇文泰说好。宇文泰又说："是谁为你做出的解答？"周惠达就说是苏绰解答的，并且称赞苏绰有辅佐君王的才干，宇文泰就晋升苏绰为著作郎。宇文泰与公卿大臣到昆明池赏鱼，走到汉代的旧仓池时，宇文泰回头问左右的人，他们中没有人知道仓池的历史故事。宇文泰便召见苏绰询问，苏绰把仓池的兴衰情况一一做了回答。宇文泰非常高兴，接着询问天地万物的来历，以及历代兴亡的轨迹，苏绰对答如流。宇文泰与苏绰并马缓行，到了昆明池，居然没有撒网捕鱼就返回了。宇文泰便留下苏绰，向他征询军国大事，直到夜晚交谈继续进行，宇文泰躺在睡榻上听。苏绰分析陈述治理国家应抓住最紧要的大政方针，宇文泰禁不住起身，整理好衣冠，端坐听讲，不知不觉双膝移到了座席前端靠近了苏绰，两人一直交谈到天亮还兴致勃勃。第二天早上，宇文泰对周惠达说："苏绰真是一个奇才，我决定委任他担任治国的重任。"立即任命苏绰为大行台左丞，参与机密，从这时起苏绰日益受到宇文泰的宠信。苏绰制定了文书案卷的程序格式，官府批文和下达的文书用红笔书写，下级上报的文书用墨笔书写，以及记账、户籍等方面的法规，后继之人大多沿用苏绰制订的公文程式和法规。

东魏任命封延之为青州刺史，取代侯渊。侯渊失去刺史职位后心里害怕，他走到广州时决意造反，连夜袭击青州城南的外城，又抢劫掠夺附近的郡县。夏季，四月，丞相高欢派济州刺史蔡儁征讨侯渊。侯渊部下大多叛逃，侯渊想南逃梁朝，在半道上被一个卖酒的人杀死，把他的头送到了东魏京都邺城。

梁朝元庆和攻打东魏城父，丞相高欢派高敖曹率领三万人奔赴项城，窦泰率领三万人奔赴城父，侯景率领三万人奔赴彭城，任命任祥为东南道行台仆射，统一指挥这几支军队。

五月，西魏晋爵宇文泰为柱国。

梁朝元庆和率兵进逼东魏南兖州，东魏洛州刺史韩贤领兵抗击。六月，元庆和进攻南顿城，豫州刺史尧雄打败了他。

秋季，七月三十日甲戌，西魏任命开府仪同三司念贤为太尉，任命万俟寿洛干为司徒，任命开府仪同三司越勒肱为司空。

梁朝益州刺史鄱阳王萧范、南梁州刺史樊文炽合兵围攻西魏晋寿城，西魏东益州刺史傅敬和投降。萧范是萧恢的儿子；傅敬和是傅竖眼的儿子。

西魏文帝下诏书列举高欢二十条大罪，并且说："朕将亲自率领大军，与宇文泰丞相一起扫除凶恶的国贼。"高欢也向西魏发布讨伐的檄文，称宇文黑獭、斛斯椿为反叛凶徒，并且说："现今已分派各位将领，率兵百万，限定日期向西讨伐。"

东魏派行台元晏反击元庆和。

有人告发东魏司空济阴王元晖业与七兵尚书薛琡有二心，暗中与西魏勾结。八月十七日辛卯，两人被抓捕到晋阳，都被免职。

八月二十日甲午，东魏徵发民夫七万六千人在邺城修建新皇宫，委派仆射高隆之与司空胄曹参军辛术共同负责营建，在邺城的南面修筑了周长二十五里的新城。辛术是辛琛的儿子。

赵刚从南蛮出发到东魏东荆州去见刺史赵郡人李愍，劝他归顺西魏，李愍听从了，赵刚因此得以到达长安。丞相宇文泰任命赵刚为左光禄大夫。赵刚劝说宇文泰召抚贺拔胜、独孤信等从梁朝返回，宇文泰就派赵刚出使梁朝召请两人。

九月十四日丁巳，东魏任命开府仪同三司襄城王元旭为司空。

冬季，十月，西魏太师上党文宣王长孙稚去世。

西魏秦州刺史王超世，是丞相宇文泰的妻兄，骄横贪污，宇文泰奏请治罪，西魏文帝下诏将其赐死。

十一月初五日丁未，梁朝侍中、中卫将军徐勉去世。徐勉虽然骨气敢言不如范云，但也从不阿谀奉承，所以在梁朝公认的贤相就只有范云、徐勉两人。

十一月十一日癸丑，东魏孝静帝在圜丘举行祭天典礼。

甲午日，东魏邺城皇宫阊阖门发生火灾。这座宫门刚建成的时候，高隆之骑马远望，对工匠说："门的西南角高出了一寸。"实际丈量果然是这样。太府卿任忻集认为这座建筑精巧，不肯改动。高隆之怀恨在心，当火灾发生后，高隆之向丞相高欢打小报告说："任忻集暗中勾结西魏，是他故意派人烧了宫门。"高欢就杀了任忻集。

梁朝北梁州刺史兰钦领兵攻打西魏南郑县城，西魏梁州刺史元罗率领州城军民投降。

东魏任命丞相高欢的儿子高洋为骠骑大将军、开府仪同三司，封爵太原公。高洋内心精明果断但外表迟钝，兄弟们以及许多人都嘲笑看不起他，只有高欢特别器重他，对丞相长史薛琡说："这孩子的见识和能力都超过了我。"在孩提时，高欢曾经想考察几个儿子的才干，就让他们各自整理一团乱丝，只有高洋拔出佩刀斩断乱丝，说："凡是混乱的就一定斩断。"高欢又给儿子们各自配备一支军队，拉出城去，暗中派都督彭乐带领铁甲骑兵假意围攻他们，高洋的哥哥高澄他们都惊慌失措，只有高洋率领部众与彭乐格斗，彭乐脱下甲胄说明情况，高洋仍然把他抓起来，进献高欢。

当初，大行台右丞杨愔的堂兄岐州刺史杨幼卿，因为直言进谏被孝武帝杀害，杨愔同僚郭秀妒忌他的才能，就恐吓杨愔说："高王想把你送到孝武帝身边。"杨愔害怕，就变姓埋名逃到田横岛。过了很久，高欢知道杨愔还健在，就把他召回任命为太原公开府司马，不久，重新任命他为大行台右丞。

十二月二十二日甲午，东魏文武百官依照任职的轻重给以相应的俸禄。

西魏任命念贤为太傅，任命河州刺史梁景叡为太尉。

这一年，梁朝盘踞鄱阳的妖贼鲜于琛改元上愿，有部众一万多人。鄱阳内史吴郡人陆襄征讨并擒获了他，惩治同党，没有滥杀一个人。老百姓作歌谣说："鲜于平后善恶分，民无枉死赖陆君。"

柔然头兵可汗向东魏求婚，丞相高欢封常山王元骘的妹妹为兰陵公主，嫁给头兵可汗为妻。柔然曾多次侵扰西魏边境，西魏派中书舍人库狄峙出使柔然结约和亲，从此柔然不再侵扰西魏。

（以上为第一段，写西魏、东魏巩固政权的军政措施。西魏宇文泰起用苏绰，东魏高欢起用次子高洋，并与柔然结约和亲以安宁北疆。这一年，东魏、西魏与梁朝三方交错发生边境磨擦，但无大的战事。）

梁武帝大同二年（丙辰，公元 536 年）

春季，正月初九日辛亥，西魏在长安城南郊举行祭祀典礼，改用远祖神元皇帝拓跋力微配享宗庙。

正月二十二日甲子，东魏丞相高欢亲自率领一万骑兵偷袭西魏夏州，一路急行进兵，不生火做饭，四天时间就到达夏州城，把长矛捆绑起来，接成云梯，连夜攻入城中，俘虏了刺史斛拔俄弥突，继续留用他做州刺史，留下都督张琼带兵镇守，撤军时随军迁移了斛拔俄弥突的部落五千户民众。

西魏灵州刺史曹泥和他的女婿凉州刺史普乐人刘丰再次背叛西魏，投降东魏，受到西魏军队的围攻，西魏军队引水灌城，积水只差四尺就漫过城墙了。东魏丞相高欢派阿至罗率领三万骑兵越过灵州，绕到西魏军队的后路，西魏军被迫撤退。高欢亲自率领骑兵迎接曹泥和刘丰，将灵州剩下的五千户民众随东魏军迁走，得胜而归。高欢任命刘丰为南汾州刺史。

东魏给丞相高欢加封九锡的殊荣，因高欢坚决推辞而作罢。

梁武帝为父皇文帝的在天之灵建造皇基寺祈福，诏令有关部门收购上等木材。曲阿人弘氏从湘州采购了巨大的木材沿江东运，南津关校尉孟少卿想向梁武帝献媚，就诬陷弘氏抢劫，把他杀了，没收了这批木材，献给梁武帝建造寺庙。

二月初四日乙亥，梁武帝举行亲耕籍田典礼。

东魏勃海王世子高澄，只有十五岁，出任大行台、并州刺史，请求进入邺都辅佐朝政，丞相高欢不允许，丞相府主簿乐安人孙搴替高澄说情，高欢才同意了。二月二十六日丁酉，任命高澄为尚书令，加官领军将军、京畿大都督。东魏朝廷上下虽然早就听说他很有才能和识见，但仍然认为他还是个少年；没想到高澄到朝廷上任之后，用法严峻，办事敏捷，干净利落，朝廷内外震惊肃敬。高澄引荐并州别驾崔暹为左丞、吏部郎，非常亲近信任他。

司马子如、高季式邀请孙搴畅饮，结果孙搴大醉而死。丞相高欢亲临葬礼，司马子如叩头请罪，高欢说："你折断了我的右臂，要为我找一个可以代替孙搴的人！"司马子如就推荐中书郎魏收，高欢任命魏收为主簿。魏收，是魏子建的儿子。有一天，高欢对高季式说："你杀了我的孙主簿，魏收处理文书不合我的心意，司徒高敖曹曾经说过一个人办事谨慎细密，这个人是谁？”高季式回答说，这个人是高司徒的记室广宗人陈元康，并推荐说：“这个人能在夜间摸黑写字，是一个办事快捷干练的官吏。”高欢立即召见陈元康，一见面，就授给他大丞相功曹之职，掌管机密事务，后来升迁为大行台都官郎。当时军国政务繁杂，陈元康有问必答，没有不知道的。有一次，高欢外出，临走时，让陈元康留守丞相府，高欢在马背上临时下达九十多条命令，陈元康听后屈指数来，一条一条全都凭记忆复述出来。陈元康和功曹平原人赵彦深共同掌管机密，当时人并称两人为陈、赵。而实际上陈元康的才能要高过赵彦深，他的个性又柔顺谨慎，高欢非常信任他，说：“像这样的人，真是难得，这是上天赐给我的啊。”赵彦深，名叫隐，以表字称呼于世。

东魏丞相高欢派阿至罗进逼西魏秦州刺史万俟普，另派一支军队策应阿至罗。

三月初七日戊申，梁朝丹杨人陶弘景去世。陶弘景学识渊博，多才多艺，更擅长养生之术。南齐时官至奉朝请，后来辞职，隐居在茅山。梁武帝早年与他交好，等到梁武帝当了皇帝，对待陶弘景的恩惠和礼遇非常优厚。梁武帝每次得到陶弘景的书信，都要焚香恭敬地拜读。多次亲笔写信请陶弘景到朝廷做官，陶弘景始终不出山。朝廷每当有吉凶和征讨的大事，没有不事先派人向陶弘景咨询的，往往一个月内要通好几次信，当时人称陶弘景为“山中宰相”。陶弘景临死时，作了一首诗，说：“夷甫任散诞，平叔坐论空。岂悟昭阳殿，遂作单于宫。”当时的士大夫都竞相谈论玄学性理，不讲练兵打仗的事，因此陶弘景的诗提出了批评警示。

三月十三日甲寅，东魏任命华山王元鸷为大司马。

西魏任命凉州刺史李叔仁为司徒，任命万俟洛为太宰。

夏季，四月二十五日乙未，梁朝任命骠骑大将军、开府仪同三司之仪元法僧为太尉。

梁尚书右丞考城人江子四向皇上奏上秘密谏章，详细论述国家政治的得失。五月初三日癸卯，梁武帝下诏说：“古人说过这样的话，叫‘屋漏在上，知之在下’，朕有过错，不能自己觉察，江子四等人上奏密章所说的情况，派尚书时时调查，凡是对百姓有害的事，都应该及时上报。”

五月二十八日戊辰，东魏高盛去世。西魏越勒肱去世。

西魏秦州刺史万俟普和他的儿子太宰万俟洛、豳州刺史叱干宝乐、右卫将军破六韩常，以及督将三百多人投奔东魏，丞相宇文泰率领轻装骑兵追赶，一直追到黄河以北一千多里，没有追上，只好返回。

秋季，七月初一日庚子，东魏大赦天下。

梁武帝对待北魏降将贺拔胜等人十分优厚，贺拔胜请求讨伐高欢，梁武帝不允许。贺拔胜等人想回到北方，前荆州大都督抚宁人史宁对贺拔胜说：“朱异说的话，皇上没有不听从的，请你好好结交他。”贺拔胜听从了。梁武帝允许贺拔胜、史宁以及卢柔等回到北方，亲自在南苑设宴送行，贺拔胜十分感激梁武帝的恩德，从此看到向南去的飞禽走兽都不放箭射杀。贺拔胜等人走到襄城，东魏丞相高欢派侯景率领轻骑兵截击，贺拔胜等人弃船上山，从小路逃归长安，跟随的人又冻又饿，在路上死了大半。到了长安，贺拔胜进宫请罪，西魏文帝拉着贺拔胜的手泣不成声，说："皇帝逃难，这是天意，不是卿等的过错。"丞相宇文泰引用卢柔为从事郎中，与苏绰一同掌管机密。

九月初四日壬寅，东魏任命定州刺史侯景兼任尚书右仆射、南道行台，率领众将侵犯梁朝。

西魏任命扶风王元孚为司徒，斛斯椿为太傅。

冬季，十月初八日乙亥，梁武帝下诏大举讨伐东魏。东魏侯景领兵七万进犯楚州，俘获楚州刺史桓和；又进军淮上，梁朝南、北司二州刺史陈庆之打败侯景，侯景丢弃辎重逃走。十一月初二日己亥，梁朝撤回北伐之军。

西魏再次把始祖神元皇帝改称为太祖，把道武皇帝改称为烈祖。

十二月，东魏任命并州刺史尉景为太保。

十二月初六日壬申，东魏派使臣到梁朝请求和好，梁武帝同意了。

东魏清河文宣王元亶去世。

十二月十一日丁丑，东魏丞相高欢督率诸将讨伐西魏，又派司徒高敖曹进军上洛，大都督窦泰进军潼关。

十二月十七日癸未，东魏任命咸阳王元坦为太师。

这一年，西魏关中发生大饥荒，发生了人吃人的事件，饿死的人十之七八。

（以上为第二段，写东魏高欢势力的勃兴，其大事有高欢用人、亲征西魏、世子高澄初露头角，以及加九锡的预演。南朝梁武帝优礼北方降人，以及梁与东魏的边境战事。）

梁武帝大同三年（丁巳，公元 537 年）

春季，正月，梁武帝在南郊举行祭祀典礼，大赦天下。

东魏丞相高欢进军蒲坂，造了三座浮桥，摆出渡过黄河的样子。西魏丞相宇文泰率军进驻广阳，对诸将说："敌人从三个方面牵制我们，建造浮桥表示渡过黄河的决心，这一定想从正面吸引我军沿河设防，以便窦泰从西面突破进攻我军。高欢自从起兵以来，窦泰经常充当前锋，他的部下有很多精锐的士兵，多次打胜仗而骄横，现今如果偷袭窦泰，一定能打败他，打败了窦泰，那么高欢就不战自退。"诸将都说："敌人大军就在眼前，我军舍近求远，万一有了失误，后悔就来不及了，不如分兵抵挡。"丞相宇文泰说："高欢前两次进攻潼关，我军没有离开灞上，而今大举而来，认为我军仍然自守，有轻视我军的心理，趁这个时机偷袭他，哪能不打胜仗呢！敌人虽然建造了浮桥，但还不能立即渡河，只须五天时间，我一定能抓获窦泰。”行台左丞苏绰、中兵参军代人达奚武也认为是这样。正月十四日庚戌，丞相宇文泰回到长安，诸将仍然意见不一致。丞相宇文泰隐瞒自己的计谋，故意询问宗族侄儿宇文深，宇文深说：“窦泰是高欢的一员勇将，现今我军如果大举进攻蒲坂，那么高欢必定坚守不出，而让窦泰救援，抄袭我军后路，我军腹背受敌，这是最危险的道路啊。不如挑选轻骑精兵暗中偷出小关，窦泰骄横急躁，一定来决战，高欢老成持重不会立即出兵救援，我军则迅速攻击窦泰，一定可以抓获他。抓获了窦泰，那么高欢的气势就要衰落，我军回头攻击他，定能取胜。”丞相宇文泰说：“这正是我的主意。”于是声言死守陇右。正月十五日辛亥，宇文泰拜辞了西魏文帝，然后率军悄悄从东面出发，正月十七日癸丑凌晨，到达小关。窦泰突然听说西魏军到来，立即从风陵渡过黄河，丞相宇文泰从马牧泽出击，进攻窦泰，大获全胜，窦泰因全军覆没而自杀，他的首级用驿马送到长安。丞相高欢认为河面冰薄，不便大军行动赴救，撤了浮桥退军，委派仪同代州人薛孤延担任后卫，与宇文泰的追兵展开激战，一天之内砍坏了十五把战刀，才得以逃脱。丞相宇文泰也率军返回长安。

高敖曹从商山一边战斗一边行进，所向无敌，直攻到上洛城下，城民泉岳和他弟弟泉猛略与顺阳人杜窋等商议打算翻出城去接应高敖曹，洛州刺史泉企知道这件事，就杀了泉岳和泉猛略。杜窋逃走归附了高敖曹。高敖曹用杜窋为向导进攻洛州。高敖曹多次被流箭射中，昏死了好长时间，苏醒后又上马出战，脱了甲胄巡视州城军队。泉企坚守攻城十多天，他的两个儿子泉元礼、泉仲遵奋力抵抗，泉仲遵眼睛受伤，无法继续战斗，州城被攻陷。泉企见到高敖曹说：“我兵力衰弱，但我并不服你。”高敖曹任命杜窋为洛州刺史。高敖曹伤势转重，说：“我放不下心的是我弟弟高季式没能做到刺史。”丞相高欢得知后，立即任用高季式为济州刺史。

高敖曹想攻入蓝田关，高欢派人告谕说：“窦泰全军覆没，我军人心动摇恐惧，应当迅速撤退，路途险阻，敌人众盛，你只要能脱身就可以了。”高敖曹不忍心丢下部队，奋力交战，全军而回，随军带着泉企和泉元礼，泉仲遵因为伤势太重而被留下了。泉企暗中告诫两个儿子说：“我这一辈子没有多少日子了，你们的才能器识足以建立功业，不要因为我在东魏，就丧失了做臣子的气节和操守。”泉元礼在半道逃回。泉、杜两姓都是上洛的豪门大族，但家乡人都看轻杜氏而敬重泉氏。泉元礼、泉仲遵暗中交结富豪大姓，袭击杜窋，并杀了他。西魏让泉元礼世袭洛州刺史。

二月二十二日丁亥，梁武帝举行亲耕籍田典礼。

二月二十四日己丑，梁朝任命尚书左仆射何敬容为中权将军，任命护军将军萧渊藻为左仆射，任命右仆射谢举为右光禄大夫。

西魏在槐里县发现一尊神玺，因而大赦天下。

三月，辛未［四月初六日辛未］，东魏把七位已故皇帝的灵位移进新庙，大赦天下。

西魏斛斯椿去世。

夏季，五月，西魏任命广陵王元欣为太宰，任命贺拔胜为太师。

六月，西魏任命扶风王元孚为太保，任命梁景叡为太傅，任命广平王元赞为太尉，任命开府仪同三司武川王元盟为司空。

东魏丞相高欢到汾阳的天池游乐，拣到一块奇石，上面隐隐约约显现文字“六王三川”。高欢询问行台郎中阳休之，阳休之回答说：“‘六’这个字就是大王的字，‘王’字是应当统治天下的意思。黄河、洛水、伊川为三川，泾水、渭水、洛水也是三川。大王如果承受了天命，最终将全部拥有关中、河洛之地。”高欢说：“当世的人无事生非经常说我反叛朝廷，何况听到你这一番话，你务必谨慎，不要乱说。”阳休之，是阳固的儿子。行台郎中中山人杜弼找机会劝高欢受禅，高欢举起手杖把他赶走。

东魏派遣兼散骑常侍李谐出使梁朝，任命吏部郎卢元明、通直侍郎李业兴二人为副使。李谐，是李平的孙子。卢元朗，是卢昶的儿子。秋季，七月，李谐一行到达建康，梁武帝接见，与他们说话，他们应答如流。李谐等走出朝堂，梁武帝目送他们远去后，对左右的人说：“朕今天算是遇上了强有力的对手了，你们经常说北方完全没有像样的人物，那么现在这几个人是从哪来的呢？”当时邺城数得上是风流人物的，说的就是李谐，以及陇西人李神儁、范阳人卢元明、北海人王元景、弘农人杨遵彦、清河人崔赡等。李神儁，名挺，是李宝的孙子；王元景，名昕，是王宪的曾孙；他们都以表字称呼于世。崔赡，是崔㥄的儿子。

当时，南朝与北朝讲和通好，双方竞相以拥有人才而夸耀，所以奉命出使和接待来客，一定要挑选当时最杰出的人才，没有才气和名望的人是沾不上边的。每当梁朝使者到了邺城，整个邺城都为之轰动，贵族子弟都打扮得珠光宝气，聚在一起围观，赠送给对方的礼品十分优厚，使者下榻的客馆，门前成了街市。在举行宴会的日子，高澄派出身边的人观察，如果有一句惊人妙语占了上风，高澄就亲自为他鼓掌叫好。东魏使者到了建康，也是这样的情况。

独孤信请求回到北方，梁武帝允准了。独孤信的父母都在东魏，梁武帝问独孤信回到北方哪一方，独孤信回答说：“事奉国君不敢顾及私亲而有二心。”梁武帝认为独孤信很有忠义之心，临行送给他很厚重的礼品。独孤信与杨忠都回到了长安，上奏书请罪。西魏认为独孤信有安定三荆的功劳，晋升他为骠骑大将军，加官侍中、开府仪同三司，以前担任的官爵照旧不变。丞相宇文泰深爱杨忠的勇敢，就把他留在自己手下。

西魏宇文深劝丞相宇文泰夺取恒农郡，八月十四日丁丑，宇文泰率领李弼等十二将讨伐东魏，任命北雍州刺史于谨为前锋，进攻盘豆城，占领了该城。八月二十五日戊子，进军到恒农，八月二十七日庚寅，占领恒农，俘虏东魏陕州刺史李徽伯，还俘虏了士兵八千人。

当时黄河北岸的多数州城都依附东魏，西魏丞相左丞杨檦自称他的父亲杨猛曾经做过邵郡白水县县令，了解当地的豪杰，请求前往游说，以便夺取邵郡，宇文泰允许了。杨檦于是就与土豪王覆怜等拉起一支军队，攻打邵郡，抓获了郡守程保以及县令等四个长官，全都杀了。杨檦上表推荐王覆怜为邵郡郡守，四处派出间谍游说东魏的城堡，不到一月的时间，归附的人很多。东魏任命东雍州刺史司马恭镇守正平，西魏司空从事中郎闻喜人裴邃打算进攻司马恭，司马恭丢下州城逃走了，宇文泰任命杨檦为正平郡郡守。

梁武帝在修建长干寺阿育王塔时，出土了一些以往佛僧的指甲、头发和舍利。八月二十八日辛卯，梁武帝巡幸长干寺，举行无遮大会，大赦天下。

九月，柔然策应西魏，侵犯东魏的三堆，丞相高欢率军反击，柔然退兵。

东魏行台郎中杜弼认为现职文武大臣许多人贪污，向丞相高欢报告，请求惩治他们。高欢说："杜弼，你过来，我对你说，天下为官贪污，已成为习俗，由来很久了。现今带兵将领的家属大多在关西，宇文黑獭经常利用这些家属来引诱招降他们，人心的去留都没有安定下来；而江东又有一个老头儿萧衍，他成天叫喊衣冠礼乐文化，中原的士大夫人心想往，认为那一套才是正统。我们如果急于整肃法纪，毫不宽容，恐怕武将们都跑到宇文黑獭那里去，文臣士大夫们全都投奔萧衍，如果文武人才都流失了，哪里还有国家。你应当稍稍等待，我不会忘记这件事。"

当高欢准备出兵抗击西魏的时候，杜弼请求先清除内贼。高欢问内贼是谁？杜弼回答说："那些掠夺百姓的各位功勋贵族就是内贼。"高欢没有接话茬，他让军士们都张满弓箭，举起战刀，拿起长矛，夹道排列，命令杜弼从中间穿过，杜弼浑身发抖，直冒冷汗。高欢这才慢慢开导他说："弓箭拉满但没有射出，战刀高举但没有砍下，长矛拿着但没有刺击，你就已经失魂落魄，没有胆量。各位功勋贵族，他们人人亲自冒犯锋镝，百死一生，虽然有的人贪婪鄙陋，与他们的功勋比较，可取之处是主要方面，岂能等同于平常的人。"杜弼这才叩头谢罪。

高欢每次向士兵们发布命令，经常让丞相属代郡人张华原传达，对鲜卑人讲话时说："汉人是你们的奴仆，男人替你们耕种，妇女替你们纺织，供给你们粮食布帛，让你们穿暖吃饱，你们为何还要欺凌他们呢？"对汉人讲话时说："鲜卑人是你们的客人，虽然得了你们一斛粮食，一匹绢帛，可是替你们打击贼寇，让你们得到安宁，你们为什么要仇恨他们呢？"

当时鲜卑人普遍看不起汉人，唯独敬畏高敖曹。高欢对将士发布命令，经常用鲜卑语，只要高敖曹在队列，就专门为他而改用汉语。高敖曹从上洛回来后，高欢仍任命他为军司、大都督，统领七十六个都督。任命司空侯景为西道大行台，与高敖曹、行台任祥、御史中尉刘贵、豫州刺史尧雄、冀州刺史万俟洛一起在虎牢训练军队。高敖曹与北豫州刺史郑严祖玩握槊游戏，这时刘贵派人来召唤郑严祖，高敖曹不但没有及时让郑严祖应召离去，而且还用刑具木枷锁住刘贵派来的使者。使者说："给我上枷容易，恐怕脱枷就难了。"高敖曹抽出战刀，挨着木枷砍掉使者的人头，口中还说："这有什么难处！"刘贵不敢和高敖曹计较。第二天，刘贵与高敖曹共坐，这时从外边进来一人报告说修治黄河的民夫有许多被淹死，刘贵说："不值一钱的汉人，死就死吧。"高敖曹大怒，拔出刀来向刘贵砍去；刘贵赶紧逃出躲进自己的军营，高敖曹击鼓聚集部队，打算进攻刘贵，侯景、万俟洛一起劝说，过了很长时间高傲曹才肯罢休。高敖曹曾经到相府，门卫不让进，高敖曹拉弓向门卫射箭，高欢知道了也没有责备他。

闰九月初二日甲子，梁朝任命武陵王萧纪为都督益、梁等十三州诸军事、益州刺史。

东魏丞相高欢率军二十万从壶口直奔蒲坂津，派高敖曹率兵三万从洛阳出发西进。当时关中发生饥荒，西魏丞相宇文泰率领的将士不足一万人，在恒农就食五十多天，得知高欢将要渡过黄河，于是率兵回到关中，高敖曹趁势围攻恒农。高欢的右长史薛琡对高欢说："西魏连年灾荒，所以冒死向东进入陕州，想夺取我方的库存粮食。如今高敖曹已经围困了陕城，粮食无法运出，只要我们在各处要道派兵防守，不要与西魏军在旷野作战，等到麦熟也不得收获，西魏民众就会饿死，元宝炬、宇文黑獭何愁他不来投降！希望不要渡过黄河。"侯景说："这次出兵规模很大，万一打不了胜仗，匆忙中很难收拾局面，不如分为两军，相互照应，分批前进，前军如果取得胜利，后军全力追击；如果前军打了败仗，后军继续战斗。"高欢均不听从，从蒲坂津渡过黄河。

西魏丞相宇文泰派人告诫华州刺史王罴，王罴对使者说："老罴横卧在路当中，狐貉哪能通得过！"高欢进军到冯翊城下，对王罴说："为何不趁早投降？"王罴大喊着说："这座城就是王罴的坟墓，是死是生在此一战，想死的就上来！"高欢知道难以进攻，就渡过洛水，进驻在许原西边。

宇文泰到达渭水南岸，征调各州兵马，还没有集中。宇文泰想对高欢发起进攻，众将认为寡不敌众，请求等高欢再往西进拉长战线后，观察形势再做决定。宇文泰说："如果让高欢到达长安，那么就会造成人心惶惶；如今趁他们远道而来，立足未稳之际，正好发起进攻。"当天就在渭水造浮桥，下令军队带上三天干粮，轻装骑兵渡过渭水，粮草器械等辎重沿渭水南岸西进。冬季，十月初一日壬辰，宇文泰进军到沙苑，距离东魏军六十里。西魏军众将领都非常恐惧，只有宇文深一人庆贺。宇文泰问宇文深庆贺的原因，宇文深回答说："高欢镇抚黄河以北，很得人心，凭着这一优势自保，不容易征服他。如今他孤军渡河，不是他部众想做的事，只不过是高欢以损失了窦泰为耻，听不进劝谏，刚愎自用，进兵而来，这正是在气头上出兵，只要一战就可以活捉他。这是明摆着的道理，为什么不庆贺呢！希望丞相授我一个符节，我去征调王罴的军队，截断高欢的退路，可杀得他一个也不剩。”宇文泰派遣须昌县公达奚武侦察高欢军的动态，达奚武带领三个骑兵随从，穿上高欢军队的服装，到了太阳落山的时候，他们行进到离敌营数百步的地方下马，潜伏下来偷听到了敌人的口令，然后上马巡视敌军阵地，装作巡夜的人，遇上不守军规的敌方士兵，总要鞭打训斥一番，直到把敌情摸得一清二楚，才返回军营。

高欢得知宇文泰领兵到来，十月初二日癸巳，便领兵交战。侦察骑兵向宇文泰报告高欢军马上到来，宇文泰召集众将商议对策。开府仪同三司李弼说：“敌众我寡，不可以在平地布阵，离这里在东边十里有个地方叫渭曲，可抢先占据那个地方等待敌军到来。”宇文泰听从了，背靠渭水在渭曲一带沿东西方向展开，布下阵势，李弼率领右军拒敌，赵贵率领左军拒敌，命令将士都埋伏在芦苇中，约定听到鼓声就奋起杀敌。大约在黄昏时分，东魏军到达渭曲，都督太安人斛律羌举对高欢说：“宇文黑獭把西魏全国的兵力都集中起来，想决一死战，就像一条疯狗，有时也能咬人；况且渭曲这地方芦苇茂密，地上泥泞，无法施展力量，不如缓战与对方相持，秘密派出一支军队直接偷袭长安，一旦摧毁了敌人的巢穴，那么，不须战斗，就能抓获宇文黑獭。”高欢说：“用火攻焚烧芦苇，怎么样？”侯景说：“应当活捉宇文黑獭向老百姓示众，如果在乱中把他烧死了，谁还相信呢！”彭乐气盛，请求出战，说：“我军众多，敌人寡少，一百人抓一个，何愁不打胜仗！”高欢听从了。东魏兵看见西魏兵少，争先冲锋，乱了队形，双方士兵将要接触的时候，丞相宇文泰拼命擂鼓，埋伏在芦苇中的西魏士兵全都奋起战斗，于谨指挥全军会战，李弼率领铁骑拦腰攻击东魏兵，东魏兵被切断成为两队，于是大败东魏兵。李弼的弟弟李檦身材矮小而奋勇，每次跃马冲入敌阵，藏身在鞍甲之中，东魏兵见了他都说：“快躲开这小子。”宇文泰感叹说：“胆量和意志如此果敢，何必要八尺高的身躯！”征虏将军武川人耿令贵杀伤多人，全身甲胄衣裳都被血染红了。宇文泰说：“只要看一看甲胄衣裳，就足可以知道耿令贵的勇敢了，不必计算他杀敌首级的数量了。”彭乐醉醺醺冲入敌阵，被西魏军刺穿肚子，肠子流了出来，他把肠子塞进肚子继续战斗。丞相高欢想收拢部队重新攻击，派张华原拿着花名册到各营去清点士兵，没有一个应声的，他回来向高欢报告说：“兵众全跑了，营盘都空了！”高欢仍然不肯撤退。阜城侯斛律金说：“军心涣散，不可再战，应当尽快向河东撤离。”高欢仍然坐在马鞍上不动，斛律金用鞭打马，这才奔驰而去，连夜渡河，船靠不拢河岸，高欢用骆驼搭跳板才跨到船上，这才渡过了黄河。这一战，高欢损失甲士八万人，丢弃的铠甲兵杖十八万件。西魏丞相宇文泰追击高欢直到黄河岸边。他从俘虏中选留了甲士两万多人，其余的放回东魏。都督李穆说：“高欢已经吓破了胆，迅速追击，可以活捉他。”宇文泰没有听从，班师回到渭南，所征调的各州之兵才刚刚到达，于是命令将士在打仗的地方每人栽一棵柳树，用此表彰这次胜利。

侯景对高欢说：“宇文黑獭打了胜仗而骄傲，一定不加防备，我愿率领两万精锐骑兵，长驱直入可以活捉他。”高欢把侯景的话告诉了娄妃，娄妃说：“假如真像侯景说的那么容易，侯景得胜还能回来吗！得了宇文黑獭而丢了侯景，有什么好处呢！”高欢于是制止了侯景出兵。

西魏给宇文泰加封柱国大将军，李弼等十二个将领都或多或少地增加了封爵和食邑。

高敖曹得知高欢失败，从恒农解围撤退，回到洛阳。

十月十八日己酉，西魏行台宫景寿等向洛阳进攻，东魏洛州大都督韩贤打退了宫景寿。洛州城民韩木兰趁机反叛，韩贤镇压了这次叛乱。有一个叛乱者藏在尸体中，韩贤亲自在死尸中检查收拾铠仗，那个藏匿的人突然跳起砍杀韩贤，韩贤被砍断小腿而死。

西魏又派行台冯翊王元季海与独孤信两人率领步骑两万向洛阳进发，东魏洛州刺史李显杀向三荆，贺拔胜、李弼围攻蒲坂。

东魏丞相高欢讨伐西魏的时候，蒲坂平民敬珍对他的族兄敬祥说：“高欢赶走了皇帝，全天下有忠义之心的士人都想把刀子刺进他的肚子，如今他又向西魏大举进兵，我想和兄长共同起兵切断他的归路，这是千载难逢的机会啊。”敬祥听从了，两人结合乡里，几天后聚集了一万多人。正好高欢从沙苑败逃回来，敬祥、敬珍率领兵众截击，杀死和俘虏了高欢的许多将士。这时贺拔胜、李弼率兵追击到了河东，敬祥、敬珍率领猗氏等六县十余万户民众归降了西魏。丞相宇文泰任命敬珍为平阳太守，任用敬祥为行台郎中。

东魏秦州刺史薛崇礼镇守蒲坂。别驾薛善，是薛崇礼的堂弟。薛善对薛崇礼说：“高欢有驱逐皇帝的罪行，我薛善与兄长本是士族衣冠的后代，世代蒙受国家恩惠，如今西魏大军兵临城下，我们还在替高欢坚守城池，一旦城破，我们的头颅被砍下装在罪人的匣子里送往长安，定为叛国罪，就是死了也仍有惭愧，趁现在投降，还不算晚啊。”薛崇礼犹豫拿不定主意，薛善与族人夺取并打开了城门，请西魏军进城，薛崇礼出城逃跑，被追兵抓获。丞相宇文泰进兵蒲坂，平定了汾州、绛州等地，凡是参与打开城门的薛氏中人，都赐给五等爵。薛善说：“背叛反贼归顺朝廷，是臣子应有的节操，岂能全族大小都蒙受封邑！”他和弟弟薛慎坚决推辞，不肯接受。

东魏晋州代理刺史封祖业弃城逃走，仪同三司薛脩义追到洪洞县，劝说封祖业回到晋州守城。封祖业没有听从。薛脩义回到晋州，整顿兵马固守。西魏仪同三司长孙子彦领军到了城下，薛脩义打开城门埋伏甲士等待他，长孙子彦不知虚实，没敢进城就撤退了。丞相高欢任命薛脩义为晋州刺史。

独孤信进军到新安时，高敖曹率兵渡过黄河向北撤退。独孤信逼近洛阳，洛州刺史广阳王元湛丢下洛阳逃回邺城，独孤信于是占领了金墉城。当初孝武帝向西逃入关中的时候，散骑常侍河东人裴宽对几个弟弟说："天子既然西逃，我们不可以留在东边依附高氏。"就带着家属逃到大石岭，独孤信进入洛阳，这才出来相见。当时洛阳一片废墟，名家士族都逃亡流散了，只有河东人柳虯留在阳城，裴诹之留在颍州，独孤信把他们都征召出来，任命柳虯为行台郎中，任命裴诹之为开府僚属。

东颍州长史贺若统抓捕了颍州刺史田迄，带领全城军民投降西魏，西魏都督梁迥率军进驻颍州，原通直散骑侍郎郑伟在陈留起兵，攻占了东魏的梁州，擒获了梁州刺史鹿永吉。原大司马从事中郎崔彦穆攻占荥阳，擒获了荥阳太守芳淑，与广州长史刘志一同投降西魏。郑伟，是郑先护的儿子。丞相宇文泰任命郑伟为北徐州刺史，任命崔彦穆为荥阳太守。

十一月，东魏行台任祥督率尧雄、赵育、是云宝等将领进攻颍川，丞相宇文泰派大都督宇文贵、乐陵公辽西人怡峰率领步骑两千人救援，宇文贵等进军到阳翟，东魏前锋尧雄已经离颍川只有三十里路，而任祥率领的四万大军紧随其后。西魏众将领都认为："敌众我寡，不可以正面迎敌交战。"宇文贵说："尧雄等人认为我军兵马不多，一定不敢前进。等到他与任祥合兵攻打颍川，颍川就危险了。如果贺若统因城破身亡，我们停留在这里有什么用！现今只有迅速进兵颍川，有城可守，又出其不意，一定可以打败东魏之兵。"于是急行军进驻颍川，背靠州城严阵以待。尧雄等到达颍川，两军交战，东魏军大败，尧雄等逃走，赵育请求投降，俘获东魏将士一万余人，把他们全部释放。任祥得知尧雄兵败，不敢向前进军，宇文贵与怡峰乘胜进逼任祥，任祥退兵保守宛陵；宇文贵追上了任祥，发起攻击，任祥大败。是云宝杀了阳州刺史那椿，带领阳州军民投降西魏。西魏晋升宇文贵为开府仪同三司，任用东魏降将是云宝、赵育为车骑大将军。

都督杜陵人韦孝宽攻打东魏豫州，占领了豫州，俘获了东魏行台冯邕。韦孝宽，名叔裕，以表字行世。

十一月十五日丙子，东魏任命骠骑大将军、仪同三司万俟普为太尉。

梁朝司农张乐皋等出使东魏。

十二月，西魏行台杨白驹与东魏阳州刺史段粲在蓼坞交战，西魏军大败。

西魏荆州刺史郭鸾攻打东魏东荆州刺史清都人慕容俨，慕容俨日夜坚守迎战，相持两百多天，慕容俨抓住机会出城攻击郭鸾，大败西魏军。当时东魏黄河以南各州城大多失守，只有东荆州得到保全。

河间人邢磨纳、范阳人卢仲礼、卢仲礼的堂弟卢仲裕等在沿海地区起兵响应西魏。

东魏济州刺史高季式有亲兵一千多人，战马八百匹，铠甲兵器齐备。濮阳平民杜灵椿等人起事反叛东魏，聚众一万多人，攻占城池，剽掠乡野，高季式派三百名骑兵，一战就抓获了杜灵椿，又攻击阳平的叛乱者路文徒等，全部平定，这样一来，京畿远近都安定了下来。有人对高季式说："濮阳、阳平都是京畿所属的郡县，我们没有接到皇帝要讨伐反叛者的诏令，这些反叛者又没有侵犯我们济州境内，何必急急忙忙派出亲兵远出交战，万一打了败仗，岂不招来罪过！"高季式说："你怎么说出这样不忠的话啊！我和国家有福同享有难同当，哪有看到了反叛者而不征讨的道理！况且反叛者明知京城军队仓促间来不了，又认为外州的军队不来征讨，所以我趁其不备，一定可以打败他。即使我因此获罪，也没有什么遗憾的。"

（以上为第三段，写东西魏两次大规模会战，都是势强的东魏高欢先发制人，进讨西魏，但高欢恃众而骄，均未抓住战机而失败；西魏宇文泰筹策妙算，以弱胜强，以少胜众，积极应战而获胜。西魏扩张，东魏缩小，一涨一消而近于势均力敌。这一年，梁朝通好东魏。）

【点评】

北朝分为东、西魏。东魏据有中原腹地，奄有北方天下三分之二，军力、经济力强于西魏，占有绝对优势。但东魏权臣高欢有逐君之累，西魏权臣宇文泰有救驾之功，人心归向西魏，政治上宇文泰占了上风。高欢虽为枭雄，但个人才智与临机果决逊于一时人杰宇文泰，两次大战，高欢败北，优势丧失，东、西魏终于势均力敌。于是北方分裂为二，与梁鼎足而立，其势不可逆转。

梁纪十四

梁武帝大同四年至十年（公元538—公元544）

【起著雍敦群（戊午，公元538年），尽阏逢困敦（甲子，公元544年），凡七年】

【大事提要】

本卷载述公元538年至公元544年，凡七年间南北朝史事，时当梁武帝大同四年至十年，西魏文帝大统四年至十年，东魏孝静帝元象元年、兴和元年至四年及武定元年、二年。重点仍是写东、西魏争战，势均力敌，进一步巩固了北方的分裂形势。其间东、西魏着手整顿吏治，改革政治，检括户口，休养生息，出现了一些新气象。这一时期，梁朝无大事记述，梁武帝例行祭天、大赦、亲耕籍田，无所作为，政治腐败，对交趾小小豪民的边境反叛，不仅久征不下，而且颠倒是非，枉杀良将，梁朝呈现衰败势头。

高祖武皇帝十四

梁武帝大同四年（戊午，公元538年）

春季，正月初一日辛酉朔，发生日食。

东魏砀郡猎获一头体形高大的大象，送到邺城。正月初七日丁卯，大赦天下，改元元象。

二月初十日己亥，梁武帝举行亲耕籍田典礼。

东魏大都督善无人贺拔仁进攻西魏南汾州，南汾州刺史韦子粲投降。丞相宇文泰诛灭韦子粲全族。东魏大行台侯景等在虎牢训练军队，准备收复黄河以南各州。西魏梁迥、韦孝宽、赵继宗等将领都放弃镇守的州城，回到西魏。侯景进攻广州，还没有占领，得知西魏援军到来，召集众将商议，洛州代理刺史卢勇请求到前方侦察军情。他率领一百骑兵到达大隗山，遭遇西魏大军，太阳快要落山，卢勇在树梢上插了许多旗帜，到了夜间，他把骑兵分为十队，吹响号角向前冲锋，活捉了西魏仪同三司程华，砍杀仪同三司王征蛮，得胜而回。广州守将骆超于是献出州城投降了东魏，丞相高欢任命卢勇为广州代理刺史。卢勇，是卢辨的堂弟。这样一来，南汾州、颍州、豫州、广州等四州又重新回到东魏。

当初，柔然头兵可汗从北魏刚回到国内时，事奉北魏恪尽臣礼，到了北魏永安年间以后，势力逐渐强大，称雄北方，对北魏礼节疏远，日益傲慢，虽然双方使节不断，但不再称臣。头兵可汗曾经到过洛阳，心里仰慕中原文化，于是也设置侍中、黄门等职官，后来得到北魏汝阳王的典签淳于覃，头兵可汗对淳于覃非常亲近信任，任用为秘书监，让他掌管文书。到了东魏西魏分裂的时候，头兵可汗更是变得傲慢放肆，多次侵扰边境。西魏丞相宇文泰考虑到在关中刚刚建都，又正在与东魏交战，就想用和亲的方式来安抚头兵可汗，便将舍人元翌的女儿封为化政公主，嫁给头兵可汗的弟弟塔寒为妻，又劝说魏文帝，请求废掉乙弗皇后，娶头兵可汗的女儿为皇后。二月十五日甲辰，文帝让乙弗皇后削发为尼，派扶风王元孚迎接兴兵可汗的女儿为皇后。头兵可汗于是扣留了东魏的使者元整，也不派使者回访东魏。

三月初二日辛酉，东魏丞相高欢因为在沙苑打了败仗，请求解除大丞相的职务，孝静帝准许；不久又恢复高欢的职务。

柔然头兵可汗嫁女儿悼后到西魏，陪嫁礼物有车子七百辆，马一万匹，骆驼两千头。送亲队伍到达黑盐池，碰上西魏派来的迎亲仪仗队和侍卫队伍。柔然人宿营帐篷的门户都朝向东边，扶风王元孚请求朝向正南，悼后说："我还没见到魏朝皇上，现在仍然是柔然可汗的女儿。魏朝仪仗队伍的宿营门户向正南，我自然应当向东方。"三月十七日丙子，西魏文帝正式册封头兵可汗的女儿郁久闾氏为皇后。三月十八日丁丑，大赦天下。任命王盟为司徒。丞相宇文泰到长安朝见文帝，然后返回驻屯地华州。

夏季，四月初二日庚寅，东魏高欢到邺城朝见孝静帝；四月初四日壬辰，回到晋阳。

五月十六日甲戌，东魏派兼散骑常侍郑伯猷出使梁朝。

秋季，七月，东魏荆州刺史王则侵犯梁朝的淮南。

七月初六日癸亥，由于东冶县囚徒李胤之发现了如来的舍利，梁武帝下诏大赦天下。

东魏侯景、高敖曹在金墉城围攻西魏独孤信，太师高欢率领大军为后援；侯景放火烧了洛阳城内外所有的官御和民宅，残存的仅有十之二三。西魏文帝打算到洛阳去拜谒祖宗陵墓，恰好收到独孤信等人的告急文书，于是就和丞相宇文泰一起向东进发，任命尚书左仆射周惠达辅佐皇太子元钦镇守长安，命令开府仪同三司李弼、车骑将军达奚武率领一千名骑兵为前锋。

八月初三日庚寅，丞相宇文泰到达谷城，东魏侯景等人整顿军阵等待宇文泰来犯，仪同三司太安人莫多娄贷文请求率领本部人马前去攻击宇文泰的先锋部队，侯景等人坚决制止。但莫多娄贷文性情勇猛专横，不接受命令，他和可朱浑道元率领一千骑兵向前进发，夜间在孝水与宇文泰的先锋李弼、达奚武遭遇。李弼下令军士击鼓呐喊，用柴棒在地上拖曳扬起烟尘，莫多娄贷文掉头逃跑，李弼追上去杀了他，可朱浑道元丢下部队单人匹马逃了回去，东魏骑兵全部被俘获，押送到恒农。

宇文泰进军到瀍水以东，侯景等连夜撤围退走。八月初四日辛卯，宇文泰率领轻骑追击侯景到达黄河岸边，侯景布置军阵，北靠河桥，南接邙山，与宇文泰交战。宇文泰坐骑被流矢射中受惊狂奔，不见踪影。宇文泰坠落地上，东魏兵马恰好追了上来，宇文泰身边的卫队全都逃散了，都督李穆跳下马来，挥着鞭抽打宇文泰的后背，边打边骂说："你这个怕死的士兵，你们的主帅在哪里，你怎么一个人留在这里。"东魏追兵看到这一情况，就没把宇文泰当作贵人，丢下他追过去了。李穆把坐骑交给宇文泰，并和宇文泰一起逃走了。

西魏兵经过组织重新振作起来，反击东魏兵，大获全胜。东魏兵向北逃跑。京兆忠武公高敖曹，看不起宇文泰，竖起自己的帅旗冲入西魏军阵，西魏集中所有精锐部队围攻高敖曹，高敖曹全军覆没，他单人匹马地冲出重围，逃向河阳南城。河阳南城守将北豫州刺史高永乐，他是高欢族兄的儿子，与高敖曹有仇恨，紧闭城门不让高敖曹进城。高敖曹仰着头叫喊让城上的人放下绳子，城上的人不予理睬。高敖曹拔刀凿门，还没打穿，西魏兵追了上来。高敖曹躲到桥下，追兵看到高敖曹的随从奴仆拿着一条金带，问高敖曹在什么地方，奴仆指向桥下。高敖曹知道自己不能免于一死，就扬起头来说："来吧，送给你一个开国公。"追兵砍下他的头走了。高欢听到这一消息，好像丢了肝胆一样，打了高永乐二百板子，追赠高敖曹太师、大司马、太尉。宇文泰赏赐杀高敖曹的人一万段布匹和绢帛，每年发一部分，直到北周灭亡，还没有发完。西魏又杀了东魏西兖州刺史宋显等，俘虏甲士一万五千人，至于那些跳下黄河被淹死的东魏兵更是数以万计。

当初，高欢因为万俟普位尊年高，特别敬重他，曾经亲自扶他上马。万俟普的儿子万俟受洛干摘下帽子向高欢叩头说："我愿出死力报答你的大恩大德。"等到这次邙山大战，各支部队纷纷跨过河桥败逃，只有万俟受洛干坚守阵地不动，他对西魏兵说："我万俟受洛干在这里，敢拼命的就过来！"西魏兵感到害怕就撤退了，高欢就把万俟受洛干驻守的阵地命名为回洛。

这一天，东魏、西魏双方的阵势都摆得很大，军阵的头尾距离很远，从早晨一直到下午，大战数十个回合，烟雾和尘埃弥漫四方，互相看不清对方。西魏独孤信、李远在右方，赵贵、怡峰在左方，交战并不顺利；又不知西魏文帝和丞相宇文泰在什么地方，便丢下部队首先退回。开府仪同三司李虎、念贤等为后备部队，他们看到独孤信等人撤退，立即也一起撤退。宇文泰因此烧了营帐撤兵，留下仪同三司长孙子彦镇守金墉城。

在这次交战中，西魏王思政跳下马来，举起长矛，左右横扫，一抬手就击倒几个人。他冲进敌阵很深，随从士兵全都战死，王思政也受了重伤，昏死过去，恰好已近黄昏，敌人也收了兵。王思政每一次交战，经常穿破衣服和旧盔甲，敌人不知道他是将领，所以才免于一死。他的帐下都督雷五安在战斗处哭喊找王思政，正赶上他已苏醒，雷子安割下衣服替王思政包扎好伤口，扶他上马，到了深夜，才回到军营。

西魏平东将军蔡祐，也是下马步战，身边的人劝他骑马战斗以便紧急时逃跑，蔡祐大怒说："宇文泰丞相待我如亲儿子，今天岂能爱惜生命！"率领亲兵十多人，一齐高声呐喊，砍杀东魏兵，杀死杀伤了许多敌人，东魏兵把他围了十几层。蔡祐拉弓搭箭，四面射箭。东魏军挑选一批士兵，穿着厚厚的铠甲，拿着长刀向前冲杀他。东魏兵离蔡祐有三十步远时，左右的人劝他射箭，蔡祐说："我们的生命系于这一箭，怎么能随便射出去！"东魏兵逼近只有十步远时，蔡祐才用力把箭射出，敌人随着箭声倒地，东魏兵渐渐退却，蔡祐也且战且退，回到营地。

西魏文帝到达恒农，守城将领已弃城逃走，留在恒农的被俘东魏兵闭门抵抗。丞相宇文泰攻占了恒农，诛杀了带头反叛的几百名俘虏兵。

蔡祐一直追到恒农，才与宇文泰会合。当夜，蔡祐见到了宇文泰。宇文泰说："蔡承先，你来了，我就没有什么忧虑了。"宇文泰惊悸不能入睡，把头枕在蔡祐的大腿上才安然入睡。蔡祐每次跟随宇文泰作战，总是身先士卒，战斗结束后，各位将领争功请赏，蔡祐始终不说一句话。宇文泰感叹着说："蔡承先不说自己的功劳，我应当替他评说。"宇文泰留下王思政镇守恒农，任命王思政为侍中、东道行台。

西魏这次东征，留守在关中的兵力不多，先前各次战斗俘获的东魏士兵流散在老百姓中间，他们听到西魏兵打了败仗，就密谋叛乱。李虎等人到了长安，没有想出好的办法。李虎与太尉王盟、仆射周惠达等请出太子元钦屯驻在渭水北岸。这一来，老百姓也纷纷互相剽掠，关中大乱。这时候，在沙苑之战中被俘虏的东魏都督赵青雀、雍州平民于伏德等趁机造反，赵青雀占据了长安北郊的集镇，于伏德占领了咸阳，与咸阳太守慕容思庆分头聚集东魏降兵以抵抗从战场上撤回来的西魏兵。长安大城的民众则相互组织起来抵抗赵青雀，天天和他交战，大都督侯莫陈顺率兵攻击叛乱者，多次打胜仗，叛乱者再也不敢出战。侯莫陈顺，是侯莫陈崇的哥哥。

扶风公王罴镇守河东，大开城门，集合起全部军队，发布命令说："如今听说东片大军失利，赵青雀作乱，许多人丧失了信心。我王罴受命在这里，以死报国。同心同德的人留下来一道坚守州城，有人担心城池一定会陷落，请你们自便出城。"众将士被王罴的真诚话语感动，没有一个有二心的人。

西魏文帝留在阌乡。丞相宇文泰因为人马疲困，不能快速前进，况且认为赵青雀等不过是乌合之众，不可能构成大的威胁，说："我到达长安，只需用轻骑兵攻击，一定会使赵青雀不战而降，自己束手向我请罪。”通直散骑常侍吴郡人陆通劝谏说：“叛乱者蓄谋已久，铁定了心，蜜蜂和蝎子尚且还有毒刺，怎么可以轻视呢？况且叛乱者造谣说东魏兵就要到来，现在如果只用轻骑兵去攻击，老百姓就会相信谣言，更加惊慌。当前我军虽然疲困，但精锐兵不少，凭着丞相的威望，统率大军攻击，何愁不打胜仗。”宇文泰采纳了这一建议，率领大军西进入关。父老百姓看到宇文泰回军，无不悲喜交加，男男女女相互庆贺，华州刺史宇文导带兵攻入咸阳，杀死慕容思庆，擒获于伏德，然后率军渡过渭水，在渭水南岸与宇文泰大军会合，攻打赵青雀，打败了叛乱者。太保梁景叡因病留在长安，他与赵青雀通谋，宇文泰杀了他。

东魏太师高欢从晋阳率领七千骑兵到达孟津，还没有渡河，得知西魏军已经撤退，于是渡过黄河，派出将领追击西魏军直到崤山，没有追上，就回师。高欢亲自进攻金墉城，长孙子彦弃城逃走，一把火把个金墉城的房屋差不多烧光了，高欢就拆毁金墉城的城墙，然后回师。

当东魏迁都邺城的时候，主客郎中裴让之留守在洛阳。当西魏独孤信从洛阳败退时，裴让之的弟弟裴诹之追跟西魏丞相宇文泰进入关中，被任用为大行台仓曹郎中。高欢抓捕了裴让之的兄弟五人，裴让之对高欢说：“从前诸葛亮兄弟，一个仕吴，一个仕蜀，各自尽职尽忠，况且我裴让之的老母在这里，决不会做不忠不孝的事。明公诚心对待人才，那么人心归附，如果随意猜忌人才，那就离开霸业很远了。”高欢于是把裴氏兄弟全都释放了。

九月，西魏文帝进入长安，丞相宇文泰回到华州驻守。

东魏大都督贺拔仁攻击邢磨纳、卢仲礼等，平定了叛乱。

卢景裕原本是一个儒生，太师高欢把他释放之后，请到家中开学馆，教育自己的几个儿子。卢景裕讲解精妙入微，诘难他的人，有的诋毁斥责，声色都很严厉，甚至出言不逊，而卢景裕仍然神情庄重，风度和声调依然如故，不紧不慢地回答，无懈可击。性情清淡安静，做官多次有升有降，从没有患得患失的心态，旧衣粗食，安然自得，整天端庄严肃的样子，如同对待客人的神态一样。

冬季，十月，西魏把高敖曹、窦泰、莫多娄贷文的首级归还东魏。

梁朝散骑常侍刘孝仪等出使东魏。

十二月，西魏是云宝进攻洛阳，东魏洛州刺史王元轨弃城逃走。西魏都督赵刚袭击广州，占领了州城。这样一来，从襄州、广州以西各城镇再次被西魏占领。

北魏从正光年间以后，到处发生变乱，平民百姓为了逃避赋税徭役，许多人出家做了和尚和尼姑，多达二百万人，寺庙有三万多座。到了这个时候，东魏孝静帝下诏：“各州刺史、各县令长，再有擅自修建寺庙的人，就核算修建寺庙花费的劳工钱粮，按贪污论处。”

当初，北魏伊川的豪强李长寿任防蛮都督，积累功劳升迁到北华州刺史，孝武帝西迁时，李长寿率领部众抵拒东魏军，西魏任用李长寿为广州刺史。东魏侯景攻下了他的坞堡，杀了李长寿。李长寿的儿子李延孙重新聚集父亲遗留的旧部抗拒东魏，北魏的遗老贵臣广陵王元欣、录尚书长孙稚等人携家带口，投靠李延孙，李延孙出兵出钱把他们送进关中。东魏高欢非常忧虑，多次派兵攻打李延孙，不能取胜。西魏任用李延孙为西南行台，节度黄河以南诸军事、广州刺史。李延孙把平定伊、洛地区看作是自己的责任。西魏考虑李延孙兵马不多，加派李长寿的女婿京兆人韦法保为东洛州刺史，配备了几百名士兵来增援李延孙。韦法保名祐，以表字通行。韦法保到达后，与李延孙合兵，在伏流城安营扎寨，设置栅栏。不久，独孤信攻入洛阳，打算修缮洛阳宫殿，派出外兵郎中天水人权景宣率领三千步兵外出采购运送建筑材料。此时东魏反攻大军到来，河南各州城反叛，权景宣从小道西逃，与李延孙会合，攻打孔城，占领这座城，洛阳以南地区不久又归附西魏。丞相宇文泰当即留下权景宣驻守张白坞，让他统一指挥崤关东南地区各支军队中响应关西的人马。这一年，李延孙被他的长史杨伯兰所杀，韦法保立即率兵进占李延孙驻守的营栅。

东魏将领段琛等攻占了宜阳，派出阳州刺史牛道恒招诱西魏的边民归附，西魏南兖州刺史韦孝宽十分忧虑，于是伪造了一封牛道恒给韦孝宽的信，谈论归降事宜，派间谍故意把信遗失在段琛的军营中，段琛果然怀疑牛道恒。韦孝宽趁段琛、牛道恒相互猜忌之时，出兵偷袭，活捉了牛道恒和段琛，崤山、渑池一带得到安定。西魏东道行台王思政认为玉壁城险要，请求在那里筑城，从恒农迁到玉壁镇守，西魏下诏给王思政加官都督汾州、晋州、并州诸军事、并州刺史，东道行台的职务照旧留任。

东魏任命高澄代理吏部尚书，他开始改变北魏，崔亮制定的接任职年限升迁的制度，按照评定的品德和才能升迁，又精简尚书省郎官，精选有才德的人来补充。凡是有才能和有名望的士人，即使没有人推荐提拔，他都聘请到自己的门下，与他们交往宴会，谈论学问、赋诗唱和，士大夫们因此称颂他。

（以上为第一段，写东魏与西魏进行了最激烈长久的大战，基本奠定了东、西魏的疆域。东魏经过半年的整备，于七月进兵洛阳发起反击；西魏也积极备战，与北方柔然结和亲，无后顾之忧，集中全国兵力东伐，西魏文帝御驾亲征，两军在洛阳地区于七、八、九三个月大战。西魏军败退，东魏收复洛阳，也无力西进，渑池以西为西魏所有。梁朝仍与东魏通好。）

梁武帝大同五年（己未，公元 539 年）

春季，正月初一日乙卯，梁朝任命尚书左仆射萧渊藻为中卫将军，任命丹杨尹何敬容为尚书令，任命吏部尚书张缵为仆射。张缵，是张宏策的儿子。自从晋、宋以来，南朝宰相都热衷于谈论诗文、义理，自得其乐，唯独何敬容埋头于公文簿籍，整天不休息，受到当时官场陋习的嗤笑和鄙视。梁朝自从徐勉、周舍死后，掌握实权的人，外朝要推何敬容，内朝要算朱异。何敬容性情忠厚而少文才，以维护国家法纪为己任；朱异才思敏捷而博闻，善于用各种手段迎合时尚获取声誉；两人品行不同，但都得到梁武帝的宠信。朱异善于迎逢，顺从皇上的心意阿谀奉承，掌权三十多年，大肆贪污。欺上瞒下，远近的人没有一个不恨他的。他的园林住宅、古玩珍宝、食饮膳馐、音乐美女，盛极一时。每当假日，车马盈门，只有王承、王稚，以及褚翔几个人不与朱异交往。王承、王稚，都是王暕的儿子。褚翔，是褚渊的曾孙。

正月初三日丁巳，梁朝御史中丞参礼仪事贺琛上奏说："皇上到南郊、北郊祭祀天地，以及亲耕籍田典礼，往来都应乘坐御辇，不要再乘坐马车。"梁武帝下诏允准，但保留祭祀宗庙仍乘坐玉辇。贺琛，是贺玚弟弟的儿子。

正月初七日辛酉，东魏任命尚书令孙腾为司徒。

正月十七日辛未，梁武帝在京城南郊举行祭祀典礼。

西魏丞相宇文泰在行台府衙开办学馆，选拔丞郎、府佐中品德优秀、才思敏捷的人充当学生，让他们全都白天处理公务，晚上到学馆听讲学习。

东魏丞相高欢，认为徐州刺史房谟、广平太守羊敦、广宗太守窦瑗、平原太守许惇，政绩显著，清正廉直，通报各州刺史，嘉奖房谟等人，勉励各州刺史向他们学习。

夏季，五月二十二日甲戌，东魏孝静帝册立高欢之女为皇后。五月二十三日乙亥，大赦天下。

西魏任命开府仪同三司李弼为司空。秋季，七月，又任命扶风王元孚为太尉。

九月十四日甲子，东魏徵发京畿内十万人修筑邺城，四十天完工。冬季，十月，癸亥［十一月四日癸亥］，东魏新宫殿建成，大赦天下，改元兴和。

西魏在长安阳武门外摆上纸和笔，征求人们对朝政得失的评议。

十一月二十六日乙亥，东魏派散骑常侍王元景、魏收出使梁朝。

东魏行用的《正光历》渐渐积累了误差，命校书郎李业兴进一步加以修正。新历以甲子为历元，称为《兴光历》，完成后，予以颁行。

梁朝散骑常侍朱异上奏说："近来设置的州郡逐渐多了起来，大小不一，请分为五品，长官俸禄的高低，参佐幕僚的多少，都要按等级来分别确定。"梁武帝下诏批准。于是，上品有二十个州，次品十个州，三品八个州，第四等二十三个州，第五等二十一个州。当时梁武帝正要从事征伐，收复失地，拓展疆土，北边要跨过淮水、汝水，东边到达彭城，西边开发牂柯，南边平定五岭以南的俚洞人，州县错综复杂，所以朱异上奏建议整顿。其中第五等州县都是少数民族控制的地区，空有州县的名称，实际并没有拥有土地，有的仅仅是在蛮荒之地的居民村寨设置州县，刺史守令都让土著之民担任，尚书省没能把这些州县管理起来，由于山川险远，赋税贡品很难收到。在五等之外，还有二十多个州不知在哪里。总共一百零七个州。又考虑到边境地区的防守，虽然管理的民众不多，却有意抬高这些边地方的镇守将帅的地位，县级都建置为郡，有的一个人兼职两三个郡的太守，州郡数目增多而户口却日益减少。

自从西魏迁都关中以来，礼乐制度散失，丞相宇文泰任命左仆射周惠达、吏部郎中北海人唐瑾增减旧的规章制度，到这时才稍稍完备。

（以上为第二段，写公元539年东、西魏与梁朝三方致力于内政，边境无战争。西魏宇文泰办府学，东魏嘉奖贤吏，梁朝整顿州郡建置。）

梁武帝大同六年（庚申，公元540年）

春季，正月二十三日壬申，东魏任用广平公库狄干为太保。

正月二十八日丁丑，东魏孝静帝迁入新宫殿，大赦天下。

西魏扶风王元孚去世。

二月二十一日己亥，梁武帝举行亲耕籍田典礼。

西魏铸币五铢钱。

东魏大行台侯景从三鵶出征，准备收复荆州。西魏丞相宇文泰派李弼、独孤信各领五千骑兵出武关救援，侯景这才退还。

西魏文皇后做了尼姑之后，居住在别宫之中，但柔然女悼后仍然妒忌她，就让文皇后所生的儿子武都王元戊出任秦州刺史，要文皇后随同儿子到任所。西魏文帝虽然迫于国家大局这样做了，但并没有忘怀与文皇后的恩爱，密令她蓄起头发，表示了要接她回朝的意思。这时正赶上柔然集中全国兵力渡过黄河南侵，当时有这样的流言，说柔然是因为悼后的缘故才出兵的。西魏文帝说：“天下哪有为了一个女人而兴师百万大军的道理呢！虽然如此，但是为了一个女人导致这样的流言，朕也没有脸面见出征的将帅。”就派中常侍曹宠带上手令，赐文皇后自杀。文皇后哭着对曹宠说：“祝愿皇上千万岁，天下百姓康乐安宁，我死了也没什么遗憾。”于是自尽。魏文帝派人在麦积崖凿了一个洞穴，把文皇后安葬了，命名为寂陵。

夏季，西魏丞相宇文泰调集各路兵马屯驻在沙苑用来防备柔然。右仆射周惠达调集兵马守卫京城，在京城大街小巷挖掘壕沟陷阱，征召雍州刺史王罴到京师商议对策，王罴不听征召，对使者说："如果柔然真的攻到渭水北岸，我王罴自会率领乡亲父老去打败敌人，不用烦劳国家的兵马，为什么要在天子城中搞得这样人心惶惶呢！这都是姓周的这小子胆怯畏缩造成的。"柔然侵扰到夏州就撤退了。没有多久，悼皇后也生病去世了。

五月，乙酉［初二日己酉］，西魏行台宫延和、陕州刺史宫延庆投降东魏，东魏在河北马场设置义州安置他们两人。

东魏阳州武公高永乐去世。

闰五月初一日丁丑朔，发生日食。

闰五月十三日己丑，东魏册封皇帝兄长元景植为宜阳王，册封皇帝弟弟元威为清河王、元谦为颍川王。

六月初六日壬子，东魏华山王元鸷去世。

秋季，七月十二日丁亥，东魏派兼散骑常侍李象等出使梁朝。

八月十三日戊午，梁朝大赦天下。

九月二十四日戊戌，梁朝司空袁昂去世，留下一份遗嘱，表示不接受朝廷追赠谥号，嘱咐几个儿子不要向朝廷呈送记载生平功德的行状，也不要立墓志铭。梁武帝不允许，还是赠送了袁昂原来担任的官职，谥号为穆正公。

冬季，十一月，西魏太师念贤去世。

吐谷浑自从发生莫折念生叛乱以来，不与北魏交通。伏连筹去世后，他的儿子夸吕继位，开始称可汗，居住在伏俟城。领地东西长三千里，南北宽一千多里，设置的百官有王、公、仆射、尚书、郎中、将军等称号。这一年，开始派出使者借道柔然，出使东魏。

（以上为第三段，写公元 540 年南北朝三方无大事，西魏与柔然因魏文帝悼后失宠发生一次边境战争，柔然与东魏通好。）

梁武帝大同七年（辛酉，公元 541 年）

春季，正月初九日辛巳，梁武帝在南郊祭天，大赦天下。正月二十九日辛丑，在明堂举行祭祀典礼。

宕昌王梁企定被部属杀害，他的弟弟梁弥定继位。二月初三日乙巳，梁朝任命梁弥定为河州、梁州两州刺史，册封他为宕昌王。

二月初九日辛亥，梁武帝举行籍田亲耕典礼。

西魏幽州刺史顺阳王元仲景因犯罪被文帝赐死。

三月，西魏夏州刺史刘平伏割据上郡反叛，大都督于谨征讨抓获了他。

夏季，五月，梁朝派兼散骑常侍明少遐等出使东魏。

秋季，七月初九日己卯，东魏宜阳王元景植去世。

西魏任命侍中宇文测为大都督，代理汾州事务。宇文测，是宇文深的哥哥，他处理政务简明仁爱，得到士大夫和平民的拥护。汾州与东魏相邻，东魏人多次来侵扰掠夺，宇文测把他们抓获了，命令解开绑绳，引进面见，摆下酒宴，待以客礼，还送给他们粮食，护送出境。东魏人十分惭愧，不再侵扰，西魏汾州与东魏晋州之间互通婚嫁吊丧，受到当时人的称赞。有人上告宇文测通敌，丞相宇文泰大怒说："宇文测替我安定了边境，我了解他的志向，你为何要离间我们的骨肉亲情！"命令将诬告的人斩首。

西魏丞相宇文泰想改革时政，推行有利于强国富民的政策法令，大行台度支尚书兼司农卿苏绰竭尽才智，辅助改革，裁减冗官，各部门只设置正副长官两员，又推行屯田政策，以补助国家政治与军事的开支。苏绰又起草了六条新政的诏书，于九月上奏开始推行。六条新政内容为：其一，纯洁心灵；其二，促进教化；其三，充分利用土地资源；其四，选拔人才；其五，公正判案；其六，公平征收赋税徭役。宇文泰十分重视，把六条新政放置在座位的右边，又命令百官学习背诵，并规定地方行政长官州牧郡守不精通六条和不懂计账，就不得任职。

东魏孝静帝下诏召集百官在麟趾阁讨论制定法制，叫《麟趾格》。冬季，十月，甲寅，新法开始颁布实行。

乙巳［十一月初一日乙巳］，东魏徵发民夫五万人修筑漳滨堰，三十五天完工。

十一月十八日丙戌，东魏任命彭城王元韶为太尉，度支尚书胡僧敬为司空。胡僧敬名虔，平时用字号称名，他是胡国珍哥哥的孙子，东魏孝静帝的舅舅。

十二月，东魏派遣兼散骑常侍李骞出使梁朝。

梁朝交趾人李贲出身世家豪族，在仕途上不得意。同郡有个叫并韶的人，擅长赋诗作文，到朝廷参加官吏的考选，吏部尚书蔡撙认为并姓没有出过名人，就选用他做广阳门郎的小官，并韶对此感到耻辱。李贲与并韶一同返回乡里，正好此时交州刺史武林侯萧谘因苛刻残暴失去人心，李贲就利用他正监理德州的权力，联合了几个州的豪族同时反叛；萧谘向李贲送了许多财物，才逃回广州。梁武帝委派萧谘与高州刺史孙冏、新州刺史卢子雄带兵进剿。萧谘，是萧恢的儿子。

这一年，西魏又增加了十二条新法令。

东魏丞相高欢发现各州绢的征收加重，没有按原来规定的制度办理，平民感到很痛苦，于是上奏孝静帝颁令一律以四十尺为一匹。

北魏自从孝昌年间发生动乱以来，农民、商人失业，北方六镇的居民相继向内地迁移，到齐州、晋州去谋生，高欢凭借这一机会成就了霸业。东魏、西魏的分裂，连年战争，黄河以南各州郡残破穷困，田野长满荒草，官民困顿没有一粒粮食，平民大多饿死。高欢命令各州在河岸、渡口、关隘等要道之处设置粮仓，储备粮食，便于水陆转运，供应军队，防备饥荒，又在幽州、瀛州、沧州、青州等四州的靠海地带煮盐，因此军政开支，初步得到保障。到了这时，东部地区连年丰收，谷物一斛只值九钱，东魏老百姓稍稍得到了休养生息。

东魏尚书令高澄娶孝静帝的妹妹冯翊长公主为妻，生了一个儿子名高孝琬，朝中显贵纷纷祝贺，高澄说："这是皇上的外甥，先祝贺皇上。"过了三天，孝静帝临幸高澄府上，赏赐彩绵绸缎一万匹。于是那些显贵们竞相攀比送重礼，钱财堆满了十间房子。

东魏临淮王元孝友上奏说："按现行制度，一百家为一族，二十五家为一闾，五家为一比，这样一百户人家中就有族帅一人、闾帅四人、比帅二十人，合计二十五帅，这些人的赋税徭役都免除了，造成百姓负担苦乐不均，羊少狼多，再加上压榨侵吞行为，这种由于制度造成的弊端已经很久了。都城的各个街坊，七八百户人家才有一个里正、两个史，各种事务都办得很圆满，何况地方州郡事务还要简单些呢！请求按照旧制设置三正的名称不变，每闾只设两个比帅，这样每族减少了十一个比帅，就增加了十一个纳税服役的丁户，国家就可以增收许多绸绢和兵员，所获甚多。"孝静帝把奏章批交尚书省，结果被搁置没有实行。

梁朝安成郡大族刘敬躬利用妖术迷惑民众，有许多人都相信他。

（以上为第四段，写公元541年东、西魏调整内政，休息百姓，抚平连年的战争创伤，初见成效。西魏改革，推行有利民生的新政比东魏步子大，奠定了西魏强于东魏的基础。）

梁武帝大同八年（壬戌，公元542年）

春季，正月，梁朝刘敬躬占据所在的州郡造反称帝，改年号永汉，建立官吏政权机构，进攻庐陵，逼近豫章。江南长久没有战乱，因此人心惊慌，豫章内史张绾招募军队抵抗。张绾，是张缵的弟弟。二月，戊戌，江州刺史、湘东王萧绎派遣司马王僧辩、中兵曹子郢讨伐刘敬躬，二人受张绾的指挥。二月，戊辰，活捉刘敬躬，押送建康斩首。王僧辨，是王神念的儿子，学问渊博，口才敏捷，仪表堂堂，端庄威严，虽然射箭穿不透铠甲，但心气甚高，志向远大。

西魏初次建置六军。

夏季，四月，丙寅日，东魏派兼散骑常侍李绘出使梁朝。李绘，是李元忠的侄儿。

东魏丞相高欢到邺城朝见孝静帝，司徒孙腾因犯罪被免官；五月二十日乙酉，任命彭城王元韶录尚书事，任命侍中广阳王元湛为太尉，任命尚书右仆射高隆之为司徒。当初，太尉尉景与丞相高欢一同归附尔朱荣，他的妻子是高欢的姐姐。他依仗自己是国家功臣的亲戚，贪赃枉法，遭到有关部门的弹劾，被捕下狱，高欢三次到朝廷流泪求请，才免去尉景死罪，五月二十二日丁亥，降职为骠骑大将军、开府仪同三司，高欢上门看望尉景，尉景卧床不起，大声说："想要杀我就快些来！"高欢安慰并向他道歉。五月二十六日辛卯，东魏任命库狄干为太傅，任命领军将军娄昭为大司马，任命封祖裔为尚书右仆射。六月初十日甲辰，高欢回到晋阳。

八月十六日庚戌，东魏任命开府仪同三司、吏部尚书侯景兼尚书仆射、河南道大行台，有权自行决定按实际情况进行防守或征讨。

西魏任命王盟为太保。

东魏丞相高欢进攻西魏，从汾州、绛州进入，营帐连绵四十里，丞相宇文泰派王思政据守玉壁阻挡高欢的进攻。高欢致函招诱王思政说："你只要投降，就授给你并州刺史。"王思政回信说："可朱浑道元投降，为何没有给他呢？"冬季，十月初六日己亥，高欢围攻玉壁，交战九天，碰上大雪，士兵又饿又冻，死者十之六七，高欢只好撤军退走。西魏派太子元钦镇守蒲坂。丞相宇文泰率军从蒲坂出发，行进到皂荚，得知高欢撤退，已渡过汾水，宇文泰追击，但没能赶上。十一月，东魏任命可朱浑道元为并州刺史。

十二月，西魏文帝狩猎华阴，设盛宴慰劳将士，丞相宇文泰带领诸将朝见魏文帝，在沙苑北面建造万寿殿。

十二月十九日辛亥，东魏派兼散骑常侍杨斐出使梁朝。

梁朝孙冏、卢子雄征讨李贲，考虑到正是春天瘴气升腾的季节，请求到秋天出兵，广州刺史新渝侯萧映不同意，武林侯萧谘又来催促。孙冏等人勉强出兵，行进到合浦，病死的人占到了六七成，部众不战而溃。萧映，是萧憺的儿子。武林侯萧谘奏报说孙冏、卢子雄与叛贼勾结，拖延不进兵，梁武帝下令将孙冏、卢子雄在广州赐死。卢子雄的弟弟卢子略、卢子烈、主帅广陵人杜天合，以及他的弟弟杜僧明、新安人周文育等率领卢子雄的部众攻打广州，想要杀死萧映、萧谘，为卢子雄报仇。江西督护、高要太守吴兴人陈霸先率领精锐甲士三千人救援广州，大败卢子略等，杀了杜天合，活捉了杜僧明、周文育。陈霸先爱惜杜僧明、周文育骁勇过人，释放了他们，任用为主帅。梁武帝下诏任命陈霸先为直阁将军。

西魏丞相宇文泰妻子冯翊公主，生子宇文觉。

东魏任命光州刺史李元忠为侍中。李元忠虽然担任了显贵的要职，但豪放的胸怀从不被琐碎的事务牵累，整天喝酒自娱，丞相高欢想任命他为仆射，世子高澄说李元忠狂放酗酒，不宜担任掌枢要的尚书仆射。李元忠的儿子李搔听到这个话，就劝李元忠少喝酒。李元忠说："我认为做仆射没有喝酒快乐，你喜欢做仆射，就应当少喝酒。"

（以上为第五段，写梁朝刘敬躬反于内地。平叛交趾的将领卢子雄等蒙冤而死，激起兵变，虽然平息，却警示了梁朝政治的腐败。）

梁武帝大同九年（癸亥，公元 543 年）

春季，正月初一日壬戌，东魏大赦天下，改元武定。

东魏御史中尉高仲密娶吏部郎崔暹的妹妹为妻，不久又抛弃了她，因此与崔暹结下怨仇。高仲密选用御史，多任用他的亲戚同乡，高澄奏请孝静帝命令高仲密重新选用他人，当时崔暹正受到高澄的宠爱和信任，高仲密认为是崔暹在捣鬼陷害自己，更加怀恨。高仲密后娶的妻子李氏既漂亮又贤惠，高澄见了非常喜欢，想非礼她。李氏不顺从，以至于衣服都被扯破，李氏告诉了高仲密，高仲密愈加怨恨。不久，高仲密谋取出京去做北豫州刺史，密谋叛离东魏。丞相高欢产生了疑心，派镇城都督奚寿兴到北豫州掌管军事，高仲密只管理民政。高仲密设下酒宴请奚寿兴，埋伏武士把奚寿兴抓了起来。二月十二日壬申，高仲密献出虎牢，投降西魏。西魏任命高仲密为侍中、司徒。

高欢认为高仲密的叛逃是崔暹造成的，准备杀掉崔暹。高澄把崔暹藏了起来，替他在高欢面前再三求情，高欢说："我可以饶他一命，但必须痛打一顿。"高澄这才放出崔暹，却对大行台都官郎陈元康说："你如果让崔暹挨了板子，就不要再来见我。"陈元康为了这件事劝高欢说："大王正要把国家大事交给大将军，可是大将有一个崔暹免不了挨板子，父子之间尚且如此，何况其他人呢！"高欢这才放过了崔暹。

东魏高季式戍守永安，高仲密派人送信给他通报自己叛逃东魏。高季式立即亲自跑到晋阳向高欢报告，高欢像原先一样对待他。

西魏丞相宇文泰率领大军接应高仲密，任命太子少傅李远为前锋，到了洛阳，派开府仪同三司于谨进攻柏谷，并占领了柏谷。三月，壬申，西魏军围攻河桥南城。

东魏丞相高欢亲领十万大军到达河桥北城，宇文泰撤到瀍水岸边布防，放火船顺流而下，准备用来烧毁河桥。东魏斛律金派行台郎中张亮用一百多条小船载着长锁链，等待火船到达，用钉子钉在小船上，然后拉长链把火船靠向河岸，这才使河桥得以保全。

高欢渡过黄河，占据邙山布下兵阵，不向前推进，停留了好几天。宇文泰将辎重留在瀍曲，趁夜率军登上邙山偷袭高欢。侦察骑兵对高欢说："敌人距离这里有四十余里，西魏军在清早吃了一顿干粮就来了。"高欢说："他们当会渴死！"于是高欢摆开阵势等待西魏军来犯。三月十八日戊申，天黎明时分，宇文泰率军与高欢相遇。东魏彭乐率领几千骑兵为右翼，攻击西魏军的北面，所向无敌，于是冲入西魏军营。有人向高欢报告说，彭乐叛变，高欢震怒。不一会西北方尘土飞扬，彭乐派人来告捷，俘虏了西魏侍中、开府仪同三司、大都督临洮王元柬和蜀郡王元荣宗、江夏王元昇、巨鹿王元阐、谯郡王元亮、詹事赵善以及督将僚佐四十八人。东魏诸将乘胜全线出击西魏军，大获全胜，斩首三万余级。

高欢派彭乐追击宇文泰，宇文泰十分狼狈，对彭乐说："你是彭乐吗？你是个傻男子，今天没有我，明天难道会有你吗？何不赶快回营，收取金银财宝！"彭乐听了这话，得了宇文泰的一袋金带，返回营地对高欢说："宇文黑獭从我刀下逃走了，他已经吓破了胆。"高欢对彭乐获胜感到高兴，却又恼恨他放走了宇文泰，命令他趴在地上，亲手抓住彭乐的发髻往地上磕他的头，一连几下，还一边数落着说沙苑战败的情景，三次举刀要杀他，气得咬牙切齿好长一阵。彭乐说："请求给我五千骑兵，再替大王捉拿宇文泰。"高欢说："你有意放了他，怎么现在又说去捉拿他呢！"命手下人取来三千匹绸绢，压在彭乐背上，随后把这些绸绢赏给了他。

第二天，重新开战。宇文泰为中军，中山公赵贵为左军，领军将军若于惠等为右军。西魏军左右两翼合击，大败东魏军，俘获东魏军的全部步兵。高欢在战斗中丧失了坐骑，赫连阳顺立即下马，将自己的战马交给了高欢。高欢上马逃走，随从骑兵只有七个人，眼看西魏追兵就要赶上了，亲信都督尉兴庆说："大王快逃，我腰间还有一百支箭，是可以射杀一百人。"高欢说："事成之后，我一定任你为怀州刺史；你若死了，就任你的儿子。"兴庆说："儿子还小，就用我的哥哥吧！"高欢答应了。兴庆阻击追兵，一直到箭射完了战死。

东魏军士有投降西魏的人，说出了高欢所在的地方，宇文泰招募勇士三千人，让他们手执短兵器，由大都督贺拔胜率领去攻击高欢。贺拔胜在敌军队伍中认出了高欢，手执长矛带领十三个骑兵追杀高欢，奔驰了数里，长矛的刀尖眼看就要刺上高欢了，这时贺拔胜叫着高欢的名字说："贺六浑，我贺拔破胡今天一定要杀死你！"高欢惊吓得差点儿背过气去，河州刺史刘洪徽从旁用箭射贺拔胜，射中了两个随从骑兵，武卫将军段韶射死了贺拔胜的坐骑，等到备用马牵来，高欢已逃远了。贺拔胜叹息说："今天没有带弓箭，这是天意啊！"

西魏南郢州刺史耿令贵，单人独骑大喊着冲入敌阵，遭到刀刃乱砍，大家都认为他已经死了，不一会儿他又挥刀杀了出来，然后又杀入敌群，如此反复多次，凡是迎击他的敌人死伤一个接一个。耿令贵对身边的人说："我难道是乐意杀人吗？壮士杀敌，不得不这样。如果不能陷阵杀敌，又怕被敌人杀伤，这和坐而论道的文人有什么两样！"

西魏左翼军赵贵等五位将领在战斗中失利，东魏士兵气再次振作，宇文泰率中军交战，也遭到失利。恰好太阳落山，西魏兵撤退，东魏兵追击，独孤信、于谨收拢一些逃散的士兵从追兵后面发起攻击，东魏追兵惊慌而停止了追击，西魏军才得以保全。若于惠连夜撤退，东魏兵追击。若于惠不慌不忙跳下了马，回头命令伙伕埋锅做饭，吃完饭，他对身边的人说："在长安死和在这里死难道有什么不同吗？"于是树起战旗，吹响号角，收聚逃散的士兵，有秩序地撤退，东魏追击的骑兵，害怕有埋伏，不敢逼近。宇文泰于是退回关中，屯驻渭河边上。

高欢进兵到达陕州，宇文泰派开府仪同三司达奚武等阻击高欢。行台郎中封子绘对高欢说："统一东西魏，就在当今。从前魏太祖曹操平定汉中，没有乘胜进取巴蜀，失策就在犹豫不决，后悔就来不及了。希望大王不要迟疑。"高欢非常赞同，召集众将领商议是进军还是退兵，大家都认为"野无青草，人马疲瘦，不可远追"。陆元康说："两雄斗争，已经很久了，现今有幸大捷，上天给了我们机会，切莫错过时机，应当乘胜追击。"高欢说："如果遇上埋伏，我们有什么办法救助。"陆元康说："大王先前在沙苑战败，对方尚且没有埋伏，现在大败溃退，如此狼狈，哪能想得那么深远！如果丢掉机会不去追击，一定成为后患。"高欢没有听从，派刘丰生率领几千骑兵追击宇文泰，大军向东返回。

宇文泰从玉壁召回王思政，打算让他镇守虎牢，王思政还没上任，宇文泰战败，就让王思政守卫恒农。王思政进入恒农城，下令打开城门，自己脱衣就寝，鼓励将士示意不怕东魏追击。过了几天，东魏刘丰生来到城下，畏惧王思政，不敢进城，率军退走。王思政于是整修城郭，建起瞭望高台，开垦农田，积蓄刍草粮食，从此恒农才有了防卫设施。

丞相宇文泰请求降职处分，西魏文帝没有允准。这次战役，西魏诸将都没有立功，只有耿令贵与太子武卫率王胡仁、都督王文达奋勇作战，功绩昭著。宇文泰想把雍、岐、北雍三个州分别授给他们三人。三个州有肥有瘦，宇文泰就让三个人用摸筹码的办法来决定，并给三人取了新名字，王胡仁叫王勇，耿令贵叫耿豪，王文达叫王杰，以此表彰他们的功劳。随后，西魏在关陇地区广泛招募豪强大族的子弟扩充军队。

东魏高仲密当初计划叛逃的时候，暗中派人煽动冀州的豪杰，让他们做内应。东魏派高隆之乘驿站快马赶到冀州安抚，因此冀州平安无事。高澄写了一封密信给高隆之说："高仲密的党徒中，凡是追随高仲密叛逃者的家属，应予全部逮捕，用以警示将来。"高隆之认为朝廷既然下达了不追究叛逃亲属的恩惠旨意，如果又将他们抓起来惩治，那就等于向百姓昭示朝廷没有信誉，导致人心惶惶，那损失就大了，于是向高欢报告，征得同意后，搁置了高澄的意见没有执行。

梁朝任命太子詹事谢举为尚书仆射。

夏季，四月，梁朝林邑王进攻李贲，李贲部将范脩在九德打败了林邑王。

清水县氐族酋长李鼠仁趁西魏大败的机会，占据险要发动叛乱；西魏陇右大都督独孤信多次派兵进讨，都没取胜。丞相宇文泰派典签天水人赵昶前往劝降，氐族众酋聚集商议，有的赞成，有的反对，反对的人想举刀杀死赵昶，赵昶神态脸色很自然，言辞更加严厉，李鼠仁深受感动而醒悟，于是和众酋长率领部众投降。氐族酋长梁道显反叛，宇文泰又派赵昶晓谕劝降，迁移氐族豪帅四千多人及其部落安置在华州。宇文泰任用赵昶为都督，管理这些氐族部落。

宇文泰派间谍潜入虎牢城，命令守将魏光坚守，被围城的东魏将领侯景抓获，把书信中"坚守"改为"应赶快撤退"，然后放间谍入城，魏光看到信后连夜逃走。侯景抓获了高仲密的妻子儿女，送到邺城，北豫州、洛州两州重新回到东魏。五月初三日壬辰，东魏因为收复了虎牢，下令死罪以下囚犯予以减刑，唯独不赦免高仲密家属。丞相高欢认为当年高乾在信都追随自己起事，高昂在河阳为国捐躯，高季式自首，事先告发高仲密叛逃，于是替这些人说情，请求不要株连他们。高仲密的妻子李氏应处死刑，高澄穿着华丽的服装去见李氏，说："今天怎么样？"李氏不吭声，高澄于是将她纳为妾。五月初六日乙未，东魏任命侯景为司空。

秋季，七月，西魏大赦天下。任命王盟为太傅，任命广平王元赞为司空。

八月初八日乙丑，东魏任命汾州刺史斛律金为大司马。

东魏派兼散骑常侍李浑等出使梁朝。

冬季，十一月初八日甲午，东魏孝静帝在西山狩猎；十一月十九日乙巳，回到宫殿。高澄上奏请求免去自己侍中的职务，东魏孝静帝任命高澄的弟弟并州刺史太原公高洋代替高澄。

丞相高欢在肆州北山上筑长城，西起马陵，东到土墱，前后四十天完工。

西魏各州郡长官一起谒见丞相宇文泰，宇文泰让河北太守裴侠单独站一边，对其他各州郡长官说："裴侠为官清廉审慎，为天下第一，你们当中有像裴侠一样德行的人，就可以和他站在一起！"众人鸦雀无声，没有人敢回答。宇文泰于是重赏裴侠，朝内朝外的人都叹服，称裴侠为"独立君"。

（以上为第六段，写公元 543 年，因东魏高仲密叛降西魏引发东西魏邙山大战，两军全力交战，高欢与宇文泰各自九死一生，东魏大胜而无力追击，东西魏仍然势均力敌。）

梁武帝大同十年（甲子，公元 544 年）

春季，正月，李贲自称越帝，建置百官，改年号为大德。

三月初九日癸巳，东魏丞相高欢巡察冀州、定州两州，检查河北户口增减情况，接着到邺城朝见东魏孝静帝。

三月初十日甲午，梁武帝巡幸兰陵，拜谒建宁陵，派太子进入京城镇守。三月十七日辛丑，梁武帝拜谒修陵。

三月二十二日丙午，东魏任命开府仪同三司孙腾为太保。

三月二十五日己酉，梁武帝巡幸京口城的北固楼，改名北顾楼。三月二十六日庚戌，梁武帝巡幸回宾亭，设宴招待家乡父老，以及巡幸所经过的附近县前来迎驾的人，男女长少数千人，每人赏铜钱两千。

三月二十八日壬子，东魏任命高澄为大将军、领中书监，任命元弼为录尚书事，任命左仆射司马子如为尚书令，任命侍中高洋为左仆射。

丞相高欢大多数的时间住在晋阳，孙腾、司马子如、高岳、高隆之，都是高欢的党羽，高欢委派四人执掌朝廷重任，邺城人称他们为“四贵”，他们的权势在朝廷内外炙手可热，专横跋扈，骄恣贪婪，高欢有意削减他们的权力，因此任命高澄为大将军、领中书监，将门下省的机要事务总归中书省，文武百官的赏罚都要向高澄报告。

孙腾见高澄，不肯尽礼，高澄喝令手下人把孙腾拉下坐床，用刀背击打他，让他站立在门外。太原公高洋在高澄面前拜见高隆之，称他为叔父，高澄大怒，痛骂高洋。高欢对朝中公卿说：“我这个儿子渐渐长大了，你们要回避，不要与他产生冲突。”于是公卿百官见了高澄，无不战栗恐惧。库狄干，是高澄姑姑的女婿，从定州来谒见高澄，在门外站了三天，才得到召见。

高澄想在孝静帝身边安插亲信，升任中兵参军崔季舒为中书侍郎。高澄每次上书给孝静帝，有所劝谏和请求，有时文辞繁琐杂乱，崔季舒总要加以润色以后才通报上呈。孝静帝给高欢、高澄父子的书信，总要事先与崔季舒讨论，孝静帝说：“崔中书就像是我的乳母。”崔季舒，是崔挺的侄儿。

夏季，四月初一日乙卯，梁武帝从兰陵回宫。

五月初一日甲申朔，西魏丞相宇文泰到长安朝见魏文帝。

五月十一日甲午，东魏派散骑常侍魏季景出使梁朝。魏季景，是魏收的堂叔。

梁朝尚书令何敬容小妾的弟弟盗窃公家大米，何敬容写信给领军河东王萧誉说情。五月十四日丁酉，何敬容受牵连被免职。

东魏广阳王元湛去世。

西魏琅琊贞献公贺拔胜留在东魏的几个儿子，被丞相高欢全部杀死，贺拔胜愤恨成疾而去世。丞相宇文泰经常对人说：“众将对敌交战时，神色都有变化，只有贺拔胜临阵对敌和平时一样。真是英勇无比。”

秋季，七月，西魏更改度量衡制度，命令尚书苏绰增减原来的制度，制定成三十六条，总括为五卷，在全国颁布施行。挑选贤能的人为州郡县的长官，都按新制度派遣，几年以后，老百姓都觉得方便。

北魏从正光年间以来，行政法规弛废，在位的人大多贪污。东魏丞相高欢上奏推荐司州中从事宋游道为御史中尉，高澄坚持任用吏部郎崔暹为御史中尉，任用宋游道为尚书左丞。高澄对崔暹、宋游道说："你们一人在南台御史府，一人在北台尚书省，定要使全天下整肃。"崔暹挑选毕云义等为御史，当时舆论称赞崔暹用人得当。毕云义，是毕众敬的曾孙。

高澄想提高崔暹的权威，就利用朝廷显贵聚会宴饮的机会，让崔暹后到，崔暹通报姓名后，昂头慢步前行，这时高澄迎上去，两人携手进入厅堂，两人就座时对拜行礼，崔暹毫不客气地先行入座。当饮酒才两轮以后，崔暹就起身告辞要离去。高澄挽留吃饭，崔暹说："刚刚收到皇上敕令，让我回御史台办公。"于是不等开饭就走了，高澄亲自送他走下厅堂台阶。又有一天，高澄与公卿外出到东山，在路上遇见了崔暹，高澄一行的前卫遭到崔暹开路卫士的红棒击打，高澄就回转马头让路。

尚书令司马子如是高欢的老朋友，又身居要职，傲慢自大，与太师咸阳王元坦两人贪污钱财，没有满足的时候；崔暹前后多次弹劾司马子如、元坦，以及太保孙腾、司徒高隆之、司空侯景、尚书元羡等。高澄抓捕司马子如，打入监狱，过了一夜，司马子如的头发全白了，终于招供说："我司马子如从在夏州举杖跋涉追随大王，大王赏给我一辆没有篷盖的牛车，卷角的母牛犊一头，牛犊在路上死了，只把弯牛角留了下来，此外，一切财物都是从别人那里取来的。"丞相高欢写亲笔信给高澄说："尚书令司马子如，是我的老朋友，你应当对他从宽处置。"高澄用囚车把司马子如拉到街上，停下马来，当街释放，给他打开了枷锁。司马子如惶恐地说："不是要杀我吗？"八月二十一日癸酉，削夺了司马子如的官爵。九月初三日甲申，任命济阴王元晖业为太尉，太师咸阳王以王爵回到府第养老，元羡等全都免官，其他被罢官和杀头的人很多。过了很久，高欢见到司马子如，可怜他形容憔悴，用自己的大腿枕住司马子如的头，亲自给他抓虱子，赏赐酒百瓶、羊五百头、米五百石。

高澄对朝中公卿显贵极力称赞崔暹，并且告诫他们要接受崔暹的监督。高欢写信给京都邺城的公卿显贵们说："崔暹任职御史台，咸阳王、司马子如两人都是我的患难之友，要说尊贵以及和我的亲密关系没人可比，他们两人同时犯了罪，我救不了他俩，各位要谨慎啊。"

宋游道上奏列举尚书省法令规章有几百条失误，尚书省中高官王儒等人遭到鞭打斥责，尚书令、尚书仆射以下官员对宋游道侧目而视。高隆之诬告宋游道说了大逆不道的话，论罪应当处死。给事黄门侍郎杨愔说："养狗就是要它吠叫，现今叫了几声就要杀狗，恐怕将来再没有吠叫的狗了。"宋游道最终还是被罢了官。高澄对宋游道说："你赶快和我一起到并州，不然，他们算计早晚要杀死你。"宋游道跟随高澄到了晋阳，任命他为大行台吏部。

九月初八日己丑，梁武帝大赦天下。

东魏考虑大乱之后，户口统计不确实，徭役赋税不均衡。冬季，十月初六日丁巳，任命太保孙腾、大司徒高隆之为括户大使，分别到各州去检查，查出无户籍的户口六十余万，侨居他乡的户口勒令回到原籍。十一月初四日甲申，任命高隆之录尚书事，任命前大司马娄昭为司徒。

十一月二十日庚子，东魏孝静帝到圜丘祭祀。

东魏丞相高欢袭击山胡部落，大胜，俘虏山胡一万多户，分配到各州充实户口。

这一年，东魏任命散骑常侍魏收兼中书侍郎，修撰国史。自从梁朝与东魏讲和通使以后，魏国的国书总是说："想彼境内宁静，此率土安和。"梁武帝回书只去掉一个"彼"字而已，内容相同。魏收这才开始定下国书的用语说："想境内清晏，今万里安和。"梁武帝回信也照样写。

（以上为第七段，写东魏整顿吏治，检括户口，加重高澄权威。）

【点评】

七年大争斗，东、西魏仍然势均力敌。七年间，东、西魏发生两次最大规模的决战。大同四年争夺洛阳之战，大同九年邙山之战，东、西魏都是扫境征兵，倾巢出动，全力争斗，结果双方损失惨重，势均力敌，进一步确立了东、西魏与梁并存的鼎立之局。

梁纪十五

梁武帝大同十一年至中大同元年（公元 545—公元 546）

【起旃蒙赤奋若（乙丑，公元 545 年），尽柔兆摄提格（丙寅，公元 546 年），凡二年】

【大事提要】

本卷记事起公元 545 年，至公元 546 年，凡两年，时当梁朝梁武帝大同十一年至中大同元年，西魏文帝大统十一年至十二年，东魏孝静帝武定三年至四年。东魏高欢委曲求全与柔然和亲，发动了他生前最后一次讨伐西魏的玉壁大战，兵败成疾，走到了他政治生涯的终点。梁武帝昏庸治国，拒谏饰非，刑法弛废，边境不宁，物价飞涨，民不聊生，国势衰微。

高祖武皇帝十五

梁武帝大同十一年（乙丑，公元 545 年）

春季，正月十七日丙申，东魏派遣兼散骑常侍李奖出使梁朝。

东魏仪同尔朱文畅与丞相司马任胄、都督郑仲礼等，谋划趁正月十五日夜晚观看打簇戏的机会叛乱，杀丞相高欢，推举尔朱文畅为主上，事情败露，全被处死。尔朱文畅，是尔朱荣的儿子。尔朱文畅的姐姐，曾是敬宗皇后，现在与郑仲礼的姐姐郑大车两人都是高欢的小妾，受到宠爱，所以她们的兄弟没有受到株连。

高欢上奏孝静帝说："并州是储备军需武器的地方，经常需要女工劳作，请求建造一座宫殿，用来安置那些被发配和没入官府的女奴；同时皇上应娶吐谷浑的女子入宫，以便招降吐谷浑。"正月二十八日丁未，建置晋阳宫。二月十一日庚申，东魏孝静帝娶吐谷浑可汗堂妹为容华。

西魏丞相宇文泰派遣酒泉胡人安诺槃陀第一次出使突厥。突厥原本是西方的一个小国，姓阿史那氏，世世代代居住在金山南麓，为柔然充当打铁工。到了土门当酋长时，开始强大，时常侵扰西魏边境。安诺槃陀到达突厥，突厥人非常高兴地说："大国使臣到来，我们国家将要强大起来。"

三月十六日乙未，东魏丞相高欢到邺城朝见孝静帝，公卿百官到城郊紫陌迎接。高欢握着崔暹的手慰劳他说："从前朝廷里不是没有执法官，而是没人出头举报弹劾。中尉今日尽忠报国，不回避豪强，这才使四方远近吏治严肃清正。在战场上冲锋陷阵有很多的人；当官刚正不阿的人，今天才从中尉身上看到。你的荣华富贵是自己奋斗取得的，我高欢父子没有什么可报答你的。”高欢赏给崔暹一匹好马。崔暹向高欢拜谢，那匹马受惊逃跑，高欢亲自拦住惊马，把缰绳交给崔暹。东魏孝静帝在华林园设宴款待百官，让高欢选择朝廷中公正廉直的官员劝酒，高欢走下台阶跪拜孝静帝说：“只有崔暹一人可以劝酒，请皇上把臣在宴会上射箭得来的一千段绸绢转赐给崔暹。”宴会结束后，高澄对崔暹说：“连我都有些敬畏和羡慕你的荣誉，何况其他的人呢！”

然而崔暹内心却很奸诈。当初，北魏高阳王元斌有一个庶出的妹妹元玉仪，在家里受到歧视，给孙腾做了歌伎，孙腾又抛弃了她。一天高澄在路上遇见了她，十分喜爱就娶了她，并受到特殊的宠爱，封为琅邪公主。高澄对崔季舒说：“崔暹一定会为这件事来劝阻我，我也想好了对付他的办法。”等到崔暹向他请示政事，高澄不再和颜悦色地说话。过了三天，崔暹来见高澄，故意从怀中掉下名帖，高澄问：“带上这个干什么？”崔暹胆怯地说：“我还没见过公主。”高澄非常高兴，挽着崔暹的手，进入内室拜见琅邪公主。崔季舒对人说：“崔暹时常愤恨我是个阿谀的小人，在大将军面前，每每说我这个叔父该杀；而现在他的所作所为，比我有过之而无不及。”

夏季，五月二十六日甲辰，东魏大赦天下。

西魏王盟去世。

自从晋朝以来，人们写文章竞相追求浮华，西魏丞相宇文泰想革除这个弊端，六月初十丁巳，西魏文帝祭祀太庙。宇文泰命大行台度支尚书、领著作郎苏绰撰写一篇《大诰》，公示百官公卿传阅，劝诫大臣们尽心国事，并且下令“从今以后文章都要按照这种体裁撰写”。

梁武帝派遣交州刺史杨瞟征讨李贲，任命陈霸先为司马；命定州刺史萧勃领兵在西江与杨瞟会合。萧勃知道士兵们害怕出远门作战，就诡诈地劝说杨瞟按兵不动。杨瞟召集诸将讨论办法，陈霸先说：“交趾叛乱涣散，根源是萧谘等宗室王侯苛酷造成的，导致几个州叛乱，讨伐好几年了，刺史萧勃想偷安于现状，不顾全大局，将军奉命征讨叛逆，应当不顾生死，怎么可以拖延战机而不前进呢！这是长敌人威风，灭了自家士气啊。”于是杨瞟整兵不等萧勃就提前进兵。杨瞟派陈霸先为先锋。到了交州，李贲率众三万抵抗，在朱鸢吃了败仗，又在苏历江口战败。李贲逃到嘉宁城，各路军队齐集将他团团围住。萧勃，是萧昺的儿子。

西魏与柔然头兵可汗密谋联合讨伐东魏，丞相高欢十分忧虑，就派遣行台郎中杜弼出使柔然，替世子高澄求婚。头兵可汗说：“高王本人娶亲才可以。”高欢犹豫不决。娄妃劝说：“为了国家大局，希望您不要迟疑。”世子高澄、尉景也劝说高欢。

高欢于是派遣镇南将军慕容俨出使柔然，迎娶头兵可汗的女儿，称为蠕蠕公主。秋季，八月，高欢亲到下馆迎接公主。公主到来后，娄妃让出正室安置公主；高欢向娄妃下跪拜谢，娄妃说："公主会觉察到我们的关系，希望你和我断绝关系，不要顾及我。"头兵可汗派他的弟弟秃突佳护送女儿，并且作为回聘使者，还告诫秃突佳说："要等到外孙出生后才返回。"蠕蠕公主性格严肃刚毅，终身不肯说汉语。高欢曾有一次生病，不能到公主那里去，秃突佳就气愤怨恨，高欢抱病登车前往公主住处。

冬季，十月，乙未，梁武帝下诏，恢复罪人用钱赎罪的制度。

东魏派遣中书舍人尉瑾出使梁朝。

闰十月二十日乙未，东魏丞相高欢上奏请求释放邙山战役的俘虏，把民间寡妇许配给他们。

十二月，东魏任命侯景为司徒，任命中书令韩轨为司空；十二月十四日戊子，任命孙腾录尚书事。

西魏在长安城南建筑祭天的圜丘。

（以上为第一段，写东魏高欢委曲求全与柔然结和亲以备西魏。）

梁朝散骑常侍贺琛上奏，陈述了四条建议。其一，认为"现今北方东魏已经降服，这正是让百姓生育后代，积蓄物资的好时候，可是全国的户口却减少了，边关之外户口减少得更多。郡不能忍受州的控制，县不能忍受郡的盘剥，州郡轮番下令，骚扰地方，只知搜刮百姓，平民百姓忍受不了这样的重压，纷纷流离失所，这难道不是地方长官的过错吗？国家东部地区户口空虚，都是由于征敛使者频繁派出的缘故，甚至深入到荒僻偏远之乡，没有到不了的地方，每派一个使者下到地方，所到之处一定受到骚扰；无能愚笨的地方长官，只会拱手听命，任由使者搜刮，而强横狡猾的地方长官，又趁机加重搜刮，贪婪残暴，即使有个把廉洁公正的官员，也会受到郡守的阻挠和牵制。由于这样，尽管皇上年年下诏恢复生产，三令五申减免赋税，而许多平民百姓仍然无法返回原籍居住"。其二，认为"现今全国地方守令长官之所以贪婪残暴，的确是由于奢侈糜烂的风气造成的。当今的喜庆之宴，人们互相攀比，果品堆积如山，摆在桌上的佳肴美味像绸缎一样华丽，修建一座露台的百两黄金，还不够一次宴请，而宾客和主人只不过是装满一肚子，还没走下饭桌，剩余的饭菜就如同腐臭的垃圾被抛弃掉。蓄养歌伎的人，没有等级的限制。管理平民百姓的官吏，聚敛亿万的财富，离任回家之后，也开支不了几年，大都花费在吃喝之中，耗尽在歌舞之间。破费的钱财可堆积成山，只求得一时短暂的快乐，甚至后恨当年搜刮得太少，如果再次做官，就更要加倍攫取民脂民膏，竟是这样的违背道义！其他荒淫奢侈现象，说也说不完。这些已积久成为风气，一天一天更加严重，想要使人保持廉正清白，怎能办得到呢！确实应当严厉禁止，提倡节俭，纠正浮华，改变社会风气。我对当前失去节制风气的叹息，也是平民百姓所深恶痛绝的；正因为不能免俗，耻于赶不上人家的排场，所以才勉强这样做；假如大力提倡淳朴节俭，就足以纠正这些奢靡的陋俗”。其三，认为“皇上忧国忧民，不辞劳苦，以至于百官各个部门，无不直接向皇上奏事。但那些见识短浅的小人，既然得以进入宫帷奏事，使用各种诡诈手段骗取皇上信任以求得升迁，他们不顾国家的大局，也不心存仁厚，明察宽大；却一味吹毛求疵，擘肌分理，以严酷苛刻为能事，以抓人把柄斥责为要务。表面上看是为国为公，实际上是作威作福，结果是犯罪的越来越多，徇私舞弊更加严重。弊端日益增长，奸诈不断增加，的确是由于这种原因。真诚希望朝廷能责成官员办事公正，考察实效，排除官员们奸诈邪恶的用心，那么就会上下安宁，没有侥幸取巧的祸患发生”。其四，认为“当今天下太平，本应宁静而皇上却整天没有闲暇，应当减少事务，减少开支，因为减少事务百姓得到休养，减少开支国家财政好转。朝廷开展一次各部门自己检察职权范围的事务：凡是京城的治、署、邸、肆，以及国容、军备，地方上的屯、传、邸治，应当裁撤的就裁撤，应当精减的就精减；兴造的工程凡是不急迫的，征求的赋税徭役凡是可以缓办的，都一律停下来，以便节省开支，休养民生。因为积蓄财富，是为了派上大用场；休养民生，是为了重要劳役。如果认为办点小事花不了多少钱，那么整年都不会节省；认为小劳役不足以妨碍老百姓生活，那么整年都不会停止。这样一来，那么就很难谈得上国家富强而图谋长远了”。

梁武帝看了贺琛的奏章，勃然大怒，把草拟诏书的主书令召到跟前，口授一道敕令斥责贺琛。大意是说：“朕有天下在位四十余年，每天都耳闻目睹公车府呈上的臣民直言，他们陈奏的事情，与你说的没有两样，总是因为事务繁忙，增添朕的疑惑。你不应当把自己混同于像草芥般低下的小民，只图虚名，好向路人炫耀，说：‘我很能干，上了奏章，只恨朝廷没有采纳。’为什么不分别具体说明：某刺史横行不法，某太守贪婪残暴，尚书、兰台某人奸诈刁滑，某个钦差使者鱼肉百姓，他们姓甚名谁，从谁的手中掠夺，又给予了谁，明白地说清楚事情，以便朝廷诛杀罢免，另选贤能的人才。再说，官吏百姓饮食豪华过度，如果要严加禁止，高墙深院，怎能得知？假如挨家挨户地去搜查，恐怕更增加对老百姓的骚扰。如果指的是朝廷，朕没有这样的事。从前国君膳食讲究六牲，已经很久没有宰杀了，朝廷赐宴百官，素食而已；如果还要节省，一定会被讥讽为《诗经·蟋蟀》中所讽刺的晋僖公那样的人。如果指的是供僧供佛的功德事宜，所用都是菜园中出产的东西，一种瓜做出几十样菜，一种菜做成几十种风味，只不过是变的花样多，没有铺张，有何妨害。朕除了出席公宴外，平常不吃国家的酒席，已有很多年了。至于后宫的人，也不吃用国家的钱粮。凡是营造塔寺，既没用公家的材料，也没用国家的工匠，都是花钱雇用人工完成的。文武百官，有的勇敢，有的怕死，有的廉洁，有的贪婪，并不是朝廷要他们这样的。你指责是朝廷的过错，不过是你一厢情愿的结论，你应当认真想想导致过错的原因。你说'应当提倡节俭'，朕断绝房室建造已有三十多年，至于居住不过一张床的地方，雕镂装饰之物不允许进入宫中；朕平生不好饮酒，不听音乐，因此宫中私宴，从没有演奏过音乐，这是许多贤士亲眼所见的。朕三更就早起上朝处理政务，按每天政事的多少，事少的时候中午前办完，事多的时候到太阳偏西才吃饭，经常是每天只吃一顿饭，干起事来没有白天、黑夜之分；先前朕的腰腹胖得有十围，如今瘦削只剩了二尺多，旧的腰带还保存着，这不是胡说。到底是为了谁而这样做呢？还不是为了挽救国事维艰。你又说'各部门无不向皇上奏事，使用各种诡诈手段骗取信任以求得升迁'，如果不让臣民上奏言事，那么由谁来主持沟通民情的责任！如果言事只委托给专门的人，到哪里去找这样的人呢？古人说过：'专听一面之词，就要产生奸臣；专委托一人办事，就要酿祸乱。'秦二世宠信赵高一个人，汉元帝皇后只依靠王莽一个人，终于导致赵高指鹿为马，颠倒是非，难道可以效法吗？你又说'吹毛求疵'，指的是何人？还有'擘肌分理'，指的是什么事？治、署、邸、肆等，哪样该裁撤，哪样该精简，哪一样工程不是急需，哪一样征收应当缓办，你要分别举出事实，详细奏报给朕听！有关富国强兵的措施，有关减省劳役、与民休息的办法，也要具体列出。如不能具体列出，那就是蒙蔽朝廷。我倚门期待你的再次上奏，朕应当认真审读，交付给尚书，颁布天下，差不多可以除旧布新，兴隆气象重现于今世。"贺琛接到诏书，只是向梁武帝认错道歉，不敢再说什么。

梁武帝为人重孝道、慈悲、谨慎、俭朴，博学多才，善写文章，阴阳、卜筮、骑射、音乐、书法、围棋，样样精妙。不辞劳苦处理政务，冬天四更刚过，就起来办事，由于天寒，执笔写字的右手冻开了口子，自从天监年间开始信奉佛法，长期吃斋，不吃鱼肉，每天只吃一顿饭，不过蔬菜清汤、粗粮米饭罢了。有时事务繁多，忙得午后漱漱口就算吃了饭。身穿布衣，床罩木棉蚊帐，一顶帽子戴了三年，一床被子用了两年，后宫嫔妃，贵妃以下，不穿拖地的衣裙。梁武帝生性不饮酒，除非举行宗庙祭祀，大宴群臣和举办佛法大会，也从不奏乐。即使处在幽暗房间，也是衣冠楚楚，在宫中平时便坐，以及炎热夏季，也从不袒露胸怀，对待宦官小臣，也像对待宾客一样彬彬有礼。然而对待士大夫过于宽松，以至地方州郡长官大都鱼肉百姓，朝廷使者横行霸道干扰地方。又十分亲信小人，办事往往苛酷失察，又多造佛塔寺庙，耗费了大量国家和民众的财物。江南承平日久，形成了奢侈的生活习俗，所以贺琛上奏揭了盖子。梁武帝恼恨贺琛说了实话，所以大怒。

臣司马光评论说：梁武帝不得善终是应当的啊。帝王听取意见，最易失误的地方，就是只注意琐碎的小事而丢了大事；臣下上书劝谏容易犯的毛病，也在于繁琐零碎。因此，英明的君主就是要抓住关键与要害来指导各种事务；忠贞的大臣就要指明国家的大局来纠正君主的错误，这样，往往无须劳碌而收到长远的功效，说话不多而益处很大。综观贺琛的谏章，语言真切直率并不过分，而梁武帝高祖就变脸色震怒，回护自己的短处，夸耀自己的长处；诘问贪婪残暴官吏的姓名，追问徭役过重、费用铺张的具体数目，用难以回答的问题来刁难臣下，甚至要求臣下写出无法写出的奏章。自以为吃素食的节俭为最大的美德，每天忙到太阳偏西才吃午饭就是最好的治国办法，为君之道已经完美，再不需要增加什么了，臣下的劝谏，全都不值得听，这样一来，那些比贺琛更切中时弊的直言进谏者，谁还敢说话！因此，奸佞之臣就在眼前也看不见，重大决策颠倒错误也不知，最后落得身败名裂，国家败亡，宗庙祭祀断绝，成为千古被人怜悯与耻笑的对象，真是可悲！

梁武帝十分崇尚文章礼乐，对刑法疏远忽视，以至于公卿大臣都不重视审判案件，导致奸猾的官吏擅权枉法，贪污成风，冤假错案很多。大致判处两年以上徒刑的人每年多达五千人；判罚劳役的人按各人的手艺分为五类，没有技艺的刑徒就要戴上枷锁；如果生了重病，暂时打开枷锁，后来演变为有钱行贿的囚徒就不戴枷锁，无钱的囚徒加倍痛苦，当时王侯子弟，大多骄横淫逸，不守法度。梁武帝年老以后，厌倦处理政务，又专心佛法戒律，每当判决重刑罪犯时，就整天不高兴；有人谋反大逆，事情败露，梁武帝也只是哭泣叹息，然后宽大处理。因此，王侯们更加专横不法，有的大白天在街市中杀人，有的在夜间公开抢劫，有的犯罪逃亡，躲藏在王侯家中，主管部门不敢搜查逮捕。梁武帝深知这些弊端，但沉迷于佛教的慈悲为怀，不能禁止。

西魏东阳王元荣为瓜州刺史，他带着女婿邓彦一起赴任。元荣死后，瓜州名门大族上奏推荐元荣的儿子元康继任瓜州刺史，邓彦杀了元康，夺了刺史之位，西魏无力征讨，就任命邓彦为瓜州刺史，多次征召，邓彦都不进京，又与南面吐谷浑勾结。丞相宇文泰认为路途遥远，难于发动大军征讨，想用计谋智擒邓彦，就任命给事黄门侍郎申徽为河西大使，密令他除掉邓彦。

申徽带领五十个骑兵前行，到达瓜州后，住宿在宾馆。邓彦看到申徽人单势孤，没有产生怀疑。申徽派人委婉地劝说邓彦进京朝见，邓彦不听；申徽于是改变主意，赞成邓彦留在瓜州做刺史；邓彦相信了，于是到宾馆来晋见。申徽先与州主簿敦煌人令狐整密谋，在邓彦晋见时，逮捕他，斥责他的罪过，然后捆绑起来；随后宣读诏书，安抚官吏和百姓，并声称“大军随后就到”，瓜州城中没人敢反抗，于是把邓彦押送长安。宇文泰任命申徽为都官尚书。

（以上为第二段，写梁朝贺琛奏事始末，此为梁朝的一个大事件。贺琛谏奏揭示梁朝政治极端腐败的事实。赋徭沉重，户口日减，官吏贪残，浮华成风，刑法松弛而平民犯禁者众。梁武帝拒谏饰非，各种弊端病入膏肓，梁朝走向衰败不可逆转。）

梁武帝中大同元年（丙寅，公元 546 年）

春季，正月初十日癸丑，杨瞟等攻克嘉宁城，李贲逃奔到新昌獠人中，杨瞟率领的各路兵马停驻在江口。

二月，西魏任命义州刺史史宁为凉州刺史。前凉州刺史宇文仲和占据州城不肯交权。瓜州平民张保杀了瓜州刺史成庆响应宇文仲和；晋昌平民吕兴杀了太守郭肆，占领郡城响应张保。丞相宇文泰派遣太子太保独孤信、开府仪同三司怡峰与史宁前往征讨。

三月初三日乙巳，梁朝大赦天下。

三月初八日庚戌，梁武帝巡幸同泰寺，住在寺中专为梁武帝修建的便殿里，讲解《三慧经》。夏季，四月十四日丙戌，结束讲解，大赦天下，改年号为中大同。这一夜，同泰寺佛塔发生火灾，梁武帝说："这是妖魔作怪，应当大做法事。"百官群臣赞同。于是下诏书说："道法虽高，但妖魔昌盛，行善遇到了障碍，应当大兴土木，佛塔建得比先前更高大一倍。"于是计划建造十二层佛塔；快要建成时，赶上侯景叛乱而停止。

西魏史宁安抚慰问凉州吏民，大多人归顺了朝廷，只有宇文仲和占据州城不投降。五月，独孤信派出众将在夜里攻打州城的东北部，亲自率领精壮的士兵偷袭州城的西南部。天亮时分，攻占了州城，活捉了宇文仲和。

当初，张保想杀掉瓜州主簿令狐整，但考虑到令狐整声望很高，担心失掉民心，虽然表面上恭敬，而内心中非常忌恨。令狐整佯装亲附，指派人去劝说张保，说："如今东方的大军逐渐逼近凉州，凉州孤立无援，恐怕难以抵挡，应赶紧分出精兵去救援，然而成败在于带兵的将领，令狐延保文武双全，派他带兵去救，没有不成功的。"张保听从了。

令狐整前进到玉门，召集地方豪杰列举张保的罪过，迅速回军袭击张保，首先攻克了晋昌，杀了吕兴，然后进攻瓜州。瓜州人一向敬服令狐整，因此都叛离张保归降令狐整。张保逃奔吐谷浑。

大家商议推举令狐整为瓜州刺史，令狐整说："我们因为张保叛乱，忧虑全州的人陷于不义，所以相互联合起来讨伐他，如今又自行推举刺史，岂不是效法张保吗？"于是推举西魏派遣出使波斯的张道义代理刺史，并原原本本的把这件事上报朝廷，宇文泰任命申徽为瓜州刺史，召见令狐整改任寿昌太守，封为襄武男。令狐整率领宗族乡里三千多人进京朝请，追随宇文泰征讨，积累功劳升迁骠骑大将军、开府仪同三司，加官侍中。

六月二十九日庚子，东魏任命司徒侯景为河南大将军、大行台。

秋季，七月初一日壬寅，东魏派遣散骑常侍元廓出使梁朝。

七月二十三日甲子，梁武帝下诏："凡是没有犯大逆不道之罪的罪犯，其父母、祖父母不受株连。"

先前，梁朝只有京城建康，以及三吴、荆州、郢州、江州、湘州、梁州、益州使用铜钱，其他各州郡夹杂谷物布帛交易。交州、广州只用金银为货币。梁武帝自行铸造了五铢钱和女钱，两种铜钱同时使用，禁止使用前朝留下来的各种古钱，普通年间，改铸铁钱。从此，民间私自铸钱的多了起来，物价飞涨，交易的人往往用车载钱，不细点钱的多少。此外，从破岭以东地区，八十文为一百，称为"东钱"；江州、郢州以上，七十文为一百，称为"西钱"；建康地区九十文为一百，称为"长钱"。七月二十五日丙寅，梁武帝下诏说："朝四暮三，众猕猴都高兴，实际没有增减，只是说法不同，产生的喜怒却不一样。近来听说市场上多使用九陌钱，陌钱轻分量不够，物价就贵；陌钱重分量足，物价就贱，不是物价有贵贱，而是心神颠倒。至于边远地区，这种情况日益严重，这只能扰乱国家的制度，一点也增加不了老百姓的财富。从今以后，只通用分量足的陌钱！命令颁行以后，以一百天为期限，如果还有犯禁的，男子要判罚为转运的劳役，女人以身抵押服役，刑期都是三年。"诏书颁行以后，人们并不遵行，陌钱一天天减少，直到末年，甚至以三十五文为一百钱。

梁武帝年事已高，几个儿子互不服气，邵陵王萧纶为丹杨尹，湘东王萧绎任职江州，武陵王萧纪任职益州，均手握重兵，权力与梁武帝相等，太子萧纲心里很忌恨他们，经常挑选一批精兵守卫东宫。八月，梁武帝任命萧纶为南徐州刺史。

东魏丞相高欢到邺城。高澄把洛阳《石经》共五十二碑迁移到邺城。

西魏调动并州刺史王思政改任荆州刺史，并让王思政推荐一个可以代替他镇守玉壁城的人任并州刺史。王思政推荐晋州刺史韦孝宽，丞相宇文泰采纳了。东魏丞相高欢调动东魏的全部兵力，准备讨伐西魏。八月二十三日癸巳，高欢从邺城率领军队出发到晋州与诸将会合。九月，东魏军到达玉壁，包围了玉壁城，以挑战西魏军，但西魏大军没有东出。

李贲再次率领军队二万人从獠人居住区杀出，驻扎在典澈湖，大造战船，布满湖面。进讨李贲的各支梁朝军队畏敌不前，屯驻在湖口，不敢交战。陈霸先对诸将说："我军士气低落，将士疲劳，又是孤军深入，进入了敌人的腹地，后无援军，如果交战失败，就不要想活着回去。现今趁着敌人李贲多次失利，军心不稳，士兵又是夷人、獠人拼凑起来的乌合之众，迅速攻击就容易摧毁消灭他们。现在正是大家一起同心协力，以绝死之心奋力攻击，去夺取胜利，如果无故停留，取胜的机会就要丢失。"各位将领没有一个人吭声。当天夜里，江水暴涨七丈，注入湖中。陈霸先集合自己所领的部众趁着涨水顺势率先进兵，众将军也击鼓呐喊一起向前，李贲的兵马被彻底击溃，李贲逃窜到屈獠洞中藏了起来。

冬季，十月初六日乙亥，梁朝任命前东扬州刺史岳阳王萧詧为雍州刺史。梁武帝舍弃萧詧兄弟而立萧纲为太子，内心惭愧，因此对萧詧兄弟宠爱有加，地位仅仅次于自己的几个皇子。因为会稽地区户口多物产丰，所以特意任用萧詧兄弟轮流做东扬州刺史，以此慰藉萧詧兄弟的心。但萧詧兄弟依然心怀不满。萧詧认为皇上年老，朝政失误良多，于是蓄积钱财，礼贤下士，招募勇士，身边聚集了几千人。萧詧认为襄阳地处冲要，地势优越，是梁朝兴起的根基，遇到乱世可以建功立业。于是克制自己欲望，兢兢业业地处理政事，安抚士大夫和百姓，多次普施恩惠，听取劝谏，所辖地区治理得井井有条。

东魏丞相高欢围攻玉壁城，昼夜不停，西魏守将韦孝宽随机应变，坚守城池。玉壁城中井水干涸了，就从汾河中取水，高欢改变汾水河道，一夜完成。高欢又在城南垒起土山，想从土山上攻入城中。玉壁南门城墙上原先有两座城楼，韦孝宽在城楼绑接木头，加高城楼，让它总是高于东魏兵垒起的土山，用以抵抗东魏兵的进攻。高欢派人喊话韦孝宽说："即使你把木头接上天，我挖地道来捉拿你。"于是挖了十条地道，又用术士李业兴的《孤虚法》，集中兵力进攻北城。城北十分险要。韦孝宽在地上深挖壕沟，截断地道，挑选精勇战士守在壕沟里，每当东魏兵挖地道挖到壕沟时，就被守壕士兵抓获杀死。西魏军又在壕沟内堆积柴火，东魏兵停留在地道内的，守壕士兵就向地道口塞进柴草点燃，用皮排鼓风，一经皮排鼓风，地道里的东魏兵就被烧得焦头烂额。东魏兵又用攻城冲车撞城墙，所过之处无坚不摧，没有武器能够阻挡冲车。韦孝宽缝布制成很大的帐幔，迎着冲车的撞击点张开，布帐悬空，冲车没法撞坏它。东魏兵在长竹竿上绑上松枝、麻毛之类的易燃物，再浇上油，点燃后用来烧帐幔，并想烧毁城墙上的敌楼。韦孝宽制作长钩，把长钩的刀刃磨得非常锋利，等到敌人的火燃竹竿刚要接触帐幔的时候，就用长钩远远地割断火头，松枝、麻毛散落。东魏兵又在城墙四周挖地道二十条，地道挖至城墙下面时加上顶木柱，然后放火烧木柱，柱断城坏。韦孝宽在城墙倒塌的缺口处竖立木栅抵御，敌人还是进不了城。城外敌人想尽了办法攻城，而城中守卫的方法绰绰有余。韦孝宽还出其不意地攻占东魏军在城外垒起的土山，高欢一点办法也没有。高欢派仓曹参军祖珽劝降韦孝宽说："你独力防守一座孤城，西边没有派救兵，恐怕终究不能保全城池，为什么不投降！"韦孝宽说："我这座城坚固严实，兵员和粮食都充足有余。进攻的人自然劳苦，防守的人却是以逸待劳，哪有守个十天一月之间就要救兵呢？我正担心你们有回不去的危险，我韦孝宽堂堂关西男子汉，绝不会做一个投降的将军！"祖珽又对城中军民说："韦将军接受宇文泰的官爵和俸禄，他不投降可以理解，自他以外的军民，你们何苦跟随他赴汤蹈火呢！"于是写了一道悬赏提拿韦孝宽的告示，用箭射入城中，说："凡是能够斩杀韦孝宽来投降的，拜太尉，封开国郡公，赏帛万匹。"韦孝宽亲手在悬赏告示的背面写上："能斩高欢的人照此办理。"用箭射回东魏兵。祖珽，是祖莹的儿子。东魏军艰苦进攻了五十天，士兵战死和病死的达七万人，都埋在一个大坟墓里。高欢精疲力竭，积劳成疾。当时，有一颗流星坠落在高欢营帐中，士兵们又惊又怕。十一月一日庚子，高欢解围退兵。

高欢在围攻玉壁之前，另派侯景领兵快速向齐子岭推进，西魏建州刺史杨檦镇守车厢城，他忧虑东魏军攻打邵郡，率领骑兵抵御，侯景得知杨檦到来，砍伐树木阻断道路六十里，仍然惊慌不安，于是退还河阳。

十一月十一日庚戌，高欢派段韶随从太原公高洋镇守邺城。十一月十二日辛亥，高欢征召世子高澄到晋阳。

西魏任命韦孝宽为骠骑大将军、开府仪同三司，晋爵建忠公。当时的人都称赞王思政慧眼识人才。

十一月，己卯，高欢因为出征无功，上表请求解除都督中外诸军事，东魏孝静帝允准。

高欢从玉壁城撤退回军后，军中传言韦孝宽用定功弩射死了丞相高欢。西魏朝廷听到后，下了一道布告令说："劲弩一发，元凶毙命。"高欢听到后，勉强打起精神召见各个贵族，让斛律金作《敕勒歌》，高欢亲自随声唱和，伴随苍凉的歌声，禁不住悲哀流泪。

西魏大行台度支尚书、司农卿苏绰，生性忠厚俭朴，常常把治平天下祸乱视为自己的责任，依法处理各种政务，丞相宇文泰对他推心置腹，十分信任，无人能够挑拨离间。宇文泰有时出游，经常预先在空白公函上签署名字交给苏绰，有紧急事处理，随时根据情况先行办理，宇文泰回来后，只需向他汇报。苏绰经常说："治国之道，应当像慈父爱护儿子那样去爱护百姓，像严师教育学生那样去训导百姓。"每次与公卿商议政事，整天整夜不停息，事无巨细，了如指掌，最终苏绰积劳成疾去世。宇文泰深深悲痛和惋惜，对公卿们说："苏绰尚书一生廉洁谦让，我想成全他一向俭朴的意愿办理丧事，恐怕平庸的人不理解；如果厚葬加高官美谥的荣誉，又违背我和他相知深厚的情意，真是两难，该怎么办呢？"尚书令史麻瑶，越过班次上前说："节俭而简约地办理苏绰的丧事，恰恰是表彰他美德的最好方式。"宇文泰接受了这个建议。用布车一辆运载苏绰的遗体，送回老家武功安葬，宇文泰与公卿大臣一直步行护送苏绰遗体到达同州外城。宇文泰在丧车后面洒酒说："苏绰尚书生平做的事，他的夫人、儿子、兄弟所不知道的，我都知道。只有你苏绰理解我的心意，也只有我宇文泰了解你的志向。我正要与你共同平定天下，你却突然舍我而去，怎么办啊！"宇文泰边说边放声痛哭，不知不觉酒杯掉在了地上。

东魏司徒、河南大将军、大行台侯景，左脚偏短一点，骑马射箭不是他的长处，但足智多谋。众将中高敖曹、彭乐等勇猛无比，侯景却常常看不起他们，说："这些人就像野猪一样乱撞乱冲，能有多大能耐呢？"侯景曾经对高欢说："我希望领兵三万，就可横行天下，要么就渡过长江把萧衍那老头儿捆绑过来做太平寺的寺主。"高欢让他领兵十万，全权管理黄河以南广大地区，对侯景的倚仗和信任，好像是自己的半个身体。

侯景一向看不起高澄，曾经对司马子如说："大王在，我不敢有二心；大王去世，我不能和一个鲜卑小儿共事。"司马子如赶紧掩住他的口。等到高欢病重，高澄伪造高欢的书信宣召侯景。早先，侯景与高欢相约，说："现今我掌领兵权在远方，人们容易捣鬼造假，大王给我写书信，请在每个字旁加小墨点。"高欢答应了。侯景收到书信，没有看到墨点，便推托不来。又听说高欢病情严重，就听从行台郎颍川人王伟的计谋，于是加强对军队的控制，用以巩固自己的地位。

高欢对高澄说："我已病重，你将大权独揽而面有忧色，是什么道理呢？"高澄还没有来得及回答，高欢说："难道是担心侯景造反吗？"高澄回答说："是的。"高欢说："侯景全权掌管河南十四年了，时常怀有飞扬跋扈夺取最高位的野心，只有我还能控制他，不是你能驾驭的。如今天下没有安定，我死后不要急忙发丧。库狄干是鲜卑的老人，斛律金是敕勒的老人，这两位老人生性耿直，始终不会辜负你。可朱浑道元、刘丰生，从边远地区来投靠我，一定没有二心。潘相乐原本是个道人，心地善良忠厚，你们兄弟会得到他的有力帮助，韩轨有些木讷愚直，对他应当宽容厚道些。彭乐的心机很难猜测，应当提防他。能够匹敌侯景的人，只有慕容绍宗，我故意不给他优厚待遇，留给你来用他。"高欢接着说："段孝先这个人忠厚仁慈，智勇双全，亲戚当中，只有他是个人才。凡是军机大事，应当和他共同商量。"又说："邙山之战，我没有听从陈元康的话，给你留下了祸患，我死不瞑目。"潘相乐是广宁人。

（以上为第三段，写公元546年东魏高欢率大军西讨，志在必得而兵挫于西魏边将之手，忧劳羞愧成疾，嘱托后事，走到了他的政治终点。南朝梁武帝年老昏耄，诸子不协，边境未宁，物价飞涨，国势日衰。）

【点评】

高欢老年昏庸，集全国之兵败于西魏边城。东魏高欢集中全国兵力，大规模西征，受阻于西魏小小边城玉壁城下，攻围两月不克。因连年征战，东魏兵疲民困，高欢年老，急于求成，匆匆发动，筹谋未精，气势汹汹，师老气竭，故西魏不出大军，依赖有备之坚城与预选之良将，以逸待劳，拖垮了东魏大军。

梁纪十六

梁武帝太清元年（公元 547）

【强圉单阏（丁卯，公元 547 年），凡一年】

【大事提要】

本卷记事公元 547 年，凡一年，当梁武帝太清元年，西魏文帝大统十三年，东魏孝静帝武定五年。本年着重记述东魏丞相高欢去世，侯景反叛东魏引发的事变。侯景先投奔西魏，又归顺于梁朝。东魏伐叛，西魏、梁朝救援，加上叛军侯景，共四方争战于河南。

高祖武皇帝十六

梁武帝太清元年（丁卯，公元 547 年）

春季，正月初一，发生日偏食，没被阴影遮住的部分只剩一个弯钩。

正月初四日壬寅，梁朝荆州刺史庐陵威王萧续去世，任命湘东王萧绎为都督荆州、雍州等九州诸军事、荆州刺史。萧续一向贪婪，临死前，写了一道表章，派中录事参军谢宣融献给梁武帝金银器皿一千多件，皇上这才知道萧续如此富有，于是问谢宣融说："庐陵王的金银就这么多吗？"谢宣融说："这已经够多的了，哪能还有更多的呢？大王的过错就像日食月食一样有目共睹，他想让皇上了解一切，所以临死没有隐瞒皇上。"梁武帝这才消除了不满。

当初，湘东王萧绎任荆州刺史时，有些小过失，萧续接任荆州刺史后，向皇上报告了萧绎的过失，从此两人互不通书信。萧绎听到萧续死了，高兴得跳了起来，在进卧室跨过门槛的时候，连木鞋下的木齿都被撞断了。

正月初八日丙午，东魏勃海献武王高欢去世。高欢性格深沉寡言，整天神情庄重，令人莫测高深，当机遇到来的时候，应对变化有如神明。治理军队，法令严明，听取意见，决断事务，明察秋毫，谁也无法欺瞒他。提拔委任，务求人才，只要才能胜任，不问他的出身门第。有虚名而无真才的人，一律不用。一向爱好节俭朴素，他所用的刀剑、马鞍、缰绳等物都没有用金玉装饰。高欢年轻时酒量很大，自从担任要职以后，饮酒不过三杯。明察人才，喜好士人，保全和维护功臣和老部下，每次活捉敌方的尽职尽忠之臣，一般不给处罚。因此，文臣武将都乐意为他效劳。世子高澄秘不发丧，只有行台左丞陈无康知道。

侯景自己认为已经与高氏有了嫌隙，内心不安。正月十三日辛亥，占据河南叛离东魏，归向西魏，颍州刺史司马世云也占据州城响应。侯景诱捕了豫州刺史高元成、襄州刺史李密、广州刺史怀朔人暴显等，侯景又派军士二百人用车拉着兵器在日落时进入西兖州，想偷袭占领，刺史邢子才察觉这一行动，派兵围捕，二百人全被抓获。邢子才立即向东方各州发出檄文，各州加强戒备，因此侯景才没有取得这些地方。

东魏各将领怀恨崔暹，把侯景的叛变归罪于他，高澄不得已，想杀掉崔暹向侯景道歉。陈元康劝谏说："现在虽然天下还没安定，但国家法纪已经确立。如果因为几个将领反叛，为了讨好他们高兴，就枉杀无辜，破坏刑律，不只是上负天帝神灵，甚至无法安抚黎民百姓！西汉晁错被枉杀的前车之鉴，希望大人慎之又慎。"高澄这才放弃了杀掉崔暹的念头。接着派遣司空韩轨督率诸军去讨伐侯景。

正月二十三日辛酉，梁武帝在南郊举行祭天典礼，大赦天下。正月二十六日甲子，在明堂祭祀。

三月［二月］，西魏文帝下诏说："从现在开始，凡是判处宫刑的人，直接收入官府为奴，不再用刑。"

西魏任命开府仪同三司若干惠为司空，任命侯景为太傅、河南道行台、上谷公。

二月十三日庚辰，侯景又派行台郎中丁和到梁朝，向梁武帝上表说："臣与高澄有嫌隙，请求奉上函谷关以东，瑕丘以西，包括豫州、广州、郢州、荆州、襄州、兖州、南兖州、济州、东豫州、洛州、阳州、北荆州、北扬州等十三个州归附梁朝，只有青州、徐州等几个州，还要写信劝降。况且黄河以南地区，都是臣的管辖范围，劝降易如反掌。如果青州、徐州一旦平定，便可逐步攻取河北燕赵地区。"梁武帝召集群臣商议。尚书仆射谢举等说："最近几年与东魏通好，边境没有战事，现在接纳东魏叛臣，我个人认为不合时宜。"梁武帝说："尽管如此，但得到侯景，塞北可以收复，机会难得，怎能拘泥不知变通呢？"

这一年正月十四日乙卯，梁武帝梦见中原的州郡地方长官都奉献土地来投降，满朝文武庆贺。天亮后，梁武帝见到中书舍人朱异，告诉他梦中景象，并且说："我一生很少做梦，只要做梦一定应验。"朱异说："这是全天下统一的征兆啊。"等到侯景使者丁和来到梁朝，说侯景归附梁朝是在正月十四日乙卯那一天下定决心的，梁武帝更加觉他的梦境神奇。这时梁武帝心意犹豫不决，曾经自言自语说："我的国家如同金瓯，没有一点伤缺，如今突然接受侯景送上的土地，难道是合乎事理的吗？万一因此招来祸患，后悔就来不及了。"朱异猜透了梁武帝的心意，回答说："陛下圣明无比，统治天下，南北人心都归附仰慕，只是找不到机会来表达他们的心愿。如今侯景分了东魏一半的土地送来，如果不是天意引导他的内心，只靠人谋，哪能到达这个地步！如果拒绝侯景而不接纳，恐怕要阻断以后归降人的希望。这是明摆着的道理，希望陛下不要再犹豫。”梁武帝就下定决心接纳侯景。

二月十五日壬午，梁武帝任命侯景为大将军，封河南王，都督河南、河北诸军事、大行台，并授权他像东汉邓禹那样以皇帝名义直接处理在管辖区内的事务。平西谘议参军周弘正，擅长占候，在这之前曾对人说：“国家几年以后会有战乱发生。”等到他听说接纳侯景，说：“祸乱的发生就在这里。”

二月二十日丁亥，梁武帝举行亲耕籍田的典礼。

三月初三日庚子，梁武帝巡幸同泰寺，像大通元年那样，再次出家当和尚。

三月初七日甲辰，委派司州刺史羊鸦仁督率兖州刺史桓和、仁州刺史湛海珍等，率领三万军队向悬瓠进发，运送粮食接应侯景。

西魏大赦天下。

东魏高澄担心各州反叛，便亲自巡视各地，安抚地方。留段韶镇守晋阳，委托他处理军事，任命丞相功曹赵彦深为大行台都官郎中。让陈元康预先写出丞相高欢处理军政事务的条例几十条交给段韶和赵彦深，让他们随后次第施行。高澄临行时紧握赵彦深的手流着眼泪说：“我的母亲、兄弟托付给你了，希望你明白我的心思。”夏季，四月初六日壬申，高澄到邺城朝见东魏孝静帝。孝静帝设宴款待高澄，高澄竟在宴会进行中翩翩起舞，有见识的人认为高澄父亲刚死就乐而忘哀，由此推知他没有好下场。

四月十一日丙子，梁朝群臣出钱替梁武帝赎身。四月二十二日丁亥，梁武帝回到皇宫，大赦天下，改年号为太清，像大通元年那次一样。

四月二十九日甲午，东魏派遣兼散骑常侍李系出使梁朝。李系，是李绘的弟弟。

五月初一日丁酉朔，东魏大赦天下。

五月初二日戊戌，东魏任命襄城王元旭为太尉。

高澄派遣武卫将军元柱等率领数万军队日夜兼程袭击侯景，在颍川北与侯景遭遇，元柱等大败。侯景考虑到梁朝羊鸦仁等军还没到达，于是退回颍川据守。

五月初八日甲辰，东魏任命开府仪同三司库狄干为太师，任命录尚书事孙腾为太傅，任命汾州刺史贺拔仁为太保，任命司徒高隆之为录尚书事，任命司空韩轨为司徒，任命仆射高洋为尚书令、领中书监，任命徐州刺史慕容绍宗为尚书左仆射，任命高阳王元斌为尚书右仆射。五月二十二日戊午，尉景去世。

东魏韩轨等把侯景包围在颍川。侯景害怕了，他割让东荆州、北兖州、鲁阳、长社等四座城给西魏，请求救援。西魏尚书左仆射于谨说：“侯景年少时就熟习军事，为人奸诈，阴险难测，可以加给他高官爵禄，观察他的行动，还不到派兵救援的时候。”荆州刺史王思政认为：“如果不趁机进兵取地，后悔就来不及了。”随即派出荆州的步骑一万多人马，从鲁阳关出，向阳翟进发。丞相宇文泰得到消息，给侯景加封大将军兼尚书令，派太尉李弼、仪同三思赵贵率领一万军队开往颍川。

侯景担心梁武帝责备他投靠西魏，就派中兵参军柳昕奉表启奏梁武帝说："接应的王师没到来，因生死攸关，情势危急，于是向关中求援，先救眼前的困难。臣既然在高氏手下不能安身，又怎能为宇文氏所容纳；手被毒蛇咬了要断掉手腕，这是迫不得已的事。臣本意是为国效力，希望陛下不要责怪我。臣得到了西魏的帮助，不能马上背弃，现今用四个州的地方作为诱饵割给他们，已经让宇文泰派人接收。从豫州以东，沿海以西，都在臣的控制之中，现有的地方，全部归附梁朝，悬瓠、项城、徐州、南兖州，须要立即接管。希望陛下迅速向各边境地区发布命令，各自配备重兵，与臣呼应，不要发生差错。"梁武帝回复说："古时大夫出境，尚有自主决断的权力，何况你首创奇谋，要建立伟大的基业，理应根据实际情况处置，随机应变。你对国家一片忠诚，何必解释。"

西魏任命开府仪同三司独孤信为大司马。

六月初三日戊辰，梁朝任命鄱阳王萧范为征北将军，总督汉水以北征讨诸军事，率军进攻穰城。

东魏韩轨等人围攻颍川，得知西魏李弼、赵贵等人即将到来，乙巳［六月初四日己巳］，率领军队撤回邺城。侯景想在两军会合时劫持李弼、赵贵，夺取他们的军队。赵贵起了疑心，不去赴会。赵贵想召诱侯景到自己的军营抓捕侯景，李弼制止了。梁将羊鸦仁派出长史邓鸿率兵到达汝水，李弼率领西魏军回到长安。王思政进军占领颍川。侯景假称要攻占东魏之地，率兵退出颍川城，驻屯悬瓠。

侯景再次向西魏求援，丞相宇文泰派同轨郡的防务长官韦法保和都督贺兰愿德等领兵救援，大行台左丞蓝田人王悦进言宇文泰说："侯景与高欢的关系，起初是亲密的同乡关系，后来形成君臣的名分，任职上将，位重台司，如今高欢刚死，侯景就立即背叛，原因是他野心很大，终究不甘居别人之下。再说他能背叛高氏，怎能效忠朝廷！如今壮大他的势力，援助以兵力，私下认为这样做会让后人笑话。"宇文泰于是召侯景入朝。

侯景暗中谋划背叛西魏，事情还没有考虑成熟，便优厚地抚慰韦法保等人，希望为自己所用，表面上显示出亲密无间的样子。每次来往于各支军队之间，带的侍从很少，西魏军中的各将，都亲自去拜访。同轨郡防务长史裴宽对韦法保说："侯景狡诈，他一定不会应召入关，他放下架子与你亲近，恐怕不可相信。如果埋伏士兵杀掉他，这是当今的一件大功劳。如果不这样做，就应当严密提防他，不要相信他的欺骗和诱惑，以免给自己带来悔恨。"韦法保很是赞成，但不敢除掉侯景，只是自己加强了防范而已。不久，找一个借口撤兵回到自己的镇守地同轨。王思政也觉察了侯景的欺诈，密令贺兰愿德等人率军撤回，并部署各路军队占领了侯景所属的七个州、十二个镇。侯景果然找借口不入朝，他送给丞相宇文泰一封信，说："我耻于和高澄同列，又哪敢与您平起平坐。”宇文泰于是派行台郎中赵士宪召还先后派出救援侯景的各支部队。侯景于是决心投降梁朝。西魏将领任约带领所属一千余人投降了侯景。

宇文泰将授给侯景的使持节、太傅、大将军、兼尚书令、河南大行台、都督河南诸军事等职位转授王思政，王思政一概推辞不接受，宇文泰多次派出使者敦促劝说，王思政最后只接受了都督河南诸军事的职位。

高澄要去晋阳，行前任命弟弟高洋为京畿大都督，留守邺城，高澄又任命黄门侍郎高德政辅佐高洋。高德政，是高颢的儿子。六月十二日丁丑，高澄从邺城回到晋阳，才正式发布高欢去世的消息，举行葬礼。

秋季，七月，西魏长乐武烈公若干惠去世。

七月初二日丁酉，东魏孝静帝为丞相高欢举行吊唁仪式，穿上缌缞丧服，丧礼按照西汉霍光的规格办理，追赠高欢为相国、齐王，给予九锡的特殊礼遇。七月初三日戊戌，任命高澄为使持节、大丞相、都督中外诸军事、录尚书事、大行台、勃海王；高澄上表辞去勃海王的爵位。七月初七日壬寅，孝静帝下诏任命太原公高洋代理军国政务，同时派出宫中使者到太原敦促告谕高澄尽快上任。

七月二十五日庚申，梁将羊鸦仁领兵进入悬瓠城。七月二十九日甲子，梁武帝下诏以悬瓠为豫州，寿春为南豫州，改合肥为合州。任命羊鸦仁为司、豫二州刺史，镇守悬瓠城。任命西阳太守羊思达为殷州刺史，镇守项城。

八月初一日乙丑，梁武帝下诏大举讨伐东魏。梁朝委派南豫州刺史贞阳侯萧渊明、南兖州刺史南康王萧会理分别督率各位将领。萧渊明，是萧懿的儿子；萧会理，是萧绩的儿子。起初，梁武帝想让鄱阳王萧范为元帅，朱异正在外休假，听到消息，急忙入宫启奏梁武帝说：“鄱阳王萧范雄略豪迈，举世无外，部下愿效死力，但所到之处残暴不仁，不是一个安抚百姓的人才。何况陛下先前曾登上北顾亭远望，说过江西地区有反叛之气，让骨肉至亲为元帅，这件事要十分谨慎选择。”梁武帝沉默了一阵，说：“萧会理怎么样？”朱异回答说：“陛下这才选对了。”萧会理懦弱无谋，他乘坐的轿子，用木板做轿身，用牛皮做轿顶。梁武帝得知后，很不高兴。贞阳侯萧渊明当时镇守寿阳，多次要求出征，梁武帝答应了。萧会理自认为是皇孙，又担任了大都督，自萧渊明以下的人，不屑一顾，差不多都不来往。萧渊明和各位将领把情况秘密通报了朱异，梁武帝派人把萧会理追回，于是以萧渊明为都督。

八月初七日辛未，高澄到邺城朝见孝静帝，坚决辞去大丞相的职任，孝静帝下诏，高澄任大将军等职位不变，其他职衔保留原来的任命。

八月二十日甲申，东魏在漳水之西造了一座齐献武王高欢的假墓，暗中在成安县鼓山石窟佛寺的旁边开凿了一个墓穴，把高欢的灵柩安放在墓穴中封闭起来，杀死凿穴的一群工匠。等到北齐灭亡后，有一个工匠的儿子知道高欢墓穴位置，打开石洞，取了随葬金器逃走了。

八月二十四日戊子，梁朝武州刺史萧弄璋攻占了东魏碛泉、吕梁两个哨所城堡。

有人告诉东魏大将军高澄说："侯景有重新回归的心意。"恰好这时侯景的部将蔡道遵回到东魏，说："侯景很想悔过。"侯景的母亲、老婆、儿女都在邺城，高澄就写信晓谕侯景，信中说侯景全家都安然无恙，只要侯景回头，就承诺侯景终身为豫州刺史，归还他的宠妻和爱子，所统部属文武官员概不追究。侯景让王伟写了一封回信说："如今已联合了西魏、梁两国，举旗北伐，如熊似豹的精兵猛将，士气高昂，收复中原，我希望用自己的力量来夺取，无须你来恩赐！从前王陵归汉，项羽扣留了王陵的母亲，王陵并没有回到项王那里；项羽囚禁了刘邦父亲用烹杀来要挟，汉王安然自若地要分一杯羹。至于妻子儿女，那就更不在意了。如果说杀灭我全家对你有好处，我想阻止也没这个能力；杀了我的家属没有什么益处，只是白白地草菅人命。反正我的家属在你的手里，怎么处置与我有什么关系。"

八月二十四日戊子，梁武帝下诏任命侯景为录行台尚书事。

（以上为第一段，写东魏高欢去世，侯景反叛，西结援西魏，南连梁朝。东魏讨叛，一至八月，以侯景为中心，东、西魏及梁朝卷入，四方兵连祸结，争逐河南。）

东魏孝静帝一表人才，体力超过平常人，能把石狮子挟在胳膊下跳越宫墙，射箭百发百中；喜好文学，举止庄重文雅。当时人认为他有孝文帝的风范，大将军高澄非常忌惮他。

起初，献武王高欢感到驱逐孝武帝有损名声，因此侍奉孝静帝非常谦恭有礼，事无大小都要上奏，办与不办都听从孝静帝的旨意。高欢每次陪同孝静帝出席宴会，他都弯腰向皇上祝寿；孝静帝举办法会，乘坐车子去进香，高欢总是手持香炉步行跟从，弯腰鞠躬，屏声静气，看皇上脸色行事，因此高欢以下的人侍奉孝静帝没人敢不恭敬。

等到高澄当权，傲慢自大很过分，派中书黄门郎崔季舒监视孝静帝的动静，大小事都要让崔季舒知道。高澄写信给崔季舒说："皇上那呆子比以前怎么样？他的癫狂病好些没有？你要细心地看好。"孝静帝曾经在邺城东郊打猎，骑马逐兽如飞，监卫都督乌那罗受工伐在后面高声叫喊说："皇上不要让马跑起来，大将军会生气的。"高澄曾经陪孝静帝饮酒，故意用大酒杯灌孝静帝，说："臣高澄给陛下敬酒。"孝静帝不胜愤怒地说："自古以来没有不灭亡的国家，朕要这条命有什么用！"高澄发怒说："什么朕不朕，我看是一条长狗脚的朕。"高澄命令崔季舒打了孝静帝三拳，便甩着衣袖走出了宫。第二天，高澄派崔季舒入宫慰问孝静帝，孝静帝也表示了歉意，赏赐崔季舒一百匹绢。

孝静帝不堪忍受这样的凌辱，吟咏谢灵运的诗来抒发胸臆，说："韩亡子房奋，秦帝仲连耻。本自江海人，忠义动君子。"常侍、侍讲颍川人荀济猜到了皇上的心意，便与祠部郎中元瑾、长秋卿刘思逸、华山王元大器、淮南王元宣洪、济北王元徽等密谋杀高澄。元大器，是元鸷的儿子。孝静帝假意下了一道手谕问荀济，说："打算什么时候讲课。"就假装在宫中造土山，暗中挖地道通向北城。地道挖到千秋门时，守门人觉察地下有响声，把情况向高澄报告。高澄立即带兵进入皇宫，看见孝静帝，不行跪拜礼坐了下来，问孝静帝说："陛下为什么要造反？臣父子两代有保全社稷的大功，有哪点对不起陛下！这件事一定是陛下左右的嫔妃们干的。"想杀掉胡夫人和李嫔。孝静帝严肃地说："从古以来只听说臣下反叛皇上，不曾听说皇上反叛臣下。大王自己想造反，怎么反来责怪我！我杀了大王则社稷安定，不杀大王国家不知哪一天要灭亡，我连自己的生命都保不住，何况嫔妃呢？你一定要弑朕谋篡，早晚都在你手上！"高澄只好下床叩头，大哭着向孝静帝谢罪。然后君臣两人一起喝酒，高澄一直到深夜才出宫。过了三天，高澄把孝静帝囚禁在含章堂。八月二十八日，荀济等人在闹市中被烹杀。

当初，荀济年轻时居住在江东，知识渊博，善写文章，与梁武帝结为布衣之友。荀济知道梁武帝有野心，但赌气不服，经常对人说："萧衍敢造反，我就立即在盾牌的把手上磨墨作檄文讨伐他。"萧衍愤恨不平。等到登上帝位，有人向梁武帝推荐荀济，梁武帝说："这人虽然有点才华，但违犯礼俗，爱唱反调，不可任用。"荀济又上书劝谏梁武帝不该崇信佛法，建造塔寺，奢侈浪费。梁武帝大怒，想召集朝官，当众处死荀济。朱异暗通消息，荀济逃到东魏。高澄任用荀济为侍读，献武王高欢说："我爱惜荀济，想保全他，所以不重用荀济。荀济进宫，一定要坏事。"高澄坚持任用，高欢才允许。等到荀济事情败露，侍中杨遵彦对荀济说："你都大把年纪了何苦呢！"荀济说："雄心壮志还在。"接着在供词中说："自己慨叹年纪衰老，功名没有建立，因此想凭借皇上的威力，诛杀专权的臣子。"高澄想宽大他，亲自审问，对荀济说："荀公为何要反叛？"荀济说："我奉皇上之命诛杀高澄，怎么叫反叛呢？"主管部门因为荀济年老有病，用小车把他押送到刑场，连同小车一起焚烧。

高澄怀疑谘议温子昇知道元谨等人的阴谋，当时正让他撰写《献武王碑》，碑文完成后，便把温子昇投入晋阳监狱不给饭吃，温子昇吞吃破短袄，最后活活饿死，弃尸路边，一家老小都被罚没为官奴婢，太尉长史宋游道收尸埋葬了温子昇。高澄对宋游道说："我最近写信给朝中的当权诸公，讨论朝官士大夫，认为你喜欢拉帮结派，是一大缺点，如今才知道你是一个注重旧情、崇尚节义的人，那些因为你为温子昇收尸而担心害怕的人，根本不了解我的心意。"九月初七日辛丑，高澄回到晋阳。

（以上为第二段，写东魏高澄逼辱孝静帝以树威，八月在邺城用酷刑烧杀反对派荀济等人于闹市。）

梁武帝命令萧渊明在泗水寒山地段筑坝引水灌彭城，等到占领彭城，就进军与侯景形成掎角互援的形势。九月初九日癸卯，萧渊明驻军寒山，离彭城十八里，筑坝断流。侍中羊侃监督筑坝，用了二十天完成。东魏徐州刺史太原人王则环城固守，羊侃劝萧渊明趁水淹城时发动进攻，萧渊明不听。众将领与萧渊明讨论军事，萧渊明回答不了将领的提议，只是说："到时候按具体情况采取措施。"

冬季，十一月，西魏丞相宇文泰随从魏文帝在岐阳狩猎。

东魏大将军高澄派大都督高岳救彭城，想任用金门郡公潘乐为副将。陈元康说："潘乐对于把握时机变化反应迟钝，不如慕容绍宗，何况先王有遗命推荐。你只要推心置腹地信任这个人，侯景不值得忧虑。"当时慕容绍宗出任地方官，高澄想召见他，又担心他疑心害怕造反。陈元康说："慕容绍宗知道我受你的照顾和信任，不久派人来送金钱，我想安定他的心意，就收下了送来的金钱，写了一封诚恳的回信安慰他，我担保他没有二心。"乙酉［十一月初四日丁酉］，任命慕容绍宗为东南道行台，与高岳、潘乐一同出征。当初，侯景听到韩轨来讨伐，说："这个只会吃猪肠的小子有什么能耐！"又听到高岳来讨伐，说："兵马精良但带兵的人很一般。"对东魏诸将，侯景一个也看不上。等到听说慕容绍宗来征讨，便敲打着马鞍露出了忧虑的神色说："哪一个教唆鲜卑小儿派慕容绍宗来。真是这样，大王一定还没死。"

高澄任命廷尉卿杜弼为军司，代理行台左丞，出发之前，高澄问他为政的关键，以及应警惕的事务，让他写出几条来。杜弼请求口述，说："治理天下最要紧的，那就是赏罚。奖赏一个人让全国的人都高兴，惩罚一个人让全国的人都惧怕，如果抓住这两条，一切政务自然就尽善尽美了。"高澄非常高兴，说："话说得不多，道理却讲得很透。"

慕容绍宗率领十万大军控制了橐驼岘。羊侃劝贞阳侯萧渊明趁东魏军远道而来兵困马走之时发起攻击，萧渊明不听。第二天早晨，羊侃又请求出战，萧渊明仍然不听，羊侃只好带领自己所属的部队离开萧渊明，驻屯在堤堰上。

十一月十三日丙午，慕容绍宗进兵到彭城城下，率领步骑兵一万人攻击潼州刺史郭凤的军营，箭矢如雨。萧渊明喝得大醉，卧床不起，命令诸将救援，都不敢出战。北兖州刺史胡贵孙对谯州刺史赵伯超说："我们领兵到这里来是干什么呢？今天碰上了敌人能不出战吗？"赵伯超沉默不回答。胡贵孙独自一人率领本部人马与东魏军队交战，杀敌二百多人。赵伯超统领数千人马不敢出战，对部下说："敌人众多，交战一定失败，不如保存全军早点撤退。"大家都说："好。"于是逃还。

当初，侯景一再告诫梁军说："追击东魏败逃之兵不要超过两里。"慕容绍宗即将交战时，考虑到梁军轻捷强悍，担心自己的军队承受不住攻击，就把将士一一叫到跟前对他们说："交战时我假装败退，引诱梁军深入，你们从背后攻击。"东魏兵实际打了败仗，梁军不听侯景的告诫，乘胜穷追，东魏将士相信了慕容绍宗的话，同心协力，争相从背后攻击，梁军大败，贞阳侯萧渊明以及胡贵孙、赵伯超等都被东魏军活捉，死伤和逃散士兵数万人。羊侃率部下列队有序地退还。

梁武帝正在睡午觉，宦官张僧胤叫醒梁武帝说朱异有紧急事启奏，梁武帝大惊，迅即起床上轿，赶到文德殿。朱异说："韩山打了败仗。"梁武帝听了，恍恍惚惚地差点儿从床上倒下。张僧胤扶住梁武帝坐稳，梁武帝叹息说："我难道要重蹈晋朝覆辙吗？"

郭凤撤退保守潼州，慕容绍宗进军攻围。十二月初一日甲子朔，郭凤弃城逃走。

东魏命军司杜弼写了一道檄文送到梁朝，说："我魏国皇家统治天下，光辉比同日月，只有你们吴越之地，阻碍朝廷旨意，不服教化。我魏国皇上有心停止干戈，大丞相也厌恶下达进兵的命令，于是释放南国俘虏，表示睦邻友好。虽然美好的主张，长远的打算，是我们首先倡议的，但停止战争，休息民众，你们获得实利。侯景这个竖子，自己胡乱猜疑，产生二心，投靠边远的关陇，依托奸伪，叛逆的西魏之主与侯景定下君臣的名分，僭伪朝廷的丞相宇文泰与侯景约为兄弟，难道说这不是给予侯景的恩惠吗？但侯景终归是一个难以收养的叛逆小人，果然不久就改变了主意，亲手挑起了战端。这个天生叛逆的人，残暴无比，恶贯满盈，令人侧目，无处存身。由于金陵是逃犯汇聚的渊薮，江南是流放罪人的地方，侯景便甜言蜜语，卑躬屈膝，奉献动听的言辞，找一个安身的地方，一派虚假浮夸谎言，显而易见。可是你们僭伪的梁朝，上上下下都幸灾乐祸，见利忘义，君主在上荒淫无道，臣子在下蒙蔽作恶，勾结侯景这个奸诈作恶之徒，断绝与我邻睦的友好，调集兵力，屯驻边境，纵容盗贼侵犯我国疆土。天下万事万物，并不是一成不变，有时看似好的利益反而受害，有时看似有得反而丢失。因此，从前吴国侵犯齐国边境，却引来越王句践之师的乘虚而入，赵国接收了韩国的土地，终于招致长平之战的大败。何况你们驱赶的是疲惫之民，侵犯我徐州之地，筑起堤坝堵塞河川，丢弃了舟船运输的利益。因此，击鼓掌旗的指挥将领，跳远投石的勇敢士兵，人人义愤填膺，怒形于色，如同奔赴给自己报仇一样。你们梁军连营扎寨，依山傍水，举着像螳螂前背似的大斧，穿着像蜣螂虫一样的铠甲，挡在必经的车辙路上等待车轮辗过，坐在堆积的柴草上等待大火燃烧。等到两军刚刚交战，征尘才起，你们梁军就丢戟弃戈，土崩瓦解，船中砍断的手指多得可以捧起来，穿着甲胄双手反绑着被俘，同宗的和异姓的，绳绑索捆，在路上络绎不绝。是非分明，强弱悬殊，得到一个叛臣，却失去一个与国，只看到头顶上的黄雀，却忘了脚步底下的陷阱，这是聪明的人所不做，仁爱的人所不为的。过去的事的确难以挽回，但将来的事还可以谋求。侯景出身卑贱，是一个乡野匹夫，碰上风云变幻的岁月，因而青云直上，位列三公，食邑万户，如果能够自己掂量分量，早就应当满足，可是他钻营求索，忙忙碌碌，反复无常，这难道是白忙活的吗？他的用心，不是显而易见的吗？你们却授给他大权重兵没有予以警惕，使他觉得形势有利于实现他的奸计，时机有利于实现他的野心。现今侯景看到你们梁朝国势衰微，已出现灭亡的征兆，这个老贼的奸谋，恐怕又要重演。而且，推翻坚固强大的东西很难见效，可是摧毁枯萎腐朽的东西却容易发挥效力，度量一下侯景这个人，虽然不是孙武、吴起那样的猛将，手下也没有燕国、赵国那样的精兵，但他毕竟是久历战场，曾经研习军事，既不是剽悍冒进之师，也不是脆弱危亡的乌合之众，抗拒我们显然力量不足，攻击你们力量有余，恐怕终究是尾大于身，小腿粗于大腿，倔强而不听调遣，凶狠暴戾难以驯服，如果召他回朝，他就反叛得早而为祸小，不征召他，那么他反叛得迟而祸大。也许会像东晋苏峻那样遥望廷尉不服惩治，也可能会像西汉黥布那样不肯为臣，割据淮南，也想称帝。恐怕会重演楚国亡猿，祸延林木，城门失火，殃及池鱼的悲剧，那么江淮士子，荆扬人才，却要横死在矢石之下，丧命于雾露之中。你们梁朝君主，没听说有美好的德行，倒是一向轻薄阴险，如同晋平公那样自己射不中一只鹌鸟而要杀掉侍从，又似齐桓公那样经不住蔡姬在舟中晃荡就休弃了她，如今年老昏耄，政治松散，民众流失，礼坏乐崩。加之用人不当，废立太子失序，装模作样违背礼俗，弄巧设诈惊吓愚人，满肚子毒螯般的坏主意，却妄称笃信佛法戒律，权势的欲望充满胸膛，却胡说崇尚清静无为。上天降下灾异以示警告，下民怨声载道，人人叫苦，家家思乱，脚下出现霜露，坚冰就要到来。倡导浮躁邪异的风俗，放任轻薄无行的子孙，纵容结党营私，外人操纵兵权。这样，一定会导致骨肉中产生祸患，心腹之人出现事端，以至长弩射向京城，长戈指向宫殿，那时一定会像赵武灵王那样，徒劳地捕捉雏鸟充饥，不能解救府藏的空虚而被饿死；也会像楚成王那样，空想乞求吃熊掌而死，没有实现，延长片刻生命的愿望。你们梁朝内外分崩离析，这正是当今的现实。你们鹬蚌相争，我们将乘机取利。我们正在派出追风般的骏马劲骑，精良的铁甲与太阳争辉，良将并列成排，士兵百万为群，如同高山滚石之形，呈现破竹之势，驰骋南下。一定会从钟山渡江，梁主将像当年吴王孙皓梦想入洛一样成为囚虏，建业的宫殿长满荆棘，如同吴王夫差的姑苏之宫成为麋鹿游荡之所。只是担心战车所到之处辗压一切，刀剑铁骑所过之地践踏万物，杞梓此时遭到折断，竹箭这时遭到摧残。如果梁朝的文武百官、王孙公子，能够到军前投降，听命于我们的下级官吏，定会授予如同李斯入秦取得客卿的俸禄，孙秀投晋特加骠骑将军的称号一样，得到同官厚禄。各位君子，努力争取丰厚福禄。”后来梁朝发生的祸乱和败亡，完全像杜弼所说的那样。

（以上为第三段，写梁朝军队救援侯景，讨伐东魏，将懦兵骄，大败于寒山，招致东魏轻视，移檄声讨，国家体面丧尽。）

侯景围攻谯城无法破城，撤退转攻城父，占领了该城。十二月初九日壬申，派行台左丞王伟等到建康游说梁武帝，说："邺城朝中文武官员共同谋划，约臣共同讨伐高澄，事情泄露，高澄把元善见幽闭在金墉城，杀皇室六十余人。河北广大地区的人心都怀念元氏君主，请求奉立一个元氏宗室的人为国主，以便顺从民心，如果这样，那么陛下有继绝的名声，臣侯景有立功建勋的机会，黄河以南以北的地方，都是梁朝的附庸，那里的男女老少，都是大梁的臣民婢妾。”梁武帝认为这话很对。十二月十二日乙亥，梁武帝下诏任命太子舍人元贞为咸阳王，给配备军队，让他回到北方去统治魏国，等到渡江后允许他即皇帝位，仪仗卫队，按照仅次于梁朝皇帝的规格配备。元贞，是元树的儿子。

萧渊明被押送到邺城，东魏孝静帝登上皇城的阊阖门接受战俘，斥责一番之后释放了萧渊明，把他送到晋阳，大将军高澄待他很优厚。

慕容绍宗领兵攻击侯景，侯景辎重数千辆，马数千匹，士卒四万人，退守涡阳。慕容绍宗士卒十万，旌旗铠甲在阳光下闪耀，擂着战鼓长驱直进，侯景派人对慕容绍宗说："你们是欢送客人，还是要分个胜负呢？”慕容绍宗说："要和你决一胜负。”于是顺着风向摆开阵势。侯景紧闭营垒大门，等到风停止了才出来。慕容绍宗说："侯景诡计多端，喜欢从人的背后进攻。”让部下做好防备，果然是这样。侯景命令士兵都穿短甲，手执短刀，攻入东魏兵阵地，只朝地下看，专砍人的小腿和马足。东魏兵打了败仗，慕容绍宗落下马来，仪同三司刘丰生受了伤，显州刺史张遵业被侯景活捉。

慕容绍宗、刘丰生逃奔到谯城，副将斛律光、张恃显责怪慕容绍宗。慕容绍宗说："我打过多少次大战，还没见到像侯景那样难对付的，你们试一试看。”斛律光等人穿着铠甲将要出战，慕容绍宗告诫说："不要渡过涡水。”二人驻军在涡水北岸，斛律光轻装跃马，用弓箭射侯景。侯景到涡水河边，隔河喊话说："你们为立功而来，我为保命离去。我是你父亲的朋友，为什么用箭射我？你哪懂得不要渡过涡水，是慕容绍宗教给你的。”斛律光无言以对。侯景派他的部下田迁用箭射斛律光的马，穿透了马的胸膛；斛律光换了一匹马藏在大树后面，战马又被射中，退入军中。侯景擒获了张恃显，不久就把他释放了。斛律光逃回谯城，慕容绍宗说："今日交战怎么样，还来责备我。”斛律光，是斛律金的儿子。

开府仪同三司段韶驻军于涡水两岸，暗中顺风放火，侯景率领骑兵进入河中，从水中出来后再向后撤退，由于草湿，火不再燃烧。

西魏岐州经历长久战乱，刺史郑穆刚上任时只有三千户，郑穆安抚百姓，休养生息，让他们聚集而居，数年以后，达到四万余户，考核政绩他在各州之中名列第一，丞相宇文泰提拔他为京兆尹。

侯景与慕容绍宗相持了几个月，侯景军粮食用完，他的部将司马世云投降了慕容绍宗。

（以上为第四段，写东魏慕容绍宗征讨侯景，相持数月，侯景军粮尽，士气衰落。）

【点评】

侯景祸乱三方。侯景狡诈，为祸三方。东魏讨叛而义正，师出不可挡。西魏识诈，以救援为名，收取大片土地而止军。唯有梁朝，主上昏耄，贪利纳景，臣下争功，庸将领军，寒山大败，咎由自取。“荆棘生于建业之宫，麋鹿游于姑苏之台”，梁朝祸乱，为期不远，恰如东魏杜弼之言。

资治通鉴（白话本） 卷第一百六十一

梁纪十七

梁武帝太清二年（公元 548）

【著雍执徐（戊辰，公元 548 年），凡一年】

【大事提要】

本卷记事公元 548 年，凡一年，当梁武帝太清二年，西魏文帝大统十四年，东魏孝静帝武定六年。本年，北朝东西魏无大事，南朝梁武帝接纳奸人东魏叛将侯景，安置于腹心之地，引狼入室，酿成祸乱，史称“太清之祸”。

高祖武皇帝十七

梁武帝太清二年（戊辰，公元 548 年）

春季，正月初七己亥，慕容绍宗以铁骑五千夹击侯景，侯景欺骗部下说：“你们的家属已经被高澄杀害了。”大家都信以为真。慕容绍宗远远地喊话，说：“你们的家属全都安然无恙，如果你们回来，官爵仍然和以前一样。”他披散着头发向北斗星发誓。侯景的部众不愿意渡过淮河到南方去，他的部将暴显等各自率领所部人马投降慕容绍宗。侯景的军队大败溃散，争渡涡水，以至于河水被阻断不流。侯景与几个心腹亲将骑马从硖石渡过淮河，渐渐收集逃散的士卒，共有步骑八百人，往南经过一个小城时，有人登上城墙的女儿墙辱骂侯景，说：“你这个跛脚奴才，看你还想干什么！”侯景大怒，攻破小城，杀了那个辱骂他的人然后离去。他们昼夜兼程逃跑，东魏追兵不敢逼近。侯景派人对慕容绍宗说：“我侯景如果被擒，你就没什么用处了。”慕容绍宗于是放过了侯景。

正月初九日辛丑，梁武帝任命尚书仆射谢举为尚书令，任命代理吏部尚书王克为尚书仆射。

正月十二日甲辰，豫州刺史羊鸦仁因为东魏军逼近，就借口军粮运输供应不上，丢弃了悬瓠城，撤退到义阳；殷州刺史羊思达也丢弃了项城撤退；东魏兵争相占据了这两座城。梁武帝大怒，斥责羊鸦仁；羊鸦仁恐惧，上奏请求宽限时日收回失地，并把军队驻扎在淮河岸上。

侯景打了败仗，不知道到哪里为好，当时鄱阳王萧范被任命为南豫州刺史，还没有到任。马头戍的军主刘神茂，一向遭到南豫州监事韦黯的排斥，他听到侯景来到，就有意前去迎接，侯景问他说："寿阳离这里不远，城池险固，想去投靠，韦黯能接纳我吗？"刘神茂说："韦黯虽然守着寿阳城，他只不过是个监州罢了。大王如果奔到近郊，他一定出迎，趁机抓住他，事情就可以成功。得了寿阳城之后，慢慢启奏皇上，朝廷高兴大王南归，一定不会责怪你的。"侯景握住刘神茂的手说："这真是上天在开导我啊。"刘神茂请求率领步骑一万人为先行向导。正月二十日壬子，侯景夜间到达寿阳城下，韦黯以为是盗寇攻城，就披上铠甲登上城墙。侯景派他的手下人告诉韦黯，说："河南王战败投奔到这里，希望尽快打开城门。"韦黯说："我既然没有接到敕命，不敢答应你的要求。"侯景对刘神茂说："这件事办不成了。"刘神茂说："韦黯懦弱又缺少智谋，可以劝说他打开城门。"于是派寿阳人徐思玉进城见韦黯，说："河南王是朝廷看重的人，你是知道的。如今战败来投奔，怎么能不接受呢？"韦黯说："我的使命，只知道守城，河南王自己打了败仗，与我有何相干。"徐思玉说："国家交给守卫国门的重任，如今你不肯打开城门，如果东魏兵杀来，河南王被杀，你难道能独自活下来？即使活下来，又有什么脸面去见朝廷呢？"韦黯认为说得对。徐思玉出城通报，侯景非常高兴说："让我活下来的是你啊。"正月二十一日癸丑，韦黯打开城门接纳侯景。侯景派遣部将分别控制了四个城门，讯问斥责了韦黯一番，想杀掉他；过了一会儿又拍手大笑，摆下酒宴，尽情欢乐。韦黯，是韦叡的儿子。

梁朝听到侯景失败，还未得到详细消息；有人说："侯景和他的将士全军覆没。"朝廷上下都感到忧虑。侍中、太子詹事何敬容到东宫，太子问道："淮北刚传来新的消息，说侯景肯定身免于难，不像传言的那样。"何敬容说："如果侯景真的死了，那倒是国家之福。"太子大惊失色，问是什么原因。何敬容说："侯景是个反复无常的叛臣，他终究要危害国家。"太子在玄圃亲自讲解《老子》、《庄子》，何敬容对学士吴孜说："从前西晋崇尚玄学，导致中原沦陷在胡人、羯人手中。如今东宫重蹈覆辙，江南怕也要沦陷在戎人手中。"

正月二十二日甲寅，侯景派仪同三司于子悦飞马向梁朝报告失败的消息，并且自己请求降职处分；梁武帝下诏安慰不允许降职。侯景又一次上奏请求供给物资，梁武帝考虑侯景刚刚打了败仗，不忍心让他移动驻地。正月二十三日乙卯，当即任命侯景为南豫州牧，原有的官职不变；改任鄱阳王萧范为合州刺史，镇守合肥。光禄大夫萧介上表劝谏说："我个人听说侯景在涡阳大败，单人匹马来归顺，陛下不仅不后悔前一阵接纳侯景带来的祸患，而且又下令接纳他。臣听说凶恶的人的本性不会改变，天下的恶人都一样。从前吕布杀了主人丁原而侍奉董卓，到头来又杀了董卓，成为叛贼；刘牢之反叛王恭归附晋朝，后又背叛晋朝，制造祸乱。为什么呢？狼子野心，始终不会驯顺，养虎为患的比喻，说的是养虎一定会被饥饿的虎吃掉。侯景凭他凶狠狡猾的才能，得遇高欢的保护和重用，位至三公，职任诸侯，然而高欢死后，坟土还没干，侯景就立马反咬一口。只因他叛逆的力量不足，于是投靠西魏，宇文泰不收容他，所以才转身投靠我朝。陛下前一阵不嫌弃涓涓细流，正是想像汉代设置属国收纳降人对抗匈奴一样，希望利用侯景来打击东魏收取功效罢了；如今侯景丧失了军队，丢失土地，只不过是边境上的一个匹夫，陛下爱一个匹夫而放弃与邻国的和好。如果国家还寄希望于侯景改过自新，得到他晚年的效力，臣个人认为侯景肯定不是晚年效忠的人；侯景背弃家国就像脱掉鞋子一样轻易，反叛君主、亲人如同丢掉草芥一样随便，怎么会不远千里地仰慕陛下的圣德，做一个梁朝的忠臣呢！这是明摆着的事实，没什么可疑惑的。臣老朽抱病，不应当过问朝政；但是前人楚国令尹子囊临死不忘进献忠言，加固郢都的城墙，卫国史鱼将死，嘱咐儿子用自己的尸体劝谏卫灵公以尽臣节。臣不肖，身为皇室遗老，怎么敢忘记汉代皇室刘向那样的一片忠心。”梁武帝感叹他的忠心，但终究没有采纳他的建议。萧介，是萧思话的孙子。

正月二十七日己未，东魏大将军高澄到邺朝见孝静帝。

西魏任命开府仪同三司赵贵为司空。

西魏文帝的孙子诞生，大赦天下。

二月，东魏诛杀了南兖州刺史石长宣，表示惩罚侯景的同党，其他被侯景胁迫跟随反叛的人，一律赦免。

东魏占领悬瓠、项城后，全部收复了原有的土地。大将军高澄多次派使者致书梁朝，要求重新通好；梁朝没有答应。高澄对贞阳侯萧渊明说：“先王与梁朝皇帝和好，有十多年了，听说梁朝皇上在礼佛文书中替我魏国皇上祈福，还带上了先王，这才是梁朝皇上的一片好心；想不到一旦失了信任，造成现在这样纷扰的局面，我知道不是梁朝皇上的本意，一定是侯景煽动的，应当派使者来商议。如果梁朝皇上不忘旧时的和好，我也不敢违背先王的旨意，立马送各位回国，包括侯景的家属一同送归。”萧渊明便派遣省事夏侯僧辩奉表启奏梁武帝，声称：“勃海王高澄是一个宽宏大量的长者，如果重新通好，允许我萧渊明回国。”梁武帝得到奏表，流下眼泪，与朝中大臣商议这件事。右卫将军朱异、御史中丞张绾等都说：“平息寇乱，休养百姓，和好实属有利。”司农卿傅岐独持异议，说：“高澄哪里是要和好，一定是设下的离间计，故意让贞阳侯派使者回朝，想使侯景自己产生猜疑；侯景想到自己不安全，一定图谋叛乱。如果答应通好，恰恰中了奸计。”朱异等人坚持通好，梁武帝也厌倦用兵，就听从了朱异的意见，给萧渊明回信说：“得知高大将军待你不错，看了你的来信，心里很宽慰。当另派使者到魏国去，重新建立睦邻关系。”

夏侯僧辩回去时，路过寿阳，侯景私下查访到这件事，把夏侯僧辩抓来审问，夏侯僧辩全部供出了真情。于是侯景另写了一封给萧渊明的回信，另上表启奏梁武帝说："高氏心怀狠毒，北方百姓怨恨至极，天从人愿，高欢终于死了。他的儿子高澄继承了恶毒，他的灭亡指日可待，我违心地让高澄取得涡阳战役的胜利，也许是上天要动荡他的心意，使他恶贯满盈罢了。高澄的行为如果符合天意，内部稳定没有危机，他又何必急匆匆奉璧求和呢？还不是因为西魏军队卡住了他的咽侯，柔然铁骑在他的背后紧逼，所以才用甜言蜜语、丰厚的钱物来换取与大国梁朝的和平安定关系。臣听说'一日纵故，数世之患'。陛下何必要爱惜高澄一个竖子，而违背了亿兆百姓的心愿呢？臣个人认为，北魏安定强大的时期，莫过于天监初年，但钟离之战后，一败涂地，连一匹马都没有回去。魏国强大时，陛下尚且讨伐夺取他的土地；等到现今弱小时，反而顾虑重重，与其和好，舍弃已经取得的成功，纵容垂死的敌人，让他们借助凶横苟延残喘，给后世留下祸患，不仅使我个人扼腕叹息，实在也使有识之士痛心。从前伍子胥逃到吴国，楚国遭破败；陈平离开项羽，刘邦任用而兴旺；臣下虽然才能赶不上这些古人，但心思和他们是一样的。我深知高澄就像晋人忌恨贾季逃往翟国、随会逃到秦国，向陛下请求结盟讲和，希望除掉他的后患。如果臣下死亡对梁国有益，我侯景万死不辞；只怕正好相反，留下千秋笑柄，有污良史。"侯景又写信给朱异，还送了三百两黄金；朱异收下了黄金，却没有把侯景的这道奏章进呈梁武帝。

二月十七日己卯，梁武帝派使者到东魏去吊唁高欢，慰问高澄。侯景又上书说："臣与高氏，怨隙已深，只有仰赖陛下的威望和福气，希望能够报仇雪恨。如今陛下重新与高氏和好，叫我如何做人，乞求让我再次出战，宣扬光大皇威！"梁武帝答复说："朕与你已经确定君臣关系，哪有成功了就接纳你，失败了就抛弃你呢？如今高氏遣使求和，朕也打算重新考虑不要用武，是进是退，国家自有制度，你只管清静养身，不必辛劳忧虑。"侯景又上书说："臣今蓄积粮草，聚集兵力，喂养战马，修造兵器，制定了进兵的计划和日期，攻克东魏，但不能擅自行动，师出无名，所以希望陛下做主发布出征的命令。想不到如今陛下把臣抛在一边，南北重新通好，将来只怕臣的小命难逃高氏的手心啊。"梁武帝又答复说："朕为万乘大国的君主，怎么会为了一件事就会丢弃信义呢？朕想你能理解我的心意，不要再上书了。"

侯景伪造了一封从邺都来的信，要求用贞阳侯萧渊明交换侯景，梁武帝打算同意。舍人傅岐说："侯景走投无路前来归附，丢弃他是不吉利的；再说侯景是身经百战存活下来的人，岂肯束手就擒。"谢举、朱异说："侯景是一个败逃之将，只派一个使臣就可把他抓来。"梁武帝采纳了，就写回信说："贞阳侯萧渊明早晨回到梁朝，侯景晚上就遣返回魏国。"侯景对左右亲信说："我本来就知道吴老头萧衍是个没情义的人。"王伟劝说侯景："如今坐等是死，造反干一番大事同样是死，由大王决定吧。"于是开始实施造反计划。全城居民，全部征召为军士，立即停止征收商税和田租，老百姓的子女，全都分配给众将士。

三月初二日癸巳，东魏任命太尉襄城王元旭为大司马，任命开府仪同三司高岳为太尉。三月二十日辛亥，大将军高澄南巡到黎阳，从虎牢渡河到洛阳。西魏同轨防长史裴宽与东魏将彭乐等交战，兵败被彭乐抓获。高澄对待他很优厚，裴宽找了一个机会逃回西魏。高澄取道太行山返回晋阳。

屈獠洞民众杀了李贲，他的首级被送到建康。李贲的哥哥李天宝逃到九真，收聚了余众二万人围攻爱州，交州司马陈霸先率领军队平定了李天宝。梁武帝下诏书任命陈霸先为西江督护、高要太守、督七郡诸军事。

夏季，四月初三日甲子，东魏吏部令史张永和等人伪造任命官吏的委任状授人官职，事情败露，清查检举以及自首的共达六万多人。

四月十四日甲戌，东魏派太尉高岳、行台慕容绍宗、大都督刘丰生等率领步骑十万进兵颍川，攻击西魏王思政。王思政命令军队偃旗息鼓，好像没人一样。高岳仗恃兵多，四面攻城。王思政挑选一批骁勇善战的敢死队突然开门出战，杀得高岳败逃。高岳改变攻城战术，筑土山逼近城墙，白天黑夜轮番围攻。王思政随机应变，守城拒敌，夺占土山，并在土山上设置岗楼和短墙，以辅助防守。

五月，西魏任命丞相宇文泰为太师，任命广陵王元欣为太傅，任命李弼为大宗伯，任命赵贵为大司寇，任命于谨为大司空。太师宇文泰侍奉太子巡抚西魏的西部疆土，登上陇山，到达原州，巡经北长城，东到五原，又至蒲州，听到魏文帝身体欠佳的消息，返回长安。到达长安时，魏文帝病愈，宇文泰回到华州。

梁武帝派建康令谢挺、散骑常侍徐陵等出使东魏，恢复先前的友好关系。徐陵，是徐摛的儿子。

六月，东魏大将军高澄巡察北方边境。

秋季，七月初一日庚寅，发生日食。

七月二十六日乙卯，东魏大将军高澄到邺城朝见孝静帝。高澄认为道士太多，而且许多是假冒的，开始撤除南郊的道坛。八月初二日庚寅，高澄回到晋阳，派尚书辛术率领诸将侵犯江淮以北地区，一共占领了二十三个州。

侯景自从来到了寿阳，不断向朝廷提出要求，朝廷从没有拒绝。侯景请求娶王家、谢家之女为妻，梁武帝说："王、谢两家门第高贵，不适合你求婚，可以在朱张两家选配偶。"侯景十分恼怒地说："将来我要把萧衍的女儿配给奴仆。"又上书要求拨发绸缎一万匹给军士做战袍。中领军朱异提议供给青布。侯景又借口主管部门供给的兵器不精良，上书要求调配东冶的锻造工匠，自己另外营造。侯景任命安北将军夏侯夔的儿子夏侯谲为长史，任命徐思玉为司马。夏侯谲把姓氏去掉"夏"字，改为侯谲，假托为侯景的同宗侄子。

梁武帝没有采纳侯景的意见，与东魏通好，此后侯景的表疏渐渐傲慢无礼；侯景又听到徐陵等人出使东魏，反叛的想法更加强烈。元贞看出侯景的野心，多次上书梁武帝，请求回到朝廷。侯景对他说："扫荡河北虽然没有成功，江南地方何必担心失去，为什么不稍微忍耐一下。"元贞害怕，逃回建康，把侯景反叛的事详细报告给朝廷，梁武帝任命元贞为始兴内史，也不过问侯景。

（以上为第一段，写梁武帝接纳侯景而与东魏交恶，丧师失众后重修旧好，却又厚待侯景，把他安置在腹心地寿阳，引狼入室，昏耄之至。）

临贺王萧正德，无论到哪里都贪婪残暴，不守法度，多次受到梁武帝的斥责，因此怀恨在心，暗中蓄养效忠他的死士，储备粮食，聚积财货，希望国家发生变乱；侯景探得这些消息。萧正德逃奔北魏时与徐思玉相交，侯景派徐思玉写信给萧正德说："如今皇上年老，奸臣祸乱国家，依侯景看来，不久就要败亡。大王应留为储君，中途被废黜，四面八方的老百姓，都虔诚地拥护你。侯景虽然敏捷，却真心诚意愿为你效劳，希望大王不要辜负天下黎民的心愿，理解我的一片诚心。"萧正德非常高兴，说："侯公的想法，与我的心愿不谋而合，这真是上天送给我的助手啊！"萧正德回信侯景说："朝廷的事，就像你说的一样。我有这种心思，已经很久了。如今我为内应，你在外发动，何愁不成功。抓住机会要快，现在正是时候。"

鄱阳王萧范秘密上奏，报告侯景谋反。当时梁武帝把边防事务专门委任朱异，事无大小都要问朱异。朱异认为一定不会有这事。梁武帝回信萧范说："侯景孤单命危，投靠我朝，好比是一个婴儿一样靠人喂养，形势如此，哪能造反呢？"萧范再次上书说："不趁早铲除侯景，就会祸害百姓。"梁武帝说："朝廷自有处分，无须你深忧。"萧范再次上书请求调用合肥的军队讨伐侯景，梁武帝没有准许。朱异对萧范使者说："鄱阳王难道不允许朝廷收留一个客人吗？"从此萧范上奏，朱异不再呈报。

侯景相约羊鸦仁一同造反，羊鸦仁逮捕了侯景的使者上报朝廷。朱异说："侯景只有几百个叛兵，能干什么呢？"下令把使者投入建康监狱，不久又释放了。侯景更加肆无忌惮，上书说："如果臣反叛是实，应当受国家法律惩处，如果皇上查明冤屈，请求诛杀羊鸦仁。"侯景又说："高澄狡猾，怎么可以完全相信他的话。陛下听信了他的谎言，谋求与他和好，我个人也觉得可笑。臣宁愿粉身碎骨，把命交给仇人高澄，请求把江西地区给我掌管。如果不同意我的要求，我将率领铁甲骑兵，渡过长江，杀向闽越，不仅朝廷蒙受耻辱，也会使王公大臣们寝食不安。"梁武帝让朱异明确地对侯景的使者说："即使一个贫穷的家庭，养十个、五个客人，还是能够维持；朕只有一个客人，却招来这么多的怨言，也有朕的不是。"增加绸缎钱币的赏赐，使者往来不断。

八月初十日戊戌，侯景在寿阳反叛，他以诛杀中领军朱异、少府卿徐驎、太子右卫率陆验、制局监周石珍为借口。朱异等人确实奸诈骄横，蒙蔽皇上，玩弄权术，被当时人痛恨，所以侯景借口起兵。徐驎、陆验，都是吴郡人；石珍，丹杨人。徐驎、陆验，相继为少丞，为政务求苛酷，所有商家都怨恨他们，朱异与他们的关系特别亲密，当时人称他们为“三蠹”。

司农卿傅岐，是一个耿直刚正的人，曾经对朱异说：“你掌管了国家的核心政权，得到无上的荣誉和宠信。近来听到关于你的传闻，都是些卑鄙龌龊、乱七八糟的事，如果让英明的皇上发现，你能解脱吗？”朱异说：“外人诽谤，我早就知道了。我问心无愧，还怕别人议论。”傅岐对人说：“朱异死到临头了。他依靠巴结奉承求得皇上信任，百般巧辩地拒绝别人的劝告，听到灾难还不惊心，知道自己的罪恶不思悔改，上天夺走了他的分辨力，难道他还能活得长久吗？”

侯景西攻马头，派他的将领宋子仙东攻木栅，俘获了戍主曹璆等人。梁武帝听到后笑道：“这有什么了不起，我折断一根棍子来抽他一顿。”下令悬赏谁能砍掉侯景的头颅，封三千户公，出任州刺史。八月十六日甲辰，下诏任命合州刺史萧范为南道都督，北徐州刺史封山侯萧正表为北道都督，司州刺史柳仲礼为西道都督，通直散骑常侍裴之高为东道都督，侍中、开府仪同三司邵陵王萧纶持节总统众军讨伐侯景。萧正表，是萧宏的儿子；柳仲礼，是柳庆远的儿子；裴之高，是裴邃哥哥的儿子。

九月，东魏濮阳公娄昭去世。

侯景听到朝廷军队讨伐他，问计于王伟，王伟说：“邵陵王萧纶到达，他的兵多，我们的兵少，一定受到包围。不如放弃淮南，下定决心向东进击，率领轻骑直扑建康；临贺王萧正德在京城内造反，大王在外进攻，天下不难平定。兵贵神速，应当立即行动。”侯景于是留下表弟中军大都督王显贵守寿阳；九月二十五日癸未，假称到外面打猎，率军出寿阳，人们都未发觉。冬季，十月初三日庚寅，侯景声言进攻合肥，而实际偷袭谯州，谯州助理防务董绍先打开城门投降侯景。活捉了谯州刺史丰成侯萧泰。萧泰，是萧范的弟弟；萧泰原任中书舍人，拿出全部家财来贿赂当时的权臣，被破格任命为谯州刺史。到任后，到处征发民夫，让这些人给他抬轿子，运送扇子、雨伞等物品，不论是士人还是普通百姓；耻于做这些事就要遭到棍棒痛打，送钱财多的人，就可免除徭役，因此人人思乱。等到侯景杀来，无人抵抗，所以城破战败。

十月十三日庚子，梁武帝下诏派宁远将军王质率领三千名士兵沿江设防，阻击叛军。侯景进攻历阳太守庄铁，十月二十日丁未，庄铁献出城池投降。庄铁向侯景献计说："梁朝承平多年，人们不熟习作战，听说大王起兵，朝廷内外惊骇，应当趁此机会迅速进兵建康，可以不用交战成就大功。若果让朝廷有时间做好防备，内外人心安定下来，只需派出老弱士兵一千人径直据守采石渡口，大王即使有精兵铁甲一百万，也渡不了长江。"侯景于是留下仪同三司田英、郭骆守历阳，用庄铁作向导，挥师直临长江。长江沿岸哨所据点，一个接一个地奏报。梁武帝向都官尚书羊侃询问征讨侯景的计策，羊侃说："我请求率领两千士兵紧急据守采石，令邵陵王萧纶袭击并占领寿阳，使侯景不得前走一步，后退又没了巢穴，他的乌合之众，自然瓦解。"朱异说："侯景绝没有渡江的打算。"于是搁置了羊侃的计谋。羊侃说："如此则梁朝就要败亡了。"

十月二十一日戊申，任命临贺王萧正德为平北将军，都督京师诸军事，屯驻丹杨郡。萧正德派大船数十艘，谎称运载荻草，秘密载运侯景军队渡江。侯景将要渡江，忧虑王质从中作梗，派出间谍侦察。正巧这时临川太守陈昕上奏说："采石急需重兵把守，王质所领水军人少势弱，恐怕完不成守江任务。"梁武帝任命陈昕为云旗将军，代理王质戍守采石，征调王质为丹杨尹。陈昕，是陈庆之的儿子。王质离开了采石，而陈昕却没有去采石接防。间谍向侯景报告说："王质已经退走。"侯景让间谍折断长江南岸的树枝为凭证，间谍按照侯景的吩咐折了江南的树枝返回，侯景大喜说："我的大事办妥了。"十月二十二日己酉，侯景从横江渡江到了采石，有马数百匹，士兵八千人。当夜，朝廷开始戒严。

侯景分兵偷袭姑孰，活捉淮南太守文成侯萧宁。南津校尉江子一率领水军一千余人，想在下游截击侯景；他的副将董桃生家在江北，董桃生和他的部属首先逃走。江子一收集余众，步行逃回建康。江子一，是江子四的哥哥。

（以上为第二段，写侯景反叛，皇室萧正德内应，侯景兵锋南指，顺利渡江。）

皇太子眼看形势危急，穿着戎服进宫见梁武帝，禀报局势，接受指示。梁武帝说："这是你自个的事，还请示干什么！内外军事，全都交给你了。"皇太子就停留在中书省，指挥部署军事行动。人心惶惶，没有人应召杀敌。朝廷还不知道萧正德与侯景勾结的事情，命令他屯守朱雀门，宁国公萧大临屯守新亭，太府卿韦黯屯守六门，同时修缮皇城，做好与敌交战的准备。萧大临，是萧大器的弟弟。

十月二十二日己酉，侯景到达慈湖，建康惊恐，皇城御街上的行人互相抢劫，阻断了交通。朝廷赦免东冶、西冶、尚方钱署的囚徒劳工，以及建康监狱所有的罪犯，任命扬州刺史宣城王萧大器都督京城内诸军事，羊侃以军师将军为副职，南浦侯萧推守东府，西丰公萧大春守石头城，轻车长史谢禧、始兴太守元贞守卫白下，韦黯与右卫将军柳津等人分别守卫皇宫诸门及朝堂。萧推，是萧秀的儿子；萧大春，是萧大临的弟弟；柳津，是柳仲礼的父亲。调集各个府寺仓库的国家积蓄的钱财，集中到德阳堂，用以供应军备。

十二月二十三日庚戌，侯景进军到板桥，派徐思玉求见梁武帝，实际是打探城中虚实。梁武帝召见了徐思玉。徐思玉谎称他背叛了侯景要来单独向皇上报告秘密情况，梁武帝要左右的人退下，舍人高善宝说："徐思玉从反贼中来，真假难辨，怎么可以让他一个人在殿上。"朱异当时在座，说："徐思玉难道是刺客吗？"徐思玉拿出侯景的书信说："朱异等人玩弄权术，臣侯景要求带兵入朝，除掉皇上旁边的恶人。"朱异非常惭愧害怕。侯景又请求派明白事理的舍人去了解情况。梁武帝派中书舍人贺季、主书郭宝亮随着徐思玉到板桥慰劳侯景。侯景面向北跪接了皇上诏书。贺季说："你今天兴兵有什么名义。"侯景说："想当皇帝。"王伟走上前说："朱异等人搞乱朝政，只不过是除掉奸臣罢了。"侯景既然口出狂言，于是扣留了贺季，只让郭宝亮一人回宫。

老百姓听说侯景兵到，竞相进城，公私混乱，不再有秩序，羊侃部署城区防务，每处都派皇室成员来监督。军士争相进入武库，自行拿走兵器铠甲，主管部门不能禁止，羊侃下令杀了几个人，才制止了混乱。梁朝建立四十七年，境内没有战事，公卿大臣以及乡间士大夫很少见过战争，现在叛贼突然来到，朝野惊骇。开国老将已经没有了，后起的年轻将领防守在外，军事指挥策划，全靠羊侃决断。羊侃有胆有识，身体强壮，皇太子仰仗于他。

十月二十四日辛亥，侯景进军到朱雀门浮桥的南面，皇太子任命临贺王萧正德守宣阳门，东宫学士新野人庾信守朱雀门，统领皇宫中文武将士三千多人在浮桥北扎营。皇太子命令庾信撤除浮桥阻挫敌人的前锋，萧正德说："老百姓看见撤除浮桥，一定惊慌，可以暂时不撤以稳定人心。"皇太子听从了。不一会儿，侯景的军队冲了过来，庾信立即带领士兵撤除浮桥，刚拉开了一条船，看到侯景的士兵都戴着铁面具，庾信赶快后退躲到城门下。庾信正在吃甘蔗，一只飞箭射中门柱，庾信手中的甘蔗随着飞箭的声响惊落在地上，庾信吓得丢弃军队逃走。南塘游军沈子睦是临贺王萧正德的同党，趁机带领士兵前去重新闭合了浮桥，让侯景的军队过河。皇太子派王质率领三千精兵救援庾信，刚走到领军府，就碰上了侯景的叛军，没有摆开阵势就逃散了。萧正德率领部众在张侯桥迎接侯景，两人在马背上互相拱手作揖，进入了宣阳门。萧正德望着宫门叩拜，哽咽流泪，然后跟随侯景渡过秦淮河。侯景的军队穿青色战袍，萧正德军队穿深红色战袍，里子是青绿色，两军会合后，萧正德命令军士反穿战袍。侯景乘胜攻到台城下，台城人心惊慌，羊侃假称得到用箭射来的书信，说："邵陵王萧纶、西昌侯萧渊藻率领的援兵就在附近。"大家这才稍微安定下来。西丰公萧大春丢弃了石头城，逃到京口，谢禧、元贞也丢了手下逃走，津主彭文粲等献出石头城投降了侯景，侯景派他的仪同三司于子悦守卫石头城。

（以上为第三段，写萧正德驻防朱雀门，开门揖盗，侯景兵不血刃破建康。）

十月二十五日壬子，侯景让士兵列队包围了台城，军旗都用黑色，用箭射了一封书信到台城中，说："朱异等人藐视皇上，玩弄权术，肆意作威作福，臣等遭到他的诬陷，想杀害臣等。皇上如果杀了朱异等人，臣等就掉转马头北归。"梁武帝问皇太子："有这回事吗？"回答说："是这样的。"梁武帝想诛杀朱异等人。皇太子说："叛贼只不过拿朱异为借口，今天杀了他，也救不了急，只会被后人耻笑，等到平定了叛贼再诛杀奸臣也不算晚。"梁武帝这才作罢。

侯景严严实实包围了台城，各处一同攻城，喊杀声震地。叛军放火烧大司马门、东华门、西华门等各道城门。羊侃让人在门上凿洞，从中灌水灭火；皇太子亲自捧着银制的马鞍去奖赏战士；直阁将军朱思率领几个战士翻过城墙到城门外洒水，过了好久才把火扑灭。叛军又用长柄斧砍东掖门，眼看城门就要被砍开，羊侃让士兵在门扇上凿孔，用长槊刺死了两个敌兵，砍门的敌人才退了下去。侯景占据公车府，萧正德占据左卫府，侯景的党羽宋子仙占据东宫，范桃棒占据同泰寺。侯景把几百名东宫的歌女分配给士兵。东宫靠近台城，侯景部众登上东宫墙上用箭射台城。到了夜晚，侯景在东宫摆酒宴奏乐，皇太子派人放火，台殿以及殿内收藏的图书全都被烧光。侯景放火烧了乘黄厩、士林馆、太府寺。十月二十六日癸丑，侯景制作木驴数百攻台城，城上投下巨石砸碎了木驴。侯景制作尖顶木驴，石头砸不破木驴。羊侃就叫人制作雉尾火炬，灌上油脂、白蜡，然后将成捆的火炬点燃投掷下去，不一会儿尖顶木驴被烧光。侯景又造登城楼，高十多丈，想居高临下用箭射台城。羊侃说："这种楼车太高，地上壕沟地面有软有硬，楼车过来会自动倒塌，我们躺在城墙上看好戏。"等到楼车行动起来，果然倒塌。

侯景没有攻破台城，士兵死伤很多，于是筑起一道长长的围墙来隔绝台城与外面的交通，又再次上书请求诛杀朱异等人。台城中也用箭射出悬赏规格，说："有人能够送上侯景的人头，就把侯景的职位封给他，外加赏钱一亿万，布绢各一万匹。"朱异、张绾商议出兵攻击侯景，询问羊侃，羊侃说："不行。出兵少了，不能破贼，白白挫了士气；如果出兵多了，一旦失利，城门狭小，桥面过窄，一定造成大量伤亡。"朱异等不听，派出一千多人出战，还没有交战就退回，士兵争桥落水，死了一大半。

羊侃的儿子羊鷟，被侯景抓获，绑押到城下，展示给羊侃看。羊侃说："我羊氏豁出整个宗族报答皇上，尚嫌不够，难道吝惜一个儿子，希望你们早点把他杀了。"过了几天，又把羊鷟押到城下，羊侃对羊鷟说："我早就认为你死了，你竟然还活着。”羊侃拉弓用箭射羊鹫。侯景认为羊侃是一个忠义的人，也没有杀羊鹫。

庄铁担心侯景破不了台城，假托要迎接母亲，与手下几十个亲信赶到历阳，预先派人送信给田英、郭骆说：“侯景大王已经被禁卫军杀死，朝廷派我回来镇守历阳。”郭骆等人十分惊骇，丢下历阳城逃奔寿阳。庄铁进入历阳城，不敢镇守，带着母亲投奔寻阳。

十一月初一日戊午，梁武帝在太极殿前杀白马祭祀蚩尤神。

临贺王萧正德在仪贤堂登上帝位，下诏书说：“自从普通年间以来，奸邪之臣混乱朝政，皇上长期患病，国家面临危亡。河南王侯景，放弃在东魏的爵位来到朝廷效力，辅助我继承大位，可以大赦天下，改元年号正平。”立世子萧见理为皇太子，任命侯景为丞相，将女儿许配侯景为妻，并且拿出全部家中的珍宝钱财资助军费。

这时侯景在台城宫门外扎营，分兵两千人攻击东府；南浦侯萧推领兵抵抗，交战三天，侯景军队没能攻占东府。侯景亲自去督战，箭矢滚石如雨点般地密集落下，宣城王萧大器的防閤将军许伯众暗中引导侯景的军队登上城墙。十一月初四日辛酉，攻占了东府；杀南浦侯萧推以及城中战士三千人，把尸体堆积在杜姥宅，远远向台城中的人喊话说：“如果不早早投降，就是这样的下场。”

侯景声称梁武帝已经去世，台城中的将士也以为这是真的。十一月五日壬戌，皇太子请求皇上巡视全城，当梁武帝登上大司马门时，城墙上守军听到銮驾仪仗的吆喝声，全都欢呼流泪，军民人心才稍为安定下来。

江子一战败回到建康，梁武帝责备他。江子一叩头请罪说：“我决心以身报国，时常担心不能为国捐躯；现今我率领的部众丢下我逃跑了，臣一个人怎么能够攻击敌人！如果敌人到了建康，臣发誓打碎脑袋以赎前罪，不是战死在皇宫前边，就是战死在皇宫后面。”［十一月初六日癸亥］，江子一向皇太子请求，与弟弟尚书左丞江子四、东宫主帅江子五率领一百余人开承明门出战，江子一直冲到叛兵营中，埋伏的叛兵暂不行动。江子一大声叫喊：“叛兵们为何不出来交战。”过了很长时间，敌人骑兵冲过来夹攻江子一。江子一径直向前，举槊刺杀敌人；跟随的人没有一个紧跟上去，敌人破断了江子一的肩膀，把他杀死。江子四、江子五相互说：“与哥哥一起出战，有何脸面独自活着回去！”都脱下铠甲冲入敌群。江子四被矛刺中，穿透了胸膛而死；江子五脖颈受伤，退回到防城堑壕边时，悲痛地大叫一声死去。

侯景刚攻进建康时，认为早晚之间就能攻下台城，因此号令严肃军纪整齐，士兵不敢侵暴百姓。等到多次攻战都没有占领台城，军心离散沮丧。侯景害怕援兵四面聚集，早晚有溃散的一天；加之石头城、常平仓积储的粮食已经吃完，军队开始缺粮；于是放纵士兵掠夺平民口粮以及金钱子女。此后，一升米卖到七八万钱，人吃人，饿死的人占十之五六。

十一月初八日乙丑，侯景在台城东面和西面垒起了土山，驱赶士人平民去劳动，不分贵贱，都随意捶打拳击，那些疲惫不堪和身体瘦弱的人，就地杀死，埋入土山，民众的哭喊嚎叫，惊天动地。民众不敢逃亡躲藏，全都被驱赶出来垒土山，十天之内，众达数万。台城中也堆土山来对抗。皇太子、宣城王以下都亲自挑土，拿锹镐和撮箕，在土山上筑起几层荷花状的城楼，高四丈，用彩帛和毛布遮饰起来，招募了两千多敢死士兵，穿上厚厚的战袍和铠甲，称之为“僧腾客”，部署在东西两座土山城楼上，日夜不停地与叛军交战。这时天下起了大雨，城内的土山被雨水冲塌；敌军乘机攻击，眼看就要攻进来，城内将士艰苦死战也阻挡不住敌人进攻的势头。羊侃命令士兵多扔火把，形成一片火墙阻断敌人进攻的路口，同时在城内筑起了新的防御墙，敌军才没有攻进来。

侯景招募那些过去身为奴婢后来又投降他的人，全都免除了他们的奴婢身份成为良民；侯景募得朱异的奴婢，任命为仪同三司，朱异的家财也全部赏给他。这个奴婢骑良马，穿锦袍，到台城下仰头骂朱异说：“你五十年做官，才得了个中领军，我刚侍奉侯景大王，便做到了仪同三司。”这样一来，三天之中，众多奴婢都出来投靠侯景，数以千计，侯景都给他们优厚的赏赐安抚，补充到军队中去，人人感恩戴德，都替侯景效死力。

荆州刺史湘东王萧绎听说侯景围攻皇城，十一月九日丙寅，戒严，发檄文给所辖湘州刺史河东王萧誉、雍州刺史岳阳王萧詧、江州刺史当阳公萧大心、郢州刺史南平王萧恪等，发兵进入建康救援。萧大心，是萧大器的弟弟；萧恪，是萧伟的儿子。

朱异写信给侯景，为他分析祸福与利害，侯景回信，煽动皇城中官吏百姓，说：“梁朝近几年来，奸臣当权，搜刮平民，以满足他们的贪欲嗜好。如果不是这样，那就请你看一看事实吧。如今朝廷的园池苑囿，王公的宅第居室，僧尼的佛塔寺庙，以及在位的百官，他们妻妾成群，奴仆数千，这些人不耕不织，锦衣玉食，不从百姓中夺取，请问是从哪里来的！我之所以兴兵冒犯朝廷，只想杀掉那些专权的奸佞之臣，不是要颠覆国家。如今城中指望四方勤王之兵来救援，依我看，那些王侯众将，一个个只顾保全自家性命，没有人竭力死拼，来和我争胜负。长江天险，连曹操、曹丕也感叹不能跨越，我用一片苇叶就渡过了大江，而且是在天气晴好的情况下做到的，如果不是上应天意下顺民心，哪能是这样呢？希望各位三思，为自己谋求吉祥的大路。”

侯景又上书东魏孝静帝，说：“我进军夺取寿春，想暂时休息一下。但萧衍知道他的皇运已经到头，自己辞去了大位；臣的军队还没有进入建康，他已舍身同泰寺。上月二十九日，我军抵达建康。虽然天下还没有安定，而战争总算暂时停止，说起故乡，人与马都同样依恋。不久，我要整顿队伍，回到北方朝拜陛下的圣颜。原以为臣的母亲、弟弟早就被杀灭，最近收到皇上敕令，才得知他们还活在世上。这全是陛下的宽大仁爱，大将军的恩泽照顾，臣的能力弱小拙劣，不知怎样来报答！如今特别送上书信，恳请迎接臣的母亲、弟弟、妻子、儿女，我伏地请求皇上慈悲，特许释放他们。”

十一月十二日己巳，湘东王萧绎派司马吴晔、天门太守樊文皎等率领将士从江陵出发。

陈昕被侯景擒获，侯景设宴和陈昕开怀畅饮，想收服任用他。陈昕不投降，侯景让仪同三司范桃棒囚禁陈昕。陈昕趁机反劝范桃棒，让他率领本部人马袭杀王伟、宋子仙，到台城投降。范桃棒听从了，暗中派陈昕趁夜色用绳子吊上台城。梁武帝大喜，敕令赐银券给范桃棒说：“事成之后，封你为河南王，拥有侯景的部众，并赏赐金帛女乐。”皇太子担心范桃棒诈降，犹豫不决，梁武帝大怒说：“接受投降是常理，为何疑虑重重。”皇太子召集公卿商议，朱异、傅岐说：“范桃棒投降一定不是假的，范桃棒投降后，侯景一定惊慌，趁此机会攻击他，可以大获全胜。”皇太子说：“我们坚守城池，等待外援，援兵一到，叛贼何愁不平！这是万全之策。如今开门接纳范桃棒，范桃棒的情况，怎么知道呢？万一有变，后悔莫及。国家存亡事情重大，必须细细考量。”朱异说：“殿下真以国家大事为重，就应该接纳范桃棒，如果犹豫不决，那后果就不是朱异所知道的了。”皇太子始终下不了决心。范桃棒又派陈昕上书说：“如今只率领我的五百人来，到了城门，各自都脱了铠甲，请求朝廷开门接纳。事成之后，保证擒拿侯景。”皇太子看到范桃棒这么恳切，更加怀疑。朱异捶胸感叹说：“失掉这次机会，国家就完蛋了。”不久，范桃棒被部下告发，侯景把他分尸处死。陈昕不知道，按约定的时间出城，侯景拦截逮捕了他，逼他写一封信，内容为“范桃棒将轻装带着几十个人先进城”，侯景想趁机派穿甲战士尾随进城，陈昕拒绝，决心一死，侯景就杀了他。

侯景派萧见理与仪同三司卢晖略戍守东府。萧见理为人凶险，夜里他和几十个强盗到浮桥上去偷窃抢劫，被乱箭射死。

（以上为第四段，写侯景重兵攻围皇城，梁将羊侃指挥有方，应对有度，激战两月余，直到年底，叛军未能攻克皇城。）

邵陵王萧纶进军到钟离，听到侯景已渡过采石，萧纶昼夜兼程，率领军队转向建康救援，渡长江时，到了江中起了大风，人马被淹死了两成。于是率领宁远将军西丰公萧大春、新淦公萧大成、永安侯萧确、安南侯萧骏、前豫州刺史赵伯超、武州刺史萧弄璋等，步骑三万从京口西上。萧大成，是萧大春的弟弟；萧确，是萧纶的儿子；萧骏，是萧懿的孙子。

侯景派兵到江乘抗拒萧纶军。赵伯超说："如果走黄城大路，一定与叛兵遭遇，不如走小道进兵钟山，突击占据广莫门，出其不意地出现在敌人面前，一定能解台城之围。"萧纶采纳了，偏偏夜晚行军迷了路，迂回了二十余里。十一月二十三日早晨，到达蒋山安营扎寨。侯景见了非常惊骇，把所抢掠的妇女珍宝全部送到石头城，准备舟船，打算逃走。侯景分兵三路攻击萧纶，萧纶交战大败侯景军。当时山顶上有寒冷的冰雪，就指挥军队移营山下爱敬寺。侯景把军队驻扎在覆舟山北面。十一月二十八日乙酉，萧纶进军玄武湖旁，与侯景对阵，没有交战。到了天黑时，侯景约期明日交战，萧纶答应了。安南侯萧骏看见侯景军后退，认为是败逃，立即率领精锐兵追击；侯景回头攻击，萧骏败逃，奔向萧纶的军营。赵伯超远远望见，也带兵逃走，侯景乘胜追击，萧纶的各路军队都打了败仗。萧纶收集余兵一千余人，进入天保寺；侯景追了上来，放火烧寺。萧纶逃往朱方，士兵脚踏冰雪，不少人冻坏了脚。侯景缴获了萧纶的辎重，活捉了西丰公萧大春、安前司马庄丘慧、主帅霍俊等人，收兵回营。十一月二十九日丙戌，侯景把缴获萧纶军的铠甲兵器以及砍下的首级和俘虏的萧大春等陈列在台城城下，派人喊话说："邵陵王萧纶已经被乱兵杀死。"霍俊独自对台城守兵说："邵陵王只是小小的失利，已全军退到京口。城中只管坚守，援军不久就到来。"敌兵用刀击打霍俊后背，霍俊声音更加激昂；侯景被他的忠义感动，释放了他，临贺王萧正德却杀了他。

（以上为第五段，写邵陵王萧纶首率勤王之师，进兵建康救援，兵败蒋山。）

当天夜晚，鄱阳王萧范派他的世子萧嗣与西豫州刺史裴之高、建安太安赵凤举各自领兵进京救援，驻扎在蔡州，等待长江上游东下的各路援军。萧范派裴之高协调江西各路援军的军务。侯景驱赶建康城南部的所有居民到秦淮河北岸，把他们的住房全部烧毁，大街以西一片焦土。

北徐州刺史封山侯萧正表镇守钟离，梁武帝征召他救援，萧正表借口舟船粮食没有准备好，按兵不动。侯景任命萧正表为南兖州刺史，封南郡王。萧正表在欧阳设立栅寨阻止其他援军，他自己率领一万人马，宣称进京救援，实际是要偷袭广陵。他写了一封信暗中送给广陵县令刘询，要刘询在城内放火接应他，刘询向南兖州刺史南康王萧会理报告了萧正表的阴谋。十二月，萧会理派刘询率领步骑一千人在夜里偷袭萧正表，把萧正表打得大败，萧正表逃回钟离。刘询收缴了萧正表的士兵和粮食，归属萧会理，和他一起进京救援。

十二月七日癸巳，侍中、都官尚书羊侃去世，台城中更加恐惧。侯景大造攻城器具，摆放在宫门前面，大车高达数丈，一辆大车有二十个轮子。十二月十一日丁西，重新发动攻城，用虾蟆车运土填塞护城河。

湘东王萧绎派世子萧方等率领步骑一万人救援建康。十二月十四日庚子，从公安出发。萧绎又派竟陵太守王僧辩率领水军一万人，从汉川出发，载运粮食东下。萧方等才智过人，擅长骑马射箭，每次战斗，亲自冲锋陷阵，以献身于职责节义为己任。

十二月十六日壬寅，侯景用火车烧毁了台城的东南城楼。材官将军吴景心灵手巧，在城内地面上搭起了一座城楼，火刚刚熄灭，新楼立即立起，叛军认为有神灵相助。侯景趁焚烧城楼的时候，暗中派人在城楼下挖挖城墙。城墙快要崩塌时，城内才发觉；吴景在城内另筑一道弯曲的城墙，就像一轮弯月，又扔火把烧毁了叛军的攻城器械，叛军才退走。

皇太子派洗马元孟恭率领一千人从大司马门出击叛军，元孟恭却带领部众投降了侯景。

十二月二十三日己酉，侯景的土山逼近城楼，柳津命令挖地道来掏空城外的土山，城外的土山崩塌，攻城叛军几乎全部被掩埋。柳津又在城内制作飞桥，架在城外叛军筑垒的两座土山上。侯景的士兵看见飞桥高高地从城内墙上伸出来，吓得如同山崩一样飞快地逃走；城内抛掷雉尾火炬，焚烧叛军城东面的土山，把土山上的城楼和栅栏烧得干干净净，叛军的尸体在城墙下堆积如山。叛军丢弃了土山不再重修，自己烧毁了剩下的攻城器具。材官将军宋嶷投降了侯景，指教侯景引玄武湖水淹没台城，宫门前一片洪水。

梁武帝征召衡州刺史韦粲为散骑常侍，任命都督长沙人欧阳頠为衡州监州事。韦粲，是韦放的儿子。韦粲在回京赴任到达庐陵时，听说侯景叛乱，整顿军队，有五千人，急行赶赴建康救援。到达豫章时，听说侯景已出动到了横江，韦粲造访内史刘孝仪商议大事，刘孝仪说："果真是这样，应当有皇帝敕令，怎么可以轻信传言，轻举妄动，自相惊扰呢？恐怕事态没这么严重。"当时刘孝仪正摆下酒宴。韦粲大怒，把酒杯扔到地上，说："叛军已经渡江，直扑宫阙，水陆交通都已断绝，朝廷哪有时间向我们通报情况，如果没有皇上敕令，你就心安理得吗？韦粲今天哪有心情饮酒。"韦粲说完立即飞马出来部署救援军务。将要出发时，正碰上江州刺史当阳公萧大心派出邀请韦粲的使者，韦粲就飞马去见萧大心，说："长江上游的藩镇，江州离京城最近，按情理，殿下应当进军在前头。但地处中游的江州位置很重要，应当上接下应，不能不留守。现今你应当大张声势出兵救援，实际上是移镇湓城，派副将随我救援建康，这就足够了。"萧大心十分赞同，派中兵参军柳昕率领二千士兵随同韦粲，韦粲行进到南洲，表弟司州刺史柳仲礼也率领步骑一万人到达横江，韦粲立即派人送粮食器械供给军队，还把个人的金帛也拿出来赏赐柳仲礼的士兵。

西豫州刺史裴之高从张公洲派舟船运渡柳仲礼的军队。十二月三十日丙辰夜，韦粲、柳仲礼，以及宣猛将军李孝饮、前司州刺史羊鸦仁、南陵太守陈文徹，各军会合屯驻在新林王游苑。韦粲提议柳仲礼为大都督，通报下游的各支军队；裴之高认为自己年长位高，耻于在柳仲礼之下，商议整整一天决定不下来。韦粲激昂地对各将领说："如今我们是共同去解救国家的危难，大义在于消灭叛贼。我之所以推举柳司州，因为他长久捍卫边疆，以前曾让侯景害怕；况且他的兵马精锐，没有人超过他。如果讲他地位，柳仲礼在我韦粲之下，讲年岁，柳仲礼也小于我韦粲，只是为了国家的大局，就不能计较这些了。今天的形势，最要紧的是我们众将领齐心协力，如果人心不和，国家就危险了。裴公是朝中德高望重的老臣，怎能以个人的私心败坏解除国难的大计呢？我韦粲请求为众将军去劝解裴公。"于是韦粲乘一只单舟到裴之高军营，坦率地责备裴之高说："如今皇上、太子两宫危在旦夕，狡猾凶恶的敌人罪恶滔天，当臣子的应当合力同心，怎能自相闹矛盾！裴豫州一定要不顾大局，另搞一套，我们的刀锋弓箭可就要对准你了。"裴之高流泪道歉，于是推举柳仲礼为大都督。

宣城内史杨白华派他的儿子率领宣城郡的军队随后赶到，各路救援大军齐集，众达十余万。援军沿秦淮河竖起栅栏，侯景也在北岸竖起栅栏对抗。

裴之高和他弟弟裴之横派出水军一万人屯驻张公洲。侯景抓到了裴之高的弟弟、侄儿、儿子、孙子，连锁成一串，排列在水边，后边放着刀锯、鼎镬，侯景的军队也临水布阵，对裴之高喊话说："裴公要是不投降，就立马烹杀你的亲人。"裴之高召来善射的弓箭手，让他先射自己的儿子，连发两箭都不中。

侯景率领步骑一万人在后渚挑战，柳仲礼打算出兵攻击。韦粲说："天黑了，我军疲惫，不是交战的时机。"柳仲礼坚壁不战，侯景也撤走了军队。

湘东王萧绎率领精锐兵力从江陵出发，留下儿子绥宁侯萧方诸镇守江陵，谘议参军刘之迡等人三次上书请求萧绎留守，萧绎回复表示拒绝。

鄱阳王萧范派他的将领梅伯龙围攻为侯景留守寿阳的王显贵，攻占了外城；然后攻打内城，没有成功就退还，萧范增派了军队，让他再次去攻打。

东魏大将军高澄忧虑民间私铸的铜钱粗糙泛滥，提议不禁止民间私铸铜钱；但是要在城镇市场门口悬挂公平秤，铜钱重量不足五铢，不得进入市场。朝廷大臣商议的结果，认为当年谷物歉收，建议下一年实行，于是没有执行。

西魏太师宇文泰杀安定国臣王茂，罪名不当，尚书左丞柳庆劝谏，宇文泰大怒，说："你袒护罪人，也应有罪！"当即逮捕柳庆。柳庆神色不变，说话仍然耿直，说："柳庆听说，国君被事务蒙蔽叫不明，臣子知道事情的真相而不争叫不忠。柳庆既然要竭尽忠心，就不敢爱惜生命。只是担心太师不明罢了。"宇文泰醒悟，赶紧派人去赦免王茂，但没有赶上，王茂就已经被处死了。便赏赐王茂家钱帛，说：“只能用这种方式来表明我的过失。”

十二月三十日丙辰，柳仲礼夜晚进入韦粲军营，商议如何部署各路援军。第二天早晨与侯景会战，诸将各自据守阵地，令韦粲屯驻青塘。韦粲认为青塘正当石头城中路，叛军一定要争夺，颇有些畏惧。柳仲礼说：“青塘要地，非兄长去驻防不可，如果疑虑兵少，我将增兵相助。”于是派直阁将军刘叔胤协助韦粲。

（以上为第五段，写梁朝勤王之师大集，众推柳仲礼为大都督，结营秦淮河。）

【点评】

侯景反叛。侯景一入梁境，即以残兵据寿阳，智者已识其为祸端矣。惜乎梁朝主上昏耄，贼臣专权，君与臣俱姑息养奸，乃至侯景反形已露，朝廷仍一味姑息。忠言一概不听，奸言受之如饴。元贞报警，羊鸦仁切谏，事实昭著，梁主武帝，权臣朱异，仍置之脑后。由是叛贼胆壮，侯景上书戏侮君前，昏主竟优诏答之。于是宗室潜疑，萧正德卖国求荣，通敌外叛，侯景以一旅之众，入腹心，渡长江，并非破竹之势，乃是入无人之境，遂长驱直指京师矣。

梁纪十八

梁武帝太清三年（公元549）

【屠维大荒落（己巳，公元549年），凡一年】

【大事提要】

本卷记事公元549年，凡一年，当梁武帝太清三年，西魏文帝大统十五年，东魏孝静帝武定七年。是年，北朝东魏势力扩张，高澄乘梁朝内乱，蚕食梁朝淮南各州镇，又西败西魏名将王思政，收复因侯景反叛而丢失的全部河南疆土。本卷重点仍载述侯景叛乱的太清之祸。侯景兵围台城，四方勤王之师集于建康，繁华帝京，成为烽烟连绵的大战场，一百余日的激烈大战，建康士民死伤十之八九，数十万生灵遭涂炭，十里长街片瓦不存，变为废墟。台城破，梁武帝死，宗室诸王不思协力报君国之仇，反而各怀私心，互相攻伐，既使侯景苟延性命于内，又使大片国土丧失于外。梁朝纲纪不张，政治腐败，于兹可见。

高祖武皇帝十八

梁武帝太清三年（己巳，公元549年）

春季，正月初一日丁巳，柳仲礼从新亭移军屯驻大桁。正碰上大雾，韦粲的部队迷了路，等到达青塘，夜已过半，树立营房的栅栏还没有合拢，侯景侦察到了这个情况，立即亲自率领精锐士兵攻击韦粲。韦粲派军主郑逸还击，命刘叔胤率领水军袭击侯景的背后，刘叔胤胆却懦弱，不敢向侯景发起进攻，郑逸于是战败。侯景乘胜攻入韦粲军营，韦粲身边的亲兵拉着韦粲躲避敌人，韦粲坚守不动，喝令儿子、弟弟率军全力死战，于是韦粲和儿子韦尼，以及三个弟弟韦助、韦警、韦构，还有堂弟韦昂全都战死，同时遇难的亲戚有几百人。柳仲礼正在吃饭，立即丢下筷子穿上铠甲，率领部下一百多骑兵飞奔救援，与侯景在青塘大战，大败侯景，杀死敌人数百人，被赶下秦淮河淹死的敌人千多人。柳仲礼的长矛正要刺向侯景，这时侯景的部将支伯仁赶到，从背后砍了柳仲礼一刀，正中肩膀，战马也陷到了泥潭中，敌军围上来几把长矛一齐刺向柳仲礼，幸好骑将郭山石冲了上来，这才救出了柳仲礼。柳仲礼受了重伤，会稽人惠臶为他吸吮伤口止血，才得以死里逃生。从此以后，侯景不敢渡过秦淮河到南岸，柳仲礼也丧失了斗志，不再提交战的事。

邵陵王萧纶重新集合溃散的士兵，与东扬州刺史临城公萧大连、新淦公萧大成等从东路一起进军到了建康；正月初四日庚申，在大桁南岸扎营，也推举柳仲礼为大都督。萧大连，是萧大临的弟弟。

朝廷内外都认为是朱异招来了侯景之祸，大家一致谴责朱异，朱异又惭愧又愤恨，因而生病，于正月初四日庚申死去。按照惯例，尚书官衔不能用来赠给死者，梁武帝痛失朱异，特别破例赠官朱异为尚书右仆射。

正月初八日甲子，湘东王世子萧方等，以及王僧辩率军到达建康。

正月十二日戊辰，封山侯萧正表献出北徐州投降东魏，东魏徐州刺史高归彦派兵接收了北徐州。高归彦，是高欢的同宗弟弟。

正月十三日己巳，皇太子迁居永福省。高州刺史李迁仕、天门太守樊文皎率领救援军队一万多人到达皇城附近。台城内与城外援军好长时间没有通信息，台城内有个叫羊车儿的军士想出一个主意，他制作了一个鸱鸟形状的风筝，系上长绳，风筝内藏有一条写好的敕令，顺风放出，希望它飞到援军那里。敕命说："得鸱鸟送给援军，赏银百两。"皇太子亲自走出太极殿，在前廷趁着西北风放出风筝，叛军见了感到很奇怪，认为是诅咒用的厌胜物品，用箭射了下来。城外援军招募能够送信进台城的人，鄱阳王世子萧嗣的亲兵李朗应招，他请求先把自己打一顿，装扮成犯了过失的罪人，叛逃出去投降叛军，因此得以进入台城。城内的人才知道援兵四面八方聚集过来，全台城内的人欢欣鼓舞。梁武帝任命李朗为直阁将军，赏赐黄金，然后送他出城回报。李朗顺着钟山后坡，昼伏夜行，绕行了几天才回到军营。

正月二十七日癸未，鄱阳王世子萧嗣、永安侯萧确、庄铁、羊鸦仁、柳敬礼、李迁仕、樊文皎等人率领军队渡过秦淮河，攻击东府前面的栅寨，放火烧了它，侯景往后撤退。各路军队在青溪东西扎营。李迁仕、樊文皎率领精锐士兵五千人孤军深入叛军营内，所到之处，敌人溃散。援军追击到菰首桥东面时，侯景将领宋子仙率领伏兵杀出，樊文皎战死，李迁仕逃回。柳敬礼，是柳仲礼的弟弟。

柳仲礼表情傲慢而凶狠，经常高高在上，蔑视诸将，邵陵王萧纶每天策马来到他的军营前，也要等半天才能进见，因此柳仲礼与萧纶以及临城公萧大连结下很深的仇怨。萧大连又与永安侯萧确有隔阂，各路援军互相猜忌，谁都没有心思作战。援军刚到建康，城中士民携老扶幼等候欢迎，可是援军刚过秦淮河，就放纵士兵抢劫掠夺。由于这样，城中百姓失望，叛军中有人谋划响应官军，听到这种情况，也就打消了响应的念头。

侯景部将王显贵，献出寿阳向东魏投降。

（以上为第一段，写梁朝勤王之师四集，初战不利后的形势。太清三年正月，勤王之师初战失利，韦粲死，军魂夺。援军大都督柳仲礼初战受创，死里逃生而胆寒，坚壁不敢言战，傲慢乖张以树威，诸将离心，士气不振。）

临贺王萧正德的记室参军吴郡人顾野王起兵讨伐侯景。二月初三日己丑，率领军队到达建康。当初，台城关闭城门时，公卿百官考虑到了粮食问题，无论男女老少和贵贱都出城运米，一共运了四十万斛，收集各部门库存的钱帛共五十万亿，都集中在德阳堂保管，可是没考虑到储备柴火、饲草、鱼肉、食盐。到了这时，只好拆毁尚书省房屋的木料当柴烧，剁碎垫席当马料，垫席吃完，只好用米饭喂马。士兵们没有肉吃，有的煮铠甲，有的熏老鼠、捕鸟来吃。御厨房有一些干海带，有酸咸味，就分给士兵当盐吃。士兵们在宫殿和省台官衙中屠宰马，掺杂人肉，吃的人没有不得病的。侯景的兵众也一样饥饿，抢掠没有收获。东城储有粮米，可供一年，被援军切断了通路。又听到荆州的援兵就要到达，侯景十分忧虑。王伟说："现今台城不能很快攻下，援兵一天天增加，我军又没有粮食，如果假装求和，拖延对方的攻势，东城的粮米，可够一年，趁求和的时机，把粮米运到石头城，援军一定不会采取行动。然后休整部队，养肥战马，修造好兵器，等待对方松懈的机会发起攻击，可以一战成功。"侯景听从了，派他的将领任约、于子悦到台城下，拜送表章求和，要求回到原先镇守的地方。皇太子考虑到台城处境穷困，就向梁武帝报告，请求答应侯景求和。梁武帝大怒说："与其与侯景讲和，还不如死。"皇太子坚持讲和，说："侯景围城逼迫已经很久，城外援军互相推托不肯出战，应当暂且允许讲和，再想后面的办法。"梁武帝沉吟很久，才说道："你自己做主吧，只是不要被取笑千载。"于是同意讲和。侯景要求把江西南豫州、西豫州、合州、光州等四个州割让给他，还提出要宣城王萧大器出台城来护送他，然后才能渡过长江。中领军傅岐坚决抗争说："哪有叛贼领兵围攻宫阙，反而与他讲和的道理！这完全是想借此让援军退出的伎俩罢了，戎狄人面兽心，一定不可相信。况且宣城王是皇上嫡亲后嗣，关系国家命运，岂能作为人质！"梁武帝就任命萧大器的弟弟石城公萧大款为侍中，出台城到侯景军中作人质。又敕令各支援军不得再前进一步。梁武帝下诏说："善于用兵的人不用交战决定胜负，'武'字是由'止戈'两字合成。可委任侯景为大丞相，都督江西四州诸军事，原职豫州牧、河南王照旧。"二月十三日己亥，在西华门外筑坛，派仆射王克、上甲侯萧韶、吏部郎萧瑳与侯景的部将于子悦、任约、王伟登坛共同订立盟约。太子詹事柳津走出西华门、侯景走出包围台城的栅栏门，两人远远相对，随后宰杀牲畜，歃血盟誓。盟誓以后，侯景不撤除包围圈，全力修造铠甲兵器，借口"没有船，不能立即撤走"。又说"害怕援军追击"，打发石城公萧大款回到台城，要求宣城王萧大器出宫护送，提出的要求越来越多，根本没有撤离的意思。皇太子也知道侯景在说谎，但仍然不断地笼络侯景。萧韶，是萧懿的孙子。

二月十四日庚子，前南兖州刺史南康王萧会理、前青州、冀州两州刺史湘潭侯萧退、西昌侯世子萧彧合兵三万人，进兵到达马印洲，侯景担心这支援军从白下沿江而上，上奏要求说："请将驻屯马印洲的援军撤到南岸，否则妨碍臣过江。"皇太子立即严令萧会理从白下城移军到南岸的江谭苑。萧退，是萧恢的儿子。

二月十五日辛丑，梁朝任命邵陵王萧纶为司空，任命鄱阳王萧范为征北将军，任命柳仲礼为侍中、尚书右仆射。侯景任命于子悦、任约、傅士悊都为仪同三司，任命夏侯谲为豫州刺史，任命董绍先为东徐州刺史，任命徐思玉为北徐州刺史，任命王伟为散骑常侍。梁武帝任命王伟为侍中。

二月十九日乙卯，侯景又上奏说："近日我接到江西来信说，高澄已经夺走了寿阳、钟离，臣现在没有立脚的地方，请求暂借广陵的谯州，等臣收复了寿阳，立即奉还朝廷。"又说："援军既然驻扎在南岸，必须让出京口让我渡江。"皇太子一概答应。

二月十七日癸卯，大赦天下。

二月二十四日庚戌，侯景又上奏说："永安侯萧确、直阁将军赵威方不断隔着栅栏诟骂说：'皇上和你订了盟约，我们最终要打败你。'请求皇上宣召萧确和赵威方回到台城，臣立即撤军上路。"梁武帝派吏部尚书张绾去召回萧确。二月二十五日辛亥，任命萧确为广州刺史，任命赵威方为盱眙太守。萧确几次上书坚决辞去广州刺史的职务，不入台城，梁武帝没有允许。萧确先派赵威方进入台城，自己打算南逃广州。邵陵王萧纶流着眼泪说："台城被包围了很久，皇上危险堪忧，作为臣子的心情，急切如同身陷沸水与大火之中，所以才想到订盟让叛贼快走，日后再做打算。命令已经下达，怎么能抗拒呢！"当时台城使者周石珍、东宫主书左法生正在萧纶跟前，萧确对两人说："侯景嘴上说要走，却不撤除对台城的包围，他的意图是明摆着的，如今把我召入台城，无济于事。"周石珍说："皇上的命令既然是这样，萧郎怎么能够推辞呢！"萧确意志仍然十分坚定，萧纶大怒，对赵伯超说："赵谯州替我杀了他，让使者带脑袋去回皇上。"赵伯超举刀看着萧确说："我赵伯超认识君侯，可这把刀不认识你。"萧确不得已，流着眼泪进入台城。

梁武帝平时素食多吃蔬菜，等到台城被包围时间长了，御厨房的蔬菜完了，就吃鸡蛋。萧纶趁使者进出的机会，带进去几百个鸡蛋，梁武帝亲自捡鸡蛋，边捡边流泪叹息。

湘东王萧绎率领军队驻扎在郢州的武城，湘州刺史河东王萧誉率领军队驻扎在青草湖，信州刺史桂阳王萧慥率领军队驻扎在西峡口，他们都借口等待四方援军，滞留原地，不向前进军。湘东王萧绎的中记室参军萧贲是一个刚直的人，见萧绎没有快速进军东下，内心很不满意，曾经和萧绎两人玩双陆，萧绎举棋不定，萧贲借机挖苦说："殿下怎么全没有下棋的心思。"萧绎深深怀恨在心，等到得了梁武帝不进兵的诏令，萧绎就想退军回去。萧贲说："侯景以臣犯君用兵包围台城，如果侯景放弃兵权，等不到他渡江，一个小孩子就能杀掉他，因此侯景肯定是不收兵的。大王手握十万雄兵，没有看到叛贼就退回去，这怎么可以呢！"萧绎很不高兴，不久，就找借口杀了萧贲。萧慥，是萧懿的孙子。

东魏河内郡有四千多户平民，因为西魏北徐州刺史司马裔是他们的同乡，就相约一起归附了司马裔。丞相宇文泰想封赏给司马裔，司马裔坚决推辞说："我的乡亲父老从远道来归附皇朝的教化，我怎能统帅他们！出卖义士以求取荣誉，这不是我愿做的。"

侯景把东府的粮米运到石头城，已经完毕，王伟又听到荆州援军已经撤回，建康城里的援军虽然很多，但彼此不能统一行动。于是劝说侯景，说："大王你身为人臣，却率军攻围台城，逼迫侮辱嫔妃皇上，摧残玷污宗庙，犯下的罪过擢发难数。今天你待在这里，想就这样在此安身吗？背弃盟约而获得成功，自古以来有很多，希望你要看势态的发展采取行动。"临贺王萧正德也对侯景说："大功眼看就要告成，怎能丢掉离开。"侯景于是上书，列举梁武帝十大过错："臣正在做撤离的准备，所以冒昧地陈述忠直之言。陛下崇尚虚无荒诞，不喜欢听到真实的记载，把反常怪异当作吉祥的象征，把上天的谴告说成没有过错。你附会推演六艺，排斥前贤的学说，这是王莽的做法。你用铁铸造货币，轻重没有标准，这是公孙述的币制。你滥封官职，乱刻官印，朝廷制度鄙陋混杂，这是与更始皇帝刘玄、赵王司马伦同类。豫章王萧综和你有血仇，邵陵王萧纶在你作为生父健在时，却穿了别人的丧服当街痛哭，这是石虎伤风败俗的行为。你修建佛塔寺院，百般奢侈浪费，造成四方平民饥饿无食，这是笮融、姚兴的把戏。"又说："建康宫室奢侈豪华，陛下只与主书朱异决断军国大事，凡事要有贿赂才能办成，宦官们钱财丰盛，和尚们富裕充实。皇太子爱好珍珠宝玉，沉湎于饮酒女色，说话轻薄，吟咏跳不出《桑中》淫诗；邵陵王所到之处，百姓遭受残害；湘东王的部众，个个贪婪放纵；南康王和定襄侯之流，都沐猴而冠，有人样而无人性。这些人，是你的儿孙亲侄，职位是手握重兵的藩臣，臣到京城已有一百天，哪一个肯真的保卫王室？这个样子还想国家长久，从未有过。从前鬻拳兵谏楚王，楚王终于改恶从善，我今天只不过是效法，难道有什么罪过吗？恳切地希望陛下通过这次小小的惩罚而获得深刻的教训，放逐进谗言的小人，接纳敢直言的忠臣，不要有使臣再次发动兵谏的忧虑，陛下也不会有缩在城中被围困的耻辱，那么也是老百姓的幸运啊。"

梁武帝看了侯景的奏书，又惭愧又愤怒。三月初一日丙辰，在太极殿前筑坛祭告天地，宣布侯景违背盟誓，点燃烽火，擂鼓呐喊。当初，关闭城门的时候，台城有男女十余万口，披甲战士两万多人，被围日久，人多浮肿气喘，死亡十之八九，能登城抵抗的人不满四千人，大都瘦弱气喘。尸体横卧路上，来不及掩埋，尸体腐烂的液体流满沟渠。然而众人还把希望寄托在外援上。柳仲礼只知和成群的伎妾摆酒寻欢，各路将领每天到他那里请求交战，柳仲礼都不允准。安南侯萧骏劝说邵陵王萧纶说："台城危急万分，大都督不救援，如果万一事出意外，殿下有什么脸面活在世上！如今应分军为三路，出其不意地攻击叛军，可以获胜。”萧纶不听。柳津登城对柳仲礼说：“你的皇上、父亲都在危难中，你却不尽力，百世之后，怎么评价你！”柳仲礼也不放在心上。梁武帝问柳津有什么破敌的计谋，柳津回答说：“陛下有邵陵王这样的儿子，臣有柳仲礼这样的东西，不忠不孝，怎么可能平定叛军呢！”

三月初三日戊午，南康王萧会理与羊鸦仁、赵伯超等计划移前军营到东府城北，相约夜里军队渡河。约定后，羊鸦仁等人天亮后还没有到达，侯景的军队发现了。援军还没有扎下军营，侯景派宋子仙出击，赵伯超远远望见就退走，萧会理等人被打得大败，战死和淹死的有五千人。侯景把首级堆在宫门前，向城内的人警告。

侯景又派于子悦求和，梁武帝派御史中丞沈浚到侯景的驻地。侯景根本就没有撤离的意思，对沈浚说：“如今天气正热，军队不宜行动，请求留在京师效力。”沈浚气愤地斥责侯景，侯景不回答，却举刀呵斥。沈浚说：“你忘恩负义，违背盟约，本是天地所不容的！我沈浚活了五十岁了，常常担心死不得其所，你别拿死来威胁我！”说完头也不回地径直走出去。侯景认为沈浚忠贞正直，放过了他。于是，侯景挖开玄武湖堤防，引水灌台城，从四面八方加紧攻城，昼夜不停。邵陵王世子萧坚屯驻太阳门，整天赌博饮酒，不爱惜将士，他的书佐董勋、熊昙朗十分憎恨。三月十二日丁卯，下半夜，董勋、熊昙朗在皇城西北楼引导侯景的军队登城，永安侯萧确奋力作战，没能杀退敌人，于是推开殿门径直启奏梁武帝说：“台城已经陷落。”梁武帝卧床不动，说：“还可以最后一战吗？”萧确说：“不能了。”梁武帝叹息说：“天下是我亲手取得的，也是我亲手丢失的，没什么遗憾！”便对萧确说：“你赶快离开，告诉你父亲，不要挂念皇上和太子。”并让萧确代为慰劳在城外的各路援军。

不一会儿，侯景派王伟进入文德殿去拜见梁武帝，梁武帝命令左右揭开帘幕，打开殿门引导王伟进入，王伟拜见并呈上侯景的奏书，说：“臣被朝中奸佞陷害，只好带兵入朝，惊动皇上，如今到宫门请罪。”梁武帝问：“侯景在哪里，可召他进来。”侯景进宫在太极殿东堂拜见皇上，身边带了五百个甲士保护。侯景在殿下叩头，典礼司仪带侯景到三公的坐榻就座。梁武帝神色不变，问侯景说：“你带军队在建康这么久，怕是很劳苦吧！”侯景不敢仰视，汗流满面。梁武帝又问：“卿是哪个州的人，竟敢到这里来，妻子儿女还在北方吗？”侯景都回答不上来。任约在旁边代为回答说：“臣侯景的妻子儿女都被高氏杀害了，只剩一个人投归陛下。”梁武帝又问：“你刚渡江时有多少人？”侯景说：“一千人。”梁武帝又问：“包围台城有多少人？”侯景回答：“十万人。”梁武帝又问：“现在有多少人？”侯景回答说：“全天下的人，都归我所有。”梁武帝低头不再说话。

侯景又到永福省去见太子萧纲，太子也丝毫没恐慌的脸色。侍卫们都害怕逃散了，只有中庶子徐摛、通事舍人陈郡人殷不害陪伴在旁边。徐摛对侯景说：“侯景大王您拜见太子要有礼节，这像什么样子。”侯景这才跪拜太子。太子与侯景说话，侯景还是不能回答。

侯景离宫退出后，对他的厢公王僧贵说："我经常骑马对阵，面对刀丛箭雨，心情平稳安定，一点害怕都没有；今天拜见萧衍这个老头，使人提心吊胆，难道真是天威难犯吗？我再也不敢见了。"于是全部撤离梁武帝、太子萧纲原有的侍卫，放纵士兵抢掠皇上的车驾、服饰、宫女，洗掠一空。把朝中文武大臣、王侯们全都抓起来关押在永福省，派王伟守卫武德殿，派于子悦驻守太极殿东堂，假传皇上诏令，大赦天下，给自己加官大都督中外诸军事、录尚书事。

建康的官吏平民出城四面八方逃难。太子洗马萧允逃到京口，留下来不走了，说："生与死是命中注定的，怎么能逃得掉呢？灾祸之所以到来，都是因为贪利，如果不贪利，灾祸怎么会发生！"

三月十四日己巳，侯景派石城公萧大款带上梁武帝的诏令去解散各路援军。柳仲礼召集各路将领商议，邵陵王萧纶说："今天的命运，就全交给将军了。"柳仲礼看关萧纶不作回答。裴之高、王僧辩说："将军你拥有百万大军，却致使皇宫陷落，眼下应当全力决战，没什么可说的。"柳仲礼始终不说一句话，于是各路援军随即解散，回到各地。南兖州刺史临成公萧大连、湘东王世子萧方等、鄱阳王世子萧嗣、北兖州刺史湘潭侯萧退、吴郡太守袁君正、晋陵太守陆经等人各还本镇。袁君正，是袁昂的儿子。邵陵王萧纶逃到会稽。柳仲礼和他弟弟柳敬礼、羊鸦仁、王僧辩、赵伯超都打开营门投降，士兵们没有不叹息愤怒的。柳仲礼等人进入台城，先拜见侯景，然后去见梁武帝，梁武帝不和他们说话。柳仲礼去见父亲柳津，柳津痛哭说："你不是我的儿子，何必劳驾来看我！"

湘东王萧绎派全威将军会稽王萧琳送米二十万石供给援军，到达姑孰，听说台城陷落，就把米沉入长江回去了。

侯景下令焚烧台城内堆积的尸体，连病重还没断气的人也堆在一起活活烧死。

（以上为第二段，梁皇太子懦弱畏敌，在勤王之师大集的形势下，中叛贼奸计许和，丧失战机，灭了自己勤王之师的士气，助长了贼人的威风，导致将士寒心，闻警坐观，皇城于是不守。）

三月十五日庚午，朝廷下诏各州郡镇守长官可以恢复原职。侯景留下柳敬礼、羊鸦仁，派遣柳仲礼回到司州，王僧辩回到竟陵。当初临贺王萧正德与侯景相约，攻破台城之日，不得保全皇上、皇太子。等到打开了台城，萧正德率领兵众带着刀想进入台城，侯景派他的人守住宫门，萧正德没能如愿进入，侯景改任萧正德为侍中、大司马，文武百官都恢复原职。萧正德进宫拜见梁武帝，边拜边流泪。梁武帝说："哭了又哭，后悔来不及了。"

秦郡、阳平、盱眙三郡投降了侯景，侯景改阳平郡为北沧州，改秦郡为西兖州。

东徐州刺史湛海珍、北青州刺史王奉伯都献出土地投降了东魏。青州刺史明少遐、山阳太守萧邻丢弃城池逃走，东魏占领了这些地方。

侯景任命仪同三司萧邕为南徐州刺史，代替西昌侯萧渊藻镇守京口。又派他的部将徐相攻击晋陵，陆经率郡投降。

当初，梁武帝任命河东王萧誉为湘州刺史，调任湘州刺史张缵为雍州刺史，取代岳阳王萧詧。张缵依仗自己的才能和威望，轻视萧誉年少，在迎接时礼节不周。萧誉到任后，检查州府事务，办完移交，扣留张缵不让他走。萧誉听说侯景作乱后，便经常凌辱张缵。张缵害怕遭杀害。在一个夜晚驾轻舟逃走，将要到达雍州境内时，又担心萧詧拒绝他。张缵与湘东王萧绎有交情，想借他的力量杀掉萧誉兄弟，于是到了江陵。等到台城陷落，诸王回到各自的州镇，萧誉从湖口回到湘州。桂阳王萧慥因为荆州是督府所在地的重镇，便率领军队在江陵停留下来，想等待萧绎回来时拜见，然后再回信州。张缵写信给萧绎说："河东王萧誉乘船沿江而上想偷袭江陵，岳阳王萧詧在雍州呼应，共谋叛乱。"江陵巡江军主朱荣也派人报告萧绎说："桂阳王萧慥留在江陵，打算接应萧誉、萧詧。"萧绎害怕，凿船沉米，砍断缆绳，改走陆路，从蛮中步行，匆忙回到江陵，把萧慥抓起来杀了。

侯景任命前临江太守董绍先为江北行台，让他带上手敕，召回南兖州刺史南康王萧会理，三月二十七日壬午，董绍先到达广陵，他的部众不到二百人，都是多天挨饿疲惫不堪，萧会理甲士战马众盛，幕僚部下劝萧会理说："侯景已经攻破京都，首先想的是除掉皇室诸王，然后篡夺皇位。如果四面八方都起来反抗拒绝，侯景就会立即溃散败亡，怎么可以把一个州的土地交给叛贼呢？不如杀了董绍先，派兵防守，与东魏联合，以等待时局的变化。"萧会理一向懦弱，立即把州城交给了董绍先。董绍先进入了州城以后，众人都不敢轻举妄动。萧会理的弟弟萧通理请求先回到建康，对他的姐姐说："事情既然到了这个地步，怎么可以全家坐着等死！如果考虑前途的话，我也想立功效力，只是不知道天命怎么样。"董绍先全部接收和整编了广陵的文武官吏与部众、铠甲兵器、府库财物，派萧会理单人匹马地回到建康。

湘潭侯萧退与北兖州刺史定襄侯萧祇出逃到东魏。侯景任命萧弄璋为北兖州刺史，州城民众起来以武力拒绝萧弄璋进城，侯景派直阁将军羊海领兵支援，羊海率领部众投降了东魏，东魏于是占领了淮阴。萧祇，是萧伟的儿子。

三月二十八日癸未，侯景派于子悦等率领几百个老弱兵攻占吴郡。新城戍主戴僧遏有精锐甲士五千人，劝说太守袁君正，说："叛贼如今缺乏粮食，缴获的台城粮食不足供给十天，如果闭关拒守，叛贼立即被饿死。"地方豪绅陆映公等担心不能取胜，反而家财被掠夺，纷纷劝袁君正迎接于子悦。袁君正素来胆小，载着米、牛、酒，出城郊迎。于子悦扣押了袁君正，抢掠财物、子女，江东民众建立栅塞城堡抗拒于子悦。侯景又任命任约为南道行台，出镇姑孰。

夏季，四月，湘东王世子萧方等回到江陵，湘东王萧绎才知道台城陷落，就下令在江陵四周七里之内竖立木栅，挖了三道壕沟以加强守备。

（以上为第三段，写侯景攻破皇城，勤王之师四散，梁境内藩镇州牧郡守，皆无斗志，侯景遣将四出略地，扩大战果。）

东魏高岳等攻围西魏颍川郡，没有攻克。大将军高澄不断增兵援助高岳，在通往颍川的道路上，一批又一批的增援军队，络绎不绝。过了一年还没攻下颍川。东魏将领山鹿中武公刘丰生献计高岳，在洧水上筑堤坝蓄水灌城，颍川城的城墙多处崩塌，高岳全军分成几支，轮番休整，不停地发起攻击。王思政亲自登城冒着飞石箭雨，与士兵同甘共苦，城内积水如泉涌，就把饭锅吊起来做饭。西魏太师宇文泰派大将军赵贵督东南各州的军队救援王思政，但长社以北广大地区都成了沼泽，援军行进到了穰城，无法继续前进。东魏派出善射的弓箭手坐着大船驰进城边向城内放箭，颍川城即将陷落。东魏大将燕郡景惠公慕容绍宗与刘丰生两人到堤坝上视察，看到东北方尘烟飞起，两人一起进入船舱避风。不一会儿暴风吹来，远近一片昏暗，系船的缆绳被扯断，船随波涛顺风飘荡，直接漂向颍川城；城上守军用长钩牵住船，弓箭乱射，慕容绍宗投水溺死，刘丰生游向攻城的土山，被城上的人乱箭射死。

四月十九日甲辰，东魏加官大将军勃海王高澄为相国，封齐王，还给予他特殊的礼遇。四月二十二日丁未，高澄到邺城朝见孝静帝，再三推辞加封的爵位，孝静帝不允许。高澄召集亲密将领僚属秘密商议，都劝高澄应该服从朝廷的诏命，只有散骑常侍陈元康认为不宜接受，高澄因此怀恨陈元康。崔暹便推荐陆元规为大行台郎，用他来削弱陈元康的权力。

湘东王萧绎救援建康时，命令所督各州都要发兵，雍州刺史岳阳王萧詧派府司马刘方贵领兵顺汉水前出到汉口，萧绎宣召萧詧要他亲自带兵助主，萧詧没有听从。刘方贵暗中与萧绎交好，密谋偷袭襄阳，还没有出发。正好这时萧詧因为别的事情召回刘方贵，刘方贵以为密谋泄露，于是占据樊城抗拒命令，萧詧派兵攻击。萧绎给予张缵丰厚的资助派他去赴任。张缵到达大堤时，萧詧已经攻占了樊城，杀死了刘方贵。张缵到达襄阳，萧詧借故推延，不肯离开襄阳，只把张缵安置在襄阳城西的白马寺；萧詧还掌管着军府的政务，听到台城陷落的消息后，于是拒绝让张缵取代自己。雍州助防杜岸骗张缵说："看来岳阳王的架势容不下张使君，还不如暂且到西山避开灾祸。"杜岸是襄阳的大豪族，兄弟有九个，个个骁勇而闻名。张缵于是与杜岸结盟，男扮女装，乘坐一辆有青布车帘的车子，逃进西山。萧詧派杜岸带兵追上，抓了起来，张缵请求出家为和尚，改名为法缵，萧詧同意了。

荆州长史王冲等人写信给湘东王萧绎，请求他以太尉、都督中外诸军事的身份借皇帝旨意的名义主持会盟，萧绎不同意。五月初二日丙辰，王冲等人又请求萧绎以司空身份主持会盟，萧绎仍然不同意。

梁武帝表面上接受侯景的控制，而内心不服。侯景想任命宋子仙为司空，梁武帝说："调和阴阳的三公职位，怎么能任用这种人。"侯景又请求任命他的两个党羽为便殿的主帅，梁武帝不同意，侯景也不能强迫，他心里很畏惧皇上。太子萧纲入宫流着眼泪劝谏，梁武帝说："谁让你来的！如果还有神灵保护国家，梁朝还能重建，如果不是这样，流泪有什么用。"侯景派他的士兵进入朝廷各官衙守卫，有的赶着驴马，带着弓箭战刀，进出宫殿，梁武帝很诧异地问是怎么回事，直閤将军周石珍回答说："这是侯景丞相的士兵。"梁武帝大怒，骂周石珍说："是侯景，怎么叫丞相！"梁武帝身边的人都非常害怕。从此以后，梁武帝所要的东西侯景多半不给，饮食也减少了许多，于是忧愁愤恨生了病。太子萧纲把小儿子萧大圜托付给湘东王萧绎，并剪下指甲、头发送给他。五月初二日丙辰，梁武帝躺在净居殿，口中很苦，想喝蜂蜜水也得不到，喊了两声："荷！荷！"便断了气，享年八十六岁。侯景秘不发丧，把灵柩移到昭阳殿，从永福省迎来皇太子，让他像往常一样入朝，王伟、陈庆陪在皇太子旁边监视，皇太子呜咽抽泣，泪流满面，不敢出声，殿外文武百官都不知道这件事。

东魏高岳丧失了慕容绍宗等名将，神情沮丧，士气低落，不敢再逼近长社城。陈元康对大将军高澄说："大王自从执掌辅政大权以来，还没有建立特殊的功勋，虽然打败了侯景，但侯景不是外部敌人。如今颍川马上就要陷落，希望大王亲自建立这份功劳。"高澄听从了。五月二十四日戊寅，亲自率领步骑十万攻打长社，又亲临堤堰视察，堤堰三次决口，高澄大怒，下令把挑土的人和土袋一起推下河里堵塞缺口。

五月二十七日辛巳，为梁武帝发丧，把灵柩停放在太极殿。这一天，太子萧纲即皇帝位，大赦天下。侯景退出昭阳殿，驻军朝堂监视，分兵守卫各处。

五月二十八日壬午，梁朝下诏宣布在南方为奴婢的北方人，全部免除奴婢身份，获免的奴婢数以万计，侯景还从中破格任用了一些人，希望笼络他们替自己效力。

梁武帝的晚年，建康官民在服饰、饮食、器用各个方面，互相攀比，崇尚奢侈豪华，粮食没有半年的储备，经常靠各地向京师输送物资。自从侯景作乱以来，交通断绝，几个月之后，就发生了人吃人的情况，仍然有人饿死，活下来的人只有百分之一二。皇亲贵戚、大户人家都要亲自出城采集野生稻谷，因而死在野地荒郊填满沟壑的人，不知有多少。

五月二十九日癸未，侯景派仪同三司萧来亮进入宛陵县，宣城太守杨白华诱捕萧来亮，杀了他。五月三十日甲申，侯景派部将李贤明进攻宣城，没有攻克。侯景又派中军侯子鉴进入吴郡，任命厢公苏单于为吴郡太守，派仪同宋子仙等领兵东出屯在钱塘，新城戍主戴僧逷率军抵抗。御史中丞沈浚逃避灾难回到东部，到达了吴兴，吴兴太守张嵊与他合谋，起兵讨伐侯景。张嵊，是张稷的儿子。东扬州刺史临城公萧大连，也占据州城不接受侯景的命令。能够执行侯景号令的地方，只有吴郡以西、南陵以北的狭小区域罢了。

（以上为第四段，写侯景逼死梁武帝，士民离心，梁境内讨逆之声渐起，侯景的号令只在吴郡以西，南陵以北狭小地区施行。）

西魏发布诏令："太和年间，代郡人改汉姓的，都可以恢复旧姓。"

六月初二日丙戌，梁朝任命南康王萧会理为侍中、司空。

六月初三日丁亥，梁朝立宣城王萧大器为皇太子。

当初，侯景派太常卿南阳人刘之遴为授予临贺王萧正德皇帝印章的礼仪官，刘之遴剃了头发打扮成和尚逃走了。刘之遴学识渊博，写得一手好文章，曾经为湘东王萧绎的长史，他想到江陵回到萧绎那里去，萧绎一向嫉妒他的才能。六月初五日己丑，刘之遴到达夏口，萧绎暗中派人送药毒死了刘之遴，然后亲自给刘之遴写了墓志铭，给刘之遴的家属送了很厚重的丧礼。

六月初八日壬辰，梁朝封皇子萧大心为寻阳王，封萧大款为江陵王，封萧大临为南海王，封萧大连为南郡王，封萧大春为安陆王，封萧大成为山阳王，封萧大封为宜都王。

被围困的西魏长社城中没有食盐，军民很多人得了痉挛浮肿病，十之八九的人都死了。不幸，从西北刮起了大风，洪水被吹得波涛汹涌，灌入城中，城墙彻底崩毁。东魏大将军高澄下令警告城中的人说："有能活捉王思政大将军的人封为侯，如果大将军的身体有损伤，左右亲近的人全都杀头。"王思政率领部众占据了土山，告诉东魏人说："我力屈计穷，只有以死报国。"说完仰天大哭，向西跪拜了两次，要拔刀自杀。都督骆训对他说："你经常对我们说：'你们可以拿着我的头出城投降，不但可得到富贵，还可以保全一城人的生命。'如今高澄丞相发布了要你活下来的命令，你就不痛惜士兵们的生命吗？"众人一起抓住王思政，使他无法自杀，高澄派通直散骑赵彦深到土山送给王思政一把白色羽毛扇子，握住他的手，表示投降的意思，然后牵着王思政的手走下土山来见高澄。高澄不让王思政下拜，以礼相待。王思政当初进入颍川，带领的将士有八千人，等到城破时，只剩三千人，士兵没有一个人背叛。高澄把西魏投降的将士全都发配到远方，改颍川为郑州，对王思政甚为厚重。西閤祭酒卢潜说："王思政不能以死殉职，哪里值得如此看重。"高澄对身边亲将们说："我有卢潜，可以说又得了一个王思政。"卢潜，是卢度世的曾孙。

当初，王思政屯驻在襄城，想把长社作为行台治所，派使者魏仲向太师宇文泰报告，又写信给淅州刺史崔猷征询意见。崔猷回信说："襄城是控制连接长安、洛阳的交通枢纽，的确是最要紧的重镇，如果有事，很容易接应。颍川既靠近敌人边境，又没有山川的险固，敌人如果偷袭，可直接抵达城下。还是驻兵襄城，为行台治所，在颍川设置州治所，派良将镇守，那样就可以内外联防很坚固，民心也容易安定，即使有预料不到的事发生，也不会造成祸害。”魏仲见到宇文泰，把两个方案都做了汇报，宇文泰命令采纳崔猷的方案，王思政坚决请求在颍川设置行台，并且立下军令状说：“敌人用水攻坚守一年，敌人陆战坚守三年，在这期限之内，不需要朝廷救援。”宇文泰这才同意了。等到长社城破，宇文泰深感后悔。崔猷，是崔孝芬的儿子。

侯景叛逃梁朝之后，丞相宇文泰担心东魏重新攻取侯景原来管辖的地方，派诸将分别镇守各城。等到颍川陷落，宇文泰认为那几座城池与关中的交通已被切断，就命令各城守军撤退回到关中。

（以上为第五段，写东魏趁南朝混乱，专力对抗西魏，颍川争夺战，擒西魏名将王思政，收复了因侯景反叛丢失于西魏的全部河南疆土。）

梁朝上甲侯萧韶从建康逃往江陵，宣称得到梁武帝密诏征调兵马，任命湘东王萧绎为侍中、假黄钺、大都督中外诸军事、司徒、承制，其他藩镇都增加了职位名号。

侯景部将宋子仙率军攻击戴僧逷，没有取胜。六月二十二日丙午，吴郡大盗陆缉等人起兵，袭击吴郡，杀了苏单于，推举前淮南太守文成侯萧宁为主帅。

临贺王萧正德怨恨侯景出卖了自己，写了一封密信给鄱阳王萧范，让他带兵攻入建康，侯景截住了这封信。六月二十九日癸丑勒死了萧正德。侯景任命仪同三司郭元建为尚书仆射、北道行台、总督江北诸军事，驻守在新秦，又封元罗等诸元氏十多人为王。侯景爱惜永安侯萧确勇敢，经常把他带在身边，邵陵王萧纶暗中派人叫萧确离开侯景，萧确说：“侯景举止轻佻，只不过是一个匹夫，我想亲手杀死他，只恨还没找到下手的机会，你回去对我家王爷说，不要挂念我。”侯景带着萧确游钟山。萧确拉弓射鸟，趁机射侯景，不料弓弦拉断，箭没有射出去，侯景发觉了萧确的意图，就杀死了他。

湘东王萧绎娶了徐孝嗣的孙女为妃，生了世子萧方等。徐妃相貌丑陋，而且生性嫉妒，行为又常常失于检点，萧绎两三年才到徐妃房中一次。有一次，徐妃听说萧绎要来，因为萧绎有一只眼睛瞎了，徐妃只在半边脸上化了妆等候，萧绎见了，恼恨地退了出来，所以萧方等得不到宠爱。等到萧方等从建康勤王回到江陵，萧绎看到萧方等治军和穆严整，开始称赞他有才能。萧绎进入徐妃房间告诉她这件事，徐妃不答话，流着眼泪出了房间。萧绎大怒，就条列徐妃平时的丑闻，在大堂中张贴出来，萧方等看了，更加恐惧。湘州刺史河东王萧誉，骁勇善战，深得士兵拥护，萧绎将要讨伐侯景，派人去催促萧誉出兵出粮，萧誉说：“彼此都是军府，怎么忽然管起我来了。”使者往返数次，萧誉就是不给。萧方等请求讨伐萧誉，萧绎就任命小儿子安南侯萧方矩为湘州刺史，派萧方等率领精兵两万人护送萧方矩上任。萧方等将要出发时，对亲信说：“这次进兵，一定是我的死期，但是死得其所，我也没有遗憾。”侯景任命赵威方为豫章太守，江州刺史寻阳王萧大心派兵抗拒，活捉了赵威方，关在州城的监狱里，赵威方找机会逃回了建康。

湘东王世子萧方等进军到达麻溪，河东王萧誉率军七千人出击，萧方等战败，落水而死。安南侯萧方矩收集残兵回江陵，湘东王萧绎没有一点忧伤的面容。萧绎爱妃王氏，生的儿子叫萧方诸。王氏死了，萧绎疑心是徐妃干的，就逼迫徐妃自杀，徐妃投井而死，按平民礼仪安葬，还不让儿子们穿丧服。

西江督护陈霸先打算起兵讨伐侯景，侯景派人诱使广州刺史元景仲，许诺奉他为皇帝，元景仲因此归附侯景，阴谋除掉陈霸先。陈霸先得到消息，与成州刺史王怀明等人在南海集中兵力，飞马发布檄文声讨元景仲，说：“元景仲与叛贼联合，朝廷派曲阳侯萧勃为广州刺史，军队已经停驻在朝亭。”元景仲率领的军队，听到这个消息，纷纷背弃元景仲逃散。秋季，七月初一日甲寅，元景仲吊死在府衙堂下。陈霸先迎接定州刺史萧勃镇守广州。

前高州刺史兰裕，是兰钦的弟弟，他和他的几个弟弟煽动诱骗始兴郡等十个郡的兵马，攻击监衡州事欧阳頠。萧勃派陈霸先救援，把兰裕等人全部抓获，萧勃就委任陈霸先监始兴郡事。

湘东王萧绎派竟陵太守王僧辩、信州刺史东海郡人鲍泉领兵攻击湘州，分配给他们兵马和粮食，立即出发。王僧辩考虑到竟陵的部队还没有完全到达集中，想等到部队完全集结以后出发，他和鲍泉一起进入府衙向萧绎报告，请求宽限日期。萧绎疑心王僧辩滞留观望，就握着剑柄厉声斥责说：“你害怕出征，抗拒命令，想和叛贼结成一伙吗？今天你只有死路一条。”说着就向王僧辩砍去一剑，砍中了他的左大腿，王僧辩昏死过去，好长一阵时间才苏醒，立即被送进监狱。鲍泉吓得心跳不止，浑身发抖，不敢说话。王僧辩的母亲流着泪步行到萧绎府中赔罪，说自己教子无方，萧绎怒气才缓和下来，便送上良药，王僧辩才没有死。七月十四日丁卯，鲍泉独自领兵讨伐湘州。

陆缉等人竞相横暴掠夺，吴郡民众不拥护他，侯景部将从钱塘回军攻击他。七月初九日壬戌，陆缉丢弃了郡城逃到海盐，宋子仙重新占据了吴郡。七月十五日戊辰，侯景设置吴州，以吴郡城为治所，任命安陆王萧大春为刺史。

七月十七日庚午，梁朝任命南康王萧会理兼尚书令。

鄱阳王萧范听到建康失守，而且戒严，想带兵进入建康，有个僚佐劝谏萧范说：“如今东魏已经占据了寿阳，大王一旦离开，那么东魏骑兵必然窥伺合肥，前面的叛贼没有讨平，后面的城池失守，那将怎么办呢！还不如等待各路兵马会齐，派一员良将率领精兵前往，前进不误勤王大义，后退可以保住根基。”萧范才停止了进军，恰好这时东魏大将军高澄派西兖州刺史李伯穆逼近合肥，又派魏收写信给萧范劝降。萧范正在谋划讨伐侯景，想借东魏为后援，于是率领将士两万人离开合肥出东关，把合肥城交给了李伯穆，并派谘议刘灵仪送自己的两个儿子萧助、萧广到东魏为人质，请求借兵。萧范屯驻濡须等待长江上游的勤王军队，派世子萧嗣领兵一千人驻守安乐栅，长江上游各路兵马都迟迟未下，萧范军队缺粮，只好采集菰米、稗子、菱角、莲藕来充饥。萧助、萧广到了邺城，东魏违约，不为萧范出兵。萧范进退没了主意，勉强沿江西上，驻军在枞阳。侯景出兵屯驻在姑孰，萧范的部将裴之悌带领自己的部众投降了侯景。裴之悌，是裴之高的弟弟。

东魏大将高澄到邺城，向孝静帝辞让新加封的爵位和殊礼，并且请求册立皇太子。高澄对济阳王元晖业说：“近来在读什么书？”元晖业说：“多次阅读伊尹、霍光的传记，不读曹操、司马懿的传记。”

八月初一日甲申，侯景派他的中军都督侯子鉴等进攻吴兴。

八月十六日己亥，鲍泉驻军在石椁寺，河东王萧誉迎战遭到失败。八月十八日辛丑，萧誉又在橘洲战败，战死以及落水而死的有一万多人。萧誉败退保守长沙，鲍泉进兵包围长沙。

八月初八日辛卯，东魏册立皇子元长仁为皇太子。

东魏勃海文襄王高澄认为他的弟弟太原公高洋在诸弟中年长，仅次于自己，内心时时提防他。高洋格外小心韬晦，沉默不言，常常自我贬退，与高澄说话时，百依百顺。高澄看不起他，常常说：“这样的人也得到了富贵，按照相书没法解释。”高洋给自己的夫人赵郡人李氏制作了一些时尚的衣服和小玩意，高澄看到了总要夺走，高洋夫人有时气愤不给，高洋笑着说：“这些东西可以重新制作，兄长要用何必那么小气。”高澄有时也感到惭愧不要了，高洋就接过来，也不谦让。每次退朝回家，总是闭门静坐，即使对妻子儿女，也能整天不说话。有时袒胸光脚又跑又跳，夫人问他为何这样，高洋说：“和你游戏玩耍。”其实是掩盖锻炼身体。

高澄抓获了徐州刺史兰钦的儿子兰京，把他当作膳食奴仆，兰钦请求用钱为儿子赎身，高澄不允许。兰京多次自己请求，遭到高澄一顿杖责，高澄说：“再来请求，我就杀了你。”兰京和他的同伙共六个人商议作乱。高澄在邺城时，住在北城东边的柏堂，宠爱琅邪公主，为了来往方便，经常把侍卫支出门外。八月初八日辛卯，高澄与散骑常侍陈元康、吏部尚书侍中杨愔、黄门侍郎崔季舒密谋禅让登位，安排文武百官的人选和职位，让身边的侍卫回避。兰京送饭进屋，高澄叫他退下，对在座的几个人说：“昨天夜里我梦见这个人用刀砍我，应当赶快杀了他。”兰京听到这话，在菜盘下放了一把刀，又假装说送饭菜进屋，高澄大怒说：“我没有让你送饭，你怎么又突然闯进来？”兰京举刀说：“来杀你！”高澄跳下床摔伤了脚，躲到床底下，兰京掀开坐床，杀了高澄。杨愔狼狈逃走，掉了一只靴子。崔季舒藏身厕所，陈元康用身子掩护高澄，与兰京争夺刀子，被刺破肚子，肠子流了出来。库直王纮迎着刀刃与兰京搏斗，纥奚舍乐在搏斗中被杀死。当时，事发突然，朝廷内外惊骇。太原公高洋在宫城东边的双堂，听到消息，神色不变，指挥部署，进入北城东边的柏堂诛讨叛贼，把他们杀死后剁成肉块，然后不慌不忙地走出来说："奴仆造反，大将军受了伤，伤势不重，没大的痛苦。"朝廷内外，无不感到惊恐奇怪。高洋隐瞒高澄死讯。陈元康亲笔写信向母亲诀别，又口述让功曹参军祖珽记录下来一些当务之急的国事、文书应当如何处理，到了半夜死去。高洋把陈元康的灵柩停放在高澄府第中，谎称他被派到外面办事去了，还故意任命陈元康为中书令。任命王纮为领左右都督。王纮，是王基的儿子。

功臣贵戚们考虑到重兵驻扎在并州，劝高洋尽快到晋阳，高洋听从了。当天夜里，高洋请来将军督护太原人唐邕，让他部署部分将士去各地重镇，唐邕不一会儿就分派完毕，高洋从此十分器重他。

八月初十日癸巳，高洋暗示孝静帝以册立皇太子的名义发布大赦令。高澄死亡的消息慢慢透露了出来，孝静帝偷偷地对亲近的人说："大将军高澄如今死了，好像是天意，权威应当重新回到皇室了。"高洋留下太尉高岳、太保高隆之、开府仪同三司司马子如、侍中杨愔守护邺城，其余功臣贵戚全都随从高洋到晋阳。八月十一日甲午，高洋进宫，在昭阳殿谒见孝静帝，随从甲士八千人，登上殿堂台阶的有二百人，全都挽起袖子，提着刀子，如临大敌。高洋让朝中礼仪官传达奏章，说："臣有点家务事，必须走一趟晋阳。"然后跪拜了两次，退出朝堂。孝静帝变了脸色，目送高洋走出朝堂，说："这人又像一个容不下朕的人，朕不知道死在哪一天。"晋阳的旧臣宿将，一向看不起高洋，等到高洋来到晋阳，大会文武官员，神采奕奕，英气勃勃，说话敏捷和谐，大家感到吃惊。高澄以往制定的政令有不合时宜的地方，全都改变，除旧更新。高隆之、司马子如等厌恶度支尚书崔暹，上奏揭发崔暹和崔季舒的过失，鞭打两百，发配边疆。

侯景任命宋子仙为司徒，任命郭子建为尚书左仆射，与领军任约等四十人同时授予开府仪同三司，并下诏书说："从今以后，开府仪同不须再加将军职衔。"此后，开府仪同三司多得数不胜数。

鄱阳王萧范从枞阳写信给江州刺史寻阳王萧大心，告诉他有关情况，萧大心派人带着信邀请萧范。萧范领军到江州，萧大心让出湓城安置萧范。

吴兴兵力不多，张嵊又是一个书生，不通晓军事，有人劝张嵊效法袁君正让出郡城迎接侯子鉴。张嵊叹息说："袁氏世代忠良坚贞，想不到袁君正一天就把它毁了。我难道不知道吴郡陷落后，吴兴郡难以长久保存的道理吗？但是，我要以身殉国，决心一死，没有二心。"九月初一日癸丑，侯子鉴进军到了吴兴，张嵊战败，回到郡府，穿好衣冠安静地坐着等待，侯子鉴把他押送到建康。侯景看重他有节操，不想杀他，张嵊说："我有辱专任一方的郡守，在朝廷危亡倒塌的时候，我没能力扶正恢复皇业，今天只想尽快一死，乃是幸事。"侯景还想保全他一个儿子，张嵊说："我全家都登记在鬼簿上，不向你这个胡虏乞求恩典。"侯景大怒，杀了张嵊全家，一并杀了沈浚。

河东王萧誉向岳阳王萧詧告急求救，萧詧留下谘议参军济阳人蔡大宝守襄阳城，自己率领两万步兵、骑兵两千讨伐江陵以便救援湘州。湘东王萧绎非常害怕，派亲信到狱中向王僧辩请教办法，王僧辩详细地陈述了用兵的策略，萧绎释放了王僧辩，任命他为守城都督。九月初三日乙卯，萧詧进兵到达江陵，分兵为十三营进攻江陵城，正碰上大雨，平地水深四尺，萧詧军队士气低落。萧绎与新兴太守杜崱有交情，秘密邀请他出兵相助。九月十三日乙丑，杜崱和他哥哥杜岌、杜岸、弟弟杜幼安、侄儿杜龛各自率领部属背叛萧詧投降了萧绎。杜岸请求率领五百骑兵偷袭襄阳，昼夜兼程，离襄阳还有三十里，被襄阳城守军发觉，蔡大宝请出萧詧母亲龚保林登上城头抵抗作战。萧詧听到消息，连夜逃走，把粮食、金帛、兵器丢弃在湕水河中，多得无法计算。张缵脚上有病，萧詧用车拉着他随军行动，等到败逃时，看守他的人害怕被对方追上，杀了张缵，丢下尸体逃走。萧詧回到襄阳，杜岸逃到广平，依附他的哥哥南阳太守杜岌。

湘东王萧绎因为鲍泉围攻长沙，很久不能攻克，对他非常愤怒，任命平南将军取代他为都督，列数鲍泉十条罪状，派舍人罗重欢与王僧辩同行。鲍泉听到王僧辩到来，惊愕地说："得到王竟陵的帮助，贼军不愁不平定。"打扫干净坐席等待王僧辩。王僧辩进入，背对鲍泉而坐，说："鲍郎，你有罪，我奉令抓捕你，你不要期待我们有旧交就情放过你。"说完让罗重欢宣读逮捕令，把鲍泉铐起来放在坐床旁边。鲍泉自己写了申诉状，对贻误军机认了罪，萧绎的怒气才平息下来，终于释放了鲍泉。

冬季，十月初一日癸未，东魏任命开府仪同三司潘相乐为司空。

当初，历阳太守庄铁领兵归附寻阳王萧大心，萧大心任命他为豫章内史。庄铁到达郡城后立即叛变，拥护观宁侯萧永为主帅。萧永，是萧范的弟弟。十月十五日丁酉，庄铁领兵偷袭寻阳，萧大心派部将徐嗣徽迎战，打败了庄铁，庄铁逃走，到了建昌，光远将军韦构截击庄铁，庄铁失去了母亲、弟弟、妻子、儿女，单人独骑逃回了南昌，萧大心派韦构领兵追击他。

侯景部将宋子仙从吴郡进军钱塘，刘神茂从吴兴进军富阳，前武州刺史富阳人孙国恩献城投降。

十一月初四日乙卯，安葬梁武帝于修陵，庙号高祖。

百济派使臣入贡梁朝，看到建康城破败荒芜，和从前大不相同，在端门前大哭，侯景大怒，把百济使者押送庄严寺，不让他出来。

十一月十一日壬戌，宋子仙猛攻钱塘，戴僧逷投降。

岳阳王萧詧派将军薛晖进攻广平，打破了广平城，抓获了杜岸，押送襄阳。萧詧割断了杜岸的舌头，用鞭子抽他的脸面，剁成几大块下锅煮成肉酱。萧詧又挖开杜岸祖父的葬墓，焚烧了尸骨，抛洒骨灰，留下头盖骨作漆碗。

萧詧已经与湘东王萧绎为敌，担心不能自保，派使者向西魏求援，请求为西魏的附庸。丞相宇文泰派东阁祭酒荣权出使到襄阳，萧绎派司州刺史柳仲礼镇守竟陵图谋萧詧，萧詧害怕了，派他的妃子王氏以及世子萧嶚到西魏作人质。丞相宇文泰想占领江汉地区，委派开府仪同三司杨忠都督三荆等十五州诸军事，出镇穰城。柳仲礼到达安陆，安陆太守柳勰献出城池投降。柳仲礼留长史马岫与自己的弟弟柳子礼镇守安陆，自己率领一万人进军襄阳，宇文泰派杨忠及行台仆射长孙俭领兵抗击柳仲礼，以救援萧詧。

宋子仙乘胜渡过浙江，到达会稽。邵陵王萧纶听到钱塘已经丢失，就出逃到鄱阳，鄱阳内史开建侯萧蕃用兵拒绝，萧纶进兵攻击萧蕃，打败了萧蕃。

西魏杨忠进兵即将到达义阳，义阳太守马伯符献出下溠城投降了杨忠，杨忠让马伯符作向导。马伯符，是马岫的儿子。

南郡王萧大连任东扬州刺史。当时会稽郡物产丰富，有数万士兵，粮食兵器堆积如山，东部土著居民苦于侯景的凶残暴虐，都愿意为南郡王效力以保卫乡土。而萧大连一天到晚花天酒地，不关心军事部署，司马东阳人留异凶狡残暴，大家都痛恨他。萧大连把军务全部委托给他。十二月初九日庚寅，宋子仙攻打会稽，萧大连弃城逃走，留异逃回家乡，不久他率领部众投降了宋子仙。萧大连想逃到鄱阳，留异替宋子仙作向导，在信安追上了萧大连，把他抓起来送到建康。简文帝听到这个消息，拉起帷帐遮住自己，用袖子捂住脸哭泣。这时，三吴地区全部陷落于侯景之手。在会稽的公卿王侯都向南逃跑，翻过了五岭。侯景任命留异为东阳太守，把他的妻儿留下作人质。

十二月初四日乙酉，东魏任命并州刺史彭乐为司徒。

邵陵王萧纶进军到九江，寻阳王萧大心把江州城让给他，萧纶没有接受，领兵继续西上。

始兴太守陈霸先，结交郡中豪杰，打算讨伐侯景，郡人侯安都、张偲等各自率领一千人归附他。陈霸先派主帅杜僧明率领两千人屯驻在大庾岭上，广州刺史萧勃派人劝阻陈霸先说："侯景是一个枭雄，天下无人是他的对手，前些时，勤王援兵十万，兵精马肥，仍然没有战胜他，你率领的这么一丁点人马，能走到哪一步呢？又听说岭北的王侯们闹得像开水锅，骨肉之间互相残杀，你怎么可以投向这帮昏暗之主呢？还不如暂且留在始兴，远远地张扬声势，可以保住我们岭南安如泰山。"陈霸先说："我蒙受国家恩惠，先前听说侯景渡过长江，当时就想赶去救援，遭到元景仲、兰裕两人的阻拦，挡住了我的去路。如今京城覆没，国君受辱，臣子应当死难，谁还敢爱惜生命。君侯的身体是皇室血脉，担任一方的守土重任，派我这支军队去征讨侯景，总比无所作为好，怎么反而来阻止我呢？"于是派出使者从小道赶到江陵，愿意接受湘东王的调度。当时南康郡土豪蔡路养起兵占据郡城，萧勃就派出心腹亲将谭世远为曲江县令，与蔡路养联合，共同遏制陈霸先。

西魏杨忠攻占了随郡，抓获了太守桓和。

东魏派金门公潘乐等率领五万兵马袭击司州，司州刺史夏侯强投降潘乐。于是东魏占有了全部淮南土地。

（以上为第六段，写东魏突发高澄被害事件，高洋执政掌权。梁朝全境混乱，萧梁诸王自相残杀，导致侯景控制了三吴地区，淮南土地丢失于东魏，江汉西境归于西魏。）

【点评】

家族政权的闹剧。梁武帝安置皇室子弟布散四方全境为州郡牧守，又多置藩王封疆以屏卫国家，自以为江山永固。而国难到来之时，这些平日里作威作福于百姓的勋臣贵戚、藩王方镇，全无君辱臣死之心，数十万勤王之师观望皇城陷落后作鸟兽散，遇贼兵不战自溃，而自相残杀却如虎如罴。皇室子弟，娇生惯养，锦衣玉食，不文不武，人格猥琐，国家军政，尽委之于此辈，如同儿戏。萧梁政权，家族专攻，简直是一场闹剧，为害之大，甚于用人唯亲。此为太清之祸留给后人的最大反思。

梁纪十九

梁简文帝大宝元年（公元550）

【上章敦牂（庚午，公元550年），凡一年】

【大事提要】

本卷载述公元550年南北朝史事，凡一年，时当梁朝简文帝大宝元年，西魏文帝大统十六年，北齐文宣帝天保元年。东魏禅位高氏，北齐建立。西魏蚕食梁朝西境。梁朝仍然全境混乱。侯景残虏，以杀人为戏，所统区域，民众反抗，日渐高涨。

太宗简文皇帝上

梁简文帝大宝元年（庚午，公元550年）

春季，正月初一日辛亥，梁朝大赦天下，改年号为大宝。

陈霸先从始兴出发，进兵到大庾岭，蔡路养领兵二万人拦截陈霸先，屯驻在南野。蔡路养妻子的侄儿萧摩诃，只有十三岁，单枪匹马出战，无人能抵挡。杜僧明战马受伤，陈霸先把他救了回来，将自己的战马交给杜僧明，杜僧明上马再次交战，大队人马趁势冲了过去，蔡路养被打得大败，脱身逃走。陈霸先进军到南原，湘东王萧绎以皇帝旨意授命陈霸先为明威将军、交州刺史。

正月十八日戊辰，东魏进位太原公高洋为丞相、都督中外诸军事、录尚书事、大行台、齐郡王。

正月二十日庚午，邵陵王萧纶到达江夏，郢州刺史南康王萧恪郊迎，把州城让给他，萧纶没有接受；萧恪便推举萧纶假黄钺，都督中外诸军事，代行皇帝旨意设置百官。

西魏杨忠围攻安陆，柳仲礼急行回军救援。众将担心柳仲礼到达后安陆城更难攻下，就请求加紧攻城，杨忠说："进守势力悬殊，不可以很快攻克；如果拖延时日，部队精疲力竭，内外受敌，不是好办法。南方人善于水战，不熟悉陆地野战，柳仲礼军队就在不远的路上行进，我军出其不意，用一支奇兵偷袭，他们行军疲劳，我军士气高昂，一定可以打败他，打败了柳仲礼，那么安陆就不攻自破，其他各城只需一纸檄文就可平定。"

于是精选两千骑兵，让战马口衔枚，静悄悄趁夜色行军，在漴头打败了柳仲礼，抓获了柳仲礼和他弟弟柳子礼，俘获了他的全部军队。马岫献出安陆，别将王叔孙献出竟陵，都投降杨忠。这样一来，汉水以东大片土地全部被西魏吞没。

广陵人来嶷劝说前广陵太守祖皓说："董绍先轻浮而无谋略，人心不服，偷袭杀掉他，这是大丈夫的责任。我正想纠集忠义勇敢之士，拥护你为首领，如果得胜，可以建立像齐桓公、晋文公一样的功勋，即使天意不让我们成功，也足以表明我们是梁朝的忠臣。"祖皓说："这正合我的心意。"于是共同纠合勇士，有一百多人。正月二十三日癸酉，偷袭广陵，杀了南兖州刺史董绍先，占据了州城，向远近各城镇发出檄文，推举前太子舍人萧勔为刺史，仍旧以东魏为后援。祖皓，是祖暅的儿子；萧勔，是萧勃的哥哥。正月二十五日乙亥，侯景派郭元建率领军队来攻击，祖皓闭城固守。

二月，西魏杨忠乘胜进兵到石城，想进逼江陵，湘东王萧绎派舍人庾恪劝说杨忠，说："萧詧兴兵讨伐他的叔父，而你们西魏来帮助他，这怎么能让天下的人归服你们！"杨忠于是停止进攻，驻扎在湕水北岸。萧绎又派舍人王孝祀等护送自己的儿子萧方略为人质，向西魏求和，西魏答应了。萧绎与杨忠订立盟约，说："西魏以石城为边境，梁朝以安陆为边界，请求比照附庸国，并送儿子为人质，开展贸易，互通有无，永远保持睦邻友好。"杨忠便撤军退了回去。

宕昌王梁弥定受到同族人梁獠甘的袭击，梁弥定逃到西魏，梁獠甘自立为王。羌人酋长傍乞铁匆占据渠株川，与渭州豪民郑五醜联合各部羌人反叛西魏，丞相宇文泰派大将宇文贵、凉州刺史史宁征讨，抓获并处死了傍乞铁匆、郑五醜。史宁转攻梁獠甘，并打败了梁獠甘，梁獠甘只带了一百多骑兵逃到境外羌人部落巩廉玉那里。史宁重新接纳梁弥定回到宕昌，在渠株川设立岷州，然后进兵攻击巩廉玉，杀死了梁獠甘，活捉了巩廉玉押送到长安。

侯景派遣任约、于庆等率领两万大军攻击梁室各藩王。

邵陵王萧纶想救助河东王萧誉，可是兵粮不足，就写信给湘东王萧绎说："天时和地利，都不如人和，何况是手足之情的兄弟，难道可以互相加害？如今国家危难蒙受耻辱，创伤巨大，痛彻骨髓，只应推心置腹，卧薪尝胆，泣血枕戈以备战，其余的小小恩怨，应当互相容忍化解。如果外患还没解除，又制造家族残杀的灾祸，观今鉴古，没有不灭亡的。凡是战争，只求战胜对方，尤其是骨肉相残的战争，则愈是胜利愈是残酷，打赢了算不上功劳，失败了必遭灭亡，连累将士而损伤人伦道义，那丢失的东西就太多了。侯景叛军之所以不敢窥伺长江上游地区，实在是这些地区各位藩王互相屏卫，坚如磐石，同宗藩王众多而又强大的缘故啊。弟弟如果攻下湘州，仍不停止进兵，那么雍州就要怀疑你进逼，不能自安，就必然会引来西魏军队以为援助。这样弟弟也就不能安定，梁朝天下就彻底完了。恳切希望你解除对湘州的围攻，顾全国家生存的大局。"萧绎回信，列举萧誉罪恶，绝不饶他，还说："萧詧如果引来杨忠逼迫，我就效法鲁仲连在谈笑之间退了秦兵一样，退了杨忠的军队。谁是谁非，事实俱在，不要再作解释。湘州早上平定，我暮晚就撤军退回。”萧纶收到这封回信，气得扔在几案上，流着眼泪叹息说：“天下的事，竟然败坏到这种地步，湘州如果败亡，我灭亡的日子也就到了。”

侯景派侯子鉴率领水军八千，亲自率领步兵一万，进攻广陵，交战三天，攻破了广陵，抓住了祖皓，绑起来用乱箭射杀，箭矢布满全身，然后车裂示众，城中无论男女老少全都活埋半身，再驰马射箭残忍杀害。任命侯子鉴为南兖州刺史，镇守广陵，侯景回到建康。

二月初六日丙戌，梁朝任命安陆王萧大春为东扬州刺史，撤销了吴州。

二月二十五日乙巳，梁朝任命尚书仆射王克为左仆射。

二月初十日庚寅，东魏任命尚书令高隆之为太保。

梁朝宣城内史杨白华进兵占据了安吴县，侯景派于子悦领兵攻击，没有取胜。

东魏行台辛术领兵进犯梁朝，围攻阳平，没有取胜。

侯景娶简文帝之女溧阳公主为妻，十分宠爱。[三月初八日丁巳]，侯景请简文帝到乐游苑踏青，参加祓禊的宴会，搭起帐篷，宴饮了三天。简文帝回到宫中，侯景与溧阳公主并肩坐在御床上，面向南面，文武百官列坐两侧，陪侍宴饮。

三月十一日庚申，东魏晋爵丞相高洋为齐王。

梁朝临川内史始兴人王毅等进击庄铁，鄱阳王萧范派部将巴西侯瑱救援，王毅等兵败战死。

鄱阳王萧范的世子萧嗣与任约在三章交战，任约战败逃走，萧嗣乘胜移兵驻镇三章，称之为“安乐栅”。

夏季，四月初一日庚辰，湘东王萧绎任命上甲侯萧韶为长沙王。

四月二十七日丙午，侯景请梁简文帝巡幸西州，简文帝乘坐白色的车，侍卫四百人，侯景带铁甲卫士数千人分列左右保卫。简文帝听到丝竹歌声，凄然落泪，命侯景起舞，侯景也请皇上共舞。酒宴快结束，宾客半数已散，简文帝在坐床上抱住侯景说：“朕心里念着丞相。”侯景说：“陛下如果不念顾臣，臣怎么会有现在的地位呢？”直到夜色已深才罢宴。

当时江南连年发生旱灾、蝗灾，江州、扬州尤其严重，百姓逃荒流亡，互相牵扶进入山谷、江湖，采集草根、木叶、菱角和芡米充饥，饥民所到之处，这些东西被一扫而光，死人满山遍野。有钱人家也没有饭吃，一个个饿得鸟面鹄形，穿着绫罗绸缎，怀中抱着珍珠宝玉，俯卧床上等死。千里无炊烟，人迹罕见，白骨成堆，像座小山丘。

侯景生性残酷，在石头城设立大石碓，处置犯法的罪犯，就用大石碓捣成肉泥，常常告诫诸将说：“攻破栅寨，平定城池，应当杀个干干净净，让天下的人知道我的威名。”所以诸将每次打了胜仗，就专门做烧杀抢掠的事，杀人砍头如同割草芥，以此取笑欢乐。因此，百姓至死也不归附他。侯景还下令禁止两人以上交谈，犯令的人受刑罚还要株连母亲、妻子的娘家人等外族。侯景的部属将领，一律称为行台，来归降的人，一律称为开府，他所特别亲近和看重的人称左右厢公，勇力过人的人称库直都督。

西魏封皇子元儒为燕王，封元公为吴王。

侯景调宋子仙回到京口。

邵陵王萧纶在郢州，把州衙办公署称为正阳殿，把州衙内外斋堂阁楼一一加上省殿的题名。他的部属欺凌暴虐萧恪的将佐，郢州的原有将佐没有一个不怨恨的。谘议参军江仲举，是南平王萧恪的谋主，劝说萧恪除掉萧纶，萧恪大惊说："我如果杀了邵陵王，可以使郢州一镇安定，并使得荆州的萧绎、益州的萧纪内心高兴，但天下平定以后，他们就要反过来用大义来追究我。况且大盗叛贼还没除掉，骨肉相残，是自取灭亡之路啊。卿暂且安静。"江仲举不听，部署诸将，已约定时间发动兵变，谋划泄露，萧纶抓捕江仲举压死了他。萧恪十分狼狈，前往谢罪。萧纶说："这都是一群小人干的，不是兄长的过错。为首凶犯和他的党羽已经除掉，兄长不必忧虑。"

王僧辩加紧围攻长沙。四月初二日辛巳，攻破长沙，抓住了河东王萧誉，把他杀了，割下首级送到江陵，湘东王萧绎把萧誉首级送回长沙与躯体合葬。当初，萧绎世子萧方等战死的时候，萧誉部将临蒸人周铁虎最勇猛，萧誉信任和看重他。王僧辩抓获了周铁虎，下令烹杀他，周铁虎大声呼叫说："侯景还没有消灭，为什么要杀害勇士！"王僧辩欣赏周铁虎的壮语，释放了他，还把周铁虎原有的部属交给了他。萧绎任命王僧辩为左卫将军，加官侍中、镇西长史。

萧绎头年就知道梁武帝去世的消息，因为长沙还没有攻下，就封锁了消息。四月二十三日壬寅，才公布梁武帝去世举办丧事，用檀木雕刻了高祖的形象，安放在百福殿，服侍朝拜十分恭谨，大事小事都要到像前请示一番。萧绎认为简文帝受制于侯景，不承认大宝的年号，仍用太清的年号，叫太清四年。四月二十七日丙午，萧绎下令大举讨伐侯景，同时向远近各地发出声讨檄文。

鄱阳王萧范到了湓城，改晋熙郡置晋州，派他的世子萧嗣为刺史，江州所属郡县多数被改名，长官被更换。寻阳王萧大心，其政令所行不出寻阳一郡之外。萧大心派兵攻击庄铁，庄铁与萧嗣一向交好，请求发兵救援，萧范派侯瑱率领精兵五千人援救庄铁。因此，这两个藩王互相猜忌，都没有讨伐叛贼侯景的心意。萧大心派徐嗣徽领兵两千，在稽亭筑起营垒防备萧范，阻断了萧范的粮食供应渠道，萧范的几万部队，没有了粮食，许多士兵被饿死。萧范非常气愤，背上长出毒疮，五月初七日乙卯，去世。萧范的部属秘不发丧，推举萧范的弟弟安南侯萧恬为军主，部队还剩下几千人。

五月初八日丙辰，侯景任命元思虔为东道大行台，镇守钱塘。五月初九日丁巳，任命侯子鉴为南兖州刺史。

（以上为第一段，写侯景倒行逆施，残虐百姓，所控长江下游三吴地区，人心不附。梁室诸王同室操戈，长江上游湘东王萧绎血战取胜，中游江州还在残杀。）

东魏齐王高洋最初任职开府时，勃海人高德政任记室参军，因此两人十分亲密，无话不谈。金紫光禄大夫丹杨人徐之才、北平太守广宗人宋景业，都精通图谶占卜之术，认为太岁星运行到午年，应当革故鼎新，通过高德政转告高洋，劝他接受禅让。高洋告知母亲娄太妃。娄太妃说："你的父亲是龙，你的哥哥是虎，尚且认为皇帝是天授的大位，不可妄自据有，终身北面为臣，你是什么样的人，竟想效法虞舜、大禹受禅登大位吗！"高洋把母亲的话告诉了徐之才，徐之才说："正因为你赶不上父兄，所以更应当早日登上皇帝大位。"高洋铸了一个神像来占卜，是成功的吉兆，便派开府仪同三司段韶去征询肆州刺史斛律金的意见，斛律金来见高洋，坚持说不可，斛律金还认为宋景业挑头陈说符命，请求杀了他。高洋与各位勋臣贵族在娄太妃面前商议，娄太妃说："我儿柔懦憨直，一定没有这个心思，高德政喜欢制造事端，是他教唆的。"高洋考虑人心不齐，派高德政到邺城察看公卿们的心意。还没等他回来，高洋便率军东进，到达平都城，再次召集各位勋臣贵戚商议，没有一个人吭声。长史杜弼说："关西的宇文泰，是我们的劲敌，如果接受东魏的禅让，恐怕他要挟持天子，自称忠义之师向东挺进，大王用什么办法来对付。"徐之才说："现在和大王争天下的人，其实他们也想做大王要做的事，纵然他们不服气，不过也会追随我们一样称帝。"杜弼无言以对。高德政到邺城，向公卿们暗示要东魏孝静帝禅让，却没有一个人附和。 司马子如迎接高洋，在辽阳碰上高洋，坚持说不可以。高洋打算回到晋阳，仓丞李集说："大王来是干什么的，而今没有结果就回去呢！"高洋假意拉他到东门处死，而暗中传令赏赐他十四匹绢，于是回到晋阳。从这以后，高洋总是整天闷闷不乐。徐之才、宋景业等天天在耳边讲阴阳杂占有灵验的事，说应该及早接受天命。高德政也不断地敦促劝说，高洋让术士李密占卜这件事，得到卦兆是"大横"，李密说："这是汉文帝登位卜得的卦兆。"又派宋景业用蓍草卜筮，得到乾卦向鼎卦变化的吉兆，宋景业说："乾卦是象征国君，鼎卦是表示五月的卦，应当在五月接受禅位。"有人说："五月不可以进升官位，如果违犯了，就要死在职位上。"宋景业说："大王要做的事，是要当天子，天子没有免职的，这难道不就是要死在职位上吗？"高洋非常痛快，便下定决心，从晋阳出发了。

高德政草拟了到达邺城应当办理的各项事务，一条一条地写出来送给高洋过目，高洋派亲信陈山提乘驿站快马，带着高德政草拟的条目和一封秘密书信，紧急到邺城找杨愔。当月，陈山提到了邺城，杨愔立即召来太常卿邢邵商议制定关于禅让的礼仪制度，秘书监魏收撰写了九锡、禅让、劝进表等各种仪则文告。杨愔把东魏宗室诸王召集在北宫，扣留在东斋。五月初六日甲寅，东魏加官高洋为相国，总裁一切，配备九锡仪仗。高洋行进到前亭，他骑的马突然倒地，感到不吉利，到达平都城后，不想再往前走。高德政、徐之才苦苦请求说："陈山提先已离开到达邺城，时间一长，恐怕泄露机密。"高洋立即派司马子如、杜弼乘驿站快马继陈山提之后进入邺城，观察事态人心。司马子如等到了邺城，公卿大臣等认为大局已定，没有人敢表示异议。高洋到达邺城，征调民夫带着建筑工具到邺城南郊集中。高隆之请问高洋，说："征调民夫干什么？"高洋变了脸色说："我征调民夫当然有事，你问这干什么？想要灭族吗？"高隆之连声道歉退走。于是建筑圜丘，备办登基大典所用的礼仪器物。

五月初八日丙辰，司空潘乐、侍中张亮、黄门郎赵彦深等人请求入宫奏事，东魏孝静帝在昭阳殿召见他们。张亮说："五行之德，循环运行，相生相克，有始就有终，齐王高洋圣明有德，万众钦仰，希望陛下效法远古的尧舜禅让帝位。"孝静帝收敛笑容庄重地说："这件事推延很久了，朕应当谨慎地遵守众议，逊位让贤。"又说："如果这样，必须撰写禅让诏书。"中书郎崔劼、裴让之说："禅让诏书已经写好了。"让侍中杨愔呈上诏书，孝静帝签署允准后问："把朕安排在哪里？"杨愔回答说："在北城已备下楼馆屋宇。"孝静帝便走下御坐，步行到东厢走廊，吟咏起范蔚宗写的《后汉书》中《献帝纪》的赞语，说："汉献帝生不逢时，身既播迁，国家遭难，终结了汉家四百年天下，永远像尧的儿子丹朱一样做虞舜的宾客。"主管的人请孝静帝动身离开宫殿，孝静帝说："古人尚且怀念掉下的一根簪子和旧鞋，朕想与六宫妃子告别，可以吗？"高隆之说："这时的天下仍然是陛下的天下，何况是六宫呢？"孝静帝步行进入后宫，与妃嫔以下告别，整个后宫都在哭泣。赵国人李嫔诵读陈思王曹植的诗，说："王其爱玉体，俱享黄发期。"直长赵道德备了一辆车等候在东阁门外，孝静帝上车，赵道德赶在前头先上了车搀扶孝静帝，孝静帝大声斥责他，说："朕自己畏天命，顺民意，你这奴才竟敢如此逼迫我！"赵道德仍然不下车。车子驰出云龙门，王公百官向孝静帝拜辞，高隆之流泪哭泣。随后车子进入北城，孝静帝居住在司马子如的南宅，派太尉彭城王元韶等人捧着玉玺印绶交给高洋，禅位给齐王。

五月初十日戊午，齐王高洋在南郊登上皇帝大位，大赦天下，改元天保。北魏自从敬宗以来，百官没有俸禄，到这时才恢复了百官的俸禄。五月十一日己未，封孝静帝为中山王，优待他不按臣下的礼仪。追尊齐献武王高欢为献武皇帝，庙号太祖，后改为高祖；追尊文襄王高澄为文襄皇帝，庙号世宗。五月十三日辛酉，尊王太后娄氏为皇太后。五月十七日乙丑，把原来东魏给予大臣们的封爵，按不同情况分别降级，那些为北齐政权建立做出贡献，以及从西魏、梁朝投降归附的人不在降爵之列。

梁朝文成侯萧宁在吴郡起兵，有一万多人。五月二十一日己巳，进攻吴郡，侯景委任的吴郡代理郡守侯子荣迎战，杀了萧宁。萧宁，是萧范的弟弟。侯子荣放纵士兵在全郡内大肆抢掠。

自从东晋司马氏渡江以来，三吴是最富庶的地区，朝廷贡品、租赋，以及客商行旅，都出自这里。等到侯景作乱，金帛资财被乱兵抢掠干净，甚至无物可抢而抢夺人来吃，有的把人卖到北朝，剩下的百姓没有几个了。

这时，只有荆州、益州管辖的地区基本完好充实。梁朝太尉、益州刺史武陵王萧纪向四征、八镇将军发布檄文，派世子萧圆照率领士兵三万接受湘东王的调度，征讨侯景。萧圆照进军到巴水，萧绎任命他为信州刺史，让他驻军白帝城待命，不准他继续东下。

六月初三日辛巳，梁朝任命南郡王萧大连代理扬州刺史。

江夏王萧大款、山阳王萧大成、宜都王萧大封从信安走小道逃到了江陵。

北齐国主高洋封宗室高岳等十人、功臣库狄干等七人为王。六月初五日癸未，封弟弟高浚为永安王，高淹为平阳王，高瀓为彭城王，高演为常山王，高涣为上党王，高淯为襄城王，高湛为长广王，高湝为任城王，高湜为高阳王，高济为博陵王，高凝为新平王，高润为冯翊王，高洽为汉阳王。

（以上为第二段，写东魏禅位高洋，北齐建立。）

鄱阳王萧范死后，侯瑱投靠庄铁，庄铁对他十分戒备。侯瑱心里很不安，六月初八日丙戌，假称请庄铁商议事情，趁机杀了庄铁，自己占据了豫章郡。

寻阳王萧大心派徐嗣徽乘夜偷袭湓城，安南侯萧恬、裴之横等人抗击，赶走了徐嗣徽。

北齐国主高洋娶赵郡李希宗之女为妻，生了两个儿子高殷和高绍德，又娶了段韶的妹妹。等到高洋即将要立皇后时，高隆之、高德政想联结功臣贵戚为后援，说："汉人女子不能立为天下之母，应当另选美人婚配。"高洋不同意。六月初九日丁亥，册立李氏为皇后，段氏为昭仪，皇子高殷为皇太子。六月十二日庚寅，任命库狄干为太宰，任命彭乐为太尉，任命潘相乐为司徒，任命司马子如为司空。六月十三日辛卯，任命清河王高岳为司州牧。

侯景任命羊鸦仁为五兵尚书。六月二十二日庚子，羊鸦仁出逃到江西，打算到江陵，走到东莞，强盗怀疑他怀中有金子，拦劫并杀害了他。

西魏想让岳阳王萧詧为梁武帝发丧举哀，即皇帝位，萧詧推辞，不接受。丞相宇文泰派荣权册立萧詧为梁王，开始建立行台，设置百官。

陈霸先修缮崎头古城，把军队移驻在那里。

当初，北燕昭成帝冯弘逃到高句丽，冯弘派他的族人冯业带领三百人渡海逃到南朝刘宋，被安置在新会。从冯业到他的孙子冯融世袭罗州刺史，冯融儿子冯宝为高凉太守。高凉大姓洗氏，世代为蛮人首领，部落民众有十多万家。洗氏首领有一个女儿，足智多谋，善于用兵，各洞蛮人都归服，钦佩她的信义。冯融聘娶她给儿子冯宝为妻。冯融虽然世代为一州长官。因为他不是土著蛮人，所以他的号令不行。洗夫人嫁给冯宝后，约束本族，带头遵守朝廷颁布的平民礼俗制度，每次和冯宝一起审问案件，首领犯法，即使亲戚也绝不宽大放纵，因此冯氏的号令才得到执行。

高州刺史李迁仕占据大皋口，派使者宣召冯宝，冯宝打算前往，洗夫人制止他，说："刺史没有要事不能宣召太守，一定是骗你去要挟你共同造反。"冯宝说："何以知之？"洗夫人说："李刺史被征召带兵去救援台城，他却声称有病推辞，铸造兵器聚集部众，然后宣召你去，这一定是扣押你作人质要调动你的兵马，希望你等待暂不要去以观察变化。"几天以后，李迁仕果然造反，派主帅杜平虏领兵进入灨石，在鱼梁筑城逼近南康，陈霸先派周文育攻击他。洗夫人对冯宝说："杜平虏是一员勇将，现今进入灨石与官军对抗，看形势是回不来的，李迁仕在州城，没什么作为。你如果亲自前往，必然有一番战斗，应当派一个使者带着厚礼，用谦恭的言辞对他说：'我自己不敢离开郡城来助战，想派夫人前来参见。'李迁仕听了这个消息，一定很高兴不作防备。我带领一千多人，挑着各种物资，步行前往，声称输送财物以赎罪过，这样得以接近李迁仕的军营栅栏，一定能打败他。"冯宝听从了。李迁仕果然没做防备，洗夫人袭击，大败李迁仕，李迁仕退到宁都防守。周文育也打跑了杜平虏，占据了赣石城。洗夫人与陈霸先在灨石城会师，还军高凉。洗夫人对冯宝说："陈都督不是平常人，很得人心，一定能够平定叛贼，你应当全力资助他。"

湘东王萧绎任命陈霸先为豫州刺史，领豫章内史。

六月二十三日辛丑，裴之横进攻稽亭，徐嗣徽反击，赶走了他。

秋季，七月初三日辛亥，北齐册立世宗的妃子元氏为文襄皇后，皇后宫叫静德殿。又封世宗的儿子高孝琬为河间王，封高孝瑜为河南王。七月初七日乙卯，任命尚书令封隆之录尚书事，任命尚书左仆射平阳王高淹为尚书令。

七月十三日辛酉，梁王萧詧进入西魏朝见魏文帝。

当初，东魏派仪同武威人牒云洛等迎接鄱阳王世子萧嗣，让他镇守皖城。萧嗣还没有进军，侯景部将任约的军队到了，牒云洛等退走，萧嗣失去了援军，出兵交战，战败被杀。任约于是攻城略地到达湓城，寻阳王萧大心派司马韦质出兵交战失败，但手下还有士兵一千多人，都劝萧大心退守建州，萧大心不听。七月二十一日戊辰，萧大心献出江州投降任约。在此之前，萧大心派太子洗马韦臧镇守建昌，有甲士五千人，听到寻阳失守的消息，想率领部众投奔江陵，被部下杀害。韦臧，是韦粲的儿子。

侯景部将于庆攻占土地到达豫章，侯瑱兵败力竭，投降了于庆，于庆把侯瑱送到建康。侯景因为侯瑱是同姓，所以待他很优厚，扣留他的妻儿和弟弟作人质，派侯瑱随同于庆攻打彭蠡湖以南各郡县，任命侯瑱为湘州刺史。

当初，巴山郡黄法氍有勇力，侯景作乱时，他聚合民众保卫乡里。巴山郡太守贺翊领兵到江州，委派他监管郡中事务。黄法氍驻屯在新淦，于庆从豫章分兵袭击新淦，被黄法氍打败。陈霸先派周文育进军攻击于庆，黄法氍率军前去会合。

邵陵王萧纶听到任约将要到来，派司马蒋思安率领精兵五千袭击任约，任约败逃，蒋思安不做防备，任约收集散兵偷袭，蒋思安溃败逃走。

湘东王萧绎改宜都为宜州，任命王琳为刺史。

这一月，梁朝任命南郡王萧大连为江州刺史。

西魏丞相宇文泰因为北齐国主高洋称帝，率领各路兵马征讨。宇文泰任命齐王元廓镇守陇右，征调秦州刺史宇文导为大将军、都督二十三州诸军事，屯驻咸阳，镇守关中。

益州僧人孙天英率领僧众数千人在夜间攻打益州城，武陵王萧纪与他交战，杀了孙天英。

邵陵王萧纶大修铠甲仪仗，打算讨伐侯景，湘东王萧绎感到憎恨。八月十七日甲午，萧绎派左卫将军王僧辩、信州刺史鲍泉率领水军一万向东进兵江州、郢州，声称抗拒任约，并且说要迎接邵陵王回到江陵，把湘州授给他。

北齐国主高洋初登大位，励精图治。赵道德以个人私事请托黎阳太守清河人房超，房超不打开请托信，就用木棒打死来使；北齐国主高洋很欣赏房超的做法，命令各地州郡长官设置木棒诛杀请托的使者。过了很久，都官中郎宋轨上奏说："如果受长官指使去请托的人，尚且要遭到杀戮，那些本身贪赃枉法的指使者，怎样给他加罪呢？"高洋停止了这种做法。

司都功曹张老上书请求制订北齐的法令，朝廷下诏右仆射薛琡等人以北魏的《麟趾格》为基础，加以修订增减。

北齐国主高洋精选京师六坊的宿卫士兵，每个必须能抵挡一百人，接受任务敢于拼死命的人，才能入选，称为"百保鲜卑"。又精选汉人中勇力超凡绝伦的人，称为"勇士"，把他们配备到边防要地。

北齐开始推行九等户籍制度，有钱人交纳赋税，贫困的人出力服徭役。

九月初十日丁巳，西魏军队从长安出发。

王僧辩进军到达鹦鹉洲，郢州司马刘龙虎等暗中送礼给王僧辩表示愿为内应，邵陵王萧纶听到消息，派他的儿子威正侯萧硕领兵去攻击刘龙虎，刘龙虎失败，逃奔到王僧辩那里。萧纶写信斥责王僧辩说："将军前年杀了人家的侄儿，今天又来讨伐人家的兄长，这样来邀功求荣，恐怕全天下的人都不能容忍。"王僧辩把信送给萧绎，萧绎命令他进军。九月十四日辛酉，萧纶在西园集合部队，流着眼泪说：“我没有别的想法，一心要消灭叛贼，湘东王常常认为我要与他争夺帝位，所以兴兵讨伐。今天想要保守城池，但粮食供应断绝，想要出战就要取笑千载，我不能无所作为地被俘受缚，我们向下游出发避战。”部下壮士争着请求出战，萧纶不同意，与萧硕从仓门乘船向北出逃。王僧辩进占郢州。萧绎任命南平王萧恪为尚书令、开府仪同三司，任命世子萧方诸为郢州刺史，任命王僧辩为领军将军。

萧纶在路上遇见镇东将军裴之高，裴之高的儿子裴畿抢掠了萧纶的兵器，萧纶与亲信乘快船逃奔到武昌涧饮寺，僧人法馨把萧纶藏在岩洞下面。萧纶长史韦质、司马姜律等听说萧纶还活着，便骑马驰往迎接萧纶，韦质等又劝说七栅的流民资助粮草兵器。萧纶出来在巴水扎营，流民八九千人来归附他，渐渐收聚散卒，屯驻在齐昌。派使者到北齐请求联合，北齐封萧纶为梁王。

湘东王萧绎改封皇子萧大款为临川王，萧大成为桂阳王，萧大封为汝南王。

九月十六日癸亥，西魏军到达潼关。

九月二十三日庚午，北齐国主高洋进入晋阳，命令皇太子高殷居住在凉风堂监国。

南郡王中兵参军张彪等在若邪山起兵，攻破浙东几座县城，有部众数万人。

吴郡人陆令公等劝说太守南海王萧大临前往依附。萧大临说：“张彪如果能成功，不需要我这点兵力资助，如果失败了，就会拿我当替罪羊解脱自己，不可以前去依附他。”

任约进兵侵犯西阳、武昌。当初，宁州刺史彭城人徐文盛募兵数万人讨伐侯景，湘东王萧绎任命他为秦州刺史，派他领兵东下，与任约在武昌遭遇。萧绎任命庐陵王萧应为江州刺史，任命徐文盛为长史代理庐陵王管理军政事务，督诸将抗拒任约。萧应，是萧续的儿子。邵陵王萧纶招引的北齐军队还没到达，只得把兵力移营驻屯在马栅，距离西阳八十里，任约听到这个消息，派仪同叱罗子通等率领铁甲骑兵二百偷袭，萧纶没有防备，快马加鞭逃亡。当时湘东王萧绎也与北齐联合，所以北齐军队观望不前，没有援助萧纶。定州刺史田祖龙迎接萧纶，萧纶认为田祖龙与萧绎交情很好，害怕被他抓获，所以又返回齐昌。行进到汝南，西魏任命的汝南城长官李素，是萧纶的老部下，李素打开城门接纳萧纶，任约于是占据了西阳、武昌。

裴之高率领子弟部属一千多人到达夏首，湘东王萧绎召请他任新兴、永宁两郡的太守。萧绎又任命南平王萧恪为武州刺史，镇守武陵。

当初，邵陵王萧纶任命衡阳王萧献为齐州刺史，镇守齐昌，任约进击抓获了萧献，押送到建康处死。萧献是萧畅的孙子。

九月二十八日乙亥，梁朝进位侯景为相国，封赏二十郡，任命为汉王，给以殊礼待遇。

岳阳王萧詧回到襄阳。

黎州民众攻击刺史张贲，张贲丢下州城逃走。黎州民众请出氐人酋长北益州刺史杨法琛占据黎州，杨法琛派出王氏、贾氏两大姓到武陵王萧纪那里，请求任命杨法琛为黎州刺史。萧纪狠狠斥责使者，囚禁了杨法琛的质子杨崇颙、杨崇虎。冬季，十月初一日丁丑，杨法琛派使者到西魏请求归附。

十月初三日己卯，北齐国主高洋到达晋阳宫。广武王高长弼与并州刺史段韶不和，高洋将要去晋阳时，高长弼对他说："段韶在那里手握强兵，恐怕会发生意外，怎么能随便自投罗网。"高洋不听。到达晋阳以后，高洋把高长弼的话告诉了段韶，说："像您这样的忠诚臣子，还有人进谗言，何况别人呢！"高长弼，是高永乐的弟弟。十月初九日乙酉，高洋任命特进元韶为尚书左仆射，段韶为尚书右仆射。

十月十九日乙未，侯景给自己加官宇宙大将军、都督六合诸军事，他把任命的诏令文书呈奏给简文帝，简文帝吃惊地说："将军里竟有宇宙这样的称号吗！"

梁朝立皇子萧大钧为西阳王，萧大威为武宁王，萧大球为建安王，萧大昕为义安王，萧大挚为绥建王，萧大圜为乐梁王。

北齐东徐州刺史行台辛术镇守下邳。十一月，侯景征收租谷运入建康，辛术率领军队渡过淮水切断通道，烧毁租谷百万石，于是围攻阳平，侯景行台郭元建领兵救援。十一月十六日壬戌，辛术劫持三千多户民众，还军下邳。

武陵王萧纪率领诸军从成都出发，湘东王萧绎写信派使者告知萧纪，制止他进军，说："蜀地士兵英勇剽悍，易于行动难以安抚，弟只管镇守领地，我自有办法消灭叛贼。"又另写一封信说："我们两人的领地，就像当年孙权、刘备一样，各自安守境界；我们的情谊如同鲁国、卫国一样亲近，经常写信沟通感情。"

十一月十八日甲子，南平王萧恪率领文武官员共同签名上书，推举湘东王萧绎为相国，总管一切，萧绎不同意。

西魏丞相宇文泰在弘农造桥，渡过黄河，进军到达建州。十一月二十日丙寅，北齐国主高洋亲自率领军队屯驻东城。宇文泰听说高洋的军队军容严整强大，叹息说："高欢没死啊。"恰又赶上久雨不停，从秋天一直下到冬天，西魏军的牲畜死亡很多，宇文泰便从蒲阪回到长安。到这时，河南从洛阳以东，河北从平阳以东，全都归入了北齐。

十一月二十一日丁卯，徐文盛进军贝矶，任约率领水军迎战，徐文盛大败任约，杀了叱罗子通、赵威方，乘胜进军到大举口。侯景派宋子仙等率领二万兵马援助任约，委派任约守卫西阳，任约很久不能向前推进，侯景亲自率军走出建康，屯驻在晋熙。

南康王萧会理认为建康空虚，与太子左卫将军柳敬礼、西乡侯萧劝、东乡侯萧勔谋划起兵诛王伟。安东侯萧乂理出逃到长芦，集结了一千多人的队伍。建安侯萧贲、中宿世子萧子邕知道萧会理等人的谋划，向王伟告发。王伟抓捕了萧会理、柳敬礼、萧劝、萧勔，以及萧会理的弟弟祁阳侯萧通理，全部杀死。萧会理被部下亲兵所杀。钱塘人褚冕，与萧会理有旧交情，他被王伟严刑拷打，始终不揭发萧会理的密谋。萧会理在隔壁房中对他说："褚郎，你被我连累到了这个地步，你虽然拼死为我开脱，但我的内心确实是想杀死叛贼。"褚冕始终不招供，侯景便宽大释放了他。萧劝，是萧昺的儿子；萧贲，是萧正德弟弟的儿子；萧子邕，是萧憺的孙子。

简文帝自从即位以来，侯景对他防卫非常严密，外人没有人能够进宫见到简文帝，只有武林侯萧谘，以及仆射王克、舍人殷不害三人，因为都是文弱书生，所以才能进出皇宫，而简文帝也只能与他们谈论文章细事而已。等到萧会理死后，王克、殷不害惧怕灾祸，稍稍与简文帝疏远。只有萧谘不离简文帝身旁，每天朝见请安没有断绝；侯景厌恶他，派萧谘的仇人刁戍在广莫门外杀害了萧谘。

简文帝刚即位时，侯景与简文帝曾经登上重云殿，向着佛祖叩拜发誓说："从今以后，我们君臣两人不要互相猜忌、怀有二心，臣一定不会辜负陛下，陛下也不要辜负臣。"等到萧会理谋划泄露，侯景怀疑简文帝参与了谋划，所以杀了萧谘。简文帝自己知道活不了多久，指着自己居住的宫殿对殷不害说："庞涓当死在这里。"

侯景亲自率领军队到宣城去征讨杨白华，杨白华兵败力竭，投降了侯景，侯景看重杨白华是北方人，保全了他，任命他为左民尚书，但把他哥哥的儿子杨彬杀了以报杨白华杀来亮之仇。

十二月初一日丙子，侯景封建安侯萧贲为竟陵王，封中宿世子萧子邕为随王，并赐给他们姓侯。

十二月二十六日辛丑，北齐国主高洋回到邺城。

邵陵王萧纶在汝南，修筑城池，集结军队，准备攻打安陆。西魏安州刺史马祐打报告给丞相宇文泰，宇文泰派杨忠率兵一万人救援安陆。

武陵王萧纪派潼州刺史杨乾运、南梁州刺史合兵两万讨伐杨法琛，杨法琛派兵据守剑阁来对抗他们。

侯景从宣城回到建康。

当初，北魏敬宗皇帝任命尔朱荣为柱国大将军，位在丞相之上。尔朱荣败亡后，废除了这个官职。大统三年，西魏文帝恢复柱国大将军职位，任命丞相宇文泰充当。从此以后，只要是辅佐皇帝登位，名望和功绩都很高的人，也担任这个官职，一共八个人，有安定公宇文泰，广陵王元欣，赵郡公李弼，陇西公李虎，河内公独孤信，南阳公赵贵，常山公于谨，彭城公侯莫陈崇，叫作八柱国。宇文泰这时创立府兵制，挑选平民中才智勇力出众的人另编户籍，他们本身的租庸调，全部免除，但入籍府兵在农闲时要操练武功，学习战争阵法，所需要的马匹粮草，由六家平民户籍供应。共设有一百个府，每府设置一个郎将率领，一百个府分属于二十四个军。宇文泰为总统领，督中外诸军事；元欣作为宗室中名高望重的人物，也只不过能随意出入宫殿悠闲，不得参与府兵事。其余六个柱国，每人督率两个大将军，共十二个大将军，每一个大将军各统领两个开府，每一个开府统领一个军。从此以后，其他功臣职位到了柱国大将军、开府仪同三司、仪同三司的人很多，一律都是文官，没有统率军队的实权，即使有个别继续统率军队的，但声名威望都在八柱国之下。

北齐国主高洋命令散骑侍郎宋景业制定《天保历》，并颁布实行。

（以上为第三段，写南朝萧梁全境各方继续混战，湘东王萧绎在军阀混战中逐步取得优势；侯景辖区，反抗声浪日渐增高。北朝，西魏宇文泰发动大军声讨高洋称帝，结果兵败地削，北齐稳固。宇文泰创设府兵制。）

【点评】

西魏宇文氏崛起。梁朝萧氏诸王互相残杀，形成军阀混战，侯景得以苟延。北朝东魏高洋凭借父兄长期经营之资，顺利受禅，北齐建立。西魏宇文泰创设府兵制，增强国力，影响深远。

资治通鉴（白话本） 卷第一百六十四

梁纪二十

梁简文帝大宝二年至梁元帝承圣元年（公元 551—公元 552）

【起重光协洽（辛未，公元 551 年），尽玄黓涒滩（壬申，公元 552 年），凡二年】

【大事提要】

本卷载述公元 551 年至公元 552 年南北朝史事，凡二年，时当梁简文帝大宝二年，后梁元帝承圣元年，西魏文帝大统十七年、废帝元年，北齐文宣帝天保二年、三年。本卷重点详述侯景覆灭。

太宗简文皇帝下

梁简文帝大宝二年（辛未，公元 551 年）

春季，正月，新吴人余孝顷起兵抗击侯景，侯景派于庆攻讨，没能取胜。

正月初五日庚戌，湘东王萧绎派护军将军尹悦、安东将军杜幼安、巴州刺史王珣率军两万从江夏出发向武昌进军，接受徐文盛指挥。

杨乾运攻占了剑阁，杨法昌退守石门，杨乾运乘胜进兵，又攻占了南阴平。

正月初六日辛亥，北齐国主高洋在圜丘举行祭祀典礼。

张彪派他的将领赵稜围攻钱塘，孙凤围攻富春，侯景派仪同三司田迁、赵伯超救援，赵稜、孙凤战败退走。赵稜，是赵伯超哥哥的儿子。

正月十八日癸亥，北齐国主高洋举行亲耕藉田典礼。正月二十日乙丑，祭祀太庙。

西魏杨忠围攻汝南，梁将李素战死。二月初一日乙亥，汝南城陷落，邵陵王萧纶被抓获，处了死刑，抛尸江岸，岳阳王萧詧收尸埋葬。

有人状告北齐太尉彭乐谋反，二月十八日壬辰，彭乐获罪被杀。

北齐派散骑常侍曹文皎出使江陵，湘东王萧绎派兼散骑常侍王子敏回访。

侯景任命王克为太师、宋子仙为太保、元罗为太傅、郭元建为太尉、张化仁为司徒、任约为司空、王伟为尚书左仆射、索超世为右仆射。侯景设置三公官，动辄十几个，仪同更多。侯景对待宋子仙、郭元建、张化仁为辅佐王命的头等功臣，王伟、索超世为军师谋主，于子悦、彭隽主持军务攻战，陈庆、吕季略、卢晖略、丁和等为干将。被侯景重用的梁朝官员有：前将军赵伯超、前制局监周石珍、宦官严亶、邵陵王的记室参军伏知命。其他像王克、元罗，以及侍中殷不害、太常周弘正等人，侯景只是顺应众望，给他们高官，并不把他们当作心腹任用。

北兖州刺史萧邕谋划投降西魏，侯景杀了他。

杨乾运进兵占据平兴，平兴是杨法琛的北益州治所。杨法琛退守鱼石洞，杨乾运焚毁平兴城班师。

李迁仕收集散兵回军攻击南康，陈霸先派他的将领杜僧明等抗拒交战，活捉了李迁仕，杀了他。湘东王萧绎派陈霸先进兵攻取江州，任命他为江州刺史。

三月初二日丙午，北齐襄城王高淯去世。

三月初六日庚戌，西魏文帝元宝炬去世，太子元钦即皇帝位。

三月十一日乙卯，徐文盛等攻占武昌，进军芦洲。

三月十五日己未，北齐任命湘东王萧绎为梁朝相国，设置梁朝台省，总领百官，代行皇帝颁旨。

北齐司空司马子如自己要求封王，北齐国主高洋大怒，闰三月二十七日庚子，罢免了司马子如的官职。

任约向侯景告急求救，侯景亲自率领大军西上，随军带着皇太子萧大器作为人质，留王伟守建康。闰三月，侯景从建康出发，从石头城到新林，兵船首尾相接。任约分兵偷袭定州刺史田祖龙，攻破齐安城。闰三月二十九日壬寅，侯景军到达西阳，与徐文盛的军队隔着长江修筑营垒。闰三月三十日癸卯，徐文盛攻击打败了侯景，用箭射中了侯景的军府右丞库狄式和，库狄式和落水而死。侯景逃回军营。

夏季，四月初一日甲辰，西魏在永陵安葬了魏文帝。

梁朝郢州刺史萧方诸，年十五岁，因为行事鲍泉生性平和懦弱，所以经常被萧方诸欺负，有时让鲍泉趴在床上，当作马骑。萧方诸依仗徐文盛大军在近旁，不做防备，每天以赌博饮酒为快乐。侯景听说江夏空虚，四月初二日乙巳，派宋子仙、任约率领精锐骑兵四百人，从长江北岸抄近路偷袭郢州。四月初三日丙午，刮大风下暴雨，天色昏暗，有士兵登上州城女墙望见敌军冲过来，向鲍泉报告，说："敌人骑兵冲过来了。"鲍泉说："徐文盛大军挡在下面，敌人怎么能够到这里来，应当是王珣巡逻的军队回来了。"不一会儿，接二连三地有人跑来报告，这才下令闭城门，但已经来不及了，宋子仙等已冲进了城门。萧方诸骑在鲍泉肚子上，用五色丝线编织鲍泉的胡子。萧方诸看到宋子仙到来，跪地迎拜，鲍泉躲到床底下藏起来，宋子仙弯腰看见鲍泉的白胡子上挂着彩丝，十分惊讶，擒获了他。宋子仙把鲍泉以及司马虞豫押送到侯景那里。侯景趁着顺风，在长江中张起船帆，于是越过徐文盛等人的军营。四月初四日丁未，侯景进入江夏城，徐文盛军队众心惶惶一下子就溃散了，徐文盛与长沙王萧韶等逃回江陵。王珣、杜幼安因为家在江夏，于是投降了侯景。

湘东王萧绎任命王僧辩为大都督，率领巴州刺史丹杨人淳于量、定州刺史杜龛、宜州刺史王琳、郴州刺史裴之横等东进抗击侯景，徐文盛以下都接受王僧辩指挥。四月初五日戊申，王僧辩等人进军到达巴陵，听到郢州已经陷落，就留在巴陵镇守。萧绎送信给王僧辩说："敌人凭借胜利的气势，一定沿长江西进攻巴陵，你不要劳师远出，只是守在巴丘，以逸待劳，不愁不打胜仗。"萧绎又对将领们说："敌贼如果水陆两路，直指江陵，这是上策；如果据守夏首，囤积兵粮，这是中策；如果全力进攻巴陵，这是下策。巴陵城小却十分坚固，王僧辩足可以胜任。侯景攻城不能占领，四野抢掠找不到粮食，盛暑疾病兴起，敌人粮食用尽，士兵疲惫，打败他是必然的。"于是命令罗州刺史徐嗣徽从岳阳、武州刺史杜崱从武陵领兵到巴陵与王僧辩会合。

侯景派丁和领兵五千人守卫夏首，让宋子仙领兵一万为前锋，进军巴陵，另派任约直指江陵，侯景自己率领大军水陆随后前进。这时，沿长江两岸的戍所及巡江士兵，随风归降侯景。侯景展开巡逻警戒的范围扩大到隐矶。王僧辩登城坚守，偃旗息鼓，安静得好像没有人一样。四月十九日壬戌，侯景大军渡过长江，派遣轻骑兵到巴陵城下，问道："城内守将是哪一个？"回答说："是王领军。"侯景的轻骑兵说："为何不早早投降？"王僧辩回答说："大军只管向江陵，这座小城理应不碍事。"轻骑兵离开了。不一会儿，抓来王珣等到巴陵城下，让他劝说他的弟弟王琳。王琳说："兄长接受命令讨伐叛贼，不能在危难时战死，你不感到惭愧，倒有脸来劝诱我投敌。"说着取出弓箭射向王珣，王珣羞愧退了下去。侯景指挥部队赤膊上阵，从四面八方同时攻城，城中击鼓呐喊，箭头石块如雨点般落下，侯景士兵死伤惨重，只好后退。王僧辩也派出轻骑兵出城反击，一共十多批，全都打了胜仗。侯景穿上铠甲在城下督战，王僧辩佩带印绶，坐在轿子上，仪仗队吹奏起鼓乐，在城墙上巡视，侯景望见，佩服王僧辩的胆量和勇敢。

岳阳王萧詧听说侯景攻占了郢州，派蔡大宝领兵一万进兵占据了武宁，遣使到江陵，诡称派兵救援。众人商议回答使者说，侯景已被打败，让萧詧回军，湘东王萧绎说："如今回答让他们退军，恰恰是催促他们进军。"便派使者对蔡大宝说："岳阳王多次来信要求和好，互不侵犯，你怎么无缘无故占据了武宁？现正在委派天门太守胡僧佑率领精甲二万，铁马五千屯驻㵐水，待机进军。"萧詧听了，召回了蔡大宝。胡僧佑，是南阳郡人。

五月，西魏陇西襄公李虎去世。

侯景昼夜进攻巴陵城，没有攻破，军中粮食用完，因为疾病和交战，人马死伤了一大半，湘东王萧绎派晋州刺史萧惠正领兵援救巴陵，萧惠正以不能胜任为由推辞，推荐胡僧佑代替自己。胡僧佑当时因为冒犯了萧绎旨意被关在狱中，萧绎立即把他释放出来，拜为武猛将军，派他领兵救援巴陵，告诫他说："叛军如果用水战，只需用大战船对抗，就一定能战胜。如果叛军用步战，你就径直鼓帆抵巴陵，不和叛军在陆地交战。”胡僧佑军抵湘浦，侯景派任约率领精锐士兵五千人据守白塉阻击。胡僧佑改道西上，任约认为胡僧佑害怕自己，急速追赶，追到芊口咬上胡僧佑，任约呼叫胡僧佑说：“吴儿，何不快快投降，想到哪里去！”胡僧佑不回答，暗中进兵到赤沙亭，刚好信州刺史陆法和到达这里，两军会合。陆法和有特别的法术，隐居在江陵的百里洲，衣食居住像一个苦行僧，他能预言吉凶祸福，多能应验，没有人摸得透他。侯景围攻台城的时候，有人问他说：“事态将怎样发展？”陆法和说：“凡是人要摘取果实，总是等到果子成熟的时候，不用打就自动脱落。”再三追问想问个明白，陆法和就说：“可能成功，也可能不成功。”等到任约向江陵进军，陆法和自己请求领兵击贼，萧绎同意了。

五月三十日壬寅，任约兵进赤亭。六月初二日甲辰，胡僧佑、陆法和发动总攻，任约兵大败溃散，被杀死和落水淹死的人很多，活捉了任约押送到江陵。侯景听说败讯，在六月初三日乙巳，烧了营垒连夜逃走。侯景任命丁和为郢州刺史，留下宋子仙等，号称有众二万，戍守郢州，别将支化仁镇守鲁山，范希荣代理江州刺史，仪同三司任延和、晋州刺史夏侯威生守卫晋州。侯景与部下数千士兵，顺流而下。丁和用大石头砸死鲍泉和虞预，沉尸于黄鹤矶。任约到江陵，萧绎释放了他。徐文盛因为发牢骚，被下狱处死。巴州刺史余孝顷派哥哥的儿子余僧重领兵救援鄱阳，于庆退兵逃走。

萧绎任命王僧辩为征东将军、尚书令，胡僧佑等都晋升了官职和爵位，并命令他们领兵东下长江。陆法和请求回江陵，到达江陵后对萧绎说：“侯景肯定可以平定了，巴蜀贼兵马上就要到来，我请求去守住险要地方，等待贼兵来犯。”便领兵驻守在峡口。六月十八日庚申，王僧辩进军到汉口，首先进攻鲁山，抓获了支化仁押送到江陵。六月十九日辛酉，进攻郢州，攻破了外城，杀敌一千余人。宋子仙退守内城，王僧辩四面围城，筑起土山，猛烈进攻。

豫州刺史荀朗从巢湖出兵到濡须截击侯景，打败了侯景的后卫部队，侯景逃回建康，战船前后失去联系。皇太子萧大器的坐船驶入枞阳浦，船中的亲信都劝太子趁机会逃出，北上投奔北齐，太子说：“自从国家破败大丧以来，就没想过苟且偷生，皇上蒙难，怎能忍心离开他的身边？我今天离去，是背叛父亲，不是逃避贼寇。”说完呜咽流泪，立即命令开船前进。

六月十二日甲子，宋子仙等穷困力竭，请求交出郢州城，放他回到侯景那里去，王僧辩假装同意，命令给宋子仙一百条战船稳住他的情绪。宋子仙认为真的要放他走，乘上船正准备出发，王僧辩命杜龛率领精锐勇敢的士兵一千人爬上城墙，擂鼓呐喊冲杀过来，水军主帅宋遥指挥楼船暗中从江上四面八方地围上来，宋子仙且战且退，到达白杨浦，遭到惨败，周铁虎活捉了宋子仙和丁和，押送到江陵处死。

六月二十八日庚午，北齐国主高洋考虑司马子如是高祖高欢的老朋友，恢复了他的太尉官职。

江安侯萧圆正为西阳太守，宽厚和气，乐于施舍，归附他的人很多，有兵一万人，湘东王萧绎想除掉他，任命他为平南将军。等他到了江陵，萧绎不接见，派平南王萧恪陪他饮酒，趁他醉后，囚禁在内省，收编了他的兵众，派人告他有罪。荆州、益州的战争从此挑起。

陈霸先领兵从南康出发，赣石原本有二十四个滩，正赶上江水在三百里长的河段暴涨数丈，江中巨石都被淹没，陈霸先进军驻屯在西昌。

铁勒将要讨伐柔然，突厥酋长土门截击，打败了铁勒，收降铁勒人五万多户。土门酋长依仗他的强盛，向柔然求婚，柔然头兵可汗大怒，派人去辱骂土门说："你本是我的打铁奴隶，怎敢说出求婚的话！"土门也发了怒，杀了柔然的来使，于是土门与柔然断绝了关系，转而向西魏求婚，西魏丞相宇文泰将皇室宗亲长乐公主嫁给土门为妻。

秋季，七月初四日乙亥，湘东王萧绎任命长沙王萧韶监理郢州事务。七月十六日丁亥，侯景回到建康。于庆从鄱阳回到豫章，侯瑱关闭城门拒绝于庆入城，于庆逃到江州，占据郭默城。萧绎任命侯瑱为兖州刺史。侯景把侯瑱的儿子、弟弟全都处死。

六月三十日辛丑，王僧辩乘胜攻下湓城，陈霸先率领所部三万人打算与王僧辩会合，驻屯在巴丘。王僧辩缺少军粮，陈霸先有粮五十万石，分出三十万石资助王僧辩。八月初一日壬寅，王僧辩的先锋部队攻击于庆，于庆丢弃郭默城逃走，范希荣也丢弃寻阳城逃走。晋熙王僧振等起兵围攻晋熙城，王僧辩派沙州刺史丁道贵增援，任延和等也弃城逃走。湘东王萧绎命王僧辩暂时驻屯寻阳等待各路兵马会集。

当初，侯景攻下建康后，常常说吴人胆怯懦弱，容易掩袭攻取，应当在平定中原后再称帝。侯景娶简文帝女儿溧阳公主，十分宠爱，影响处理政事，王伟多次劝谏侯景，侯景转告公主，公主口出恶言，王伟害怕公主进谗言，便劝说侯景除掉简文帝。等到侯景从巴陵战败逃回，猛将大多战死，自己担心在世日子不多了，想赶快登上皇位。王伟说："从古以来，改朝换代，必须废黜当今皇帝，既显示我们的威权，又杜绝对方民众的希望。"侯景听从了。派前寿光殿学士谢昊撰写诏书，大意说："兄弟侄儿互相争夺帝位，天上星辰运行失去正常秩序，都因为朕不是嫡传继承人，导致了祸乱和灾害。应当禅位给豫章王萧栋。"派吕季略带入宫中，逼迫简文帝签署。萧栋，是萧欢的儿子。

八月十七日戊午，侯景派卫尉卿彭儁等率兵进入皇宫，废简文帝为晋安王，关押在永福省，全部撤走原有的侍卫，派出强悍骑兵守卫在周围，墙头上都布下荆棘。八月十九日庚申，下诏迎立豫章王萧栋。萧栋当时被禁闭，供给的食品很少，靠吃蔬葵过日子。一天，萧栋正在与妃子张氏挖蔬菜，皇帝车驾突然来迎接他，萧栋大惊，不知所措，流着眼泪上了车子。

侯景杀哀太子萧大器、寻阳王萧大心、西阳王萧大均、建平王萧大球、义安王萧大昕，以及在建康的宗室王侯二十多人。太子萧大器平时神色庄重，从不迎合侯景的党羽，他亲近的人偷偷问他，太子说："叛贼如果行事顾全大义，就不需杀我，我即使对他们轻慢辱骂，他们也不敢吭气。如果需要杀我的时候到了，即使一天拜他一百次，也无补于事。"左右亲近又说："殿下现今处在艰苦危难之中，而神色泰然自若，不比平日差，为什么？"太子说："吾自料到死的日子一定在叛贼的前头，如果各位叔父能够消灭叛贼，叛贼一定先杀了我，然后叛贼被消灭。如果不是这样，叛贼也会杀死我取得帝王的富贵，我怎能以必死的生命去做无益的忧愁呢！"等到遇害时，太子神色不变，平缓地说："早知有这样的事，我叹息它来得太晚了。"行刑的人打算用衣带绞杀太子，太子说："这东西杀不死我。"命人取帐绳来绞死自己。

八月二十一日壬戌，萧栋即帝位，大赦天下，改元天正。太尉郭元建听到消息，从秦郡快马回到建康，对侯景说："皇上是先帝的太子，既然没有过失，为什么要废掉他！"侯景说："王伟劝告我这样做，说是'早点断绝百姓对旧朝的希望'。我之所以听从是为了安定天下。"郭元建说："我们挟天子以令诸侯，仍担心不成功，无故废立皇帝，这恰恰是自取灭亡，有什么安定可言！"侯景想迎接简文帝复位，让萧栋做皇太孙。王伟说："废立皇帝是国家大事，哪能来回改变呢！"侯景只好作罢。

八月二十四日乙丑，侯景派出使者杀南海王萧大临于吴郡，杀南郡王萧大连于姑孰，杀安陆王萧大春于会稽，杀高唐王萧大壮于京口。侯景把太子妃赐给郭元建，郭元建说："哪有把太子妃送给人做侍妾的道理！"竟不和太子妃见面，听凭她入观当道姑。

八月二十五日丙寅，萧栋追尊昭明太子萧统为昭明皇帝，追尊豫章安王萧欢为安皇帝，追尊金华敬妃为敬太皇太后，追尊豫章太妃王氏为皇太后，册立自己的妃子张氏为皇后。任命刘神茂为司空。

九月二十三日癸巳，北齐国主高洋巡视赵州、定州，随后来到晋阳。

九月二十九日己亥，湘东王萧绎任命尚书令王僧辩为江州刺史，改任江州刺史陈霸先为东扬州刺史。

王伟劝说侯景弑梁太宗简文帝以断绝众人的希望，侯景听从了。冬季，十月初二日壬寅，当夜，王伟与左卫将军彭儁、王修纂进酒给简文帝，说："丞相考虑陛下幽居在这里忧愁很久，派臣等来祝寿敬酒。"简文帝笑着说："我已禅让了帝位，怎么还称陛下！这杯祝寿酒，怕是要我的性命吧！"于是彭儁等拿出曲颈琵琶弹起曲子，与简文帝尽情痛饮。简文帝知道自己将被杀害，因此尽情醉酒，说："想不到今天喝酒的快乐是这样的美好。”醉倒后就入睡了。王伟退了出去，彭儁把一个装满土的袋子压在简文帝身上，王修纂坐在土袋子上，活活闷死了简文帝。王伟拆下门板当棺材，把尸体移到城北的酒库中停放。简文帝在幽闭之后，没有陪侍的人和纸，就在墙壁和木隔板上写字，留下诗和文章数百篇，文辞非常凄惨悲怆。侯景给简文帝的谥号叫明皇帝，庙号高宗。

侯景逼近江陵的时候，湘东王萧绎向西魏求援，命令梁州、秦州两州刺史宜丰侯萧循把南郑割让给西魏，召萧循还江陵。萧循认为无故割让城池土地，没守住忠臣的节操，回报说：“请求改变命令。”西魏太师宇文泰派大将军达奚武领兵三万攻取汉中，又派大将王雄出兵子午谷，攻打上津。萧循派记室参军沛郡人刘璠向武陵王萧纪求援，萧纪派潼州刺史杨乾运救援。萧循，是萧恢的儿子。

王僧辩等听到简文帝的死讯，就在十月十六日丙辰，上书湘东王萧绎，请求他加尊号即皇帝位，萧绎没有允许。

司空、东道行台刘神茂听到侯景从巴丘战败回到建康的消息，暗中谋划反叛侯景，吴中士大夫都劝他这样做。刘神茂于是与仪同三司尹思合、刘归义、王晔、云麾将军元頵等据守东阳策应江陵，派元頵及别将李占进军下游占据建德江口。张彪进攻永嘉，占领了永嘉城。新安豪民程灵洗起兵占据了郡城响应刘神茂。这时浙江以东地区全都归附江陵。湘东王萧绎任命程灵洗为谯州刺史，领新安太守。

十一月初五日乙亥，王僧辩等人再次上表劝进，湘东王萧绎没有允许。十一月初八日戊寅，萧绎任命湘州刺史安南侯萧方矩为中卫将军作为自己的副手。萧方矩，是萧方诸的弟弟。任命南平王萧恪为湘州刺史。侯景任命赵伯超为东道行台，据守钱塘；任命田迁为军司，据守富春；任命李庆绪为中军都督，谢答仁为右厢都督，李遵为左厢都督，命他们率军讨伐刘神茂。

十一月初九日己卯，梁朝给侯景加九锡，侯景的封国汉国可以设置丞相以下文武百官。十一月十九日己丑，豫章王萧栋禅让皇帝位给侯景，侯景在南郊即皇帝位。侯景回宫，登上太极殿，他的部属党羽几万人，都吹着口哨，呼喊着拥上去。大赦天下，改年号为太始。封萧栋为淮阴王，把萧栋及其两个弟弟萧桥、萧樛一同关押在密室中。

王伟请求设立七庙，侯景说：“什么叫七庙？”王伟说：“七庙是天子祭祀的七位祖先。”并请求侯景告诉七代祖先的名字。侯景说：“前几代的祖先我记不得，只记得我父亲的名字叫侯标，况且他在朔州，哪能到这里来吃饭。”众人都笑起来。侯景的党羽有一个人知道侯景的祖父叫侯乙羽周，此外的几代都由王伟给他们起上名字，追尊父亲侯标为元皇帝。

侯景做丞相时，相府设立在西州，文武百官无论尊卑他都接见；等到即帝位住在宫殿中，不是故旧不得相见，因此各位将领多有怨言。侯景喜欢独自骑一匹小马，弹射飞鸟，王伟总是禁止他，不让他随便出宫。侯景闷闷不乐，更加重了失望情绪，说："我没事干当了皇帝，和被人抛弃有什么两样。"

十一月二十二日壬辰，湘东王萧绎任命长沙王萧韶为郢州刺史。

益州长史刘孝胜等劝武陵王萧纪称帝，萧纪虽然没有允许，却大肆制造皇帝专用的车驾服饰。

十二月初八日丁未，谢答仁、李庆绪进攻建德，抓获了元頵、李占，押送到建康，侯景砍断他们手脚示众，过了一整天才死。

北齐国主高洋每次出巡，总是带上中山王元宝炬（原东魏孝静帝）随从，中山王妃太原公主高氏坚持亲自做饭，以便保护照顾他。这一月，高洋请公主饮酒，派人用鸩酒毒死中山王以及他的三个儿子，给中山王加谥号叫魏孝静皇帝，葬在邺城西边漳水的北岸。过后，高洋突然又挖开孝静帝的陵墓，把棺材扔进漳水里。高洋初受禅时，把北魏七庙的神主灵位寄放在七帝寺，到这时，也全部取出烧毁。

彭城公元韶因为是高氏的女婿，受到优于其他元氏皇室成员的待遇。开府仪同三司美阳公元晖业因为位高望重，而且志气不凡，特别受到高洋的猜忌，他随从高洋在晋阳。有一天，元晖业在宫门外骂元韶说："你不如一个老妪，竟亲手捧着玉玺送给别人，为什么不把它打碎。我说出这话，知道会立即被处死，但你又能苟且偷生多活得了几天。"北齐国主高洋听到这话就杀了元晖业以及临淮公元孝友，派人凿开汾水河面冰块，把他们的尸体沉在河中。元孝友，是元彧的弟弟。北齐国主高洋曾经剃光了元韶的鬓角及胡须，给他涂脂抹粉描画一番带在身边，说："我把彭城公当作嫔妃对待。"意思是说元韶懦弱得像一个妇人。

（以上为第一段，写侯景兵败，废帝自立，垂死挣扎的心态暴露无遗。北齐国主高洋，弑杀东魏孝静帝，凌辱北魏宗庙神主，残暴猜忌之主的品性，初露端倪。）

世祖孝元皇帝上

梁元帝承圣元年（壬申，公元 552 年）

春季，正月，梁湘东王萧绎任命南平内史王褒为吏部尚书。王褒，是王骞的孙子。

北齐多次侵犯侯景掌控的边境地区。正月初五日甲戌，侯景派郭元建率领步兵挺进小岘，侯子鉴率领水军向濡须进发。正月初十日己卯，进军到达合肥，北齐军闭门不出战，便引军退还。

正月二十七日丙申，北齐国主高洋讨伐库莫奚，大获全胜，俘虏四千人，缴获杂畜十余万头。

北齐国主高洋连年出塞作战，给事中兼中书舍人唐邕熟悉军事文书，从督将以下在军中效力建功的始末，以及各地驻防士兵的强弱多少，轮番驻防调动，兵器好坏，粮储多少，没有不熟悉的。有时在国主高洋面前检阅军队，即使有几千人，手不拿花名册，高声点名，也没有一丝差错。高洋常常说："唐邕精力充沛，一人顶千人。"又说："唐邕每当有紧急军事时，他能一边手写文书，一边口头布置任务，耳朵还在听别人讲话，真是一个奇异的人。"因此，唐邕受到的宠信和赏赐，群臣没有能赶得上。

西魏将军王雄攻占了上津、魏兴，东梁州刺史安康人李迁哲兵败，投降了王雄。

突厥土门袭击柔然，大破柔然兵。柔然头兵可汗自杀，头兵可汗的太子庵罗辰，以及阿那瓌从弟登注俟利、登注的儿子库提，一起率领部众投奔北齐，其余部众又拥立登注俟利次子铁伐为首领。土门自称伊利可汗，给其妻的称号是可贺敦，子弟们叫作特勒，其他带兵将领叫作设。

湘东王萧绎命令王僧辩等向东进军攻击侯景。二月初二日庚子，各路军队从寻阳出发，兵船首尾相接数百里。陈霸先率领甲士三万人，兵船二千艘，从南江出发指向湓口，在白茅湾与王僧辩会师，筑坛歃血订盟，共同宣读盟文，慷慨激昂，声泪俱下。二月初五日癸卯，王僧辩派侯瑱袭击占领了南陵、鹊头两个哨所。二月初十日戊申，王僧辩等进军驻屯在大雷，二月十八日丙辰，各军从鹊头出发。二月二十日戊午，侯景部将侯子鉴退军驻停在战鸟山，看到王僧辩的大军突然杀来，惊恐万分，逃回淮南。

侯景的仪同三司谢答仁在东阳攻击刘神茂，程灵洗、张彪都整兵准备救援，刘神茂想独占大功不允许他们救援，自己进军在下淮扎营。有人对刘神茂说："叛军善于在旷野作战，下淮地势平坦，四面受敌，难于防守而易于进攻，不如占据七里濑，叛军不敢进逼。"刘神茂不听。刘神茂的手下将官，大多数是北方人，不与刘神茂同心协力，其他将领王晔、郦通据守外营，投降了谢答仁；刘归义、尹思合等丢下东阳城逃走，刘神茂势孤力弱，辛未日，出降谢答仁，谢答仁把他押送建康。

三月初五日癸酉，王僧辩等进军到达芜湖，侯景的守将张黑丢下城池逃走，侯景听到消息，十分害怕，下诏赦免湘东王萧绎、王僧辩的罪过，大家都觉得很可笑。侯子鉴据守姑孰南洲抵抗王僧辩，侯景派他的党羽史安和领兵二千增援。三月初一日己巳，侯景下诏打算亲自领兵到姑孰，又派人告诫侯子鉴说："荆州军善于水战，不要在水上交锋，去年任约打了败仗，原因在此。如果在陆地上用步兵骑兵交战，一定可以打败荆州军。你只在岸上扎营，把战船摆在水边等待对方到来。"侯子鉴于是放下舟船，在河岸上扎营，闭营不在水上出战。王僧辩在芜湖停留十多天没有行动，侯景党羽十分高兴，向侯景报告说："荆州军害怕我军强大，看样子要逃跑，如果不攻击他，将失掉战机。"侯景又重新命令侯子鉴做好水战的准备。

三月初九日丁丑，王僧辩进军至姑孰，侯子鉴率领步骑一万多人渡过南洲，在岸上挑战，又用快船千艘满载士兵待发。王僧辩下令小船退到后边，留下大兵船在两岸夹江停泊。侯子鉴的部队误认荆州水军想逃跑，就争相追击，王僧辩指挥两岸大兵船出动，切断敌军的归路，击鼓呐喊，合击敌人在长江中心，侯子鉴大败，士兵跳入江中淹死的有几千人。侯子鉴只身逃走，收集一些散兵逃回建康，据守东府。王僧辩留下虎臣将军庄丘慧达镇守姑孰，领兵向前推进，历阳哨所的守敌望风投降。侯景听到侯子鉴战败，惊恐万分，泪流满面，盖着被子躺在床上，过了很长时间才起床，感叹地说："这一场错误的交战可要老子的命了。"

三月十二日庚辰，王僧辩率领各路兵马进军到张公洲。三月十三日辛巳，趁着涨潮，兵船进入秦淮河，抵达禅灵寺前。侯景召见石头津军主张宾，派他把秦淮河中的小船和海船集中起来，用大石块装船沉入水中，堵塞秦淮河口，沿秦淮河筑墙，从石头城直到朱雀街，在十多里长的沿河岸城墙上碉楼和堞垛相连。王僧辩向陈霸先询问破敌的计谋，陈霸先说："先前柳仲礼数十万兵力隔水观望，韦粲驻守在青溪，始终不敢渡过秦淮河，叛贼登高观望，军营里里外外看得一清二楚，所以就打败了我军。今天兵围石头城，必须渡河到北岸。各路军队，如果没有人首当其冲，我陈霸先请求渡河在北岸扎营。"三月十四日壬午，陈霸先在石头城西落星山修筑栅栏扎营，各路军队次第在北岸扎营筑垒，前后相接共八座军营，一直延伸到石头城西北面。侯景害怕西州退路被切断，亲自率领侯子鉴等在石头城的东北面筑城五座，用以阻断大路。侯景派王伟守皇城。三月十七日乙酉，侯景杀了湘东王世子萧方诸，又杀了前平东将军杜幼安。

刘神茂被押送到建康。三月十八日丙戌，侯景下令造了一件大剉刀，先把刘神茂的脚放进去，一寸一寸地切断，最后到头顶。留异表面上与刘神茂同谋，暗中又与侯景勾结，所以避免了杀身之祸。

三月十九日丁亥，王僧辩进军到招提寺北面，侯景率领一万余人，铁甲骑兵八百多列陈在西州的两面。陈霸先说："我军众多，敌人寡少，应当再分散敌人的兵力，便可以强击弱，不能让敌人把精锐兵力集中在一起，使得他们与我军拼命死战杀伤我们呢！"于是命令各路将领分几处部署军队。侯景冲击将军王僧志的军营，王僧志的军队略略后退，陈霸先派将军安陆人徐度带领弓箭手两千人从背后拦腰攻击侯景的部队，敌人这才稍稍后退。陈霸先与王琳、杜龛等趁势用铁甲骑兵追击，王僧辩率领大军随后跟进，侯景的军队战败退入军营据守。杜龛，是杜岸哥哥的儿子。侯景的仪同三司卢晖略据守石头城，打开北门投降，王僧辩进军占据了石头城。侯景与陈霸先拼命死战，侯景率领一百多名骑兵，丢了长矛，用短刀左冲右突地攻击陈霸先的军阵，但陈霸先的军阵稳稳不动，侯景部队全面崩溃，各路军队趁势追击抵达西明门。

侯景退到台城下面，不敢进城，召见王伟斥责说："你劝我做皇帝，看看今天，误了我大事。"王伟无言以答，绕着宫墙躲藏。侯景想逃走，王伟拉住他的马笼头说："从古以来，哪有天子叛逃的呢！宫中卫士，足可以决一死战，丢了台城，你想到哪里去安身呢？"侯景说："我从前打败贺拔胜、战胜葛荣，扬名河朔大地，渡江平定台城，收降柳仲礼，易如反掌，今日是天要灭亡我。"随后抬头仰望着石阙，叹息了好一阵。再后侯景用皮袋子装上他在江东生下的两个儿子，挂在马鞍后头，与房世贵等一百余骑向东逃走，想到吴郡去投靠谢答仁。侯子鉴、王伟、陈庆逃到朱方。

王僧辩命裴之横、杜龛屯驻杜姥宅，命杜崱进入占领台城。王僧辩不约束士兵，放纵士兵抢掠建康居民。城中男女赤身裸体，从石头城到东城，一路上到处是哭喊声。这一夜，因军士失火，烧毁了太极殿和东西堂，宫殿的珍宝神器、仪仗羽饰、车辆等物品全部烧光。

三月二十日戊子，王僧辩命令侯瑱等率领精兵五千人追击侯景。王克、元罗等率领皇城中旧臣在大道上迎接王僧辩，王僧辩慰劳王克说："侍奉夷狄之君，辛苦你了。"王克无言以对。王僧辩又问："皇帝玉玺在什么地方？"王克过了很久才回答说："平原太守赵思贤拿走了。"王僧辩说："王氏家族，世世代代做公卿贵族，今天到你这里算是完了。"王僧辩把简文帝的灵柩迎到朝堂上，率领百官按丧礼哭拜祭奠。

三月二十一日己丑，王僧辩等人上表劝湘东王萧绎登基，并迎接他到建康定都。湘东王萧绎回答说："占据秦淮河的大鲸鱼侯景虽然要掉脑袋，但占据襄阳的短尾巴狐狸萧詧还没有改过自新。等到天下太平，四时调和，那时你再来谈论这件事吧。"

三月二十二日庚寅，南兖州刺史郭元建、秦郡军主郭正实、阳平戍军主鲁伯和、代理南徐州刺史郭子仲等，都献出城池投降。

王僧辩从江陵出发时，上书湘东王说："平定叛贼之后，如果嗣君还活着，不知该用什么礼节对待。"湘东王说："台城六门之内，一律按军法从事。"

王僧辩说："讨灭叛贼的谋划，臣已经担当，像三国时曹魏成济所做的事，请大王另派人来干。"湘东王萧绎就密令宣猛将军朱买臣，让他去送侯景所立的傀儡皇帝最后一程路。等到侯景失败，太宗简文帝已死，豫章王萧栋和他的两个弟弟萧桥、萧樛互相搀扶着走出幽闭的密室，在路上碰到杜崱，替他们打开了锁链。两个弟弟说："今天算是避免了横死的灾祸。"萧栋说："是福是祸还很难说，我仍然恐惧！"三月二十三日辛卯，遇到朱买臣，招呼他们上船饮酒，席还没有散，就把他们兄弟三人一起沉入了长江。

王僧辩委派陈霸先领兵到广陵接受郭元建等人投降，又派出使者前往安慰。各路将领多人私下派出使者去向郭元建索要兵器马匹，正好这时侯子鉴渡江到了广陵，对郭元建说："我们都是梁朝最痛恨的仇人，有什么脸面再去见他们的君主，不如投降北朝，还可以回到故乡。"于是都投降了北齐。陈霸先进军到欧阳，北齐行台辛术已经占据了广陵。

王伟与侯子鉴失去了联系，被直渎戍军主黄公喜抓获，押送到建康。王僧辩问王伟说："你是叛贼的丞相，不能殉职死节，还想在民间苟且偷生吗？"王伟说："失败与成功，这是命中注定，假如汉帝侯景听从我的话，明公能有今天吗！"尚书左丞虞骘曾经受过王伟的侮辱，就向他脸上吐唾沫。王伟说："你不学无术，不配和我说话。"虞骘惭愧地退了下去。王僧辩命令罗州刺史徐嗣徽镇守朱方。

三月二十四日壬辰，侯景逃到晋陵，收编了田迁手下的残兵，便用这支队伍驱赶掠夺居民，向东逃往吴郡。

夏季，四月，北齐国主高洋派大都督潘乐与郭元建领兵五万进攻阳平，占领了阳平城。

王僧辩上书湘东王萧绎，命令陈霸先镇守京口。

益州刺史、太尉武陵王萧纪，有几分军事才略，治理巴蜀十七年，南边开拓了宁州、越巂，西边与资陵、吐谷浑交通，对内努力发展耕桑与盐铁的生产，对外发展商业，与远方互通有无，所以能增殖财富，积蓄兵器铠甲，有战马八千匹。当萧纪听到侯景攻陷皇城，湘东王萧绎准备讨伐侯景的消息时，对僚佐说："老七是个文士，怎能匡扶国家，拯救黎民？"这时，萧纪卧室中的柏木梁柱环绕着树节开了花，萧纪认为是自己得到的祥瑞。四月初八日乙巳，即皇帝位，改年号为天正，册立儿子萧圆照为皇太子，封儿子萧圆正为西阳王、萧圆满为竟陵王、萧圆普为谯王、萧圆肃为宜都王。任命巴西、梓潼两郡太守永丰侯萧㧑为征西大将军、益州刺史，封为秦郡王。司马王僧略、直兵参军徐怦竭力劝谏，萧纪听不进去。王僧略，是王僧辩的弟弟；徐怦，是徐勉的侄儿。

当初，台城被围困的时候，徐怦劝萧纪迅速进兵救援，萧纪本意不想出兵，所以内心忌恨徐怦。这时蜀郡人费合告发徐怦谋反，徐怦在给将帅的一封信中说："不论什么事情，即便过去了也会在人们的口碑中记录下来。"萧纪就把这句话作为徐怦造反的证据，对徐怦说："凭着你我的交情，会保全你的儿子。"徐怦说："如果我生的儿子和你一个样，留下他们有什么用。"萧纪诛杀了徐怦全家，枭首示众，同时杀了王僧略。永丰侯萧㧑叹息说："大王的事不会成功。善良正直的人，是立国的根基，如今先杀了这些人，不灭亡还等到什么时候呢！"

萧纪征召宜丰侯谘议参军刘璠为中书侍郎，使者派出了八次，刘璠才来，萧纪派刘孝胜去向刘璠表达萧纪思贤若渴要待他为心腹的心意，刘璠还是苦苦要求回去。中记室韦登私下对刘璠说："武陵王殿下这个人残忍而记仇，你如果不留下来，将要大祸临头，不如留下来共建帝业，也使自己身贵名扬啊。"刘璠严肃地说："你想婉转劝说我吗？我与宜丰侯的名分情义已经确定，岂能因为有安危祸福而变心吗？武陵王殿下正在向全天下的人施行仁义，总不至于在我这个人身上显示他的权威吧。"

萧纪知道刘璠铁了心会不给自己效劳，只好送给他厚礼，打发他回去。萧纪任命宜丰侯萧循为益州刺史，封随郡王，任命刘璠为萧循府长史、蜀郡太守。

谢答仁讨伐刘神茂还军到达富阳，听到侯景败逃，领兵万人想北上迎候侯景，赵伯超占据钱塘阻挡他。侯景逃窜到达嘉兴，听说赵伯超反叛，便退回占据吴郡。四月十二日己酉，侯瑱在松江追上侯景，侯景仍有战船二百艘，兵众数千人。侯瑱进攻，打败了侯景，活捉了彭隽、田迁、房世贵、蔡寿乐、王伯丑。侯瑱剖开彭隽的肚子，抽出了肠子，彭隽还没有死，亲手收回肠子，侯瑱这才砍了彭隽的头。

侯景与亲信几十个人乘了一条船逃走，人多船小，他就把自己的两个儿子推入江中，打算进入大海，侯瑱派副将焦僧度追击侯景。侯景娶羊侃之女为妾，任命她的哥哥羊鹍为库直都督，待他很优厚。羊鹍随着侯景东逃，与侯景的亲信王元礼、谢葳蕤密谋除掉侯景。谢葳蕤，是谢答仁的弟弟。侯景下海后，想逃向蒙山。[四月十八日乙卯]，侯景睡午觉，羊鹍对舵手说："海上哪里有蒙山，你只管听我的吩咐就行。"便指挥船只向京口驶去。船到胡豆洲，侯景发觉，大吃一惊，问岸上的人，岸上的人说"郭元建还在广陵"。侯景非常高兴，打算去依附他。羊鹍拔出刀来，喝令舵手向京口驶去，接着对侯景说："我们替大王效力不少，如今到了这个地步，终究不会成功，我们借你的人头去取得富贵。"侯景还没有来得及答话，白晃晃的刀剑乱砍下来。侯景想跳入江中，羊鹍举刀砍去，侯景逃进船舱，用佩刀挖船底，羊鹍用长矛刺死了侯景。尚书右仆射索超世在另一只船上，谢葳蕤假借侯景的命令召他过来活捉了他。南徐州刺史徐嗣徽杀了索超世，又把盐塞进侯景的肚子中，把尸体送到建康。王僧辩割下侯景首级送到江陵，砍下侯景双手，派谢葳蕤送到北齐，然后把侯景的尸体暴露在闹市中，士民争着吃他的肉，连骨头都被分割抢光了。溧阳公主也参与分吃侯景的肉。当初，侯景的五个儿子在北齐，世宗高澄剥了侯景长子的脸皮然后烹死，把几个年幼的儿子都阉割了。显祖高洋即位后，梦见一群猕猴坐在他的御床上，便把侯景的几个儿子全部烹死。赵伯超、谢答仁都投降了侯瑱，侯瑱把他们和田迁等一并送到建康，王僧辩在闹市上杀了房世贵，把王伟、吕季略、周石珍、严亶、赵伯超、伏知命等人押送到江陵。

四月二十日丁巳，湘东王萧绎下令解除戒严。

四月二十八日乙丑，在庄陵安葬了简文帝，庙号太宗。

侯景失败后，把传国玉玺带在身边，让他的侍中兼平原太守赵思贤掌管。侯景交代说："我如果死了，应当把它沉到江中，不要让吴儿重新得到它。"赵思贤从京口渡江，碰上强盗，他的掌玺随从就把玉玺丢弃在草丛中，赵思贤到达广陵后，把这事告诉了郭元建。郭元建把玉玺找回来，献给了北齐将领辛术，壬申日，辛术把玉玺送到邺城。

甲申日，北齐任命吏部尚书杨愔为右仆射，把太原公主嫁给他为妻。太原公主高氏是孝静帝的皇后。

杨乾运进兵到剑阁北面，西魏达奚武迎击，在白马大败杨乾运。达奚武割下被杀敌人的首级陈列在南郑城墙下，并且派人侮辱宜丰侯萧循。萧循被激怒了，出兵与敌人交战，都督杨绍埋下伏兵袭击，萧循的士兵死伤殆尽。刘璠返回走到白马西边，被达奚武抓获，押送到长安。太师宇文泰早就知道刘璠的名声，对待他如同老朋友。当时南郑很久没有攻下，达奚武请求城破后屠杀全城军民，宇文泰答应了，刘璠在朝堂上谏阻这样做，宇文泰大怒，不允许，刘璠流泪请求不停止，宇文泰感叹地说："臣子侍奉主子就应该这样。"便答应了刘璠的请求。

五月初三日庚午，司空南平王萧恪等再次劝萧绎登上皇位，湘东王萧绎仍然不接受，派侍中丰城侯萧泰去祭奠祖宗陵墓，修复宗庙祭坛。

五月十一日戊寅，侯景首级被送到江陵，在闹市枭首示众三日，把它煮烂，留下头骨涂漆后收藏在武库。五月十三日庚辰，任命南平王萧恪为扬州刺史。五月十七日，任命王僧辩为司徒、镇卫将军，封长宁公。任命陈霸先为征虏将军、开府仪司三司，封长城县侯。

五月十八日乙酉，处决侯景所署尚书仆射王伟、左民尚书吕季略、少府周石珍、舍人严亶等人，斩于闹市。赵伯超、伏知命饿死在监狱中。由于谢答仁按臣子礼节侍奉太宗皇帝，赦免了他的死罪。王伟在狱中献上了一首五百字的长诗，湘东王萧绎爱惜他的才华，想宽免他的死罪，有嫉恨王伟的人对湘东王萧绎说："前些时候王伟写的讨梁檄文也很有文采。"湘东王萧绎找来一读，檄文有"项羽是重瞳子，尚且有乌江的惨败，湘东王只有一只眼，怎么能赢得天下的人归服！"萧绎大怒，把王伟的舌头钉在柱子上，剖开他的肚子，一块一块地割他身上的肉，处死了王伟。

五月十九日丙戌，北齐合州刺史斛斯昭进攻历阳，攻下了历阳城。

五月二十日丁亥，下令说："王伟等元凶已经正了国法，其余原先的达官显贵，因被逼迫偷生，还有那些勇士豪杰，以及随波逐流求活的人，一概赦免，不再追究。"

扶风豪民鲁悉达，纠集聚合乡里平民保卫新蔡，努力耕种，积蓄粮草。当时江东饥荒动乱，百姓饿死的有十之八九，幸存的百姓携老扶幼归附鲁悉达。鲁悉达分给他们粮食，救活了许多人，这样安抚了晋熙等五郡的民众，从而控制了五郡的土地。鲁悉达派他的弟弟鲁广达领兵随从王僧辩征讨侯景，侯景被平定后，湘东王萧绎任命鲁悉达为北江州刺史。

（以上为第二段，详载湘东王萧绎平定祸乱，惩治国贼侯景及其党羽的经过。在讨贼征战中，陈霸先异军突起。）

北齐国主高洋派他的散骑常侍曹文皎等出使江陵，湘东王萧绎派散骑常侍柳晖等回访北齐，并且通告平定了侯景，同时派舍人魏彦报告西魏。

北齐国主高洋派潘乐、郭元建领兵围攻秦郡，行台尚书辛术劝谏说："朝廷与湘东王不断互派使者，目的是友好往来。阳平郡，原先是侯景控制的土地，夺取它是可以的；现今王僧辩已经派严超达接管了秦郡，从友好道义上怎么能再去争夺呢？况且雨季正在来临，不如乘胜休兵回师。"高洋不听从。陈霸先命令将军徐度领兵救援秦郡坚守。北齐军队七万人，攻城很猛烈。王僧辩派左卫将军杜崱领兵去救援，陈霸先也从欧阳出兵来会合，与郭元建在士林展开大会战，大破北齐军队，斩首一万余级，俘虏一千多人。郭元建收拾残兵向北逃跑，南军因为双方正在交好，没有穷追。

辛术升迁为北齐吏部尚书。自从东魏迁都邺城以后，负责选举的吏部尚书，知名的已有好几个人，各有千秋。北齐世宗高澄年少有为，志气高远，不足之处是有些粗疏；袁叔德沉稳严密，谨慎宽厚，不足之处太过于琐细；杨愔风流倜傥，口齿伶俐，不足之处取士浮华。只有辛术生性崇尚忠贞清明，取士一定要求有才能，循名责实，无论新人与旧臣，按才能兼用，即使是管库房的小吏，有才就得到提拔，门阀世族也不遗漏。与前面几任吏部尚书相比，辛术最为公正。

西魏达奚武派尚书左丞柳带韦进入南郑，劝说宜丰侯萧循，说："足下坚守，依靠险要的地势巩固根本，凭借援军来取胜，依耐民众保持长久。如今我们王道之师已经深入腹地，你依靠的险要地势全部丧失；杨乾运在白马战败逃走，所凭借的援兵没有了；你的城池已被四面围攻住，你的辖区的民众不能依靠了。再说足下的朝廷遭遇丧乱，国家无主，你想替谁效忠呢？还不如顺时势可以转祸为福，也使子孙后代受惠。"萧循这才决定投降。柳带韦，是柳庆的儿子。开府仪同三司贺兰德愿听说城中粮尽，请求攻城，大都督赫连达说："不战而得城，这是上策，怎么能贪图掠人子女，收其财物，而不爱惜生命呢？再说对方兵马仍然强盛，城池仍然坚固，进攻即使能够破城，两方都要伤亡，如果城内来个困兽犹斗，那么胜败还很难说。"达奚武说："你的分析很有道理。"于是接受萧循投降，俘获男女二万人返回，这一来剑阁以北土地归入西魏。

六月十一日丁未，北齐国主高洋回到邺城。六月十九日乙卯，高洋又巡幸晋阳。

庚寅日，湘东王萧绎立安南侯萧方矩为王太子。

北齐派散骑常侍谢季卿出使江陵祝贺平定侯景。

衡州刺史王怀明叛乱，广州刺史萧勃讨平了叛乱。

北齐政令繁多，赋税苛重，江北的平民不愿意做北齐臣民，当地豪杰多次请求王僧辩出兵，王僧辩认为正在与北齐通好，一直没有答应。秋季，七月，侨居广陵的北方人朱盛等暗中聚集了数千人，谋划偷袭杀掉北齐刺史温仲邕，派使者向陈霸先求援，说已经攻破了外城。陈霸先派人通报王僧辩，王僧辩说："人心真伪，不容易看透，如果确实攻破了外城，就尽快救援；如果不是这样，就别劳师动众了。”没等王僧辩回音，陈霸先已经领兵渡江，王僧辩就命令武州刺史杜𣶏等率军助战。这时朱盛等人的计谋泄露，陈霸先就借机进兵围攻广陵。

八月，西魏安康人黄众宝反叛，进攻魏兴郡，活捉了太守柳桧。黄众宝乘胜进兵围攻东梁州，命令柳桧进城劝说投降，柳桧坚决不听从被杀死。柳桧，是柳虬的弟弟。太师宇文泰派王雄与骠骑大将军武川人宇文虬征讨黄众宝。

武陵王萧纪率军从岷江沿江东下，任命永丰侯萧㧑为益州刺史，镇守成都，派自己的儿子萧圆肃为萧㧑的副手。

九月初九日甲戌，湘东王司空南平王萧恪去世。九月十九日甲申，湘东王萧绎任命王僧辩为扬州刺史。

北齐国主高洋派使者通告王僧辩、陈霸先，说：“请你们解除对广陵的包围，我们一定归还广陵、历阳两座城。”陈霸先领军退回京口，江北民众随从陈霸先渡江的有一万余人。湘东王萧绎任命陈霸先为征北大将军、开府仪同三司、南徐州刺史，征调陈霸先世子陈昌和他哥哥的儿子陈顼到江陵，任命陈昌为散骑常侍，任命陈顼为领直。

宜丰侯萧循投降西魏，丞相宇文泰承诺允许他回到南朝，拖延很久仍没有放他南还。有一次宇文泰从容地问刘璠说：“我能和古代哪个人相比？”刘璠回答说：“我常把你比作商汤王、周武王，照今天看来，恐怕还比不上齐桓公、晋文公！”宇文泰说：“我哪能比得上商汤王、周武王，应该和伊尹、周公差不多吧，何至于连齐桓公、晋文公都不如呢！”刘璠回答说：“齐桓公保存了鲁、卫、邢三个快要灭亡的国家，晋文公不失信于讨伐原国。”话还没有说完，宇文泰拍着手说：“我知道你的心意，想激我罢了。”便对萧循说：“萧王你想去荆州，还是益州？”萧循请求回到江陵，宇文泰赠厚礼打发他上路。萧循带了旧部文武一千多家跟随，湘东王起了疑心，派使者暗中观察，一个接一个奔走在路上。萧循到达江陵，当天夜晚，萧绎派人劫掠了萧循的财物，等到天一亮，萧循呈上献出兵器马匹的清单，湘东王萧绎才放下心来，召他进入相见，相对而泣，任命萧循为侍中、骠骑将军、开府仪同三司。

冬季，十月，北齐国主高洋从晋阳到离石，下令从黄栌岭起修筑长城，向北延伸到杜平戍，四百余里长，沿线设置三十六个防守据点。

十月十四日戊申，湘东王萧绎在殿上抓捕了湘州刺史王琳，杀了他的副将殷晏。

王琳出身会稽将门之家，他的姐妹都被选入湘东王宫中，因此王琳从小在湘东王左右。王琳勇武好斗，湘东王萧绎用他做了将帅。王琳礼贤下士，得到的赏赐都分给部下，从不拿回家，部属一万人，大多是江、淮一带的绿林强盗。王琳跟随王僧辩平定侯景，与杜龛两人功劳并列第一。王琳在建康，他仗恃自己受到湘东王的宠爱而纵容士兵抢掠，不听从王僧辩的禁令。王僧辩因为宫殿失火，害怕获罪，想推出王琳搪塞责任，就秘密地向湘东王启了一本，请求诛杀王琳。湘东王萧绎任命王琳为湘州刺史，王琳自己也疑心会有祸事，派长史陆纳率领部队去湘州，自己则去江陵解释请罪，临别时对陆纳等人说："我如果回不来，你们将到哪里去？"都说："和你一起死。"互相流泪而别。王琳到了江陵，湘东王萧绎把他逮捕下狱。

十二月二十七日辛酉，湘东王萧绎任命王子萧方略为湘州刺史，又任命廷尉黄罗汉为长史，派他与太舟卿张载一同去巴陵，先控制王琳的军队。张载得到湘东王的宠信，因此对待下属严厉苛刻，荆州人痛恨他如同仇敌。黄罗汉等人到了王琳的军营，陆纳和士兵们一起大哭，不肯接受命令，把黄罗汉和张载都抓了起来。湘东王萧绎派宦官陈旻前去开导军人，陆纳当着陈旻的面把张载剖腹抽肠，系在马足上，拍马绕着走，直到抽完肠子张载才断气而死。又用刀割张载的肉，挖出心脏，对着陈旻拍手跳舞，再把剩下的骨头烧毁。因为黄罗汉为人清廉谨慎，免其一死。陆纳与诸将举兵袭击湘州，当时湘州城中无主，陆纳等占领了州城。

公卿藩镇多次上书劝湘东王萧绎登上帝位。十一月十二日丙子，梁世祖萧绎在江陵即皇帝位，改元年号为承圣，大赦天下。这一天，皇帝不登正殿，公卿只是陪同在左右而已。

十一月十三日丁丑，梁元帝任命宜丰侯萧循为湘州刺史。

十一月十五日己卯，册立王太子萧方矩为皇太子，改名萧元良，封皇子萧方智为晋安王，萧方略为始安王，封萧方等的儿子萧庄为永嘉王。梁元帝追尊母亲阮修容为文宣皇后。

侯景叛乱，梁朝州郡大半被西魏吞并，从巴陵以下到建康，以长江为限，荆州北界到武宁，西界到三峡之口，岭南被萧勃占据，梁元帝诏令到达的地方，不过千里以内，登记户籍的民户不到三万户。

陆纳在渌口袭击衡州刺史丁道贵，打败了丁道贵，丁道贵逃到零陵，他的部众投降了陆纳。孝元帝听到消息，遣使征召王僧辩、右卫将军杜崱、平北将军裴之横与宜丰侯萧循共同征讨陆纳，萧循驻军在巴陵等待。侯景叛乱，零陵人李洪雅占据郡城，梁元帝任命李洪雅为营州刺史。李洪雅请求征讨陆纳，孝元帝允准了。丁道贵收集散兵与李洪雅一起出发。陆纳派出将领吴藏袭击，打败了李洪雅，李洪雅等退保空云城，吴藏率兵围城。不久，陆纳请求投降，愿意送妻儿为人质。孝元帝派陈旻到陆纳驻地，陆纳兵都哭着说："王将军被囚禁，所以我们逃到湘州避难，没有别的野心。"于是送出妻儿交给了陈旻。陈旻到了巴陵，萧循说："这是诈降，陆纳一定来偷袭我。"于是秘密部署了防御。陆纳果然在夜晚用轻兵紧跟在陈旻后面，约定到了巴陵城下就击鼓呐喊。十二月，壬午日早晨，离巴陵还有十里，大家认为已到城下，立即击鼓呐喊，发起冲锋，萧循的部队惊恐万分。萧循坐在胡床上，从垒门向外瞭望，看到陆纳的军队从水路攻了上来，箭矢如雨，萧循正在吃甘蔗，没有一点害怕的神色。萧循不慌不忙地部署将士反击，缴获了一艘战船，陆纳退守长沙。

壬午日，北齐国主高洋回到邺城。十二月二十五日戊午，高洋又到晋阳。

（以上为第三段，写北齐国主高洋经略北方，南面与梁修好。湘东王萧绎在战乱初平后即皇帝位，刚愎自用，外失汉中地于西魏，内激陆纳反叛于湘州。）

【点评】

萧梁失地过半。侯景叛乱，残忍暴虐，天怒人怨，一旅之众，即可平息。由于萧梁诸王各怀异心，内讧不已，才使得平叛如是之难。湘东王萧绎，借兵西魏，意在防蜀，引狼入汉中，丧失大片国土。侯景灭，萧绎遂，而梁朝近半国土——长江以北、三峡以西尽没于敌国。梁元帝光复之功与失地之过，孰大孰小，供千秋评说。

资治通鉴（白话本） 卷第一百六十五

梁纪二十一

梁元帝承圣二年至三年（公元553—公元554）

【起昭阳作噩（癸酉，公元553年），尽阏逢阉茂（甲戌，公元554年），凡二年】

【大事提要】

本卷载述公元553年至公元554年南北朝史事，凡二年，时当梁元帝承圣二年、三年，西魏废帝二年、三年，北齐文宣帝天保四年、五年。本卷三方穿插记事。北朝西魏扩张，吞巴蜀，破江陵，至是其疆域与北齐等。北齐国主高洋，为政苛酷，庶民多怨，而经略北方，身冒矢石；一个高洋，身兼两重性，既为残虐之主，而又有雄主之风。梁元帝萧绎，系本卷重点所在，却无一长可称；所述为兄弟相残，覆败亡国，骤兴骤亡之始末。

世祖孝元皇帝下

梁元帝承圣二年（癸酉，公元553年）

春季，正月，王僧辩率军从建康出发，承制让陈霸先代理王僧辩镇守扬州。

正月十三日丙子，山胡人围攻北齐离石。正月十五日戊寅，北齐国主高洋举兵讨伐，还没到达离石，山胡人退走，高洋便巡幸三堆，大规模狩猎后回军。

梁朝任命吏部尚书王褒为左仆射。

正月二十六日己丑，北齐改铸新钱，上面镌文为“常平五铢”。

二月初七日庚子，李洪雅战败力竭，献出空云城投降陆纳。陆纳囚禁了李洪雅，杀了丁道贵。陆纳看到僧人宝志的谶语诗有“十八子”三个字，认为是李氏要当皇帝的征兆。二月二十一日甲辰，陆纳拥戴李洪雅为首领，仍称为大将军，让李洪雅乘坐平肩舆，陈列仪仗鼓吹，陆纳率领数千人，左右护卫。

西魏太师宇文泰辞去丞相、大行台，只保留都督中外诸军事的职务。

西魏王雄领兵到达东梁州后，黄众宝领兵投降。太师宇文泰赦免了黄众宝的死罪，但把他的部众豪帅迁移到雍州安置。

北齐国主高洋遣送柔然可汗铁伐的父亲登注以及登注的哥哥库提回国。铁伐不久被契丹人杀掉，柔然人拥立登注为可汗，登注又被柔然大人阿富提杀死，柔然人就拥立库提为可汗。

突厥伊利可汗去世，他的儿子科罗继立为可汗，称乙息记可汗；三月，派使者向西魏进贡五万匹马。柔然另一部落又立阿那瓌叔父邓叔子为可汗；乙息记可汗在沃野北木赖山打败了邓叔子。乙息记可汗死时，没有让自己的儿子摄图继位而让弟弟俟斤继位，称木杆可汗。木杆可汗相貌奇异，性情刚强勇猛，足智多谋，善于用兵，邻国都害怕他。

梁元帝听说武陵王萧纪领兵东下，派方士在木板上画出萧纪的相貌，亲自在萧纪像上钉满钉子，身体和四肢都着钉，念咒语诅咒他不得好死，又派人把侯景的俘虏押送给萧纪。当初，萧纪举兵东进，都是太子萧圆照策划的。萧圆照当时镇守巴东，他把萧绎的使者扣押起来，向萧纪报告说："侯景还没有平定，应当急速进军讨伐，已经听到荆镇被侯景攻破。"萧纪相信了，便集中兵力迅速东下。

梁元帝很害怕，给西魏写信求助说："萧纪好比是春秋时齐国的公子纠，是我的亲族，请你们去讨伐他。"太师宇文泰说："夺取巴蜀，控制梁朝，在此一举。"众将领都认为这次行动很艰难。大将军代郡人尉迟迥，是宇文泰的外甥，只有他认为可以取胜。宇文泰向他询问用兵策略，尉迟迥说："巴蜀与中原隔绝一百多年了，依凭的是形势险要，不担心我军会去攻打，如果用铁骑精兵倍道兼程偷袭，没有不成功的。"宇文泰就派尉迟迥督统开府仪同三司原珍等六军，共有甲士一万二千人，马一万匹，从散关进兵攻打巴蜀。

陆纳派他的将领吴藏、潘乌黑、李贤明等控制湘江下游的车轮。王僧辩进军到巴陵，宜丰侯萧循让王僧辩任大都督，王僧辩不接受。梁元帝任命王僧辩、萧循为东西都督。夏季，四月初四日丙申，王僧辩进军屯驻车轮。

吐谷浑可汗夸吕，虽然和西魏往来交好，却仍然不断侵扰西魏边境，宇文泰率领三万骑兵越过陇山，进军到达姑藏，讨伐吐谷浑。夸吕害怕了，请求臣服，不久又派使者与北齐交好。凉州刺史史宁探知吐谷浑使者返回的路线与时间，在赤泉伏兵袭击，俘获了吐谷浑的仆射乞伏触状。

陆纳夹湘江两岸筑城，抗击王僧辩。陆纳的士兵都是身经百战的勇士，王僧辩有些忌惮，不敢贸然进攻，便步步连营筑城，慢慢逼近。陆纳认为王僧辩胆怯，没有提防。五月初三日甲子，王僧辩命令各路人马水陆齐进，猛攻陆纳，王僧辩亲自举旗击鼓，宜丰侯萧循也亲自冲锋陷阵，攻占了陆纳阵地的两个城堡，陆纳大败，步行逃走，退守长沙。五月初四日乙丑，王僧辩进兵围攻长沙。王僧辩坐在田埂上注视士兵们修筑围城土山，陆纳的将领吴藏、李贤明率领精锐士兵一千多人打开城门，突然冲出，手执盾牌，直接扑向王僧辩。当时杜崱、杜龛陪坐在王僧辩身旁，警卫士兵只有一百多人，奋力战斗抵挡。王僧辩端坐胡床不动，裴之横从斜刺杀出，攻击吴藏等人，吴藏等人败退，李贤明战死，吴藏逃脱回到城中。

武陵王萧纪进军到巴郡，听到西魏进兵，派前梁州刺史巴西人谯淹回军救蜀。当初，杨乾运请求为梁州刺史，萧纪任命他为潼州刺史；杨法琛请求为黎州刺史，萧纪任命他为沙州刺史，两人都不满意。杨乾运哥哥的儿子杨略劝说杨乾运，说："如今侯景刚刚平定，应当同心合力，保卫国家，休养黎民，而兄弟之间却互相残杀，这是自取灭亡的道路。朽木不可以雕饰，世道衰微就难以辅佐，不如归附西魏，可以建功立名两者保全。"杨乾运赞同，便命令杨略领兵两千镇守剑阁，又派他的女婿乐广镇守安州，与杨法琛两人都归附西魏。西魏太师宇文泰秘密赐给杨乾运铁券，授予骠骑大将军、开府仪同三司、梁州刺史。尉迟迥命令开府仪同三司侯吕陵始为先锋，进军到剑阁，杨略退军与乐广靠陇，出城接应侯吕陵始，侯吕陵始入城占据了安州。五月十三日甲戌，尉迟迥进军到涪水，杨乾运献出州城投降。尉迟迥分兵守城，主力进军袭击成都。当时成都全部兵力不足万人，仓库空虚，永丰侯萧㧑闭城坚守，尉迟迥四面包围。谯淹派江州刺史景欣、幽州刺史赵拔扈援救成都，尉迟迥派原珍等人击退了景欣等人的援军。

武陵王萧纪抵达巴东，听到侯景已经平定，十分后悔，召见太子萧圆照并斥责他，太子回答："侯景虽然平定，江陵还没有服从。"萧纪也认为已经称帝，就不可以再屈服于人，想继续东进。可是部下将士日夜思念回到故乡成都。江州刺史王开业认为应当还军救援成都保住根本，再考虑以后进取，众将领都认为说得对。萧圆照和刘孝胜坚持不能退军，萧纪听从了，在军中下令说："敢再来说退兵的话就要处死。"五月二十日己丑，萧纪进军到西陵，军队兵马众多，气势旺盛，战船浮满江面。湘东王护军陆法和在峡口两岸各筑一城，运石填江，用铁链封锁江面。

梁元帝从监狱中放出任约，任命他为晋安王司马，派他援助陆法和抗拒萧纪。梁元帝对任约说："你的大罪不能宽容，我没有杀你，就是为了今天用你。"梁元帝把宫卫禁军撤出交给任约，还承诺把庐陵王萧续的女儿嫁给他为妻，派宣猛将军刘棻与他一起领兵。

五月十九日庚辰，巴州刺史余孝顷领兵一万抵达长沙与王僧辩会师。

豫章太守观宁侯萧永，遇事糊涂又无决断能力，亲信武蛮奴专断用事，军主文重十分痛恨武蛮奴。萧永领兵讨伐陆纳，到达宫亭湖，文重杀了武蛮奴，萧永的军队溃散，萧永逃回江陵。文重收聚散兵，投靠开建侯萧蕃，萧蕃杀了文重，收编了他的军队。

六月初一日壬辰，武陵王萧纪修筑连城，攻断铁索，陆法和告急，使者接二连三到达江陵。梁元帝又把谢答仁从监狱中放出，任命为步兵校尉，让他带兵救援陆法和。又派使者送王琳到长沙，让他说服陆纳投降。六月初一日乙未，王琳到长沙，王僧辩派人送王琳到城下向城中示意，陆纳和部众全体向王琳跪拜哭泣。陆纳派使者对王僧辩说："朝廷如果赦免王郎，就恳求让他进城。"王僧辩不允许，又把王琳送回江陵。陆法和不断派人求救，梁元帝想召回长沙的军队，又怕陆纳逃走，于是再次送王琳到长沙，允许王琳进城。王琳进城以后，陆纳投降，湘州平定。梁元帝恢复王琳官职，让他带兵西援峡口。

六月十三日甲辰，北齐章武景王库狄干去世。

武陵王萧纪派将军侯叡领兵七千修筑营垒与陆法和对抗。梁元帝派使者送信给萧纪，允许他回到巴蜀，专制一方，萧纪不答应，以兄弟相称给梁元帝写了回信。陆纳被平定后，在湘州的各路军队相继西上，梁元帝再次写信给萧纪说："论年龄，我比你年长，又有平定侯景之乱的功劳，因此顺应大众的推举继承了帝位，顺理成章。本应派一使者与你商量，实在是来不及。如果你不相信，从此搁笔，断绝关系。兄弟之间本应友爱，形体分离却心心相印，如果刀兵相见，我强你弱，恐怕我们再没有相见的日期，那么兄弟之间让枣推梨的欢乐情怀就一去不复返了。兄弟之爱在我心中，不是一封信所能表达完的。"萧纪屯兵日久，屡战不利，又听到西魏兵已经深入，成都孤立无援危险万分，忧愁气愤得不知道怎么办才好。于是派出度支尚书乐奉业到江陵求和，请求按照前一封信说让他回到巴蜀。乐奉业知道萧纪一定会失败，就上表梁元帝说："蜀军粮食吃完，士兵死亡很多，败亡的日子随时到来。"梁元帝于是不许萧纪求和。

萧纪用一斤黄金做成一个圆饼，一百个金饼装一箱，共有一百箱，银子五倍于金饼，其他的锦缎、缯彩很多，其价值与金饼银饼相当。每次战斗，都把这些东西悬赏给士兵们看，可是一个子儿也不给。宁州刺史陈智祖请求拿出来散发给将士招募勇士，萧纪不听，陈智祖痛哭而死。部下有事求见萧纪，他称病不见，因此将士离心离德，逐渐解体。

秋季，七月十一日辛未，巴东豪民符昇等杀了峡口军垒城守将公孙晃，投降了王琳。谢答仁、任约进兵攻击侯叡，打败了侯叡，夺取了三座军垒，于是两岸蜀军的十四座军垒全线崩溃投降。萧纪没有了退路，顺流东下，游击将军樊猛领兵追击，萧纪的部众土崩瓦解，投水而死的有八千多人，樊猛把萧纪团团围住。梁元帝密令樊猛说："如果萧纪活着来见我，你的功劳就全没了。"樊猛带兵攻上萧纪的船只，萧纪在船上绕着床躲避，他把金囊投向樊猛说："拿这些金银雇请你，送我去和七官兄长见一面。"樊猛说："天子怎么能随便见到！杀了你，金银还能跑吗！"于是杀了萧纪和他的小儿子萧圆满。陆法和抓获了太子萧圆照兄弟三人押送到江陵，梁元帝取消萧纪的族籍，给他赐姓饕餮氏。把刘孝胜关入牢中，不久又释放了他。梁元帝派人对江安侯萧圆正说："巴蜀军队已经战败，你父亲不知是死是活。"意思是让萧圆正自杀。萧圆正听到后只是号哭，不停地抱怨大哥萧圆照的名字。梁元帝不断派人去窥视，看到他没有自杀的意思，就把他移交给廷尉，下到狱中。萧圆正见到萧圆照，说："兄长你为什么挑动父亲他们相残，落下今天这样一个悲惨的结局。"

萧圆照只是说："谋划错误。"梁元帝下令停止供给狱中萧圆正兄弟的食物，他们饿得啃自己的臂膀，过了十三天才被饿死，远近的人听说后都为他们感到悲哀。

乙未日，王僧辩还军江陵。梁元帝下诏，各路军队回到原来镇守的地方。

（以上为第一段，详载梁朝荆益兄弟相残始末，武陵王萧纪，自矜勇武，狂愚而贪，违时而动，导致阖门遭屠。）

西魏尉迟迥围攻成都五十天，永丰侯萧㧑多次出战，都遭到失败。萧㧑请求投降，西魏众将领不想接受投降。尉迟迥说："接受投降，我军将士不受损伤，归降的远方百姓也高兴。强行进攻，那么将士要受伤亡，百姓归服也担惊受怕。"便接受了萧㧑的投降。八月初八日戊戌，萧㧑与宜都王萧圆肃率领文武官员到西魏军营门投降，尉迟迥以礼相待，与萧㧑等人在成都城北面订立受降盟约。官民都恢复原来的职位和生业，只收缴奴婢和仓储用来奖赏战士，全军将士没有私自抢掠的。西魏任命萧㧑和萧圆肃均为开府仪同三司，任命尉迟迥为大都督益州、潼州等十二州诸军事、益州刺史。

八月初十日庚子，梁元帝下诏准备回到建康，领军将军胡僧佑、太府卿黄罗汉、吏部尚书宗懔、御史中丞刘毅劝谏说："建业的帝王气数已尽，与北齐只隔着一条江，万一有不测，后悔就来不及了。况且这里自古以来就传说：'荆州江面的沙洲满了一百个，就会出皇帝。'如今枝江生出了新的沙洲，数量满了一百个，陛下登上皇位，正是应验了这个说法。"梁元帝让朝臣们讨论。黄门侍郎周弘正、尚书右仆射王褒说："如今百姓没看到皇帝车驾进入建康，会把江陵看成列国诸侯王，希望陛下顺从天下百姓的心愿定都建康。"当时群臣大多数是荆州人，都说："周弘正等是江东人，当然一心想回建康，恐怕不是好的谋划。"周弘正当面驳斥说："江东人主张建都建康，你们说不是好的谋划；你们荆州人主张定都荆州，难道就是好计谋吗？"梁元帝大笑。又转到后堂再次讨论，参加会议的有五百人，梁元帝问："我想回到建康，你们认为怎么样？"与会的人没有人敢先说话。梁元帝说："劝我离开这里的人露出左臂来。"结果，露出左臂的人过了半数。武昌太守朱买臣对梁元帝说："建康是旧时都城，皇上祖宗陵墓都在那里；荆州江陵地处边疆，不是帝王所居住的地方。希望陛下不要犹豫，以至将来后悔。臣家在荆州，怎能不希望陛下在这里。这样做，只怕是我这个臣子享受了富贵，而不是皇上你在享受富贵。"梁元帝让术士杜景豪卜问鬼神，离开这里不吉利，杜景豪对梁元帝说："不要离开。"杜景豪退朝后私下对人说："这次占卜的征兆表明皇上被鬼贼留住了。"梁元帝认为建康破败，江陵正处于全盛，内心想在江陵，终于听从了胡僧佑等人的意见。

梁元帝任命湘州刺史王琳为衡州刺史。

九月十一日庚午，梁元帝下诏王僧辩回到建康镇守，陈霸先回到京口。九月十七日丙子任命护军将军陆法和为郢州刺史。陆法和处理政务，不用刑法监狱，专门用佛法和西域幻术进行教化，部下几千人，全都称为弟子。

契丹侵犯北齐边境。九月二十三日壬午，北齐国主高洋巡幸北边冀、定、幽、安四州，进兵讨伐契丹。

北齐文宣帝高洋派郭元建在合肥训练水军两万，打算袭击建康，送湘潭侯萧退到建康做皇帝，又派出将军邢景远、步大汗率军随后接应。陈霸先在建康听到消息，报告梁元帝，梁元帝命令王僧辩镇守姑孰以防备北齐来犯。

冬季，十月初八日丁酉，北齐国主高洋讨伐契丹，进兵到达平州，从西路向长堑进军。十月十二日辛丑，高洋到达白羊城，十月十三日壬寅，推进到昌黎城，派安德王韩轨率领精锐骑兵四千切断契丹向东逃跑的退路。十月十四日癸卯，北齐大军进抵阳师水，倍道兼程，奔袭契丹。北齐国主高洋披发露胸，昼夜不停，行军一千余里，翻山越岭，身先士卒，一路只是吃肉喝水，胆壮志气，越来越高昂。十月十五日甲辰，与契丹相遇，奋勇打击，大获全胜，虏获十余万口，杂畜数百万头。潘相乐又在青山打败的另一支契丹部落。十月十八日丁未，北齐国主高洋回到营州。

十月二十日己酉，王僧辩领兵到达姑孰，派婺州刺史侯瑱、吴郡太守张彪、吴兴太守裴之横在东关修筑城垒，防备北齐军队来犯。

十月二十八日丁巳，北齐国主高洋登上碣石山，观临大海，然后回到晋阳。高洋任命肆州刺史斛律金为太师，把他调回晋阳。封他的儿子斛律丰乐为武卫大将军，命令他的孙子斛律武都娶义宁公主为妻。高洋对斛律丰乐和斛律武都的宠信优待，文武百官没有人能相比。

闰十一月十九日丁丑，南豫州刺史侯瑱在东关与郭元建交战，北齐军队大败，淹死的人以万计。湘潭侯萧退回到邺城，王僧辩回到建康。

吴州刺史开建侯萧蕃，依仗自己兵马盛强，不向朝廷进贡，梁元帝密令萧蕃的部将徐佛受除掉萧蕃。徐佛受派他的手下人装作打官司，到萧蕃府中告状，趁机抓住了萧蕃。梁元帝任命徐佛受为建安太守，任命侍中王质为吴州刺史。王质到了鄱阳，徐佛受把他安置在内城州衙中，自己据守在外城，掌管城门钥匙，修缮船只，训练士兵，王质不敢与他相争。原开建侯萧蕃的部属数千人攻击徐佛受，徐佛受逃到南豫州，侯瑱杀了他，王质才掌管了吴州的政务。

十一月初十日戊戌，梁朝任命尚书右仆射王褒为左仆射，任命湘东太守张绾为右仆射。

十一月初一日己未，突厥再次进攻柔然，柔然举国投奔北齐。

十一月初五日癸亥，北齐国主高洋从晋阳出兵北面攻击突厥，迎接柔然，废了柔然的库提可汗，立阿那瓌的儿子庵罗辰为可汗，安置在马邑川，供给粮食缯帛，亲自领兵追击突厥直到朔州，突厥请求投降，高洋答应了，胜利班师。从此，突厥年年向北齐进贡。

西魏尚书元烈密谋杀害宇文泰，走漏消息，宇文泰杀了元烈。

十一月初八日丙寅，梁元帝派侍中王琛出使西魏。西魏太师宇文泰暗中怀有夺取江陵的打算，梁王萧詧得到消息，更加重了对西魏的进贡。

十二月，北齐宿预县民东方白额献出县城投降梁朝，江北淮南各州郡纷纷起兵响应。

（以上为第二段，写梁朝巴蜀地陷西魏，梁元帝建都江陵，北齐国主高洋威服北方柔然、突厥之民。）

梁元帝承圣三年（甲戌，公元 554 年）

春季，正月初六日癸巳，北齐国主高洋从离石道出兵讨伐山胡，派斛律金从显州道出兵，常山王高演从晋州出兵夹攻山胡，大败山胡人，男子十三岁以上都被杀死，女子和小孩用来赏赐军人，终于平定了石楼。石楼地势极为险要，自从北魏开国以来历代皇帝都到不了这个地方，于是远近山胡没有不被慑服的。北齐有个都督作战受了伤，护卫他的部属什长路晖礼没有救他，高洋命令剖开路晖礼的肚子，掏出他的五脏，让其他九个人分了吃，把肉和内脏污秽的东西都吃光。从这以后，高洋就开始酷虐逞威。

陈霸先领兵从丹徒渡江，围攻广陵，秦州刺史严超达从秦郡进兵围攻泾州，南豫州刺史侯瑱、吴郡太守张彪，都同时出兵石梁，声援陈霸先。正月十四日辛丑，梁朝派晋陵太守杜僧明率领三千人增援东方白额。

西魏太师宇文泰开始制作九命典章，用来区分朝廷内外不同等级的官爵，改订了不入品级的小吏也为九级。

西魏国主元钦，自从元烈死后，颇有怨言，密谋诛杀太师宇文泰，临淮王元育、广平王元赞流泪苦谏，元钦不听。宇文泰的几个儿子都年幼，他哥哥的儿子章武公宇文导、中山公宇文护都在外担任重镇守将，在京师长安只有他的几个女婿是得力心腹，大都督清河公李基、义城公李晖、常山公于翼都担任武卫将军，分别掌管禁卫军。李基，是李远的儿子；李晖，是李弼的儿子；于翼，是于谨的儿子。因此西魏主元钦的谋划泄露，宇文泰废了元钦，安置在雍州，立他的弟弟齐王元廓为国主，除去年号，称元年，恢复姓氏为拓跋氏，凡改为单姓的九十九个鲜卑姓氏，全部恢复为原来的复姓。北魏立国之初，统辖三十六个小王国，鲜卑大姓部落有九十九个，其后大多被灭绝。宇文泰让各位将领中功劳最大的列出三十六个姓，次一等的列出了九十九个姓，各个将领所统属的士兵都改用主将的姓氏。

三月初一日丁亥，梁长沙王萧韶攻取巴郡。

三月十八日甲辰，梁朝任命王僧辩为太尉、车骑大将军。

三月二十一日丁未，北齐将领王球进攻宿预，杜僧明出击，大败王球，王球退回彭城。

郢州刺史陆法和在上表中自称司徒，梁元帝感到奇怪。王褒说：“陆法和既然有道术，也许是他预先知道要晋升司徒。”三月二十二日戊申，梁元帝就拜陆法和为司徒。

三月二十三日己酉，西魏侍中宇文仁恕出使梁朝，刚好碰上北齐使者也到了江陵，梁元帝接待宇文仁恕不如接待北齐使者隆重。宇文仁恕回到西魏，告诉了太师宇文泰。梁元帝又请求按旧时版图划定疆界，使用的措辞有些傲慢，宇文泰说：“古人说过，‘上天要抛弃的那个人，谁也不能把他扶起来’，说的就是萧绎这种人吧！”荆州刺史长孙俭多次上奏攻取江陵的策略，宇文泰把他召回朝廷询问执行的方略，然后让他回到原地镇守，命令他秘密做好出兵的准备。留在长安的梁朝旧臣马伯符秘密派人告诉了梁元帝，梁元帝却不相信。

柔然可汗庵罗辰反叛北齐，北齐国主高洋亲自出兵攻击，大败柔然，庵罗辰父子向北逃窜。

北齐太保安定王贺拔仁献给朝廷的马匹不太强壮，高洋拔掉他的头发，免去官职，发配到晋阳去做运炭的苦工。

北齐中书令魏收撰写的《魏书》，喜欢凭个人的爱恨来褒贬人物，常常对人说：“你小子是什么东西，敢给我魏收脸色看！我一抬手使你上天，按一下让你入地！”《魏书》写完后，中书舍人卢潜上奏指控说：“魏收写史书诬蔑了一代人，其罪该杀。”尚书左丞卢斐、顿丘人李庶都说魏收的《魏书》写得不公正。魏收上奏北齐国主高洋分辩说：“我因为写史得罪了达官显贵，将遭到刺客谋杀。”高洋大怒，于是卢斐、李庶，以及尚书郎中王松年都以诽谤史书被判罪鞭打二百，发配到甲坊做苦工。卢斐、李庶死在狱中，卢潜也被判罪坐牢。然而当时的人都不服，称之为“秽史”。卢潜，是卢度世的曾孙；卢斐，是卢同的儿子；王松年，是王遵业的儿子。

夏季，四月，柔然侵扰北齐肆州，北齐国主高洋亲自从晋阳出兵讨伐，到达恒州，柔然溃散逃走。高洋率领两千多骑殿后，宿营在黄瓜堆。柔然的另一部落有几万骑兵突然袭来，高洋安稳卧床，天亮才起，神色自然，指挥部署，放开士兵奋勇攻击，柔然全线败退，高洋趁机突出重围。柔然败逃，高洋追击，柔然沿途丢下的尸体长达二十余里，俘获庵罗辰的妻儿，抓了三万多俘虏。高洋又命令都督善无人高阿那肱率领数千骑兵阻塞柔然人的退路，当时柔然的军队还很强盛，阿那肱认为自己兵少，请求增加兵力，高洋反而减了一半。阿那肱奋力出击，大败柔然。庵罗辰翻越岩谷，只身逃走。

四月十一日丙寅，梁元帝派散骑常侍庾信等出使西魏。

四月十八日癸酉，梁元帝任命陈霸先为司空。

丁未日，北齐国主高洋再次出击柔然，大败柔然。

五月二十五日庚戌，西魏太师宇文泰用鸩酒毒杀了废帝元钦。

五月，西魏直州人乐炽、洋州人黄国等人反叛，开府仪同三司高平人田弘、河南贺若敦率军征讨，不能取胜。太师宇文泰命令车骑大将军李迁哲增援贺若敦共同讨伐乐炽，平定了叛乱。李迁哲与贺若敦乘胜向南进军，攻城略地直到巴州，巴州刺史牟安民投降了西魏，巴、濮民众都归附了西魏。蛮人酋长向五子王攻占了白帝城，李迁哲进兵攻击，五子王逃走，李迁哲追击，打败了五子王。宇文泰任命李迁哲为信州刺史，镇守白帝城。信州原来没有存粮，李迁哲与士兵一同采集葛根作食粮，偶然得到好一点的食物，就拿来分给士兵一同享用，士兵都很感动，乐为所用。因此每次攻击反叛的蛮人，都能打胜仗，各部落的蛮人都降服了，纷纷送来粮食，派来子弟作人质。州境因而安定下来，军粮储备也丰富起来。

柔然乙旃达官侵扰西魏广武，柱国李弼出兵追击，大败柔然。

广州刺史曲江侯萧勃，认为自己不是梁元帝任命的刺史，内心很不安定，梁元帝也猜疑他。萧勃上表请求入朝。五月二十日乙巳，梁元帝任命王琳为广州刺史，萧勃为晋州刺史。梁元帝因为王琳部众强盛，王琳又很得军心，所以想把他打发到远远的边地。王琳与梁元帝主书广汉人李膺关系亲密，他就私下对李膺说："我王琳是个小人物，承蒙皇上提拔有了今天的地位。如今天下还没有平定，迁移我到岭南，如有不测，怎能得到我效力呢？我个人揣测不过是皇上疑心我，我的名分和声望有限，怎么敢与皇上争夺帝位呢？何不任用我为雍州刺史，镇守武宁，我安排士兵耕田，为国家守卫边疆。"李膺认为王琳说得对，但没敢启奏梁元帝。

散骑郎新野人庾季才进言梁元帝说："去年八月初六日丙申，月亮穿过心宿中星，本月丙戌五月初一日有赤气犯北斗。心宿是天帝的正位，天干中的丙主管楚地的分野，臣担心十一月会有大兵侵犯江陵，陛下应当留一位重臣镇守江陵，自己整顿仪仗军队回到建康都城回避灾难。假如西魏军队侵犯逼迫，失掉只是荆湘，对于国家，还不是什么大的忧虑。"梁元帝也通晓天文，知道楚地有兵灾，叹息说："祸福既然由天定，躲避它有什么用呢。"

六月二十七日壬午，北齐步大汗萨领兵四万进军泾州，王僧辩派侯瑱、张彪从石梁出发，援助严超达抗拒北齐兵。侯瑱、张彪拖延不进兵。梁将尹令思领兵万余人策划袭击盱眙。北齐冀州刺史段韶率军到宿预攻打东方白额，广州、泾州守将都来告急，诸将都很忧虑。段韶说："梁朝动乱衰败，国家没有确定的君主，人人心怀二意，谁强大就依附谁。陈霸先等表面上同心同德，内里却离心离德，诸位将领不用忧虑，我对梁朝局势揣摸透了。"于是留下仪同三司敬显携等围攻宿预，亲自领兵倍道兼程奔赴泾州，途经盱眙。尹令思没想到北齐军队突然杀来，望风退走。段韶进兵攻击严超达，打败了严超达，然后回军指向广陵，陈霸先解围退走。杜僧明还军丹徒，侯瑱、张彪回到秦郡。梁将吴明彻围攻海西县，镇将中山人郎基坚守，削木为箭，剪纸为羽，围攻了一百天，始终没有攻克，只好退兵。

柔然首领率领残余部众向东迁移，找机会向南侵犯。北齐国主高洋率领轻骑在金川截击，柔然听到消息，远远逃窜，营州刺史灵丘人王峻设下埋伏袭击柔然，俘获柔然名王数十人。

邓至羌人檐桁失掉了国家政权，逃奔西魏，太师宇文泰派秦州刺史宇文导领兵接纳了檐桁。

北齐段韶回师宿预，派了一位能言之士劝说东方白额，东方白额打开城门订立投降盟约，段韶趁机抓获东方白额，把他杀了。

秋季，七月二十日庚戌，北齐国主高洋回到邺城。

西魏太师宇文泰巡视国境西部，到达原州。

八月，壬辰日，北齐任命司州牧清河王高岳为太保、司空尉粲为司徒、太子太师侯莫陈相为司空、尚书令平原王高淹录尚书事、常山王高演为尚书令、中书令上党王高涣为左仆射。

［八月十六日庚午］，北齐仪同三司元旭因罪被赐死。八月二十三日丁丑，北齐国主高洋到晋阳。当高洋还没做东魏丞相的时候，太保、录尚书事平原王高隆之时常欺负他，等高洋受禅登帝位的时候高隆之又认为不可以，高洋心里十分怀恨高隆之。崔季舒乘机打小报告说高隆之的坏话。崔季舒说："高隆之每次审问案件，都对被告表现出同情体恤的样子，暗示这不是自己能够裁决的。"高洋就把高隆之抓起来关闭在尚书省。高隆之曾经与元旭一起饮酒，对元旭说："与大王您交往，我生死都不会辜负你。"有人把这话告诉了高洋，高洋更加大怒，派武士狠狠打了高隆之一百多拳，放了他。八月二十七日辛巳，高隆之死在路上。过了很久，高洋还在追恨高隆之，把高隆之的儿子高慧登兄弟二十人抓到跟前，高洋用鞭子打马鞍为号令，当时把他们全都杀死，投尸到漳水中；又挖开高隆之的坟墓，取出尸骨，剁成骨块用火焚烧，把骨灰洒在漳水中。

北齐文宣帝高洋派常山王高演、上党王高涣、清河王高岳、平原王段韶等人率领军队在洛阳城西南修筑了伐恶城、新城、严城、河南城等四个军戍城堡。九月，高洋巡视四城，想引诱西魏出兵来攻击，西魏没有出兵，高洋便到了晋阳。

西魏宇文泰命令侍中崔猷开拓两车并行的双车大道通往汉中。

（以上为第三段，写南北朝三国政务。梁元帝志大才疏，残刻猜忌，内外政务皆误：内忌良将王琳疏之于边，外交密于北齐而疏于西魏，既结怨近邻又错失收复江北失地的良机。西魏宇文泰西巡安定后方，而备战向南。北齐高洋有雄主之风，身临战阵，威服北疆，破柔然，降山胡，而内政酷烈，屠功臣，剥黎民，故而梁朝虽衰乱，而齐境江北之民仍心系梁朝。）

梁元帝爱好玄学清谈。九月初八日辛卯，在龙光殿讲《老子》。

梁曲江侯萧勃奉命迁居始兴，王琳派副将孙玚为先锋接收番禺。

九月二十二日乙巳，西魏派柱国常山公于谨、中山公宇文护、大将军杨忠等人领兵五万侵犯梁朝。十月初九日壬戌，西魏兵从长安出发。长孙俭问于谨说："假如站在萧绎的立场，应当用什么计谋来对付？"于谨说："如果萧绎陈兵在汉水、沔水一带布防，从江陵收拾行装渡过长江，径直占据丹杨，这是上策；把江陵外城军民集中到内城防守，修缮加高内城的城墙碉楼，等待援军，这是中策。如果不想移动，在外城防守，这是下策。"长孙俭说："你估量萧绎采用上中下哪一条计策？"于谨说："下策。"长孙俭说："为什么？"于谨说："萧氏梁朝割据江南，已经延续了几十年，正好这时中原多事，没来得及向外扩张；现今萧绎认为我们有北齐为患，一定不会分兵去打他的主意。再说，萧绎懦弱没有谋略，疑心重少决断，百姓没有智慧为国家深谋远虑，只会一味地留恋故乡旧居，所以推知他们会采用下策！"

十月初十日癸亥，武宁太守报告梁元帝，西魏兵即将到来，梁元帝召集公卿大臣讨论这个情况。领军胡僧佑、太府卿黄罗汉说："两国往来友好，没有嫌隙，应该不会这样。"侍中王琛说："臣下在长安观察宇文泰的神色，没看出他有出兵犯境的意思。"便再次派王琛出使西魏打探。十月十三日丙寅，于谨进兵到达樊城、邓县，梁王萧詧领兵会合。[十月十四日丁卯]，梁元帝停讲《老子》，发布都城内外的戒严令。王琛到了石梵，没有发现西魏军，快马向黄罗汉通报说："我已到达石梵，境上十分安静，前些日说西魏军侵犯简直是儿戏。"梁元帝听了半信半疑。十月十七日，重新开讲《老子》，文武百官穿着戎装听讲。

十月十八日辛未，梁元帝派主书李膺到建康，征召王僧辩为大都督、荆州刺史，命陈霸先移军到扬州镇守。王僧辩派豫州刺史侯瑱率领程灵洗等将领为先锋，兖州刺史杜僧明率领吴明彻等将领为后军。十月二十一日甲戌，梁元帝夜里登上凤凰阁，来回踱步，叹息说："客星侵犯翼宿、轸宿，这次注定要失败。"嫔妃禁卫都在哭泣。

陆法和听到西魏军来犯，从郢州进兵到汉口，打算赶赴江陵。梁元帝派使者拦住他说："江陵这里自己有能力打败敌人，你只须镇守郢州，不要兴师动众。"陆法和回到郢州，用白色涂在墙门上，自己穿上丧服，坐在苇席，过了整整一天，才又脱了。

十一月，梁元帝在津阳门外大阅兵，碰上刮北风，下暴雨，只好乘坐轻便车回到宫里。十一月初一日癸未，西魏军渡过汉水，于谨命令宇文护、杨忠率领精锐骑兵先行占据汉水上的渡口，切断梁元帝向东的退路。十一月初二日甲申，宇文护攻占武宁，抓获了宗均。这一天，梁元帝乘马出城布置栅栏，插木修建，环绕江陵城达六十余里。命令领军将军胡僧佑都督城东诸军事，尚书右仆射张绾为副将；命令左仆射王褒都督城西诸军事，四厢领直元景亮为副将；王公以下都分配有守备任务。十一月初四日丙戌，命令太子巡行城楼，命令城内居民协助军队搬运木石。当夜，西魏军行进到黄华，离江陵四十里。十一月初五日丁亥，西魏军抵达梁军栅寨。十一月初六日戊子，嶲州刺史裴畿、畿弟新兴太守裴机、武昌太守朱买臣、衡阳太守谢答仁打开枇杷门出兵交战，裴机杀死西魏仪同三司胡文伐。裴畿，是裴之高的儿子。

梁元帝征调广州刺史王琳为湘东刺史，让他带兵救援。十一月十五日丁酉，栅栏内失火，烧毁了几千家民房和城墙上敌楼二十五座。梁元帝登上被烧毁的敌楼上，眼看着西魏军渡江，环顾四周叹息。当夜，梁元帝没有回宫，住宿在百姓家中。十一月十七日己亥，梁元帝移居祇洹寺。于谨下令在江陵四周修筑围墙，切断了江陵城内外的联系。

十一月十八日庚子，信州刺史徐世谱、晋安王司马任约等在马头修筑营垒，远远地声援。当夜梁元帝巡视城楼，还随口作诗，随从群臣中有人应和。梁元帝撕下衣帛写了一道诏书，催促王僧辩说："我忍着死亡的煎熬等待你，现在援兵应该到了啊！"十一月二十日壬寅，梁元帝回到宫中。十一月二十一日癸卯，梁元帝出宫到长沙寺。十一月二十六日戊申，王褒、胡僧佑、朱买臣、谢答仁等打开城门出战，全都战败回城。十一月二十七日己酉，梁元帝移居天居寺；十二月初一日癸丑，移居长沙寺。朱买臣提着剑进言梁元帝说："只有杀了宗懔、黄罗汉，才可以谢罪天下。"梁元帝说："先前定都江陵，实在是朕的心意，宗懔、黄罗汉有何罪过！"两人躲避退到群臣中。

王琳军进至长沙，镇南府长史裴政请求从小路先行报告江陵，到了百里洲，被西魏人抓获。梁王萧詧对裴政说："我是梁武帝的孙子，难道不可以作你的君主吗？听从我的计谋，使你的尊贵延及子孙；如果不同意，你的头颅要搬家。"裴政谎称"遵命。"萧詧把他铐起来，带到江陵城下，让他喊话，说："王僧辩听到皇城被包围，已经自己称了帝，王琳势单力薄，不敢来救。"裴政却告知城中军民说："援兵四面八方涌来，你们自己要奋力作战。我是来报信的密使被抓获，我应当粉身碎骨报效国家。"在旁监看他的人打他的嘴巴，萧詧大怒，喝令赶快杀死他。西中郎参军蔡大业谏阻说："这是民众敬仰的人，杀了他，那么荆州就难以攻下了。"便释放了他。裴政，是裴之礼的儿子；蔡大业，是蔡大宝的弟弟。

当时征调四方兵马，都没有到达。十二月初二日甲寅，西魏军从四面八方全线攻城，城中将士背负门板作楯牌，胡僧佑身先士卒，昼夜督战，奖励战士，赏罚分明，将士们都拼死作战，所向披靡，西魏军不能破城。不久，胡僧佑被乱箭射死，内外城军民都惊慌失措。西魏全军攻城，有反叛的人打开西门放进敌军，梁元帝与太子、王褒、谢答仁、朱买臣等人退入内城坚守，派汝南王萧大封、晋熙王萧大圆到于谨军中作人质，请求讲和。西魏军初到时，大家以为王僧辩的儿子侍中王顗可以出任都督，梁元帝没有任用他，反而削夺了他的兵力，让他带领十个人守卫皇宫。等到胡僧佑死后，才任命他为城中都督诸军事。裴畿、裴机、历阳侯萧峻等都出城投降。于谨因为裴机亲手杀了胡文伐，他就把裴机，以及裴畿一起杀死。萧峻，是萧渊猷的儿子。当时南城虽然被攻破，而北城诸将仍在苦战，当太阳落山时，听说南城被攻破，这才溃散。

梁元帝进入东阁竹殿，命令舍人高善宝烧毁了所藏古今图书共十四万卷，自己想投入火中，被身边的宫人拉住了。梁元帝又用宝剑坎石柱使宝剑折断，说："文武之道，今夜全完。"于是让御史中丞王孝祀写投降书。谢答仁、朱买臣劝谏说："城中兵力还很强大，趁夜色突围出去，敌人必然惊恐，趁势冲杀敌人，可以渡江去与任约会合。"梁元帝不会骑马，说："事情一定不会成功，只是白白地增加羞辱。"谢答仁请求亲自保护梁元帝出走，梁元帝把这事询问王褒，王褒说："谢答仁是侯景的同党，怎么能相信他。与其成全他的功劳，不如主动去求降。"谢答仁，又请求入皇宫守卫，收集散兵可得五千人，梁元帝同意了，立即授给他城中大都督，还答应把公主配给他为妻。过了一会儿，梁元帝召见王褒商议这件事，认为不可以。谢答仁请求入宫守卫最后没得到允许，气得吐血离开了。于谨征召太子为人质，梁元帝派王褒护送太子。于谨的儿子知道王褒写得一手好字，给他纸和笔，让他写道："柱国常山公家奴王褒。"过了一会儿，黄门郎裴政也开门逃走。梁元帝便撤去了皇帝仪仗、服饰，穿上一身白色衣服，乘着白马走出东门，拔出宝剑猛砍门框，说："我萧世诚竟然落到这个样子。"西魏士兵跨过壕堑去牵着梁元帝的马缰，走到白马寺的北边，抢走了梁元帝骑的骏马，换了一匹劣马，派了一个又高又壮的胡人抓住梁元帝的后背押着他走，路上碰到于谨，胡人拉着梁元帝让他向于谨行跪拜礼。梁王萧詧派铁甲骑士把梁元帝押送到自己的军营，被关闭在黑色帐幔中，承受萧詧的辱骂折磨。十二月十三日乙卯，于谨派开府仪同三司长孙俭进兵占据内城。梁元帝骗长孙俭说："城中埋了一千斤黄金，想要送给他。"长孙俭带着梁元帝进入内城。梁元帝这才告诉实情，不能忍受萧詧的诟辱，又说："刚才骗你，目的就是要向你说这些话，哪有天子自己埋金子的事啊。"长孙俭就把梁元帝安置在原藏衣的库房里。

梁元帝性情残忍，又鉴于梁武帝为政宽缓的弊病，所以为政严厉。等到西魏师围城时，狱中关押的死罪囚徒，有几千人，主管部门请求释放他们为士兵，梁元帝不允许，下令把他们全部用棍棒打死，这事还没来得及办而江陵城已被攻破。

中书郎殷不害原先在另一个地方督战，城破以后，不见了母亲，当时冰天雪地，冻死的人填满城内大小壕沟，殷不害一边哭，一边走，在路上找他母亲的尸体，所有的地方都找遍了，只要见到沟中有死人，他都要跳下去用木棒一个一个地翻看，他全身都湿透了，连一口水都不喝，悲哀痛哭不停止，这样找了七天，终于找到了母亲的尸体。

十二月十四日丙辰，徐世谱、任约退守巴陵。于谨逼迫梁元帝写信招降王僧辩，梁元帝不同意。逼迫梁元帝的使者说："大王现今哪里还有自由？"梁元帝说："我既然失去了自由，王僧辩也就不会听我的话。"梁元帝向长孙俭请求要宫人王氏、荀氏和小儿子萧犀首，长孙俭都给了梁元帝。有人问梁元帝："为什么要烧书？"梁元帝回答说："读了万卷书，仍落得现在这样的结局，所以烧了它。"

十二月十八日庚申，北齐国主高洋巡视北方，到了达速岭，在行进中察看山川险要，打算修筑长城。

十二月二十九日辛未，梁元帝被西魏人杀害。梁王萧詧派尚书傅准监督行刑，用装土的袋子把梁元帝压死。萧詧用布手巾缠尸，裹在蒲席里，再包上白茅草，埋葬在津阳门外。萧詧又杀了愍怀太子萧元良、始安王萧方略、桂阳王萧大成等。梁元帝生性爱好图书，经常让亲近的人给他读书，夜以继日，即使熟睡了，读书仍然不停，有时读错了，或者有意跳过去读，梁元帝随即惊醒。梁元帝写文章，拿起笔一挥而就，常常说："我是一个满腹经纶的文人，作为武人就十分惭愧。"评论他的人都说这个自我评价说得很恰当。

西魏立梁王萧詧为梁朝皇帝，把荆州地方割给他治理，方圆三百里，他原来占有的雍州襄樊地方则被换走。萧詧居住在江陵东城，西魏安置的城防军主居住在西城，叫作助防，其实名义上是说协助防守，实际是监视萧詧。西魏留下前仪同三司王悦镇守江陵。于谨没收了梁朝府库中的珍珠宝玉，以及刘宋制造的浑天仪、梁朝制造的铜晷表、四尺直径的大玉和其他器物，把王公以下的百官和挑选出来的男女平民数万口作为奴婢，分配奖励给西魏军人，驱赶他们随军士回到长安，幼小瘦弱的人，全部杀死。幸免于难的只有三百多家，却又被兵马践踏和冻死的占了两三成。

西魏兵停留在江陵的时候，梁王萧詧的部将尹德毅劝说萧詧："西魏兵贪得无厌，肆意滥杀无辜，抢掠士民，无法计数。江东民众，遭此劫难，都怪罪殿下。殿下既然杀了人家的父兄，使人家的子女成了孤儿，人人都仇恨你，还有谁来与你的国家效力。如今西魏的精锐都集中在这里，如果殿下摆下庆功宴会，请于谨等人来赴宴，预先埋伏勇士，趁机诛杀他们。分兵各位将领，袭击西魏军营，全歼敌军，不放走一个。收聚江陵百姓，抚慰安置，原有的文武百官，量才录用。西魏一定被震慑屏息，不敢轻易兴兵送死。王僧辩这些人，写一封信就可以招附。然后穿着朝服，渡过长江，进入建康，登上皇帝位，顷刻之间，大业就可告成。古人说：'天与不取，反受其咎。'希望殿下高瞻远瞩，不要满足于一个普通人看重的眼前利益。"萧詧说："你的策略不是不好，但是西魏待我很优厚，我不能忘恩负义。如果突然按你计谋行事，人们会唾弃我以至于连我的肉他们都不会吃。"不久，江陵全城老幼遭到掳掠，又丢了襄阳。萧詧才深深地叹息说："悔恨没有采用尹德毅的话。"

王僧辩、陈霸先等人共同拥立江州刺史晋安王萧方智为太宰，承制。

王褒、王克、刘瑴、宗懔、殷不害，以及尚书右丞吴兴人沈炯等人到了长安，太师宇文泰都以厚礼相待。宇文泰亲自到于谨的府第去，设宴慰劳，极度欢乐，赏赐于谨一千口奴婢，以及梁朝宝物和雅乐一部，另加封新野公；于谨坚决推辞，不接受。于谨自以为长期担任要职，功名已经成就，想给自己剩一点悠闲的时间，就把自己原先骑的骏马，以及所用的铠甲等物献给了朝廷。宇文泰了解他的心意，说："现今北齐这个大敌还没有平定，你怎么能突然去独享清福呢！"于是没有接受于谨的辞职。

这一年，西魏秦州刺史章武孝公宇文导去世。

西魏加官益州刺史尉迟迥都督六州，加上以前共十八州，从剑阁以南的地区，他可以承制自行封拜官爵，以及升迁降职。尉迟迥赏罚分明，布施恩惠，安抚归附的新增民众，开拓疆土招徕未附的民众，因此华夷各族都拥护他。

（以上为第四段，详载西魏覆灭梁朝江陵政权，掳获梁元帝事件始末。）

【点评】

梁元帝兄弟相残。梁元帝萧绎，克平侯景之乱，惩其恶而收降其将为己用，至于与其弟武陵王萧纪骨肉相残，得胜而灭其满门，盖两国相争尚可妥协，而内部相斗必分胜负，一山不能容二虎故也。自古以来，内讧残杀，其为祸也酷于敌国相争，唯此为最。

梁纪二十二

梁敬帝绍泰元年至太平元年（公元 555—公元 556）

【起旃蒙大渊献（乙亥，公元 555 年），尽柔兆困敦（丙子，公元 556 年），凡二年】

【大事提要】

本卷载述公元 555 年至公元 556 年南北朝史事，凡二年，时当梁朝建安公绍泰元年、太平元年，西魏恭帝二年、三年，北齐文宣帝天保六年、七年。梁朝再度发生政变，江南又一次全境陷入军阀混战，陈霸先在建康两次挫败北齐入侵，重建萧梁政权，大权独揽。西魏宇文氏受禅建立北周。北齐国势鼎盛，因国主高洋荒淫残暴，国势开始衰落。

敬皇帝

梁敬帝绍泰元年（乙亥，公元 555 年）

春季，正月初一日壬午，梁邵陵太守刘棻领兵救援江陵，到达三百里滩，部将宋文彻杀了他，把军队带回邵陵占地自守。

梁王萧詧在江陵即皇帝位，改年号为大定；追尊昭明太子为昭明皇帝，庙号高宗，昭明太子妃蔡氏为昭德皇后；追尊自己的母亲龚氏为皇太后，册立妻王氏为皇后，立儿子萧岿为皇太子。赏罚制度按照帝王体制，只有上疏西魏朝廷时才称臣，使用西魏历法。官爵制度，则沿袭梁朝的旧制度，其中的功勋等级也兼用柱国等名号。任用谘议参军蔡大宝为侍中、尚书令，参与掌管吏部选拔用人事务，任命外兵参军太原人王操为五兵尚书。蔡大宝为人严谨清正，又有智谋，精通政务，文辞渊博敏捷，萧詧信任他，推心置腹，用他为谋主，把他比作诸葛孔明。王操精明能干，仅次于蔡大宝。追赠邵陵王萧纶为太宰，谥号为壮武；追赠河东王萧誉为丞相，谥号为武桓。任用莫勇为武州刺史，任用魏永寿为巴州刺史。

湘州刺史王琳领兵从小桂出发北下，到达蒸城时，听说江陵已被攻破，于是为世祖萧绎发丧举哀，三军将士身穿白色丧服，派一别将率领水军攻击后梁。王琳屯兵长沙，向各州郡发布檄文，着手制定攻取江陵的计划。长沙王萧韶，以及上游各州郡将领共推王琳为盟主。

北齐派清河王高岳领兵攻打西魏安州，用以救援江陵。高岳进兵到义阳，江陵城破，便进军到长江边。郢州刺史陆法和，以及仪同三司宋莅献出州城投降。郢州长史王珉不听从投降，被杀。正月十三日甲午，北齐召高岳回军，派仪同三司清都人慕容俨镇守郢州。王僧辩派江州刺史侯瑱攻击郢州，任约、徐世谱、宜丰侯萧循都领兵会合。

正月二十日辛丑，北齐立贞阳侯萧渊明为梁朝皇帝，派上党王高涣领兵护送萧渊明，徐陵、湛海珍等人都拥护萧渊明回归。

二月初二日癸丑，梁晋安王萧方智从寻阳抵达建康，进入朝堂，登上梁王王位，当时只有十三岁。梁王任命王僧辩为中书监、录尚书、骠骑大将军、都督中外诸军事，加官陈霸先为征西大将军，任命南徐州刺史侯瑱为江州刺史，任命湘州刺史萧循为太尉，任命广州刺史萧勃为司徒，任命镇东将军张彪为郢州刺史。

北齐国主高洋先派殿中尚书邢子才乘驿车到建康，送给王僧辩一封信，大意说："你们所立的皇帝继承人年幼，担不起治国重任。而贞阳侯萧渊明，是梁武帝的侄儿，梁武帝哥哥长沙王萧懿的儿子，无论是年龄和声望，都足以为继承人，有能力保卫金陵，所以把他立为梁朝国主，送回他的国家，你们应该安排舟船，迎接现任的国主，同心协力，建设美好的未来。"二月初四日乙卯，贞阳侯萧渊明也写信给王僧辩，要求他迎接自己回国。王僧辩回信说："皇位继承人晋安王是元帝的儿子，已经在文祖庙接受了帝位。你如果愿意回来，共同匡扶皇室，那么，商代的伊尹、周代的吕尚，他们所担任的丞相位置非你莫属；如果你回来的心意是做国主，我不敢听从你的命令。"二月十三日甲子，北齐任命陆法和为都督荆、雍等十州诸军事、太尉、大都督、西南道大行台，又任命宋莅为郢州刺史，任命宋莅的弟弟宋簉为湘州刺史。二月二十三日甲戌，北齐上党王高涣攻占了谯郡。二月二十八日己卯，萧渊明再次写信给王僧辩，王僧辩没有听从。

西魏任命右仆射申徽为襄州刺史。

侯平进攻后梁巴、武两州，已故刘棻的主帅赵朗杀了宋文彻，献出邵陵城归附王琳。

三月，贞阳侯萧渊明到达东关，梁朝散骑常侍裴之横抗拒迎击。北齐军司尉瑾、仪同三司萧轨向南进犯皖城，晋州刺史萧惠献出州城投降。北齐改晋州为江州，任命尉谨为刺史。三月初六日丙戌，北齐攻占了东关，杀了裴之横，俘获数千人；王僧辩非常恐慌，亲自带兵出都驻屯姑孰，考虑接纳萧渊明。

三月十六日丙申，北齐国主高洋回到邺城，封世宗高澄的两个儿子高孝珩为广宁王，高延宗为安德王。

孙玚听说江陵陷落，便放弃广州，回到湘州，曲江侯萧勃重新占据了广州。

西魏太师宇文泰派王克、沈炯等人回到江南。宇文泰得到庾季才，优礼相待，让他参掌太史。庾季才用自己的个人财产，赎回原先梁朝自己的被沦为奴婢的亲朋或同僚为自己的奴婢。宇文泰问："为什么这样做？"庾季才回答说："我听说灭人之国要礼遇被灭国的贤人，这是自古以来的道理。如今江陵沦陷，是国君的过失，士大夫有什么过错，全都沦为奴婢，我作客他乡，不敢说什么，我心里确实悲痛他们的不幸，所以私下拿钱赎他们。"宇文泰听了醒悟过来，说："这是我的错误，没你这个明白的人提醒，就要失去天下的人心。"因此下令免除几千个梁朝俘虏的奴隶身份。

夏季，四月，北齐国主高洋到晋阳。

五月初一日庚辰，侯平等人俘获了后梁的莫勇、魏永寿。江陵沦陷时，梁朝永嘉王萧庄已经七岁了，尼姑法慕把他藏了起来，这时王琳接走萧庄送到建康。

五月十一日庚寅，北齐国主高洋回到邺城。

王僧辩派使者送信给贞阳侯萧渊明，明确了双方的君臣关系，另派使者送表章给北齐，把自己的儿子王显，以及王显的母亲刘氏、自己弟弟的儿子王世珍交给萧渊明作人质，派左民尚书周弘正到历阳迎接萧渊明，并要求立晋安王萧方智为皇太子，萧渊明同意了。萧渊明请求随身带领北方南下的三千名卫士，王僧辩考虑这么多人会生变乱，只接受一千名编外散兵为卫队。五月二十一日庚子，王僧辩派出龙船和皇帝仪仗迎接萧渊明。萧渊明与北齐上党王高涣在江北签订了盟约。五月二十二日辛丑，萧渊明从采石渡江。于是梁朝的皇帝车辆载着萧渊明南渡长江，北齐的军队回到北方。王僧辩怀疑北齐的诚意，把迎接的船只停在长江中流，不敢靠近西岸。北齐侍中裴英起护送萧渊明，在江宁与王僧辩会见。五月二十四日癸卯，萧渊明进入建康，望着朱雀门痛哭，迎接他的人也陪同他哭泣。五月二十七日丙午，萧渊明即皇帝位，改年号为天成，立晋安王为皇太子，任命王僧辩为大司马，陈霸先为侍中。

六月初一日庚戌，北齐征发民夫一百八十万修筑长城，从幽州夏口西起到恒州共九百多里，命令定州刺史赵郡王高叡领兵监督工程。高叡，是高琛的儿子。

北齐慕容俨刚刚进入郢州，而梁朝将领侯瑱等就攻杀到城下，慕容俨随机应变进行周密的防御，侯瑱等无法攻克；慕容俨抓住机会开门出击侯瑱，打败了侯瑱。城中粮食吃完，煮草木根叶，以及靴子的皮、皮带、牛角等为食物，慕容俨与士兵同甘共苦，坚守了半年，没有一个人怀有二心。贞阳侯萧渊明即位后，便命令侯瑱等解围，侯瑱回到豫章镇守。北齐考虑郢州在长江南岸很难守住，便割还给梁朝。慕容俨回到邺城，望着北齐国主高洋，痛哭不止。高洋把他叫到跟前，拉着他的手，摘下他的帽子看到他那稀疏的头发，叹息了很久。

梁朝吴兴太守杜龛，是王僧辩的女婿。王僧辩改吴兴郡为震州，任用杜龛为刺史，又任用自己的弟弟侍中王僧愔为豫章太守。

六月初三日壬子，北齐国主高洋考虑梁朝已经是北齐的藩国，于是下诏，凡是流落在北方的梁朝平民全都遣送回国。

六月十八日丁卯，北齐国主高洋到晋阳。六月二十三日壬申，高洋亲自率领军队出击柔然。秋季，七月初一日已卯，高洋进军到白道，留下辎重，率领轻骑五千追击柔然。七月初四日壬午，在怀朔镇追上了柔然，高洋身先士卒，连续发起攻击，大败柔然，又追击到沃野镇，俘获了柔然酋长和两万多民众，牛羊数十万头。[七月十四日壬辰]，回到晋阳。

八月，辛巳日，梁将王琳从蒸城率军回到长沙。

北齐文宣帝高洋回到邺城，考虑佛教与道教两教教义、教规都不相同，想排除其中的一个教，于是召集两教的学者当面辩论，然后下令所有道士都剃发当和尚；有不听从的，接连杀了四个人，道士们才接受了命令。这样一来，北齐境内没有道士了。

当初，王僧辩与陈霸先共同灭了侯景，两人交情深厚，王僧辩替儿子王頠聘陈霸先的女儿为妻，正赶上王僧辩母亲去世服丧，没有娶过来。王僧辩居住在石头城，陈霸先居住在京口，王僧辩推心置腹地对待陈霸先，王頠的哥哥王顗多次劝谏父亲要提防陈霸先，王僧辩没有听从。等到王僧辩接纳贞阳侯萧渊明，陈霸先派使者竭力争辩，往返多次，王僧辩不听。陈霸先私下叹息，对亲信说：“梁武帝的子孙很多，只有孝元帝萧绎能报仇雪恨灭了侯景，他的儿子有什么罪过，却突然被废！我与王公一同接受了托孤的重任，而王公却一下子改变了主意，依靠外面的夷狄之邦，不依次序立了一个不该立的皇帝。”便暗中准备了锦袍数千件和锦缎金银等赏赐物品，准备起事。

正好这时有人报告北齐军队大批集中到达寿春将要侵犯梁朝，王僧辩派记室江旰通告陈霸先，让他做好准备。陈霸先借此机会把江旰扣留在京口，带兵袭击王僧辩。九月二十五日壬寅，陈霸先召集部将侯安都、周文育，以及安陆人徐度、钱塘人杜稜商议这件事。杜稜认为很困难，陈霸先害怕谋划泄露，用手巾勒杜稜的脖子，杜稜昏死在地上，就把他关闭在另一间房里。陈霸先部署将士，赏给他们金银和锦缎，派弟弟的儿子著作朗陈昙朗镇守京口，代管州府事务，派徐度、侯安都率领水军奔赴石头城，陈霸先率领骑兵和步兵到江乘县罗落桥会合。当天夜里，全军出发，陈霸先把杜稜带在身边一同行动。知道这次秘密行动的人，只有侯安都等四个将领，此外的人都认为是江旰来征调兵马去抵抗北齐，因此不感到奇怪。

九月二十七日甲辰，侯安都带领舟船准备奔赴石头城，陈霸先拉住马缰绳没有前行，侯安都大吃一惊，追到陈霸先跟前骂他说：“今天谋叛，已经生米煮成熟饭，是生是死，必须立即做出决断，你落在后边指望什么！如果失败了，全都要死，你落在后边想保住脑袋吗？”陈霸先说：“侯安都责怪我了！”于是策马带兵前进。侯安都到了石头城北面，下船上岸。石头城北边连着山冈高坡，不怎么高峻。侯安都穿着铠甲，手执长刀，由士兵们用手托着，抛到城墙的女墙内，士兵们随后跟进，进入城中摸到了王僧辩的卧室，陈霸先的军队也从南门进入石头城。王僧辩正在厅堂上办事，外面有人喊军队进城了，不一会儿有士兵从卧室冲了出来，王僧辩慌张地外逃，碰上儿子王頠，两人一起冲出阁门，带领几十个亲兵卫士在厅堂外庭院里与陈霸先的士兵苦战，寡不敌众，只好逃到南城墙的城楼上向陈霸先跪拜哀求。陈霸先打算放火烧城楼，王僧辩与儿子王頠只好走下城楼来束手就擒。陈霸先说："我有什么罪，你却要和北齐军一起讨伐我。"接着又说："既然北齐要兴兵进犯，你怎么一点防备都没有？"王僧辩说："我委任你防守北大门，怎么说没有防备？"当夜，陈霸先绞死了王僧辩父子。这事过后，竟然没有北齐军队犯境，报警的事也的确不是陈霸先要的花招。前青州刺史新安人程灵洗率领本部兵来救王僧辩，在石头城西门奋力作战，结果战败。陈霸先派人劝他投降，过了好久才投降。陈霸先深深赞赏他的义举，任命他为兰陵太守，派他助防京口。九月二十八日乙巳，陈霸先向京师及各地州郡发布檄文，条列王僧辩的罪状，并且说："刀兵指向，只是王僧辩父子兄弟几个人，其余亲朋党羽，一概不予追究。"

九月二十九日丙午，贞阳侯萧渊明退位，迁出皇宫住进官邸，文武百官上表劝晋安王萧方智即皇帝位。冬季，十月初二日己酉，晋安王萧方智即皇帝位，大赦天下，改年号为绍泰，文武百官加爵位一级。任命贞阳侯萧渊明为司徒，封建安公。遣使通告北齐，说："王僧辩图谋篡位，所以杀了他。"仍然请求称臣于北齐，永为藩国。北齐派行台司马恭出使梁朝，双方在历阳签订了友好和约。

十月初四日辛亥，北齐国主高洋到晋阳。

（以上为第一段，写梁朝陈霸先借口王僧辩接纳萧渊明发动兵变，诛杀了梁朝中兴功臣王僧辩，更立梁朝皇帝，控制了梁朝政权，替自己篡位受禅奠定基石。）

十月初五日壬子，梁朝加官陈霸先尚书令、都督中外诸军事、车骑将军、扬州、南徐州二州刺史。十月初六日，任命宜丰侯萧循为太保，建安公萧渊明为太傅，曲江侯萧勃为太尉，王琳为车骑将军、开府仪同三司。

十月十一日戊午，梁敬帝萧方智尊自己的生母夏贵妃为皇太后，册立自己的妃子王氏为皇后。

杜龛依仗王僧辩的权势，一向对陈霸先无礼。杜龛在吴任职，他经常法办陈霸先的族人，陈霸先深深怀恨杜龛。等到将袭击王僧辩时，陈霸先秘密派哥哥的儿子陈蒨回到长城，修筑起栅栏防备杜龛。王僧辩死后，杜龛占据吴兴拒抗陈霸先，义兴太守韦载割据义兴响应杜龛。吴郡太守王僧智，是王僧辩的弟弟，也占据吴郡抗拒陈霸先。陈蒨到达长城，收集士兵才数百人，杜龛派他的将领杜泰领精兵五千人迅猛杀来，长城中的将士面面相觑，大惊失色。陈蒨谈笑风生，部署将士更为精明，军心才安定下来。杜泰日夜攻城，苦战了几十天，无法攻克。陈霸先派周文育攻义兴，义兴各县的守卫士兵，都是陈霸先的旧部，善于用箭，韦载召集了几十个人，用长铁链把们锁起来，韦载的亲信在旁监视，命令他们用弓箭射周文育的军队，规定："射十支箭若不射中两人的人就被处死。"所以每射一箭差不多就要射死一个人，周文育的军队稍稍向后退却。韦载趁机在城外沿水壕岸竖立栅栏，相持了几十天。杜龛派他的堂弟杜北叟领兵抗击，结果战败，杜北叟逃回义兴。陈霸先听到周文育的军队作战失利，十月二十四日辛未，亲自上表领兵东征，留下高州刺史侯安都、石州刺史杜稜守卫皇城。十月二十七日甲戌，陈霸先进军到达义兴，十月二十九日，攻破了韦载的水上栅栏。

谯州、秦州两州刺史徐嗣徽的堂弟徐嗣先，是王僧辩的外甥。王僧辩死后，徐嗣先逃到徐嗣徽那里，徐嗣徽带着两州投降北齐。等到陈霸先东征讨伐义兴，徐嗣徽暗中联结南豫州刺史任约，领精兵五千趁着建康空虚乘机偷袭，当天攻占了石头城，巡游的骑兵直到台城下。侯安都关闭城门，收藏旗帜，表现出虚弱无备的样子，下令城中将士说："登上城楼侦察敌情的人处死！"太阳落山的时候，徐嗣徽收缩部队回到石头城。侯安都连夜做好出战的准备，天将亮时，徐嗣徽等人率领士兵来到台城跟前，侯安都还没等敌人攻城，率领精选甲士三百人，突然打开东西掖门出击，大败徐嗣徽军队，徐嗣徽等逃回石头城，不敢再逼近台城。

陈霸先派韦载的族弟韦翙带着信去劝说韦载。十一月三十日丁丑，韦载和杜北叟都投降了陈霸先，陈霸先优厚地招抚他们，任命韦翙监督义兴郡，把韦载留在身边，与他商议谋划军事。陈霸先率领全军迅速回到建康，派周文育征讨杜龛，救援长城。

陈霸先派将军黄他攻击吴郡的王僧智，没能攻下，陈霸先派宁远将军裴忌增援黄他。裴忌挑选自己部属的精兵倍道兼程，轻装行进，从钱塘直扑吴郡，在夜间到达吴郡城下，击鼓呐喊逼近诚墙。王僧智认为来了征讨大军，慌忙乘坐快船逃奔吴兴。裴忌进城占据了吴郡，陈霸先便任命裴忌为吴郡太守。

十一月初二日己卯，北齐派兵五千渡过长江占据姑孰，声援徐嗣徽、任约。陈霸先派合州刺史徐度在冶城竖立栅栏。[十一月初三日庚辰]，北齐又派安州刺史翟子泰、楚州刺史刘士荣、淮州刺史柳达摩等人领兵一万人从胡墅运米三万石、马一千匹进入石头城。陈霸先询问韦载破敌的计谋，韦载说："北齐军队如果分兵首先占据三吴的交通要道，向东扩展控制三吴地区，那么，大局就完了。当今应当迅速在淮南侯景过去驻军营垒的基础上，修缮筑城，控制交通要道，保证东边粮食运输的畅通，然后分兵切断敌人的运输粮道，那么，北齐将领的人头，只需十天就可砍下。"陈霸先采纳了这个策略。十一月初五日癸未，派侯安都在夜里攻击胡墅，烧毁北齐战船一千多艘；又派仁威将周铁虎切断了北齐军队的运输道路，俘获了北齐北徐州刺史张领州；再派出韦载到大航修复侯景原来的驻军营垒，派杜稜守护。北齐军队在尼门和秦淮河南岸建立了两座栅栏与梁军对抗。十一月十四日壬辰，北齐大都督萧轨率军进驻长江北岸。

当初，北齐平秦王高归彦从小是孤儿，北齐高祖高欢让清河昭武王高岳抚养，高岳对他薄情寡恩，高归彦怀恨在心。等到显祖高洋即皇帝位，高归彦当了领军大将军，深受宠爱和重用；高岳认为高归彦应当感戴自己，也更加依赖高归彦。高岳多次出战立功，有显赫的名声，但他性情豪爽奢侈，爱好酒色，在邺城南修建大宅第，厅堂后面开了一道长巷子。高归彦在高洋面前进谗言，他说："清河王高岳私自模仿皇宫样式修了一条长巷，只差没有修建宫门了。"高洋从此憎恶高岳。高洋接纳倡妇薛氏到后宫，在这之前，高岳曾经通过薛氏的姐姐把薛氏接到府第过夜。高洋到薛氏家里过夜，薛氏的姐姐替她的父亲要官做司徒。高洋大怒，把薛氏的姐姐吊起来，锯为两截，杀了薛氏的姐姐。高洋斥责高岳奸淫薛氏，高岳不服，高洋更加愤怒。[十一月十一日己亥]，高洋派高归彦用鸩酒毒杀高岳，高岳申诉自己没有罪过，高归彦说："你喝了这杯毒酒，才能保全你的家人。"高岳饮酒死亡，朝廷按藩王的葬仪安葬了他。

薛氏入宫做了妃子，很受高洋宠爱，过了很长一段时间。高洋忽然想起薛氏与高岳通奸，就无缘无故地砍了薛氏的人头，藏在自己的怀中，出城到东山宴饮。大家入席劝酒应酬正高兴的时候，高洋忽然从怀中取出人头，扔在菜盘子上，又把薛氏的尸体切成几大块，又把薛氏的盆骨当作琵琶弹弄，宴席的人都大为震恐。这时高洋又把薛氏的尸块收拢起来，对着尸骨流眼泪，说："佳人难得。"让人用车子把薛氏尸体运出去，高洋披头散发，痛哭流涕，步行着跟在后边。

十一月十六日甲辰，徐嗣徽等人攻击梁军的冶城栅，陈霸先率领精锐甲士从西明门出击，大败徐嗣徽，徐嗣徽留下柳达摩守石头城，自己前往采石迎接北齐的援兵。

梁朝任命郢州刺史宜丰侯萧循为太保，广州刺史曲江侯萧勃为司空，同时征调两人到朝廷侍奉皇上。萧循接受了太保的职务，但找借口不到朝廷。萧勃正要起兵，所以没有接受任命。

梁朝镇南将军王琳侵扰西魏，西魏大将军豆卢宁领兵抗击。

十二月初七日癸丑，侯安都袭击秦郡打破了徐嗣徽的军营栅栏，俘获了几百人。侯安都抄了徐嗣徽的家，缴获了徐嗣徽玩弄的琵琶和老鹰，派使者送给徐嗣徽说："昨天我到弟弟你家中，得了这些物件，今天把它们送还给你。"徐嗣徽非常恐惧。十二月初十日丙辰，陈霸先对着冶城搭了一座浮桥，全军渡过秦淮河，攻击徐嗣徽在秦淮河南岸控制大路口的两座栅栏。柳达摩等人也挥师渡过秦淮河摆开阵势迎战，陈霸先亲自督军猛烈进攻，放火烧栅栏，北齐兵大败，抢夺船只争相拥挤，落水淹死的人以千数计，喊杀声震天动地，北齐军的船只全部被缴获。当天，徐嗣徽与任约率领北齐水军和步兵一万多人从采石回到石头城据守。陈霸先派兵到江宁，占据了险要地势。徐嗣徽等人的一万多名水军和步兵不敢前进，屯驻在江宁的浦口。陈霸先派侯安都率领水军攻破了浦口的北齐军营，徐嗣徽等人乘了一只快船逃走，他的全部军资器械都被缴获。

十二月十三日己未，陈霸先从四面八方围攻石头城，城中缺水，达到一升水售价绢一匹。十二月十四日庚申，柳达摩派人向陈霸先请求讲和，要求陈霸先送儿子为人质。当时建康城内虚弱，粮食运输跟不上，公卿众臣都想与北齐和好，请求陈霸先派他的侄儿陈昙朗为质子。陈霸先说："今天在座各位大臣都想放下肩上的担子与北齐讲和，如果我违背大家的意愿，还认为是我爱惜陈昙朗，不顾国家大局。今天我下决心送陈昙朗为质，即便是丢弃给了敌人也在所不惜。北齐人不讲信义，认为我们人少力弱，一定会违背盟约。如果北齐敌人再来，那时诸位可就要为我拼死战斗。"陈霸先就送陈昙朗，以及永嘉王萧庄、丹杨尹王冲的儿子王珉等人去作人质。陈霸先和北齐人在石头城外订立盟约，双方任凭将士们投奔南方或北方。徐嗣徽、任约都投奔北齐。陈霸先收缴了北齐的战马、器械、舟船、粮米，不计其数。北齐国主高洋杀了柳达摩。十二月十六日壬戌，北齐和州长史乌丸远从南州逃回历阳。

梁朝江宁县令陈嗣、黄门侍郎曹朗占据姑孰反叛，陈霸先命令侯安都等人讨伐，平定了姑孰。陈霸先担心陈昙朗从北齐军中逃回，亲自率领步骑到京口迎接。

交州刺史刘元偃率领部属数千人归附王琳。

西魏任命尚书李远为尚书左仆射。

西魏益州刺史宇文贵派谯淹的侄子谯子嗣去劝说谯淹出任大将军，谯淹没有听从，杀了谯子嗣。宇文贵大怒，领兵攻击谯淹，谯淹被迫从遂宁向东迁移屯驻垫江。

当初，晋安郡豪民陈羽，世代都是闽中的豪门大族，他的儿子陈宝应为人奸诈，善于要手腕，郡中人都害怕服从他。侯景叛乱，晋安太守宾化侯萧云把太守职位让给陈羽。陈羽年老，只管理郡中行政事务，让儿子陈宝应掌管军队。当时，梁朝东部边境正闹饥荒，但晋安郡却丰收有余粮，而陈宝应多次亲自从海路出兵去抢劫临安、永嘉、会稽等郡的财物，有时载着米粮去交易卖高价，因此晋安郡得以富强。侯景叛乱被平定后，世祖梁元帝萧绎任命陈羽为晋安太守。等到陈霸先辅政，陈羽请求把晋安太守的职位传给儿子陈宝应，陈霸先同意了。

这一年，西魏宇文泰暗示淮安王萧育主动上表请求按古代制度把王位封爵降为公爵，于是西魏皇室诸王都效法降为公爵。

突厥木杆可汗进攻柔然邓叔子，灭了柔然。邓叔子收集残余民众投奔西魏。木杆可汗又在西边攻破哌哒部落，东边打跑了契丹人，北边吞并了契骨部落，征服了塞外各个小国。突厥的国土，东边到达大海，西边到达西海，东西长万里，南边从大漠以北五六千里，这片广大的土地，都属于突厥控制。木杆可汗仗势国力强大，请求西魏杀灭邓叔子全部柔然民众，使者一个接一个地到西魏；宇文泰迫于压力便抓捕邓叔子以下三千多人交给突厥使者，全部杀害在青门外。

当初，西魏太师宇文泰认为汉朝、北魏的官制太繁杂，命令苏绰，以及尚书令卢辩按照《周礼》重新制订了设置六官的体制。

（以上为第二段，写陈霸先清剿王僧辩余党，梁朝东部全境陷入军阀大混战。北齐国主高洋威服北疆后，治政残暴，行止荒淫，对外亦不武。高洋未能抓住一鼓作气下江南的机会，北齐兵败建康，陈霸先站稳于江南。）

梁敬帝太平元年（丙子，公元 556 年）

春季，正月初一日丁丑，西魏开始实行六官制度，任命宇文泰为太师、大冢宰，柱国李弼为太傅、大司徒，赵贵为太保、大宗伯，独孤信为大司马，于谨为大司寇，侯莫陈崇为大司空。其余百官，都按照《周礼》。

正月初二日戊寅，梁朝大赦天下，那些与任约、徐嗣徽同谋的人，一律不再追究。正月初七日癸未，陈霸先派从事中郎江旰劝说徐嗣徽回到南方，徐嗣徽抓捕了江旰，押送到北齐。

陈蒨、周文育在吴兴合兵攻击杜龛。杜龛勇猛而少谋略，嗜酒经常大醉，他的部将杜泰暗中与陈蒨等沟通。杜龛与陈蒨交战失败，杜泰趁机劝说杜龛投降，杜龛同意了。杜龛的妻子王氏说："你和陈霸先仇恨已深，怎么可以求和呢！"王氏随即拿出私人钱财赏赐招募勇士，再次出战攻击陈蒨等，大败了陈蒨。不久，杜泰开门投降了陈蒨，这时杜龛醉酒还没有醒过来。陈蒨派人把杜龛背出了城，在项王寺门前杀了他。王僧智和他的弟弟豫章太守王僧愔一起逃奔到北齐。

东扬州刺史张彪一向受到王僧辩的重用，不依附陈霸先。二月初五日庚戌，陈蒨、周文育率领轻装士兵偷袭会稽，张彪兵败，张彪逃进若邪山，陈蒨派部将吴兴人章昭达追击杀了他。东阳太守留异赠送粮食给陈蒨军队，陈霸先任命留异为缙州刺史。

江州刺史侯瑱原本追随王僧辩，也率军占据了豫章和江州，不依附陈霸先。陈霸先任命周文育为南豫州刺史，派他领兵攻击湓城。二月十五日庚申，又派侯安都、周铁虎率领水军在梁山竖立栅寨，用来防备江州。

二月十八日癸亥，徐嗣徽、任约袭击采石，抓获了采石军主明州刺史张怀钧押送到北齐。

后梁国主萧詧派兵在公安攻击侯平，侯平与长沙王萧韶率兵回到长沙。王琳派侯平镇守巴州。

三月初七日壬午，梁朝下诏兼用古今铜钱。

三月二十三日戊戌，北齐派仪同三司萧轨、库狄伏连、尧难宗、东方老等人与任约、徐嗣徽合兵十万进犯梁朝，从栅口出动，向梁山进军。陈霸先帐下荡主黄从迎战，大败北齐军，北齐军退守芜湖。陈霸先派定州刺史沈泰等靠拢侯安都，共同据守梁山抗击北齐军。周文育进攻湓城，未能攻克，被征调回军。夏季，四月十三日丁巳，陈霸先到梁山视察安抚各路军队。

四月二十一日乙丑，北齐仪同三司娄叡征讨鲁阳蛮人，大获全胜。

侯安都率领轻装士兵进军历阳偷袭北齐行台司马恭，大败北齐军，俘获以万计。

西魏太师宇文泰娶孝武帝妹妹冯翊公主，生略阳公宇文觉；宇文泰的姚夫人生宁都公宇文毓。宇文毓在宇文泰的几个儿子中最年长，娶大司马独孤信的女儿为妻。宇文泰打算立嗣，对公卿大臣们说："我想立嫡子为继承人，担心大司马有意见，怎么办？"大臣们都沉默，没有说话。尚书左仆射李远说："确立继承人以嫡不以长，立略阳公为世子，你有什么疑虑！如果担心独孤信有意见，请先杀了他。"李远于是拔刀站了起来。宇文泰也站了起来，说："何至于这样呢！"独孤信随后表态，他没有为女婿宇文毓争立世子的想法，李远这才罢休。这时大家都赞同李远的建议。朝会散后，李远在外面向独孤信行礼道歉，说："面临大事的决断不能不这样。"独孤信也行礼道歉说："今天多亏你决定了这件大事。"宇文泰于是立宇文觉为世子。

西魏太师宇文泰巡视北边。

五月，北齐人召建安公萧渊明去会见，假称可以退兵。陈霸先准备了船只护送萧渊明。五月初九日癸未，萧渊明背上长出毒疮去世。五月初十日甲申，北齐军从芜湖出发；五月十六日庚寅，北齐军进入丹杨；五月二十二日丙申，北齐军到达秣稜旧县治所。陈霸先派周文育在方山扎营，徐度在马牧扎营，杜稜守卫大航南岸，等待北齐军来犯。

北齐汉阳敬怀王高洽去世。

五月二十七日辛丑，北齐军队横跨秦淮河两岸建造桥栅渡过兵卒，夜里到达方山，徐嗣徽等在长江水上排列兵船从表墩到七矶，切断周文育的退路。周文育击鼓呐喊进军，徐嗣徽等没有能力阻挡。到了天亮时分，周文育反攻徐嗣徽，徐嗣徽手下勇将鲍砰独自乘坐一只小船担任后卫，周文育也乘一只单人快船追上去与鲍砰交战，周文育一个箭步跳到鲍砰的船上杀死了鲍砰，接着把鲍砰的小船当作战利品捡了回去。徐嗣徽兵众看见后十分惊骇，只好把战船丢弃在芜湖，从丹杨上岸步行。陈霸先把侯安都、徐度两支军队追调回来抗击北齐军队。

五月二十九日癸卯，北齐军队从方山进军到倪塘，巡游骑兵前出到了台城墙下。建康城惊慌万分，梁敬帝统领宫廷禁卫军出皇宫进驻长乐寺，内外戒严。陈霸先率军在白城抵抗徐嗣徽等人，恰好与周文育会合。正要交战，骤起剧烈大风。陈霸先说：“军队不能逆风作战。”周文育说：“事情紧急，怎么能拘守古法？”说罢周文育便拿起一把槊跃上马背身先士卒冲上去，不一会儿大风转了向，周文育率领士兵杀死了几百个敌人。侯安都与徐嗣徽在耕坛南边交战，侯安都率领十二个骑兵冲入敌阵，打败了敌人，活捉了北齐仪同三司乞伏无劳。陈霸先暗中从战场上撤下三千名精锐士兵，由沈泰率领渡过长江，偷袭爪步北齐行台赵彦深，缴获敌人战船一百艘，粮食一万斛。

六月初一日甲辰，北齐兵偷偷摸到钟山，侯安都与北齐将领王敬宝在龙尾交战，军主张纂战死。六月初四日丁未，北齐军队突进到幕府山，陈霸先派别将钱明率领水军从江乘出发，截击北齐军的粮道，缴获了敌人全部装满大米的船只。北齐军队缺少粮食，杀战马和驴充饥。六月初七日庚戌，北齐军翻过钟山，陈霸先和与诸军分别扼守在乐游苑东边和覆舟山的北边。控制了交通要道。六月初九日壬子，北齐军突进到玄武湖西北，打算占据北郊坛，梁朝各支军队则从覆舟山东边移驻北郊坛北边，与北齐军对抗。

赶上连日大雨，平地水深一丈多，北齐军队白天黑夜都坐在泥水中，手指脚趾都烂了，把锅吊起来烧饭，而皇城内，以及潮沟北边的道路却很干燥，梁朝军队可以经常更换轮替。当时，四方交通阻塞，粮食运输供不上，建康城中民户流亡散失，无法征收粮食。六月十一日甲寅，天气稍稍晴朗，陈霸先准备交战，从商人手中买了些麦饭，分给士兵，士兵们都十分饥饿。正好陈蒨送来大米三千斛，鸭一千只，陈霸先命令烧饭煮鸭，每个人用荷叶裹饭，夹上几块鸭肉，用餐。六月十二日乙卯，天还没亮，士兵就早早坐在睡席上用餐，等到天刚亮，陈霸先就率领部下从莫府山出发。侯安都对部将萧摩诃说：“你勇敢善战出了名，这回可是千闻不如一见。”萧摩诃回答说：“今天我让你好好看一看。”等到交战后，侯安都从马上掉了下来，北齐兵包围上来，萧摩诃单人独骑大喊着冲入包围圈，左右砍杀，北齐兵退散，侯安都才幸免于难。陈霸先与吴明彻、沈泰等各路军首尾相连，全线进攻，激烈交战，侯安都从白下领兵绕到北齐军的背后横冲过来，北齐兵大败，被斩杀的有几千人，互相践踏踩死的不知有多少，活捉了徐嗣徽和他的弟弟徐嗣宗，杀了示众，追杀北齐败逃之兵直到临沂。其他战场，江乘、摄山、钟山等各路军接二连三打了胜仗，抓获萧轨、东方老、王敬宝等北齐将帅共计四十六人。北齐败兵逃到江边，捆缚芦荻筏子渡江，在江中沉落水中被淹死的尸体，冲到京口，盖满了水面，只有任约、王僧愔逃脱。六月十四日丁巳，梁朝各路军队离开南州，烧毁了北齐的舟船。

六月十五日戊午，梁朝大赦天下。六月十六日己未，解除戒严令。军士拿赏赐的俘虏换酒，一个战俘换到的酒只够醉一次。六月十七日庚申，处死齐将萧轨等，北齐听说了，也杀了陈昙朗。陈霸先奏请把南徐州授给侯安都。

侯平多次打败后梁军队，认为王琳军势衰弱没能力援助自己，就不接受王琳的指挥。王琳派出将领征讨侯平。侯平杀了巴州助防吕旬，收编他的部众，逃到江州，侯瑱和侯平结拜为兄弟。王琳军势更加衰弱。六月二十二日乙丑，王琳派使者送表章向北齐投降，并贡献驯养的大象。江陵陷落，王琳妻子蔡氏、世子王毅都被西魏军抓走；王琳又向西魏讨好，以便要回妻儿，同时也向梁朝称臣。

（以上为第三段，写陈霸先征讨王僧辩残余势力，鏖战三吴，北齐趁机发兵十万南下侵犯梁朝，救援王氏残余。建康一度告急，陈霸先全军奋力死战，北齐大军全军覆没，梁朝政权始得稳固。）

北齐征发民夫工匠三十余万人扩建三台宫殿。

北齐显祖高洋初即位时，很留心施政方法，一切政务，致力于简要安稳，对被用和派遣的人，坦诚信任，人人都乐意竭力效忠。又以法律为准绳驾驭臣下，如果有人犯法，依法惩处，即使是勋臣贵戚，一律不宽容，所以朝廷内外肃静。至于国家军政大计，则由自己独断，每次作战，总是亲临战阵，身先士卒，所到之处战功卓著。几年之后逐渐骄傲自矜建立了伟大的功业，于是酗酒淫逸，滥施暴虐；有时亲自歌舞，整日整夜没个完；有时披头散发，穿上胡人服装，挂红着绿；有时裸露身体，涂脂抹粉；有时则骑着驴子、牛、骆驼、白象，不加鞍子；有时命令崔季舒、刘桃枝背着自己走，自己则挑着胡鼓用手拍打；勋臣贵戚的府第，不分白天黑夜随便临幸；有时串街走巷，还在街头巷尾露宿；有时在盛夏的阳光下光着身子，有时又在隆冬的季节脱去衣服跑步；侍从都忍受不了，高洋却处之泰然自若。三台宫的柱架结构，高达二十七丈，两根梁柱之间相距二百多尺，工匠都感到危险恐惧，工作时都系上保险绳，以防不测，高洋却登上梁脊快跑，一点也不害怕。当时恢复了宫廷典雅乐舞，高洋站在高高的梁脊上来回折返，手舞足蹈，完全符合音乐的节拍，旁边看的人没有不心惊胆战的。高洋曾经在路上问一个妇人，说：“当今天子是什么样的人？”妇人回答说：“疯疯癫癫，哪里像个天子的样子。”高洋听了便把那个妇人杀了。

娄太后看到高洋经常酗酒发狂，举起拐杖打他，说：“这样一个英雄的父亲生了一个这样混账的儿子。”高洋说：“应当立即把这个老母嫁给胡人。”娄太后愤怒极了，不再说笑。高洋想要母亲快乐有笑容，亲自趴在地上用背举起坐床，结果把坐在床上的太后翻滚到地上，还受了伤。酒醒以后，高洋深感羞愧悔恨，派人堆积柴草点上火，想投火自焚。娄太后又惊又怕，亲自去拉住高洋，强装出笑脸说：“刚才你喝醉了，我不怪罪你。”高洋于是命令在地上铺了席子，让平秦王高归彦拿着刑杖，口里自个斥责自己的罪过，脱去衣服露出后背，接受杖刑，并对高归彦说：“打不出血来，我就杀了你。”娄太后上去亲自抱住他，高洋苦苦请求，才在脚上打了五十棍，然后穿戴好衣服向娄太后叩头道歉，悲痛欲绝。从这一天起，高洋戒酒，过了十天，又像先前那样喝起酒来。

高洋临幸李后娘家，用响箭射李后母亲崔氏，口中骂道："我醉酒时连太后都不认识，你这个老奴婢算什么东西！"用马鞭乱抽了她一百多下。虽然杨愔做了丞相，高洋却让他陪着自己上厕所议事，还用马鞭抽他的背，流出的血浸透了衣袍。高洋曾经想用小刀剖开杨愔的肚子，崔季舒装出一具小丑的模样，嬉笑着说："一个老公子与一个小公子闹恶作剧呢！"说着伸手夺下了高洋手中的小刀。又把杨愔安放在棺材中，用丧车拉着走。又曾经手执槊矛骑在马上奔跑，来回三次刺向左丞相斛律金的胸膛，斛律金站立不动，高洋就赏赐一千段锦帛给斛律金。

高氏本家的妇女，不管亲疏，高洋就随便拉来奸淫，有时赏赐给手下人，想方设法羞辱她们。彭城王高浟的太妃尔朱氏，是魏敬宗的皇后，高洋想奸淫她，她坚决不从，高洋随手拿起刀子杀了她，原魏安乐王元昂，是李皇后的姐夫，他的妻子即李后姐姐长得很漂亮，高洋多次到家通奸，最后想把她纳入宫中做昭仪，就把元昂叫来，让他趴在地上，用响箭射了他一百多支，流血将近一石，一直到死。李后悲痛啼哭，不思茶饭，请求把皇后让给姐姐，娄太后出面说了话，高洋方才作罢。

高洋又曾经在群臣面前突然召见都督韩哲，没有罪过，把他杀了。制造大锅、长锯、剉碓等刑具，摆在朝廷殿上，每当喝醉了酒，就要亲手杀人取乐。被杀害的人还要砍成碎块，有时用火焚烧，有时投到水中。杨愔就把邺城监狱中的死囚挑出来，安置在宫中仪仗队里，称之为"供御囚"，高洋想杀人的时候，就把他们抓出来听从命令，如果三个月没有被杀，就宽大释放。

开府参军裴谓之上书极力劝谏，高洋对杨愔说："这个蠢人，多大的胆子敢这样！"杨愔回答说："他想让陛下杀他，想扬名于后世罢了。"高洋说："如此小人，我偏不杀你，你怎么能成名。"高洋与左右的亲信饮酒，说："真的快乐啊！"都督王纮说："有大乐，就有大苦。"高洋说："怎么讲？"王纮回答说："日夜不停地饮酒作乐，酒还没醒过来就国亡身死，这就叫大苦。"高洋叫人把王纮捆起来，想杀死他，又想起来王纮救过高澄，终于把他释放了。

高洋到东山游乐宴饮，突然想起西魏还没平定，把酒杯扔到地上，非常震怒，宣召魏收到跟前，立即起草诏书，向远近四方宣告，将率领大军讨平西魏。西魏听到消息，全国上下恐慌，并着手制订把国都迁到陇西的计划。但是高洋没有付诸行动。有一天，高洋流着泪对群臣说："宇文黑獭不听从我的命令，怎么办？"都督刘桃枝说："给我三千骑兵，我立即到长安把他抓来就是。"高洋欣赏他的勇气，赏赐给刘桃枝锦帛一千匹。赵道德进言说："齐和魏是一东一西两个国家，强弱相等，如果我们可以把西魏的人抓过来，那么他们也可以把我们的人抓过去。刘桃枝胡说该杀，陛下为何滥赏？"高洋说："赵道德说得很对。"把赏赐给刘桃枝的绢帛要回来赏赐给了赵道德。高洋骑着马想从悬崖陡岸上跳下漳水，赵道德抓住他的马笼头往回拽，高洋大怒，想杀死赵道德。赵道德说："我死了也不怨恨你，但我在黄泉地下要向先帝启奏，说这个儿子酗酒癫狂，不可以教训。"高洋沉默不语，停止了拍马跳河岸的行为。又一天，高洋对赵道德说："我饮酒过度，你必须拿鞭子狠狠抽我。"赵道德果真动手打他，高洋逃跑，赵道德追着打，口中说："你还像个人吗，又在酗酒闹事。"

典御丞李集当面劝谏高洋，把他比作桀、纣。高洋命令把他捆起来放在流水中，沉下水里淹了好长一阵，又把他拉出来，问他："我与桀、纣相比，究竟怎么样？"李集说："看来你还不如桀、纣。"高洋又命人把李集沉入水中，然后拉出来再问，像这样反复了三四次，李集的回答一点也不改口。高洋大笑起来，说："天下有这样的呆子，正让我明白了关龙逢、比干就是这样的蠢物，一点也不聪明。"于是把李集放了。过了不久，李集又被召见，他似乎又要劝谏，高洋命令把他拉出去腰斩了。高洋要杀还是要赦，变化莫测。

朝廷内人人对高洋都恨得咬牙切齿，但高洋一向能够把各种情况牢牢地记在心里，加上他严苛果断，文武百官胆战心惊，不敢作乱。高洋还把政事完全委托给杨愔，杨愔总揽国家大权，尽心尽力地治理国家，所以当时的人都说，高高在上的皇帝昏聩糊涂，而下面的政治却非常清明。丞相杨愔，仪表端庄，风度高雅，受到朝野各方面人士的敬重。他青年时经历过许多磨难，等到他身居高位，凡有一餐饭的恩惠的人，也一定重重回报，即使是原先想杀害他的人他也不追究，他在吏部掌管官吏的选举二十多年，一向以奖励提拔人才为己任。杨愔天生的记忆力很好，只要见过一面，就不会忘记对方的姓名。有一个被杨愔选拔名叫鲁漫汉的人，他主动对杨愔说自己的身份低贱，认为他不会认识自己。杨愔说："你先前在元子思坊任职，有一天你乘坐一只短尾田驴，见到我没有下来，用一把竹扇遮住脸，我怎么会不认识你呢？"鲁漫汉大吃一惊，极为佩服。

（以上为第四段，写北齐国主高洋，酗酒残暴，荒淫无度，甚于桀纣，而任属贤相杨愔，天下称治。北齐主昏臣明，是以不亡。）

秋季，七月初一日甲戌，梁朝前天门太守樊毅袭击武陵，杀了武州刺史衡阳王萧护，王琳派司马潘忠攻击樊毅，司马潘忠活捉了樊毅得胜回来。萧护，是萧畅的孙子。

七月初三日丙子，梁朝任命陈霸先为中书监、司徒、扬州刺史，晋爵长城公，其他原有官职照旧。

当初，梁朝余孝顷为豫章太守，侯瑱镇守豫章，余孝顷在新吴县另外竖立城栅，与侯瑱对抗。侯瑱派他的堂弟侯奫留守豫章，自己率领全部军队攻击余孝顷，打了很久没有攻下新吴县，就修筑长墙包围余孝顷。[七月初十日癸未]，侯平发兵攻击侯奫，在豫章大肆抢掠一番，并放火烧城，然后逃到建康。于是侯瑱的军队溃散，侯瑱逃到湓城，投靠他的部将焦僧度。焦僧度劝侯瑱投降北齐，这时正好碰上陈霸先派记室济阳人蔡景历溯江南来劝说侯瑱投降，侯瑱就回到朝廷请罪，陈霸先为侯瑱杀了侯平。七月十四日丁亥，陈霸先任命侯瑱为司空。

南昌豪民熊昙朗，世世代代为豫章郡大姓。熊昙朗勇武有力，侯景叛乱，熊昙朗纠结部众占据丰城，修建营栅自卫，梁世祖萧绎任命他为巴山太守。江陵城破时，熊昙朗的势力逐渐强大，侵犯抢掠邻县。侯瑱据有豫章，熊昙朗表面上服从侯瑱，而暗中打算除掉侯瑱，等到侯瑱失败逃走，熊昙朗缴获了侯瑱的马匹军械。

七月二十六日己亥，北齐大赦天下。

西魏太师宇文泰派安州长史钳耳康买出使王琳，王琳派长史席豁出使西魏回访，并且请求宇文泰归还梁世祖萧绎和愍怀太子的灵柩，宇文泰同意了。

八月初七日己酉，梁朝鄱阳王萧循在江夏去世，他的弟弟丰城侯萧泰代理郢州事务。王琳派兖州刺史吴藏进攻江夏，失败战死。

西魏太师宇文泰巡视北部边境渡过黄河。

西魏任命王琳为大将军、长沙郡公。

西魏江州刺史陆腾讨伐陵州獠人的叛乱，獠人依山筑城，易守难攻。陆腾在城下一面演奏歌伎乐舞，獠人放下兵器，带着妻儿登上城楼观看，陆腾暗中派兵三面登城，斩首一万五千多人，平定了獠人的叛乱。陆腾，是陆俟的玄孙。

八月十八日庚申，北齐国主高洋要到西部巡视，公卿百官到紫陌殿送行，高洋派手执长矟的骑兵把官员们包围起来，醉醺醺地说："只要我一举鞭，立即杀死百官。"直到太阳落山，高洋醉酒还没醒过来。黄门郎是连子畅说："陛下这样做，群臣害怕极了。"高洋说："是极其害怕吗？如果是这样，就不杀了。"便行军到晋阳。

九月初一日壬寅，梁朝改年号为太平元年，大赦天下。梁朝任命陈霸先为丞相、录尚书事、镇卫大将军、扬州牧、义兴公。任命吏部尚书王通为右仆射。

突厥木杆可汗借道西魏凉州袭击吐谷浑，西魏太师宇文泰派凉州刺史史宁率领骑兵跟在后面，进军到番禾，吐谷浑觉察了，逃到南山。木杆可汗打算分兵追击，史宁说："树敦、贺真两座城是吐谷浑的巢穴，我们攻破他的根本，其他部众不战自溃。"木杆可汗听从了。木杆可汗从北路进攻贺真，史宁从南道进攻树敦。吐谷浑可汗在贺真，派他的征南王领兵数千人守卫树敦。木杆可汗攻破贺真城，抓获了夸吕的妻子儿女；史宁攻破了树敦城，抓获了征南王。史宁回军在青海与木杆可汗会合，木杆可汗赞叹史宁的勇敢与果决，赠送他很丰厚的礼品。

九月二十三日甲子，王琳率水军袭击江夏。冬季，十月初一日壬申，丰城侯萧泰献出城池投降。

北齐征发山东寡妇两千六百人，分配给士兵，其中有两三成妇女是有丈夫的，被强行当作寡妇抓来的。

西魏安定公宇文泰还军到牵屯山时病倒，派驿马传令召中山公宇文护前来。宇文护到达泾州，见到宇文泰，宇文泰对宇文护说："我的几个儿子都年幼，外敌正强盛，国家大事就交给了你，你要努力完成我的愿望。"十月初四日乙亥，宇文泰死在云阳。宇文护回到长安，为宇文泰举办丧事。宇文泰生前能够驾驭英雄豪杰，得到他们的效力，性情善良朴实，不崇尚虚荣修饰，处理政事精明能干，崇尚儒学，喜欢古代传统文化，他所创设实施的制度，都效法夏商周三代。十月初五日丙子，宇文泰世子宇文觉继承爵位，任太师、柱国、大冢宰，出都到同州镇守，当时只有十五岁。

西魏中山公宇文护，他的威望和地位一向低下，虽然受到宇文泰的嘱托，但是一群公卿元老，个个都想执掌大权，没有人肯服从他。宇文护向大司寇于谨询问办法，于谨说："我于谨早就蒙受先公宇文泰的器重，深厚的恩情如同骨肉至亲，今天的国家大事，我拼死也要维护宇文泰先公的决定。如果要与公卿大臣商议国家大政，你一定不要推让。"第二天，公卿大臣聚会商议，于谨说："先前皇室陷入覆灭的危险境地，没有安定公宇文泰挽救危局，就没有今天的安定。如今安定公突然辞世，嗣子虽然年幼，中山公宇文护是安定公亲哥哥的儿子，又受到安定公的托孤重任，军国大政，顺理成章归他掌管。"于谨说话声色严厉，众人都很紧张。宇文护说："这是我们的家事，我宇文护虽然平庸愚昧，怎敢推辞重任？"于谨地位一向与宇文泰平起平坐，宇文护经常向于谨行跪拜礼。这时，于谨起身，接着宇文护的话："你如果站出来管理军国大政，我们这些人就有依靠了。"于是于谨向宇文护拜了两次。公卿大臣迫于于谨的威望，也都拜了两次，这样公卿大臣的意见都统一起来了。宇文护整顿内外纲纪，安抚文武大臣，人心才安定了下来。

十一月初一日辛丑，梁朝丰城侯萧泰逃奔北齐，北齐任命他为永州刺史。梁朝下诏征召王琳为司空，王琳不接受任命没有到建康，留下部将潘纯陀代理郢州政务，自己回到长沙。西魏送还了王琳的妻子儿女。

十一月十二日壬子，北齐国主高洋下诏说："魏朝末年，地方豪民纠合乡里，依靠各种关系请求托付，擅自建立州郡，分割大州郡，聚合成小州郡，造成公私政务烦琐，浪费资财，比起先前，州郡多了，人口反而少了，地方郡守县令多了一倍。而且虚报边远地区归服，不是浮夸，就是虚假，百来户人口的小邑，突然变成了一个州的名字；只有三户人口，浮夸设立了一个新郡。实际核查，许多州郡是子虚乌有。"于是裁撤了三个州，合并确立了一百五十三个郡。

梁朝下诏分江州的四个郡另建置高州，任命明威将军黄法氍为高州刺史，镇守巴山。

十二月初二日壬申，梁朝任命曲江侯萧勃为太保。

十二月十四日甲申，西魏安葬了安定公宇文泰。十二月十七日丁亥，西魏把岐山南麓封给宇文泰世子宇文觉为周公。

当初，侯景叛乱，临川郡豪民周续在郡中起兵讨伐侯景，始兴王萧毅把临川郡太守之职让给了周续而自己离开了。周续的部将都是临川郡的大族，大多骄恣横暴，周续依法制裁节制他们，众将领都怨恨他，互相商量要杀掉周续。周续的族人周迪，他的勇敢在众将中数第一，大家推举他为首领。周迪一向贫寒低微，担心郡民不听从他指挥，考虑同郡周敷族大名望高，就放下架子谦恭地与周敷交好，周敷也非常客气恭敬地对待周迪。周迪占据上塘，周敷占据原郡城南城县，梁朝任命周迪为衡州刺史，兼任临郡内史。当时，民众遭受侯景叛乱的祸患，都放弃了耕稼，成群地聚集为盗贼，只有周迪管辖的地区在经营农桑，各家各户都有些余粮，政令和教化都严肃清明，官府征收赋税徭役，均能按期完成，其他各郡缺少粮食的郡县，都依靠周迪供给。周迪生性质朴，不讲排场节省资财，他居住的地方空荡荡的，自己经常光着脚，虽然室外有卫兵，室内有歌伎舞乐，周迪仍自己劈竹起篾，揉搓绳索，专心致志，旁若无人。周迪不善言辞，但胸襟坦诚，临川郡民众都拥护他。

北齐从西河起把原来秦朝在长城沿线所设置的戍所重新修复，向东延伸直到大海，前前后后修筑的长城，东西长总计三千多里，大约每十里远就设置一个戍所，在交通枢纽的要害地段则设置州郡，总计长城全线有二十五个军事戍所。

西魏宇文护认为周公宇文觉年小势弱，想早一点让他即皇帝位，以安定人心。

十二月三十日庚子，让西魏恭帝下诏禅位于周公，派大宗伯赵贵持礼仪典礼仪仗，奏上表章；派济北公元迪捧上玉玺印绶献给新皇帝。西魏恭帝出宫居住在大司马府第。

（以上为第五段，写西魏太师宇文泰去世，政权平稳过渡，宇文泰之子宇文觉受魏恭帝禅位，北周建立。梁朝境内渐平，陈霸先改年号，任丞相，大权独揽。）

【点评】

北齐主高洋借父兄之势骤兴。当南朝萧梁政权四分五裂，全境军阀混战之际，北齐兵送萧渊明南还争帝位，北齐正处于鼎盛，高洋若以征讨柔然、突厥之余勇，大举南伐，本可一举下江南。这时西魏宇文泰已年事迟暮，畏齐如虎，故频繁巡视疆土以虚张其势，不久病逝。而此时高洋，恰似小人得志，统一大业未就而自矜功伐，酗酒成癖，整日疯癫，不成君统，荒淫残暴，群臣惊恐，所以北齐大军南下无功，更不敢西进一步，是北齐国主高洋自己葬送了将成之功，于是鼎足而立的局面得以继续。

资治通鉴（白话本） 卷第一百六十七

陈纪一

陈武帝永定元年至三年（公元557—公元559）

【起强圉赤奋若（丁丑，公元557年），尽屠维单阏（己卯，公元559年），凡三年】

【大事提要】

本卷载述公元557年至公元559年南北朝史事，凡三年，时当陈高祖永定元年、二年、三年，北周孝闵帝元年，明帝元年、二年、三年，北齐文宣帝天保八年、九年、十年。南朝政权更迭，陈朝建立，境内粗安而陈武帝谢世。北朝西魏禅让宇文氏，北周建立。本卷重点记载北齐国主高洋酗酒乱性，荒淫无耻，登峰造极，滥杀朝臣，暴虐无比。

高祖武皇帝

陈武帝永定元年（丁丑，公元557年）

春季，正月初一日辛丑，周公宇文觉即位为天王，举行柴燎告天大典，并在露门接受百官朝拜，下诏追封先父文公宇文泰为文王，先母元氏为文王王后。大赦天下。封逊位的魏恭帝为宋公。以周为木德，承接魏的水德，改行夏历，车骑服饰用黑色。任命李弼为太师，赵贵为太傅、大冢宰，独孤信为太保、大宗伯，中山公宇文护为大司马。

梁朝下诏任命王琳为司空、骠骑大将军，任命尚书右仆射王通为左仆射。

北周天王宇文觉在圜丘祭天，自称祖先是神农氏的后代，所以修建神农祠与祭天的圜丘和祭地的方丘相配，又修建始祖献侯莫那神坛与南郊天坛和北郊地坛相配，文王宇文泰的灵位设在明堂，庙号太祖。正月初三日癸卯，在方丘祭地，正月初四日甲辰，大社祭祀土地神。随后，下令废除市门税。正月初五日乙巳，在太庙祭拜祖先，按照东汉郑玄《礼记注》的释义，建立太祖庙，与两昭庙、两穆庙，共为五庙的太庙制度。此外，有功德的祖宗神主，另修建祧庙祭享，永不迁毁。正月十一日辛亥，在南郊祭天。正月十二日壬子，册立元氏为王后。王后元氏，是西魏文帝的女儿晋安公主。

北齐南安城军主冯显请求投降北周，北周柱国宇文贵派丰州刺史太原人郭彦领兵迎接，北周于是占据了南安城。

吐谷浑侵犯北周，进攻凉州、鄯州、河州等三州。秦州都督派渭州刺史于翼领兵前去增援，于翼不接受命令。于翼的部属都劝谏于翼，于翼说："攻城略地的战术，不是夷狄擅长的。这次吐谷浑进犯，只不过是到边境抢掠一番，如果抢掠得不到收获，势必自己退走。如果劳师而往，一定追不上他们，也没有什么收获。我于翼对吐谷浑的这次犯边行动，揣测得十分明白，你们不要再说什么。"几天以后，打探消息的人回来报告说，正如于翼所料的那样，吐谷浑果然退走了。

当初，梁世祖萧绎以始兴郡建置为东衡州，任命欧阳頠为刺史。过了一阵，迁调欧阳頠为郢州刺史，萧勃扣留欧阳頠，不让他到郢州上任。世祖萧绎就任命王琳取代萧勃为广州刺史，萧勃派他的部将孙瑒镇守广州，自己带领所属的全部人马屯驻在始兴回避王琳。欧阳頠在始兴另修建军营城，不前去拜谒萧勃，闭门坚守。萧勃大怒，派兵攻击欧阳頠，收缴了他全部的兵马器械。不久。萧勃释放了欧阳頠，与他订立盟约。江陵城破，欧阳頠投降了萧勃。二月初一日庚午，在广州起兵，派欧阳頠和部将傅泰、萧孜为前锋。萧孜，是萧勃的侄子。南江州刺史余孝顷领兵会合。梁朝下诏命令平西将军周文育调集各路兵马前去讨伐。

二月初四日癸酉，周王宇文觉在东郊举行迎拜太阳的典礼。二月初九日戊寅，祭祀太社。

北周楚国公赵贵、卫国公独孤信先前与北周太祖宇文泰平起平坐，等到晋国公宇文护执掌朝政，两人心里怏怏不乐，极不服气。赵贵密谋杀害宇文护，独孤信制止了他。开府仪同三司宇文盛告发了这件事。二月十八日丁亥，赵贵入朝。宇文护逮捕赵贵并杀了他，独孤信被罢官。

梁朝领军将军徐度从东关出兵侵犯北齐。二月十九日戊子，进军到合肥，烧毁北齐兵船三千艘。

欧阳頠等从南康出兵到达豫章，驻扎在苦竹滩，傅泰占据了蹠口城，余孝顷派他的弟弟余孝励留守豫章郡城，自己领兵从豫章郡出发进兵占据石头渚。巴山太守熊昙朗诱骗欧阳頠共同袭击高州刺史黄法氍；同时又暗中通知黄法氍，约他一同攻打欧阳頠，还说："告捷之后，分给我马匹和铠仗。"熊昙朗于是出兵与欧阳頠一同进军，前出到黄法氍城下，熊昙朗与黄法氍交战，故意败逃，黄法氍乘胜攻击欧阳頠，欧阳頠失去友军支援，慌乱败逃，熊昙朗收取欧阳頠丢弃的马匹铠仗，回到巴山。

周文育统兵南讨，缺少舟船，探知余孝顷在上牢有船，周文育派军主焦僧度偷袭，缴获了全部船只得胜回军，仍在豫章扎营。这时军中粮食耗尽，诸将想要退兵，周文育不同意，派人从小道送信给周迪，相约结为兄弟。周迪得信非常高兴，许诺赠送粮食。周文育得到补充后，他分兵为二，让老弱乘坐原来的船只顺水东下，烧毁在豫章驻扎的军营，装着逃走的样子。余孝顷远远望见，十分高兴，不再设防。周文育带领精兵，从小路兼程速进，出其不意占据芊韶。芊韶上流有欧阳頠、萧孜，下流有傅泰、余孝顷，周文育从中间切断，修建军营，宴飨军士，欧阳頠等非常恐慌。欧阳頠首先撤退，据守泥溪。周文育派严威将军周铁虎等紧紧追击。二月二十四日癸巳，擒获欧阳頠。周文育乘胜大举进兵，在舟船上盛列甲兵，把欧阳頠带在船上设宴共饮，顺流而下直达蹠口城。周文育派部将丁法洪攻击傅泰，得胜擒获了傅泰。萧孜、余孝顷于是败走。

二月二十五日甲午，周王宇文觉任命于谨为太傅，大宗伯侯莫陈崇为太保，晋公宇文护为大冢宰，柱国武川人贺兰祥为大司马，高阳公达奚武为大司寇。

北周人杀害已逊位的魏恭帝。

三月初一日庚子，周文育把欧阳頠、傅泰送到建康。丞相陈霸先与欧阳頠是老朋友，陈霸先释放了欧阳頠并优厚地对待他。

北周晋公宇文护考虑赵景公独孤信名高望重，没有公开杀他，三月初十日己酉，逼迫他自杀。

三月初五日甲辰，梁朝任命司空王琳为湘州、郢州两州刺史。

曲江侯萧勃驻军南康，听到欧阳頠等战败，军中人心惶惶。三月十五日甲寅，德州刺史陈法虎、前衡州刺史谭世远倒戈攻击萧勃，萧勃兵败被杀死。

夏季，四月十一日己卯，梁朝铸造四柱钱，一枚四柱钱兑换二十枚民间私铸的小钱。

北齐派使者到梁朝请求和好。

四月十四日壬午，周主宇文觉到成陵祭拜周太祖；四月十七日乙酉，回到长安宫。

北齐任命太师斛律金为右丞相，前大将可朱浑道元为太傅，开府仪同三司贺拔仁为太保，尚书令常山王高演为司空，录尚书事长广王高湛为尚书令，右仆射杨愔为左仆射，仍保留原加官开府仪同三司。并省尚书右仆射崔暹为左仆射，上党王高涣录尚书事。

四月十九日丁亥，周王宇文觉祭祀太庙。

四月二十四日壬辰，梁朝改四柱钱一枚兑换十枚小钱。四月二十八日丙申，再次禁止民间私铸小钱。

原曲江侯萧勃部下主帅兰敳偷袭杀了谭世远，谭世远的部属军主夏侯明徹杀了兰敳并持萧勃首级投降了周文育。萧勃的原记室李宝藏拥护怀安侯萧任据守广州。萧孜、余孝顷还占据着石头渚，建了两座军垒城，两人各据一城，又多置船舰，夹水列阵。丞相陈霸先派平南将军侯安都增援周文育进兵攻击。四月三十日戊戌，侯安都秘密行军，放火烧了余孝顷的舟船，周文育率领水军，侯安都率领步兵从水上陆上两面攻击；萧孜出营投降，余孝顷逃回新吴，周文育等领兵回到建康。丞相陈霸先认为欧阳頠在南方有很高的声望，再次任命他为衡州刺史，派他征讨岭南。欧阳頠还没到达任上，他的儿子欧阳纥已经攻克了始兴，欧阳頠到达岭南，各郡都归降，于是攻克了广州，岭南全境平定。

北周仪同三司齐轨对御正中大夫薛善说："军政国事大权，应当回到天子手中，怎么还被权贵掌握。"薛善把齐轨的话向晋国公宇文护密告了，宇文护杀了齐轨，任命薛善为中外府司马。

［六月］初一日戊辰，余孝顷派人到丞相府向陈霸先请求投降。

王琳拒绝了朝廷的征召，于是大量制造舟船，计划进攻陈霸先。六月十一日戊寅，陈霸先任命开府仪同三司侯安都为西道都督，周文育为南道都督，率领水军两万到达武昌会合，进讨王琳。

秋季，七月初四日辛亥，北周天王宇文觉祭祀太庙。

北齐河南、河北同时发生大范围蝗虫灾害。北齐国主高洋询问魏郡郡丞崔叔瓒说："是什么原因造成蝗灾？"崔叔瓒回答说："《五行志》记载说：不合时宜地大兴土木，就要闹蝗灾。如今对外修筑长城，对内兴建三台，大概蝗灾就是这样造成的。"高洋大怒，让身边的人殴打崔叔瓒，揪他的头发，用脏水浇他的头，抓住他的脚倒拖出去。崔叔瓒，是崔季舒的哥哥。

八月初一日丁卯，北周归还了梁世祖萧绎的灵柩，以及诸将被俘的家属一千多人交给王琳。

八月初二日戊辰，北周天王宇文觉祭祀太社。

八月二十八日甲午，梁朝进位丞相陈霸先为太傅，加黄钺、殊礼，入朝拜见天子，不必唱名。九月初五日辛丑，进位丞相陈霸先为相国，统领百官，封陈国公，备加九锡，允许陈国设置百官。

北周孝愍帝宇文觉性情刚直果敢，厌恶晋国公宇文护大权独揽。司会李植从太祖宇文泰时任职丞相府司录，就已经参掌朝政，军司马孙恒也长期身任要职，等到宇文护执政，李植、孙恒两人担心宇文护容不下他们，就与宫伯乙弗凤、贺拔提等一起在孝愍帝王面前说宇文护的坏话。李植、孙恒说："宇文护自从诛杀赵贵以后，威望权力一天更比一天加重，谋臣老将，一个接一个争着依附他，大大小小的政事，全都取决于宇文护。依臣看来，宇文护将不遵守为臣之道。希望陛下早点除掉他。"孝愍帝认为说得对。乙弗凤、贺拔提说："先王多么英明，还把朝政委托给李植、孙恒，现今把大事交给他两人，不愁事情不成功。况且宇文护经常自比周公，臣听说周公摄政七年，陛下哪能愁眉苦脸地等待七年！"孝愍帝更加相信，因此多次召集武士到皇宫后花园训练，演习捉拿人的技艺。李植等人又引荐宫伯张光洛共谋，张光洛把密谋告诉了宇文护。宇文护把李植调出朝廷任梁州刺史，孙恒为潼州刺史，想拆散他们的计谋。过后孝愍帝想念李植等人，总想召他们回朝，宇文护流着眼泪劝谏，说："天下最亲的人，莫过于兄弟关系；如果兄弟之间还要互相猜疑，外人谁能相信呢？太祖考虑陛下年轻，把后事委托给臣，臣与陛下论私有兄弟骨肉之亲，论公有君臣之义，实在是想竭尽我的忠诚做好辅佐。如果陛下亲自日理万机，声威传布四海，臣死之日，犹是在生之年。臣只是担心，除掉臣之后，奸巧佞人得遂心愿，不但对陛下不利，而且危害社稷，使臣没有面目在九泉之下见太祖。况且臣是天子的兄长，位至宰相，还想要什么呢？希望陛下不要听信奸臣的谗言，疏远了骨肉亲情。"孝愍帝这才停止宣召李植等人回朝，但内心仍然猜疑宇文护。

乙弗凤等更加害怕，密谋加紧进行，定下日期召集公卿宴饮，想趁机逮捕宇文护处斩，张光洛又把密谋通报了宇文护。宇文护便召集柱国贺兰祥、领军尉迟纲等商议，贺兰祥等劝说宇文护废了孝愍帝另立新君。当时尉迟纲统领禁卫军，宇文护派尉迟纲入宫召乙弗凤等议事。乙弗凤等一到，就把他们一个一个拿下，押送到宇文护的府第，接着又解散当值的禁卫军。孝愍帝宇文觉这才醒悟，独自一人在内殿，急令宫人各执兵器，守卫殿门。宇文护派贺兰祥逼迫孝愍帝让位，把他禁闭在原先封略阳公时的旧宅。随后，宇文护召集百官公卿议事，废孝愍帝宇文觉为略阳公，迎立岐州刺史宁都公宇文毓立为周王。公卿们都说："这是你的家事，你的决定，谁敢不唯命是从。"于是把乙弗凤等推出宫外斩首，孙恒也被诛杀。

当时李植父亲柱国大将军李远镇守弘农，宇文护召李远和李植回到朝廷，李远疑心有变故，沉吟许久，然后说："大丈夫宁愿做一个尽忠的鬼，也不做一个反叛的臣。"于是应征上路。到了长安，宇文护考虑李远功高名重，还想保全他，特地引他入内相见，对他说："你的儿子李植阴谋造反，不止是要加害我宇文护，还要危害宗庙社稷。叛臣贼子，理应共恨，你尽早给他安排去处。"便把李植交给了李远。李远一向亲爱李植，李植又善于诡辩，竭力开脱说自己没有参与密谋。李远相信了李植的话。第二天早上，李远带着李植拜见宇文护。宇文护以为李植已死，身边的人告诉宇文护说李植也在门外。宇文护大怒说："阳平公李远不信任我。"便召李远父子入内，仍招呼李远与自己同坐，让略阳公宇文觉与李植两人在李远面前对证。李植理屈词穷，对略阳公说："当初设计的谋划，想安定社稷，有利于至尊。今天事已至此，不必多说了。"李远听了这话，自己瘫倒在坐床上，说："如果是这样，满门都该万死。"于是宇文护杀了李植，并且逼令李远自杀。李植弟弟李叔诣、李叔谦、李叔让也都被处死，其余的儿子因年幼免死。当初，李远弟弟开府仪同三司李穆知道李植不是一个保全家庭的人，常劝李远除掉李植，李远没有采纳。等到李远临受刑之前，哭着对李穆说："我没有听你的话落得今天的下场。"李穆应当株连受罪，因先前有规劝之言，得以免死，被罢官为民，他的子弟也都罢官为民。李植弟弟淅州刺史李基，娶义阳公主为妻，应当连坐，李穆请求拿自己的两个儿子代替李基，宇文护把李基和李穆的两个儿子全都赦免。

一个多月后，宇文护杀了略阳公宇文觉，废黜王后元氏，让她出家为尼。

九月二十七日癸亥，宁都公宇文毓从岐州到达长安，九月二十八日甲子，即天王位，大赦天下。

冬季，十月初三日戊辰，梁朝进位陈公陈霸先为陈王。十月初六日辛未，梁敬帝禅帝位给陈王。

十月初八日癸酉，北周魏武公李弼去世。

陈王陈霸先派中书舍人刘师知引导宣猛将军沈恪带兵进入宫中，押送梁朝国主萧方智出居别宫。沈恪推开閤门拜见陈王，叩头推辞说："我沈恪臣事萧氏，今天不忠心，做这样的事，我愿意接受处死，也不办这差事。"陈王欣赏他的这份尽忠心意，就不再逼他，另派荡主王僧志代沈恪去执行。十月初十日乙亥，陈王陈霸先在南郊即皇帝位，然后回到宫殿，大赦天下，改元年号为永定元年。废梁敬帝萧方智为江阴王，梁朝太后为江阴王太妃，梁朝皇后为江阴王妃。

陈朝任命给事黄门侍郎蔡景历为秘书监、兼中书通事舍人。这时陈朝政事都出自中书省，设置二十一个局，各与尚书诸曹对应，统理国家机要，尚书只是签字画押听命执行。

十一月十一日丙子，陈武帝巡幸钟山，祭祀蒋帝庙。十月十五日庚辰，陈武帝派人从杜姥宅取出佛牙，举办无遮大会，陈武帝亲自出宫前往膜拜。

十月十六日辛巳，陈朝追尊皇考陈文赞为景皇帝，庙号太祖，追尊皇妣董氏为安皇后，追立前夫人钱氏为昭皇后，立世子陈克为孝怀太子，立夫人章氏为皇后。章皇后，是乌程人。

陈朝在尚书省增置删定郎，专主制定律令。

十月二十日乙酉，北周天王宇文毓在圜丘祭天；十月二十一日丙戌，在方丘祭地；十月二十九日甲午，祭祀太社。

十月二十三日戊子，陈朝迁太祖景皇帝神主附于太庙，开始共用一个太牢祭祀七庙，始祖庙用牛、羊、猪的头祭祀，其余的六庙用三牲的肢体祭祀。

侯安都进军到武昌，王琳部将樊猛弃城逃走，周文育从豫章进军会合。侯安都听到陈霸先接受禅让的皇帝位，深深叹息说："我军这次一定失败，师出无名啊！"当时侯安都与周文育两人同时进兵，互不统属，部下互相争执，渐渐有些不和。大军进到郢州，王琳部将潘纯陀在城中远远地用箭射击官军，侯安都大怒，进兵包围郢州。官军还没攻克郢州，王琳领兵到达弇口，侯安都放弃对郢州的包围，指挥全军到达沌口，留下沈泰一军守卫汉曲。侯安都行军舟船碰上逆风，无法前进，王琳占据了东岸，侯安都占据西岸，相持了几天，两军才交战，侯安都等大败。侯安都、周文育，以及裨将徐敬成、周铁虎、程灵洗都被王琳活捉，沈泰领兵逃回建康。王琳召见被俘各位将领说话，只有周铁虎刚强不屈，王琳杀了周铁虎，把侯安都等人囚禁起来，用一根长链锁在一起，安置在王琳坐船的底舱，派一名亲信宦官王子晋监管。王琳把军府从湘州迁移到郢州城，又派他的部将樊猛攻占了江州。

十一月初一日丙申，陈武帝册立哥哥的儿子陈蒨为临川王、陈顼为始兴王；弟弟的儿子陈昙朗已经死亡但陈武帝还不知道，遥立为南康王。

十一月初五日庚子，周王宇文毓祭祀太庙；十一月十二日丁未，在圜丘祭天；十二月初六日庚午，拜谒成陵；十二月初九日癸酉，回到长安宫殿。

巴西人谯淹率领水军七千人、老弱三万口沿蜀江顺流东下，想投靠王琳，北周派开府仪同三司贺若敦、叱罗晖等拦击，杀了谯淹，他的部众全部被俘。

这一年，陈朝下诏给事黄门侍郎萧乾到闽中招安。当时，熊昙朗占据豫章，周迪占据临川，留异占据东阳，陈宝应占据晋安，互相勾结，闽中土著豪帅也往往立寨树栅自保。陈武帝深深忧虑，派萧乾去安抚，晓谕顺从是福叛逆是祸的道理，豪帅们都愿意率领部众投降，陈朝就任命萧乾为建安太守。萧乾，是萧子范的儿子。

当初，梁朝的兴州刺史席固举州投降西魏，周太祖宇文泰任命席固为丰州刺史。席固任职很长时间，仍然沿用梁朝的旧法办事，不遵守北方制度，北周建立后想找人代替席固，还没有合适的人选。最后决定任命司空中大夫令狐整暂时代理镇守丰州，并授予他代理席固的方略。令狐整对州城吏民广布恩惠和树立威信，诚心安抚接待，几个月以后，恩化大行州府，各方十分融洽。于是正式委任令狐整为丰州刺史，任命席固为湖州刺史。令狐整把州治所迁移到武当县，十日之内，州城府衙一切安排妥当，被迁移的人如同回到了家一样。席固离开的时候，他的很多部属愿意留在令狐整身边，令狐整晓谕朝廷制度，不允许留下，没有一个不是流着眼泪离开的。

北齐人在新筑的长城里面又筑一道内城，西起库洛枝，东到坞纥戍，全长总计四百里。

当初，北齐有个术士预言："亡高者黑衣。"所以高祖高澄每次出行，不愿见到沙门。显祖高洋在晋阳时，问身边的人："什么东西最黑？"回答说："漆最黑。"高洋认为上党王高涣在兄弟中排行第七，于是派库直都督破六韩伯升到邺城征召高涣。高涣到达紫陌桥，杀了破六韩伯升，渡河南逃；到了济州，被人抓获，押送回邺城。

北齐文宣帝高洋还在太原公任上时，曾经和永安王高浚一起去见世宗高澄，高洋有时流出鼻涕，高浚斥责高洋身边的人说："为什么不给二哥擦干净鼻涕？"高洋怀恨在心。等到高洋即了帝位，高浚任青州刺史，人很聪明，又体恤部属，青州吏民都很喜欢高浚。高浚因高洋爱酗酒，私下对亲近的人说："二哥因为酗酒而败坏了道德，朝廷没有敢直言进谏的人，现在大敌未灭，我非常担忧。我想乘驿车到邺都劝谏，不知二哥听不听我的话。"有人向高洋告密，高洋更加怀恨高浚。高浚入朝，随高洋巡幸东山，高洋赤身裸体取乐。高浚上前劝谏说：“这不是当皇上的样子。”高洋很不高兴。高浚又屏退左右，单独召见丞相杨愔，责备他没有劝谏国君。当时高洋有诏令，不允许大臣与诸王交通，杨愔害怕，就把高浚召见的事上奏高洋。高洋大怒说：“这个小人一直就让人难以忍受。”高洋于是罢宴回宫。高浚不久也回到了青州，又上书恳切劝谏，高洋便下诏征召高浚回都。高浚害怕大祸临头，托疾不回都。高洋派人驿传快马去抓捕高浚，男女老少流着眼泪送行的人有几千。到达邺城，高洋把高浚与上党王高涣都装在铁笼里，放在北城的地牢中，饮食与大小便都在一间屋子里。

（以上为第一段，交叉写公元557年南北朝史事。是年，南北朝均发生政权更迭。南朝萧梁禅位，陈朝建立；北朝西魏禅位，北周建立。北齐国主高洋暴虐不仁，祸及兄弟。）

陈武帝永定二年（戊寅，公元558年）

春季，正月，王琳领兵东下，到达湓城，屯驻在白水浦，甲士有十万之众。王琳任命北江州刺史鲁悉达为镇北将军，陈武帝也任命鲁悉达为征西将军，双方都送给鲁悉达鼓吹女乐。鲁悉达两边都接受，拖延观望，两边都不协助。陈武帝派安西将军沈泰袭击鲁悉达，没有取胜。王琳想领兵东下，而鲁悉达控制了中流，王琳派使者劝说招诱，鲁悉达总不听从。正月初五日己亥，王琳派记室宗虩到北齐求援，并且请求接纳在北齐的梁朝永嘉王萧庄回来继承梁朝皇位。衡州刺史周迪想占据南川地区，于是召集所属八个郡的守宰缔结盟约，一致声明要入京赴援；陈武帝担心他们叛变，派人特谕制止，并且厚加抚慰。

新吴洞主余孝顷派沙门道林劝说王琳说：“周迪、黄法氍都依附金陵，暗中窥伺你的空子，大军如果东下，一定成为后患。不如先平定南川，然后东下，余孝顷请求率领所属全部人马追随将军效劳。”王琳派出轻车将军樊猛、平南将军李孝钦、平东将军刘广德领兵八千与余孝顷会合，让余孝顷统率三将，屯驻在临川原先的治所，向周迪征兵征粮，用来观察他的动向。

陈朝任命开府仪同三司侯瑱为司空，任命衡州刺史欧阳頠为都督交州广州等十九州诸军事、广州刺史。

北周任命晋公宇文护为太师。

正月初七日辛丑，陈武帝在南郊祭天，大赦天下。正月十一日乙巳，在北郊祭地。

正月十七日辛亥，北周天王宇文毓亲耕藉田。

正月十九日癸丑，北周天王宇文毓册立夫人独孤氏为王后。

正月二十四日戊午，陈武帝亲临明堂祭祀。

二月初九日壬申，陈朝南豫州刺史沈泰逃奔北齐。

北齐北豫州刺史司马消难，考虑到北齐国主高洋昏庸残暴，越来越严重，暗中策划保全自己的办法，放下架子抚慰部属。司马消难娶齐高祖高欢的女儿，夫妻感情不好，公主回宫诉说委屈。上党王高涣逃亡，邺城一片惊慌，朝廷怀疑他逃往成皋，司马消难堂弟司马子瑞任尚书左丞，与御史中丞毕义云有仇怨，毕义云派御史张子阶到北豫州采集有关吏治的民谣民风。张子阶一到北豫州，首先禁止司马消难州府典签和家客的行动自由。司马消难恐惧，秘密派遣亲信中兵参军裴藻假托休假回家，从小路进入关中，请求投降北周。

三月初一日甲午，北周派柱国达奚武、大将军杨忠率骑兵五千人迎接司马消难，从小道奔驰进入北齐境内达五百里，前后派出三批使者通报司马消难，都没有回信。距离虎牢三十里，达奚武怀疑情况有变化，想退还，杨忠说："军人只有冒死前进，没有后退求生的。"独自率领一千骑兵乘夜突进到城下。虎牢城四面陡峭悬绝，无法攀登，但只听到打更的声音，没有军士守城。这时达奚武亲自赶来，又指挥带走了几百骑兵西驰而去，杨忠约束其余只有几百骑兵埋伏不动，等待开门时突入。杨忠得手，派骑兵飞报达奚武并召他回来。这时，北齐守城军主伏敬远部署甲士两千人占据了东城，举烽火报警。达奚武害怕，不想占据虎牢城，就多取财物，让司马消难和他的部属先行撤离，向关中进发，杨忠率领三千骑兵殿后。行进到洛水南岸，下马解鞍，就地卧下休息。这时北齐追兵到达洛水北岸，杨忠对将士们说："只管吃饱饭，我们现在处于死战求生的绝境，敌人一定不敢渡水到南岸。"过了一阵，果然如杨忠所料，北齐兵没敢渡水，杨忠这才慢慢率军返回。达奚武感叹地说："我达奚武自认为是天下健儿，今天我算是服了。"北周任命司马消难为小司徒。

三月初四日丁酉，北齐国主高洋从晋阳回到邺城。

北齐发援兵护送梁朝永嘉王萧庄回到江南，册拜王琳为梁朝丞相、都督中外诸军事、录尚书事。王琳派哥哥的儿子王叔宝率领所属十州刺史子弟到邺城。王琳奉萧庄即皇帝位，改元年号为天启。追谥建安公萧渊明为闵皇帝。萧庄任命王琳为侍中、大将军、中书监，其余仍依北齐原先的任命。

夏，四月初二日甲子，陈武帝祭祀太庙。

四月初三日乙丑，陈武帝派人杀害梁敬帝萧方智，另立梁武林侯萧谘的儿子萧季卿为江阳王。

四月初七日己巳，北周任命太师宇文护为雍州牧。

四月十二日甲戌，北周王后独孤氏去世。

四月十九日辛巳，北齐大赦天下。

北齐国主高洋因为干旱，在西门豹祠求雨，没有应验，就下令毁了西门豹祠，还挖了他的坟墓。

五月初一日癸巳，余孝顷等在江塘屯驻军队二万人，建立八座军营逼近周迪。周迪害怕，请求和好，并送兵送粮。樊猛等想结盟退军，但余孝顷贪图利益，不同意订盟，树立栅栏围住他们。因此樊猛等与余孝顷离心离德。

北周任命大司空侯莫陈崇为大宗伯。

五月二十一日癸丑，北齐广陵南城主张显和、长史张僧那各自率领所属部众投降陈朝。

五月初九日辛丑，北齐任命尚书令长广王高湛录尚书事，骠骑大将军平秦王高归彦为尚书左仆射。五月十二日甲辰，任命前左仆射杨愔为尚书令。

五月二十九日辛酉，陈武帝巡幸大庄严寺，舍身出家；五月三十日壬戌，群臣表请陈武帝回宫。

六月初三日乙丑，北齐国主高洋巡视北方，命令太子高殷监国，特为太子设立大都督府与尚书省分管事务，在大都督府设置府衙，选置僚佐。北齐国主高洋特别重视僚佐的人选，任命赵郡王高叡为侍中、代理大都督府长史。

六月初七日己巳，陈朝下诏司空侯瑱与领军将军徐度率领水军为前锋讨伐王琳。

北齐国主高洋到达祁连池；六月十六日戊寅，回到晋阳。

秋季，七月初七日戊戌，陈武帝亲临石头城，送侯瑱等出征。

高州刺史黄法氍、吴兴太守沈恪、宁州刺史周敷会合兵力救援周迪。周敷从临川故郡出兵，控制江口，切断水运通道，分兵进攻余孝顷所连营栅。樊猛等人坐视不救，各营全被攻陷；刘广德乘船抢先顺流而下，所以没被擒获。余孝顷等都弃船领兵在陆上步行逃跑，周迪追击，全部抓获。余孝顷及李孝钦被押送到建康，樊猛被送还王琳。

七月十三日甲辰，陈武帝派吏部尚书谢哲前往湓城晓谕王琳。谢哲，是谢朏的孙子。

八月初三日甲子，北周大赦天下。

八月初四日乙丑，北齐国主高洋回到邺城。

八月初十日辛未，陈武帝下诏临川王陈蒨西讨王琳，率领水军上万从建康出发，陈武帝临幸冶城寺送行。

八月十三日甲戌，北齐国主高洋到晋阳。

王琳住在白水浦，周文育、侯安都、徐敬成许诺送给王子晋厚礼，王子晋划一只小船靠在王琳主舰旁边假装垂钓，到了深夜，偷载周文育等上岸，躲在深草中，步行奔回陈军营垒，回到建康自首请罪；陈武帝召见，全部宽恕，八月十七日戊寅，恢复他们原有的官职。

谢哲返回建康复命，王琳请求回到湘州，陈武帝下诏急令西征各路兵马退还建康。八月二十二日癸未，西征各路兵马回到大雷，并从那里出发到建康。

九月［十四日甲辰］，北周封少师元罗为韩国公，用以继承北魏后裔。

九月十七日丁未，北周天王宇文毓到同州；冬季，十月初一日辛酉，回到长安。

余孝顷的弟弟余孝劢和他的儿子余公飏仍然占据新吴旧栅不肯归降；十月初十日庚午，陈武帝下诏开府仪同三司周文育都督众军，从豫章出兵进讨。

（以上为第二段，重点写南朝王琳兵败，与陈朝订盟还湘州，陈朝大局已定，全境粗安。）

北齐的三台修建完成，更改名称，铜爵台改名金凤台；金虎台改名圣应台；冰井台改名崇光台。十一月初五日甲午，北齐国主高洋回到邺城。高洋游幸三台，开玩笑用长槊击刺都督尉子辉，只一下就把尉子辉刺死。

常山王高演因文宣帝高洋沉迷酗酒，忧愤之情溢于脸面，高洋觉察了，说："只要你在世上，我为什么不纵酒为乐？"高演只是泪流满面拜伏在地，竟然没有说一句话。高洋也十分伤心，把酒杯摔在地上说："你恨我多喝酒到如此地步，从今以后，敢再进酒的人一定斩首。"当即取下自己所用的酒杯全部砸毁。但是没过多久，沉醉酗酒更加放肆，有时闯进到一些贵戚家里跟人徒手比武，对手不分贵贱，只有高演一到，内外庄严肃静。高演又暗中撰写事务列陈条款，打算进谏。高演的友人王晞认为不可以，高演不听，找到一个机会，直切劝谏，果然引起高洋大怒。高演个性端严，他手下的尚书郎中处理事务分析判断一有失误，高演就要处以刑杖，令史如果作奸犯法，立即拷打审问。此时高洋命令高演站在跟前，用刀尖对准高演的胸肋，另外召来被高演惩罚过的人，用刀口架在他们身上，逼迫他们说出高演的过失，被逼迫的人全都没说高演有什么过失，这才放了高演。王晞，是王昕的弟弟。高洋怀疑是王晞撰写了条陈假借高演来进谏，就想杀掉王晞。常山王高演私下对王晞说："王博士，明天要做一件事，是为了要救你，也是保全我自己，请你多加体谅，不要见怪。"第二天常山王高演当众打了王晞二十大板。高洋正要迁怒王晞，听说他挨了板子，所以没有杀他，但却剃光他的头发，又打了一顿板子，发配到甲坊做苦工。过了三年，高演又因苦苦劝谏，被毒打了一顿，高演绝食不吃饭。娄太后日夜啼哭，高洋手足无措，说："倘若这小儿真死了，让我如何向老母交代。"于是多次前往探视高演病情，对高演说："你要打起精神吃饭，我把王晞还给你。"于是释放了王晞，让他去看高演。高演抱着王晞说："我气息奄奄，担心再也见不到你了。"王晞流着眼泪说："天道神明，怎么会让殿下死在这里呢？皇上至尊。论亲情是你的哥哥，论地位是你的君王，怎能与皇上计较是非！殿下不吃饭，太后也不吃饭，殿下纵然不爱惜自己，难道不顾念太后吗？"王晞话还没说完，高演勉强坐起来吃饭。王晞因此免了做苦工，回到王府仍做高演的朋友。等到高演任职录尚书事，升官的人都到高演跟前谢恩，离开京城去上任的时候都来辞行。王晞对高演说："朝臣受爵于天子，谢恩到私宅，自古以来都不可以，应当一切谢绝。”高演听从了。又过了很长一段时间，高演从容不迫地对王晞说：“皇上起居无常，你的耳目听到和看到的事要详细写出来，我怎么可以因为皇上发怒，就突然闭口不说话呢？你应当再写一份谏疏，我当找机会恳切极谏。”王晞于是条列了十多件事进呈给高演，一面又劝阻高演说：“当今朝廷依赖的只有你殿下，可是殿下却要效法一个匹夫的正直，看轻危在旦夕的性命。如同猛药一样的酒会使人失去理智，刀箭认不得亲疏，一旦发生意外之祸，殿下的家业怎么办！皇太后怎么办？”高演悲恸欲绝，说：“有这么严重吗？”第二天，高演见到王晞，说“我昨夜整夜思考，今天打消了进谏的主意。”当即命人点火，当着王晞的面烧了谏疏。过后，高演又找机会苦苦进谏，高洋让大力士把高演反绑起来，拔出佩剑，用刀刃对准高演的脖子，骂他说：“你小子懂什么，是谁教你的？”高演说：“全天下的人都闭起了嘴巴，除了我谁还敢说话！”高洋下令快打板子，高演被乱打了几十板；正好高洋醉倒昏昏睡着了，高演才脱了身。高洋亵狎荒唐地游荡，遍及宗室亲戚之家，到了哪里就住在哪里，流连忘返；唯有到了常山王高演家，多半是没有尽兴，只好离开了。尚书左仆射崔暹多次劝谏，高演对崔暹说：“如今太后不敢讲话，我们兄弟闭起了口，仆射独能犯颜，宫廷内外的人都深感惭愧。”

太子高殷，从小温和开朗，尊礼士人，爱好学习，留心时政，有很好的声誉。高洋却嫌太子“像个汉人子弟，不像自己”，想把他废掉。高洋登金凤台召见太子，让他亲手杀死囚犯，太子同情面露难色，他砍了三次，也没砍下囚犯的头颅。高洋大怒，亲手拿马鞭抽打太子，太子因此受到惊吓，从此说话口吃，精神恍惚。高洋每次宴会酒足之后，多次说：“太子性情懦弱，社稷事重，终究当传位给常山王。”太子少傅魏收对杨愔说：“太子是国家的根本，不可动摇。皇上酒过三巡之后，多次说要传位给常山王，令臣下半信半疑。如果属实，就应当机立断决定下来。这话不能当儿戏，恐怕给国家带来不安。”杨愔把魏收的话告诉了高洋，高洋才不再说了。

高洋性情残忍，主管部门审讯囚犯，主审法官没有一个不是苛刻严酷的。有的烧热犁耳，让囚犯站在上边，有的用烧红了的车釭，套在囚犯的手臂上。受审的囚犯受不了这种酷刑，只好屈打成招。只有三公郎中武强人苏琼，历任朝廷和地方官职，他所到之处都能平和公正地判案。当时赵州和清河郡，多次有人告发谋反的人，前后一个又一个案件交给苏琼调查审理，许多被诬告的人都得申理。尚书崔昂对苏琼说：“若想建立功名，应当另想别的办法；你多次昭雪反叛的人，未免看轻了自己的身家性命吧！”苏琼严肃地说：“所昭雪的都是受冤枉的人，并不是放纵造反的人。”崔昂非常惭愧。

北齐文宣帝高洋憎恶临漳县令嵇晔、舍人李文思，把他两人赐给臣下为奴。中书侍郎彭城人郑颐设下圈套，私下对祠部尚书王昕说：“从古以来没有让朝廷命官当奴仆的。”王昕说：“殷朝箕子就为奴仆。”郑颐向高洋打小报告说：“王元景把陛下比做殷纣王。”高洋怀恨在心。不久，高洋与朝臣欢宴饮酒，王昕推托有病不参加，高洋派骑兵去抓王昕，见他正在摆腿吟诗，于是把他抓来在殿门前杀了，并抛尸在漳水中。

北齐文宣帝高洋在北边修筑长城，在南边护送萧庄回国，兵马死亡达数十万。加上修筑三台与宫殿，随意赏赐没有节制，府库的积蓄，不足以供应。于是减少百官的俸禄，克扣军人正常的粮食供给，并且裁撤了一些州郡县镇戍的职官员额，以节省费用。

十二月［十九日戊寅］，北齐任命可朱浑道元为太师，尉粲为太尉，冀州刺史段韶为司空，常山王高演为大司马，长广王高湛为司徒。

十二月二十三日壬午，北周大赦天下。

北齐国主高洋到北城，趁便到地牢巡看永安简平王高浚、上党刚肃王高涣。高洋临视地牢放声唱歌，命令高浚、高涣和唱，高浚、高涣既胆战心惊，又悲痛欲绝，不知不觉歌声颤抖；高洋也伤感流泪，打算赦免两人。长广王高湛一向与高浚不和，上前到高洋面前说：“怎么可以把猛虎放出洞呢？”高洋沉默不语。高浚、高涣听见了，大叫着高湛的小名说：“步落稽，皇天看着你。”高洋也认为高浚、高涣都有雄略大才，害怕为后患，就亲自用长矛刺击高涣，又派壮士刘桃枝向笼中乱刺，每当长矛刺下，高浚、高涣就用手拉住长矛用力折弯，号哭声震天地。高洋命令把柴火纷纷投入笼中，把高浚、高涣烧死，将地牢填上土石。过后又把两人尸体挖出来，皮肤头发都烧完了，只剩一堆骨炭，远近的人都为之悲痛愤恨。高洋因为刘郁捷杀死了高浚，就把高浚的妃子陆氏赏赐给他；冯文洛杀死了高涣，就把高涣的妃子李氏赏赐给他。刘郁捷、冯文洛两人都是高洋旧时的家奴。由于陆氏没得到高浚的宠爱，高洋才放过了她，没把她赏赐给刘郁捷。

陈朝高凉太守冯宝去世，岭南沿海地区发生骚乱。冯宝的妻子冼氏安抚部众，沿海各州又安定下来。她的儿子冯仆，年才九岁。就在这一年，冼夫人派冯仆带领各部酋长到建康入朝进贡，陈武帝下诏任命冯仆为阳春太守。

后梁国主萧詧派大将王操领兵攻取王琳的长沙、武陵、南平等郡。

（以上为第三段，重点写北齐文宣帝高洋残虐、拒谏，滥杀大臣，祸及骨肉兄弟。）

陈武帝永定三年（己卯，公元 559 年）

春季，正月二十一日己酉，北周太师宇文护上表归还政权，北周天王宇文毓开始亲自掌理政务；但军政事务，仍由宇文护全权掌管。北周开始把都督州军事这一长官名称改为总管。

王琳征召桂州刺史淳于量。淳于量表面上与王琳合作，而暗中交通陈朝。二月初三日辛酉，陈朝任命淳于量为开府仪同三司。

二月二十四日壬午，侯瑱领兵到合肥，烧毁北齐战船。

二月二十八日丙戌，北齐国主高洋在甘露寺坐禅参悟佛理，只有军国大事才能向他进奏。尚书左仆射崔暹去世，高洋幸临崔暹府第哭祭，对崔暹的妻子李氏说："你想念崔暹吗？"崔暹妻子回答说："当然想念。"高洋说："既然想念，那你就亲自去看望他。"高洋一边说一边随手抽出刀来，杀死了崔暹妻子，还砍下她的脑袋，扔到墙外。

北齐斛律光率领一万骑兵攻击北周开府仪同三司曹回公，并杀了曹回公。柏谷城驻防军主薛禹生丢下城池逃走。于是斛律光夺取了文侯镇，设立戍楼围栅，得胜回军。

三月十一日戊戌，北齐任命高德政为尚书右仆射。

吐谷浑侵扰北周边防。三月二十三日庚戌，北周派大司马贺兰祥征讨吐谷浑。

三月二十九日丙辰，北齐国主高洋回到邺城。

梁朝永嘉王萧庄到了郢州，派使者向北齐进贡。王琳派部将雷文策袭击后梁监利太守蔡大有，杀了他。

北齐文宣帝高洋，在当东魏丞相时，胶州刺史定阳人文肃侯杜弼为长史，高洋即将受禅称帝，杜弼曾劝谏他不要受禅。高洋问："治理国家应当用什么人？"杜弼回答说："鲜卑人只会骑马乘车，治理国家应当用汉人。"高洋认为是讽刺他，怀恨在心。后来，高德政为相，杜弼不满意职位在他下面，曾经当众羞辱过高德政。这样，高德政就多次在高洋面前说杜弼的坏话，杜弼依恃自己是高洋的旧部下，从没想过高洋会加害自己。这年夏天，高洋因饮酒闷闷不乐，把积郁在心中怀恨杜弼的事想了又想，突然派一个使者到胶州就地斩杀杜弼，不一会儿又后悔了，派出赦免杜弼死刑的使者乘驿车去追赶，但没有追上，杜弼被处死。

闰四月初二日戊子，北周命令主管部门重新修订历法。

闰四月十一日丁酉，陈武帝派镇北将军徐度领兵在南皖口筑城。

北齐高德政与杨愔同为丞相，杨愔常妒忌高德政。北齐国主高洋嗜酒无度，高德政多次劝谏，高洋很不高兴，对亲信说："高德政经常用眼色逼视我。"高德政害怕了，推托有病，想就此引退。高洋对杨愔说："我很忧虑高德政的病。"杨愔说："陛下如果任用高德政为冀州刺史，他的病立即就好了。"高洋听从了。高德政看到了任命书，立即起床。高洋大怒，召见高德政，对他说："听说你有病，我替你针灸。"亲手用小刀刺他，使他遍体鳞伤，血流满地。高洋喝令拖下去砍断他的脚，刽子手刘桃枝拿着刀不敢砍下，高洋责骂他说："不砍，就让你的人头落地。"刘桃枝这才砍下高德政的三个脚趾头。高洋的怒气还没有消解，把高德政囚禁在门下省，到了夜晚，才用铺着毛毡的车子送他回家。第二天早上，高德政的妻子取出珍宝摆满了四床，想转移寄放在别人家。不料高洋突然来到高德政家，看到了满床珍宝，大怒说："我皇宫的府库还没有这些东西呢！"高洋追问这些珍宝从哪里来的，高德政说是元魏皇室诸王贿赂的。于是把高德政拖去就地杀了。高德政的妻子出来求饶跪拜，也杀了，还一并杀了高德政的儿子高伯坚。高洋任命司州牧彭城王高浟为司徒，侍中高阳王高湜为尚书右仆射。闰四月十九日乙巳，任命高浟兼太尉。

北齐文宣帝高洋封皇子高绍廉为长安王。

闰四月二十五日辛亥，北周任命侯莫陈崇为大司徒，达奚武为大宗伯，武阳公豆卢宁为大司寇，柱国辅城公宇文邕为大司空。

闰四月二十九日乙卯，北周天王下诏："主管纠察的官员，不得纠举大赦以前的事，只有厩舍、府库、仓廪中的马匹、钱财、粮食是国家所有，如果被侵占盗取，即使是赦免了他的罪刑，但侵占的财物必须如数追还。"

北周大将贺兰祥与吐谷浑交战，打败了吐谷浑，占领了洮阳、洪和两座城，北周在这些地方设置了洮州。

五月初一日丙辰，发生日食。

北齐太史上奏，今年应当除旧布新。北齐国主高洋询问特进彭城公元韶，说："汉光武帝为什么能够中兴汉朝？"元韶回答说："是因为王莽没有把刘姓的人杀光。"于是高洋下令杀尽元魏宗室，用来压制可能出现的灾祸，表示除旧布新。五月二十八日癸未，诛杀始平公元世哲等二十五家。囚禁元韶等十九家。元韶被关进地牢，断绝饮食，只好吃自己的衣袖来充饥，被活活饿死。

陈朝周文育、周迪、黄法氍共同讨伐徐公飏，豫章太守熊昙朗领兵会合，总计兵力一万人。周文育驻军在金口，徐公飏假投降，阴谋捉拿周文育，但被周文育觉察，徐公飏反而被抓获，押送到建康。周文育进军屯驻三陂。王琳派他的大将曹庆率领两个人救援余孝劢。曹庆分兵派副将常众爱领兵去抵抗周文育，亲自领兵攻击周迪和安南将军吴明彻，周迪等战败，周文育退守金口。熊昙朗见周文育等失利，想趁机杀了周文育响应常众爱。周文育的监军孙白象识破了熊昙朗的阴谋，劝周文育先下手，周文育没有听从。当时，周迪丢弃船只逃走，不知道在什么地方。五月三十日乙酉，周文育得到周迪的书信，亲自拿着去见熊昙朗，熊昙朗抓住机会在宴席座位上杀了周文育，收编了周文育的部众，并进军占据新淦城。熊昙朗领兵一万人袭击周敷，反被周敷打败，熊昙朗全军覆没，单人独骑逃回巴山。

鲁悉达部将梅天养等勾引北齐军队进入北江州城，鲁悉达率领部众数千人渡过长江归附陈朝，陈武帝任命他为平南将军、北江州刺史。

六月初三日戊子，北周天王宇文毓因为境内久雨不止，下诏群臣秘密进谏。左光禄大夫猗氏人乐逊上书陈列四事：其一，认为"近来郡守县令任期短，更换太频繁，上方考核责令他们有政绩，于是他们专行威猛苛严的政令；如今关东的民众，沦陷在北齐苛政下面，生灵涂炭，如果我们不施行优惠爱民的政令，传布到国境外面，怎么能使那些困苦民众倾心归附我们呢？”其二，认为“近世元魏迁都洛阳，一度繁荣昌盛，那些权贵有钱有势的大家，争着攀比过奢侈的生活，结果导致灾祸和战乱交替到来，天下也因之分崩离析。近来，我朝权贵的器用服饰也日渐华贵，各类工匠制作的物品，都穷极精巧奇异，臣实在担心玩物丧志，将损害良好的政治和纯朴的民风”。其三，认为“主管选拔人才的官吏，授职补缺，应当与大家共同商议；如今州郡选置官吏，尚且召集乡间的人共同商议，何况作为朝廷选拔人才的部门，怎能不与天下人共同选取众望所归的人才呢？选拔人才不是机密的事，为什么要秘密进行呢？希望今后选置官吏的时候，应当透明让大家明白，然后上报”。其四，认为“高洋占据山东，不容易很快制伏，好比下围棋劫争死活，争行落子先后，如果一步落子不当，或许就会造成对方获胜，所以确实应当舍小求大，首先保住现有疆域，不要贪图边境小利，轻率行动”。

北周处士韦夐，是韦孝宽的哥哥，生性情趣崇尚淡泊简朴，当魏周禅代之际，十次征召，不肯辱志出来做官。周太祖宇文泰非常尊重他，不强求改变他的情志，周世宗宇文毓，对他礼敬尤其厚重，称他为“逍遥公”。晋国公宇文护礼请他到府第，询问他军国大政。宇文护贵为执政，他的府第极为豪华，韦夐仰视厅堂，叹息说：“酗酒纵饮，嗜爱音乐，屋宇高大，墙垣雕绘，只要有其中一样，就要覆家亡国。”宇文护很不高兴。

北周骠骑大将军、开府仪同三司寇俊，是寇赞的孙子。寇俊少年时就有很好的学识和品行。他的家人曾经卖物品给别人，多赚了五匹绢，寇俊后来知道了这件事，说：“得了钱财，丢了品行，我不屑这样做。”于是寻访买主，退还了五匹绢。寇俊厚待宗亲，和睦族人，衣食丰俭，与族人相同。教育子孙，最重礼义。从西魏文帝大统年间，就称疾告老退休，不再上朝参见天子。周世宗宇文毓虚心，想见他一面，寇俊不得已入朝参见。周世宗请寇俊同席而坐，询问魏朝旧事；寇俊告辞，周世宗特地把自己的坐车让他坐，并从自己的跟前启驾出宫。周世宗对身边的人说：“这样的礼遇，只有积善的人才能得到。”

陈朝周文育讨伐余孝劢时，陈武帝命令南豫州刺史侯安都后继增援。周文育死后，侯安都领兵退还，途中遭遇王琳部将周炅、周协回归南方，侯安都进兵交战，擒获了周炅、周协。余孝劢弟弟余孝猷率领所属部众四千家投降侯安都。侯安都进军到左里，攻击曹庆、常众爱，打败了他们。常众爱逃奔庐山，六月初五日庚寅，庐山居民杀了常众爱，把他的首级送到建康。

陈武帝下诏临川王陈蒨在南皖口筑城，派东徐州刺史吴兴人钱道戢镇守。

六月十二日丁酉，陈武帝得病，六月二十一日丙午，崩殂。陈武帝临战取胜，雄略谋计精明过人，而治理政事务求宽松简约，不是征战急需，绝不轻易征调发动。生性节俭朴素，平常用餐只有几样菜，私设小宴，只用陶器、蚌盘，菜肴果品，只够吃饱而已。后宫嫔妃，没有披金戴翠的装饰，不设歌伎乐舞。

当时皇子陈昌在北周长安作人质，朝内没有嫡子继承人，朝外有强敌，功臣宿将都领兵在外，朝内没有重臣，只有中领军杜稜掌领的宿卫兵在建康。章皇后宣召杜稜和中书侍郎蔡景历进入皇宫商议决定大事，秘不发丧，紧急从南皖召回临川王陈蒨。蔡景历亲自和宦官、宫女秘密制造入殓器具。当时天热，必须制作棺材，又怕斧斤之声传到外面，于是用蜡制做棺材，宫中诏敕公文，照常颁布施行。

侯安都从江西领兵还建康，正好到达南皖口，于是与临川王陈蒨一同回朝。六月二十九日甲寅，临川王陈蒨到达建康，入居中书省，侯安都和群臣议定，拥护临川王继承皇帝位，临川王谦让不敢当此大任，章皇后因为有陈昌的缘故，不肯下懿旨。群臣犹豫下不了决心。侯安都说："如今四方都没有安静，没有功夫远迎皇子陈昌，临川王陈蒨对朝廷有大功，大家应该立他为君。今天的事，哪个敢迟迟不吭声的，我就杀了他。"立即提着宝剑，走上殿去禀告章皇后交出玉玺，又亲手解开陈蒨的发结，推他就丧主的位置，把大行皇帝的灵柩移到太极殿西阶。章皇后只好下令，由陈蒨继承皇帝位。就在当天，陈蒨即皇帝位，大赦天下。秋季，七月初一日丙辰，尊章皇后为皇太后。七月初六日辛酉，任命侯瑱为太尉，侯安都为司空。

北齐显祖高洋将到晋阳，临行前下令杀尽元魏宗室，凡是祖父、父亲封王，或是自身曾显贵的，全家都被押到东市刑场处斩，其中幼小的婴儿抛向空中，落下时用长矛朝上刺死。前后杀死的人总计七百二十一人，全部抛尸漳水中，老百姓剖鱼时常常从鱼肚子中得到人的指甲，因此，邺都的人很久都不敢吃鱼。高洋还下令元黄头和一些囚犯，从金凤台各自乘骑纸鸱风筝飞下，摔不死的免罪，只有元黄头一人飞到紫陌才掉下来，没有摔死，仍然交给御史中丞毕义云，活活饿死了他。只有开府仪同三司元蛮，祠部郎中元文遥等几家侥幸免死。元蛮，是元继的儿子，常山王高演妃子的父亲。元文遥，是元遵的第五代孙。定襄县令元景安，是元虔的玄孙，想请求改姓高氏，他的堂兄元景皓说："哪有放弃本宗而改从他人之姓呢？大丈夫宁可玉碎，不求瓦全。"元景安把这话报告给了高洋，高洋收捕元景皓，杀了他，赐元景安姓高氏。

八月［十二日丙申］，安葬陈武帝在万安陵，庙号高祖。

八月十四日戊戌，北齐封皇子高绍义为广阳王，任命尚书右仆射河间王高孝琬为左仆射，都官尚书崔昂为右仆射。

北周御正中大夫崔猷建议，认为："圣人建立制度或沿革损益，都是按照时代的需要而做出合适的选择。如今天子称王，不足以威令天下，请求遵用秦汉旧时制度号皇帝，建立年号。"八月［十五日己亥］，北周天王始称皇帝，并追尊文王叫文皇帝，改元年号叫武成。

八月十九日癸卯，北齐下诏："民间有的父亲、祖父本不姓元，而冒充姓元，有的假托是元氏认养而姓元的人，不管辈分远近，一概允许改复本姓。"

当初，高祖陈霸先追谥他的哥哥陈道谭为始兴昭烈王，让他的次子陈顼继承封爵。等到世祖陈蒨即位，陈顼在长安还没有回来，皇上陈蒨考虑本宗没有烧香火的人，于是，在八月十四日戊戌，下诏徙封陈顼为安成王，封皇子陈伯茂为始兴王。

当初，北周太祖宇文泰平定蜀地，认为这是一块险要形胜的地方，不想让功臣宿将去镇守，询问诸子，说："谁能到蜀地去镇守？"几个年长的儿子都不吭声，只有小儿子安成公宇文宪请求前往，宇文泰认为他年幼，不允许。八月二十八日壬子，北周明帝任命宇文宪为益州总管，当时十六岁。宇文宪到任，善于安抚民众，又能留心治术，益州人非常喜欢他。九月初一日乙卯，任命大将军天水公宇文广为梁州总管，宇文广，是宇文导的儿子。

九月初七日辛酉，陈文帝册立皇子陈伯宗为太子。

九月十五日己巳，北齐国主高洋到晋阳。

九月十七日辛未，北周国主宇文毓封他的弟弟辅城公宇文邕为鲁国公，安成公宇文宪为齐国公，宇文纯为陈国公，宇文盛为越国公，宇文达为代国公，宇文通为冀国公，宇文逌为滕国公。

九月二十一日乙亥，陈文帝册立太子母吴兴人沈妃为皇后。

北周少保怀宁庄公蔡祐去世。

北齐显祖高洋嗜酒成疾，已经到了不能进食的地步，自己知道活不了多久，对李皇后说："人活着就一定会死，不必惋惜！只可怜嗣子高正道年龄还小，别人将会夺他的皇位。"又对常山王高演说："你要夺取皇位可以，但不要杀他。"尚书令开封王杨愔、领军大将军平秦王高归彦、侍中广汉人燕子献、黄门侍郎郑颐都受遗诏辅政。冬季，十月初十日甲午，北齐显祖高洋崩殂。十月十九日癸卯，举行丧礼，群臣大声号哭，只有声音，没有一个人流眼泪，只有杨愔一个人涕泪交加，抽泣呜咽。太子高殷即皇帝位，大赦天下。十一月二十六日庚戌，尊皇太后为太皇太后，皇后为皇太后。又下诏：凡先帝生前经营的土、木、金、铁等各种制造，一律停下来。

王琳得知陈武帝去世，便任命少府卿吴郡人孙玚为郢州刺史，总理留守事务，王琳自己奉梁朝永嘉王萧庄出兵屯驻濡须口，北齐扬州道行台慕容俨率领部众临近长江岸边，为王琳声援。十一月初二日乙卯，王琳进犯大雷，陈文帝诏令太尉侯瑱、司空侯安都，以及仪同三司徐度等，领兵抵抗。安州刺史吴明彻深夜偷袭湓城，王琳派巴陵太守任忠迎击吴明彻，大获全胜，吴明彻只身逃命。王琳乘胜领兵东下。

北齐任命右丞相斛律金为左丞相，常山王高演为太傅，长广王高湛为太尉，段韶为司徒，平原王高淹为司空，高阳王高湜为尚书左仆射，河间王高孝瑜为司州牧，侍中燕子献为右仆射。

十一月十八日辛未，齐显祖高洋的灵柩到达邺城。

十二月十五日戊戌，北齐迁上党王高绍仁为渔阳王，广阳王高绍义为范阳王，长乐王高绍广为陇西王。

（以上为第四段，写陈朝武帝削平诸侯而谢世，故能平稳交接政权。北齐国主高洋因酗酒乱性而酷虐，晚年尤甚，竟因酗酒致疾而亡身。北周天王宇文毓亲政，礼贤下士，重用贤良，周境政清。）

【点评】

北齐主昏于上，政清于下。北齐文宣帝高洋，残虐之行，甚于殷纣，荒淫秽行，与禽兽无异。又处于四面强敌包围之中，却可偏安一隅，而没有覆国亡身，何其幸也！盖高洋雄略，一时之杰，身临战阵，立功树威，人臣慑服。又其为虐，乃酗酒使性，并非奸佞所使，故为祸仅限于朝臣宗亲，未及黎庶；况高洋拒谏，昏于嗜酒，而酒醒尚清，故能重用良臣，杨愔、高演等励精图治，缓解了各方社会矛盾。所谓北齐之政，主昏于上，政清于下，是以终高洋之世，南北三分，北齐仍能称雄，盛强为最。

陈纪二

陈文帝天嘉元年至三年（公元560—公元562）

【起上章执徐（庚辰，公元560年），尽玄黓敦牂（壬午，公元562年），凡三年】

【大事提要】

本卷载述公元560年至公元562年南北朝史事，凡三年，时当陈文帝天嘉元年、二年、三年，北周明帝武成二年，武帝保定元年、二年，北齐废帝乾明元年，孝昭帝皇建元年、二年，武成帝太宁元年、二年。这一时期南北朝三方北周、北齐、陈朝三国内政动荡不已，同时宫廷政变迭起，以北齐为最。高演废帝自立，中断北齐帝位父子相继，变成兄终弟及，以力相夺。三国之间无大战，而边境摩擦不断，最终陈文帝通好北周、北齐，南北鼎足三分，暂趋平静。

世祖文皇帝上

陈文帝天嘉元年（庚辰，公元560年）

春季，正月初一日癸丑，陈朝大赦天下，改元年号永定为天嘉。

北齐大赦天下，改元年号武平为乾明。

正月初九日辛酉，陈文帝到南郊祭天。

北齐高阳王高湜，言辞敏捷诙谐，又善于迎逢献媚，受到显祖高洋的宠爱，经常侍从在高洋身边，他手执大木棍，杖打诸王，太皇太后娄氏非常痛恨他。等到高洋死了，高湜获罪，太皇太后命人打了他一百多棍；正月十一日癸亥，高湜去世。

正月十九日辛未，陈文帝到北郊祭地。

北齐废帝高殷从晋阳回到邺城。

二月十三日乙未，陈朝高州刺史纪机从前线军所逃回宣城，占据郡城响应王琳，泾县令贺当迁出兵讨平了纪机的叛乱。

王琳进军到栅口，侯瑱都督诸军出屯芜湖，双方相持了一百多天。东关春汛水位渐涨，舟船得以通航，王琳率领合肥、巢湖的水军，前后舰尾相接，依次顺流而下，声势浩大。侯瑱进军到虎槛洲，王琳也列出兵船在大江西岸，与侯瑱隔虎槛洲对峙。第二天，两军交战，王琳稍稍后退，保守大江西岸。到了晚上，东北风越来越大，吹坏了不少王琳军的舟船，有的陷入沙中，江水风浪又大，舟船回不了浦口。等到天亮时，风才平静下来，王琳把舟船开入浦口整修，侯瑱等也率军退入芜湖。

北周听说王琳率军东下，派都督荆州、襄州等五十二州诸军事、荆州刺史史宁领兵数万乘虚袭击郢州，孙玚环城设防固守。王琳得到消息，担心军心动摇溃散，便率领舟师顺水东下，离芜湖十五里停泊列阵，夜里击柝的声音，可以传到隔江不远的陈军营中。北齐仪同三司刘伯球领兵一万余人援助王琳水战，行台慕容恃德之子慕容子会率领两千铁骑屯驻在芜湖西岸，为王琳声援。

二月十四日丙申，侯瑱传令军中，早饭要早早地，刚起床时就饱餐，等待与王琳军交战。当时，西南风吹得很急，王琳自认为得到了天助，率军直趋建康。侯瑱等有组织地开船出芜湖，紧紧咬在王琳军的背后，西南风反而被侯瑱利用，王琳掷火炬用来烧陈军战船，火炬顺风反烧王琳的兵船。侯瑱趁着风势发动拍竿，猛烈拍击王琳的兵船，又用牛皮遮挡在蒙冲快船上防箭矢，划动蒙冲快船撞击王琳的兵船，并用烧熔的铁水顺风浇王琳的战船，王琳军惨败，士兵落水淹死的有十分之二三，其余的士兵弃船登岸，被陈军杀灭殆尽。行进在西岸上的北齐步兵，自相践踏，又陷入在芦荻泥潭中，骑兵弃马逃走，生还的只有十之二三。陈军擒获了刘伯球、慕容子会，杀死敌人与抓获的俘虏以万计，全部缴获了王琳军、北齐军的军资器械。王琳乘坐舴艋小船突围逃走，到达湓城，想收集散兵，他的部众没有一个跟随的，他只好与妻妾、亲信十余人逃奔到北齐。

早先，王琳派侍中袁泌、御史中丞刘仲威侍卫永嘉王萧庄。等到战败，身边警卫的人都跑散了，袁泌拜别萧庄回到南方，投降陈军；刘仲威继续护送萧庄逃奔北齐。袁泌，是袁昂的儿子。樊猛和他的哥哥樊毅率领部曲投降。

（以上为第一段，写南朝王琳军败没，陈文帝讨灭了萧梁残余势力，陈朝拥有江南全境。）

北齐在武宁陵安葬了文宣帝高洋，庙号高祖，后改为显祖。

二月十六日戊戌，陈文帝下诏，说："官宦世族，将帅战士，过去依附王琳的人，一律赦免，按照个人的才能安排任用。"

二月十七日己亥，北齐任命常山王高演为太师、录尚书事，任命长广王高湛为大司马、并省录尚书事，任命尚书左仆射平秦王高归彦为司空，任命赵郡王高叡为尚书左仆射。

北齐废帝高殷下诏："诸元魏宗室良家子女，罚没在官府为奴的，以及赏赐给人为奴的，一律释放回家。"

二月二十三日乙巳，陈朝任命太尉侯瑱都督湘州、巴州等五州诸军事，镇守湓城。

北齐显祖高洋的丧事，由常山王高演住在宫中主持，娄太后想立他为皇帝没有成功。太子高殷即位后，高演回到朝臣的位列。由于还在居丧期间，诏令高演住在昭阳殿东厢主持政务，朝臣想上奏，都要先通过高演决定。杨愔等认为高演和长广王高湛都位居亲近，权势重大，不利于继位的幼主，因此对他们二人心怀猜忌。过了不久，高演出宫回到王府宅第，从此宫内颁出的诏敕，高演便无法过问。

有人对高演说："猛禽离巢，一定会遭到有人到鸟窝取蛋的祸患。眼下形势，大王怎么多次出宫归第呢？"中山太守阳休之造访高演，高演不见。阳休之对高演的密友王晞说："从前周公早晨读百篇书，晚上还要见七十二个士人，仍然担心做得不好。录王有什么疑虑，如此这样拒绝宾客。"

先前，显祖高洋在位之时，群臣人人自危不保。等到济南王高殷即位，高演对王晞说："当今皇上垂衣拱手，我们也乐得悠闲。"又说："皇上宽厚仁慈，真是一位守法的英明君主。"王晞说："先帝在时，委一胡人辅导东宫。如今皇上年轻，突然日理万机，殿下应当早晚在皇上身边，亲自承接他的意旨，如果让异姓朝臣传达诏令，大权一定要旁落他人，殿下虽然只想保有藩王的地位，恐怕就难了。即使你要明哲保身，急流勇退，你自己忖度，高氏家祚能长久保得住吗？"高演沉默了好一阵，对王晞说："你说说我该怎么自处呢？"王晞说："周公抱着成王摄政七年，然后才归政成王，希望殿下认真考虑这个榜样。"高演说："我哪里敢自比周公。"王晞说："殿下今天的地位声望，想不做周公，行吗？"高演没有回答。显祖高洋派胡人康虎儿保护太子，所以王晞提及胡人师傅这件事。

北齐国主高殷，将从晋阳出发到邺城，当时群臣商议，以为常山王高演一定会留守晋阳这一根本之地。执政大臣想让常山王高演随从国主高殷到邺城，留长广王高湛留守晋阳，不久又疑心重重，便敕令两王都随从国主高殷到邺城。外朝群臣听到这一消息，莫不感到惊愕。国主高殷又敕令王晞为并州长史。高演动身之后，王晞出郊送他。高演害怕有密探，让王晞赶快回城，紧握王晞的手说："努力，小心。"说完策马飞奔而去。

平秦王高归彦总管宫禁护卫，杨愔宣读敕令，把高归彦率领的从驾卫士留下五千人在晋阳，暗中防备非常事件。到达邺城数天之后，高归彦才知道了这件事，由此怨恨杨愔。

领军大将军可朱浑天和，是可朱浑道元的儿子，娶北齐国主高殷姑姑东平公主为妻，他常说："如果不杀二王，少主绝无安稳的道理。"燕子献谋划把太皇太后安置在北宫，要把政权交给皇太后。

自从天保八年以来，朝廷的封爵赏赐太滥，杨愔想淘汰罢免一些，于是上表请求首先解除自己的开府仪同三司和开封王两个爵位，其他的人因蒙受国君恩赐荣宠而滥得爵位的也全都罢免，因此，一些原先受宠信而今却失去爵位的人，全都依附二王。平秦王高归彦，最初与杨愔、燕子献同心协力，不久中途变化，把杨愔等疏远和猜忌二王的事全都告知了二王。

侍中宋钦道，是宋弁的孙子。显祖高洋派他在东宫教授太子处理政事。宋钦道面奏皇上高殷，说："两叔王权势太重，应当赶快除掉。"帝不允许，说："可与尚书令杨愔共同仔细商议。"

杨愔等议定，外放二王为刺史，考虑皇上仁慈，担心上奏不会允许，就上奏皇太后，详细述说幼主的安危。宫人李昌仪，原是高仲密的妻子，李太后因为她是同姓，非常亲近她，就把奏折让她看，李昌仪秘密报告了太皇太后。

杨愔等又另作了考虑，不把二王同时外放任职，而是奏请任命长广王高湛镇守晋阳，任命常山王高演录尚书事。诏书颁下，二王也接受了新职。二月二十三日乙巳，在尚书省大会百官。杨愔等将要去赴会。散骑常侍兼中书侍郎郑颐止住杨愔说："事情不可预料，不要贸然前去。"杨愔说："我们一心一意公忠体国，岂有常山王拜受新职不去赴宴的道理。"

长广王高湛，一大早就在录尚书休息的地方埋伏了几十个家僮，自己与席上勋贵贺拔仁、斛律金等几个人相知会，约定："等我敬酒到杨愔他们面前时，我劝他们喝双杯，他们一定推辞不肯喝第二杯。我就劝说'拿上酒杯'。第二次说'拿上酒杯'。第三次说'为何不拿酒杯'。你们这时就把他们抓起来。"等到开宴，果然按约定的做法，把杨愔等人抓了起来。杨愔高声说："诸王反叛，想杀害忠良吗？尊崇天子，削弱诸侯，赤心为国，有什么罪过。"常山王高演想缓和冲突，高湛坚持不可，于是一阵拳打杖殴，把杨愔、可朱浑天和、宋钦道等人打得头破血流。十个人抓他们一个人，燕子献很有力气，头发又少，狼狈地推开抓他的人，冲逃出门，斛律光追上抓住了他。燕子献叹息说："大丈夫谋事迟了一步，成了这个局面。"高湛又命太子太保薛孤延等去尚药局捉拿郑颐。郑颐也不禁叹息说："不听智者劝告，弄到这步田地，难道不是命吗？"

常山王高演、长广王高湛和平秦王高归彦、贺拔仁、斛律金等押着杨愔等想要强行闯入云龙门。见到守门都督叱利骚，招呼他，他不让进，便派骑士把他杀了。开府仪同三司成休宁抽出佩刀，呵斥高演，高演让高归彦劝谕他，成休宁厉声辩驳，不肯听从。高归彦长久为领军，一向为军士所畏服，他们见到高归彦，都纷纷放下兵器，成休宁无可奈何地叹息，放下了佩刀，让众人进门。

高演进入宫中，到了昭阳殿，高湛和高归彦留在朱雀门外。皇上高殷和太皇太后娄氏一起走出，太皇太后娄氏坐在殿上，皇太后李氏和皇上高殷侍立两旁。高演跪拜太皇太后，叩头到砖地上，然后上奏说："臣与陛下是至亲骨肉，杨遵彦等想独揽朝政，专擅威福，从王公以下都重足而立，不敢出大气；而他们互相勾结，造成了祸乱，如果不早早除掉，一定会危害宗庙社稷。臣与高湛以国事为主，贺拔仁、斛律金等顾惜献武皇帝创下的基业，共同抓了杨遵彦等进入宫中，未敢杀戮他们。自知这次专断的罪过，真该万死。”

当时殿庭中以及两边厢廊的卫士有两千多人，都披甲待命。武卫将军娥永乐，武力超群，一向受到齐显祖高洋的厚待，他抽刀出鞘寸余，仰视皇帝，皇帝始终不给他眼色。国主高殷一向口吃，仓促之间更不知道说什么话。太皇太后喝令执杖卫士退下，可是娥永乐等不肯退下，太皇太后又厉声说："奴才们不听我的话，马上教你们脑袋落地。"卫士们这才退下，娥永乐拍刀入鞘，黯然落泪。

太皇太后娄氏接着问："杨郎何在？"贺拔仁说："杨愔的一只眼珠已经被打落出来了。"太皇太后娄氏悲怆地说："杨郎能做什么出轨的事呢？留下他效力难道不好吗？"太皇太后娄氏又责备国主高殷说："这些叛臣想杀我的两个儿子，接下来还要害我，你为何纵容他们？"国主高殷更说不出话。太皇太后娄氏又愤怒又悲怆，说："我们母子怎能让一个汉人老太婆摆布？"李太后赶紧拜伏谢罪。太皇太后娄氏又对李太后发誓说："高演绝不会造反，他只是要除掉逼迫他的人罢了。"高演叩头不止。李太后对国主高殷说："还不安慰你的叔叔。"国主高殷说："天子也不敢求叔父怜惜，何况这几个汉臣。只求保全儿命，儿自己下殿离去，这些人交给叔父处分。"于是把杨愔等人都杀了。

长广王高湛，认为郑颐曾经诽谤过自己，先拔掉他的舌头，砍断他的双手然后才杀死他。高演命令平秦王高归彦领禁军卫士到华林园，用守卫京城的军士守卫皇宫，撤下原有的卫士，并在华林园就地杀了娥永乐等人。

太皇太后娄氏亲临丧礼，哭吊杨愔说："杨郎尽忠获罪。"用御府的金子为他做了一只眼珠，亲自放入眼窝，说："用这来表达我的心意。"高演也后悔杀了杨愔。于是下诏列举杨愔等人的罪状，并说："犯罪只处罚本人，家属一律不追究。"过了没多久，又重新登记审了杨愔、可朱浑天和、燕子献、宋钦道、郑颐五家宗亲，王晞极力劝阻，才只收审犯罪人这一房的家属，包括孩幼统统处死，他们的兄弟也全都罢官。

北齐任命中书令赵彦深代替杨愔总管机密事务。鸿胪少卿阳休之私下对人说："将要跋涉远行千里，却杀了麒麟而骑上跛足的蠢驴，真是可悲到极点。"

二月二十六日戊申，高演出任大丞相、都督中外诸军事、录尚书事，高湛出任太傅、京畿大都督，段韶为大将军，平阳王高淹出任太尉，平秦王高归彦出任司徒，彭城王高浟出任尚书令。

当初西魏攻破江陵的时候，长城公世子陈昌，以及中书侍郎陈顼都被俘虏押送到长安。陈高祖陈霸先即位后，多次向北周请求送还陈昌，北周同意了但迟迟没有行动。陈高祖死后，北周才遣送陈昌回国，又遇到王琳发难，陈昌停留在安陆。王琳战败，陈昌又从安陆出发，到达长江边准备渡江的时候，先送了一封书信给陈文帝，言辞有些不恭敬，陈文帝很不高兴。陈文帝召见侯安都，淡淡地说："太子就要到了，我需要另外找一个藩臣所居的地方，在那里养老终身。"侯安都说："自古以来，哪有天子被更换的道理。臣愚笨，不敢接受诏命。"但侯安都请求自己去迎接陈昌。于是朝臣上奏，请求给陈昌加封爵位。二月二十八日庚戌，任命陈昌为骠骑将军、湘州牧，封衡阳王。

北齐大丞相高演到晋阳，到达后对王晞说："没有听你的话，差点儿败亡。如今皇上身边的小人已被清除，我现在应当怎样自处？"王晞说："以殿下往日的地位，还可以按名分礼教处于臣子的地位；但是今天的地位形势，那就要看天时变化了，不是人情常理所能说清的了。"高演上奏请求任用赵郡王高叡为长史，王晞为司马。三月初三日甲寅，北齐国主高殷下诏："凡军国大政，都要向晋阳上报，禀呈大丞相高演经手规划。"

（以上为第二段，写北齐显祖高洋死后，常山王高演、长广王高湛联合发动宫廷政变。高演控制了政权，镇守晋阳。）

北周军队初到郢州，郢州助防张世贵献出外城响应北周军，损失了郢州防守军民三千多人。北周军垒起土山、架设长梯，日夜攻城，又顺风放火，烧毁了内城南面五十多座城楼。孙玚守军不满一千人。孙玚亲自巡视抚慰，给军士赐酒供食，军士个个昂扬奋发愿为孙玚拼死战斗。北周军无法攻克，便授给孙玚柱国、郢州刺史，封万户郡公；孙玚假意答应缓和了周军攻势，而暗中加紧修缮兵器增强防备，一旦完成了作战准备，便又顽强抵御防守。不久，北周军听说王琳战败，陈兵即将到来，只好解围离去。孙玚召集将佐，对他们说："我和王琳将军同心辅助梁朝，尽了最大的努力；现今时局到了这个地步，难道是天命吗？"于是派人送上表章，献出长江中流之地，投降了陈朝。

王琳东下进兵时，陈文帝征调南川的兵，江州刺史周迪、高州刺史黄法氍率领水军赶赴前线。熊昙朗占据豫章郡城，陈列战船，阻断中游水路，周迪等与周敷合兵围攻。王琳失败，熊昙朗部众军心涣散，周迪等攻破了豫章郡城，掳掠男女万余口。熊昙朗逃入民居村庄中，村民杀了他。三月初六日丁巳，熊昙朗的首级被传送到建康。他的宗族全部被杀。

北齐军原先据守鲁山。三月初七日戊午，北齐军丢弃城池逃走，陈文帝下诏南豫州刺史程灵洗前往镇守。

三月十三日甲子，陈朝设置沅州、武州，任命右卫将军吴明彻为武州刺史，任命孙玚为湘州刺史。孙玚内心不安，坚决请求入朝，征召为中领军；孙玚还没有领受新职，又改任为吴郡太守。

三月二十一日壬申，北齐封世宗高澄的儿子高孝珩为广宁王、高长恭为兰陵王。

三月二十三日甲戌，陈朝衡阳献王陈昌从北周进入陈朝境内，陈文帝下诏主书、舍人沿路迎接。三月二十五日丙子，渡长江，到了中流，突然死亡，使者回报，说他落水淹死。侯安都因此立功，晋爵清远公。

当初，陈武帝陈霸先派荥阳人毛喜随从安成王陈顼到江陵，梁世祖萧绎任命毛喜为侍郎，他和陈昌一起被俘虏到长安，这次和陈昌一起回到陈朝。毛喜进言陈朝与北周通好的策略，陈文帝派周弘正出使，与北周修好。

夏季，四月初六日丁亥，陈文帝立皇子陈伯方为衡阳王，祭祀衡阳献王陈昌，做他的后继人。

北周明帝宇文毓聪明敏捷，有宏识度量，晋国公宇文护很害怕他，唆使膳部中大夫李安在宇文毓吃的糖饼内下毒，宇文毓觉察是被人暗算。四月十九日庚子，周明帝宇文毓病危，口授遗诏五百多字，其中说："朕子年幼，不能执掌国政，鲁国公宇文邕，是朕的大弟，他为人宽厚仁慈，度量宏大，全国的人都知道，将来能弘扬周国的人，一定是这个人。"四月二十日辛丑，北周明帝宇文毓病逝。

鲁国公宇文邕，从小就有很好的器量和才质，受到北周明帝特别的亲爱。朝廷的重大事情，北周明帝很多时候都找他参谋议定；他生性沉稳，有远见卓识，如果不向他询问，他始终不说话。北周明帝经常赞叹说："这个人平常不大开口，他一开口就能切中要害。"四月二十一日壬寅，鲁国公宇文邕即皇帝位，大赦天下。

五月初二日壬子，北齐任命开府仪同三司刘洪徽为尚书右仆射。

陈朝侯安都父亲侯文捍任始兴内史，死在任上。陈文帝迎接侯安都母亲回到建康，侯安都母亲坚决要求留在故乡。五月初五日乙卯，陈朝重新设置东衡州，任命侯安都堂弟侯晓为刺史；侯安都的儿子侯秘，只有九岁，陈文帝任命他为始兴内史，并且命令他在故乡奉养母亲。

六月十二日壬辰，陈文帝下诏在江宁安葬梁元帝萧绎，送葬的车驾、旗帜等仪仗，完全按照梁朝的典章制度。

北齐朝廷收殓永安王高浚、上党王高涣二人的尸骨，加以安葬。皇上高殷敕令上党王妃李氏回到原来的府第。冯文洛还按照高洋赐李氏为妻的意向，特别打扮了一番来到李妃家里。李妃召集了许多家人排列在两边，让冯文洛站立在台阶下，责骂他说："遭遇灾难，流离失所，被逼改嫁受到奇耻大辱，只恨自己意志不坚，德薄失节，不能自尽。现今幸蒙恩诏，得以回到王府宫闱，你是什么东西，还想来侮辱我。"于是命人打他一百棍，血流满地。

秋季，七月初七日丙辰，陈文帝封皇子陈伯山为鄱阳王。

北齐丞相高演认为王晞柔懦迂缓，担心他不合武将们的心意，每天夜晚用车把他载入宫邸商议要事，白天则不和他说话。高演曾经让王晞进入密室，高演对王晞说："近来王侯贵戚，常常敦促我登大位，说我不这样是违背天意不吉祥，我担心会发生变故，想依法惩办说这些话的人，怎么样？”王晞说：“皇上不久前疏远宗室，殿下突然下手除掉了杨愔等人，这不是臣子该做的事。皇上深感芒刺在背，君臣上下互相猜疑，这样的局面怎能维持长久！殿下想要谦让，把帝位看作糟糠，恐怕是有些违背天意，也会坠毁先帝创立的基业。”高演说：“你怎么说出这种话，当用国法制裁你。”王晞说：“天时人事，都已成熟，因此我才敢冒着受斧钺之诛的惩罚而说这些话，或许这正是神点拨我的。”高演说：“拯救危难，匡正时弊，当等待圣贤，我怎敢私议这事，希望你不要再说了！”丞相从事中郎陆杳将出使离开晋阳，他握住王晞的手，让他劝说高演登帝位。王晞把陆杳的话告诉了高演。高演说：“如果朝廷内外的人都有这个意思，赵彦深早晚都在我身边，为什么他竟始终没有说过一句话？”王晞就在办公间隙暗中问赵彦深，赵彦深说：“我近来也惊讶这些传言议论，多次想告知丞相，一开口就心惊胆战。弟既然已开了头，我也应当冒死说出我的真心话。”因而赵彦深和王晞两人一起劝说高演称帝。

高演便启奏太皇太后娄氏。侍中赵道德在旁说：“丞相王爷不效法周公辅成王，而要骨肉相夺，不怕后世人说你篡位吗？”太皇太后娄氏说：“赵道德的话对啊！”没多久，高演又上奏太皇太后娄氏说：“天下人心没有安定，恐怕突然发生变故，必须及早定下名分地位。”太皇太后娄氏这才听从了。

八月初三日壬午，太皇太后下令，废北齐国主高殷为济南王，出居别宫。命常山王高演入宫继承皇位，并且告诫高演说：“不能让济南王高殷有任何意外。”

北齐高演在晋阳即皇帝位，大赦天下，改元年号为皇建，太皇太后娄氏还称皇太后，皇太后李氏称文宣皇后，降居昭信宫。

八月初六日乙酉，北齐国主高演下诏续封佐命功臣的后代，尊礼赏赐护国老人，接见访问敢说话的正直人士，褒奖死难国事的人，追赠赐谥名高德重的人。

北齐孝昭帝高演对王晞说：“我即位后你怎么变成了一个外人，一天天疏远不来见我？从现在起，不是分内的公事，只要有意见，随时写下来，等到我有空，立即送给我。”便敕令王晞与尚书阳休之、鸿胪卿崔劼等三人，每天办完公事，一齐进入寝宫东厢房，共同条举摘录历代以来的礼乐、职官，以及田赋市租、征税，有的相承沿用至今而不合时宜的，有的在古代有利而在今天应当废弃的，或有道德、有大才而长久埋没在民间的，或巧言迷惑世人、妖邪妨碍政事的，全都要他们详细思索，逐渐条列奏上。早饭由御膳房供给王晞等人，直到日落以后才让他们回家。

北齐孝昭帝高演，见识广博，气度深沉，少时就掌领尚书省，熟悉行政事务，当了皇帝以后，更加勤奋处理政务，大肆改革高洋时代留下的弊政，当时的人钦佩他的精明，而批评他过于琐细。高演曾经询问中书舍人裴泽，外边有何议论。裴泽直率地回答说：“陛下聪明，处事又极公正，完全可比远古圣王，而有识之士，都说陛下管事太过于细碎，作为一个帝王的气度，还不够宏大。”高演笑道：“真像你说的那样。朕初掌国家大政，生怕考虑不周全，所以招此议论。这样的做法，哪能长久下去，改过来，只怕以后又有人要议论说我粗疏了。”裴泽直言，因此受到宠信。

有一天，库狄显安陪坐在北齐国主高演身边，高演说：“显安，你是我姑姑的儿子，今天我们只讲家庭礼节，免去君臣的礼敬，你要大胆说我的过错。”库狄显安回答说：“陛下说了很多不算数的话。”高演说：“有依据吗？”库狄显安说：“有。陛下先前看见文宣帝用马鞭打人，经常说这是不对的，现今你也这样做，这难道不是说话不算数吗？”高演赶紧握住库狄显安的手，表示道歉。还让他直言。库狄显安说：“陛下管事太细，天子成了一个管事员。”高演说：“朕知道这毛病，但不会长期这样，我将改进做到无为而治。”高演把这些话转告王晞，王晞说：“库狄显安说得对。”库狄显安，是库狄干的儿子。群臣进言，高演都很自然地接受。

高演生性极为孝顺。太后娄氏生了病，高演愁苦得连走路的鞋都无心穿正，脸色憔悴，他日夜服侍，近四十天没有松衣解带。太后娄氏的病稍加重，高演就睡在屋外，饮食药物都要亲自送上。太后娄氏曾经心口痛得很难受，高演站立在帐前，用指尖掐手心代替母亲的痛苦，直到血流了衣袖。平日友爱几个弟弟，没有君臣的隔阂。

八月初九日戊子，北齐任命长广王高湛为右丞相、平阳王高淹为太傅、彭城王高浟为大司马。

北周军司马贺若敦，领兵一万，突然进犯武陵，武州刺史吴明彻不能抵抗，率军退守巴陵。

江陵陷落的时候，巴州、湘州都被北周占领。北周武帝宇文邕派梁朝降将镇守。陈朝太尉侯瑱等领兵逼近湘州。贺若敦率领步骑救援，乘胜深入，进军到湘州驻扎。

九月初七日乙卯，北周将领独孤盛率领水军与贺若敦一同进军。九月十三日辛酉，陈文帝派仪同三司徐度领兵到巴丘与侯瑱会合。正当秋水泛滥，独孤盛、贺若敦粮援断绝，分兵抢掠，维持日用的军资。贺若敦害怕侯瑱知道他的军粮缺少，就在军营内堆了许多土山，上面覆盖粮米，召来军营旁边的村民，假装问一些事情，随后打发村民回去。侯瑱打探村民，真的认为北周军粮食充足。贺若敦又增修军营，摆出长期驻扎的样子。湘州、罗州地区因两军对峙，荒废了农作生产。侯瑱等拿北周军没有办法。

起先，当地人多次用轻便小船，载着米、粟、鸡、鸭馈饷侯瑱军，贺若敦很是忧虑，便伪装当地人装上馈饷物资，在船舱中埋伏甲士。侯瑱军士远远望见，又认为是馈饷船到了，迎上来争抢，贺若敦埋伏的甲士冲出船舱来抓获了侯瑱军士。又贺若敦的士兵有多次叛逃乘马投降侯瑱。贺若敦便另选了一匹马，牵着马上船，命令船上的人对着马用鞭子乱抽，这样反复多次，这匹马见船害怕不敢上。然后贺若敦在江岸埋伏甲士，派人骑上这匹害怕上船的马去招引侯瑱的士兵过来，说是要投降。侯瑱的士兵上来迎接，争着来牵马，这匹马害怕上船，怎么赶也不上，这时埋伏的甲士冲出来把侯瑱的兵全杀了。从这以后，真的有人来馈饷，或者来投降的人，侯瑱也认为是假的，一律拒绝，甚至加以攻击。

冬季，十月十五日癸巳，侯瑱在杨叶洲打败独孤盛，独孤盛收集败兵上岸，筑城自保。十月十九日丁酉，陈文帝下诏命令司空侯安都领兵会合侯瑱，南讨巴州、湘州。

十一月初四日辛亥，北齐孝昭帝高演册立妃元氏为皇后，立世子高百年为太子。这时太子才五岁。

北齐孝昭帝高演征召前开府长史卢叔虎为中庶子。卢叔虎，是卢柔的堂叔。高演向卢叔虎询问当今事务，卢叔虎请求讨伐北周。卢叔虎说："我方强，对方弱；我方富，对方穷，两国国势悬殊。但是双方战争不断，就是没有吞并对方，失误在于我方没有充分利用国富兵强的优势。过去轻兵野战，胜负难以决定，这是胡人骑兵的战法，不是万全的取胜策略。应当在平阳建立重镇，与对方的蒲州相对应，深沟高垒，积蓄粮食和器械。对方闭关不出来作战，我方就蚕食对方的河东之地，一天天压迫使对方穷困。如果对方出兵来交战，不到十万以上，不是我方的对手。对方出兵消耗的资粮，全部来自关中。我军每年轮换一次，以逸待劳，军资储备充足。对方出兵来战，我方固守不出；对方退走，我方乘其疲惫追击。从长安以西，居民稀少，城邑相距遥远，对方来往调动兵力，非常困难，与我方相持打消耗战，他们的农业将荒废，这样不过三年，对方就会被拖垮。"高演深深佩服卢叔虎的精辟分析。

北齐孝昭帝高演亲自领兵攻击库莫奚，进军到天池，库莫奚走出长城向北逃遁。高演分兵追击，缴获牛羊七万头，得胜回军。

十二月十八日乙未，陈文帝下诏："从今年孟春正月到夏首四月，死刑犯已经认罪的，暂停行刑，到秋后处决。"

十二月二十二日己亥，北周巴陵城守城军主尉迟宪投降，陈文帝派巴州刺史侯安鼎镇守。十二月二十三日庚子，独孤盛率领残兵悄悄逃走。

十二月二十九日丙午，北齐孝昭帝高演回到晋阳。

北齐孝昭帝高演在宫殿前杀人，然后问王晞："这个人该不该死？"王晞回答说："应该死，但遗憾的是死得不是地方。臣听说'死刑要在闹市中执行，让大家都知道他的罪恶，唾弃他'。宫殿庭院不是杀人的地方。"高演听了，面露愧色，向王晞道歉说："从今以后，凭王公的面子我也要改正。"

北齐孝昭帝高演想任用王晞为侍郎，王晞坚决推辞不接受。有人劝王晞为何自己疏远皇上。王晞说："我打从少年起，看到许多权贵，得意没有多久，很少有不垮台的。况且我生性粗疏又迂缓，不能胜任挑重担，人主的恩惠私宠，凭什么能长保呢？万一决裂，求退无门。我不是不想做大官，只是反复思考想透了道理。”

当初，齐显祖高洋晚年，谷价飞涨。济南王高殷即位，尚书左丞苏珍芝建议，整修石鳖等地的屯田，从此淮南地区的军防用粮充足。肃宗高演即位，平州刺史嵇晔建议，疏浚督亢地区的旧时陂地，设置屯田，每年收入稻谷数十万石，北方地区也得到了充足的补给。北齐又在河内地区设置怀义等屯田点，用来供应河南所需的粮食。从此，逐渐减轻了国内转运粮食的负担。

（以上为第三段，写战乱之世，政权更迭频繁，充满血腥。公元 560 年，南北朝三方接连发生宫廷政变，骨肉相残。北周晋国公宇文护弑主周世宗宇文毓。北齐常山王高演废帝自立，诛杀大臣。陈朝文帝杀灭陈武帝太子，即堂弟陈昌于江中。）

陈文帝天嘉二年（辛巳，公元 561 年）

春季，正月初一日戊申，北周改元年号为保定。任命大冢宰宇文护为都督中外诸军事；命令王府总属于天官统领，事无分大小，都要报告宇文护裁断后上奏皇帝。

正月初三日庚戌，陈朝大赦天下。

这一天，北周武帝宇文邕到圜丘祭天。正月初四日辛亥，北齐国主到圜丘祭祀；正月初五日壬子，到太庙祭祀祖先，举行禘礼。

北周武帝宇文邕到方丘祭地；正月初七日甲寅，在南郊祭祀感生帝灵威仰；正月初八日乙卯，在太社祭祀土地神。

北齐孝昭帝高演派王琳到合肥，招募淮南楚地的武人，再次图谋向南发展。合州刺史裴景徽，是王琳哥哥王珉的女婿，请求以私人的部属为北齐军队的向导。北齐孝昭帝高演派王琳与行台左丞卢潜领兵前往策应，王琳犹豫不决。裴景徽害怕谋划泄露，便暴露身份出逃到北齐。北齐孝昭帝高演任命王琳为骠骑大将军、开府仪同三司、扬州刺史，镇守寿阳。

正月二十二日己巳，北周武帝宇文邕到太庙祭祀祖先，并在太祖宇文泰陵庙前颁布建置六官的新制度。

正月二十四日辛未，北周湘州城主殷亮投降陈，湘州被平定。

侯瑱与贺若敦相持了很长时间，侯瑱制伏不了他，便借船送贺若敦渡江离开；贺若敦怕其中有诈，不答应，回信说：“湘州是我国的地方，被你们侵犯逼迫；一定要让我们离开，你们要离我在百里之外。”侯瑱留船在江岸，领兵离开，贺若敦才拔营北还，士兵病死十分之五六。武陵、天门、南平、义阳、河东、宜都等郡全都平定。晋国公宇文护认为贺若敦失地无功，将他罢官，削籍为平民。

二月十八日甲午，北周武帝宇文邕在东郊举行迎拜太阳的典礼。

北周认为小司徒韦孝宽曾经在玉壁抗拒东魏，立有大功，便在玉壁设置勋州，任命韦孝宽为刺史。

韦孝宽待部下有恩惠，讲信用，他善于用间谍侦察情报；有的北齐人接受了韦孝宽的金银财货，把北齐腹地的情况通报给他，所以北齐的动静，北周事先都知道。当时，北周军中有一个主帅叫许盆，他就献出自己镇守的军事据点投降北齐，韦孝宽派间谍去取他的人头，不多久就斩首而回。

离石以南，生胡多数侵犯北周边境，而生胡住在北齐境内，不能越境诛讨。韦孝宽想在生胡出入的险要路口修筑城堡来控制生胡，于是征发河西役夫囚徒十万，甲士一百人，派开府仪同三司姚岳监督筑城。姚岳认为兵少，害怕不敢前去。韦孝宽说："计算筑城需要十天时间。所筑的城距离晋阳四百多里，我方第一天动手筑城，敌人境内第二天才知道，假若敌人从晋阳出兵，征发动员需要两天时间，第三天才能完成集中部队，还要商议谋划又停留两天，再计算敌人进兵要两天多的时间，因此在敌人到达之前，我们要修筑的城墙和壕沟，就已全部完成。"于是下令筑城。北齐兵果然来到边境，疑心有大军埋伏，停留不敢前进。当天夜里，韦孝宽派人在汾水以南，依傍介山、稷山的村庄放火，北齐兵误认为是北周兵的军营，收紧兵力防守。姚岳如期完成筑城任务而回。

三月初九日乙卯，陈朝太尉零陵壮肃公侯瑱去世。

三月二十日丙寅，北周改变男丁八分征一为十二分征一，这样男丁服兵役，一年之间，只需一个月就被轮换。

夏季，四月初一日丙子，发生日食。

北周任命少傅尉迟纲为大司空。

五月初一日丙午，北周封愍帝宇文觉的儿子宇文康为纪国公，封皇子宇文赟为鲁国公。宇文赟，是李皇后生的儿子。

六月十一日乙酉，北周派御正殷不害出使陈朝。

秋季，七月，北周改铸新钱，钱文叫"布泉"，一枚布泉兑换民间细钱五枚，与五铢钱同时流通并用。

七月初五日己酉，北周追封皇上的伯父宇文颢为邵国公，让晋国公宇文护的儿子宇文会为继嗣受封；宇文颢的弟弟宇文连为杞国公，让章武公宇文导的儿子宇文亮为继嗣受封；宇文连的弟弟宇文洛生为莒国公，让宇文护的儿子宇文圣为继嗣受封；追封太祖宇文泰的儿子武邑公宇文震为宋国公，让宇文毓的儿子宇文实为继嗣受封。

北齐孝昭帝高演诛杀杨愔、燕子献的时候，承诺立长广王高湛为皇太弟，继承皇位；不久高演立了自己的儿子高百年为太子，高湛心里很不满。高演居住在晋阳，高湛留守在邺城。散骑常侍高元海，是高祖高欢的从孙，留在邺城掌管机密。皇上高演任命领军代郡人库狄伏连为幽州刺史，斛律光的弟弟斛律羡为领军，用来削弱高湛的权力。高湛留下库狄伏连，不让斛律羡到领军府任职。

原先，济南闵悼王高殷常住在邺城，观望云气的占星家上奏说：邺城中有天子气。平秦王高归彦担心济南王高殷复辟，对自己不利，劝说皇上高演把他除掉。高演就派高归彦到邺城，征召济南王高殷到晋阳。

高湛内心不安，向高元海询问安全的计谋。高元海说："皇太后健在，皇上非常孝顺，又友爱兄弟，殿下不要慌张。"高湛说："你这些话难道是我推心置腹要问的吗？"高元海请求回家考虑一个晚上再回答。高湛就留下高元海在自己后堂过夜。高元海一夜没合眼，只是一个劲儿绕着床踱步。天还没亮，高湛突然出现，迫不及待地问："你思考的妙计怎么样了？"高元海说："我思考了上中下三策，我担心是否能适用。第一，请殿下按照西汉梁孝王的故事，带领几个随从进入晋阳，先见太后向她哀求，然后见皇上，请求解除兵权，到死为止，不再干预朝政，一定能够安如泰山，这是上策。第二，不这样做，就应当呈上一道表章，说是威权太盛，担心遭众人的诽谤，请求外放去担任青州、齐州两州刺史，沉静自处，免招众人议论，这是中策。"高湛问高元海下策。高元海说："下策说出来恐怕要灭族。"高元海不肯讲，高湛坚决逼求，高元海只好说："济南王高殷是真正的嫡传皇帝，今皇上高演假传皇太后的命令，夺了他的皇位而自立为君，现今殿下如果召集文武百官，将皇上宣召济南王敕令亮给百官看，杀了高归彦，尊立济南王，号令天下，以正义之师讨伐叛逆，这是千载难逢的一次良机。"高湛非常高兴。但他生性胆怯，犹豫不能采用，让方术士人郑道谦等人占卜断吉凶，都说："不利于行动，安静吉利。"这时有一位林虑县令叫潘子岳，他通晓占候，偷偷地对高湛说："皇上将要归天，殿下当为天子。"高湛把他囚禁在内室，用以等待验证。又召来巫师卜卦，巫师们多数说："不须起兵，自有大庆。"

高湛于是接受诏命，派数百骑兵送济南王高殷到晋阳。九月，北齐孝昭帝高演派人用鸩酒进献高殷，高殷拒绝饮毒酒自杀，派去的人就把高殷杀了。过了不久，高演又后悔了。

冬季，十月初一日甲戌，发生日食。

十月初三日丙子，北齐任命彭城王高浟为太保、长乐王尉粲为太尉。

北齐孝昭帝高演出外打猎，有野兔惊马，高演被摔到地上，摔断了肋骨。娄太后去看视高演的病情，问济南王高殷在哪里，一连问了几遍，高演都不回答。娄太后大怒说："你把他杀了？不听我的话，你也该死。"说完，头也不回地走了。

十一月初二日甲辰，北齐孝昭帝高演下诏说，嗣子高百年幼小，可派遣尚书右仆射赵郡王高叡前往邺城宣旨，征召长广王高湛继承帝位。又另写一封信给高湛说："高百年没有罪过，你可以找一个好地方安置他，不要学前人杀人孤儿。"这一天，高演死在晋阳。高演临死前说，很遗憾没能看到娄太后的陵墓。

颜之推评论说："孝昭皇帝高演天性非常孝顺，可惜他不懂得忌讳，以至于干出杀害济南王高殷的事，实在是他不读书带来的后果。"

赵郡王高叡先派黄门侍郎王松年骑快马到邺城，宣示肃宗高演的遗命。高湛仍然怀疑有诈，派他的亲信先到晋阳找到停放高演灵柩的地方，开棺察看高演是不是真的死了。使者回报属实，高湛这才高兴地骑着快马到了晋阳，派河南王高孝瑜先进宫，改换了禁卫士兵。十一月十一日癸丑，高湛在南宫即皇帝位，大赦天下，改元年号为太宁。

北周答应放还安成王陈顼，派司会上士杜杲出使陈朝，陈文帝很高兴，当即派使回报，并割让黔中地和鲁山郡给北周。

北齐任命彭城王高浟为太师、录尚书事，平秦王高归彦为太傅，尉粲为太保，平阳王高淹为太宰，博陵王高济为太尉，段韶为大司马，丰州刺史娄叡为司空，赵郡王高叡为尚书令，任城王高湝为尚书左仆射，并州刺史斛律光为右仆射。娄叡，是娄昭哥哥的儿子。立孝昭帝高演的太子高百年为乐陵王。

十一月十五日丁巳，北周国主宇文邕到岐山之阳打猎；十二月十一日壬午，回到长安。

陈朝太子中庶子馀姚人虞荔、御史中丞孔奂，因为国库入不敷出，联名上奏请求制订征收煮盐赋税和酒由国家专卖的法令，陈文帝下诏允准。

当初，陈武帝陈霸先把陈文帝的女儿丰安公主许配给留异的儿子留贞臣为妻，征召留异为南徐州刺史，留异却拖延不上任。陈文帝即位，重新任命留异为缙州刺史，兼领东阳太守。留异多次派长史王澌入朝，王澌每次回报说朝廷虚弱。留异相信了，表面上臣服陈朝，实际上常怀二心，从鄱阳安岭与王琳暗通信使。王琳失败，陈文帝派左卫将军沈恪去替代留异职务，实际是举兵偷袭。留异出兵下淮抗拒沈恪。沈恪进兵交战失败了，退还钱塘。留异上表自责谢罪。当时，朝廷各路军队还留在湘州、郢州清剿，陈文帝就下诏特谕留异，并安抚他。留异也知道朝廷迟早要讨伐他，于是派兵扼守下淮和建德县，以防备水路。[十二月十五日丙戌]，陈文帝下诏司空、南徐州刺史侯安都领兵讨伐留异。

（以上为第四段，写陈文帝从北周手中夺回原王琳所控制的湘州、郢州，两国通好，陈朝中兴了南方政权，全境平静。北齐肃宗高演上演谋杀废帝高殷的悲剧，结果为齐世祖高湛的登祚扫清了道路。）

陈文帝天嘉三年（壬午，公元 562 年）

春季，正月初五日乙亥，北齐国主高湛到邺城；正月十一日辛巳，在南郊祭天；

正月十二日壬午，到太阳庙祭祀祖先；正月十六日丙戌，册立妃子胡氏为皇后，立皇子高纬为皇太子。皇后胡氏，是魏兖州刺史安定人胡延之的女儿。正月十八日戊子，北齐大赦天下。正月二十九日己亥，任命冯翊王高润为尚书左仆射。

北周凉景公贺兰祥去世。

正月初一日壬寅，北周封陈文帝之弟安成王陈顼为柱国大将军，派杜杲送他回南朝。

正月初十日辛亥，陈文帝在南郊祭天，把陈姓始祖西周武王所封陈胡公用来配天享受祭礼；[正月二十日辛酉]，在北郊祭地。

闰二月初七日丁未，北齐任命太宰、平阳王高淹为青州刺史；任命太傅、平秦王高归彦为太宰、冀州刺史。

高归彦受到北齐孝昭帝高演的厚待，便仗恃权势，凌侮贵戚。北齐武成帝高湛即位，侍中、开府仪同三司高元海、御史中丞毕义云、黄门郎高乾和等，多次在高湛面前说高归彦的坏话，又说："高归彦声威权势震动皇上，必然演变成反叛的祸乱。"国主高湛也正寻思他反复无常的种种经历，逐渐猜忌他。于是趁高归彦回家的机会，宣召魏收在皇上高湛面前草拟诏书，外放高归彦为冀州刺史，让高乾和缮写；并敕令掌管宫门的负责人，当日白天，高归彦返回时，不让他进宫门。当时高归彦在家酗酒为乐，过了一夜还不知道这件事。天亮以后，高归彦想入宫参见国主高湛，到了宫门才知道，大惊退回。高归彦赶紧通名帖谢罪，但敕令早已发出，另外赏赐了很多钱帛等物品，又敕令都督将军们为他送行，在清阳宫话别。都督将军们没敢和高归彦谈话，大家拜别就走散了。只有赵郡王高叡与高归彦说了很长时间的话，不知道说了些什么。

北齐武成帝高湛做长广王的时候，清都人和士开因为精通握槊赌博游戏，又善弹琵琶，深受宠信，任用为开府行参军。高湛即位后，提升为给事黄门侍郎。高元海、毕义云、高乾和等人非常妒忌和士开，想要弹劾他。和士开抢先一步上奏，说高元海等人结党营私，想作威作福，高乾和因此被疏远。毕义云贿赂和士开，获得了兖州刺史。

陈文帝征调江州刺史周迪出镇湓城，同时征召他的儿子入朝。周迪徘徊不前，他的儿子也不入朝。其余南江豪酋，私自署任的县令县长，多不接受朝廷的征召，朝廷顾不上征讨，先笼络住他们。豫章太守周敷独自首先入朝，进号安西将军，特赐鼓吹一部，又赐给他女乐、金帛，命令他回原任为豫章太守。周迪一向认为周敷名位在自己之下，内心愤愤不平，于是暗中与留异勾结，并派自己的弟弟周方兴偷袭周敷；周敷迎战，打败了周方兴。周迪又派他哥哥的儿子埋伏甲士在船上，假扮为商人，想偷袭湓城。还没行动，谋划败露，寻阳太守监江州事晋陵人华皎派兵还击，全部俘虏了周迪派去偷袭湓城的士兵和船只器械。

陈文帝任命固州刺史陈宝应的父亲为光禄大夫，子女都加封拜爵，命宗正编入陈氏皇族名籍。可是陈宝应因为娶了留异之女为妻，所以暗中与留异联合。

虞荔的弟弟虞寄，流落在闽中，虞荔思念弟弟得了病，陈文帝为虞荔征召虞寄，陈宝应扣留虞寄不让他走。虞寄曾经坦诚而含蓄地讲逆顺的道理，陈宝应总是用别的话头引开。陈宝应曾经命人读《汉书》，他躺在床上听，当读到蒯通游说韩信，蒯通说道“相君之背，贵不可言”时，陈宝应突然坐起，赞叹说：“可以称得上是智士！”虞寄说：“蒯通一次乱说，杀了三个贤士，他哪里能说得上智士！又怎能比得上班彪作的《王命》，懂得归向天子呢？”

虞寄知道陈宝应听不进规劝的话，恐怕灾祸降临到自己头上，于是穿上居士服，避居到东山寺，假装说患了足疾。陈宝应派人烧他的房屋，虞寄安安稳稳地睡在床上不动。他的亲信要扶他同去，虞寄说：“我的生命控在别人的手中，能到哪里去躲避呢？”放火的人只好自己去把火扑灭了。

二月十五日乙卯，北齐任命任城王高湝为司徒。

北齐扬州刺史行台王琳多次想侵扰南边的陈朝，尚书卢潜认为当时的形势讨伐陈朝条件还不够成熟。陈文帝派人送了一封写给北齐国主的信到寿阳，想与北齐和亲。卢潜把这封信转奏齐朝，自己也上奏请求停止战争。北齐国主高湛准允卢潜的上奏，派散骑常侍崔瞻出使陈朝，并且归还南康愍王陈昙朗的灵柩。王琳于是与卢潜有了仇怨，互相上表列举对方的过失。北齐国主高湛征召王琳还到邺城，任命卢潜为扬州刺史，兼领扬州行台尚书。崔瞻，是崔悛的儿子。

陈朝初年，继梁朝末年的大乱之后，铁钱不再通行，民间私铸鹅眼钱流行。闰二月二十四日甲子，改铸五铢钱，一枚兑换十枚鹅眼钱。

后梁国主萧詧节俭朴素，不好饮酒与女色，虽然多疑与猜忌，但抚慰将士有恩。因为封疆褊狭，城邑与村落很多残破，战乱不止，心情郁郁不快乐，脊背生了毒疮而去世，安葬在平陵，谥号称宣皇帝，庙号叫中宗。太子萧岿即皇帝位，改元年号天保；尊龚太后为太皇太后，王后为皇太后，生母曹贵嫔为皇太妃。

［三月初七日］丙子，安成王陈顼从长安回到了建康，陈文帝下诏任命为中书监、中卫将军。

陈文帝对北周使者杜杲说：“家弟今蒙优礼送还，应当感谢周国的恩惠，但是如果不割让鲁山郡，恐怕回不来吧！”杜杲说：“安成王陈顼，在长安只是一个布衣，送回陈国，却是陛下的大弟，他的价值岂止是一座城呢？本朝和睦九族，以恕己之推及于人，上遵太祖的遗旨，下想恢复两国间的友好，因此才送安成王回归南国。而今竟然说是拿普通的土地换回骨肉至亲，这话不是我这个使臣愿意听到的。”陈文帝很惭愧，连忙说："刚才的话是开个玩笑的。"对待杜杲更加有礼。

陈顼的妃子柳氏以及儿子陈叔宝还在穰城，陈文帝再次遣使毛喜到北周请求放还，北周都把他们送归陈朝。

三月初八日丁丑，陈文帝任命安右将军吴明彻为江州刺史，督高州刺史黄法氍、豫章太守周敷共同讨伐周迪。

三月十五日甲申，陈朝大赦天下。

留异原先以为官军讨伐一定会从钱塘江水路沿江而上进军，没料到侯安都率领步兵由诸暨经永康直奔过来，留异大惊，急忙逃到桃枝岭，在岩口树立栅栏抗拒官军。侯安都被流箭射伤，血流到脚跟，坐在轿子上指挥，容颜举止，镇定自若。官军顺着山岭形势，筑起土坝，遏水为堰，正赶上雨季，积水涨满，侯安都引船入堰，搭起楼船与留异的城高度相等，发动拍竿拍碎留异城上的矮墙。留异和他的儿子留忠臣脱身逃往晋安，依附陈宝应。侯安都俘虏了留异的妻子和其他几个儿子，缴获了全部铠甲器仗回军。

留异党羽向文政据守新安，陈文帝派贞毅将军程文季为新安太守，率领精兵甲士三百人轻装前往攻击。向文政战败，于是投降官军。程文季，是程灵洗的儿子。

夏季，四月初二日辛丑，北齐武明娄太后去世。北齐国主高湛不穿丧服，仍穿平常的大红袍。没几天，又登上三台，置酒游乐，有宫女送进白袍，高湛扔到台下。散骑常侍和士开请求停止奏乐，高湛大怒，鞭打和士开。

四月初六日乙巳，北齐派人出使陈朝。

北齐青州刺史上书说黄河水变清，北齐国主高湛派人祭祀黄河，改年号叫河清。

原先，北周的文武百官受了封爵的人，朝廷没有给他们租赋。四月十四日癸亥，北周国主宇文邕首次下诏，允许柱国等勋戚重臣尽管辖有城邑户口，仍可以寄食于封邑之外的县。

五月初一日庚午，北周大赦天下。

五月二十日己丑，北齐任命右仆射斛律光为尚书令。

五月二十三日壬辰，北周任命柱国杨忠为大司空。六月初一日己亥，任命柱国蜀国公尉迟迥为大司马。

秋季，七月二十一日己丑，陈文帝聘王氏女为皇太子妃。王氏是金紫光禄大夫王固的女儿。

北齐平秦王高归彦到了冀州任上，内心不安，想等待北齐国主高湛到晋阳，乘虚入据邺城。他手下的郎中令吕思礼向朝廷告发了他。高湛下诏大司马段韶、司空娄叡领兵征讨。高归彦在冀州南境设置个人的情报驿站，他听到征讨大军就要到来，当即闭城拒守。长史宇文仲鸾等不听从，全都被诛杀。高归彦自称大丞相，有部众四万。北齐国主高湛认为都官尚书封子绘是冀州人，祖父、父亲世代任职为冀州刺史，很得人心，就派他乘驿车到信都，巡行城下，向州城军民宣讲顺逆祸福的道理。城内出来投降的官民，络绎不绝，因此城中的举动和大小事，官军知道得一清二楚。

高归彦登上城楼大声叫喊，说："孝昭皇帝刚死的时候，六军百万，都掌领在我的手中，我却投身到邺城，奉迎陛下，当时我没造反，难道我今天会造反吗？只恨高元海、毕义云、高乾和等人迷惑圣上，嫉妒忠良，只要杀了这三个人，我当即就在城头自杀。"不久城破，高归彦单人独骑向北逃跑，到了交津，被抓获，把手脚锁起来送到邺城。七月二十七日乙未，高归彦被载上露车，嘴内塞上木条，两手反绑。刘桃枝把刀架在他的脖子上，押入市曹，沿途击鼓示众，连同他的子孙共十五个人，全都斩首示众。任命封子绘代理冀州刺史。

北齐武成帝高湛知道高归彦先前谗言清河王高岳，于是把高归彦的亲属和奴婢一百多口赏赐给了高岳家，又追赠高岳为太师。

七月二十九日丁酉，北齐任命段韶为太傅、娄叡为司徒、平阳王高淹为太宰、斛律光为司空、赵郡王高叡为尚书令、河间王高孝琬为左仆射。

八月初六日癸亥，北齐国主高湛到晋阳。

陈文帝派使臣到北齐。

九月初一日戊辰，发生日食。

陈文帝任命侍中、都官尚书到仲举为尚书右仆射、丹杨尹。到仲举，是到溉弟弟的儿子。

吴明彻进兵临州郡攻击周迪，没能攻破。九月二十日丁亥，陈文帝下诏任命安成王陈顼替代吴明彻。

冬季，十月初二日戊戌，陈文帝下诏："因军事费用大增，百姓财粮困乏，从今起，凡是供给朕的饮食、衣服以及宫中的一切开支，一概削减；至于文武百官，也应体念时势艰难，注意节约。"

十一月初一日丁卯，北周任命赵国公宇文招为益州总管。

十一月十一日丁丑，北齐兼散骑常侍封孝琰出使陈朝。

十二月二十一日丙辰，北齐国主高湛回到邺城。

北齐国主高湛逼迫奸淫昭信文宣皇后李氏，说："你不依从我，我就杀你的儿子。"李后害怕，依从了。不久李后怀了孕。太原王高绍德到昭信宫见母亲，李后不敢见，太原王生气地说："儿子难道不知道吗？母亲肚子大了，所以不敢见儿子。"李后非常羞愧，因此生下一个女儿，便杀死了她。高湛提着刀骂李后说："你杀了我的女儿，我为什么不杀你的儿子！"高湛当着李后的面用刀背砍杀了高绍德。李后大哭，高湛更加愤怒，扒光李后的衣裤，在她赤裸的身上乱打。李后呼嚎不止，昏迷过去，高湛命令用绢袋将她裹起来，鲜血从绢袋子渗出来，一片模糊，投到渠水中，过了很长时间才苏醒过来，用牛犊车载着她，送到妙胜寺当尼姑。

（以上为第五段，写陈文帝通好北周、北齐，继续用兵讨伐地方势力，安定国境。北齐高湛以弟继位，初为政即荒淫暴虐，大类乃兄高洋。）

【点评】

北齐主高演背约猜忌，英年早逝。北齐高演号称贤王，继帝位后欲展英才，励精图治，观其与卢叔虎之君臣问答，未尝没有混一天下之意。惜其不学无术，既背与长广王高湛相约兄终弟及之誓言，又杀无辜仁爱之废帝高殷，于是心愧而坠马，为母后娄氏深责而气短，心疾既重，外疾不治，英年早逝，北齐中兴的一线曙光转瞬消失，惜哉！

资治通鉴（白话本） 卷第一百六十九

陈纪三

陈文帝天嘉四年至天康元年（公元563—公元566）

【起昭阳协洽（癸未，公元563年），尽柔兆阉茂（丙戌，公元566年），凡四年】

【大事提要】

本卷载述公元563年至公元566年南北朝史事，凡四年，时当陈文帝天嘉四年至六年、天康元年，北周武帝保定三年至五年、天和元年至二年，北齐武成帝太宁三年、四年和后主天统元年、二年。陈文帝讨灭江南群雄反叛，通好北周，励精图治，数年之间，重新恢复了江南的社会秩序，陈朝获得了稳定。北周君臣协同，最为称治。北齐接连发生宫廷政变，内讧减杀国力。高湛即位，步高洋后尘，酗酒信谗，残虐骨肉，招致北周两次大规模征讨，差点儿断送了国祚。

世祖文皇帝下

陈文帝天嘉四年（癸未，公元563年）

春季，正月，北齐任命太子少傅魏收兼尚书右仆射。这时北齐国主整天尽情喝酒，朝廷事务专门委任侍中高元海。高元海庸俗粗疏，皇上高湛也看不起他，认为魏收的才能名望一向很高，所以任用他。但是魏收胆小懦弱，遇事推诿，不久便因徇私舞弊、包庇纵容而被罢官。

兖州刺史毕义云写信给高元海，评说时政，高元海进宫朝见北齐武成帝，不慎丢了这封信。给事中李孝贞捡到这封信上奏给皇帝，高湛因此疏远了高元海，升迁李孝贞兼中书舍人，征召毕义云回到朝廷，和士开又趁机讲高元海的坏话，北齐武成帝用马鞭打了高元海六十鞭，斥责他说："你先前教唆我造反，以弟反兄，差点儿陷我于不义！用邺城的兵对抗并州，多么愚蠢。"外放高元海为兖州刺史。

正月十九日甲申，周迪部众溃散，周迪只身逃走，翻山越岭，逃到晋安，依附陈宝应。官军攻克临州，抓获周迪的妻子儿女。陈宝应派军队资助周迪，留异也派他的儿子留中臣跟随周迪。

虞寄写信给陈宝应，劝谏他十件事，说："自从上天抛弃梁朝，一时英雄并起，人人都认为自己能得天命，但是平定凶暴，铲除祸乱，四海共同拥护的人，是陈氏，难道不是天命自有定数，陈朝是上天授给的啊，这是一。凭着王琳的强大，侯瑱的实力，他们进足可以震动中原，与天下争衡，退足可以称强在长江之外，雄霸一方，然而朝廷或命一旅之师征讨，或派一介之使游说，王琳就瓦解冰消，投身异国，侯瑱的尖角折断，叩头归附，臣服朝廷，这又是上天给了陈氏威严，助他铲除祸患，这是二。如今将军凭借藩侯宗亲的尊贵，拥有东南的土地与民众，尽忠竭力侍奉皇上，努力为王室效劳，岂不是功勋超过东汉窦融，尊宠超过西汉吴芮，分颁玉珪，划野封土，南面称孤了吗？这是三。圣朝皇上不计较人的过失和缺点，宽厚待人，至于像余孝顷、潘纯陀、李孝钦、欧阳頠等，都被当作心腹加以重用，胸中豁达开朗，没有一点芥蒂。何况将军没有张绣那样杀曹操之子的罪过，也没有毕堪那样背叛的行为，不应当顾虑危亡，更不用担心失去富贵荣华，这是四。如今朝廷与周、齐两国和睦友好，边境没有祸患，集中兵力用在一方，这是早晚的事，目前形势，既不是刘邦、项羽角逐的时候，也不是楚赵合纵抗秦的态势，哪能容得你优闲拱手，座谈西伯割据一方呢？这是五。况且留异将军偏安一隅，心存后顾之忧，屡次遭受失败，声威实力大受亏损，胆量勇气衰竭沮丧，他的将帅都怀有二心，等待观望，只图个人的利益，谁能替他披坚甲执利兵，长驱深入，系马埋轮，拼命死战，身先士卒去杀敌呢？这是六。将军的强大，能和侯景相比吗？将军的部众，能与王琳相较吗？陈武皇帝消灭侯景于前，今上皇帝摧毁王琳于后，这是天时，不是人力所能办得到的。况且战乱之后，人心厌战，谁愿意背离家乡祖坟，抛弃妻子儿女，万死不辞，跟随将军在刀丛之中南征北战呢？这是七。观察古代新莽之后割据一方的公孙述子阳、隗嚣季孟，相继颠仆灭亡；余善、右渠，他们背叛之后紧接着灭亡，天命使人敬畏，山川险阻难以依靠。何况将军想拿几个郡的地方与天下之兵抗衡，用一个诸侯的资本与天子之命赌博，强与弱，逆与顺，能够相等吗？这是八。再说，不是我的同类，他就不会与我同心；不爱自己的亲属，怎能去爱别人。留异将军身受国家爵禄，儿子娶了公主为妻，尚且抛弃与天子的亲情毫无顾忌，背叛圣明天子，而在孤立危急时，他又怎么能与将军共患难，而不背叛呢？到了征战出现士气低落，力量衰竭，害怕被俘虏杀头而贪图悬赏的利益时，一定会有韩赵魏反过来联合消灭智伯的晋阳之谋发生，张耳斩杀陈馀的井陉之战事件再现啊，这是九。北来官军在万里之外远斗，锐不可当；将军你在封地内作战，兵众有后顾之忧。再有，将军你寡不敌众，将帅也不能与官军相比。既没有出兵的理由，也没有适当的举事时机，这种情况下起兵，绝不会有利，这是十。替将军打算，断绝与留异的亲戚关系，解甲息兵，完全遵照朝廷旨意行事。如今皇室的屏卫藩臣不多，皇子年幼，凡是皇室宗族，都受到恩宠封爵。况且，凭着将军的辖地、才能、名望、权势，如果能够尽职藩臣而臣服，北面称臣，岂是仅仅与西汉刘泽相提并论吗？我虞寄感恩戴德，不知不觉讲了这许多狂妄的话，即使受到斧钺的惩处，我也觉得像吃荠菜一样甘甜。”陈宝应读完这封信，十分震怒。有人对陈宝应说：“虞公病势转重，说话多错谬。”陈宝应才稍为消了气，也考虑到虞寄有很高的声望，留下他维系民心，因此才对他宽大。

（以上为第一段，写陈朝虞寄致书陈宝应，劝其弃割据，就臣职。虞寄陈祸福顺逆，喻之以理，动之以情，剖判透澈。无奈乱世军阀，自矜功伐，心存侥幸，不以民众生息为意，务求一逞，不到灭宗亡族而不止，悲夫！）

北周梁躁公侯莫陈崇随从北周国主宇文邕到原州。北周武帝当夜回到长安，人们私下惊疑其中的原因。侯莫陈崇对亲近的人说：“我近来听占卜的人说，晋国公宇文护今年时运不利，皇上今天突然连夜回京，不过是晋国公宇文护快到死期的原因吧！”有人揭发了这件事。正月二十日乙酉，北周武帝在大德殿召集公卿会议，当面斥责侯莫陈崇，侯莫陈崇惶恐谢罪。当夜，大冢宰宇文护派人领兵到侯莫陈崇的府第，逼迫他自杀，他的葬礼按正常规定举办。

正月二十七日壬辰，陈文帝任命高州刺史黄法氍为南徐州刺史，临川太守周敷为南豫州刺史。

北周武帝主命令司宽大夫拓跋迪制定《大律》十五篇。律令规定判罪处刑标准为“一是杖刑，从十杖到五十杖；二曰鞭刑，从六十鞭到一百鞭；三曰徒刑，从一年刑到五年刑；四曰流刑，从二千五百里到四千五百里；五曰死刑，有悬缢、绞杀、砍头、枭首、车裂等五种，共二十五等”。

二月十五日庚戌，陈文帝任命司空南徐州刺史侯安都为江州刺史。

二月二十六日辛酉，北周下诏：“大冢宰晋国公宇文护，论亲情是朕的堂兄，论职任是朝廷冢宰，从今起诏书诰命，以及各官署的文书，都不得称举晋国公的名字。”宇文护上表坚决辞让。

三月初一日乙丑，发生日食。

北齐下诏命令司空斛律光督率步骑两万，在轵关修筑勋掌城，以此为起点筑长城二百里，设置十二座镇戍据点。

三月二十二日丙戌，北齐任命兼尚书右仆射赵彦深为左仆射。

夏季，四月初二日乙未，北周任命柱国达奚武为太保。

北周武帝宇文邕要视察太学，任命太傅燕国公于谨为三老。于谨上表坚决辞谢，不允准，仍然赐给于谨延年手杖。四月二十五日戊午，北周武帝巡幸太学，于谨进门，北周武帝亲自在大门与屏风之间拜迎，于谨回礼答拜。礼仪官在厅堂的正中央设置三老席位，座位南向。太师宇文护登上堂阶，在三老席子上摆了一个小几案，于谨升堂入席面向南靠着小几案坐定。大司马豆卢宁登上堂阶，把于谨的鞋子放正。然后北周武帝登上堂阶，站立在画有斧形的屏风前边，面向西。膳食官送上饭菜，北周武帝亲自端着酱盘，跪着向于谨献食，又亲自为于谨割肉。于谨吃完饭，北周武帝又亲自跪着送上漱口的酒给他。膳食官撤去酒席之后，北周武帝站着面向北询问治国之道。于谨起身，站在席后回答说：“木材受绳墨矫正，就变得端正；帝王接纳劝谏，就会圣明。英明的帝王虚心纳谏才能知道得与失，天下便安定。”又说：“粮食可以弃掉，兵备可以弃掉，而信用绝不能弃掉。希望陛下谨守信用不要丢失。”又说：“有功的一定要赏赐，有罪的一定要惩罚，那样，为善的人就一天比一天多，为恶的人就一天比一天少。”又说：“言和行，是立身处世的根本，希望陛下三思而后说话，九次考虑而后行动，不要犯错误。天子有了错误，就像日食月食一样，没有人不会不知道的，希望陛下谨慎。”北周武帝再次跪拜，接受教诲，于谨回拜答礼。礼仪行完，北周武帝才离开太学。

（以上为第二段，写北周国主宇文邕重教化，敬三老，行古礼，兴太学。）

陈朝司空侯安都居功自傲，骄横放纵，多次聚集文人武士骑马射箭，吟诗作赋，府中宾客动辄上千人。部下将帅，大多不遵守法度，他们遇到官府审察抓捕，就逃到侯安都府上躲避。陈文帝性格严厉认真，心内早已怀恨，而侯安都仍未觉察。每有上表启奏，已经封好，突然想到某事还没有讲完，他便又打开封口补写后奏说：“又启奏某事。”有时入宫陪陈文帝宴饮，每当酒喝多了，就伸腿而坐，有时又靠在柱子上歪着身子。他经常陪着陈文帝在乐游园野餐，饮宴中竟然对陈文帝说：“现时比起做临川王时怎么样？”陈文帝没有回答，侯安都再三逼问。陈文帝说：“这虽然是天命，也是仰赖明公的力量。”饮宴结束后，侯安都启奏陈文帝要借用皇上的帷帐和装饰华丽的游船，想接他的妻妾到御堂上宴饮。陈文帝虽然答应了，内心却很不高兴。第二天，侯安都坐在陈文帝的座位上，宾客们坐在群臣的位置上，给他举杯祝寿。正好重云殿失火，侯安都率领将士穿着铠甲带着兵器上殿，陈文帝十分厌恶，暗中进行防备。等到周迪反叛，公卿朝议应当让侯安都领兵平叛，陈文帝却改派吴明彻去征讨，陈文帝多次派御史台的官员审讯侯安都的部属，考查他们接纳逃亡叛乱罪犯的情况。侯安都派他的别驾周弘实投靠中书舍人蔡景历，打探中书省的机密。蔡景历详细记录了侯安都的这些行动，一五一十地报告给陈文帝，并迎合陈文帝的旨意写上侯安都谋反。陈文帝担心侯安都不接受征召，便任命他为江州刺史。

五月，侯安都从京口回到建康，部队开进石头城。六月，陈文帝宣召侯安都到嘉德殿与群臣宴饮，又敕令侯安都的部属将帅在尚书省朝堂集中宴饮，于是在宴席上抓捕了侯安都，囚禁在嘉德殿的西厢房，又抓捕了侯安都的部属将帅，全部收缴了他的马匹兵器然后释放。这时才拿出蔡景历的奏表，向朝臣们展示，于是下诏公布侯安都的罪过，第二天，赐死，宽恕了他的妻子儿女，拨款给他们办丧事。

当初，陈武帝驻防京口时，曾经与诸将一起宴饮，杜僧明、周文育、侯安都向陈霸先敬酒，各自夸耀战功。陈霸先说："卿等都是良将，但都有短处。杜公志向远大但见识不远，对下属亲爱不庄重，对上级骄傲不谦虚；周侯交友不选择，对人太坦诚；侯郎傲慢放纵而贪得无厌，举止轻浮而肆意妄为，这都不是保全生命的行为。"这几个人的后果全都被陈霸先不幸而言中。

（以上为第三段，写陈朝侯安都居功自傲，纵下凌上，身犯大不敬之罪而不自知，赳赳武夫，不学之过也。陈霸先识人、知人，而能驾驭狂夫为己用，代萧氏而有天下，良有以也。）

六月二十三日乙卯，北齐国主派兼散骑常侍崔子武出使陈朝。

北齐侍中、开府仪同三司和士开受到恩宠，北齐武成帝不论是在宫外朝堂上处理政事，还是在宫内宴饮玩赏，每时每刻都离不开和士开，有时整天不让和士开回家，有时一天之内多次召他进宫，有时放和士开回家，不一会儿派人去把他追回来，在和士开还没有到来的时候，接二连三派人策马去催促。和士开偏偏有各种奸诈谄媚的伎俩，使得北齐武成帝对他的宠爱一天比一天隆盛，前前后后的赏赐，多得不可计数。每当他在皇上身边侍候时，言辞举止，极其龌龊，两人夜以继日地在一起，没大没小，全无君臣之礼。他常常对北齐武成帝说："从古以来的帝王，全都成了灰土，尧舜与桀纣，没有两样！陛下应当趁年轻体壮，极意行乐，要毫无拘束地放纵。如此快乐一天，比活一千年还值得。国家事务全都交给大臣，何忧办不好，为什么还要劳苦自己，勤俭节约呢！"北齐武成帝听了很是快乐。于是委托赵彦深掌管封官授爵，元文遥掌管国库收支，唐邕掌管外兵与骑兵，信都人冯子珍、胡长粲掌理东宫。北齐武成帝三四天才上一次朝，只写了几个字的批语，也不多说话，一小会儿就罢朝入宫。胡长粲，是胡僧敬的儿子。

北齐武成帝高湛要和士开与胡皇后一起玩握槊赌博的游戏，河南康献王高孝瑜规谏说："皇后是天下之母，怎可以与臣下玩耍碰手！"高孝瑜又说："赵郡王高叡，他的父亲死于非命，不可亲近他。"因此，高叡与和士开两人共同说高孝瑜的坏话，高叡说："山东只听说有河南王，不听说有陛下。"高湛因此猜忌高孝瑜。高孝瑜与尔朱御女说私房话，报告到高湛那里，高湛震怒。六月二十八日庚申，高湛逼迫高孝瑜一口气喝了三十七杯酒。高孝瑜身体肥胖，腰带十围，北齐武成帝派亲信娄子彦用车拉高孝瑜出宫，命令娄子彦在车上用鸩酒灌高孝瑜，到了西华门，鸩毒发作，高孝瑜燥热难耐，投水而死。追赠高孝瑜太尉、录尚书事。当时留在宫中的诸侯王，没有一个敢放声哭泣，只有河间王高孝琬大声痛哭出了皇宫。

秋季，七月初六日戊辰，北周武帝巡幸原州。

八月初十日辛丑，北齐改名三台宫为大兴圣寺。

九月初一日壬戌，陈朝广州刺史阳山穆公欧阳頠去世，下诏他的儿子欧阳纥继承父亲的爵位。

九月初六日甲子，北周武帝从原州登上陇山。

陈朝周迪翻过东兴岭扰乱陈朝边境为寇。九月十三日辛未，陈文帝下诏护军章昭达领兵征讨。

九月二十五日丙戌，北周武帝到达同州。

当初，北周想联合突厥木杆可汗讨伐北齐，承诺聘娶木杆可汗女儿为皇后，派御伯大夫杨荐和左武伯太原人王庆前往联系。北齐听到消息十分恐惧，也派使者向突厥求婚，赠送的礼品很丰厚。木杆可汗贪图北齐财礼厚重，想把杨荐等人抓起来送给北齐。杨荐知道了，责备木杆可汗说："周太祖先前与突厥共同敦守睦邻友好，蠕蠕部落几千家来投降，太祖全部交付给可汗的使者，以满足可汗的心愿，为什么今天突然背恩忘义，难道就不怕愧对鬼神吗？"木杆可汗垂头丧气，过了好一阵才说："你的话是对的，我下定决心，应当和你们共同讨平东贼，然后送女出嫁。"杨荐等回国复命。

北周公卿请求出兵十万攻打北齐，柱国杨忠认为有一万骑兵就足够了。九月二十七日戊子，派杨忠率领步骑一万，会同突厥从北路进攻北齐。又派大将军达奚武率领步骑三万，从南路由平阳出发，约期在晋阳会师。

冬季，十一月初一日辛酉，陈朝章昭达大败周迪。周迪独身逃走，流窜在山谷中，民众互相合力保护周迪，虽然诛杀了老百姓，但仍没有人举报周迪藏在哪里。

十二月初一日辛卯，北周武帝回到长安。

十二月初六日丙申，陈朝大赦天下。

章昭达进军，翻过东兴岭，向建安急进，讨伐陈宝应。陈文帝又下诏益州刺史余孝顷督率会稽、东阳、临海、永嘉各路军队从东路进军，会合章昭达。

这一年，陈文帝在建康第一次祭祀高祖之兄始兴昭烈王陈道潭，用天子的礼仪。

北周杨忠攻占北齐二十多座城邑，北齐扼守险岭要塞，也被杨忠攻破了。突厥木杆、地头、步离三可汗合兵十万骑会合。十二月十九日己酉，从恒州分兵三路进入北齐境内。当时一连几十天下大雪，南北一千多里，平地积雪数尺。北齐国主高湛从邺城倍道兼程赶往前线。十二月二十八日戊午，到达晋阳。斛律光率领步兵三万屯驻平阳。十二月二十九日己未，北周军队和突厥骑兵逼近晋阳。北齐武成帝高湛见对方强大感到害怕，身着戎装，带领宫人想往东逃跑躲避。赵郡王高叡、河间王高孝琬勒住高湛的马头劝谏。高孝琬请求交付高叡调度军队，一定能够整肃严明。高湛听从了，下令全军进退都听从高叡的调度，并派并州刺史段韶总领军事。

（以上为第四段，写北齐国主高湛荒怠政事，招致北周大规模征讨。）

陈文帝天嘉五年（甲申，公元 564 年）

春季，正月初一日庚申，北齐武成帝高湛登上北城，看到军容非常整齐。突厥可汗责怪北周军统帅说："你们说北齐混乱，所以来讨伐。现今北齐军心牢固，戒备森严到眼中有铁，怎么抵挡！"

北周军以步兵为前锋，从西山下来，离晋阳城两里左右。北齐众将都要出阵攻击，段韶说："步兵的力量有限，如今积雪很厚，迎战并不便宜，不如严阵以待，对方疲劳，我方安逸，一定能打败敌人。"北周军攻到了阵前，北齐的全部精锐击鼓呐喊冲出，突厥兵被震惊，退上西山，不肯交战，北周兵力孤单，大败退回。突厥可汗领兵退走出塞，纵兵大肆抢掠，从晋阳往北七百余里，人畜全被抢光。段韶追击，也不敢逼近。突厥退回到陉岭，地冻路滑，只得在路上铺了毛毡行军，胡马在冬天瘦弱，膝部以下都没有毛，等到走到长城，马都快死光了，士兵把长矛折断当拐杖拄着走回去。

达奚武进军到平阳，不知道杨忠已经退走。斛律光写信送给达奚武说："天鹅已经冲天飞上长空，张网的人还死死盯住地上的沼泽。"达奚武收到信，也引兵退还。斛律光紧紧追击，侵入北周境内，俘获了两千多人而回。

斛律光在晋阳朝见北齐武成帝，北齐武成帝因新遭大军压境，抱着斛律光的头痛哭。任城王高湝上前说："还没到这样伤心的地步吧。"北齐武成帝才止住了痛哭。

当初，齐显祖在时，北周非常担忧齐军向西渡过黄河，每到冬天，守在河边砸冰，等到齐世祖高湛即位，奸佞小人当权，朝政一天天败坏，反过来是北齐人守河砸冰以防备周兵渡河入侵了。斛律光感到忧虑，说："国家先前常有吞并关陇的壮志，今天落到这种地步，而皇上仍只顾沉迷在声色之中。"

正月二十二日辛巳，陈文帝在南郊祭天。

二月初一日庚寅，发生日食。

当初，北齐显祖高洋命群臣刊定北魏的《麟趾格》作为齐律，拖延很久，还没有完成。当时军国事务繁多，判案很少依照法律条文，相沿成习惯，称为"变法从事"，即改变法律依从事实，实际是随意判案，北齐武成帝即位后，想变革这种弊政，便督促修订法律的官员，直到这时得以完成，有《律》十二篇，《令》四十卷。刑法的名目有五种：一曰死刑，最重的是车裂死刑，其次是枭首示众，再次是砍头，再是绞杀；二曰流放，最重的发配到边疆充军；三曰徒刑，从五年刑期到一年刑期；四曰鞭刑，从一百鞭到四十鞭；五曰杖刑，从三十棍到十棍；从死刑到杖刑，总共十五等。凡是从一品到九品的流内官，以及老人、幼童、太监、痴呆，或因过失犯罪的人，都可罚款赎罪，一律用绢代钱。三月初三日辛酉，颁布施行，所以北齐人都了解法律。

又规定男子满十八岁即授田缴纳租调，二十岁要服兵役，到六十岁免除徭役，六十六岁交还田地，免除租调。一个男丁授露田八十亩，妇人四十亩，奴婢授田同平民一样，养一头耕牛授田六十亩，大体上一夫一妇缴纳调绢一匹，绵八两，交纳田租两石粟，附加租税五斗粟，奴婢按平民的半数交纳，一头牛征税调二尺绢，租一斗粟，附加税五升粟。田租正税入国库，附加税租交给地方郡县以防备水旱天灾。

二月十一日己巳，北齐的田子礼等几十个盗贼，共同劫持了太师彭城景思王高浟为首领。这群盗贼诈称是使者，径直进入高浟的宅第，走进内室，宣示敕令，强拉高浟上马，用刀逼迫，要他领着到皇宫的南殿。高浟大声呼喊不听从，群盗杀了他。

二月二十七日庚辰，北周武帝第一次下令要求百官上朝手执笏板。

北齐任命斛律光为司徒，武兴王高普为尚书左仆射。高普，是高归彦哥哥的儿子。二月二十六日甲申，任命冯翊王高润为司空。

夏季，四月初三日辛卯，北齐武成帝派兼散骑常侍皇甫亮出使陈朝。

四月十二日庚子，北周国主宇文邕派使者出使陈朝。

四月十五日癸卯，北周任命邓国公河南人窦炽为大宗伯。五月初五日壬戌，封世宗宇文毓的长子宇文贤为毕国公。

五月初七日甲子，北齐武成帝回到邺城。

五月二十五日壬午，北齐任命赵郡王高叡为录尚书事，前司徒娄叡为太尉。五月二十七日甲申，任命段韶为太师。五月三十日丁亥，任命任城王高湝为大将军。

[六月初五日]壬辰，北齐武成帝到晋阳。

北周任命太保达奚武为同州刺史。

六月，北齐武成帝杀乐陵王高百年。当时，太阳周围出现两道白虹，横贯而不相通，红星出现，北齐武成帝想用高百年来防止灾变。适逢博陵人贾德胄教高百年写字，高百年写了好几个“敕”字，贾德胄密封后上奏高湛。齐武成帝大怒，派人宣召高百年。高百年自知不免一死，割下腰带上的佩玉留给妃子斛律氏。高百年在凉风堂参见齐武成帝。齐武成帝让高百年写“敕”字，查验果然与贾德胄上奏的“敕”字相似。齐武成帝喝令身边的人乱打高百年，又命人拖着高百年绕凉风亭边走边打，所过之处遍地是血，快要断气，砍了他的头，丢到水池里，池水全被血染红。高百年的妃子拿着玉玦哀哭不吃饭，一个多月后也死了，玉玦还握在手上，紧紧收拢成一拳，掰不开，她的父亲斛律光亲自用手掰，才掰开了。

六月初三日庚寅，北周改御伯官名叫纳言。

当初，宇文泰在关中跟随贺拔岳的时候，派人从晋阳迎接回来晋国公宇文护。宇文护的母亲阎氏，以及当时在位的北周明帝宇文毓的姑姑都留在晋阳，北齐把她们发配在中山宫。等到宇文护掌权，首次派密使到北齐寻找她们，没人知道她们的信息。北齐派人到玉壁，要求开通两国间边贸往来。宇文护想访求他的母亲和姑姑，就派司马下大夫尹公正到玉壁，同北齐使者商谈，北齐使者非常高兴。勋州刺史韦孝宽抓获了北齐的人，又把他们放了，顺便让他们带信到北齐，信中表示北周愿意与北齐和好通商。这时，北周因为前次攻打晋阳没有取胜，准备再次联合突厥讨伐北齐。北齐武成帝听说，非常害怕，于是答应送还宇文护的母亲回到北周，并且要求两国友好，先送宇文护的姑母回国。

秋季，八月初一日丁亥，发生日食。

北周派柱国杨忠会合突厥讨伐北齐，进军到北河退回。

八月初二日戊子，北周任命齐国公宇文宪为雍州牧、宇文贵为大司徒。九月初二日丁巳，任命卫国公宇文直为大司空，并追录辅佐帝业的开国元勋，封开府仪同三司陇西公李昞为唐国公、太驭中大夫长乐公若干凤为徐国公。李昞，是李虎的儿子。若干凤，是若干惠的儿子。

八月初十日乙丑，北齐国主高湛封皇子高绰为南阳王、高俨为东平王。高俨，是太子高纬的同母弟。

突厥进犯北齐幽州，部众十多万，进入长城，大肆劫掠后退走。

北周皇姑回来后，北齐武成帝让人替宇文护母亲写信，信中提到宇文护幼小时的几件事，又寄出自己穿的锦袍作为证物。信中还说："我碰上了千载难逢的良机，蒙受大齐的恩惠，怜惜我年老，开恩允许我与你相见。即使是禽兽草木，也是母子相依为命。我有什么罪过，竟会与你分离！如今不知哪来的福分，还有希望与你见面。说到这里又悲又喜，如同死而复生。世间的一切，只要追求都能得到，母子分离两国，怎样才能求得团聚！即使你尊贵超过王公，富有超过山海，还有一个老母，八十高龄，仍然飘零在千里之外，死亡危在旦夕，得不到看一眼的短暂相见，得不到哪怕只有一天的团聚，冷了得不到你的一件衣裳，饿了得不到你的一碗饭，你虽然享尽荣华富贵，光彩照耀人间，对我有什么好处！在今天以前，你没尽供养我的责任，过去的事就不提了，从今以后，我的余生就靠你了。上有天，下有地，天地之间有鬼神，不要认为天地间鬼神飘渺，就可以欺诈负心。"

宇文护得到书信，悲伤得不能克制。写了一封回信说："天下四分五裂，遭遇灾祸，远离母亲膝下，已经三十五年了。天地间凡是得到生命和禀受精气的人，都知道有母子亲情，可谁像我宇文萨保如此不孝！儿子贵为公侯，母亲却为俘虏奴隶，热天看不到母亲受暑，冬天看不见母亲受冻，不知母亲有无衣穿，能不能吃上饱饭，消息不通有如天外，绝望使我心中十分痛苦。原以为就这样终此一生，死后如果有知，希望能侍奉您于九泉之下罢了。想不到齐朝网开一面，送来好消息，磨敦、四姑，都蒙哀矜，一起放还。刚听到这一诏音，魂魄好像飞越千里之外，不由得呼天抢地，狂喜得不由自已。现今受到齐朝甘露般的恩泽，既已滋润，有家有国，一定以信义为本，我拜伏估算母亲回来的日期，已经有盼望的一天。一看到母亲归来，便最终了却我毕生的愿望。即使是死者复生，白骨长肉，也超不过今天齐朝放还母亲的深恩；就是背负高山，头顶大岳，也比不上我感受齐朝厚恩大德的分量。”

北齐仍然留下宇文护的母亲，让她再给宇文护写信，想求得重报，这样往返了几次。当时段韶在边塞抗拒突厥，北齐武成帝派黄门徐世荣乘驿车带了北周的书信去征求段韶的意见。段韶认为“北周反复无常，本来没有信义，最近晋阳之战，就是明证。宇文护表面上是一个丞相，实际大权是一国之君。他既然为了母亲讲和，不派一个正式使臣谈判，如果只凭写几封信，就放还他的母亲，只怕会显示我们的软弱。不如暂且表面上答应他，等待和好的基础坚定，然后放还他母亲也不晚”。北齐国主高湛没听从，立即遣送宇文护母亲回国。

阎氏回到北周，满朝欢呼，北周国主宇文邕特为此发布大赦令。总计供奉给阎氏的财礼，美好丰盛到了极点。每年的四季节日和伏日猎日，北周国主宇文邕都要带领各位亲戚向阎氏行家人礼，举杯敬酒，祝她长寿。

突厥从幽州退还，仍留屯在塞北，重新召聚各部兵马，派使者通告周朝，想联合一同大举攻击北齐，实现先前的约定。北周历闰九月二十日乙巳，突厥深入北齐幽州。

晋国公宇文护刚迎回母亲，不想讨伐北齐，又担心背负与突厥的盟约，反而引起边患，迫不得已，征召府兵二十四军，以及相府所属左右厢禁军、秦、陇、巴、蜀等地方军队，此外还有内附北周的羌、胡等蕃兵，总计二十万人，冬季，十月初十日甲子，北周武帝在太庙授予宇文护斧钺；十月十三日丁卯，北周武帝亲自到沙苑慰劳出征将士；十月十九日癸酉，返回宫殿。

宇文护进军到潼关，派柱国尉迟迥率领精兵十万为前锋，直扑洛阳，大将军权景宣率领山南各州之兵向悬弧进发，少师杨檦从轵关出兵。

陈朝叛将周迪重整旗鼓进犯东兴，宣城太守钱肃镇守东兴。钱肃献出城池投降周迪。吴州刺史陈洋领兵进击周迪，陈洋大败，周迪部众士气高涨。

南豫州刺史西丰脱侯周敷率领所属部队进击周迪，行军到定州，两军对垒。周迪欺骗周敷说：“我以前与弟同心协力并肩作战，岂能加害于你！如今我想向朝廷谢罪，通过弟代我向朝廷表达我归服的肺腑之言，先请你前来盟誓。”周敷答应，刚登上盟誓的土台，就被周迪杀害了。

陈宝应占据晋安、建安两郡，水路、陆路都修起栅栏对抗章昭达。章昭达与陈宝应交战，没能取胜，便占据上游，命令军士砍树制造木筏，在木筏上安置拍竿。正赶上大雨，江水大涨，章昭达放筏冲撞陈宝应的栅栏，栅栏全被冲毁。章昭达又出兵攻击陈宝应陆上步兵。双方正在交战，陈文帝派将军余孝顷从海上赶来增援，这时恰好赶到，两支官军合力攻击。十一月初五日己丑，陈宝应大败，逃到莆口，对他的儿子说：“早先如果听从虞公的计谋，就不会有今天。”章昭达追击擒获了陈宝应，还抓获了留异及其亲族党羽，全部押送建康，杀了他们。留异的儿子留贞臣，因娶公主为妻，得免一死。陈宝应的宾客全被正法。

陈文帝听到虞寄曾经劝谏陈宝应，命令章昭达礼送虞寄到建康。陈文帝召见之后，慰劳虞寄说："管宁尚安然无恙。"任用他为衡阳王陈伯言的军府掌书记。

北周晋国公宇文护进军屯驻在弘农。尉迟迥攻围洛阳，雍州牧齐国公宇文宪、同州刺史达奚武、泾州总管王雄在邙山扎营。

十一月十四日戊戌，北齐武成帝派兼散骑常侍刘逖出使陈朝。

当初，北周杨檦为邵州刺史，在北周东境镇守了二十多年，多次与北齐交战，每次都打胜仗，因此轻视北齐。这次杨檦从轵关出兵，独自领兵深入，又不加防备。十一月二十日甲辰，北齐太尉娄叡领兵突然杀来，大败杨檦军，杨檦投降了北齐。

权景宣围攻悬瓠，十二月，北齐豫州道行台、豫州刺史太原人王士良、永州刺史萧世怡都献城投降北周军。权景宣派开府郭彦守豫州、谢彻守永州，送王士良、萧世怡以及降兵一千人到长安。

北周军修筑土山、地道进攻洛阳，三十天还没攻下来。晋国公宇文护命令诸将挖濠沟切断河阳的道路，阻遏北齐的救兵，然后集中兵力进攻洛阳，北周众将认为北齐一定不敢派兵救援，只派出侦察兵监视而已。

北齐派出兰陵王高长恭、大将军斛律光率兵救洛阳，因为害怕周军的强大，不敢向前进军。北齐武成帝征召并州刺史段韶，对他说："洛阳危在旦夕，如今想派你去救援，突厥在北方，也需要你镇守防御，怎么办呢？"段韶回答说："北虏侵边，只不过像身上长了疥疮皮癣。现在西边邻国的窥视进逼，才是腹心大患，我请求奉诏向南进军。"北齐武成帝说："朕的意思也是这样。"便下令段韶率领一千精骑从晋阳出发。十二月初三日丁巳，北齐武成帝也从晋阳出发前往洛阳。

十二月初五日己未，北齐太宰平原靖翼王高淹去世。

段韶从晋阳出发，五天后渡过黄河，正碰上连日阴雾。十二月初八日壬戌，段韶到洛阳，率领帐下骑兵三百人和诸将登上邙坂，察看北周军形势，行进到太和谷与北周军相遇，段韶派人快马通报各营，集结各营骑兵，严阵以待。段韶为左路军，兰陵王高长恭为中路军，斛律光为右路军，北周军没想到北齐军出其不意突然来到，都十分震动恐惧。段韶远远地对北周军说："你们的宇文护刚刚得到母亲，这么快就来侵犯，为什么？"北周军回答说："上天派我们来，有什么好问的。"段韶说："上天之道是赏善罚恶，应当是派你们来送死的。"北周军以步兵在前面，登上北邙山迎战北齐兵。段韶边战边退，诱敌深入，等待对方精疲力尽，然后下马交战，北周军大败，一下子土崩瓦解，许多人坠落山涧溪谷而死。

兰陵王高长恭带领五百骑兵冲入北周围城军队的阵营，一直穿透包围圈杀到金墉城下。城墙上的守军不知道是援军，高长恭脱下头盔露出自己的面孔，城上才派出弓箭手救他。围城的北周军也解围逃走，丢下营帐，从邙山到谷水，沿途三十里，到处都是北周军丢下的兵器辎重，盖满了川泽。只有齐国公宇文宪、达奚武，以及庸忠公王雄在后面掩护，组织军队抵御。

王雄策马冲进斛律光军阵，斛律光退走，王雄追击，斛律光身边的人都跑散了，只剩下一个奴仆一支箭。王雄手握长矛离斛律光还有一丈多远，对斛律光说："我爱惜你不杀，要活捉你去见天子。"斛律光用这最后一支箭射向王雄，射中额头，王雄抱着马逃跑，到了军营就死了。北周军更加恐惧。

齐国公宇文宪巡行抚慰，督导鼓励，军心才安定下来。到了夜晚，收缩军队，宇文宪想等到天明再交战。达奚武说："洛阳城下，大军溃散，人心惶惶，如果不趁夜迅速撤退，明天想走来不及了。我达奚武在军中时间长，见过各种形势；国公年轻经事不多，怎能把几个营的士兵送进虎口里呢？"于是退还。权景宣也放弃豫州撤走。

十二月十三日丁卯，北齐武成帝到洛阳。十二月十五日己巳，北齐武成帝任命段韶为太宰、斛律光为太尉、兰陵王高长恭为尚书令。十二月十八日壬申，北齐武成帝前往虎牢，于是取道滑台前往黎阳，十二月二十二日丙子，回到邺城。

杨忠率军指向北齐沃野镇，接应突厥，由于粮食匮乏，各军感到忧虑，也没好的计策。杨忠便招诱稽胡部落的酋长坐在一起商议。杨忠安排河州刺史王杰整理军队击鼓起来，诈称"大冢宰已经平定洛阳，打算与突厥共同讨伐还没臣服的稽胡"。在座的酋长都很害怕，杨忠开导他们然后送走，于是稽胡各部落相继送来粮草，一时间军粮源源不断。这时班师的命令下来，杨忠退回。

晋国公宇文护本来没有将才谋略，这次出征又不是他的本意，所以没有成功，他和众将叩头谢罪，北周武帝慰劳他们，并令其休息。

这一年，北齐东部发生大水灾，饿死的人不知有多少。

宕昌王梁弥定多次侵犯北周边境，北周大将军田弘讨灭了宕昌王，在所属地设置了宕州。

（以上为第五段，写北齐高湛当政引来北周两次大规模征讨，北周与突厥合兵三十余万，由于北周大冢宰宇文护将略为短，而师出不仅无名，而且不义，且又准备不足，遭受北周建国以来最沉重的惨败。）

陈文帝天嘉六年（乙酉，公元 565 年）

春季，正月二十日癸卯，北齐任命任城王高湝为大司马。

北齐武成帝到晋阳。

二月初八日辛丑，北周派陈国公宇文纯、许国公宇文贵、神武公窦毅、南阳公杨荐等，按皇后出行的仪仗、侍卫、行殿的规模备办礼仪，以及六宫一百二十人，前往突厥可汗牙帐迎聘可汗的女儿为皇后。窦毅，是窦炽的哥哥的儿子。

二月十三日丙寅，北周任命柱国安武公李穆为大司空、绥德公陆通为大司寇。

二月十九日壬申，北周武帝到岐州。

夏季，四月初二日甲寅，陈朝任命安成王陈顼为司空。

陈顼借重自己是皇上弟弟的身份，权势超越朝野。直兵鲍僧叡，依靠陈顼的势力不遵法度，御史中丞徐陵上奏弹劾他。徐陵跟着御史台的官员捧着弹劾奏版进入殿堂，陈文帝看见徐陵穿着朝服庄严肃穆，不由得也改变容颜肃穆端坐。徐陵上前宣读奏版，当时陈顼也在一边侍立，抬头看着皇上，不禁大惊失色，汗流浃背，徐陵派殿中御史引陈顼下殿，陈文帝因此免去陈顼侍中、中书监的职务。文武百官，一片肃穆。

［四月初六日戊午］，北齐大将军东安王娄叡因犯罪被免职。

北齐著作郎祖珽，有文才，多技艺，但是为人轻率少礼，品行不好。他曾经是齐高祖高欢任都督中外诸军事府的功曹。因为有一次宴会丢失金酒杯，在祖珽的发髻中找到；又曾经因盗窃官粟三千石被受鞭刑，挨了二百鞭，被发配到甲坊服苦役。齐显祖时，祖珽任秘书丞，盗窃《华林遍略》一书，以及其他受贿行为，应当判处绞刑，改判为削职为民。齐显祖虽然憎恨他多次犯法，但因爱惜他的才华技艺，后来又任用他入值中书省。

北齐武成帝为长广王时，祖珽制作胡桃油送给北齐武成帝，并趁机献媚说：“殿下的骨相非同异常，我曾经做梦看见殿下乘龙上天。”高湛说：“真是这样，一定让你荣华富贵。”等到高湛即位，破格升迁祖珽为中书侍郎，不久又升任为散骑常侍。祖珽与和士开两人极力献媚讨好皇上高湛，是一对奸佞。

祖珽私下对和士开说：“你受到的恩宠，从古没有。一旦皇上升天，你想过没有，怎么样才能保证善终？”和士开忙问计策。祖珽说：“你应当劝说皇上，说：‘文襄帝、文宣帝、孝昭帝他们的儿子，都没能立为皇帝，现今应当让皇太子早登大位，以定下君臣的名分。’如果事情成功，皇后、少主都感谢你，这是万全之计。你要委婉地细细吹风，让皇上心领神会，粗粗了解。我祖珽自会在外边与你配合。”和士开答应了。

这时正好出现了彗星，太史上奏说：“彗星，是除旧布新的天象，当要发生国君更换的大事。”祖珽趁机上书说：“陛下虽然是天子，但还不是尊贵的顶点，应当传位皇太子，做太上皇，又顺应了天意。”祖珽还引用北魏显祖献文帝禅位给少子孝文帝的故事做例证。北齐武成帝听从了。

四月二十四日丙子，北齐武成帝派太宰段韶持节，拿着皇帝玺绶，传位给皇太子高纬。太子在晋阳宫即皇帝位，大赦天下，改元年号为天统。又下诏册立太子妃斛律氏为皇后，于是王公大臣进奉武成帝尊号为太上皇帝，军国大事向太上皇奏报。

派黄门侍郎冯子琮、尚书左丞相胡长粲辅导少主，出入禁中，专门职掌向少主转述朝政的事宜。冯子琮，是胡皇后的妹夫。

祖珽进位秘书监，加官仪同三司，大受恩宠，深得皇帝、皇后两宫的器重。

四月二十五丁丑，北齐任命贺拔仁为太师、侯莫陈相为太保、冯翊王高润为司徒、赵郡王高叡为司空、河南王高孝琬为尚书令。四月二十六日戊寅，任命瀛州刺史尉粲为太傅、斛律光为大将军、东安王娄叡为太尉、尚书仆射赵彦深为左仆射。

五月，突厥派使者到北齐，双方开始往来通好。

六月十八日己巳，北齐后主派兼散骑常侍王季高出使陈朝。

秋季，七月初一日辛巳，发生日食。

陈文帝派都督程灵洗从鄱阳另一路袭击周迪，打败了周迪。周迪与部下十多个人逃窜到山洞中，时间一长，追随的人渐渐感到困苦。稍后，周迪派人到临川买鱼，这人被临川太守骆牙抓获，骆牙让他回去捉拿周迪立功自新，并派心腹勇士跟在后头进了山。这个人引诱周迪出来打猎，埋伏在路边的勇士，一拥而出杀了周迪。七月初六日丙戌，周迪的首级被传送到建康。

七月初十日庚寅，北周武帝到秦州；八月二十六日丙子，回到长安。

八月二十九日己卯，陈文帝封立皇子陈伯固为新安王、陈伯恭为晋安王、陈伯仁为庐陵王、陈伯义为江夏王。

十月初二日辛亥，北周把函谷关的关城改名为通洛防，任命金州刺史贺若敦为中州刺史，镇守函谷关。

贺若敦才高气盛，看到跟自己一个辈分的人都做了大将军，只有自己没有得到，加上先前的湘州之战，全军撤回，他认为应当受到奖赏，反而被罢了官，于是对朝廷使者口出怨言。晋国公宇文护大怒，征召贺若敦回到长安，逼令他自杀。贺若敦临死前对儿子贺若弼说：“我的志愿是平定江南，现今没有实现，你一定要完成我的遗愿。我因为口舌不慎乱讲话而死，你说话要三思。”他还拿锥子把儿子贺若弼的舌头扎出血来，引以为戒。

十一月初九日癸未，北齐太上皇回到邺城。

北齐太上皇高湛为长广王的时候，多次遭到显祖高洋的捶打，记恨在心里。显祖高洋每次见到祖珽就叫他为贼，所以祖珽也怨恨他，又因为要讨好太上皇，于是劝说太上皇，说：“文宣帝高洋狂暴，怎么能称为‘文’？他又不是创业之君，怎么能称为‘祖’呢？如果文宣帝称为祖，陛下万岁后称什么呢？”国主高湛听从了。十一月十五日己丑，北齐太上皇下诏，改谥太祖献武皇帝高欢的庙号为高祖，献明皇后为武明皇后，又下令主管部门重新议定文宣皇帝高洋的谥号。

十二月初七日乙卯，陈文帝册封皇子陈伯礼为武陵王。

十二月十四日壬戌，北齐太上皇到晋阳。

十二月二十二日庚午，北齐改谥文宣皇帝的谥号为景烈皇帝，改庙号为威宗。

（以上为第六段，写祖珽与和士开为高湛宠信的两个奸佞臣，祖珽有文才，以文缘饰其奸，更为阴险。北齐国主高湛信谗退位为太上皇，仍总领国之军政。）

陈文帝天康元年（丙戌，公元 566 年）

春季，正月初二日己卯，发生日食。

正月初五日癸未，北周大赦天下，改元年号叫天和。

正月十四日辛卯，北齐后主到圜丘祭天；正月十六日癸巳，在太庙祫祭祖先。

正月十九日丙申，北齐任命吏部尚书尉瑾为右仆射。

正月二十一日己亥，北周武帝举行亲耕藉田典礼。

正月二十三日庚子，北齐后主到晋阳。

北周派小载师杜杲出使陈朝。

二月初三日庚戌，北齐太上皇回到邺城。

二月二十九日丙子，陈朝大赦天下，改元年号叫天康。

三月初三日己卯，陈文帝任命安成王陈顼为尚书令。

三月二十九日丙午，北周武帝在南郊祭天。夏季，四月初五日辛亥，北周举行求雨大典。

陈文帝生病，尚书省台阁等官署事务，特下诏命令尚书仆射到仲举、五兵尚书孔奂两人共同参议裁定。孔奂，是孔琇之的曾孙。陈文帝病情转重，孔奂，到仲举与司空、尚书令、扬州刺史安成王陈顼，吏部尚书袁枢，中书舍人刘师知等人入宫侍侯医药。袁枢，是袁君正的儿子。太子陈伯宗懦弱，陈文帝忧虑他守不住皇位，对陈顼说："我打算效法吴太伯传皇位给你。"陈顼伏地叩头，坚决推辞。陈文帝又对到仲举、孔奂等说："如今三方鼎立，天下事务繁重，应当立年长的人为国君，朕欲近效晋成帝立同母弟为嗣，远法殷代兄终弟及的做法，卿等要体谅我的旨意。"孔奂流着眼泪回答说："陛下饮食失调，不久即可康复。皇太子年纪还轻，他的盛德在日益进步，安成王有皇上大弟的尊贵，足可以效法周公旦摄政辅佐少帝。如果皇上废太子立新君，臣等效愚忠，不敢奉诏。"陈文帝说："古代直道而行的遗风，又体现在你们身上了。"便任命孔奂为太子詹事。

臣司马光说：说起人臣侍奉君王，应该顺从他做好事，要扶正来补救他的过失。孔奂在陈朝，担负心腹大臣的重任，决定国家安危的大计，如果认为陈世祖的话不真诚，那就应当像西汉窦婴那样当面辩论，效法袁盎那样在朝廷上争论，防微杜渐，用以杜绝安成王陈顼窥伺帝位的野心。如果认为陈世祖的话是真诚的，那就应当请求明明白白下达诏书，宣告于朝廷内外，使陈世祖拥有宋宣公舍子立弟的美名，而高宗陈顼也没有楚灵王篡弑的恶行。不然的话，既认为太子是嫡嗣国本，不可动摇，想保护他，辅佐他，使他没有危险，那就应当尽忠全节，像晋国的荀息，赵国的肥义一样。怎么可以在国君活着的时候探测他的心意来迎合，等到国君闭了眼，权臣篡国的时候，既没有能力挽救，又在嗣主失位时不能死节，这种人是奸佞阿谀中最恶劣的人，而陈世祖还说他有直道而行的遗风，把六尺之孤托付给他，难道不是很荒谬的吗？

四月二十七日癸酉，陈文帝去世。

陈文帝从艰难困苦中兴起，知道民间的疾苦，生性精明锐敏，崇尚节俭。每晚都要取来投在宫门的紧急奏报，连续不断地批阅处理。他下令夜间报更传递更签上殿的人，一定要把更签用力地投在台阶石头上，让它发出锵然的响声，说："即使我睡了，这声音也能让我惊醒。"

太子陈伯宗即位，大赦天下。五月初三日己卯，尊皇太后为太皇太后，皇后为皇太后。

五月初九日乙酉，北齐任命兼尚书左仆射武兴王高普为尚书令。

吐谷浑龙涸王莫昌率领部落归附北周，北周将其地改置为扶州。

五月十四日庚寅，陈朝任命安成王陈顼为骠骑大将军、司徒、录尚书事、都督中外诸军事。五月二十一日丁酉，任命中军大将军、开府仪同三司徐度为司空、吏部尚书袁枢为左仆射、吴兴太守沈钦为右仆射、御史中丞徐陵为吏部尚书。

徐陵认为梁末以来，选官授职太滥，便写了一篇文书告谕大家，说："梁元帝承继侯景之乱留下的残局，王太尉王僧辩接受江陵失陷后的烂摊子，以致造成选人做官的制度极其混乱复杂。本朝永定初年，陈朝刚刚建立，白银难得，但任命官职的诏书却容易求取，暂且用官阶换取钱银绢帛。导致员外郎、常侍满路都是，肩挨着肩；谘议、参军，闹市上的人群挨个都是，难道朝廷的典章本该如此吗？现在官员的衣冠礼乐，一天比一天富丽，一年比一年浮华，对这种景象熟视无睹，看作是与旧时制度一样，是没有道理的。"大家都极为叹服。

五月二十三日己亥，北齐册封太上皇的儿子高弘为齐安王、高仁固为北平王、高仁英为高平王、高仁光为淮南王。

六月，北齐派兼散骑常侍韦道儒出使陈朝。

六月二十一日丙寅，陈朝在永宁陵安葬陈文帝，庙号世祖。

秋季，七月初三日戊寅，北周筑武功等城来安置军队。

七月二十二日丁酉，陈朝册立王氏为皇后。

八月，北齐太上皇到晋阳。

北周信州蛮人冉令贤、向五子王等占据巴峡反叛，攻陷白帝城，党羽徒众串连两千多里，北周派开府仪同三司元契、赵刚等前后连续征讨，始终没有平定他们。九月，下诏开府仪同三司陆腾督率开府仪同三司王亮、司马裔进军征讨。

陆腾进军在汤口扎营，冉令贤在长江南岸控制险要，设置十座营垒，联合远方的涔阳蛮以为声援。冉令贤自己率领精兵固守水逻城，陆腾召集诸将商议破敌之策，都想先夺取水逻城，然后攻击长江南岸各城。陆腾说：“冉令贤内恃水逻城有金城汤池之固，外托涔阳蛮有唇齿相依之援，军资粮食充足，器械精良。拿我们这支孤立深入的军队去攻击对方的坚固营垒，万一交战不利，更加助长敌人的士气。不如屯驻在汤口作为根据地，先攻取江南各营垒，翦除冉令贤的羽翼，然后进军攻击水逻城，这才是取胜的上策。”于是派王亮领兵渡过长江，十天之中，攻占了八座营垒，捕获以及接受投降的蛮人以千计。于是选拔招募骁勇善战的士兵，多道进攻水逻城。蛮帅冉伯犁、冉安西一向与冉令贤有仇怨，陆腾派人劝说利诱，送他们很多金钱绢帛，让他们作向导。水逻城的旁边有一座石胜城，冉令贤派他哥哥的儿子冉龙真据守。陆腾暗中招诱冉龙真，冉龙真于是献城投降。水逻城蛮兵溃散，斩杀一万多人，捕获一万多人。冉令贤逃走，追击抓获，杀了他。陆腾聚积尸骨在水逻城旁堆成高丘，作为京观。此后，群蛮望见这堆万人冢，总是痛哭不止，再也不敢反叛。

向五子王据守石墨城，他派自己的儿子向宝胜据守双城。水逻城被攻破后，陆腾多次派人晓谕向五子王，仍然不投降。陆腾进兵攻击，把他们全都活捉杀头，凡姓向的酋长全都杀光，捕获万余人。

信州旧治在白帝城，陆腾迁移治所到八阵滩的北边，任命司马裔为信州刺史。

小吏部陇西人辛昂，奉命出使梁州、盖州，并且为陆腾督送军粮。当时，临、信、楚、合等州，民众很多追随反叛，辛昂晓谕祸福利害，他们都纷纷归附。辛昂组织他们中的年老力弱的背负粮食，年轻力壮的参与作战，都愿意为辛昂效力。辛昂完成使命，准备回朝复命时，又赶上巴州万荣郡平民反叛，攻围郡城，阻断山路。辛昂对随行人员说：“乱民凶恶猖狂，如果等待上报朝廷的回音，孤城就一定会陷落。如果只要对百姓有利，自己做主是可以的。”于是招募通州、开州两州的勇士，有三千人，倍道兼程，出其不意，直奔叛贼营垒攻击，叛贼以为大军到了，就望风瓦解，整个万荣郡得到了保全。北周朝廷嘉奖，任用辛昂为渠州刺史。

冬季，十月，北齐任命侯莫陈相为太傅，任城王高湝为太保，娄叡为大司马，冯翊王高润为太尉，开府仪同三司韩祖念为司徒。

十月十七日庚申，陈废帝在太庙祭祀祖先。

十一月初二日乙亥，北周遣使到陈朝吊丧。

十一月十三日丙戌，北周武帝巡视武功等新城；十二月十八日庚申，回到长安。

北齐河间王高孝琬怨恨太上皇帝，扎了草人用箭射它。和士开、祖珽在太上皇面前说高孝琬的坏话，说：“草人是模拟皇上的。再有，先前突厥寇犯并州，高孝琬摘下头盔扔在地上说：‘我难道是老太婆，要戴这种东西。’这个话也是针对皇上您的。还有，北魏时流行一个谣言，说：‘河南种谷河北生，白杨树上金鸡鸣。’河南与河北者，就是河间的意思。高孝琬是河间王，将设金鸡，即帝位而大赦啊。”太上皇受到蛊惑，对高孝琬很不放心。

正好高孝琬得到了一颗佛牙，安放在宅第内，佛牙在夜间发光。太上皇听说了，派人搜查，搜到几百件镇库的长矛和旗幡，太上皇认为这是谋反的器具，便逮捕审讯高孝琬。高孝琬的妻妾中有一个姓陈的女子，没受到宠爱，就诬告高孝琬，说：“高孝琬经常画了陛下的肖像对着哭。”实际上是世宗的像，世宗是高孝琬的父亲。太上皇大怒，让武卫赫连辅玄倒拿着鞭子用粗的一头捶打高孝琬。高孝琬高喊叔叔。太上皇说：“你怎敢喊我为叔。”高孝琬说：“臣是神武皇帝的嫡孙、文襄皇帝的嫡子、魏孝静皇帝的外甥，为什么不能叫你为叔。”太上皇更加愤怒，打断他的小腿，把他打死了。

安德王高延宗痛哭高孝琬，眼睛流血。又制作草人，一边鞭打，一边审问：“为什么杀我的哥哥？”家奴告发了这件事，太上皇把高延宗按倒在地上打了二百鞭，差点儿把他打死。

这一年，北齐赐侍中、中书监元文遥姓高氏，不久就升迁他为尚书左仆射。

北魏末年，县令多用奴仆担任，因此士人们都以任职县令为耻辱。元文遥认为县令是治理民众的根本，请求革除弊端，澄清选举，暗中选择没有官职的王公贵族子弟，发布敕令，委职任用，但担心他们申诉推辞，便把他们都召集到神武门，让赵郡王高叡宣布皇帝诏命，高声点名，大加劝导，派他们上任。北齐士人做县令，就是从这时开始的。

（以上为第七段，写陈文帝托孤，所委非人。北周扫平边乱。北齐太上皇高湛信谗而残灭骨肉。）

【点评】

北齐在南北鼎立之形中最强而最先灭。北齐在南北三国鼎立之中，占地最广，人口最多，国势最强盛。由于执政高氏不学无术，宗族子弟大多生性凶残，未脱游牧习气，故其国主昏暴相继。高洋借父兄之余威，尚能称雄一时，至高湛国势渐衰，特别是招致北周两次大规模讨伐，北齐虽然侥幸取胜然而胆气已丧，加之国主仍执迷不悟，信谗养奸，国势衰亡之局于是不可逆转。最强国却最先亡，祸起高洋，势成高湛，北齐不可再兴矣。

陈纪四

陈临海王光大元年至陈宣帝太建三年（公元 567—公元 571）

【起强圉大渊献（丁亥，公元 567 年），尽重光单阏（辛卯，公元 571 年），凡五年】

【大事提要】

本卷载述公元 567 年至公元 571 年南北朝史事，凡五年，时当陈废帝光大元年至二年，陈宣帝太建元年至三年，北周武帝天和二年至六年，北齐后主天统三年至武平二年。陈朝发生宫廷政变，引发陈朝西境动乱。陈霸先次子安成王陈顼，废帝自立，夺了侄儿陈伯宗的帝位，是为陈宣帝。北周政清、北齐政昏，两国为争夺宜阳与汾北地区发生大战，北齐兵强，宿将老臣尚在，取得军事胜利。北齐后主执政，继承乃父北齐武成帝高湛的昏庸信谗，权奸当国，宫廷政变接连不断。

临海王

陈临海王光大元年（丁亥，公元 567 年）

春季，正月初一日癸酉，发生日食。

陈朝尚书左仆射袁枢去世。

正月初三日乙亥，陈朝大赦天下，改元年号叫光大。

正月十九日辛卯，陈废帝在南郊祭天。

正月二十日壬辰，北齐太上皇回到邺城。

正月二十七日己亥，北周武帝举行亲耕藉田典礼。

二月初一日壬寅，北齐后主举行成人加冠礼，大赦天下。

当初，陈武帝陈霸先担任梁朝丞相，用刘师知为中书舍人。刘师知学识渊博，善写文章，熟悉朝章国典，经历陈世祖文帝一朝，职位虽然没有升迁，但很受世祖信任和器重，与扬州刺史安成王陈顼、尚书仆射到仲举一同受遗诏辅政。刘师知、到仲举经常居留在宫中，参决政务。陈顼与亲信三百人入居尚书省。刘师知看到陈顼权倾朝野，心中嫉妒，与尚书左丞王暹等计划让陈顼出朝任外官。大家犹豫不决，没有人敢出头说话，东宫通事舍人殷不佞，一向以维护名望气节为己任，又任职东宫，便骑马到尚书省，假托皇帝敕令对陈顼说："如今四方太平无事，安成王可以回到扬州东府管理州务。”

陈顼正要离开尚书省，中记室参军毛喜快马赶来尚书省会见陈顼，说：“陈朝有天下时间不长，国家接连有大丧，朝廷内外都担忧害怕。皇太后深思大计，才让安成王进入尚书省共同处理各种政务。今天所下的敕令，一定不是太后的旨意。这是关系宗庙社稷的大事，希望安成王要三思，必须另外向皇上和皇太后奏报，不要让奸邪小人的阴谋得逞。今天如果离开了尚书省，就要受制于人，譬如曹爽，想当一个富家翁，能行吗！”陈顼于是派毛喜与领军将军吴明彻等商议。吴明彻说：“继位国君正在守丧，日常事务大多没有过问。殿下亲如周公、邵公，辅佐国家安定社稷当仁不让，希望留在中朝尚书省不要迟疑。”

陈顼于是称病，宣召刘师知，留下谈话，派毛喜先进宫奏报皇太后。皇太后说：“现今皇上幼小，政事交给二郎安成王，让他外出不是我的意思。”毛喜又告知皇上，陈废帝说：“这是刘师知等人干的，朕不知道。”毛喜出宫，把实情告知陈顼，陈顼便逮捕了刘师知，亲自入宫见皇太后和陈废帝，竭力陈述刘师知的罪恶，便亲自草拟了敕令，让陈废帝签署，把刘师知交付廷尉治罪，当夜，在狱中逼刘师知自杀。到仲举降职为金紫光禄大夫。王暹、殷不佞交付主管部门治罪。殷不佞，是殷不害的弟弟，少小就很有孝行，陈顼一向看重他，所以将他免了死罪，只是罢了官，王暹依法杀头。从此，国家大政全部落在陈顼一个人手中。

右卫将军会稽人韩子高，坐镇领军府，在建康诸将中他的兵马最强，与到仲举联络共同谋划，这时还没有泄露。毛喜请求陈顼挑选士兵马匹配备给韩子高，还赐给他铁和炭，让他修造器甲。陈顼大惊说：“韩子高谋反，正要抓捕他，为什么反倒这样对待他？”毛喜说：“文帝刚安葬完毕，边境的盗寇还有很多，而韩子高受到前朝任用，他接受命令是名正言顺。如果抓捕他，恐怕他未必服罪，弄不好反倒成为祸患。应当表示推心置腹，使他安心不要自疑，找机会除掉他，只需一个壮士的力量就够了。”陈顼深表赞同。

到仲举被免职后，回到自己家里，内心很不安稳。他的儿子到郁，娶陈文帝的妹妹信义长公主为妻，授职南康内史，尚未赴任。韩子高自己也感到危险，请求出都调任衡州或广州刺史，到郁每次坐着小车，穿上妇人衣服，到韩子高处密谋。正好前上虞县令陆昉和韩子高的部属军主密告韩子高等人谋反。陈顼在尚书省主事，召集当朝文武百官商议立皇太子的事。第二天早晨，到仲举、韩子高到尚书省会议，都被抓了起来，以及到郁一并送交廷尉治罪，陈废帝下诏，在狱中赐死，其余党羽一概不予追究。

二月初十日辛亥，南豫州刺史余孝顷因谋反罪被杀。

二月十二日癸丑，任命东扬州刺史始兴王陈伯茂为中卫大将军、开府仪同三司。陈伯茂，是陈废帝陈伯宗的胞弟。刘师知、韩子高等人的谋划，陈伯茂参与了，司徒陈顼担心陈伯茂煽动朝廷内外，所以任用他为中卫，专门住在宫里，陪皇上玩耍。

三月二十三日甲午，任命尚书右仆射沈钦为侍中、左仆射。

夏季，四月十三日癸丑，北齐派散骑常侍司马幼之出使陈朝。

湘州刺史华皎听说韩子高死了，内心不安，修治兵器，聚结人马，抚慰部下，上奏请求出任广州刺史，用来试探朝廷的意向。司徒陈顼假意允准，但诏书还没有发出去，华皎就已经派使者暗中引来北周军队，又主动归附后梁，派自己的儿子华玄响到江陵作人质。

五月二十三日癸巳，陈顼任命丹杨尹吴明彻为湘州刺史。

五月二十五日甲午，北齐任命东平王高俨为尚书令。

陈朝司徒陈顼派吴明彻率领水军三万进军到郢州。五月二十七日丙申，又派征南大将军淳于量率领五万水军相继出发，又派冠武将军杨文通从安成陆路进击茶陵，巴山太守黄法慧从宜阳出兵进击澧陵，各路大军同时征讨华皎，还会同江州刺史章昭达、郢州刺史程灵洗。六月初三日壬寅，任命司空徐度为车骑将军，总督建康诸军，从陆路直逼湘州。

六月十一日辛亥，北周武帝尊自己的母亲叱奴氏为皇太后。

六月二十日己未，北齐后主立皇弟高仁机为西河王、高仁约为乐浪王、高仁俭为颍川王、高仁雅为安乐王、高仁直为丹杨王、高仁谦为东海王。

华皎的使者到达长安，后梁国主萧岿也上书说明情况，并且请求出兵。北周朝议主张出兵接应华皎。司会崔猷说："前年东征北齐，军队死伤过半，近来虽然安抚，所受创伤尚未恢复。如今陈朝保境休养平民，与我们友好往来，难道为了贪图土地，接纳叛臣，就可以违背友好盟约，兴起无名之师吗？"晋国公宇文护不听从。闰六月初九日戊寅，北周派襄州总管卫国公宇文直督率柱国陆通、大将军田弘、权景宣、元定等领兵救助华皎。

闰六月十二日辛巳，北齐左丞相咸阳王斛律金去世，享年八十岁。长子斛律光为大将军，次子斛律羡以及孙子斛律武都均任职开府仪同三司，出都镇守地方为大州刺史，其余子孙封侯显贵的人很多。斛律氏一族出了一个皇后，两个太子妃，娶了三个公主。斛律氏事奉北齐，三代显贵，无人可比。自从肃宗高演以来，北齐皇帝对斛律氏敬礼有加。斛律金每当朝见，被允许乘坐人力车直达宫殿台阶时才停止，或者用宫内小车迎接。但是，斛律金并没有特别高兴。斛律金曾经对大儿子斛律光说："我虽然没读过书，却知道从古以来的外戚很少有人能把全族安全保护下来。进宫的女儿如果受到恩宠，便遭到其他妃嫔的嫉妒；得不到宠爱，就要遭到天子的憎恨。我的家族是凭着功劳获得荣华富贵的，何必要依靠女儿受宠来求得富贵呢？"

闰六月十三日壬午，北齐任命东平王高俨录尚书事，任命左仆射赵彦深为尚书令、任命并州尚书左仆射娄定远为朝廷尚书左仆射，任命中书监徐之才为右仆射。

娄定远，是娄昭的儿子。

秋季，七月初十日戊申，陈朝册立皇子陈至泽为太子。

八月，北齐任命任城王高湝为太师，冯翊王高润为大司马，段韶为左丞相，贺拔仁为右丞相，侯莫陈相为太宰，娄叡为太傅，斛律光为太保，韩祖念为大将军，赵郡王高叡为太尉，东平王高俨为司徒。

高俨得到太上皇和胡皇后的恩宠，为时兼任京畿大都督、领军大将军，领御史中丞。北魏旧制规定：御史中丞出行，与皇太子分道而行，王公大臣远远看见就要把车停下来，拉开驾车的牛，立即把车轭放在地上，等待御史中丞的车通过，如停车的动作稍为慢了一些，将受到御史中丞前驱开道人的红木棒殴打。自从迁都邺城后，这种仪制就废除了。太上皇想尊宠高俨，下令恢复旧制度。高俨按恢复的仪制第一次从宫殿北门出行，演示仪制给太上皇看，凡是京畿大都督的步骑、领军大将军的官属、御史中丞的仪仗、司徒府的随行礼仪队伍，全都浩浩荡荡地随从。太上皇和胡皇后在华林园东门外设置帷幕观看。太上皇派宫中使者策马冲向高俨的仪仗队伍，被御史中丞仪卫挡住，宫中使者口称奉有太上皇敕令，只见拿着红木棒的士兵不由分说一顿棒打，使者的马鞍被打碎了，乘马受惊，把使者摔了下来。太上皇大笑，认为有趣，再次下敕令，让御史中丞高俨停车，太上皇上前慰问了很久。邺城人倾城而出，观看这一场面。

高俨经常在宫中坐在含光殿处理政务，高氏同宗长辈伯伯叔叔都要来拜见，太上皇有时到并州，高俨常常留守在邺城宫中。每次高俨送行，有时送到半道，有时送到晋阳才回来。高俨使用的器物服饰，都和北齐后主相同，全部由官府供给。高俨曾经在南宫少主那里看到刚送上的冰镇早熟李子，回去后，生气地说："大哥有了新熟的李子，我为什么没有？"从此以后，北齐后主如果先得了新奇的东西，那么官库主管就要受到惩处。高俨性情刚愎自用，曾在太上皇面前说："大哥懦弱，怎么能驾驭臣工。"太上皇常常称赞他的才能，一度萌生废黜高纬另立高俨的想法，胡皇后也这样劝太上皇，不久又打消了这个念头。

陈朝华皎派使者劝诱章昭达，章昭达把使者押送建康。华皎又派使者劝诱程灵洗，程灵洗杀了使者。华皎认为武州处在自己的腹地，派使者去劝诱都督陆子隆，陆子隆没有听从，华皎派兵攻打，没有取得胜利。巴州刺史戴僧朔等原本隶属于华皎，长沙太守曹庆等直属华皎，所以肯替华皎效命。司徒陈顼担心长江上流各郡守宰都依附华皎，便违心赦免巴州、湘州两州被华皎胁迫造反的人。九月初七日乙巳，诛杀了华皎的全部家属。

后梁国主萧岿任命华皎为司空，派后梁柱国王操领兵两万救援华皎。北周权景宣率领水军，元定率领陆军，由卫国公宇文直总督，与华皎合兵东下。陈朝大将淳于量驻军在夏口。宇文直驻军在鲁山，派元定领兵步骑数千人攻围郢州。华皎驻军在白螺，与吴明彻等相持。徐度、杨文通翻越山岭偷袭湘州，全部俘获了华皎留在湘州的军队和家属。

华皎从巴陵与北周、后梁的水军会合，顺流东下，军势十分强大，在沌口交战。陈将淳于量、吴明彻集中军中的小船，颁下重奖，让小船首当其冲与西边联军的大船交战，接受西军大船拍竿的击打，等到西军各舰拍竿都快用完，这时陈军大船迎战，用拍竿击打西军大船，西军大船全都被击沉在长江中心。西军又用船载柴火，顺风放火烧陈军战船，不一会儿风向转向，火势回头烧了西军自家的战船。于是西军大败。华皎与戴僧朔乘坐一只小船逃走，过巴陵城不敢靠岸，直奔江陵，宇文直也逃奔江陵。

元定一支孤军，进退无路，只好砍伐竹林，开辟一条通道，且战且退，逃向巴陵。这时，巴陵已经被陈朝徐度等人占据，徐度派人与元定协商，假意讲和，放开大路允许元定带兵回国。元定信以为真，放下武器向徐度投降，徐度把他抓了起来，俘虏了全部周军，同时抓捕了后梁大将军李广。元定愤恨而死。

华皎的党羽曹庆等四十多人全部被杀头。只有岳阳太守章昭裕，是章昭达的弟弟，桂阳太守曹宣，是高祖陈霸先的旧部下，衡阳太守汝阴人任忠，曾经向朝廷打秘密报告，这几个人都被宽大释放。

吴明彻乘胜攻击后梁的河东郡，占有了它。

北周卫国公宇文直把失败的责任推给后梁的柱国殷亮，后梁国主萧岿知道殷亮没有罪，但是不敢违抗，于是杀了殷亮。

北周与陈朝关系破裂，北周沔州刺史裴宽报告襄州总管，请求增加沔州的防守兵力，并且把州城迁到羊蹄山避免一旦战事发生遭水淹。襄州总管派兵增援沔州，还没有到达，陈朝将领程灵洗的水军突然杀到城下。正赶上下大雨，洪水暴涨，程灵洗率领大战船驶到城边用拍竿拍击，城墙上的堞楼被击碎，弓箭石头昼夜不停，攻打了三十多天，陈军才登上城墙，裴宽带领守城周兵又与之短兵相接，抵抗了两天，才力竭被擒获。

九月二十日丁巳，北齐太上皇高湛到晋阳。山东各州郡发生大水灾，引起饥荒，饿死的人遍地都是。

冬季，十月十七日甲申，陈废帝到太庙祭祀祖先。

十一月初一日戊戌，发生日食。

十一月初九日丙午，北齐大赦天下。

十一月十六日癸丑，北周许穆公宇文贵从突厥回国，中途在张掖去世。

北齐太上皇回到邺城。

十二月，北周晋国公宇文护母亲去世，北周国主宇文邕下诏宇文护带丧复职，处理国家政务。

北齐秘书监祖珽，与黄门侍郎刘逖两人私交很好。祖珽想当宰相，便写了奏疏，告发赵彦深、元文遥、和士开等人罪状，让刘逖上奏，刘逖不敢上奏，赵彦深等听到消息，抢先到太上皇面前自陈无过。太上皇高湛大怒，逮捕了祖珽，审问他，祖珽揭发和士开、元文遥、赵彦深等人结党营私、专权卖官、办案受贿等事。太上皇说："你是在诽谤朕！"祖珽回答说："臣不敢诽谤，但陛下夺人女子入后宫。"太上皇说："我可怜她们挨饿，放在后宫收养。"祖珽说："那为什么不开仓赈灾，却把她们买入后宫呢？"太上皇更加愤怒，用刀把上的铁环捣他的嘴，鞭子木棍一齐乱打，想把祖珽打死。祖珽大喊："陛下不要杀臣，臣替陛下炼金丹。"这才暂时免祖珽一死。祖珽说："陛下只有一个范增却不能任用。"太上皇又大怒说："你自比范增，是把我比作项羽吗？"祖珽说："项羽起自布衣平民，率领乌合之众，五年成就了霸业。陛下依靠父兄的基业，才有今天，臣认为不可以小看项羽。"太上皇更加气愤，派人用泥土塞他的嘴，祖珽一边吐泥还一边说话。祖珽挨了二百鞭子，被发配到制作兵器的作坊做苦工，不久又把祖珽转移到光州，敕令"牢掌"，把祖珽关进监牢严加看管。光州别驾张奉福解读"牢掌"说："牢者，就是地牢。"于是把祖珽关在地牢中，戴上手铐脚镣，夜晚用芜青的籽榨出的油点灯，祖珽的眼睛被油烟所熏，因此失明。

北齐七兵尚书毕义云，理政治下非常残忍，超出了人情常理，对自己家人尤其严厉。一天夜里，毕义云被强盗杀死，掉下了一把刀，查验这把刀，是毕义云儿子毕善昭的佩刀。主管部门逮捕了毕善昭，判了死刑。

（以上为第一段，写陈朝发生宫廷政变，司徒陈顼诛杀辅佐大臣，大权独揽，逼反湘州刺史华皎，引发北周与陈朝的一次大战。陈军获胜，既稳固了陈朝政权，也加强了陈顼权倾臣僚的地位。）

陈临海王光大二年（戊子，公元 568 年）

春季，正月初二日己亥，陈朝安成王陈顼进位太傅，兼职司徒，特加优礼。

正月初五日辛丑，北周武帝在南郊祭天。

正月二十七日癸亥，北齐后主派兼散骑常侍郑大护出使陈朝。

陈朝湘东忠肃公徐度去世。

二月初二日丁卯，北周武帝到武功。

突厥木杆可汗背叛了与北周盟约，更答应与北齐联姻，扣留北周使者陈国公宇文纯等好几年，不让回国。正逢狂风暴雨毁坏了木杆可汗的帐幕，狂风刮了十天也不停止。木杆可汗害怕了，认为是上天在惩罚他，立即备上礼物把女儿送到北周，宇文纯等迎她回国。三月初八日癸卯，到达长安，北周武帝举行迎亲典礼。三月初九日甲辰，北周大赦天下。

三月初十日乙巳，北齐任命东平王高俨为大将军，南阳王高绰为司徒，开府仪同三司徐显秀为司空，广宁王高孝珩为尚书令。

三月二十三日戊午，北周燕文公于谨去世。于谨爵位高职位重，而侍奉皇上更加谦恭，每次上朝参拜，带领的随从只有二三个骑士。朝廷每有重要军国大事，多与他商议。于谨尽忠尽智，对皇上多有补益，在功臣中特别受到皇上的亲近信任，礼遇非常隆重，君臣间始终没有间隙。于谨教训几个儿子，为人处事务必恬静谦虚，于氏人丁兴旺，子孙众多，都很显贵。

陈朝大将吴明彻乘胜进攻江陵，引水灌城。后梁国主萧岿走出江陵到纪南城躲避大水。北周总管田弘扈从萧岿，副总管高琳与后梁仆射王操坚守江陵三城，昼夜拒战了十天。后梁将领马武、吉彻攻击吴明彻，打败了陈军，吴明彻退守公安，后梁国主萧岿才回到了江陵。

夏季，四月十六日辛巳，北周任命达奚武为太傅，尉迟迥为太保，齐国公宇文宪为大司马。

北齐太上皇到晋阳。

北齐尚书左仆射徐之才医术精良，太上皇生了病，徐之才为他治疗，太上皇康复。中书监和士开想依次升迁仆射职位，便将徐之才外放为兖州刺史。五月初九日癸卯，北齐任命尚书右仆射胡长仁为左仆射，和士开为右仆射。胡长仁，是太上皇胡皇后的哥哥。

五月十六日庚戌，北周武帝到太庙祭祀祖先；五月二十六日庚申，前往醴泉宫。

五月二十八日壬戌，北齐太上皇回到邺城。

秋季，七月初九日壬寅，北周随桓公杨忠去世，儿子杨坚继承了爵位。杨坚为开府仪同三司、小宫伯，晋国公宇文护想拉陇他为心腹。杨坚曾把这事告诉了父亲杨忠，杨忠说：“夹在两个婆婆中间，这个媳妇难当啊，你不要投靠他。”杨坚便推辞了。

七月十三日丙午，陈废帝在太庙祭祀祖先。

七月二十五日戊午，北周武帝回到长安。

七月二十九日壬戌，陈废帝封弟弟陈伯智为永阳王，陈伯谋为桂阳王。

八月，北齐请求与北周和好，北周派军司马陆程出使北齐；九月初四日丙申，北齐派侍中斛斯文略回报北周。

冬季，十月初二日癸亥，北周武帝在太庙祭祀祖先。

十月初九日庚午，陈废帝在太庙祭祀祖先。

十月二十日辛巳，北齐任命广宁王高孝珩录尚书事，左仆射胡长仁为尚书令，右仆射和士开为左仆射，中书监唐邕为右仆射。

十一月初一日壬辰，发生日食。

北齐派兼散骑常侍李谐出使陈朝。

十一月十三日甲辰，北周武帝到岐阳。

北周派开府仪同三司崔彦等出使北齐。

陈朝始兴王陈伯茂认为安成王陈顼专擅朝政，内心很不平静，多次出恶言诋毁。十一月二十三日甲寅，陈顼奉太皇太后敕令诬告陈废帝，说他和刘师知、华皎等人是同谋犯，并且说："文帝有知子之明，就像尧帝知道自己儿子不能做继承人，有传位给弟弟的心意，这也和吴太伯让位给弟弟的事理相符。现在应当重申陈文帝以前的旨意，尊崇立一位贤君。"于是废帝为临海王，改由安成王陈顼入宫继承大位。又下令，废黜陈伯茂为温麻侯，安置在别馆，安成王陈顼秘密派人假扮成强盗在途中拦截，在车上杀死了陈伯茂。

北齐太上皇疾病复发，发驿使追召徐之才回京看病，徐之才没能及时赶到。十二月辛未，太上皇病情加重，将后事托付给和士开，握着他的手说："不要辜负我啊。"还没放开手就死了。第二天，徐之才赶到，再次叫他回兖州。

和士开隐瞒太上皇死讯，到了第三天还不发丧。黄门侍郎冯子琮询问原因，和士开说："神武皇帝、文襄帝死后都秘不发丧。如今皇上年轻，恐怕王公中有对朝廷怀有二心的人，我的想法是先把他们都召集到凉风堂，然后与公卿大臣共同商议治丧的事。"和士开一向忌恨太尉录尚书事赵郡王高叡和领军娄定远，冯子琮担心和士开假传遗诏外放高叡，夺取娄定远统领禁军的兵权，便劝和士开说："大行皇帝先前已经传位给今上皇帝，群臣能得到富贵，都是太上皇、皇上父子给的恩惠，只要使在朝贵臣的职位不改动，王公们一定不会有野心。时代变了，事情不同，发丧之事怎能和神武皇帝、文襄皇帝时霸朝相比呢？而且你已经有几天没出宫门了，太上皇升天的事，外边已经传开了，拖着还不发丧，怕会有其他变故发生。"和士开这才发丧。

十二月十五日丙子，北齐大赦天下。十二月十七日戊寅，尊太上皇后为皇太后。

侍中尚书左仆射元文遥，认为冯子琮是胡太后的妹夫，担心他帮助胡太后干预朝政，就和赵郡王高叡、和士开商议，外放冯子琮为郑州刺史。

北齐世祖高湛在位时骄奢淫逸，赋役繁重，官民苦不堪言。十二月二十三日甲申，北齐后主下诏："所有皇室经办的各种营造工场撤裁，做工的匠人释放回家。邺宫、晋阳宫、中山宫的宫人，以及没入为官奴婢的人，把老弱挑选出来，也释放回家，凡是由于亲戚犯罪而被株连遭流放的人，允许他们回老家。"

北周梁州恒稜的獠人反叛，总管长史南郑人赵文表发兵征讨。众将领建议四面围攻，赵文表说："四面围攻，獠人没有活路，一定拼死抵抗，不容易攻克。现在我们恩威并举，首恶的人一定要诛杀，对改恶向善的人进行安抚。善与恶分清了，打败反叛者就十分容易。"于是把这个原则传令全军。当时有归附北周的熟獠在军中服役的人，他们大多数都与恒稜的獠人有亲戚关系，当即把这个原则通报给亲人。恒稜的獠人半信半疑，还在犹豫不决，这时赵文表已经率领大军压境。獠人居住区有两条通路，一条平坦，一条险要。有个獠人头目带领几个獠人来叩见，请求为向导。赵文表说："这条道路宽大平坦，不须向导，请你们先走一步回去劝谕乡亲子弟，出来投降最好。"便让他们回去。赵文表对众将领说："僚帅认为我们从宽平路进军，一定设下埋伏截击我军，我军来个出其不意。"于是从险路进军。登高一看，果然有伏兵。獠人既已失算，争先恐后领众投降。赵文表全都进行安抚，仍然征收他们的租税，没人再敢造反。北周任命赵文表为蓬州长史。

（以上为第二段，写北周最终与突厥完成和亲。陈朝发生政权更迭，安成王陈顼废了侄儿的帝位。北齐太上皇高湛病死，新君北齐后主高纬废去一些暴政。）

高宗宣皇帝上之上

陈宣帝太建元年（己丑，公元 569 年）

春季，正月初一日辛卯，北周武帝因北齐太上皇高湛去世而罢朝，派司会李纶去吊丧，并参加葬礼。

正月初四日甲午，陈朝安成王陈顼即皇帝位，是为陈宣帝，改元年号为太建，大赦天下。恢复太皇太后为皇太后，皇太后为文皇后，立妃柳氏为皇后，立世子陈叔宝为皇太子，封皇子陈叔陵为始兴王，奉祀照烈王陈道潭。正月初五日乙未，陈宣帝晋谒太庙祭祖。正月初七日丁酉，任命尚书仆射沈钦为左仆射，度支尚书王劢为右仆射。王劢，是王份的孙子。

正月十一日辛丑，陈宣帝在南郊祭天。正月十二日壬寅，封皇子陈叔英为豫章王，陈叔坚为长沙王。

正月二十八日戊午，陈宣帝在太庙祭祖。

北齐博陵文简王高济，是世祖高湛的同母弟，为定州刺史，对人说："依次应当是我即皇帝位。"北齐后主听说了，暗中派人到定州杀了他，按照王礼安葬了高济，并赠予谥号。

二月十五日乙亥，陈宣帝举行亲耕藉田典礼。

二月二十四日甲申，北齐在永平陵安葬武成帝，庙号世祖。

[二月二十九日己丑]，北齐改封东平王高俨为琅邪王。

北齐派侍中叱列长叉出使北周。

北齐任命司空徐显秀为太尉，并省尚书令娄定远为司空。

当初，侍中、尚书右仆射和士开受到齐世祖高湛的宠信，自由出入世祖的卧室，不受任何限制，因而得到胡皇后的宠信。等到高湛死后，北齐后主认为和士开受世祖顾托之命，非常信任他，和士开的威势和权力更加日益显赫，与娄定远及录尚书事赵彦深、尚书左仆射元文遥、开府仪同三司唐邕、领军綦连猛、高阿那肱、度支尚书胡长粲共掌朝政，当时人称为“八贵”。太尉赵郡王高叡、大司马冯翊王高润、安德王高延宗与娄定远、元文遥都进言北齐后主，请求外放和士开到地方任职。刚巧胡太后在前殿宴请朝臣，高叡当面陈述和士开的罪行说：“和士开是先帝的弄臣，好比是城墙上的狐狸、土地庙里的老鼠，收受贿赂，淫乱宫中。臣等维护大义不能闭嘴，冒死陈述。”胡太后说：“先帝在时，赵郡王为何不说话？今天想要欺负孤儿寡妇吗？各位只管多饮酒，不要多讲了。”高叡等人言辞更加严厉。仪同三司安吐根说：“臣本是一个经商的胡人，幸得陪伴在诸位贤臣之末，既然受到了朝廷的厚恩，岂能怕死不说话。不外放和士开，朝廷不安定。”胡太后说：“改天再讨论，王公大臣们散席吧！”高叡等人气愤得有人把帽子扔在地上，有人拂袖而去。第二天，高叡等又到云龙门，让元文遥入宫启奏，进出三次，反复陈说，胡太后仍不听。左丞相段韶派胡长粲传达胡太后的话说：“先皇灵柩还没有安葬，你们启奏的事太仓促，请诸王再考虑一下。”高叡等于是拜谢离去。胡长粲回宫复命，胡太后说：“成全妹妹我母子的人，全靠大哥之力。”又厚赏高叡等人，事情暂且搁置。

胡太后和北齐后主召见和士开询问对策，和士开说：“先帝在群臣之中，对待臣最优厚。陛下居丧才刚刚开始，大臣们都有非分之想。今天如果让臣出宫，恰恰是他们在翦除陛下的羽翼。应当对高叡这样说：‘元文遥与和士开，同时受先帝任用，怎可以一个去，一个留呢？可以一起任命两人为州刺史，暂且照旧任原职办事。等待安葬了先帝，然后派他们外出任职。’高叡等人认为我真要外出任职，心里一定高兴。”皇上和胡太后赞同这个办法，就按和士开说的一套告诉了高叡。于是任命和士开为兖州刺史，元文遥为西兖州刺史。大行皇帝安葬毕，高叡催促和士开上路。胡太后要留和士开过了一百天再走，高叡不同意，几天之内，胡太后接连下了几次话。有一个知道胡太后密旨的宦官告诉高叡说：“太后的意思既然这样，殿下何必苦苦违拗！”高叡说：“我受先帝顾托责任重大，现今嗣主年幼，怎能让奸邪之臣在身旁，我如果不能拼死保护嗣主，有什么脸面活在世上！”于是再次朝见太后，苦苦劝谏。胡太后命人给高叡赐酒，高叡严肃地说：“今天是讨论国家大事，不是来喝酒。”说完，转身就出了宫。

和士开用车拉着美女珠帘到娄定远家，向他道谢，说：“那些权贵想杀和士开，承蒙大王你的帮助，才保全了我的性命，任用我为刺史。今特来向你辞行，恭敬地送上两个女子，一卷珠帘。”娄定远很高兴，对和士开说：“你还想调回朝廷吗？”和士开说：“我在朝廷内久了，心里不踏实，现今得以外放，其实是圆了我的志愿，不想再回到朝廷，只希望得到大王你的保护，让我长久地做一个大州刺史就够了。”娄定远相信了，送和士开到门口，和士开说：“现在要远出，希望得到一次向皇太后、皇上两宫辞行的机会。”娄定远答应了。和士开因此再次见到了胡太后和北齐后主，进言说：“先帝一朝仙逝，臣很惭愧没能一死陪伴先帝，看来朝廷权贵们的如意算盘，是想把陛下当作乾明年间的济南王那样来对待。臣出都之后，一定有大变故，我还有什么脸面到地下去见先帝呢？”于是痛哭不已。皇上、胡太后也陪着一块哭泣，并问和士开：“你想出办法了吗？”和士开说：“臣已入宫见了皇上、太后，没什么顾虑了，臣只想得到皇上几行字的诏书。”于是北齐后主写下诏书，命令娄定远外出任青州刺史，同时斥责赵郡王高叡不敬皇上丧失臣节的罪过。

第二天早晨，高叡打算进宫再次劝谏，妻子儿女全都阻止他。高叡说：“国家社稷事情重大，我宁可追随先皇去死，也不忍心看到朝廷动乱。”高叡到了殿门，又有人劝他说：“殿下不要进宫，恐怕有祸乱发生。”高叡说：“我上不负天，死也无遗憾。”高叡入宫见了胡太后，胡太后再一次对高叡说，丧期过了一百天让和士开外任。高叡更加固执己见。高叡出殿，到了永巷，遭遇抓他的士兵，把他押送到华林园雀离佛院，命令刘桃枝勒死了他。高叡久掌朝正，清廉正直，有操守，朝野上下的人无不痛惜他蒙冤而死。北齐后主重新任命和士开为侍中、尚书左仆射，娄定远归还和士开送他的东西。另外加了好多自家的珍宝讨好和士开。

三月，北齐后主到晋阳。夏季，四月初五日甲子，北齐把并州尚书省改为大基圣寺，把晋祠改为大崇皇寺。四月初六日乙丑，北齐后主回到邺城。

北齐后主年纪很轻，有许多受宠爱的嬖妾和宠臣。武卫将军高阿那肱，一向以善于迎逢受到世祖高湛以及和士开的厚待，世祖常常让高阿那肱在东宫侍奉高纬，因此又有宠于高纬，一路升迁任职并省尚书令，封淮阴王。

世祖高湛选拔都督二十人，派他们侍卫东宫，昌黎人韩长鸾是其中之一，北齐后主只宠爱韩长鸾一个人。韩长鸾名凤，通常用表字，一路升迁到侍中、领军，总知内省机密。

有一个宫婢叫陆令萱，她的丈夫是汉阳人骆超，因谋反罪被诛杀，陆令萱被发配到宫中掖庭做奴婢，她的儿子骆提婆也没入官府为奴。北齐后主在婴儿时，让陆令萱当保姆。陆令萱乖巧狡猾，很会阿谀奉迎，受到胡太后的宠爱，在宫掖中，只有她作威作福，还被封为郡君。和士开、高阿那肱都是她的养子。北齐后主任用陆令萱为女侍中。陆令萱把她的儿子骆提婆引进宫中侍奉北齐国主，早晚在一起戏耍，一次次升迁到开府仪同三司、武卫大将军。宫人中有个叫穆舍利的人，她是斛律后的随从奴婢，也受到北齐后主的宠爱，陆令萱想依附她，给她当干妈，推荐她做弘德夫人，还让儿子骆提婆冒姓穆氏。由于和士开掌权的时间最久，那些受到北齐后主宠信的大臣都依附和士开，借以巩固北齐后主对自己的宠信。

北齐后主思念祖珽，就在他流放地任命他为海州刺史。祖珽便送信给陆令萱的弟弟仪同三司陆悉达说：“赵彦深老谋深算，想效法伊尹、霍光那样行事，你们姐弟怎么能得到平安，为什么不早早起用智谋之士呢？”和士开认为祖珽有胆识谋略，想拉他做谋主，于是捐弃前嫌，虚心待他，便与陆令萱一起对北齐后主说："文襄、文宣、孝昭三帝的儿子，都没能继承君位。如今皇上独自能够继承帝位，是祖孝徵出的力啊。人家立了功，不可以不回报。祖孝徵心地行为虽然轻薄，但是奇谋过人，在紧急的时候是一个有用的人。况且这人眼睛已失明，不会有反叛之心。可以把他召回朝廷，让他出谋划策。"北齐后主听从了，便宣召祖珽回京在朝廷做秘书监，加官开府仪同三司。

和士开向北齐后主进谗言，说尚书令陇东王胡长仁骄横放肆，外放为齐州刺史。胡长仁怀恨在心，派刺客杀和士开。事情被发觉，和士开与祖珽商议，祖珽引用西汉文帝诛杀薄昭的故事，让北齐后主派使者到齐州就地赐死胡长仁。

五月二十二日庚戌，北周武帝到醴泉宫。

五月二十九日丁巳，陈朝任命吏部尚书徐陵为左仆射。

秋季，七月初四日辛卯，陈朝太子陈叔宝娶沈氏为太子妃，她是吏部尚书沈君理的女儿。

七月二十四日辛亥，北周武帝回到长安。

八月二十三日庚辰，强盗杀死了北周孔城的防主，把孔城献给了北齐。

九月初四日辛卯，北周派齐国公宇文宪与柱国李穆领兵直赴宜阳，在那里修筑了崇德等五座城。

欧阳纥镇守广州十多年，声威和恩惠在百越地区广泛传播。自从华皎反叛，陈宣帝猜疑欧阳纥，征召他为左卫将军。欧阳纥害怕，他的部下大多数人劝他造反，于是起兵攻击衡州刺史钱道戢。

陈宣帝派中书侍郎徐俭持节前往，宣谕朝廷旨意。欧阳纥刚见徐俭时，广布仪仗卫士，言辞十分傲慢。徐俭说："吕嘉背叛汉朝这样的事已经很久没有了，将军难道没有看到周迪和陈宝应的下场吗？把灾祸转化为幸福，现在还来得及。"欧阳纥沉默没有回答，把徐俭安置在孤圆寺，几十天也不让徐俭回朝。欧阳纥曾经到孤圆寺看徐俭，徐俭对欧阳纥说："将军已经起兵，徐俭必须回朝廷见天子。徐俭的性命虽然控在将军手里，但将军的成败，并不取决于徐俭，希望不要把我扣留在这里。"欧阳纥于是释放徐俭回朝廷。徐俭，是徐陵的儿子。

冬季，十月十五日辛未，陈宣帝下诏命车骑将军章昭达征讨欧阳纥。

十月二十六日壬午，陈宣帝到太庙祭祖。

十一月二十六日辛亥，北周鄫文公长孙俭去世。

十一月十六日辛丑，北齐任命斛律光为太傅，冯翊王高润为太保，琅邪王高俨为大司马。十二月十五日庚午，任命兰陵王高长恭为尚书令。十二月二十五日庚辰，任命中书监魏收为尚书左仆射。

北周齐国公宇文宪围攻北齐宜阳城，切断北齐救援宜阳的粮食运输线。

华皎叛乱后，陈朝与北周中断了友好往来，这时北周派御正大夫杜杲出使陈朝，请求恢复友好关系，陈宣帝答应了，派遣使臣到北周。

（以上为第三段，写北齐国主高纬当国，受制于胡太后，政事仍由奸佞把持。陈朝与北周复修旧好。）

陈宣帝太建二年（庚寅，公元 570 年）

春季，正月初一日乙酉，北齐改元年号为武平。

北齐东安王娄叡去世。

正月二十二日丙午，陈宣帝到太庙祭祖。

正月二十四日戊申，北齐派兼散骑常侍裴谳之出使陈朝。

北齐太傅斛律光率领步骑三万救宜阳，多次打败周军，修筑了统关、丰化两座城，然后收兵回去，北周军队追击，斛律光反击，又大败北周军，俘获了北周开府仪同三司宇文英、梁景兴。二月十五日己巳，北齐任命斛律光为右丞相、并州刺史，又任命任城王高湝为太师，贺拔仁录尚书事。

欧阳纥召阳春太守冯仆到南海，劝他一起谋反。冯仆派人告知其母洗夫人，洗夫人说："我们忠贞报国，已历两代，不能因为爱惜你而误了国家。"于是发兵在境内抵抗，率领各位酋长迎接章昭达军。

章昭达倍道兼程，进军到始兴。欧阳纥听到章昭达突然到来，恐惧慌张得不知怎么办，只得领兵屯驻洭口，堆积了大量沙子石块，装在竹篓里，投置在水军栅栏外，用来阻挡舟船通行。章昭达军队驻扎在上游，命人在船上装配拍竿，派习水的士兵带着刀子潜行水中，砍破竹篓，竹篓的篾片散开，随即摆开大船顺水进军，突入欧阳纥的营栅。欧阳纥军众大败溃散，欧阳纥被活捉，押送到建康。二月二十九日癸未，欧阳纥在建康闹市上被斩首示众。

欧阳纥造反，侨居在岭南的士大夫们很害怕。前著作佐郎萧引独自安然，他说："从前的管宁、袁涣，遇到变乱，也只是安坐静待。君子行为正直合于道义，有什么害怕的呢！"欧阳纥被平定后，陈宣帝征召萧引为金部侍郎。萧引，是萧允的弟弟。

冯仆由于母亲洗夫人有功，得封信都侯，升迁为石龙太守，陈宣帝派持节专使册封洗夫人为石龙太夫人，赐给配有彩色的帷幔，用四匹马拉的安车一辆，鼓钲萧笳等乐器一套，用羽毛装饰的仪仗旗帜一面，她外出时的导引保留刺史的仪制。

三月十三日丙申，陈朝皇太后章氏去世。

三月十五日戊戌，北齐安定武王贺拔仁去世。

三月二十四日丁未，陈朝大赦天下。

夏季，四月初一日甲寅，北周任命柱国宇文盛为大宗伯。

北周武帝到醴泉宫。

四月初八日辛酉，北齐任命开府仪同三司徐之才为尚书左仆射。

四月二十五日戊寅，陈朝安葬陈武帝宣皇后章氏在万安陵。

闰四月二十五日戊申，陈宣帝到太庙祭拜祖先。

五月三十日壬午，北齐派使臣到陈朝吊唁武宣皇后。

六月初三日乙酉，北齐任命广宁王高孝珩为司空。

六月二十二日甲辰，北齐后主的穆夫人生下皇子高恒。北齐后主当时没有男孩，因此皇子诞生后特别大赦天下。陆令萱想立高恒为太子，担心斛律皇后愤怒，就奏请北齐后主，让斛律皇后为嫡母养育高恒。

[六月二十七日己酉]，北齐任命开府仪同三司唐邕为尚书右仆射。

秋季，七月[初二日癸丑]，北齐立肃宗高演的儿子高彦基为城阳王，高彦忠为梁郡王。七月初三日甲寅，任命尚书令兰陵王高长恭为录尚书事，中领军和士开为尚书令，赐爵淮阳王。

和士开声威权势一天天增强，朝廷大臣中不知廉耻的人，甘心做和士开的干儿子，就像一个唯利是图的富商一样。曾经有一个大臣去探问和士开的病情，正好医生开了药方，说："淮阳王得了极重的伤寒病，应当服用粪汁黄龙汤。"和士开难以下咽。这个大臣说："黄龙汤很好喝，大王不要疑虑，我请求替大王先尝一下。"举杯一饮而尽。和士开很感激他，也勉强喝了一杯，还真的把病治好了。

七月初四日乙卯，北周武帝回到长安。

七月二十二日癸酉，北齐任命华山王高凝为太傅。

陈朝司空章昭达进攻后梁，后梁国主萧岿与北周总管陆腾抵抗。周军在西陵峡口长江南岸修筑安蜀城，在长江上横跨拉了几道大绳索，在绳索上编织苇草，成为索桥，用来运送军粮。章昭达命令士兵打造长戟，安装在楼船上，驰到桥下仰割绳索，索断桥毁，北周兵粮食断绝，然后大举进攻安蜀城，攻下了这座城。

后梁国主萧岿向北周襄州总管卫国公宇文直紧急求救，宇文直派大将军李迁哲领兵救援。李迁哲派自己所属部队守卫江陵外城，自己亲率骑兵出江陵南门，又派步兵出江陵北门，两路一头一尾夹攻陈朝军队，陈军交战死伤很多。夜晚，陈军在江陵西城偷偷从云梯登上城墙，众达几百人，李迁哲与陆腾奋力死战，陈军才退走。

章昭达又挖开龙川宁朔的堤坝，引水灌江陵城，陆腾出兵在西堤攻击陈军，章昭达战败，这才撤退回军。

八月初十日辛卯，北齐后主到晋阳。

九月十九日乙巳，北齐立皇子高恒为太子。

冬季，十月初一日辛巳，发生日食。

北齐任命广宁王高孝珩为司徒，上洛王高思宗为司空。又任命梁朝的永嘉王萧庄为开府仪同三司、梁王，承诺为梁王恢复梁朝大业，始终没有成功。等到北齐灭亡，萧庄忧愤过度，死在邺城。

十月初五日乙酉，陈宣帝到太庙祭祀祖先。

十月初十日己丑，北齐恢复威宗高洋谥号为文宣皇帝，庙号显祖。

十月十七日丁酉，北周郑桓公达奚武去世。

十二月初八日丁亥，北齐后主回到邺城。

北周大将军郑恪领兵平定越巂，设置西宁州。

北周、北齐争夺宜阳城，久战没有决出胜负。北周勋州刺史韦孝宽对部下说：“宜阳一城之地，得失无关大局，两国争夺，兴师动众已有一年。对方难道没有足智多谋的人士，如果他们放弃宜阳，转而攻击我们的汾北地区，我们一定会丧失这些地方。如今应当尽快在华谷及长秋一带修筑城堡来杜绝对方侵犯的念头。假如他们行动在我们的前头，再来对付就困难了。”于是画出地形，具体标出应当筑城的位置上奏朝廷。晋国公宇文护对使者说：“韦公虽然子孙众多，其数也不满一百，汾北地区筑城，派谁去守卫！”韦孝宽在汾北筑城的计划被搁置起来。

北齐斛律光果然从晋州道出兵，在汾水北岸筑华谷、龙门两座城。斛律光进兵到汾水东，与韦孝宽相见，说：“宜阳一城，害得两国长久争夺交战。现今我们放弃了送给你们，想从汾北取得补偿，请不要见怪。”韦孝宽说：“宜阳城是你们的边塞要冲，汾北地区是我们丢弃的地方。我们不要的地方你们拿去好了，哪里谈得上什么补偿。你辅佐北齐幼主，地位和声望都很高，不好好安抚百信而穷兵黩武，为了贪图一块普通的土地，不惜使国民陷于水深火热之中，我私下估量实在不值。”

斛律光进兵围攻定阳，修筑南汾城来威胁逼迫定阳。北周军队解除对宜阳的包围撤军，救援汾北地区。晋国公宇文护向齐国公宇文宪询问用兵计谋，宇文宪说：“兄长应暂时出兵到同州以声张威势，我率领精兵为前锋，寻找战机攻取城池。”宇文护采纳了这一方略。

（以上为第四段，写陈朝平定广州欧阳纥之乱，全境恢复平静。北周、北齐争夺宜阳与汾北之战，北周晋国公宇文护不纳韦孝宽之策，陷入被动。）

陈宣帝太建三年（辛卯，公元 571 年）

春季，[正月初五日癸丑]，陈朝任命尚书右仆射徐陵为左仆射。

正月初九日丁巳，北齐派兼散骑常侍刘环俊出使陈朝。

正月十三日辛酉，陈宣帝在南郊祭天；正月二十三日，在北郊祭地。

北齐斛律光在西部边境汾北地区修筑了十三座军事城堡，斛律光在马背上用鞭子比画城堡的规模形制，便成了筑城的规划图，开拓土地纵深五百里，从不夸耀自己的功劳。斛律光与北周韦孝宽在汾北交战，打败了韦孝宽。北周齐国公宇文宪率领军队东出抗拒北齐军队。

二月初三日辛巳，陈宣帝到明堂祭祀。二月十九日，陈宣帝举行亲耕藉田典礼。

二月二十四日壬寅，北齐任命兰陵王高长恭为太尉，赵彦深为司空，和士开录尚书事，徐之才为尚书令，唐邕为左仆射，吏部尚书冯子琮为右仆射，仍然掌管吏部选举事务。

冯子琮一向逢迎和士开，这时认为自己是太后的亲戚，又掌管选举事务，便擅自荐举任用官吏，不再向和士开报告，因此与和士开结怨。

三月三十日丁丑，陈朝大赦天下。

北周齐国公宇文宪从龙门渡过黄河，斛律光退守华谷城，宇文宪攻破斛律光新筑的五座军城。北齐太宰段韶、兰陵王高长恭领兵抗击周兵，攻占了柏谷城后回归。

夏季，四月初一日戊寅，发生日食。

四月初五日壬午，北齐任命琅邪王高俨为太保。

四月十五日壬辰，北齐派使臣访问陈朝。

北周陈国公宇文纯攻取北齐宜阳等九座城，北齐斛律光率领步骑五万前往抵御。

五月十六日癸亥，北周派纳言出使陈朝。

北周晋国公宇文护派中外府参军郭荣在姚襄城南边、定阳城西边修筑军城，北齐段韶领兵袭击北周军队，打败了北周军。六月，段韶围攻定阳城，北周汾州刺史杨敷坚守，没有攻下，段韶猛烈攻打，攻破外城进行大屠杀。当时段韶病倒在床，他对兰陵王高长恭说："这座城三面临近重重溪涧，没有退路，只有东南一条道路，敌人突围一定从这里出来，应当挑选精兵专门埋伏在这里等待，这样一定能抓获突围的敌人。"高长恭于是选派了一千多壮士埋伏在东南的涧水渡口。城中粮食用完，北周齐国公宇文宪统领军队来救，他害怕段韶，不敢进兵交战。杨敷率领城中残存部队乘夜突围逃走，遭遇北齐伏兵袭击，全部被抓获。五月二十九日乙巳，北齐攻占了北周汾州及姚襄城，只有郭荣所筑的一座城没有被攻破。杨敷，是北齐杨愔的族子。

杨敷的儿子杨素，年少很有才艺，胸成大志，不拘小节，认为父亲城破被北齐抓获守节不屈，却没有得到朝廷的赠官加谥，上奏申诉。北周武帝不理睬，杨素就多次上书理论，北周武帝大怒，命令手下人斩杀杨素。杨素高声说："臣侍奉无道天子，死得其所。"北周武帝很欣赏杨素临死说出豪言壮语，就免了杨素的死罪，给杨敷赠官大将军，谥号为忠壮，任命杨素为仪同三司，此后逐渐受到北周武帝礼遇。北周武帝命令杨素草拟诏书，下笔成文，文辞内容都华美。北周武帝说："好好努力，不要担心没有富贵。"杨素说："只怕富贵来逼臣，臣倒无心图富贵。"

北齐斛律光与北周军队在宜阳城下交战，夺取了北周建安等四座戍守军城，俘获了一千多周兵退回。北齐军还没到达邺城，北齐后主敕令解散军队，斛律光认为军士立功还没有受到慰劳，便秘密上表，请求北齐后主派使臣宣布慰劳的旨意。斛律光领兵继续前进，北齐朝廷的使者行动缓慢。军队快到紫陌，临近邺城才停止下来，斛律光扎营等待使者。北齐后主听到斛律光率军逼近都城，心里非常憎恶斛律光，赶快派舍人宣召斛律光入宫觐见，然后下令慰劳，遣散军队。

（以上为第五段，写北周与北齐汾北争夺战，以北齐获胜而告终。）

北齐琅邪王高俨认为和士开、穆提婆等专横跋扈，奢侈骄纵，心里感到愤愤不平。和士开与穆提婆两人商量说："琅邪王眼光发亮，几步之外看人，都感到逼人，不久前和他打了个照面，只说了几句话，不知不觉，出了一身冷汗，我们朝见天子奏事也没这样紧张。"因此忌恨高俨，便调高俨出宫居住在北宫，五天才朝见皇上一次，不能随时去见胡太后。

高俨升任太保，其他职务全都解除，仍然保留御史中丞和京畿大都督两职。和士开等认为北城有武库，想调高俨离开北宫外出后，削夺他的兵权。治书侍御史王子宜，与高俨的亲信开府仪同三司高舍洛、中常侍刘辟疆劝说高俨说："殿下被疏远，正是由于和士开离间构害造成的，你怎么可以离开北宫到民间呢！"高俨对侍中冯子琮说："和士开罪孽深重，孩儿想杀掉他，姨父意下如何？"冯子琮心里想要废了高纬拥立高俨登上帝位，趁便劝说高俨办成这件事。

高俨让王子宜上表弹劾和士开罪恶，请求拘捕审判他。冯子琮把这份奏章混杂在其他上奏的文书中，一起上奏，北齐后主没有仔细审阅就统统批准了。高俨欺骗领军库狄伏连说："奉皇上敕令，命令领军抓捕和士开。"库狄伏连向冯子琮报告，并且提出再向皇上奏请复核，冯子琮说："琅邪王接受的皇帝敕令，不必再奏请。"库狄伏连相信了，调发戍守京畿的部队，埋伏在神虎门外，并且告诫守门的宫廷卫士，不许和士开进入宫门。秋季，七月二十五日庚午，早晨，和士开按平时入宫时间进宫早朝，库狄伏连迎上握住和士开的手说："今天有一件大好事。"王子宜交给和士开一封信，说："有皇帝敕令，请淮阳王到尚书台议事。"库狄伏连派军士护送和士开到尚书台，高俨派都督冯永洛在尚书台就地斩了和士开。

高俨的本意是只杀和士开一个人，他的党羽却逼他说："事情到了这一步，不可半途而废。"高俨于是率领京畿军士三千人屯驻在在千秋门。北齐后主派刘桃枝带领八十名宫廷禁军去宣召高俨进宫，刘桃枝远远看到高俨就下拜行礼，高俨命令把刘桃枝两手反绑，下令处死他，禁军们吓得一哄而散。高纬又派冯子琮宣召高俨，高俨抗命推辞说："和士开的罪行早就应该万死，他企图废黜皇上，剃去亲生母亲的头发，逼她做尼姑，臣因此假传圣旨把他杀了。皇上兄长想要杀臣，臣不敢逃避罪责，如果赦臣无罪，请求派乳母来迎接，臣立即入宫参见皇上。"高俨所说的乳母就是陆令萱。高俨想把陆令萱骗出来杀掉。陆令萱提着刀站在北齐后主背后，听了消息，吓得直打哆嗦。

北齐后主又派韩长鸾去宣召高俨，高俨打算进宫，刘辟彊拉着高俨的衣服劝阻说："如果不杀掉穆提婆母子，殿下就不能进去。"广宁王高孝珩、安德王高延宗从西边走来，说："为何不进宫？"刘辟彊说："兵员少。"高延宗回头看了看周围军士，说："孝昭帝高演杀杨遵彦时，只有八十个人，现今有数千人，怎能说少？"

北齐后主启奏胡太后说："如果还有缘分，还会见到母亲，如果没有缘分，就和母亲永别了。"便紧急宣召斛律光，高俨也宣召斛律光。

斛律光听说高俨杀了和士开，拍掌大笑说："到底是龙子办事，本来就不同凡人。"斛律光入宫，在永巷见到北齐后主。高纬亲自率领宫殿卫士有步骑四百人，给他们发了兵器甲胄，准备出战，斛律光说："小儿子们玩耍干戈，与他交战就是一片混乱。俗话说：'奴仆见了皇上，心里就打颤。'皇上应该亲自到千秋门，琅邪王一定不敢行动。"北齐后主听从了。

斛律光步行在北齐后主前面，派人走出宫门说："皇上来了。"高俨的党徒惊骇逃散。北齐后主停住马，在宫门外护城河桥上远远地呼喊高俨，高俨仍然站立不敢向前，斛律光对他说："天子的弟弟杀了一个人，有什么可怕的。"斛律光抓着高俨的手，硬拉着他向前，代高俨向北齐后主求情说："琅邪王年轻，脑满肠肥，做事轻率，慢慢长大了就不这样了，希望饶恕他的罪过。"北齐后主拉出高俨带的佩刀，用刀把乱打他的头，打了好一阵，才放了他。

北齐后主下令，抓捕库狄伏连、高舍洛、王子宜、刘辟彊、都督霍显贵，在宫中后花园将他们分尸杀死，扔到大街上示众。北齐后主想把高俨府中的文武下属全部杀光，斛律光说："这都是勋贵的子弟，杀了，恐怕人心不安。"赵彦深也说："《春秋》里写了，将士不服从命令，责任在主帅。"于是按职责大小判处不同等级的罪。

胡太后责问高俨，高俨说："是冯子琮教唆孩子这样做。"胡太后大怒，派人在尚书省用弓弦勒死了冯子琮，让宦官用库车拉着冯子琮的尸体送回家。从此，胡太后经常把高俨安置在宫中，每次吃东西要亲自先尝。

（以上为第六段，写北齐琅邪王高俨诛杀奸邪权佞之臣和士开，引发一场未遂政变，一批忠良之臣遭杀害。）

八月二十四日己亥，北齐后主到晋阳。

九月初六日辛亥，北齐任命任城王高湝为太宰、冯翊王高润为太师。

九月十四日己未，北齐平原人忠武王段韶去世。段韶有智慧谋略，带兵能得到将士拼死效力，出朝能胜任主帅统兵打仗，入朝能参与重大决策，功劳高声望重，加上品性温和，说话谨慎，很有宰相器度，侍奉后母尽孝，满门和谐而庄重，北齐朝廷的勋贵之家，没人能和段韶相比。

北齐祖珽劝说陆令萱，让她进宫劝说皇上外放赵彦深为兖州刺史。北齐后主任命祖珽为侍中。

陆令萱劝说北齐后主，说："人人都说琅邪王高俨聪明有武略，当今无人可比，只要看看他的相貌，绝不是甘为人下的臣子。自从他独断专行杀了和士开，时时怀有恐惧之心，陛下应该及早想办法除掉他。"宠臣何洪珍等也请求北齐后主杀高俨。北齐后主还没下定决心，派人用装运食物的车子把祖珽秘密拉进皇宫，询问他的意见。祖珽称赞："周公姬旦诛杀弟弟管叔姬鲜，鲁国季友用鸩酒毒死庆父。"高纬下了决心，带高俨到晋阳，命令右卫大将军赵元侃去诱捕高俨。赵元侃说："臣早先事奉先帝，看到先帝很爱琅邪王。今天我宁愿被处死，也不忍心干这种事。"北齐后主就把赵元侃外放为豫州刺史。

九月二十五日庚午，北齐后主禀告胡太后说："明天早上我带仁威出外打猎。"夜里四更时分，北齐后主宣召高俨，高俨有疑心。陆令萱说："大哥叫你，孩子你为何不去！"高俨出宫，走到永巷，刘桃枝反绑了高俨的两只手。高俨喊叫，说："让我去见母亲和大哥。"刘桃枝用衣袖塞住高俨的嘴，把高俨的衣服翻转到头上严严实实抱起来，将他背出永巷，走到大明宫，高俨鼻血喷流满面，刘桃枝用力将他压死，当时高俨只有十四岁。刘桃枝用草席裹了高俨的尸体，埋在宫中室内。北齐后主派人启奏胡太后，胡太后临丧痛哭，只哭了十几声，就被人簇拥回到殿内。高俨有四个遗腹子，后来都被囚禁而死。

冬季，十月，北齐裁撤京畿大都督府，并入领军府。

十月初八日壬午，北周冀国公宇文通去世。

十月初十日甲申，陈宣帝到太庙祭祀祖先。

十月二十一日乙未，北周派右武伯谷会琨等出使北齐。

北齐胡太后在宫内宫外都不守贞节，与僧人昙献私通，众僧人中甚至有人戏称昙献是太上皇。北齐后主听到胡太后私生活不检点，起初不相信。后来北齐后主朝见胡太后，看到两个尼姑，很喜爱她们，就宣召她们，这两个"尼姑"原来都是男人，于是昙献的事败露，全都被杀了头。

十月二十五日己亥，北齐后主从晋阳侍奉胡太后回到邺城，到达紫陌，遇上大风。舍人魏僧伽是精通占候预测吉凶的方术，上奏说："当天要发生反叛的事。"北齐后主谎称"邺城中有变故"，说着，一方面拉足弓弦绷紧箭梢，驰马先进入邺城的南城，一方面派宦官邓长颙把胡太后幽禁在北宫。北齐后主下令，内外所有亲戚都不允许与胡太后相见。有时胡太后为北齐后主准备的食物，北齐后主也不敢吃。

十一月初六日庚戌，北齐派侍中赫连子悦出使北周。

十一月十三日丁巳，北周武帝到达散关。

十一月二十二日丙寅，北齐任命徐州行台广宁王高孝珩录尚书事；十一月二十六日庚午，又任命高孝珩为司徒。十一月二十九日癸酉，北齐任命斛律光为左丞相。

十二月十六日己丑，北周武帝返回长安。

十二月十九日壬辰，陈朝邵陵公章昭达去世。

这一年，后梁华皎要到北周，路过襄阳，劝说卫国公宇文直说："梁国国主丢失了长江南岸各郡，人民少，国家贫，北周以兴复亡国，接续绝代为己任，那么应当资助梁国，希望贵国能借几个州的土地资助梁国。"宇文直认为说得对，派出使者向北周朝廷报告详情，北周武帝下诏把基州、平州、鄀州三州土地交给了后梁。

（以上为第七段，写北齐国主高纬杀害弟弟琅邪王高俨，幽闭太后。）

【点评】

北周在鼎立格局中日益强盛。陈朝、北周、北齐三国，唯北周君臣一心，政治最清。北周、北齐对抗，周弱齐强，又因大冢宰宇文护不懂军事，使周军常常处于劣势。北齐政治在三国中最为昏暗，因开国元宿斛律金、斛律光、段韶等尚存，虽然在疆场争逐中处于优势，却因内政不稳而不能扩大战果，反而处于守势。北周及其继任者最终一统天下，北齐最先灭亡，良有以也。

资治通鉴（白话本） 卷第一百七十一

陈纪五

陈宣帝太建四年至六年（公元 572—公元 574）

【起玄黓执徐（壬辰，公元 572 年），尽阏逢敦牂（甲午，公元 574 年），凡三年】

【大事提要】

本卷载述公元 572 年至公元 574 年南北朝史事，凡三年，时当陈宣帝太建四年至六年，北周武帝建德元年至三年，北齐后主武平三年至五年。陈宣帝内清叛逆，外伐北齐，恢复江北淮南之地，使南朝一度出现中兴之象，陈朝达于鼎盛。北周武帝亲政，灭佛。北齐后主亲小人，远贤臣，国势日衰。

高宗宣皇帝上之下

陈宣帝太建四年（壬辰，公元 572 年）

春季，正月初三日丙午，陈朝任命尚书仆射徐陵为左仆射，中书监王劢为右仆射。

正月二十六日己巳，北齐后主在南郊祭天。

正月二十七日庚午，陈宣帝到太庙祭祀祖先。

正月二十八日辛未，北齐后主追赠琅邪王高俨为楚恭哀帝，用来安慰胡太后，又封高俨妃李氏为楚帝皇后。

二月初一日癸酉，北周派大将军昌城公宇文深出使突厥，司宾李除、小宾部贺遂礼出使北齐。宇文深，是宇文护的儿子。

二月初七日己卯，北齐任命卫菩萨为太尉，二月初九日辛巳，任命并省吏部尚书高元海为尚书左仆射。

二月十三日乙酉，陈朝封皇子陈叔卿为建安王。

二月十八日庚寅，北齐任命尚书左仆射唐邕为尚书令，侍中祖珽为左仆射。当初，胡太后被幽禁在北宫，祖珽想让陆令萱当太后，就替陆令萱在北齐后主面前讲说魏孝武帝拓跋焘尊立保姆窦氏为保太后的先例。并且对人说：“陆令萱虽是一个妇人，但真是一个英雄，自从女娲以来，还没有第二个。”陆令萱也吹捧祖珽为“国师”、“国宝”，因此祖珽才得到仆射的职位。

三月初一日癸卯，发生日食。

当初，周太祖宇文泰当西魏丞相时，设立左右十二军，统属相府管理。宇文泰死后，十二军都归晋国公宇文护指挥，凡是军队的征发调动，没有宇文护的签名不得行动。宇文护的府第驻兵保卫，人数比皇宫禁卫还多。宇文护的几个儿子、僚属，贪婪残暴，为所欲为，士民认为是祸害。北周武帝看在眼里却隐忍退避，不加任何干涉，人们都预测不出深浅。

宇文护询问稍伯大夫庾季才，说："近日天象怎么样？"庾季才回答说："我受你大恩，怎能不尽情告诉你。最近上台两星在变异，不利宰相，晋国公应当还政给天子，请求告老回家，这才是安享晚年幸福的办法，像周公旦、召公奭那样得到美名，子子孙孙也都享有封邑为国藩篱。不这样，后果我就不知道了。"宇文护沉默了许久，才说："我本来的心意也是这样，但是多次推辞没得到恩准。公既是朝廷的官吏，可以按照朝仪去拜见天子，不麻烦你特别来拜见寡人了。"从此，宇文护疏远了庾季才。

卫国公宇文直，是北周武帝的同母亲弟，与宇文护非常要好，等到沌口战败，受到惩罚罢了官，因此怨恨宇文护，转而劝谏北周武帝杀了宇文护，企图自己得到宇文护的职位。北周武帝于是秘密与宇文直，以及右宫伯中大夫宇文神举、内史下大夫太原人王轨、右侍上士宇文孝伯等人谋划。宇文神举，是宇文显和的儿子。宇文孝伯，是安化公宇文深的儿子。

北周武帝每次在皇宫中见宇文护，经常按照家庭尊卑长幼的礼节对待宇文护，太后给宇文护赐坐，北周武帝站立在旁边。三月十四日丙辰，宇文护从同州回到长安，北周武帝在文安殿召见宇文护。随后北周武帝带宇文护到含仁殿参见太后，并且对宇文护说："太后年事已高，很爱饮酒，虽然多次劝谏，她还是不听。兄长今天进宫朝见，希望你再劝一劝她。"说着便从怀中取出《酒诰》交给宇文护，说："拿这篇诰劝谏太后。"宇文护进入含仁殿，按照北周武帝的嘱咐向太后读《酒诰》，还没有读完，北周武帝用玉笏从宇文护的背后击打他的头，宇文护倒在了地上。北周武帝命令宦官何泉拿着自己的佩刀砍杀宇文护，何泉恐惧，没有砍中宇文护。卫国公宇文直早已躲在门背后，突然跳出，砍下了宇文护的头。这时宇文神举都还在宫门外，再无人知道里面发生的事。

北周武帝宣召宫伯长孙览等，通告宇文护已经被诛杀，下令抓捕宇文护的儿子柱国谭国公宇文会、大将军莒国公宇文至、崇业公宇文静、正平公宇文乾嘉及其弟弟宇文乾基、宇文乾光、宇文乾蔚、宇文乾祖、宇文乾威，连同宇文护的党羽柱国北地人侯龙恩、侯龙恩弟弟大将军侯万寿、大将军刘勇、中外府司录尹公正、袁杰、膳部下大夫李安等。长孙览，是长孙稚的孙子。

当初，宇文护杀了赵贵等人，侯龙恩成了宇文护的亲信，他的堂弟开府仪同三司侯植对侯龙恩说："皇上十分年轻，社稷安危仰仗几位王公大臣，若果靠诛杀来确立自己的声威权势，岂不是置社稷安危如累卵吗？恐怕我们宗族也会因此而败亡，堂兄怎么可以明明知道这个道理而不去劝谏晋国公呢？”侯龙恩不接受这个建议。侯植又找机会对宇文护说：“晋国公凭借骨肉之亲，担当国家的重托，希望忠诚王室，遵循伊尹、周公的榜样，那么全国人士都将蒙受幸福！”宇文护说：“我发誓以身报国，你怎么说我另有打算呢！”宇文护又听说侯植早先劝说过侯龙恩，便暗中猜忌侯植，侯植忧愁而死。等到宇文护败亡，侯龙恩兄弟都被杀，北周武帝认为侯植是忠臣，特别宽大赦免了他的子孙。

大司马兼小冢宰、雍州牧齐国公宇文宪，一向受到宇文护的宠信，凡是宇文护在决定赏罚这样重大的政务时，总有宇文宪的参与，所以宇文宪的权势也很重。宇文护想要上奏什么事，大多数是找宇文宪来上奏，其中皇上有同意或不同意的，宇文宪忧虑皇上与丞相不要因误会发生矛盾，常常婉转地加以协调疏通，北周武帝也看出了他的良苦用心。等到宇文护死后，北周武帝召宇文宪入宫，宇文宪摘下官帽，叩头谢罪。北周武帝安慰鼓励他，派他到宇文护家中收缴调兵的符节，以及其他各种文书。卫国公宇文直一向妒忌宇文宪，坚决请求杀了他，北周武帝不允许。

宇文护世子宇文训为蒲州刺史，当夜北周武帝派越国公宇文盛乘驿车征召宇文训，到了同州，赐死。昌城公宇文深出使突厥还没有回来，北周武帝派开府仪同三司宇文德带上诏书到突厥迎接宇文深，然后就地处决。宇文护长史代郡人叱罗协、司录弘农人冯迁，以及别的亲信，全部罢官。

三月十五日丁巳，北周发布大赦令，改元年号叫建德。

北周任命宇文孝伯为车骑大将军，与王轨同受开府仪同三司。当初，宇文孝伯与北周武帝同日降生，宇文泰十分喜爱，亲自把他养在府第里，幼时与北周武帝一起学习。等到北周武帝即帝位，想引为自己的亲信，便托言说自己要与宇文孝伯在一起讲读旧经，所以宇文护没有猜疑，让宇文孝伯担任右侍上士，可以出入北周武帝的卧室，参与宫中的机密事务。宇文孝伯为人沉静正直而又忠诚，凡是朝政的得失、外间的小事，想方设法全都让北周武帝知晓。

北周武帝翻阅宇文护的文书记录，发现有假托符命，企图制造异谋的人，全都杀头，只有庾季才写给宇文护的一封信，有两页纸，写的是谶纬星象象暗示的灾祥，劝宇文护应该尽快交权皇上，北周武帝下令赐给庾季才粟三百石，帛二百段，升迁庾季才为太中大夫。

三月二十一日癸亥，北周任命尉迟迥为太师，柱国窦炽为太傅，李穆为太保，齐国公宇文宪为大冢宰，卫国公宇文直为大司徒，陆通为大司马，柱国辛威为大司寇，赵国公宇文招为大司空。

当时，北周武帝刚开始亲理朝政，颇用严刑峻法，即使是骨肉至亲也不宽大饶恕。齐国公宇文宪虽然升迁大冢宰，实际是夺了他的实权。北周武帝又对宇文宪的侍读裴文举说："先前魏朝末年，国君不能掌握朝政大纲，因此才有太祖辅佐朝政，等到周朝建立，晋国公又执掌大权，积习成了常规，愚笨的人认为国法就应当是这样。哪有三十岁的天子还受人控制的道理！《诗经》里说：'白天黑夜都不敢懈怠，只为侍奉一个人。'这一个人，指的就是天子，你们虽然陪侍齐国公，不得把自己当作是他的臣属，只想到尽心尽职拼死效命，应当用正道去辅佐他，用大义去引导他，让我们君臣和睦，兄弟同心，不要让他自招嫌疑。"裴文举把这番话全都转告了宇文宪，宇文宪指着自己的心窝，拍着几案说："我生平的心愿，难道你还不知道！我只会尽忠贞之节报效国家，我不知道怎么讲才能表明心迹。"

卫国公宇文直，生性轻浮狡诈，又贪婪狠毒，一心向往大冢宰的职务，可是没有得到，心里特别不痛快。他便要求做大司马，想掌握兵权。北周武帝揣摩到他的心意，就说："你们兄弟长幼有序，怎么哥哥反而在弟弟的下位呢？"因此任命宇文直为大司徒。

夏四月，北周派工部成国公宇文建、小礼部辛彦之出使北齐。

四月十八日庚寅，北周追尊略阳公宇文觉为孝闵皇帝。

四月二十一日癸巳，北周立皇子鲁国公宇文赟为皇太子，大赦天下。

（以上为第一段，写北周权臣晋国公宇文护被杀，周武帝宇文邕亲政。）

五月初二日癸卯，陈朝尚书右仆射王劢去世。

北齐尚书右仆射祖珽，势倾朝野，左丞相咸阳王斛律光心里厌恶他，远远看见，就骂他说："使得国家多事，贪得无厌的小人，又在想什么坏主意。"又曾经对各位将领说："军事兵马调动，尚书令赵彦深还要与我们讨论，自从瞎子职掌机密以后，从不告诉我们，只怕这样下去要误国家大事。"斛律光曾经坐在朝堂上帘子后面，祖珽不知道他在，乘马从前面经过，斛律光大怒说："这小人胆敢如此。"后来祖珽在门下省，说话声高气傲，斛律光恰好路过，听见了，又大怒。祖珽也察觉了，私下贿赂斛律光的随从奴仆，询问情况，奴仆说："自从你用事，相王每天夜里抱膝长叹，说：'瞎子入朝，国家完了。'"

穆提婆请求娶斛律光小妾生的女儿，没得到许可。北齐后主把晋阳田地赐给穆提婆，斛律光上朝时说："这些田地，自从神武帝以来，种割的是青苗，用来养马数千匹，是防备敌人的战备。如今赐给穆提婆，恐怕要损害国家的军务啊。"因此祖珽、穆提婆都怨恨斛律光。

斛律皇后失去了宠爱，祖珽乘机离间北齐国主与斛律光的关系。斛律光的弟弟斛律羡，任都督、幽州刺史、行台尚书令，善于治军，战士精良，马匹肥壮，边塞防御亭障，完善整严，突厥人非常害怕，称斛律羡为"南可汗"。斛律光长子斛律武都，任职开府仪同三司、梁州兖州两州刺史。

斛律光虽然地位达到朝臣的最高位置丞相，但生性节俭，不爱好声色，也很少结交宾客，不接收别人的送礼，不贪图权势。每次朝廷会议，斛律光总是最后发言，说的话也十分合理。有时有表疏上奏，令人执笔，他口述成章，务必简结实在。用兵依照父亲斛律金的办法，营舍没有安定，他就不入帐幕，有时一整天不坐下来，盔甲不离身，经常冲锋在士兵的前面。士兵犯了罪，只用大木棒打后背，从来不随便杀人，士兵都愿替他拼命作战。斛律光年轻时就从军，从没有打过败仗，深深地使邻国敌人害怕。北周勋州刺史韦孝宽秘密编造谣言说："百升飞上天，明月照长安。"又说："高山不推自崩，槲木不扶自举。"派间谍到邺城散布，让邺城中的儿童们在路上歌唱。祖珽又增加了一段，说："盲老公背受大斧，饶舌老母不得语。"派他的妻子的哥哥郑道盖上奏北齐后主。北齐后主询问祖珽，祖珽与陆令萱都说："确实听见了这些歌谣。"祖珽就解说这些歌谣的意思说："百升，就是斛字。盲老公，说的是臣，与国家同忧。饶舌老母，好像是说女侍中陆氏。况且斛氏世代做大将，明月声震关西，斛律丰乐威震突厥，女儿为皇后，男孩娶公主，谣言所说着实让人担忧。"北齐后主又去问韩长鸾，韩长鸾认为捕风捉影的事不必追究，这事暂时搁置了起来。

祖珽又朝见北齐后主，请求单独说话，只有何洪珍在旁边。北齐后主说："先前收到你的启奏，本来想要执行，韩长鸾认为没有这个道理。"祖珽还没有回答，何洪珍在旁说："如果本来没有这件事也就算了，既然已经有了这件事，不去执行，万一泄露了，怎么办？"北齐后主说："何洪珍说得很有道理。"但还是犹豫下不了决心。正好丞相府佐封士让送来密奏，说："斛律光前次西征回来，敕令散兵，斛律光引兵逼近京城，以图不轨，事情只是没有办成终止了。斛律光家中藏有弓弩铠甲，奴仆上千，多次派人到斛律丰乐、斛律武都那里，阴谋往来，如果不及早除掉，恐怕事情难以预测。"北齐后主于是相信斛律光造反，对何洪珍说："人心真是非常灵验，我早就怀疑斛律光谋反，果然这样。"北齐后主生性胆怯，恐怕激起事变，派何洪珍驰马召来祖珽，告诉他说："我要召见斛律光，担心他不听从命令。"祖珽献计说："派人赐给斛律光一匹骏马，就说：'明天皇上要游乐东山，相王就乘这匹骏马陪同。'斛律光一定入朝谢恩，便可把他抓获。"北齐后主依计而行。

六月，戊辰日，斛律光入宫，走到凉风堂，刘桃枝从背后扑上去，斛律光没有跌倒，回头说："刘桃枝你经常干这种事，我没有辜负国家。"刘桃枝和三个大力士用弓箭的弦绳缠绕斛律光的脖子，把他勒死了，血流满地，刮掉了这层地皮，但血迹始终留在地上。于是颁下诏书说斛律光想谋反，并杀掉他的儿子开府仪同三司斛律世雄、仪同三司斛律恒伽。

祖珽派二千石郎邢祖信抄没斛律光的家产造册登记。祖珽在尚书省问都有些什么财物，邢祖信说："有弓十五张，聚宴习射的箭头一百枝，刀七把，皇上所赐长矛两根。”祖珽高声喝问道：“还有什么别的财物？”回答说：“还搜到枣木杖二十根，是准备用来惩罚奴仆的工具，如果奴仆与人斗殴，不问是非就打一百棍。”祖珽非常惭愧，便小声说：“朝廷已经对斛律光处了重刑，邢郎中你又何必替他申冤呢！”等到邢祖信从尚书省出来，有人责备他说，你心眼太直了。邢祖信感慨地说：“贤相尚且被处死，我何必爱惜余生呢。”

北齐后主派使者前往梁州、兖州就地杀了斛律武都，又派中领军贺拔伏恩乘驿车前去抓捕斛律羡，任命洛州行台仆射中山人独孤永业为洛州刺史代替斛律羡，与大将军鲜于桃枝调发定州骑兵紧随贺拔伏恩进发。贺拔伏恩等到达幽州，守门人报告说：“使者在衣服中穿有盔甲，驿马跑得急全身是汗，应当关闭城门。”斛律羡说：“怎么可以猜疑皇上的使者而拒绝！”便出城见使者。贺拔伏恩抓捕了斛律羡就地杀了。当初，斛律羡常常因为一门贵盛而忧虑，上表请求辞职，没被批准。临刑时他长叹说：“富贵像这样，女儿为皇后，男孩娶公主，平时使用兵丁三百人，怎么能不败亡！”他的五个儿子斛律伏护、斛律世达、斛律世迁、斛律世辨、斛律世酋，全都被处死。

北周武帝听说斛律光死了，非常高兴，特别颁布了大赦令。

祖珽与侍中高元海共同执掌北齐政务。高元海的妻子，是陆令萱的外甥女，高元海多次把陆令萱的密语告诉祖珽。祖珽请求当领军，北齐后主答应了，高元海暗中进言北齐后主说：“祖孝徵是汉人，两目失明，怎么可以做领军！”同时进言祖珽与广宁王高孝珩结交，因此没有任命祖珽为领军。祖珽请求参见北齐后主，自我辩解，又说：“臣与高元海一向有过节，一定是高元海说我的坏话。”北齐后主见人理短就害羞，沉不住气，就把高元海的话一五一十告诉了祖珽，祖珽因此说高元海与司农卿尹子华等结为朋党，又把高元海泄密陆令萱的话告诉了陆令萱，陆令萱很气愤，便外放高元海为郑州刺史，尹子华等人被罢了官。

祖珽从此独掌朝廷枢要机密，统领骑兵、外兵军务，他的内亲外亲都获得高官职位。北齐后主经常让亲信宦官搀扶着祖珽出入皇宫，直到永巷，还时常与祖珽同在御床同坐讨论决定朝政。祖珽所受到的宠信和重用，群臣百官没人能比。

（以上为第二段，写北齐奸佞祖珽得势，权倾中外，谗害忠良，国主高纬杀死功臣斛律光满门，自毁长城。）

秋季，七月，陈宣帝派使臣出使北周。

八月初一日庚午，北齐后主废斛律皇后为庶人。任命任城王高湝为右丞相，冯翊王高润为太尉，兰陵王高长恭为大司马，广宁王高孝珩为大将军，安德王高延宗为大司徒。

北齐派领军封辅相出使北周。

八月初二日辛未，北周派司城中大夫杜杲出使陈朝。陈宣帝对他说：“如果联合攻打齐国，应当把樊城、邓县让给陈朝。”杜杲回答说：“联合攻打齐国，难道只是我国一方有利？一定要有城镇的回报，那也应当打败齐国后，事先就要求得到汉南地区，我这个使臣不敢传达这个要求。”

当初，北齐胡太后因为自己不守贞节感到羞愧，想讨得北齐后主高纬的欢心，就把自己哥哥胡长仁的女儿安置在宫中，让高纬看见，高纬果然很喜欢，纳入后宫为昭仪。等到斛律皇后被废，陆令萱想立穆夫人为皇后，胡太后想立胡昭仪为皇后，但力不从心，胡太后就低三下四地向陆令萱说好话，送厚礼，愿结为姐妹。陆令萱也因为胡昭仪宠信正隆，不得已才与祖珽一同向皇上高纬建议立胡昭仪为皇后。八月十九日戊子，正式册立胡昭仪为皇后。

八月二十日己丑，北齐任命北平王高仁坚为尚书令，特进许季良为左仆射，彭城王高宝德为右仆射。

八月二十四日癸巳，北齐后主到晋阳。

九月初一日庚子，发生日食。

九月十二日辛亥，陈朝大赦天下。

冬季，十月初一日庚午，北周下诏说：“从前攻陷江陵被俘人口发配为官奴婢的，全部释放为平民。”十月初二日辛未，北周派小匠师杨勰等出使陈朝。

北周绥德公陆通去世。

十月十七日乙酉，陈宣帝到太庙祭祀祖先。

北齐陆令萱想立穆昭仪为皇后，私下对北齐后主说：“哪有儿子当了皇太子而母亲为婢妾的道理！”胡皇后受到北齐后主宠爱，无法离间，陆令萱就派人施行诅咒人的巫术，一个月之间，胡皇后神志不清，言笑失常，北齐后主逐渐害怕而讨厌她。有一天，陆令萱突然用胡皇后的衣饰把穆昭仪打扮起来，另外置办了华丽的帐具，以及一整套床上用品和玩耍之物，都是稀世珍品。陆令萱让穆昭仪坐在宝帐中，对北齐后主说：“有一个圣女出现，请陛下去看一看。”等到北齐后主见到了穆昭仪，陆令萱说：“如此美貌的女人不做皇后，还有什么人能做皇后呢？”北齐后主听从了陆令萱的话。

十月二十六日甲午，北齐后主立穆昭仪为右皇后，立胡昭仪为左皇后。

十一月十二日庚戌，北周武帝巡幸羌桥，召集长安以东军中都督以上的官员，皇上接见，按等级给予赏赐。十一月十七日乙卯，回到长安宫。任命赵国公宇文招为大司马。十二月初四日壬申，北周武帝巡幸斜谷，召见长安以西军中都督以上官员，按等级给予赏赐。十二月十八日，回到长安宫。

十二月二十二日庚寅，北周武帝到道会苑游玩，看到上善殿过于壮丽，下令烧毁。

[闰]十二月初四日辛巳，北周武帝在南郊祭天。

北齐后主册立胡皇后，不是陆令萱的心意，陆令萱有一天在胡太后面前神色生气地说："这是什么亲侄女，说出这种话。"胡太后问什么原因。陆令萱说："这事不能说。"胡太后强行要问，陆令萱才说："胡皇后对皇上说：'太后行为不规矩，不足为训。'"胡太后大怒，把胡皇后叫出来，立即把她剃了头发，送她回家。辛丑日，废胡皇后为庶人。但是北齐后主依然思念她，常常送东西给废皇后表达心意。

从此，陆令萱和她的儿子侍中穆提婆权势倾倒朝廷内外，卖官枉法，聚敛没有满足的时候。皇上每次赏赐的钱物，差不多搬空府库。陆令萱在宫内，胡太后以下的人，都得接受她的指使；穆提婆在朝堂上，连尚书令唐邕也不敢出大气，生杀予夺，全凭他们母子的心意。

[闰]十二月初八日乙巳（疑为"乙酉"），北周任命柱国田弘为大司空。

[闰]十二月十八日乙卯，北周国主到太庙祭祀祖先。

这一年，突厥木杆可汗去世，不立他的儿子大逻便，而立他的弟弟，是为佗钵可汗。佗钵立摄图为尔伏可汗，统领东部突厥；佗钵又立他的弟弟褥但可汗的儿子为步离可汗，统领西部突厥。北周与佗钵可汗和亲，每年送给十万缎丝绸锦缎。住在长安的突厥人，穿得好吃得好，经常有上千人。北齐也害怕突厥侵犯，争着送厚礼贿赂突厥。佗钵可汗更加骄横，对他的臣下说："只要让我那两个在南边的儿子孝顺，哪还怕贫困呢！"

阿史那皇后得不到北周武帝的宠爱，神武公窦毅娶襄阳公主为妻，生了一个女儿还幼小，这个小女儿偷偷地对北周武帝说："如今有齐、陈两国和我国三足鼎立对峙，突厥势力正强，希望舅舅抑制个人感情，对阿史那舅妈好一些，以国家苍生为念。"北周武帝认为这小外甥女的话说得对。

（以上为第三段，写北周武帝宇文邕，对内循抚军人，对外联络陈国和突厥，志在吞齐；而北齐国主高纬仍内惑于女宠，荒怠政事。）

陈宣帝太建五年（癸巳，公元 573 年）

春季，正月初六日癸酉，陈朝任命吏部尚书沈君理为右仆射。

正月十一日戊寅，北齐任命并省尚书令高阿那肱录尚书事，统领外兵及内省机密，与侍中城阳王穆提婆、领军大将军昌黎王韩长鸾共掌朝政机密，号称"三贵"，祸国殃民，日盛一日。

韩长鸾的弟弟韩万岁，儿子韩宝行、韩宝信，都任职开府仪同三司，韩万岁还兼职侍中，韩宝行、韩宝信都娶公主为妻。每当群臣早朝，北齐后主都要先宣召韩长鸾询问，等韩长鸾告退后，才宣召奏事大臣上殿。北齐后主如果不上朝，内省又有急事上奏时，都由韩长鸾转交上奏。军机大事，无一不由他经手。韩长鸾特别忌恨士人，他早晚陪伴北齐后主私宴，不停地絮絮叨叨，就是专门说士人的坏话。韩长鸾经常带着刀跑马，从不缓步慢行，瞪着眼睛，张牙舞爪，好像要把人吞下一样。朝中士人与他商量事情，没人敢抬头看他，动辄受到呵斥，他经常谩骂："汉狗无法让人忍耐，只配杀了他们。"

正月十三日庚辰，北齐派崔象出使陈朝。

正月十四日辛巳，陈宣帝到南郊祭天；正月二十七日甲午，到太庙祭祀祖先；二月初五日辛丑，举行明堂的祭典。

二月初九日乙巳，北齐册立右皇后穆氏为皇后。穆皇后母亲名叫穆轻霄，原本是穆氏家的奴婢，脸上被刺了字。穆皇后认陆令萱为养母，把穆提婆当作娘家人，称陆令萱为"太姬"。太姬是北齐皇后母亲的称号，地位等同一品，地位在长公主之上。穆皇后因此不认自己的生母穆轻霄。穆轻霄医好脸上的疤痕，想求见穆皇后，太姬派人阻止，结果没能见面。

北齐后主一向爱好文学。二月初十日丙午，祖珽上奏请求设立文林馆，用以多多安置文学士人，称之为待诏，任命中书侍郎博陵人李德林和黄门侍郎琅邪人颜之推为同判馆事，又命令馆内文学之士集体修撰《修文殿御览》。

二月十八日甲寅，北周皇太子宇文赟巡视西部边疆。

二月十九日乙卯，北齐任命北平王高仁坚录尚书事。二月二十一日丁巳，北齐后主到晋阳。

二月二十六日壬戌，北周派司会侯莫陈凯等出使北齐。

三月十四日庚辰，北齐后主回到邺城。

三月十三日己卯，北周皇太子宇文赟在岐州猎获了两只白鹿献给朝廷，北周武帝下诏说："治理国家在于有德，而不是有无祥瑞。"

陈宣帝打算讨伐北齐，公卿大臣，有的赞同，有的反对，只有镇前将军吴明彻坚决请求领兵北伐。陈宣帝对公卿大臣们说："朕的主意已定，请大家推举元帅。"大家商议后认为中权将军淳于量地位高，大家共同署名推荐。唯独尚书左仆射徐陵反对，说："吴明彻家在淮南，熟悉那里的风土人情，个人的将略才干，当今也没有人能超过他。"都官尚书河东人裴忌说："臣赞同徐仆射。"徐陵随声说："不但吴明彻是一位优秀将领，裴忌就是一个优秀的副帅。"三月十六日壬午，陈宣帝下令各路兵马集结北伐，任命吴明彻为都督征讨诸军事，裴忌为监军事，率领十万大军讨伐北齐。吴明彻指向秦郡，都督黄法氍指向历阳。

夏季，四月初四日乙亥，北周国主宇文邕到太庙祭祀祖先。

四月初八日癸卯，前巴州刺史鲁广达与北齐军队在大岘交战，打败了北齐军。

四月十三日戊申，北齐任命兰陵王高长恭为太保，南阳王高绰为大司马、安德王高延宗为太尉，武兴王高普为司徒，开府仪同三司宜阳王赵彦深为司空。

北齐在秦郡设置秦州，州城前边的江浦跟涂水相通，北齐军队用大木料在江浦中设置了栅栏。四月十六日辛亥，吴明彻派豫章内史程文季率领敢死队拔掉栅栏，打败了北齐水军。程文季，是程灵洗的儿子。

北齐群臣商议怎样抵御陈朝军队，开府仪同三司王纮说："官军近来接连打败仗，人心骚动。如果出动大军屯驻江淮，恐怕北狄突厥、西寇周师，乘虚而来。不如减轻赋税，节省劳役，让平民休养生息，善待士人，使朝廷上下和睦，远近的人都来归附。那么天下四海之内都得到肃静清平，岂止是陈朝而已。"北齐后主不听从。派兵救援历阳。四月二十五日庚申，黄法氍打败北齐救兵。北齐又派开府仪同三司尉破胡、长孙洪略领兵救援秦州。

赵彦深私下向秘书监源文宗询问计谋，说："陈朝敌寇嚣张，如此放肆，弟先前出任秦州、泾州刺史，熟悉江淮间的情况，如今用什么办法抵御陈朝侵犯呢？"源文宗说："朝廷的精兵，一定不肯多调拨些给南征的诸将，只派几千人，恰好成为陈军的饲饵。尉破胡的人品，你宜阳王是知道的，他遭到大败，只是早晚间的事。国家对待淮南，失去它如同丢弃篙箭一样。在我源文宗看来，只需专任王琳，由他去招募三四万淮南人，因为风俗习惯相通，这些人容易替王琳效力；同时命令以前的将领驻兵在淮北。况且王琳是绝对不会向陈宣帝陈顼俯首称臣的，这是明摆着的。我个人认为这是上策。如果不对王琳诚心相待，另派人牵制他，反而构成祸患，那么淮南的战事没什么前途了。"赵彦深叹息说："弟的这一办法可以决胜千里，但我费尽口舌力争了十天，仍没有被采纳。时事到了这个地步，还有什么话好说呢！"赵彦深对着源文宗，两人相视流泪。源文宗，名彪，以字号行世，他是源子恭的儿子。

源文宗的儿子源师任左外兵郎中，兼任祠部郎中，曾经对高阿那肱说："龙出现了，应当举行求雨的祭祀。"高阿那肱惊问："什么地方出现了龙？是什么颜色？"源师说："是龙的星宿刚刚出现，按照典礼应当举行求雨的祭祀，不是有真龙出现。"高阿那肱大怒说："汉儿多事，打肿脸充胖子，懂什么星宿！"于是不举行祭祀。源师告退走出，私自感叹说："典礼都不要了，齐国还能长久吗？"

北齐军队挑选身材高大有勇力的人为先锋，还有苍头、犀角、大力等骁勇分队，势不可当，还招募了西域胡兵，善于射箭，百发百中，陈朝各支部队都非常害怕。四月二十六日辛酉，两军将要在吕梁大战。开战前，吴明彻对巴山太守萧摩诃说："如果你一下子就杀死胡兵，那么敌人的士气就会被压倒，你的才能不亚于关羽。"萧摩诃说："希望告诉我胡兵的相貌，我一定替你消灭他。"吴明彻叫来认识胡兵的北齐降兵，让他指点给萧摩诃看，又亲自替萧摩诃斟酒，萧摩诃喝完酒，策马冲向北齐军阵。胡兵挺身出阵向前十余步，拉满弓向萧摩诃射箭，还没有来得及射出，萧摩诃远远地用手掷出小铁矛正中胡兵的额头，胡兵应声扑倒。北齐军阵中随后冲出十几个胡人大力士出战，全都被萧摩诃杀死，于是北齐军惨败，尉破胡逃走，长孙洪略战死。

尉破胡出兵，北齐派侍中王琳和他同行。王琳对尉破胡说："陈朝军队士气很高，应当用好的计谋来取胜，一定不要轻率出战。"尉破胡不听，结果遭到惨败。王琳单骑突围逃脱，回到彭城，北齐立即派他到寿阳招募士兵来抵抗陈朝军队，又任命卢潜为扬州道行台尚书。

四月二十九日甲子，南谯州太守徐槾攻占石梁城。五月初四日己巳，瓦梁城投降陈军。五月初八日癸酉，阳平郡投降。五月初九日甲戌，徐槾攻占庐江城。历阳守军处于困境，要求投降，黄法氍减缓了攻势，历阳又顽强抵抗，黄法氍大怒，加紧攻击，五月十一日丙子，打破了历阳城，全部杀死了守城的北齐兵。接着，黄法氍进军合肥，合肥守军望见陈军旗帜就请求投降，黄法氍严令禁止士兵抢掠，安抚北齐的守城士兵，同他们盟誓以后释放了他们。

五月十二日丁丑，北周任命柱国侯莫陈琼为大宗伯，荥阳公司马消难为大司寇，江陵总管陆腾为大司空。侯莫陈琼，是侯莫陈崇的弟弟。

五月十四日己卯，北齐北高唐郡投降陈军。五月十六日辛巳，陈宣帝下诏，南豫州刺史黄法氍徙镇历阳。五月二十日乙酉，南齐昌郡太守黄咏攻破了北齐齐昌郡城的外城。五月二十一日丙戌，庐陵郡内史任忠进军东关，攻占了东西两城，又进军攻占了蕲城；五月二十三日戊子，又攻占了谯郡城。北齐秦州城投降。五月二十八日癸巳，瓜步、胡墅两城投降。陈宣帝认为秦郡是吴明彻的家乡，特别下诏由朝廷送上猪牛羊齐备的牺牲，让吴明彻去祭拜祖坟，文武羽仪非常隆盛，乡亲们感到十分光荣。

（以上为第四段，写陈宣帝大举北伐北齐，初战告捷。）

北齐和士开掌权以来，朝政体制一片混乱。等到祖珽执政，网罗了一批有才能和名望的人，得到了朝廷内外的一致称赞。祖珽想精简机构，淘汰冗官，把混乱繁多的官名以及象征等级的服饰，恢复为原来的旧制。祖珽还想罢免一批宫中的宦官及群小，作为治理朝政的大纲。陆令萱、穆提婆在商议时持反对意见。祖珽就示意御史中丞丽伯津，让他弹劾中书省主书王子冲贪污。祖珽知道，弹劾王子冲将牵连穆提婆，想使贪污罪涉及穆提婆，并希望株连陆令萱有罪。祖珽仍然担心北齐后主溺爱亲信，扳不倒陆令萱。祖珽想拉拢胡太后的一党作为自己的后援，于是奏请北齐后主任命胡太后的哥哥胡君瑜为侍中、中领军，又征召胡君瑜的哥哥梁州刺史胡君璧，想让他做御史中丞。陆令萱知道后十分愤怒，千方百计阻挠和诽谤，让胡君瑜出宫为金紫光禄大夫，罢了他的中领军职务，胡君璧仍回到梁州做刺史，后来胡太后被废，也由此而起。王子冲被释放，不再追究。

祖珽一天天被疏远，众宦官轮番说祖珽的坏话，北齐后主询问陆令萱，陆令萱装出一副忧伤沉默不敢说话的样子。北齐后主再三追问，陆令萱才下床叩拜说：“老奴婢有罪该死。老奴婢听和士开说祖孝徵很有才学，心想他是一个好人，所以推举他。近来观察他，是一个大大的奸臣，真是人心难测，老奴婢该死。”北齐后主派韩长鸾查核真假。韩长鸾一向怀恨祖珽，查出祖珽假传敕令收取贿赂十多起。北齐后主曾经与祖珽发过重誓，所以不杀他，罢了他的侍中、仆射职务，外放为北徐州刺史。祖珽要求朝见皇上，韩长鸾不允许，派人把祖珽推出柏阁。祖珽坐着不走，韩长鸾派人把他强行拖了出去。

五月二十八日癸巳，北齐任命领军穆提婆为尚书左仆射，侍中、中书监段孝言为右仆射。段孝言，是段韶的弟弟。当初，祖珽执政，引荐段孝言为自己的助手，升任段孝言为吏部尚书。段孝言所任用提拔的人，不是行贿的就是他的故旧，求官的人有的甚至在大庭广众中向段孝言叩头，公开陈述要官，段孝言神色得意洋洋，以此作为己任，随心所欲酬答允诺。将作丞崔成有一次突然在众多人的面前高声说：“吏部尚书，是国家的尚书，难道是你段家的尚书吗！”段孝言无言以对，只有高声喝令崔成退下。不久，段孝言就和韩长鸾勾结一起诬陷祖珽，把祖珽逐出尚书省，取而代之。

北齐兰陵武王高长恭，相貌英俊而又勇敢，邙山之战北齐军队大捷，高长恭威名大震，士兵们歌唱他，作了《兰陵王入阵曲》的歌舞，这使得北齐后主猜忌他。等到他代替段韶督率诸军攻打定阳，却大肆聚敛财物。高长恭的亲信尉相愿问他说：“兰陵王接受朝命委托，怎么能这样做呢？”高长恭没有回答。尉相愿又说：“难道是邙山大捷，功高震主，你想贪财自污吗？”高长恭说：“是这个想法。”尉相愿说：“朝廷如果猜忌大王，立即就用这个借口治你的罪，这不是逃避灾祸，反而引来了灾祸。”高长恭流着眼泪膝行向前询问避祸之计。尉相愿说：“大王先前已经有大功，如今又打了胜仗，威望名声太重，应该称病在家，不要参与政事。”高长恭听了尉相愿的话，可惜没有引退。等到江淮战事又起，高长恭担心再次用他为将，叹息说：“我去年脸上浮肿，如今为什么不复发！”从此有了病也不医治。北齐后主还是派人送毒酒杀死了高长恭。

[六月初六日庚子]，陈朝将领郢州刺史李综攻占滠口城。六月十一日乙巳，任忠又攻占合州外城。六月十六日庚戌，北齐淮阳、沭阳两郡郡守丢弃城池逃走。

（以上为第五段，写北齐祖珽乃一奸佞臣，见国势日非，尚思改革以苟延国运，而国主高纬昏然不悟，祖珽专务政事竟不能容。时值陈朝犯境，大敌当前齐主再次自毁长城，继斛律光之后又杀高长恭。淮南战事，无可挽回。）

六月十八日壬子，北周皇孙宇文衍降生。

北齐后主游幸南苑，随从官员被赐死的达六十一人。任命高阿那肱为司徒。

六月十九日癸丑，陈朝程文季攻打北齐泾州，占领了泾州。六月二十一日乙卯，宣毅司马湛陀攻占了新蔡城。

六月二十二日丙辰，北齐派开府仪同三司王纮出使北周。

六月二十九日癸亥，黄法氍攻占合州。吴明彻进攻仁州，六月三十日甲子，占领了仁州。

陈朝整修明堂。

秋季，七月初四日戊辰，北齐派尚书左丞相陆骞领兵二万救援齐昌，从巴水、蕲水之间出兵，遭遇陈朝西阳太守汝南人周炅。周炅留下体弱的士兵，设置疑兵抵挡北齐军队，自己率领精锐士兵，由小道绕到北齐兵的背后攻击，大败齐兵。七月初五日己巳，陈朝征北大将吴明彻进军至峡口，攻占了北岸城，南岸城守军弃城逃走。周炅攻占了巴州。江北诸城和谷阳等士民杀了守城军主，献城投降。

北齐巴陵王王琳与扬州刺史王贵显保守寿阳外城，吴明彻认为王琳初到寿阳，军心不稳，七月二十二日丙戌，乘夜攻城，寿阳外城被攻破，北齐兵退守相国城和金城。

八月初二日乙未，北齐山阳城投降。八月初九日壬寅，盱眙城投降。八月十九日壬子，陈军戎昭将军徐敬辩攻占海安城。北齐青州东海城投降。八月二十五日戊午，平固侯敬泰等攻占晋州。九月初一日甲子，阳平城投降。九月初九日壬申，高阳太守沈善庆攻占马头城。九月十一日甲戌，齐安城投降。九月十三日丙子，左卫将军樊毅攻占广陵楚子城。

九月十九日壬午，北周太子宇文赟娶杨氏为太子妃。杨氏太子妃，是大将军随国公杨坚的女儿。

北周皇太子宇文赟喜欢亲近小人，左宫正宇文孝伯对北周武帝说："皇太子是天下所瞩目的人，但他的道德声望不显赫，臣愧任宫官，实际要承担责任。况且皇太子年纪还轻，志向和学业都没成熟，请求皇上好好选拔正直人士做皇太子的师友，调教培养皇太子的品德和素质，希望日有所得，月有所进，如果不这样，后悔就来不及了。"北周武帝神色肃穆地说："你家世代耿直，竭尽忠诚，听了你的这番话，可以想见你的家风。"宇文孝伯拜谢说："说这话并不难，难在接受这些话。"北周武帝说："正直的人没有超过你的。"于是任命尉迟运为右宫正。尉迟运，是尉迟迥弟弟的儿子。

北周武帝曾经向万年县丞南阳人乐运询问他对皇太子的看法，说："卿说一说皇太子是什么样的人。"乐运回答说："中等人。"北周武帝回头对齐国公宇文宪说："百官都花言巧语奉承我，都夸皇太子聪明有大智，只有乐运说的才是忠正之言。"北周武帝接着问中等人前途情况，乐运回答说："像齐桓公就是中等人，管仲辅佐他可以称霸，竖刁辅佐他就要乱国。中等人，可以为善，也可以为恶。”北周武帝说：“我知道了。”于是认真选拔好的宫官辅导太子，并提升乐运为京兆丞。皇太子听说后，心里很不高兴。

九月二十日癸未，陈朝尚书右仆射沈君理去世。

九月二十九日壬辰，陈朝前鄱阳内史鲁天念攻占黄城。十月初二日甲午，北齐郭默城投降。

十月初七日己亥，陈宣帝任命特进兼国子祭酒周弘正为尚书右仆射。

北齐国子祭酒张雕，担任为北齐后主讲授经书的侍读，高纬非常器重他。张雕与得宠的胡人何洪珍相勾结，穆提婆、韩长鸾等怀恨他。何洪珍推荐张雕任职侍中、加官开府仪同三司，让他奏报财赋统计和支调，很受北齐后主的信任，经常称他为“博士”。张雕自认为出身微贱，得位为大臣，很想尽快立功以报恩，所以议论时政，褒贬人物，都不作回避。他提出裁减宫中不必要的开支，制止和约束皇上周围那些放纵的大臣，多次讥讽和批评受宠的权要，向皇上进献可办与不可办的改革建议，北齐后主非常倚仗他，张雕于是把澄清政事为己任，意气很高昂，遭到权贵和宠佞们的侧目。

尚书左丞封孝琰，是封隆之弟弟的儿子，与侍中崔季舒，都受到祖珽的厚爱。封孝琰曾经对祖珽说：“你是由衣冠士族出任的宰相，和别的人不同。”北齐后主身边那些亲信听到了，深深怀恨他。

恰逢北齐后主要到晋阳，崔季舒与张雕商议，认为“寿阳被围攻，大军外出抵抗，信使来往，都要向皇上禀报军情请示节度。再说，皇上离开都城，路上小民见了，或许要惊慌失措，认为皇上到并州，是害怕南寇而逃跑。如果不启奏，恐怕人心惊慌”。于是与从驾文官联名上奏劝谏。当时权贵赵彦深、唐邕、段孝言等，表示反对，与崔季舒争论，没有最后决定。韩长鸾立即向北齐后主进言，说：“众汉官联名上奏，表面上是劝说皇上不要去并州，其实未必不是想谋反，对这一施压的举动，应当统统杀掉。”十月初九日辛丑，北齐后主把联名上奏的文官全部宣召集中到含章殿，将崔季舒、张雕、封孝琰和散骑常侍刘逖、黄门侍郎裴泽、郭遵等在殿廷就地处斩，家属全都流放到北边，妇女发配奚官署为官奴婢，小男孩受宫刑做宦官，家财没收入国库。十月十一日癸卯，北齐后主启程到晋阳。

（以上为第六段，写北齐前线败报频传，而朝内仍内讧不已，国主高纬仍然沉迷不醒，是非不辨，善恶不分，昏聩之极，凶暴之极，亡国之主，心理扭曲，大体如是。）

陈军都督吴明彻围攻寿阳，筑堤蓄肥水灌城，城中很多人患上浮肿腹泻的疾病，死的人占十之六七。北齐行台右仆射琅邪人皮景和等救援寿阳，看到尉破胡刚吃了败仗，就胆怯不敢向前进军，屯驻在淮口，北齐后主敕使多次催促进兵，皮景和才渡过淮河，有众数十万，离寿阳城三十里，又驻扎下来不敢进军。陈朝众将都十分害怕，说：“坚城没有攻下来，大规模援军已经逼近，怎么办呢？”吴明彻说：“用兵贵在神迷，而敌人援军驻扎不前，自己灭了士气，我已知道他不敢来交战，这是明摆着的。”十月十三日乙巳，吴明彻亲自身穿铠甲，头戴铁盔，指挥士兵四面猛烈攻城，一鼓作气地攻破了寿阳城，活捉了王琳、王贵显、卢潜，以及扶风王可朱浑道裕、尚书左丞李騊駼等人，押送到建康。皮景和向北逃走，丢下驼马辎重全被陈军缴获。

王琳体态容貌安详文雅，喜怒不形于色，记忆力强而思维敏捷，军府僚佐有上千人之多，他都能叫出姓名，不滥用刑罚，不爱钱财爱部下，得到将士的拥护，虽然丢了地方流寓在邺城，北齐人十分敬重他的忠义。等到被吴明彻抓获，王琳原有的部属很多在吴明彻军中，看到了王琳被擒无不哀伤流泪，不敢抬头看他，都争着替王琳讲情并送给财物用品。吴明彻担心在押送途中发生变故，派使者快马追上押送队伍，在寿阳城东边二十里处就地斩杀王琳，为王琳而哭的人声震如雷。有一个老头用酒和肉干来祭奠王琳，哭得十分悲伤，并收殓了王琳的血离开了。当地的农夫野老，认识的或不认识的，听到消息没有不流泪的。

北齐穆提婆、韩长鸾听到寿阳陷落，仍继续玩握槊赌博的游戏不停止，说：“本来就是南方朝廷的地方，由他取走吧！”北齐后主听到了寿阳失守，深深忧虑，穆提婆等说：“即使国家丢了黄河以南的所有地方，河北土地不比一个龟兹国差。最可怜的是人的生命短促，像是寄居人间，最应当做的事要及时行乐，愁它干什么！”北齐后主身边的宠臣亲信一致附和说好，高纬于是转忧为喜，豪饮起舞，鼓乐震天，便派使臣到黎阳沿着黄河筑城防守。

十月十五日丁未，北齐派兵一万到颍口，被陈将樊毅击退，十月十九日辛亥，北齐又派兵救援苍陵，又被打败。北齐后主认为皮景和带领全军退回，还给他重赏，提升为尚书令。

十月二十四日丙辰，陈宣帝下诏恢复寿阳为豫州，黄城为司州治所。任命吴明彻为都督豫州、合州等六州诸军事、车骑大将军、豫州刺史，派谒者萧淳风到寿阳去颁布册命，在城南设坛拜授，士卒二十万，披甲执戈，陈列旌旗战鼓。吴明彻登坛拜受了陈宣帝的册命，仪式结束，走下土坛，将士们将感到荣耀。京城陈宣帝设宴群臣，陈宣帝亲自举杯向徐陵敬酒，说：“这杯酒赏赐卿善于识人。”徐陵避席答礼说：“英明决策是皇上圣明，不是臣的力量。”任命黄法氍为征西大将军、合州刺史。

十月二十六日戊午，陈朝湛陀攻下齐昌城，十一月十二日甲戌，淮阴城投降。十一月十八日庚辰，威虏将军刘桃枝攻占朐山城。十一月十九日辛巳，樊毅攻占济阳城。十一月二十七日己丑，鲁广达进攻北齐南徐州，攻占南徐州，陈朝任命鲁广达为北徐州刺史，镇守这个地方。

北齐北徐州民众许多起兵响应陈朝军队，逼近州城。祖珽下令不闭城门，禁止人们在大街上行走，城中鸦雀无声。反叛的人不知深浅，正在怀疑是人走城空，不做防备的时候，祖珽忽然命令击鼓呐喊，如雷鸣般震天响，造反的人都惊散了。不久又结合成队伍向州城逼近，祖珽命令录事参军王君植领兵抵抗，自己乘马到阵前命左右的人放箭。反叛的人先前听说祖珽是一个瞎子，认为他绝不会出城，现在忽然看见了他，非常惊讶！穆提婆存心让这座城被攻破，故意不派援兵，祖珽且战且守，坚持了十几天，造反的人终于散走了。

陈宣帝下诏把王琳的头悬挂在建康闹市上示众。王琳的旧僚属原梁朝骠骑仓曹参军朱玚写信给徐陵，要求收殓王琳的首级，说："我私下认为，晋朝将要灭亡，徐广为晋室的遗老；曹魏亡国，司马孚保节为魏室忠臣。梁朝原建宁公王琳，生当纷乱的时代，担当一方诸侯的重任，老天要灭亡梁朝，他仍想匡扶延续梁朝，空怀申包胥乞兵复国的志愿，最终犯下了苌弘那样的错误，以至身死九泉之下，头颅却传送千里。拜伏祈求圣主广施恩德，颁示明诏，像司马昭那样宽恕向雄抱哭王经，像汉高祖刘邦那样允许安葬田横。不要使寿春城下，只流传诸葛诞的部下为主而死；沧州海岛上，只有悲悼田横的宾客。"徐陵将朱玚的请求上奏宣帝，十二月初一日壬辰，陈宣帝下诏，王琳以及熊昙朗等人的首级都交还他们的亲属。朱玚把王琳安葬在八公山旁，赶来参加会葬的故旧有几千人。朱玚从小路直奔北齐，另外商议迎葬的事。不久有寿阳人茅智胜等五人，秘密送王琳的灵柩到邺城。北齐追赠王琳开府仪同三司、录尚书事，谥号叫忠武王，特赐辒辌车安葬王琳。

十二月初二日癸巳，北周武帝召集群臣，以及沙门、道士，北周武帝自己登上高座，辩论三教高下，论定儒教为首，道教第二，佛教第三。

十二月初四日乙未，谯城投降。

十二月十四日乙巳，陈朝立皇子陈叔明为宜都王，陈叔献为河东王。

［十二月二十一日壬子］，任忠攻占霍州。

陈宣帝下诏征召安州刺史周炅入朝。当初，后梁定州刺史田龙升举城投降陈朝，陈宣帝诏令仍旧担任原职。等到周炅入朝，田龙升献出江北六州、七镇之地投降北齐，北齐派历阳王元景安领兵接应。陈宣帝下诏任命周炅为江北道大都督，统率众军征讨田龙升，将他斩首。元景安退走，陈朝全部恢复了江北地方。

这一年，突厥向北齐求婚。

（以上为第七段，写陈朝大败北齐，全部收复梁朝末年丢失的淮水以南长江北岸的淮南地方，国势此时达于鼎盛。）

陈宣帝太建六年（甲午，公元 574 年）

春季，正月初一日壬戌，北周齐国公宇文宪等七人晋爵为王。

正月初八日己巳，北周武帝到太庙祭祀祖先；正月十四日，举行亲耕藉田典礼。

[正月二十一日壬午]，陈宣帝到太庙祭祀祖先。

正月二十三日甲申，广陵金城投降。

二月初一日壬午，发生日食。

二月初四日乙未，北齐后主高纬回到邺城。

二月初六日丁酉，北周纪国公宇文贤等六人晋爵为王。

二月二十一日辛亥，陈宣帝举行亲耕藉田典礼。

北齐朔州行台南安王高思好，原本是高氏养子，骁勇善战，深得边镇民心。北齐后主派宠臣斫骨光弁到朔州，他对高思好傲慢无礼，高思好大怒，于是反叛，打出口号说，“带兵进京除掉国君身边的坏人”。高思好进军到达阳曲，自称大丞相。武卫将军赵海在晋阳，匆忙之中来不及上奏，就假传诏令征调军队去抵抗。北齐后主听说发生兵变，派尚书令唐邕等策马到晋阳，二月十一日辛丑，北齐后主亲自领兵随后进发，还没到达晋阳，高思好兵败投水而死。高思好部众两千人被刘桃枝包围，一边杀一边招降，始终没有一个人投降，全部战死。

事发之前，有人报告高思好谋反，韩长鸾女儿是高思好的儿媳，他便启奏北齐后主说：“这人诬告贵臣，不杀掉他就不能制止诬告成风。”便杀了告发者。高思好被诛杀后，告发人的弟弟拜伏在皇宫门前请求给他的哥哥赠官，韩长鸾压着不向北齐后主通报。

二月十六日丁未，北齐后主回到邺城。二月二十三日甲寅，任命唐邕为录尚书事。

二月二十四日乙卯，北周武帝到云阳宫。

二月二十六日丙辰，北周发布大赦。

二月二十九日庚申，北周叱奴太后生病。三月初一日辛酉，北周武帝回到长安。三月十三日癸酉，叱奴太后去世。北周武帝居倚庐守丧，早晚只吃一勺米的饭。群臣上表请求北周武帝节哀，一连十几天上表后才停止住在倚庐，命令皇太子宇文赟总理各项政务。

北周卫王宇文直在北周武帝面前说齐王宇文宪的坏话，说：“宇文宪饮酒吃肉，跟平时一样。”北周武帝说：“朕与齐王宇文宪同父异母，都不是嫡子。只因我是国君的缘故，他也解衣露袒，用麻束发，为我母服丧。你应当感到羞愧，怎么反而去评论别人的是非。你是太后的亲生儿子，又特别受到太后的慈爱，你应当自己努力为母亲服丧尽孝，不要去议论别人的是非。”

夏季，四月二十五日乙卯，北齐派侍中薛孤康买出使北周吊唁，并参加太后的葬礼。

当初，北齐世祖高湛为胡皇后制作珍珠裙裤，花费钱财不计其数，失火烧毁。这时，北齐后主又想给穆皇后做一件珍珠裙裤。北齐后主派胡商载运三万匹彩色绸缎，与吊唁使者一起到北周去购买珍珠。北周人不卖给珍珠，北齐后主竟然想方设法制作了一件珍珠裙裤。等到穆皇后失宠，而穆皇后的侍女冯小怜大受恩宠，被册封为淑妃，与北齐后主坐则同席，出则并马，发誓要同生共死。

五月初一日庚申，北周在永固陵安葬文宣皇后叱奴氏，北周武帝赤着脚走到陵前。五月初二日辛酉，北周武帝下诏说："为父母守三年之丧，从庶民到天子都应当一样。但是军国事务繁重，皇上要临朝听政。至于身穿孝服，头戴孝麻的服制，苫庐的礼节，一一遵守古代礼制的规定，用来报答母亲的养育之恩，文武百官应遵守太后遗命，在她安葬之后，就可以除去孝服。"公卿大臣一再上表请求皇上依照改订后的灵活守丧的制度，北周武帝不同意，始终遵守了三年守丧的礼制，凡皇室五服之内的亲属也一律依照古礼。

五月十一日庚午，北齐大赦天下。

北齐害怕陈朝军队渡过淮河，派皮景和屯驻西兖州，防备陈朝军队的进犯。

五月十七日丙子，北周禁止佛教、道教，把佛道两教的经典和偶像全部销毁，取缔和尚、道士，勒令他们还俗。并禁止一切不符合礼制的祭祀，凡不是礼仪典礼规定的祭祀一律废除。

六月初三日壬辰，陈朝周弘正去世。

六月二十三日壬子，北周改铸五行大布钱，一个五行大布钱兑换民间私铸的十个细钱，与布泉钱一起流通。

六月二十九日戊午，北周建立通道观用来统一圣贤的政教。

秋季，七月初六日庚申，北周武帝到云阳，任命右宫正尉迟运兼职司武，与薛国公长孙览辅佐太子镇守长安。

当初，北周武帝征用卫王宇文直的府第为东宫，让宇文直自己另外选择一处住所。宇文直一一察看了所有的府署衙门，没有一处满意的，最后选定了荒废的陟屺寺，想居住在那里。齐王宇文宪对宇文直说："弟弟你子孙众多，这地方恐怕太小了吧！"宇文直说："我自己一个身子尚且不能见容，哪顾得上子孙！"宇文直曾经随从北周武帝围猎而扰乱了队列，北周武帝当众鞭打他，宇文直便积下怨愤，趁北周武帝外出，于是在长安起兵作乱。七月二十七日乙酉，率领他的党羽袭击肃章门。长孙览害怕，逃到北周武帝的行在所。尉迟运正巧在肃章门内，宇文直领兵突然来夺门，尉迟运亲手关门。宇文直的党羽与尉迟运争门，尉迟运的手指被砍伤，勉强把门关上了。宇文直进不了皇宫，就放火烧门。尉迟运担心火灭了，宇文直的党羽冲进宫来，便命令宫中的人搬来木材和床榻等物投入火中加大火势，又用油脂灌浇，火势转大，燃烧久久不灭，宇文直进不了宫，才退走，尉迟运率领留守的士兵，趁宇文直退走时追击，宇文直大败，率领一百余骑逃奔荆州。七月三十日戊子，北周武帝回到长安。八月初三日辛卯，抓获宇文直，废为庶人，禁闭在别宫，不久又杀了他。任命尉迟运为大将军，赏赐非常优厚。

八月初八日丙申，北周武帝再次巡幸云阳。

八月十五日癸丑，北齐后主到晋阳。八月十六日甲辰，北齐任命高劢为尚书右仆射。

九月初三庚申，北周武帝到同州。

冬季，十月初九日丙申，北周派御正弘农杨尚希、礼部卢恺出使陈朝。卢恺，是卢柔的儿子。

十月二十七日甲寅，北周武帝巡幸蒲州；十月二十九日丙辰，巡幸同州；十一月十七日甲戌，回到长安。

十二月十二日戊戌，陈宣帝任命吏部尚书王玚为右仆射，度支尚书孔奂为吏部尚书。王玚，是王冲的儿子。

这时陈朝刚收复淮泗地区，攻战叙其功，降附行其赏，事情千头万绪。孔奂识见判断，精细敏捷，不接受人情请托，办事效率极高，人们心悦诚服。湘州刺史始兴王陈叔陵，多次暗示主管部门，请求任三公之职。孔奂说："三公的职位，是依照德行来选拔的，未必皇室宗亲就够格三公。"并把这事报告给陈宣帝。陈宣帝说："始兴王怎么突然想要作三公？再说朕的儿子要作三公，也得在鄱阳王之后。"孔奂说："臣的看法，也正和皇上的意思一样。"

北齐定州刺史南阳王高绰，生性爱好残暴的行为。他曾外出看到一个妇人抱了一个婴儿，就夺过婴儿喂狗。这个妇人号哭，高绰大怒，把这个婴儿的血涂在妇人身上，放狗去咬这个妇人。他常常说："我以伯父文宣帝为榜样学习做人。"北齐后主听说了，命人把高绰锁住押往行在所，等到高绰被押送到了，又把他放了。高纬问高绰："在州城里做什么事最快乐？"高绰回答说："捕捉许多蝎子放在一个容器中，再放进一个猴子，看蝎子白蜇猴子最快乐。"北齐后主听了，立即派人连夜去捉蝎子，要有一斗，到了天明时，只抓了两三升，放在澡盆中，派一个人裸体躺在澡盆中，那人被蝎子蜇得团团打滚，号叫不已。高纬与高绰临盆观看，大笑不止。北齐后主责备高绰说："这么好玩的事，为什么不用快马驿传奏上！"因此高绰受到宠信，升迁为大将军，两人从早到晚在一起嬉戏。韩长鸾十分憎恨高绰。这一年，外放高绰为齐州刺史，将要启程赴任，韩长鸾派人诬告高绰谋反，随即上奏说："这是犯了国法，不能赦免。”北齐后主不忍将高绰明正典刑，让宠信的胡人何猥萨与高绰徒手搏斗，扼死了高绰。

（以上为第八段，写陈朝收复江北淮南之地，庆功封赏。北周武帝亲政、灭佛。北齐国主高纬残虐无道，变本加厉，国势日衰。）

【点评】

北周武帝功过参半。北周武帝宇文邕，殚精治国，察纳雅言，有贤君之气象。然其亲政，虐杀晋国公宇文护；又忌胞弟卫王宇文直之武略，夺其府第，逼其反叛，而后诛之，又何其忍也！得人心者得天下也。北周武帝以血腥维护政权，而政权亦不久存，岂非始料所及欤？

资治通鉴（白话本） 卷第一百七十二

陈纪六

陈宣帝太建七年至八年（公元575—公元576）

【起旃蒙协洽（乙未，公元575年），尽柔兆涒滩（丙申，公元576年），凡二年】

【大事提要】

本卷记述公元575年至公元576年南北朝史事，凡两年，时当陈朝宣帝太建七年、八年，北周武帝建德四年、五年，北齐后主高纬武平六年、隆化元年。重点记述北周武帝连年用兵讨伐北齐的事件。北周武帝第一次伐北齐，出兵指向北齐重点防御的洛阳，无功而返；及时总结教训，再次伐北齐，直指并州，一举端掉高氏起家的晋阳，奠定了灭亡北齐的基础。

高宗宣皇帝中之上

陈宣帝太建七年（乙未，公元575年）

春季，正月十六日辛未，陈宣帝在南郊祭天。

正月十八日癸酉，北周武帝到同州。

正月二十日乙亥，陈朝左卫将军樊毅攻克潼州。

北齐后主回到邺城。

正月二十六日辛巳，陈宣帝在北郊祭地。

二月初一日丙戌，发生日食。

二月二十三日戊申，樊毅攻克下邳、高栅等六城。

北齐后主高纬说话迟钝口吃，不喜欢接见朝廷官员，如果不是宠爱亲近的人，从不与之交谈。个性怯懦，不能忍受别人的注视，即使是朝廷三公、尚书令、录尚书事向他奏事，谁也不能抬头看他，都是说个大概和要点，便惊恐地退出。北齐后主沾染他父亲世祖高湛奢侈华靡的风气，认为皇帝就应该这样。后宫嫔妃都是锦衣玉食，一条裙子的费用，价值一万匹锦帛，竞相攀比新奇精巧，早上刚穿上的新衣，晚上就当作旧衣扔掉，大肆铺张修建宫室园林，雄伟华丽达到极点；爱好反复无常，一次又一次地毁坏了重新修建。从事土木建筑的各种工匠，没完没了地劳作，不能休息。夜晚点起火把照常工作，天冻了用热水和泥，在晋阳西山凿石窟修造大佛像，一个夜晚的照明要用掉一万盆燃油，亮光可以照到晋阳宫中。每当发生灾异或盗寇，北齐后主从不自我反省，只是多设斋饭施舍，认为这样就是修炼功德。喜欢亲自弹奏琵琶，谱了一首名叫《无愁》的乐曲，弹奏时要成百名近侍相随伴唱，民间戏称他为“无愁天子”。北齐后主在华林园设立贫儿村，亲自穿上破烂的衣衫，装扮成乞丐在村中乞讨以为乐。又仿造北齐西部的边境城市，派人穿上黑色戎装扮作北周军进攻，北齐后主亲自率领宫中的宦官在城内防守战斗。

北齐后主宠信任用陆令萱、穆提婆、高阿那肱、韩长鸾等主宰朝政，宦官邓长颙、陈德言、胡人何洪珍等都参决机密事务，各自招引亲戚朋党，破格升迁把持显要职位。官位升迁由钱财多少决定，刑狱判决以贿赂多少定案，个个都争着向北齐后主要巧谄媚，败坏朝政并祸害百姓。先前充当奴仆的刘桃枝等都开府封王，其他宦官、胡人、歌舞艺人、巫师、官府奴婢等都滥得富贵，大约有上万人。平民姓氏被封王的有上百人，位居开府的有上千人，位居仪同三司的不计其数，被任职为领军将军的有时一次达二十人，侍中、中常侍数十人，甚至于狗、马和猎鹰等禽兽也有仪同、郡君的封号，有的斗鸡封为开府，这些有职位封号的禽兽，他们都享有相应等级的俸禄。一些受到宠幸的婢妾和近臣整天陪同在北齐后主的身旁，一次游戏的费用，动辄超过一万。不久国库空虚了，就赐给这些人两三个郡，或六七个县，让他们出卖官爵来获取钱财。因此，担任郡守县令的人，大多数都成了富商，竞相贪污放纵，弄得民不聊生。

北周武帝谋划讨伐北齐，命令边镇增加储备，加派守兵；北齐得知消息，也增加了守卫力量。北周柱国于翼劝谏说：“周齐两国在边境互相侵犯，必然是互有胜负，白白地损耗兵力和储备，无补于大计。不如解除边境的戒严，继续维护两国和好，使对方松懈没有防备，然后寻找机会，出其不易，可以一举攻破敌国。”北周武帝听从了于翼的建议。

韦孝宽上疏北周武帝陈述三条计策。

第一条说：“臣在边镇多年，多次看到敌国的空隙，若不抓住这个时机，仍然很难成功。所以往年出兵，白白地受累又破费，不能建立功勋，都是因为丧失了时机。为什么呢？长长的淮河之南，从前是肥沃的土地，陈朝承梁朝破亡之后，收拾残局，仍能一举讨平动乱；北齐连年派兵救援，都丧师败还。现在北齐内部离心，外有大军压境，计尽力穷，我们的仇敌既然有这样的空隙，不可丧失这大好时机。如今大军从轵关出击，两车并行推进，加上联合陈朝两面夹击，并命令广州义军从山鸦出兵，再招募山南骁勇精卒，沿着黄河东下，同时派遣北山稽胡，截断敌人并州、晋州的通道。以上各军，让他们自主招募潼关黄河之外即敌境之内的强劲勇敢之士，赐给他们优厚的官爵和奖赏，委派他们为前锋，这样出征，山动川移，雷惊电闪，百路齐进，直趋敌人都城。敌人一定望旗奔溃，我军则所向无敌，无坚不摧，将一举平定齐国，实实在在是一次良机。”

第二条说：“如果国家另有往后灭齐的计划，当前还不大规模出兵，应当与陈朝共同分散齐国的兵势。在三鸦之北，万春以南，大规模屯田，预备军粮，召募骁勇凶悍的士兵，编制成部队。齐国既然与东南的陈国为敌，双方兵戎相争，我军突然出奇兵，攻破齐国边防，齐国如果派兵救援，我军则坚壁清野，等待他们撤离远去，我军重新出兵。我军经常用边境的守军，牵制齐人腹心要害地区的重兵。我军无须准备隔夜的粮草，对方却有疲于奔命的劳累。在一两年之内，齐人一定会众叛亲离。况且齐主昏庸暴虐，政出多门，鬻狱卖官，唯利是图，荒淫酒色，残害忠良，全国百姓愁苦哀号，不堪忍受这样的弊端。由此看来，齐国的灭亡指日可待。我军寻机发起闪电般的攻击，如同摧枯拉朽那样不费吹灰之力。”

第三条说：“从前句践灭吴，尚且花了十年时间；周武王伐纣，还两度用兵。如今陛下要蓄养国力，再等待时机行动，臣认为如此就应恢复过去的睦邻友好，重申盟约，安定人民，和睦部众，互通贸易，让工匠得实惠，养精蓄锐，增强声势，看准时机，采取行动。这样做便是长谋远略，水到渠成吞并齐国。”

韦孝宽的奏疏呈上以后，北周武帝召见开府仪同三司伊娄谦于内殿，从容地问伊娄谦说：“朕想用兵，先打齐国还是陈国呢？”伊娄谦回答：“齐主沉湎歌舞玩乐，嗜好饮酒，能够御敌的战将斛律明月，已被谗言杀害。君臣上下离心离德，路上行人以目示意，不敢说话，这种情况最容易攻取。”北周武帝大笑。三月初二日丙辰，北周武帝派伊娄谦与小司寇元卫出使北齐观看虚实。

三月十二日丙寅，北周武帝回到长安。

夏季，四月初十日甲午，陈宣帝到太庙祭祀祖先。

豫州监军陈桃根猎获一头青牛，献给朝廷，陈宣帝下诏退还给平民。陈桃根又上表贡献织成的罗纹锦被两种各二百件，陈宣帝下诏在云龙门外全部烧毁。

四月十六日庚子，北齐后主命中书监阳休之为尚书右仆射。

六月初九日壬辰，陈朝任命尚书右仆射王玚为左仆射。

甲戌日，北齐后主到晋阳。

秋季，七月，丙戌日，北周武帝到云阳宫。

大将军杨坚姿容相貌奇特伟大。畿伯下大夫长安人来和曾经对杨坚说：“您的眼睛如晨星闪烁，无所不照，应当称王于天下，希望你能克制诛杀。”

北周武帝一向厚待杨坚，齐王宇文宪对北周武帝说：“普六茹坚（杨坚），相貌不凡，臣每次见到他，很不自然，他恐怕不是一个久能为臣的人，应当及早除掉他。”北周武帝也有些猜疑，因此问来和，来和诡称：“随公杨坚是一个看重名节的人，可以让他镇守一方，如果用他为大将，攻无不胜，战无不克。”

七月十五日丁卯，北周武帝回到长安。

起先北周武帝只与齐王宇文宪以及内史王谊谋划讨伐北齐，又派纳言卢韫三次乘驿车到安州向总管于翼问计，其他的人都不知道。七月二十四日丙子，北周武帝第一次在大德殿召见大将军以上大臣通告伐齐的事。

七月二十五日丁丑，北周武帝颁下诏命讨伐北齐，任命柱国陈王宇文纯、荥阳公司马消难、郑公达奚震为前锋三军总管，任命越王宇文盛、周昌公侯莫陈崇、赵王宇文招为后三军总管。齐王宇文宪率领两万人马直趋黎阳，随公杨坚、广宁公薛迥率领水军三万从渭河进入黄河，梁公侯莫陈芮率军两万扼守太行道，申公李穆率军三万扼守河阳道，常山公于翼率领两万进军陈州、汝州。王谊，是王盟哥哥的孙子。达奚震，是达奚武的儿子。

北周武帝打算亲自出征河阳，内史上士宇文弼说："北齐建国，至今传了几代，虽然说齐国君主无道，而守卫藩镇的人，尚能称职。如今我国出兵，最重要的是选择突破点，河阳是要冲之地，敌人屯聚精兵，我军努力攻围，恐怕也难以如愿。依臣的意见，出兵汾曲，那里守卫的敌人少，山势平坦，攻击容易占领。出征的地点，没有比这更好的了。"民部中大夫天水人赵煚说："河南洛阳，四面受敌，即使得到了，也守不住，请从河北直指太原，捣毁敌人的巢穴，可以一战平定。"遂伯下大夫鲍宏说："周强齐弱，周治齐乱，何愁不能攻克！只是先帝从前多次出兵洛阳，对方既然有了防备，所以每次不能取胜。依臣之计，进兵汾州、潞州，直接袭击晋阳，出其不意，才是上策。"北周武帝概不听从。鲍宏，是鲍泉的弟弟。

七月三十日壬午，北周武帝率军六万，直指河阴。杨素请求率领父亲遗留的部众为先锋，北周武帝同意了。

八月二十一日癸卯，北周派使者出使陈朝。

北周军队进入北齐境内，严禁砍伐树木践踏庄稼，犯令者杀头。八月二十五日丁未，北周武帝进攻河阴大城，攻占了它。齐王宇文宪占领了武济城，进兵包围洛口，攻占了东城和西城，放火焚烧了浮桥，断绝了齐人桥上交通。北齐永桥大都督太安人傅伏，从永桥乘夜进入中潬城。周军已经攻克了南城，围攻中潬城，二十天没有攻下来。洛州刺史独孤永业守卫金墉城，北周武帝亲自攻围，未能攻下。独孤永业连夜赶制两千只马槽，周军听说，以为北齐救援大军将要到达，感到恐惧。

九月，北齐右丞高阿那肱从晋阳领兵抵抗周军。到达河阳，赶上北周武帝有病，九月初九日辛酉夜，率军退还。北周水军烧毁了舟船。北齐傅伏对行台乞伏贵和说："周军疲惫，我希望得到精骑两千乘胜追击，可以打败他们。"乞伏贵和不允许。

齐王宇文宪、于翼、李穆，所到之处都取得胜利，受降攻占达三十余城，全都放弃不留兵防守。只有王药城地处冲要，派仪同三司韩正留守，不久，韩正献城投降了北齐。

九月二十六日戊寅，北周武帝回到长安。

九月二十八日庚辰，北齐任用赵彦深为司徒，斛阿列罗为司空。

闰九月，陈朝车骑大将军吴明彻率军攻击北齐的彭城。闰九月十一日壬辰，吴明彻在吕梁打败了几万齐兵。

闰九月十三日甲午，北周武帝前往同州。

冬季，十月十八日己巳，陈宣帝册立皇子陈叔齐为新蔡王，陈叔文为晋熙王。

十二月初一日辛亥，发生日食。

十二月十二日壬戌，陈宣帝任命王玚为尚书左仆射，太子詹事吴郡人陆缮为尚书右仆射。

十二月二十日庚午，北周武帝回到长安。

（以上为第一段，写公元575年史事，北周武帝宇文邕大规模伐齐，周武帝未采纳臣下正确建议，出兵洛阳而败还。但北齐腐朽之形已现，陈朝趁机北伐，取得大胜。）

陈宣帝太建八年（丙申，公元576年）

春季，正月初四日癸未，北周武帝到同州；正月十二日辛卯，到河东涑川；正月十五日甲午，返回同州。

二月初四日甲寅，北齐发布大赦令。

二月初五日乙卯，北齐后主高纬返回邺城。

二月十二日辛酉，北周武帝命太子宇文赟巡视安抚西部疆土，顺便讨伐吐谷浑，上开府仪同大将军王轨、宫正宇文孝伯随行。军中指挥调度，都委托两人办理，太子只是坐享其成罢了。

北齐检查被俘供役使的官奴婢户口中的未嫁女子，把她们全部集中起来，凡隐藏不报的人户，家长一律处死。

二月二十三日壬申，陈宣帝任命开府仪同三司吴明彻为司空。

三月二十四日壬寅，北周武帝回到长安；夏季，四月初七日乙卯，再次巡视到同州。

四月十一日己未，陈宣帝到太庙祭祀祖先。

陈朝尚书左仆射王玚去世。

五月十五日壬辰，北周武帝回到长安。

六月初一日戊申，发生日食。

六月初四日辛亥，北周武帝到太庙祭祀祖先。

当初，陈朝太子陈叔宝想任用左户部尚书江总为太子詹事，命令东宫管记陆瑜告诉吏部尚书孔奂。孔奂对陆瑜说："江总有潘岳、陆机那样的文采，却没有东园公、绮里季那样的实学，如果要用江总辅佐太子，我很为难。"太子对此很是恼火，他亲自去向陈宣帝请求。陈宣帝准备答应了，孔奂连忙上奏说："江总，是一个有文学才华的人，如今皇太子文学才华不少，难道还须借重江总吗？依臣的愚见，希望挑选一个敦厚稳重的人，来担任辅导皇太子的职务。"陈宣帝说："照卿的意见，谁能担当这个职务呢？"孔奂说："都官尚书王廓，世代有美德，他识见敏捷，品性敦厚，可以担任这个职务。"当时太子陈叔宝在旁边，便插话说："王廓是王泰的儿子，不适宜担任太子詹事。"孔奂说："宋朝范晔就是范泰的儿子，也曾担任太子詹事，前朝没有因避讳而疑惑。"太子坚持力争，陈宣帝最终还是任命江总为太子詹事。江总，是江敩的曾孙。

六月初七日甲寅，陈宣帝任命尚书右仆射陆缮为左仆射。陈宣帝想用孔奂接替陆缮，诏书已经发出，因太子陈叔宝的阻止而作罢；改用晋陵太守王克担任尚书右仆射。

不久，江总和皇太子陈叔宝通宵达旦地饮酒，收太子的良娣陈氏为养女；太子多次便装外出，跑到江总家游玩。陈宣帝大怒，罢免了江总的官职。

北周利州刺史纪王宇文康，骄横傲慢，不守法度，修整兵器，暗中图谋造反，司录裴融劝阻他，宇文康杀了裴融。六月初九日丙辰，北周武帝赐宇文康自尽。

六月初十日丁巳，北周武帝到云阳宫。

六月十三日庚申，北齐宜阳王赵彦深去世。赵彦深历经几代国君，经常参任职掌机密，以温和谨慎著称。赵彦深死后，掌管机密的朝中贵臣，只有侍中、开府仪同三司斛律孝卿一人而已，其他的人都是北齐后主的亲信。斛律孝卿，是斛律羌举的儿子，与其他人相比，不那么贪婪秽乱。

秋季，八月初九日乙卯，北周武帝回到长安。

北周太子宇文赟征讨吐谷浑，到达伏俟城退还。

北周太子宫尹郑译、王端等人受到太子的宠幸。太子在军中有许多败坏道德的行为，郑译等人都参与其中。军队回到长安，王轨等人上奏北周武帝。北周武帝大怒，对太子及郑译等都处以杖刑，便将郑译等革职除名，太子的宫臣和亲信都受到斥责。过后太子召回郑译，游玩亲近和先前一样。郑译因而对太子说："殿下什么时候统治天下？"太子听了很高兴，更加亲昵。郑译，是郑俨哥哥的孙子。

北周武帝对待太子很严厉，每次朝见，进退礼节与群臣没有两样，即便是隆冬盛夏，也不能得到休息。因为太子爱好喝酒，禁止送酒到东宫。太子犯了过错，动辄鞭打。曾经对太子说："自古以来废掉太子的有多少个？难道别的儿子就不能立为太子吗？"于是下令东宫官员记录太子的言语动作，每月上奏。太子害怕北周武帝的威严，便假意修饰自己的言行，因此北周武帝不知道太子的过失和恶行。

王轨曾经对小内史贺若弼说："太子一定不能胜任治国重任。"贺若弼非常赞同，劝王轨向北周武帝陈说。王轨其后借陪坐在北周武帝身边的机会，对北周武帝说："皇太子没有仁爱孝顺的名声，恐怕办不了陛下的家事。愚臣见识短看不明，不足为信，陛下一向认为贺若弼有文武奇才，也时常为这件事而忧愁。"北周武帝于是询问贺若弼，回答说："皇太子在东宫修养品德，没听说有什么过失。"退朝以后，王轨责备贺若弼说："你平日说话，知无不言，今天面对皇上回答询问，怎么是这样的反复无常？"贺若弼说："这是你的不对啊。太子是国家的储君，怎能随便议论！事情稍有失误，就要灭族。原本是让你秘密单独向皇上陈奏太子的善恶，哪里是让你当众说破！"王轨沉默了好久，才说："我一心为了国家，于是没有一点儿个人的考虑，刚才对着大众说，确实不妥当。"

过后，王轨借宫中宴会的机会，向皇上敬酒，用手捋着北周武帝的胡须说："可爱的好老头，只是继承人太昏弱了。"早先，北周武帝问右宫伯宇文孝伯说："我儿近来怎么样？"宇文孝伯回答说："太子近来惧怕皇上，再没有犯什么过失。"宴会过后，北周武帝责备宇文孝伯说："你经常对我说：'太子没有过失。'今天王轨却这样说，可见你是在说谎话。"宇文孝伯拜了两拜说："父子之间，别人难以说话。臣了解陛下不能舍弃慈爱，所以我闭嘴不敢多说话。"北周武帝知道宇文孝伯说话的意思，沉默了很久，才说："朕既然把太子托付给你了，你就努力做好吧！"

王轨有一天突然对北周武帝说："皇太子不适合做一国之主。普六茹坚长了一副反叛的相貌。"北周武帝很不高兴，说："如果天命一定在他身上，我也没办法！"杨坚听到了这件事，非常害怕，竭力隐蔽自己，不出头露面。

北周武帝内心认为王轨等人的话有道理，但次子汉王宇文赞很不成器，其他儿子都年幼，所以没有废除皇太子。

八月二十一日丁卯，陈宣帝任命吴明彻为南兖州刺史。

北齐后主到晋阳。经营邯郸宫。

九月二十三日戊戌，陈宣帝册封皇子陈叔彪为淮南王。

（以上为第二段，重点载述北周武帝太子宇文赟和陈朝宣帝太子陈叔宝，均是不才储君。王轨谏周武帝暗示太子不才，为后来遭杀身之祸埋下伏笔。）

北周武帝对群臣说："朕去年出征，赶上有病，于是没能荡平敌寇。但上次进入齐境，详细了解了敌情，他们用兵打仗，简直如同儿戏。何况对方朝廷昏乱，政令出自一帮小人，百姓痛苦哀号，朝不保夕。上天赐给了机会不去夺取，恐怕要留下遗憾。上次出兵河外，直接打击他的后背，没能扼住他的咽喉。晋州原本是高欢兴起的地方，也是重镇要地，如今我们去攻击晋州，他们一定会派兵救援；我军严阵以待，攻击一定会取胜。然后乘破竹之势，勇往向东，完全可以直捣巢穴，一统天下。”诸将都不愿出征。北周武帝说：“机不可失。再有人阻止进军，就用军法制裁。”

冬季，十月初四日己酉，北周武帝亲自统兵讨伐北齐，任命越王宇文盛、杞公宇文亮、随公杨坚为右三军，谯王宇文俭、大将军窦泰、广化公丘崇为左三军，齐王宇文宪、陈王宇文纯为前锋。宇文亮，是宇文导的儿子。

十月十一日丙辰，北齐后主在祁连池围猎；十月十八日癸亥，回到晋阳。早先，晋州行台左丞张延隽公正勤敏，储备了充足的战备，百姓安居乐业，边境平静。但奸邪群小痛恨他，取代了他的职务，从此官家百姓烦扰不宁。

北周武帝进兵到达晋州，驻扎在汾曲，派出齐王宇文宪领兵二万守卫雀鼠谷，陈王宇文纯领步骑二万守卫千里径，郑公达奚震领兵步骑一万守卫统军川，大将军韩明领步骑五千守卫齐子岭，焉氏公尹升领兵步骑五千守卫鼓钟镇，凉城公辛韶领兵步骑五千守卫蒲津关，赵王宇文招领兵步骑一万从华谷出击北齐汾州诸城，柱国宇文盛领兵步骑一万守卫汾水关。

北周武帝又派内史王谊监督诸军攻打平阳城。北齐行台仆射海昌王尉相贵据城抵抗。十月十九日甲子，北齐调兵集结晋祠。十月二十五日庚午，北齐后主从晋阳率领诸军向晋州进发。北周武帝当天从汾曲赶到晋州城下督战，城内危急。同一天，晋州行台左丞侯子钦出城投降周军。十月二十七日壬申，晋州刺史崔景嵩守卫北城，入夜，派出使者请求投降周军，王轨领兵接应。天还没亮，北周将领北海人段文振，手持长矛和几十个人抢先登上城头，与崔景嵩一同到尉相贵处，拔出佩刀劫持了尉相贵。城上呐喊杀敌，北齐兵大败溃散，于是攻克了晋州，俘虏了尉相贵及其部属八千人。

北齐后主正与冯淑妃在天池围猎，从晋州来的告急求救人员，从早晨到中午，驿站快马来了三批。右丞相高阿那肱说：“大家正在娱乐，边境上小小的交战，是家常便饭，有什么急事要奏报天子！”到了晚上，又一批使者到达，说：“平阳已经丢失。”这才上奏。北齐后主打算回宫，冯淑妃请求再围猎一场，北齐后主听从了她。

北周齐王宇文宪攻占了洪洞、永安两城，还想扩大战果攻城略地。北齐军队烧毁桥梁，扼守险要，宇文宪进兵受阻，就屯驻在永安。派永昌公宇文椿屯驻鸡栖原，砍伐柏树营造庵屋为军营。宇文椿，是宇文广的弟弟。

十月二十八日癸酉，北齐后主分兵一万人向千里径进军，又分兵出汾水关，自己率领大军驻扎在上鸡栖原。宇文盛派人向北周武帝告急，齐王宇文宪亲自救援。北齐军队后退，宇文盛追击，打败了北齐军队。不久，宇文椿通报北齐军队逼近鸡栖原，宇文宪又回军救援。宇文宪列阵与北齐军对阵，直到天黑也不交战。正赶上北周武帝召宇文宪回军，宇文宪乘夜色退军，北齐军队看见庵屋还在，没有发觉周军撤退。第二天天亮后，才知道宇文宪撤走了。北齐后主派高阿那肱率领前军先行进发，仍调度诸军行动。

十月二十九日甲戌，北周委任上开府仪同大将军安定人梁士彦为晋州刺史，留下精兵一万镇守。十一月初四日己卯，北齐后主进军到平阳，北周武帝认为北齐军队重新集结，士气很高，将要向西撤退避开锋芒。开府仪同大将宇文忻进谏说："凭着陛下的圣明武勇，趁敌人的荒淫放纵，何愁不能战胜！如果让北齐得到一位贤明的君主，君臣同心协力，即使有商汤王、周武王一样的威势，也未必能平定。如今北齐君主昏暗，臣下愚笨，士兵没有斗志，即使有百万之众，实际上都是贡献给陛下的礼物。"军正京兆人王纮说："北齐室丧失法纪政纲，至今已有好几代。这是上天奖励周室，可以一战就能扼住敌人的咽喉，攻取昏乱衰亡的乱国，今天正是机会，丢失这个良机离开，臣实在无法理解。"北周武帝认为说得对，但还是率军退还了。宇文忻，是宇文贵的儿子。

北周武帝留齐王宇文宪断后，北齐军队追击，宇文宪和宇文忻各自率领一百骑兵阻击追兵，杀了北齐骁将贺兰豹子等人，北齐军队才退走。宇文宪领兵渡过汾河，在玉壁追上了周主。

北齐军队包围平阳，昼夜攻城。城内形势危急，城墙上的敌楼和矮垣都被毁坏，残存的城墙只有七八尺高。双方激战，有时短兵相接，有时骑兵交战，城外没有解救的援兵，全城军众都惊慌恐惧。梁士彦镇定自如，慷慨激昂地鼓励将士说："如果今天就战死，我一定死在你们的前头。"于是大家奋勇争先，喊声动地，无不以一当百，北齐军队稍微后退，便令妻妾、军民、妇女昼夜修城，三天修复了城墙。北周武帝派齐王宇文宪领兵六万驻屯在涑川，遥为平阳声援。北齐军队挖地道攻城，城墙倒塌了十多步宽，将士乘势将要攻入，北齐后主却下令阻止，宣召冯淑妃观看。冯淑妃梳妆打扮，没有及时到来，周军用木栅阻塞缺口，平阳城便没有攻下来。旧俗相传，晋州城西的石头上有圣人脚印，冯淑妃想去观看。北齐后主担心敌人的弓箭会射到桥上，于是抽走攻城的木料在离城较远的地方制造路桥，北齐后主与冯淑妃过桥，木桥损坏，到天黑时才还营。

十一月十八日癸巳，北周武帝回到长安。十一月十九日甲午，北周武帝重新下诏，因为北齐围攻晋州，再次亲率诸军征讨北齐。十一月二十一日丙申，释放北齐投降的人回去。十一月二十二日丁酉，北周武帝兵发长安。十一月二十七日壬寅，北周军队渡过黄河，与前线各军会合。十二月初三日丁未，北周武帝进军到达高显，派齐王宇文宪率领所部为前锋指向平阳。十二月初四日戊申，北周武帝到达平阳。

十二月初六庚戌，诸军完成集结，总计八万人，逐渐向前推进，逼近晋州城列成阵势，东西长达二十余里。

早先，北齐军队担心北周军队突然杀来，在晋州城南挖下深沟，从乔山一直通到汾水；北齐后主派出大批军队在浮沟的北面排列阵势，北周武帝派齐王宇文宪驰马前往侦察。宇文宪返回报告说："容易对付，请求打败了敌人再吃饭。"北周武帝非常高兴。说："真像你说的那样，我就没有什么忧虑了。"北周武帝骑上他平时常骑的那匹马，带了几个随从，巡视阵地，所到之处，叫出主帅姓名慰勉鼓励。将士看到皇帝叫上名字非常高兴，都愿拼命。即将交战，主管长官请求给周主换一匹马。北周武帝说："朕独自骑一匹好马，想到哪里去呢！"北周武帝想亲自逼近北齐军队，被深沟挡住了去路才停止。从早晨直到傍晚，两军相持，不分胜负。

北齐后主对高阿那肱说："是战好呢，还是不战好？"高阿那肱说："我军人数虽多，能够战斗的也只有十万人，伤病人员以及在城外打柴煮饭的人占去三分之一。从前攻打玉壁时，敌方援军一到我军就立即撤退。今天的将士，怎能和神武时期相比！不如不战，退守高梁桥。"安吐根说："不过一小撮贼兵，待我上马刺取过来，丢到汾水里去罢了。"北齐后主仍犹豫不决。一些宦官们说："他是天子，我也是天子。他能远道来攻，我为什么要守着护城河示人以弱？"北齐后主说："此话对啊！"于是填塞了护城河，指挥全军南进。北周武帝十分高兴，部署各路兵马迎击。

双方军队刚一交战，北齐后主与冯淑妃一同骑马观战。东西侧翼部队稍微后撤，冯淑妃就惊恐地说："军队败了。"录尚书事城阳王穆提婆说："皇上快跑，皇上快跑！"北齐后主当即带着冯淑妃逃向高梁桥。开府仪同三司奚长谏阻说："半进半退，是打仗常有的事。如今我军完整无伤，陛下丢下他们要到哪里去呢？陛下马足一动，全军震骇，人心涣散，士气不可收失。希望赶快回到军中安慰士众。"武卫将军张常山从后赶到也说："后退的侧翼部队已集中完毕，阵势完整，围城部队也安然不动。皇上赶快回去，如不信臣的话，请求带宦官前去察看。"北齐后主准备听从。穆提婆拉着北齐后主的胳膊说："他的话难以相信。"北齐后主于是带着冯淑妃向北逃跑。北齐军队大败，死了一万多人，军资器械，沿路丢弃达几百里，堆积如山，只有安德王高延宗所部全军退回。

北齐后主逃到洪洞，冯淑妃正在梳妆，对镜自我欣赏，突然后面嘈杂声起，有人大喊敌兵追来了，北齐后主与冯淑妃又继续往北跑。起先，北齐后主认为冯淑妃有功，打算册立她为皇后，派宦官到晋阳取皇后服饰车马。这时，在中途相遇，北齐后主拉紧马缰绳停住了马，让冯淑妃穿好皇后服饰，然后继续往北逃跑。

十二月初七日辛亥，北周武帝进入平阳。梁士彦参见北周武帝，用手拉着北周武帝的胡须哭着说："臣差点儿见不着陛下了。"北周武帝也为之流泪。

北周武帝认为将士疲惫，打算率军还朝。梁士彦拉着马劝谏说："现在北齐军队逃散，众心动摇，趁敌方害怕之际攻击他，势必大获全胜。"北周武帝听从了，拉着梁士彦的手说："我取得晋州，作为平定北齐的前沿基地，如果不能固守，那么大事不能成功，朕不担忧前面的战事，只是担心后面发生变化，你要好好替我守住啊！"于是率领各路人马追击北齐军队。各位将领一再请求回师长安，北周武帝说："放跑了敌人要生后患，卿等害怕，朕一人独往。"众将领这才不敢说话。十二月初九癸丑，进军到汾水关。

北齐后主进入晋阳，忧愁恐惧得不知怎么办才好。十二月初十日甲寅，北齐大赦。北齐后主向朝臣询问计策，都说："应当减少赋税，停止徭役，用此安慰民心；收合残存的兵力，背城决一死战，用此安定国家。"北齐后主想留下安德王高延宗、广宁王高孝珩守晋阳，自己向北逃往朔州，如果晋阳守不住，他就逃往突厥，群臣都认为不可以，北齐后主不听从。

开府仪同三司贺拔伏恩等宿卫近臣三十多人投奔周军，北周武帝对他们分别加以封赏。

高阿那肱所部有兵一万，守卫高壁，其余部队退守洛女砦。北周武帝领兵进击高壁，高阿那肱听到风声就退走。齐王宪攻占了洛女砦。有军士向齐主控告高阿那肱勾结周军，北齐后主派侍中斛律孝卿查证，斛律孝卿认为诬告。高阿那肱回到晋阳，又有他的亲信部属告他谋反，斛律孝卿仍认为是诬告，把告发人杀了。

十二月十一日乙卯，北齐后主下诏安德王高延宗、广宁王高孝珩招募士兵。高延宗进宫拜见齐主，北齐后主告诉高延宗想逃往朔州，高延宗哭着苦谏，北齐后主不听，秘密派遣亲信先送皇太后、皇太子到北边的朔州。

十二月十二日丙辰，北周武帝与齐王宇文宪会师介休。北齐开府仪同三司韩建业举城投降北周，被任命为上柱国，封为郇公。

当夜北齐后主想要逃走，众将领不肯服从。十二月十三日丁巳，北周军队进至晋阳。北齐后主再次大赦，改元隆化。北齐后主任命安德王高延宗为相国、并州刺史，总领山西兵马。北齐后主对高延宗说："并州请兄长自己去经营，我现今要离开了。"高延宗说："请陛下为了国家不要离开，臣替陛下拼死战斗，一定能够打败敌人。"穆提婆说："皇上计划已定，安德王不得阻止！"北齐后主当夜凿破五龙门逃出，想逃奔突厥，随从官员大多散走。领军将军梅胜郎拉住北齐后主的马缰劝谏，才回头转向邺城。当时只有高阿那肱等十几个人骑马随从，广宁王高孝珩、襄城王高彦道相继跟上，合在一起有几十个人同行。

穆提婆西逃投降周军，陆令萱自杀，家属全被诛杀。北周武帝任命穆提婆为柱国、宜州刺史。北周武帝下诏劝谕北齐群臣说："如果献出好的计谋，深明天命，官禄爵赏，按品级增加。如有我国的将士，逃奔齐国，不论贵贱，一律清除。”从此北齐官吏相继投降北周。

当初，北齐高祖高欢担任东魏丞相，任用唐邕掌理外兵曹，太原人白建掌理骑兵曹，两个都因精通会计，善于管理账目簿记而受到委任。等到北齐受禅，丞相府各司都归并到尚书省，只有外兵曹和骑兵曹没有裁撤，改名为外兵省和骑兵省。唐邕官至录尚书事，白建官至中书令，两人长久掌理这两个省，世人并称为“唐、白”。唐邕兼管度支省，他与高阿那肱有嫌隙，高阿那肱向北齐后主打小报告，北齐后主敕令侍中斛律孝卿总管骑兵省和度支省。斛律孝卿办事专断，不再向唐邕询问通报。唐邕自认为向来熟习外兵、度支事务，现在却被斛律孝卿看不起，心中郁闷不高兴。等到北齐后主回到邺城，唐邕于是留在晋阳。并州将帅请示安德王高延宗说：“大王不当皇帝，众人就不会实心实意出死力。”高延宗迫不得已，在十二月十四日戊午，即位为皇帝，下诏书说：“武平皇帝懦弱无能，朝政被宦官小人把持，夜晚破关逃跑，不知道到了哪里。王公卿士，强行推戴，如今只好继承皇位。”大赦天下，改元德昌。任命晋昌王唐邕为宰相，齐昌王莫多娄敬显、沐阳王右卫大将军段畅、开府仪同三司韩骨胡等为将帅。莫多娄敬显，是莫多娄贷文的儿子。大众听到消息，不召而来的人，前后相继不断。高延宗打开府库所藏和后宫美女赏赐给将士，抄没了十几家宦官的家产。北齐后主听到消息，对亲近的人说：“我宁肯让周国得到并州，也不想让安德王得到。”左右亲信说：“当然之理。”高延宗看见士兵，都亲自一一握手称呼姓名，众人感动得流泪抽泣，争相出死力；儿童妇女，也都登上屋顶卷起衣袖，投掷砖头石块打击敌人。

十二月十五日己未，北周武帝到晋阳。十二月十六日庚申，北周军队四面围困晋阳，周师的黑色戎装就像黑云聚合。安德王高延宗命令莫多娄敬显、韩骨胡在南城抵抗，和阿干子、段畅在东城抵抗，亲自率领兵众在北城抵抗北周齐王宇文宪，高延宗一向肥胖，前面看像仰面朝天，后面看像俯伏在地，人们常常笑话他。而今，他奋力挥舞长矛，往来督战，轻捷如飞，所向无敌。和阿干子、段畅率领一千骑兵奔向周军。北周武帝攻打东门，接近黄昏时分，北周军队攻入东城，放火焚烧了佛寺。高延宗、莫多娄敬显从东门外进入，夹击周军，周军大乱，纷纷夺门逃跑，互相挤压堵住了城门和道路，无法前进，北齐士兵从后砍杀，周军死了两千多人。北周武帝身边的人差不多战死，他自己也无路脱身。幸亏御前警卫上士张寿牵着马头，贺拔伏恩用鞭子从马后抽打，历尽艰辛才出了城。北齐军士奋勇追击，差点儿击中北周武帝。城东的道路崎岖险阻，贺拔伏恩和投降周军的皮子信引导，这才幸免于难，当时已到四更。高延宗认为周主已被乱兵所杀，派人在死尸中找长胡须的人，没有找到。当时北齐军队打了胜仗，纷纷闯入酒店饮酒，全都醉倒，高延宗无法集中军队扩大战果。

北周武帝出城以后，十分饥饿，想要撤退离开，众将领也大多劝北周武帝回军。宇文忻勃然变色进谏说："陛下自从攻占了晋州，乘胜到达晋阳。如今伪北齐后主奔逃，关东震动，自古用兵打仗，没有这样的隆盛。昨天攻破城池，将士轻敌，稍有不利，何必放在心上！大丈夫当在死中求生，败中取胜。如今是一种破竹的形势，怎么能够丢弃呢？"齐王宇文宪、柱国王谊也认为逃走避免不了打败仗，加上降将段畅等极力说城内空虚。北周武帝才停住了马，鸣角收兵，不久士气重新奋起。十二月十七日辛酉，清晨，北周军队返回攻打东门，终于攻下东门。高延宗力战兵败，逃到北城，被周军擒获。北周武帝下马握住他的手，高延宗推辞说："死人的手，哪敢碰天子的手。"北周武帝说："两国的天子，没有个人恩怨，原来是为了解救百姓才来的。我终究不会加害于你，请不要害怕。"让高延宗重新穿戴好衣帽以礼待之。唐邕等都投降周军。只有莫多娄敬显逃回邺城，北齐后主任命他为司徒。

高延宗当初称号皇帝，派使者带信给瀛州刺史任城王高湝，说："皇上出逃，宗庙事关重大，群臣强行劝进，我暂时主持国政，等战事结束，我最终将皇位归还叔父。"高湝说："我是臣子，怎敢接受这样的信！"把使者抓起来送到邺城。

十二月十八日壬戌，北周武帝大赦天下，废除北齐的制度，网罗文武贤才，加以优礼录用。

当初，北周的伊娄谦出使北齐，他的参军高遵把北周伐齐的情报泄露给了北齐，北齐后主下令把伊娄谦扣留在晋阳。北周武帝已经攻克了晋阳，召见伊娄谦，并慰劳他。北周武帝逮捕了高遵交给伊娄谦，听凭他报仇。伊娄谦叩头，请求赦免。北周武帝说："卿可以召集众人，当面吐他口水，让他感到羞愧。"伊娄谦说："高遵所犯的罪行，不是吐口水可以责罚的。"北周武帝认为伊娄谦说得好，便不再惩罚高遵。伊娄谦对待高遵和从前一样。

臣司马光认为：奖赏有功的人，诛杀有罪的人，这是君主的责任。高遵出使敌国，泄露大谋，这就是一个叛臣，北周高祖不自己下令处死高遵，却把他送给伊娄谦，让他去报复，这就有失政纲和刑法的严肃。孔子说要以德报怨，那么又用什么来报德呢？作为伊娄谦，应当推辞而不接受，把高遵送给主管部门定罪，明正典刑，维护国家法纪。但伊娄谦却请求北周武帝赦免高遵，成就了他个人宽宏的美名，美名当然很美，却不符合天下的公义。

北齐后主命令出重赏招募战士，但却不拿出财物来赏赐。广宁王高孝珩请求："派任城王高湝率领幽州兵进入土门关，声言进袭并州，独孤永业率领洛州之兵进入潼关，扬言进袭长安，臣请求率领京畿的兵马出滏口，前往迎敌。敌人听说南北有兵，自然逃走。”又请求放出宫女，拿出珍宝赏赐将士。北齐后主很不高兴。斛律孝卿请求北齐后主亲自慰劳将士，还替北齐后主写了演说辞，并且说：“应当慷慨激昂，动情流泪，用以感动激励人心。”北齐后主已经出宫，面对众将士，准备讲话，却记不住斛律孝卿写的文辞，于是大笑，身边的亲信也大笑。将士们愤怒地说：“国家危急，皇上自己却不在意，我们还急什么！”于是全无斗志。这时，从大丞相以下，太宰、三师、大司马、大将军、三公等官，都增加员额滥授官职，有的一官三人或四人，多得不可胜数。

朔州行台仆射高励率领军队护送太后、太子，从土门关回到邺城。当时宦官仪同三司苟子溢仍仗着北齐后主的宠信横行霸道，放肆地用猎鹰猛犬去捕杀百姓养的鸡、狗，高励抓起来审问，将要处死；太后出面说情，得以免死。有人对高励说：“苟子溢这帮人，一句话就能让你大祸临头，难道不考虑后患吗？”高励挽起袖子挥动手臂激昂地说：“如今西边的敌寇已经占领了并州，达官贵人大多弃官叛逃，正是这帮家伙专权乱政败坏了朝廷。如果今天能杀掉他们，我明天就被处死，也没有什么遗憾。”高励，是高岳的儿子。十二月二十日甲子，北齐太后回到邺城。

十二月二十二日丙寅，北周武帝拿出北齐晋阳宫中的珍宝、鲜衣器物，以及两千多宫女，分赐将士。立了战功的人加官晋爵各有差等。北周武帝问高延宗攻取邺城的计策，高延宗推辞说：“这不是亡国之臣该说的话。”北周武帝再三强问，高延宗才说：“如果任城王占据了邺城，我不知道，如果是北齐后主自己守卫，陛下不用攻打就可拿下。”十二月二十九日癸酉，北周军队指向邺城，命齐王宇文宪为前锋，任命上柱国陈王宇文纯为并州总管。

北齐后主召聚朝臣显贵进入朱雀门，赏赐酒食，询问抵抗北周军队的计策，各人说法不同，北齐后主不知听从谁的好。这时人心惶惶，没有斗志，朝廷官员出城投降的日夜不断。高励说：“如今背叛的人，多是显贵，至于士兵，还没有离心。请求强迫五品以上的家属，安置在三台，从此逼他们出战，如果不能取胜，就焚烧三台。这些达官显贵，要是爱惜自己的老婆孩子，一定会拼死作战。况且王师多次打了败仗，敌人素来又轻视我军，今天如果能背城决一死战，理应取胜。”北齐后主没有采纳。观察云气预言吉凶的人说，朝廷将会有革命和变易。北齐后主召集尚书令高元海等人商议，决定按照天统元年武成帝高湛禅位的旧例，把皇位禅让给皇太子高恒。

（以上为第三段，写公元576年北周武帝第二次大举讨伐北齐，夺取晋州平阳和晋阳的决定性胜利。）

【点评】

周齐两主一明一暗。北周武帝伐北齐，两国实力相当，北齐军队数量还多于周军。北齐惨败，周军大胜。北齐败，不是北齐将士不善战，而是政治腐败。司马光着重在叙事之中突出了两国政治的一清一浊，两国君主的一明一暗。北周武帝宇文邕察纳忠言，任用贤能，政清赋平，君臣同心，志在灭齐。第一次周师出兵无功，北周武帝及时听取臣下善策，调整方案，改变用兵方向，由北面进军，直捣高氏兴起的老巢并州晋阳，一举成功。北齐后主高纬，整日花天酒地，听信奸佞，国事日非。当大军压境，还与宠妃围猎取乐，直把双方交战视为儿戏，带着宠姬冯淑妃观战，随后又惊慌逃跑，导致军心动摇而大败。周齐两国君主的圣明与昏暗的对比，十分鲜明，留下了深刻的历史教训。本卷还写了北周武帝太子宇文赟，陈宣帝太子陈叔宝，均不成器，为两国的覆亡留下伏笔。

陈纪七

陈宣帝太建九年至十一年（公元 577—公元 579）

【起强圉作噩（丁酉，公元 577 年），尽屠维大渊献（己亥，公元 579 年），凡三年】

【大事提要】

本卷记述公元 577 年至公元 579 年南北朝史事，凡三年，时当陈宣帝太建九年至十一年，北周武帝建德六年至周宣帝大成元年，北齐后主隆化元年，二年国灭。重点载述北周灭北齐，北周武帝在凯歌声中不幸早逝，宣帝继位，骄恣放纵，政治急剧衰落，已露败亡之征。陈朝宣帝昏庸，政治腐败，是一个衰世之君。

高宗宣皇帝中之下

陈宣帝太建九年（丁酉，公元 577 年）

春季，正月初一日乙亥，北齐太子高恒即皇帝位，年八岁；改元承光，大赦天下。尊北齐后主高纬为太上皇帝，皇太后为太皇太后，皇后为太上皇后。册封广宁王高孝珩为太宰。

司徒莫多娄敬显、领军大将军尉相愿策划在千秋门埋伏武士，杀掉高阿那肱，立广宁王高孝珩为帝，赶巧高阿那肱从另一道门入朝，没能除掉他。高孝珩请求出兵抵抗北周军队，对高阿那肱等说："朝廷不派我去迎击敌人，难道是怕我反叛吗？我高孝珩如果打败了宇文邕，可以进军到长安，即使反叛了也对国家没有影响！现今形势这么危急，还这样猜忌呀！"高阿那肱、韩长鸾担心高孝珩发动政变，便派他出京去任沧州刺史。尉相愿抽出佩刀砍到屋柱子上，叹息说："大势已去，没有什么好说的了。"

北齐后主高纬派长乐王尉世辩率领一千余骑侦察北周军情，出了滏口，登上土山向西瞭望，远远看见一群飞鸟，以为是北周军队的旗帜，立即掉转马头飞奔回来，一直跑到紫陌桥，也没敢回头瞭望。尉世辩，是尉粲的儿子。于是北门侍郎颜之推、中书侍郎薛道衡、侍中陈德信等劝太上皇高纬到黄河以南地区去招兵，再谋划进取；如果不成功，就投奔陈朝。太上皇听从了。薛道衡，是薛孝通的儿子。正月初三日丁丑，太皇太后、太上皇后从邺城先行前往济州；正月初九日癸未，北齐幼主高恒也从邺城向东进发。正月十五日己丑，北周军队进至紫陌桥。

正月十七日辛卯，陈宣帝到北郊祭地。

正月十八日壬辰，北周军队到达邺城下；正月十九日癸巳，包围邺城，火烧邺城西门。北齐军队出城作战，北周军队奋力攻击，大败北齐军队。

北齐太上皇带领一百名骑兵向东逃跑，派武卫大将军慕容三藏守卫邺宫。北周军队进入邺城，北齐亲王、公卿以下全部官员投降。慕容三藏仍坚守邺宫抵抗，北周武帝召见慕容三藏，以礼相待，授予他仪同大将军的职位。慕容三藏是慕容绍宗的儿子。北齐领军大将军渔阳人鲜于世荣，早先是北齐高祖高欢的部将。北周武帝送给他玛瑙酒杯，鲜于世荣拿到了酒杯立即打碎。北周军队进入了邺城，鲜于世荣仍在三台前不停地敲鼓，被北周军队抓住，鲜于世荣不投降，被处死。北周武帝抓获了莫多娄敬显，数落他说：“你有三大死罪：先前从晋阳逃回邺城，带走小妾而丢弃母亲，这是不孝；表面上替伪齐效力，暗中投靠朕出卖情报，这是不忠；既然向朕表达了忠心，却仍然脚踏两只船，这是不诚。如此险恶用心，不处死你还留到什么时候！”于是杀了莫多娄敬显。

北周武帝派将军尉迟勤追赶北齐后主。

正月二十日甲午，北周武帝进入邺城。北齐国子博士长乐人熊安生，博通《五经》，听到北周武帝进入邺城，立即让家人打扫门庭。家人感到奇怪，就向他询问，熊安生说：“周国皇帝看重道德，尊崇儒学，一定会来看我。”不一会儿，北周武帝亲自临视熊家，不让熊安生跪拜，握住他的手，招呼他一同坐下，还赏赐了很重的礼物，并赐给安车驷马，让他坐着随同皇帝车辇入朝。又派小司马唐道和到北齐中书侍郎李德林家宣读圣旨慰劳告谕，说：“平定齐国而对社会有利，就看你了。”宣召李德林入宫，北周武帝派内史宇文昂向他询问齐国风俗、政令、教化，以及先前执政人物的好与坏。随后李德林在门下省住了三夜才让他回家。

正月二十一日乙未，北齐太上皇渡过黄河进入济州城。这一天，北齐幼主高恒把皇位禅让给大丞相任城王高湝。又以高湝的名义发布诏令，尊崇太上皇为无上皇帝，幼主为宋国天王。命令侍中斛律孝卿送禅让文书和系有丝带的受命玉玺给瀛州任城王高湝，斛律孝卿却立即赶到邺城把玉玺献给了北周武帝。

北周武帝下诏令说：“去年大赦令未能到达的地方，现在一律按大赦令例规执行。”

北齐洛州刺史独孤永业有带甲之士十三万，听说晋州陷落，请求出兵迎击周军，但奏章被搁置没有上报，独孤永业非常愤慨。又听说并州陷落，就派儿子独孤须达向北周请求投降，北周任命独孤永业为上柱国，封应公。

正月二十二日丙申，北周任命越王宇文盛为相州总管。

北齐太上皇让胡太后留在济州，派高阿那肱守卫济州关，侦察北周军情，自己与穆后、冯淑妃、幼主、韩长鸾、邓长颙等数十人逃奔常州。派宦官田鹏鸾去西部打探动静，被周军抓获，问他北齐后主在哪里，田鹏鸾欺骗周军说："已经逃走，估计已经逃出了国境。"周军怀疑田鹏鸾说假话，就拷打他。每当打断他一根肢体，他的言辞和脸色更加严厉而愤怒，直到手脚四肢都被打断而死。

北齐太上皇到达青州，打算立即进入陈朝国境。然而高阿那肱一面暗中联络牵引周军，相约活捉北齐太上皇，一面不断启奏，称："周军离我们还远，我已经下令烧毁桥梁，切断道路。"太上皇因此停留下来，自我安慰。北周军队到了济州关，高阿那肱就立即投降了周军。北周军队很快到了青州，北齐太上皇用口袋装了金子，系在马鞍上，和皇后、妃子、幼主等骑上十几匹马向南逃走。正月二十五日己亥，逃到南邓村，尉迟勤追上了他们，全部擒获，连同胡太后一起送回邺城。

正月二十六日庚子，北周武帝下诏令说："已故的斛律光、崔季舒等，应当追加封赠和谥号，并妥善改葬，他们的子孙按照各自门荫的规定予以录用，家属奴婢田地房屋被官家没收的，一律发还。"北周武帝指着斛律光的名字说："这个人如果还在，朕怎能到达邺城呢！"正月二十七日辛丑，又下诏令说："齐国的东山、南园、三台，都可以平毁撤除，屋瓦木材等物，可以再用的全部赏赐给平民。东山、南园所占的土地，各自还归原来的主人。"

二月壬午日，陈宣帝举行藉田典礼。

二月初三日丙午，北周武帝在北齐太极殿宴请随从官员和从征将士，并分别给予不同等级的赏赐。

二月初四日丁未，北齐后主被押送到邺城，北周武帝走下台阶，按宾客之礼接待了他。

北齐广宁王高孝珩到达沧州，带领五千人到信都与任城王高湝相会，共同商议复国大计，招募得到了四万人。北周武帝派齐王宇文宪、柱国杨坚攻击他们。命令高纬写亲笔信招降高湝，高湝没有听从。宇文宪的军队到达赵州，高湝派两名间谍前去侦察，却被周军的侦察骑兵抓获并报告宇文宪。宇文宪把军中归降的北齐将领全部召集起来，一一指示给这两个间谍看，对他们两个说："我们所要争取的目标很大，不在乎你们。现在就把你们放回去，顺便替我们充当一下使者。"于是写了一封给高湝的信，说："足下派的间谍被我方侦察骑兵抓获，我军的情况，你的间谍会做详细的报告。足下想要出战，绝不是好办法，用不着占卜就能知道；想要防守，更是下策，你或许不同意我的看法。我已统率各路大军分路向前推进，相见之日已经不远，我扶着战车的横木见你指日可待。'君子要见机而作，不须等到天黑'，希望你能当机立断。"

宇文宪到了信都，高湝在城南摆开阵势对敌。高湝任命的领军将军尉相愿假装到阵前巡察，于是带领他的部属投降。尉相愿是高湝的心腹之将，大家为此感到惊恐害怕。高湝杀了尉相愿的老婆和儿子。第二天，再战，宇文宪打败了高湝，俘虏和杀死的有三万多人，抓获了高湝和广宁王高孝珩。宇文宪对高湝说："任城王何苦死心眼。"高湝说："下官是神武皇帝的儿子，兄弟十五人，幸而只有我还在世。赶上宗庙社稷倒塌倾覆，死后无愧于祖宗。"宇文宪敬重他的豪壮，下令归还高湝的老婆儿子。宇文宪又亲自替高孝珩洗创敷药，礼遇很重。高孝珩感叹地说："除神武皇帝以外，我的父辈和兄弟，没有一个人活到四十岁，这是命中注定的。继位的国君缺乏远见，宰相又不是能承担重任的柱石，我遗憾的是手中没有兵权，不能担当征伐之任，无法施展我的谋略与勇力。"

齐王宇文宪善于用兵，很有谋略，得到将士的拥戴。北齐军队害怕他的威名，大多听到风声就溃散了。齐王宇文宪的军队，秋毫无犯，军队中也没有人敢勒索老百姓。

北周武帝任用北齐降将封辅相为北朔州总管。北朔州是北齐的重镇，士兵骁勇善战。前长史赵穆等人密谋逮捕封辅相，迎请瀛州的任城王高湝为军主，没有成功，就改迎定州刺史范阳王高绍义。高绍义到达马邑，从朔州以北二百八十城都起来响应。高绍义与灵州刺史袁洪猛领兵向南进击，打算夺取并州。到达新兴郡时，朔州已被北周占领，前锋两仪同带领所部投降了北周。周兵进攻显州，抓获了刺史陆琼，接着又攻占了几座城。高绍义回军退守北朔州。北周东平公宇文神举领兵逼近马邑，高绍义出战失败，向北逃到了突厥，还有三千多人。高绍义下令说："想回去的人听凭自愿。"于是告辞离开的人有一多半，突厥佗钵可汗一向认为北齐显祖高洋是一位英雄天子，因为高绍义脚上两侧的踝骨各有两个，很像高洋，佗钵可汗非常亲爱敬重；凡是在突厥的北齐人，全都隶属于高绍义统管。

整个北齐的行台、州、镇，只有东雍州行台傅伏、营州刺史高宝宁坚守没有降服，其他全部并入北周。总计获得五十个州、一百六十二个郡、三百八十个县，三百零三万二千五百户。高宝宁是北齐皇室的远枝，有勇有谋，长久地镇守和龙，得到当地各民族和汉人的拥护。北周武帝在河阳、幽、青、南兖、豫、徐、北朔、定等州设置总管府，相、并两州分别设置行宫和六府官。

（以上为第一段，写北周灭北齐的战斗过程。）

北周军队攻占晋阳时，北齐派开府仪同三司纥奚永安向突厥求救，等他到达突厥时，北齐已经亡国。佗钵可汗把纥奚永安安置在吐谷浑使者的下面，纥奚永安对佗钵可汗说："如今齐国已经灭亡，我永安何必求生！本想断气自杀，恐怕全天下的人会说大齐国没有一个死节的臣子；我请求你给我一刀，借此传示四方。"佗钵可汗赞赏他的壮烈，送给他七十匹马让他回去。

后梁国主萧岿到邺城朝见北周武帝。自从秦始皇统一天下后，朝廷没有诸侯朝见天子的礼仪。这时，北周武帝才下令有关部门起草诸侯朝觐的礼仪条文，包括馈送米粮肉食给梁主的标准，设九傧导引梁主礼仪，设九介替宾主传话，在宗庙中进献贡礼，三公、三孤、六卿馈送食品、慰劳宾客、还礼、宴请等一系列礼仪，都依照古礼。北周武帝设宴款待后梁国主萧岿，酒喝到高兴的时候，北周武帝亲自弹起了琵琶。后梁国主起身跳舞，说："陛下既然弹奏琵琶，臣子萧岿怎敢不像百兽一样跳舞。"北周武帝非常高兴，赏赐了丰厚的礼物。

二月十二日乙卯，北周武帝从邺城西行回长安。

三月初九日壬午，北周下诏说："山东各路军队，分别推荐两名通晓经学能干的人；如果有特殊才能，超群出众的人，不受两个名额的限制。"

北周武帝擒获尉相贵时，曾经招降齐国东雍州刺史傅伏，傅伏不听从。北齐任命傅伏为行台右仆射。北周武帝攻下并州后，再次派韦孝宽去招降傅伏，韦孝宽派傅伏的儿子送去大将军、武乡公的委任状，以及两个镶金玛瑙酒杯作为信物。傅伏没有接受，对韦孝宽说："人臣事君，临难只能死节，不能有二心。我这个儿子为臣不能尽忠，为子不能尽孝，这种人应受到人人的痛恨仇视，希望尽快杀了他以昭示天下。"北周武帝从邺城返回，到了晋州，派高阿那肱等一百多人到汾水边招降傅伏。傅伏率军出城，隔着汾水喊话："皇上现今在哪里？"高阿那肱说："已被抓获了。"傅伏仰天大哭，率领部队进城，在办公大厅前向北放声痛哭，哭了很久，然后投降。北周武帝见了他说："为何不早来投降？"傅伏流泪说："臣家三代为齐臣，食用齐国的俸禄，不能为国捐躯，愧见天地！"北周武帝握住傅伏的手说："为臣应当这样。"并且把自己享用的羊排骨赐给傅伏，说："骨头亲近，肌肉疏远，所以把骨头赐给你。"便派他宿卫宫廷，授任他为上仪同大将军。勉励他说："如果马上给你高官，恐怕归附的人心不服。只要你努力事朕，不愁富贵。"另有一天，北周武帝问傅伏，说："先前你救援河阴的那场战斗，得了什么赏赐。"傅伏回答说："升迁一级，任命特进，封永昌郡公。"北周武帝对高纬说："朕做了三年的练兵备战，决心攻下河阴。由于傅伏善于防守，城坚不可摧，于是收兵退回。你当时对傅伏功劳的赏赐，怎么那样微薄啊！"

夏季，四月初三日乙巳，北周武帝回到长安，把高纬安排在队伍的前边，北齐的王公臣子跟在后边，车辆、旗帜、器物，依次陈列。备好天子出行的大驾车队，排列六等队伍，奏上得胜音乐，到太庙举行献俘仪式。围观的人高呼万岁。四月初六日戊申，封高纬为温公，北齐诸王有三十多人得到封爵。北周武帝宴请北齐君臣饮酒，命令温公高纬起身跳舞。高延宗悲恸得无法控制自己，多次要吞药自杀，被他的侍婢劝止了。

北周武帝委任北齐旧臣李德林为内史上士，从此，诏诰文书和政府各部门的规章，以及任用山东北齐旧境的人士，一概托付李德林负责。北周武帝从容地对群臣说："我平日听到过李德林的名字，又曾见过他替齐朝写的诏书移檄等公文，总认为他是天上的人才；哪里想到他今天为我效力呢！"神武公纥豆陵毅回答说："臣听说麒麟凤凰，是王者的祥瑞，可以用圣德感召，不可以用强力获取。然而麒麟凤凰得到了也没有实用价值，哪里比得上李德林，既是祥瑞又有大用场。"北周武帝大笑着说："真是像你说的那样。"

四月二十七日己巳，北周武帝到太庙祭祖。

五月初五日丁丑，北周任命谯王宇文俭为大冢宰。五月初八日庚辰，任命杞公宇文亮为司徒，郑公达奚震为大宗伯，梁公侯莫陈芮为大司马，应公独孤永业为司寇，郑公韦孝宽为大司空。

五月十七日己丑，北周武帝到方丘祭祀。下诏说："天子的正式会议，在崇信、含仁、云和、思齐几个殿召开，都是晋公宇文护专权时兴建的，营造非常壮丽，规格超过了宗庙，要全部拆除。拆下来的雕饰物件，全部赏赐给贫民。修缮建造事宜，一定要遵循简单朴素的原则。"又下一道诏书说："并州、邺城的各个宫殿，全都照此办理。"

臣司马光说：北周高祖宇文邕，可以说是处理大战胜利善后的高手！别的人胜利了会更加奢侈，周高祖胜利了更加节俭。

六月二十六日丁卯，北周武帝到东方巡视。秋季，七月十五日丙戌，巡幸洛州。八月初二日壬寅，审议度量衡制度，作为标准颁行全国。

当初，北魏俘获了西凉的人，设置了奴隶户籍，北齐沿袭这一制度，奴隶户仍然替官府服劳役。北周武帝灭了北齐，想施行宽大恩惠的政策，下诏说："判罪不应当波及子孙，古代有一定法律规定。从事杂役的犯人，却独与常法有区别，一旦犯罪发配，百代都得不到赦免，惩罚没有边，正常的刑法还怎么执行！所有各类杂户，一律释放为良民。"从此，再没有杂役户。

八月二十四日甲子，郑州猎获到一只九尾狐，已经死了，便把骨头献给北周武帝。北周武帝说："祥瑞到来，是表彰有德之君。如果五行和谐，四时风调雨顺，四海升平，才能导致祥瑞降临。如今不是这样的时势，恐怕不符合实际。"下令把九尾狐骨头烧毁。

九月初八日戊寅，北周颁布服饰制度："庶民以上，可以穿绸、绵绸、丝布、圆绫、纱、绢、绡、葛、麻布等九种质料的衣服，其余的一律禁止。上朝、祭祀时的服装，不受这项规定的限制。"

冬季，十月初九日戊申，北周武帝到邺城。

陈宣帝听到北周灭了北齐，想和北周争夺徐州、兖州，下诏南兖州刺史、司空吴明彻总督各路军队讨伐，任命吴明彻的大儿子吴戎昭、将军吴惠觉代理南兖州行政事务。吴明彻进军到达吕梁，北周徐州总管梁士彦领兵抗拒。十月十九日戊午，吴明彻打败了梁士彦。梁士彦固守城池，吴明彻围攻吕梁城。

陈宣帝一心认为黄河以南可以很快平定。中书通事舍人蔡景历劝谏说："军队疲惫，将帅骄矜，不宜穷兵远攻。"陈宣帝大怒，认为他灭了自己的威风，把他外放为豫章内史。还没有出发，有匿名信弹劾蔡景历在中书省贪污，名声很坏，判处免去官职，削除了爵位和封邑。

北周把德皇帝宇文肱迁葬到冀州，北周武帝穿了丧服，在太极殿上大哭；百官也都穿白色的丧服。

北周诬告温公高纬与宜州刺史穆提婆谋反，包括他的宗族全都赐死。大家纷纷申辩没这回事，高延宗独自挽起衣袖哭泣不说话，用花椒堵住嘴死了。只有高纬的弟弟高仁英是一个白痴，高仁雅是个哑巴，两人才得以免死，流放到蜀地。其他亲眷，没被杀的全都分散流放到西部边远的地方，全都死在边远的荒地。

北周武帝把高湝的妻子卢氏赐给将领斛斯徵。卢氏蓬头垢面，长久吃素，不说话没笑脸。斛斯徵释放了她，出家为尼姑。北齐皇后、嫔妃贫困的人，甚至以卖烛为生。

十一月初三日壬申，北周册立皇子宇文衍为道王，宇文兑为蔡王。

十一月初四日癸酉，北周派上大将军王轨领兵救援徐州。

当初，北周军队在晋州打败北齐军队，乘胜追击，北齐军队丢弃大量盔甲兵器，北周军队没来得及收拾；稽胡趁机出来活动，偷盗占有了这些军备器械。稽胡人便拥立刘蠡升的孙子刘没铎为国主，称圣武皇帝，改元年号为石平。

北周平定关东后，将要讨伐稽胡，商议要直接深入捣毁稽胡的巢穴。齐王宇文宪说："步落稽种姓很多，又分散在山谷，地势险阻，朝廷军队大举征讨，不可能一次消灭干净。况且只应当除掉他们的首领，其余大众要进行安抚。"北周武帝听从了这个意见，委派齐王宇文宪为行军元帅，总督各军征讨。大军到达马邑，分路并进。刘没铎分兵抵抗，派党天柱守河东，穆支守河西，依靠险阻抵抗北周军队。宇文宪命谯王宇文俭攻击党天柱，滕王宇文逌攻击穆支。宇文逌打败了穆支，杀敌一万多人。赵王宇文招攻击刘没铎，活捉了他，其余稽胡全部投降。

北周下诏说："自从北魏永熙三年以后，东部被掳掠为奴婢的百姓，以及攻克梁朝江陵时，平民被俘为奴婢的人，全部释放为平民。"又下诏书说："后宫只设置嫔妃两人，世妇三人，御妻三人，此外，一律裁减。"

北周武帝生性节俭，经常穿麻布衣袍，盖麻布被褥，后宫只有十多个人。每次打仗，亲自在行伍之中，步行在山谷之中，一般人都受不了。他安抚将士，施给恩惠，明察果断，用法严格，因此，将士敬畏他的威严而又愿意为他效命。

十一月三十日己亥，发生日食。

北周开始推行《刑书要制》，凡是偷盗帛一匹，以及闾正、里正、族正、保长、党长隐瞒五个丁口、土地一百亩以上的，一律处死。

十二月初十日戊申，新建的东宫落成，皇太子迁居在那里。

十二月二十二日庚申，北周武帝到并州，迁移并州军民四万户到关中。十二月三十日戊辰，裁撤并州行宫以及六府。

高宝宁从黄龙上表劝高绍义登基，高绍义于是称皇帝，改元年号武年，委任高宝宁为丞相。突厥佗钵可汗领兵帮助高绍义。

（以上为第二段，写周武帝灭北齐后胜不骄，更加崇尚节俭，妥善安置降臣，录用北齐人才，而对北齐皇族大加杀戮，毫不手软。）

陈宣帝太建十年（戊戌，公元578年）

春季，正月十四日壬午，北周武帝巡幸邺城。正月二十三日辛卯，巡幸怀州；正月二十五日癸巳，巡幸洛州。建置怀州宫。

二月初七日甲辰，北周谯王宇文俭去世。

二月二十日丁巳，北周武帝回到长安。

陈将吴明彻四面包围彭城，将战船环绕城下，进攻十分猛烈。北周王轨领兵轻装行进，占据淮口，竖立木栅，结成长围，用铁链连接几百个车轮，沉在清水河里，用以切断陈朝兵船的归路。陈朝军队惊恐万分。谯州刺史萧摩诃对吴明彻说："听说王轨刚封锁下游，计划在河的两岸筑城，趁他现在还没有完成，您如果派我去攻击他，他一定不敢抵抗。水路还没有断绝，敌人阵势还不坚固；如果敌人筑城完成，那么我们一定会成为俘虏了。"吴明彻气得胡子都翘起来，说："夺取敌人的旗帜，带兵冲锋陷阵，是你将军的事；长远战略，深谋远虑，是我老夫的事。"萧摩诃脸色大变而退。十天之后，水路被切断。

北周援兵相继赶到，诸将商议掘堤拔营突围，用船载马撤离，骑兵军主裴子烈说："如果掘堤下船，船会倾倒，不如先派骑兵突围。"当时吴明彻脊背生疮，十分痛苦，萧摩诃再次请见说："如今求战不得，进退都没有路。如果暗中派兵突围，并不是羞耻。希望元帅率领步兵，乘坐马车慢慢走，我萧摩诃率领数千骑兵在前后保护，一定让你安全回到京都。"吴明彻说："将军的计策确实很好。但是我军步兵多，我是全军的总督，一定要亲自断后，率领步兵一起行动。将军率领骑兵赶快行动，作为前锋，不可迟缓。"萧摩诃于是率领骑兵当夜出发。二月二十七日甲子，吴明彻挖开堤坝，乘着水势撤军，希望进入淮河，到达清水入淮河口，水势低落，舟船被水下车轮阻碍，过不了河口。王轨率军攻击，收紧包围圈，陈朝军队崩溃。吴明彻被北周军队俘虏，将士三万连同军资器械，全部陷落周军之手。萧摩诃率领八十名骑兵冲在前边突围，其余骑兵紧随其后，到了天亮，到达淮水南岸，与将军任忠、周罗睺会合，全军返回。

当初，陈宣帝计划夺取彭州、汴州，询问五兵尚书毛喜，毛喜回答说："淮南刚刚平定，边地百姓还没有安居。周国刚刚吞并了齐国，难以和它争胜负。何况放下船舰水战的长处，到车马奔驰的平地打仗，避长就短，对我军不利。臣的愚见不如安境保民，停止用兵，与周结好，这才是长久保国的办法。"等到吴明彻打了败仗，陈宣帝对毛喜说："卿说的话今天应验了。"当天，陈宣帝召回蔡景历，重新启用，任命为征南谘议参军。

北周武帝封吴明彻为怀德公，位于大将军。吴明彻忧愁悲愤而死。

（以上为第三段，写陈朝与北周争彭城，陈军主将不明而遭惨败。）

二月二十八日乙丑，北周委任越王宇文盛为大冢宰。

三月初一日戊辰，北周在蒲州建造行宫，废除同州和长春两处行宫。

三月初七日甲戌，北周武帝第一次戴平民的帽子，用整幅黑色纱巾从前向后缠头束发，裁剪四个帽脚。

三月初九日丙子，陈宣帝命令中军大将军，开府仪同三司淳于量为大都督，总领水陆诸军事，镇西将军孙玚都督荆州、郢州各军，平北将军樊毅都督清口以上至荆山缘淮各军，宁远将军任忠都督寿阳、新蔡、霍州诸军，用以防备周军。

三月十八日乙酉，陈朝大赦天下。

三月二十五日壬辰，北周改年号为宣政。

夏季，四月二十三日庚申，突厥进犯北周的幽州，杀害劫掠官吏与百姓。

四月二十一日戊午，樊毅派兵渡过淮水到北岸，在清口筑城。四月二十五壬戌，清口城失守。

五月二十三日己丑，北周高祖宇文邕率领各军讨伐突厥，派柱国原公宇文姬愿、东平公宇文神举等率领五路兵马同时进入突厥。

五月二十七日癸巳，北周武帝生病，停留在云阳宫；五月三十日丙申，下诏北伐各路兵马停止前进。用驿马宣召宗师宇文孝伯赶往行在所，北周武帝握住他的手说："我自己估量好不了啦，把后事托付给你。"当夜，任命宇文孝伯为司卫上大夫，总领宿卫兵。又命令宇文孝伯乘驿站快马入京师长安镇守，用此应对非常事件。六月初一日丁酉，北周武帝病情加重，回到长安；当夜崩殂，享年三十六岁。

六月初二日戊戌，北周皇太子宇文赟即皇帝位。尊皇后阿史那氏为皇太后。周宣帝刚即位，便奢侈纵欲。大行皇帝灵柩还没下葬，周宣帝没有半点伤心的样子，他摸着身上被杖责的伤疤，大声骂道："死得太晚了。"周宣帝巡视北周武帝后宫的嫔妃，逼迫她们满足自己的淫欲。越级提拔吏部下大夫郑译为开府仪同大将军，兼内史中大夫，把朝政委托给他。

六月二十三日己未，将北周武帝安葬在孝陵，庙号高祖。安葬完毕，下诏朝廷内外都除去丧服，宣帝和六宫也都议论改穿吉服。京兆郡丞乐运上疏，认为“下葬期已经短促，葬完就除去丧服，太匆忙了”。周宣帝不听。

周宣帝认为齐炀王宇文宪辈分高、名望重，便猜忌他。对宇文孝伯说：“你能替朕除掉齐王，他的职位就授给你。”宇文孝伯叩头说：“先帝留下遗诏，不得滥杀骨肉亲族。齐王是陛下的叔父，功劳大德行好，国家的重臣。眼下如果无故杀害他，那么我是一个不忠的臣，陛下为不孝的儿子。”周宣帝很不高兴，从此，疏远了宇文孝伯。周宣帝就与开府仪同大将军于智、郑译等密谋除掉齐王，派于智去刺探齐王的动静，于智趁机诬告齐王图谋不轨。

六月二十八日甲子，周宣帝派宇文孝伯告知宇文宪，想任命他为太师，宇文宪不接受，又派宇文孝伯宣召宇文宪，说：“晚间与诸王一同进宫。”到了殿门，宇文宪被单独引进宫内。周宣帝在另一房间里埋伏壮士，宇文宪到了，立即被抓获。宇文宪申辩说理，周宣帝让于智作证，宇文宪目光像火炬一样，盯着于智当面质问。有人对宇文宪说：“大王落到了这个地步，还有什么说头。”宇文宪说：“死生有命，我难道还想求活吗！只是老母还健在，恐怕要留下遗憾。”宇文宪便扔下了笏板在地上。周宣帝将宇文宪绞死。

周宣帝召见宇文宪的僚属，让他们证实宇文宪的罪行。参军勃海人李纲，以死起誓，始终没有说一句违心的话。主管部门用平板车拉着宇文宪的尸体走出宫来，旧部属全都逃走，只有李纲摸着棺材号哭，亲自掩埋了宇文宪，然后哭拜一阵才离去。

周宣帝又杀了上大将军王兴、上开府仪同大将军独孤熊、开府仪同大将军豆卢绍，这几个人一向与宇文宪亲近。周宣帝已经杀害了宇文宪，却找不到什么罪名，便说与王兴等人谋反，当时的人称为“伴死”。

周宣帝任命于智为柱国，封齐公，用以奖赏他。

闰六月初十日乙亥，周宣帝册立杨氏妃为皇后。

闰六月十六日辛巳，周宣帝任命赵王宇文招为太师，陈王宇文纯为太傅。

前北齐范阳王高绍义听到北周武帝死了，认为得到了天助。幽州人卢昌期，起兵占据了范阳，迎接高绍义。高绍义带领突厥兵赶往范阳。北周派遣柱国东平公宇文神举领兵讨伐卢昌期。高绍义听到幽州总管出兵在外，想乘机攻击蓟城，宇文神举派大将军宇文恩领四千人救援，一半被高绍义杀死。赶上宇文神举攻下了范阳，抓获了卢昌期，高绍义得知消息，穿白色丧服举行哀悼，退还突厥。高宝宁率领夷汉兵马数万救援范阳，到达潞水，听到卢昌期已死，退了回去，据守和龙。

秋季，七月，周宣武帝宇文赟到太庙祭祀祖先。七月十一日丙午，到圜丘祭天。

七月十五日庚戌，周宣帝任命小宗伯斛斯徵为大宗伯。七月二十七日壬戌，任命亳州总管杨坚为上柱国、大司马。

七月二十八日癸亥，周宣帝尊崇生母李氏为帝太后。

八月初二日丙寅，周宣帝到西郊祭祀；八月初八日壬申，到同州，任命大司徒杞公宇文亮为安州总管，上柱国长孙览为大司徒，杨公王谊为大司空。

八月二十二日丙戌，任命永昌公宇文椿为大司寇。

九月十一日乙巳，陈朝在娄湖建造方明坛。九月十四日戊申，任命扬州刺史始兴王陈叔陵为王官伯，与百官盟誓。

九月十六日庚戌，周宣帝册封弟弟宇文元为荆王。

周宣帝下诏规定："以后凡应行跪拜礼的，一律以三拜成礼。"

九月二十日甲寅，陈宣帝巡幸娄湖对众官盟誓。九月二十一日乙卯，分派特命大使将盟誓颁行全国，让上下互相警惕戒备。

冬季，周宣帝回到长安。任命大司空王谊为襄州总管。

［十月］二十五日戊子，陈宣帝任命尚书左仆射陆缮为尚书仆射。

十一月，突厥侵犯北周边境，围攻酒泉，杀死抢掠官吏和百姓。

十二月初二日甲子，北周任命毕王宇文贤为大司空。

十二月二十七日己丑，北周任命河阳总管滕王宇文逌为行军元帅，率领军队进攻陈朝。

（以上为第四段，写周武帝劳于国事，英年早逝。周宣帝在北周强盛时继位，上任伊始就猜忌忠臣，大开杀戒，又骄恣荒淫，为北周速亡伏笔。）

陈宣帝太建十一年（己亥，公元579年）

春季，正月初一日癸巳，周宣帝在露门接受百官朝拜，开始和群臣穿戴汉魏时代的衣冠；大赦天下，改元年号为大成。设置四辅官；任命大冢宰越王宇文盛为大前疑，相公总管蜀公尉迟迥为大右弼，申公李穆为大左辅，大司马随公杨坚为大后承。

周宣帝刚即位时，认为北周武帝推行的《刑书要制》太苛重而废除了，又多次发布大赦令。京兆郡丞乐运上疏，认为"《虞书》中所说'眚灾肆赦'，指的是没有主观动机而不幸因过失犯罪的人，应当宽恕赦免；《吕刑》上说，'犯五刑之罪证据不足的应予赦免'，指的是有怀疑的重罪从轻改为处罚，处罚仍有怀疑的改为赦免。认真地考查了经典，没有找到不论罪轻罪重，全天下一律赦免的条文。皇上哪能多次施与非常的恩惠，使得为非作歹的奸诈之徒放肆作恶呢？"周宣帝不予采纳。不久，百姓就不怕犯法，周宣帝自己又因奢侈淫乱有许多过失，讨厌大臣劝谏他，想用威严酷虐的刑法来压服臣民。便另外推行《刑经圣制》，用刑更加严厉，并在正武殿设坛斋戒，进行祈祷仪式，祭告上天而后推行。密令亲近的人监视群臣，小有过失，每每进行诛杀或流放。

另外，居丧刚满一年，周宣帝就恣意纵情于声色歌舞之中，在殿前观赏鱼龙变化等成百种的新奇杂技，夜以继日，不知休息。多要美女充实后宫，增加了许多爵位名号，多得没法详细记录。游玩宴饮，沉迷于酒色，有时一连十天也不上朝，群臣奏事，都由宦官转奏。于是乐运拉了棺木到朝廷的议事堂，条列周宣帝的八大过失：其一，以为“皇上近来凡是专断，不让宰辅参与共同商议”。其二，“搜求美女充实后宫，仪同以上官员的女儿不准擅自出嫁，因此无论贵贱都十分怨恨。”其三，“皇上一入后宫，几天不出宫上朝，必须及时处理的奏章，多委托宦官。”其四，“下诏减轻刑罚，不到半年，比原先制度更加严厉。”其五，“高祖皇帝革除雕饰奢靡，提倡简朴，然而崩殂不到一年，突然穷极奢侈华丽。”其六，“征收老百姓的徭役赋税，用来供养杂耍摔跤一帮人。”其七，“给朝廷上奏写错了字要办罪，杜塞了上书的途径。”其八，“上天星象提出了警告，却仍然不能征询为善之道，改行德政。”又说：“如果不革除这八大错误，臣将看到周朝的宗庙没有杀牲取血的祭祀了。”周宣帝大怒，打算杀掉乐运。朝臣惊恐，没有人敢出来求助。内史中大夫洛阳人元岩叹息说：“袁绍杀臧洪，有一个陈容愿意一同受死，何况比干呢！如果乐运不免一死，我将陪他一同死。”于是到阁中求见，对宣帝说：“乐运不顾一死，想要求得名誉。陛下不如慰劳一番打发他走，以此显示陛下的宽宏器度。”周宣帝稍有所悟。第二天，召见乐运，对他说：“朕昨夜思考了你的奏本，你实在是一个忠臣。”在宫中赐给了饮食，然后将他罢免。

正月十一日癸卯，北周册立皇子宇文阐为鲁王。

正月十二日甲辰，周宣帝巡视东方，任命许公宇文善为大宗伯。正月二十六日戊午，北周宣帝到达洛阳；册立鲁王宇文阐为皇太子。

二月初二日癸亥，陈宣帝举行亲耕藉田典礼。

北周下诏，以洛阳为东京；征调山东各地的士兵兴建洛阳宫，通常从事营建的工役有四万人。迁移相州的六府到洛阳。

北周徐州总管王轨，听到郑译掌权的消息，自知灾祸就要降临，对亲近的人说：“我生前在先帝朝，确实申说过为了国家另立储君的大计。今天的事，那是绝然可知的，这个州控制淮南，邻近强敌，我想要为个人考虑，易如反掌。但是忠义的节操，不可以违背损害，何况我蒙受先帝厚恩，岂能因为得罪了继位的君主，就忘了先帝的恩德呢！只可留在徐州等死，希望千载之后，人们知道我的忠心。”

周宣帝从容地问郑译，说：“我脚上留下的杖击伤疤，是谁干的？”郑译回答说：“事情的起因是乌丸轨（王轨）、宇文孝伯。”便讲了王轨在宫中宴会时捋先帝胡须的事。周宣帝派内史杜庆信到徐州就地杀王轨，内史中大夫元岩不肯在诏书上签字。御正中大夫颜之仪极力劝谏，周宣帝不听，元岩接着劝谏，脱下头巾叩头请求，三拜三进。周宣帝说："你是乌丸轨（王轨）的同党吗？"元岩说："臣不是袒护王轨，是担心滥杀会失掉天下人心。"周宣帝大怒，让宦官打元岩的耳光。结果，王轨在徐州被杀害，元岩也被罢官闲居在家。远近的人认识和不认识王轨的人，都替他流眼泪。颜之仪，是颜之推的弟弟。

周宣帝宇文赟当太子的时候，上柱国尉迟运为太子宫正，多次进谏，不被采用。尉迟运与王轨、宇文孝伯、宇文神举都受到周宣帝的亲近厚待，太子怀疑他们一同诋毁自己。等到王轨死后，尉迟运害怕了，私下对宇文孝伯说："我们避免不了祸患，怎么办呢？"宇文孝伯说："如今你堂上有老母，地下有周武帝，为臣为子，知道该怎么做。况且作为人臣侍奉君主，本有为名节而死的义务；劝谏君主听不进去，那也不能逃死。足下想要替自己考虑，应当离得远远的。"于是尉迟运请求外出任秦州总管。

又一天，周宣帝又借口齐王宇文宪的事责备宇文孝伯说："你知道齐王宇文宪谋反，为什么不告发？"宇文孝伯回答说："臣知道齐王宇文宪忠于国家，被一群小子谗害，我说的话一定不会采用，所以不说话。何况先帝托付小臣，只是让我辅导陛下。如今劝谏不被听从，实在有负先帝的顾托。陛下如果拿这个做罪名，臣死了也情愿。"周宣帝非常惭愧，低头不语，命人带他出去，赐他在家自尽。

当时宇文神举任并州刺史，周宣帝派使者到并州用毒酒将他杀害。尉迟运到了秦州，也因忧愤成疾而死。

北周撤回了攻击陈朝的各路军队。

突厥佗钵可汗请求与北周和好，周宣帝以赵王宇文招的女儿为千金公主，出嫁佗钵可汗，并要求佗钵可汗捉住高绍义送给周国，佗钵可汗没有听从。

二月二十日辛巳，周宣帝传位给太子宇文阐，大赦天下，改元年号为大象，自称天元皇帝，所居住的地方称为"天台"，所戴的皇冠，冕旒二十四串，车驾、服饰、旗鼓的数量都比以前的皇帝增加一倍。皇帝宇文阐居住的宫殿称正阳宫，设置纳言、御正、诸卫等官，都比照天台。尊崇皇太后为天元皇太后。

天元皇帝传位之后，骄纵奢侈更加厉害，专心于妄自尊大，毫无顾忌，国家的礼仪典制，任情变更。每每对着臣下自称为天，用樽、彝、珪、瓒等礼器作为日常生活用具。命令到天台见他的臣子，先要斋戒三天，洁身一天。既然自比天帝，就不想让群臣与自己有相同的东西，常常穿配有丝带的衣服，戴迎天冠，冠上附有金蝉的装饰物，他只要看到侍臣的帽子上有金蝉的装饰物，王公大臣的衣服上配有丝带，就叫他们去掉。不允许臣民的称呼带有"天"、"高"、"上"、"大"的字样，官名犯了禁，都要改名。改姓高的人为"姜"，九族中称"高祖"的，改为"长祖"。又命令全国的车辆，一律用整块的圆木做轮子。禁止全国妇女涂脂抹粉，因此，除了宫女以外，全都是黄眉墨装。

天元皇帝每次召见侍臣商议事情，只想的是营造宫室变革车服等事，从来不谈政事。游戏随意无常，出入没有节制，仪仗侍臣，早晨跟着他出去，晚上陪着他回来，近侍之臣，都忍受不了这样的劳苦奔波。自公卿以下的官员，经常遭到杖责。每次打人，都要到一百二十下为限，称为“天杖”，后来又加到了二百四十下。宫女和在宫内任职的女官也一样。皇后、贵妃、嫔嫱、御女，虽然被宠幸，同样也要在背上受杖责。于是朝内外都感到恐怖，人人自危，但求无过，没有一个有坚定的忠心尽职，大家都重足而立，屏住呼吸不敢出大气，直到他的完结。

二月二十七日戊子，北周任命越王宇文盛为太保，尉迟迥为大前疑，代王宇文达为大右弼。

二月三十日辛卯，迁移邺城的石经到洛阳。下诏说：“河阳、幽州、相州、豫州、亳州、青州、徐州等七总管，都要接受东京六府的管辖。”

三月二十九日庚申，天元皇帝回到长安，排列盛大的军人队伍。天元皇帝亲自穿戴戎装铠甲头盔，从长安的青门进城，周静帝按法驾典礼跟随在后边。

夏季，四月初一日壬戌，册立皇妃朱氏为天元皇后。天元皇后是吴郡人，出身低微，生了周静帝宇文阐，年长天元皇帝十几岁。因卑微疏远不受宠爱，由于静帝的原因，特别赐给尊号。

乙巳日，北周静帝宇文阐祭祀太庙。四月二十二日壬午，在正午殿举行祷告神灵除灾的典礼。

五月［二十一日辛亥］，北周以襄国郡为赵国，济南郡为陈国，武当、安富两郡为越国，上党郡为代国，新野郡为滕国，邑各万户，命赵王宇文招、陈王宇文纯、越王宇文盛、代王宇文达、滕王宇文逌都回到各自的封国去。

随公杨坚私下对大将军汝南公宇文庆说：“天元皇帝实在没有积下美德；看他的相貌，寿命也不长。另外，各个藩王势力本来就很小，让他们各自都到封国去，竟然没有深根固本的长远计划。羽翼都被剪除了，国家还能长久吗？”宇文庆，是宇文神举的弟弟。

突厥侵扰北周的并州。六月，北周征发山东各郡的百姓修筑长城。

秋季，七月初一日庚寅，北周任命杨坚为大前疑，柱国司马消难为大后承。

七月初二日辛卯，陈朝开始使用大货六铢钱。

七月初七日丙申，北周静帝纳司马消难之女为正阳宫皇后。

七月二十日己酉，北周尊崇天元皇后李氏为天皇太后。七月二十三日壬子，改天元皇后朱氏为天皇后，册立贵妃元氏为天右皇后，陈氏为天左皇后，共四个皇后。元氏，是开府仪同大将军元晟的女儿；陈氏，是大将军陈山提的女儿。

八月初一日庚申，天元皇帝到同州。

八月初八日丁卯，陈宣帝在大壮观检阅军队。命都督任忠率领步骑十万列阵于玄武湖，都督陈景率领楼船五百艘出瓜步江，然后整军而回。

八月十三日壬申，北周天元皇帝回到长安。八月十五日甲戌，任命陈山提、元晟两人同为上柱国。

八月十九日戊寅，陈宣帝回宫。

豫章内史南康王陈方泰，在郡任职期满，放火焚烧民居，趁火抢劫，绑架富人，勒索钱财。陈宣帝阅兵，陈方泰应当随从，他上奏假称母亲患病不能前往，却穿了便服到民间去奸污别人的妻子，被州官抓了个正着。他率领徒众手持兵器拒捕，打伤刑事人员，被主管部门弹劾上奏。陈宣帝大怒，把陈方泰打入大牢，免去他的官职，削除他的爵位和封邑，可是没多久官复原职。

八月二十三日壬午，北周任命上柱国毕王宇文贤为太师，郇公韩业为大左辅。九月二十七日乙卯，任命酆王宇文贞为大冢宰。任命郧公宇文孝宽为行军元帅，率领行军总管杞公宇文亮、郕公梁士彦入侵陈朝淮南。同时派遣御正杜杲、礼部薛舒出使陈朝。

冬季，十月初四日壬戌，北周天元皇帝巡幸道会苑，举行祷告消灾的祭祀，以北周高祖为配享。重新恢复佛祖像和道教天尊像。天元皇帝与佛祖像、天尊像一同南面而坐，前面大摆戏台，演奏杂戏，让长安士民尽情观赏。

十月十六日甲戌，陈宣帝任命尚书仆射陆缮为尚书左仆射。

十一月初四日辛卯，陈朝发布大赦。

北周韦孝宽分派杞公宇文亮从安陆进攻黄城，梁士彦进攻广陵。十一月初七日甲午，梁士彦进军到肥口。

十一月初八日乙未，北周天元皇帝到骊山温泉。

十一月十一日戊戌，北周军队围攻寿阳。

北周天元皇帝到同州。

陈宣帝下诏，开府仪同三司、南兖州刺史淳于量为上游水军都督，中领军樊毅都督北讨诸军事，左卫将军任忠都督北讨前锋，前丰州刺史皋文奏率领三千步骑兵紧急赶往阳平郡。

十一月十五日壬寅，北周天元皇帝回到长安。

十一月十六日癸卯，陈朝任忠率领步骑七千紧急赶往秦郡；十一月十九日丙午，仁威将军鲁广达率领军队进入淮河，这一天，樊毅率领水军二万从东关进入焦湖，武毅将萧摩诃率领步骑紧急赶往历阳。十一月二十日戊申，韦孝宽攻占了寿阳，杞公宇文亮攻占了黄城，梁士彦攻占了广陵；十一月二十四日辛亥，周军又夺取了霍州。十一月二十六日癸丑，陈朝任命扬州刺史始兴王陈叔陵为大都督，为水步各军的总指挥。

十一月三十日丁巳，北周铸造永通万国钱，以一当千，与五行大布钱一起流通。

十二月初一日戊午，北周天元皇帝认为灾异多次出现，于是撤去仪仗和护卫，到天兴宫斋戒。百官上表，劝谏天元皇帝回到正宫，恢复正常起居饮食。十二月初七日甲子，天元皇帝回到正宫，在正武殿召集百官、宫人、外命妇，大摆优伶乐舞，首次表演西域胡人的“乞寒”戏。

十二月初八日乙丑，南兖州、北兖州、晋州等三州，以及盱眙、山阳、阳平、马头、秦、历阳、沛、北谯、南望等九郡的百姓自发地从江北撤退到江南。北周军队又攻占了谯州、北徐州。从此，江北之地全部陷落在北周手中。

北周天元皇帝到洛阳，亲自驾驭驿马，一天行三百里，四皇后和文武侍卫几百人也都乘驿马跟随。还命令四皇后齐头并进，有时有了先后，就要遭到斥责，人马困乏跌倒在地，沿路到处都是。

十二月十六日癸酉，陈宣帝派平北将军沈恪、电威将军裴子烈镇守南徐州，开远将军徐道奴镇守栅口，前信州刺史杨宝安镇守白下。十二月二十一日戊寅，陈宣帝任命中领军樊毅都督荆州、郢州、巴州、武州等四州的水陆诸军事。

十二月二十二日己卯，北周天元皇帝回到长安。

陈朝贞毅将军汝南人周法尚，与长沙王陈叔坚不和睦，陈叔坚暗中在陈宣帝面前说周法尚的坏话，诬陷他谋反。陈宣帝便逮捕周法尚的兄长定州刺史周法僧，将要派兵攻打周法尚。周法尚逃到北周，北周天元皇帝任用他为仪同大将军、顺州刺史。陈宣帝派将军樊猛渡江征讨。周法尚派部曲督韩朗向樊猛假投降，说：“周法尚所部的兵众都不愿投降北周，人人都在背后议论，想背叛周法尚回来。如果有军队去接应，他们就在阵前倒戈。”樊猛信以为真，领兵紧急前进。周法尚假装害怕，退守江曲，一交战假装败逃，埋伏军队截击，樊猛只身逃脱，八千多人全军覆没。

（以上为第五段，写北周宣帝，治国如同儿戏，行事反复无常，又异想天开称天元皇帝，禅位太子，更加放肆纵欲。即使如此，北周兵一出，仍尽陷陈朝江北之地，是因陈宣帝政治腐败，既姑息权贵，又用人不明，也是一个衰世之君。）

【点评】

宗法传子制的弊端。北周武帝宇文邕是一位英武有为之君、文武双全的杰出政治家。他深知太子不才，不是一个守成之君，但其余诸子尚幼，在家天下传子宗法制下，找不到一个好的接班人。其弟齐王宇文宪，智勇谋略为当世之杰，在传子制下，他非但不能接班，反而因功高震主遭忌被杀。北周随着北周武帝的英年早逝，迅速地从顶峰跌落下来，江山终为他人所有。封建传子制带来政治的大起大落，改朝换代不可避免，北齐灭亡，皆因继体之君累世荒淫。宗法传子制的弊端，在本卷的朝代变易中体现得尤为明显，揭示了极为深刻的教训。

陈纪八

陈宣帝太建十二年（公元580）

【上章困敦（庚子，公元580年），凡一年】

【大事提要】

本卷记述公元580年南北朝史事，凡一年，时当陈朝宣帝太建十二年，北周静帝大象元年。本卷集中载述北周一年间发生的政局大变动，周宣帝英年辞世，嗣君周静帝孤弱，大行皇帝还未下葬，外戚权臣杨坚就轻而易举地发动了宫廷政变，夺取了辅孤大权，随后又迅速地平定了尉迟迥等人的叛乱，奠定了禅代的基础。

高宗宣皇帝下之上

陈宣帝太建十二年（庚子，公元580年）

春季，正月初七日癸巳，北周天元皇帝到太庙祭祀祖先。

正月十二日戊戌，陈宣帝任命左卫将军任忠为南豫州刺史，总督沿江的军事防务。

正月二十九日乙卯，北周向进入市场交易的每人征收税钱一文。

二月初一日丁巳，北周天元皇帝巡幸露门学，祭奠先圣先师。

二月初二日戊午，突厥人向北周进贡，并迎娶千金公主。

二月初九日乙丑，北周天元皇帝将制书改称天制，敕书改称天敕。二月二十六日壬午，北周尊天元皇太后为天元上皇太后，天皇太后为天元圣皇太后。二月二十七日癸未，下诏杨后与三后全都并称太皇后，司马后直称皇后。

行军总管杞公宇文亮，是天元皇帝的同曾祖堂兄。宇文亮的儿子西阳公宇文温的妻子尉迟氏，是蜀公尉迟迥的孙女，容貌美丽，以同姓大夫妇人的身份进朝，天元皇帝用酒灌醉了她，逼奸了她。宇文亮知道这事后，心中恐惧；三月，他领兵从淮南返回，到达豫州；暗中策划偷袭韦孝宽，并吞他的军队，然后，拥立一个叔父辈的人为君，击鼓西进。宇文亮的国官茹宽知道他的计谋，便事先报告了韦孝宽，韦孝宽暗中做好准备。宇文亮乘夜色带领几百骑兵偷袭韦孝宽，战败而逃。三月初三日戊子，韦孝宽追击杀了宇文亮，他的儿子宇文温被株连而死。天元皇帝就宣召宇文温的妻子进宫，册封为长贵妃。三月初六日辛卯，封宇文亮的弟弟宇文椿为杞公。

北周天元皇帝到同州，增派候正、前驱、式道候，共为三百六十重，从皇宫应门直到赤岸泽，数十里的路上，幡旗相连，鼓乐齐鸣，又派虎贲郎持钑骑在马上，沿途戒严。三月初十日乙未，改同州宫为成天宫。三月十五日庚子，天元皇帝回到长安。天元皇帝下诏，命天台侍卫官，全都穿五色和红色、紫色、绿色的衣服，用杂色为衣边装饰，叫作“品色衣”，遇有重大事情，可以和公服轮流换穿。三月十七日壬寅，又下诏命内外有诰命的夫人都要执笏，在祭拜宗庙和天台时，要弯腰跪拜像男子一样。

天元皇帝打算册立第五个皇后，因此向小宗伯狄道人辛彦之询问。辛彦之回答道：“皇后与天子同样尊贵，不应当有五个。”太学博士西域人何妥说：“从前帝喾有四个妃子，虞舜只有两个妃子。以往朝代，哪有一个定规。”天元皇帝听了十分高兴，罢免了辛彦之的官。三月十九日甲辰，天元皇帝下诏说：“妇人取法大地，天地元素水、火、木、金、土，土排在第五位。因此在四位太皇后之外，可再加一位天中太皇后。”于是册封陈氏为天中太皇后，尉迟妃为天左太皇后。又设置下帐五处，让五位皇后各居一帐。在帐前摆下宗庙祭器，亲自诵读祝文祭拜。又造五辆大辂车载五位皇后，亲自率领左右随从徒步跟在后面。天元皇帝还喜欢在车上倒挂活鸡，或向车上投掷瓦片，观看车上妇女吓得大喊大叫而取乐。

夏季，四月初八日癸亥，陈朝尚书左仆射陆缮去世。

四月十四日己巳，北周天元皇帝到太庙祭祀祖先。四月二十四日己卯，举行求雨仪式；四月二十七日壬午，又到仲山求雨。四月二十九日甲申，天元皇帝回宫，下令京城百姓在长安街道上夹队奏乐迎接车驾。

五月初九日癸巳，陈朝任命尚书左仆射晋安王陈伯恭为尚书仆射。

北周杨后性情柔顺和婉，不妒忌别人，四位皇后以及嫔妃、御女等，都爱戴和敬仰她。天元皇帝昏庸暴虐越来越严重，喜怒无常，曾经无故斥责杨皇后，想要给她加上罪名。但是杨皇后举止安详娴雅，言辞不卑不亢，天元皇帝大怒，便赐死杨皇后，逼迫她自尽。杨皇后母亲独孤氏得知消息，急忙进宫向天元皇帝求情请罪，叩头流血，杨皇后才得免一死。

杨皇后的父亲大前疑杨坚位高望重，天元皇帝猜忌他，曾经因一时愤怒对杨皇后说：“一定要灭了你们杨家。”于是召杨坚进宫，并对左右亲近的人说：“如果杨坚变了脸色，立即杀了他。”杨坚到了宫中，神色镇定自若，才免了祸。内史上大夫郑译和杨坚年轻时是同窗学友，见杨坚仪表不凡，很是惊奇，倾心交结。杨坚已经被天元皇帝猜忌，内心很不安，曾经在宫中永巷，私下对郑译说：“我早想出京任职，你是知道的，希望你留心这件事。”郑译说：“您德高望重，全天下的人都敬仰你。我想依靠你得到福佑，怎敢忘掉你的托付，我将立即郑重地向皇上启奏。”

天元皇帝打算派郑译率军进攻陈朝，郑译要求给自己配一个元帅。天元皇帝说：

“卿相中了谁呢？”郑译说：“如果要平定江东，当然非至亲重臣不可，否则就没有威望镇抚，可以让随公同行，并且任命他为寿阳总管，都督征南诸军事。”天元皇帝听从了。五月初五日己丑，任命杨坚为扬州总管，派郑译发兵到寿阳会合。将要起程，赶上杨坚脚上突然有病，没有成行。

五月初十日甲午，当夜天元皇帝备好法驾，到天兴宫。五月十一日乙未，生病回长安宫。小御正博陵人刘昉，一向以狡黠献媚得到天元皇帝宠信，与御正中大夫颜之仪一起成为天元皇帝的亲信。天元皇帝召见刘昉、颜之仪于卧内，想托付后事。此时天元皇帝声音已哑，不能说话。刘昉看到周静帝年幼，认为杨坚是皇后的父亲，又有很高的声望，于是与领内史郑译、御饰大夫柳裘、内史大夫杜陵人韦謩、御正下士朝那人皇甫绩合谋请杨坚辅政，杨坚再三推辞不敢当；刘昉说：“你要干，就抓紧；不干，我刘昉就要干了。”杨坚这才听从了，对外宣称受诏留在宫中侍候皇上疾病。柳裘，是柳惔的孙子。

这一天，天元皇帝崩殂，秘不发丧。刘昉、郑译假传诏命委任杨坚总领宫中宫外兵马事务。颜之仪了解不是天元皇帝的旨意，拒绝不听。刘昉等人起草好诏书并签署完名字，交给颜之仪连名签字，颜之仪厉声说：“皇上升天，嗣君年幼，辅政的重任应该由宗室中的英才担任。如今赵王宇文招年龄居长，论亲论德，理应由他担当重任。你们诸位备受朝廷恩惠，应当尽忠报国，怎能突然之间把国家大权交给他人！颜之仪宁可一死，不能做欺骗先帝的事。”刘昉等人知道无法使颜之仪屈从，于是代替颜之仪签名发下诏书。禁卫军各部已经接到诏命，都听从杨坚调度。

杨坚担心宗室诸王在地方发动反抗，于是以千金公主将要远嫁突厥为借口，征召赵王宇文招、陈王宇文纯、越王宇文盛、代王宇文达、滕王宇文逌等五王入朝。杨坚索要兵符玉玺，颜之仪义正词严地说：“这是天子使用的器物，自有主管的人，宰相为什么要索取它！”杨坚大怒，命人拉出去，打算杀死他，因为顾虑他有很高的声望，便将他赶出京城到西部边地做郡守。

五月二十三日丁未，北周给天元皇帝发丧，周静帝住进天台，废除正阳宫。大赦天下，停止修建洛阳宫。五月二十六日庚戌，尊崇阿史那太后为太皇太后，李太后为太帝太后，杨后为皇太后，朱后为帝太后，此外，陈后、元后、尉迟后都落发为尼。任命汉王宇文赞为上柱国、右大丞相，只是给他一个尊贵的名号，实际不管具体政务，任命杨坚为假黄钺、左大丞相，秦王宇文贽为上柱国，下令百官各自尽职，完全听从左大丞相的命令。

杨坚刚接受顾命辅政时，就派邗国公杨惠对御正下大夫李德林说：“朝廷敕令我总理文武大权，治理国家任务繁重。如今想与你共同掌理国事，一定不要推辞。”李德林说：“愿为杨公拼死效力。”杨坚十分高兴。开始，刘昉、郑译共谋推杨坚为大冢宰，郑译自己想兼理大司马，刘昉想得到小冢宰。杨坚私下问李德林说：“准备把我怎么安排？”李德林说：“您应当做大丞相、假黄钺、都督中外诸军事，不这样，就没有威权镇服大家的心。”等到为天元皇帝办完丧事，就依此行事，把正阳宫作为丞相府。

当时北周朝臣并没有完全服从杨坚，杨坚把掌管宫廷宿卫的司武上士卢贲安置在身边。杨坚要到东宫，百官都不知道如何是好。杨坚暗中派卢贲安排了宿卫武士，然后召见公卿大臣，对他们说：“想求富贵的人就跟着走。”朝臣们往往三三两两交头接耳，有的想要离开。这时卢贲带着全副武装的宿卫兵到来，众朝官没人敢行动。大家出了崇阳门，来到东宫，守门卫士不让进入，卢贲上前说话，卫士仍然不撤离；卢贲瞪大眼睛呵斥，卫士们才退了下去，杨坚等人进入东宫。卢贲便留在正阳宫掌管丞相府的宿卫。卢贲，是卢辩弟弟的儿子。任命郑译为丞相府长史，刘昉为司马，李德林为府属。郑译、刘昉两人没得到想要的职务，因此怨恨李德林。

内史下大夫勃海人高颎，聪明敏捷，气度轩昂，熟习军事，足智多谋，杨坚想把他拉到丞相府，派杨惠去表明意思。高颎接受邀请，高兴地回答说：“愿意效命。即使杨公大业不成，我也不怕遭到灭族之祸。”于是被杨坚任命为丞相府司录。

当时汉王宇文赞住在宫中，时常与周静帝同帐并坐。刘昉特地打扮一些美貌歌女献给宇文赞，宇文赞非常高兴。刘昉趁势游说宇文赞，说：“大王是先帝的亲弟弟，众望所归，幼帝年龄太小，哪能料理国家大事！现在先帝刚刚去世，人心未定。大王暂时回到府第，等待大事安定以后，再进宫来当天子，这才是万全的办法。”宇文赞年纪轻，品性见识又低下，完全相信了刘昉，于是听了他的话。

杨坚革除周宣帝苛刻残暴的政令，改行宽缓的德政，简化旧的法律条文，制作《刑书要制》，奏请周静帝颁行，亲自带头推行节俭，朝内朝外的人都高兴。

杨坚夜里召见右史中大夫庾季才，询问说：“我以平庸菲薄的才智，接受了顾命幼主的重任，从天时人事两个方面来看，你认为怎样？”庾季才说：“天道精深细微，难以观察臆测，我个人从人事上来预测，符命征兆已经定下了。我庾季才即使说不可以，你难道会效法许由逃到箕山、微水之间吗？”杨坚沉默了好久，这才说：“确实像你说的那样。”独孤夫人也对杨坚说：“大事已到了这一步，现在是骑虎难下，你就努力去做吧！”

杨坚认为相州总管尉迟迥位尊望重，担心他有非分图谋，派尉迟迥的儿子魏安公尉迟惇持诏书召尉迟迥进京会葬。五月二十八日壬子，任命上柱国韦孝宽为相州总管，任命小司徒叱列长义为相州刺史，让叱列长义先行，韦孝宽后面跟进。

陈王宇文纯当时镇守齐州，杨坚派门正上士崔彭征召宇文纯。崔彭只带了两个骑士到齐州，住在驿站，派人宣召宇文纯。宇文纯到后，崔彭挡住宇文纯的随从，说有要事单独说话，于是逮捕了宇文纯，然后大声宣布说：“陈王有罪，诏书征召他入朝，随从的人不得轻举妄动！”宇文纯的随从们听了十分惊慌，纷纷离去。崔彭，是崔楷的孙子。

六月，北周五个藩王赵王、陈王、越王、代王、滕王都到了长安。

六月初六日庚申，北周恢复了佛教、道教，原来的和尚、道士诚心修行的人，经过挑选审核以后，允许他们恢复宗教身份。

（以上为第一段，写北周宣帝宇文赟生活荒诞，寿命不永，又好杀戮，朝野离心；他死后，权臣杨坚轻而易举地发动了宫廷政变。）

北周尉迟迥知道杨坚危害帝室，谋划起兵讨伐。韦孝宽到达朝歌，尉迟迥派他的大都督贺兰贵带着自己的亲笔信等候韦孝宽。韦孝宽留下贺兰贵交谈，察看他的意图，疑心有变故，于是假装生病慢慢进行；并且派人以寻医买药为名到相州暗中打探。韦孝宽哥哥的儿子韦艺为魏郡郡守，尉迟迥派韦艺迎接韦孝宽。韦孝宽询问尉迟迥干什么，韦艺是尉迟迥同党，不说实话。韦孝宽大怒，将要杀他，韦艺害怕了，原原本本地把尉迟迥的谋划告知韦孝宽。韦教宽带着韦艺往西逃，每到一个驿亭，把驿站的马全都赶走，并对驿站主管说："蜀公尉迟迥马上要到，赶快准备酒食。"尉迟迥过了一阵才派仪同大将军梁子康带领几百骑兵追赶韦孝宽，追兵每到一个驿站，都有丰盛的酒宴，驿站又没有马，于是逗留不前，韦孝宽和韦艺这才脱险。

杨坚又派候正破六韩裒到尉迟迥军中说明自己的心迹，暗中递给相州总管府长史晋昶等人信函，让他们做好准备。尉迟迥知道了消息，杀了晋昶和破六韩裒，召集文武士民，登上相州城的北楼，对他们说："杨坚凭借皇后父亲的势力，挟持幼主作威作福，不守臣道的形迹，暴露无遗。我与太祖文皇帝（即宇文泰）是舅甥关系，自身又兼任将相；先帝把我放在这里，原本就是把国家安危寄托在我身上。今天我要和大家一起招募仁义勇敢的人士，用来保国护民，怎么样呢？"大众全都听从尉迟迥的号令。尉迟迥就自称大总管，宣称秉承皇帝旨意，设置百官。当时赵王宇文招入朝，留下小儿子在封国，尉迟迥拥立他为主，用以号令天下。

六月初十日甲子，杨坚发动关中的兵马，任命韦孝宽为行军元帅，郧公梁士彦、乐安公元谐、化政公宇文忻、濮阳公武州宇文述、武乡公崔弘度、清河公杨素、陇西公李询等都为行军总管，率领兵马分路征讨尉迟迥。崔弘度，是崔楷的孙子；李询，是李穆哥哥的儿子。

当初，周宣帝派计部中大夫杨尚希安抚山东，到达相州，听到宣帝崩殂的消息，与尉迟迥一起穿丧服吊唁宣帝。杨尚希出了灵堂对身边亲近的人说："蜀公尉迟迥哭声不悲哀，神色也不安定，心事重重一定怀有异谋。我不离开，恐怕会遭难。"于是在当夜从小路逃走。天大亮后，尉迟迥才发觉，派人没有追赶上，终于回到了长安。杨坚派杨尚希率领家族子弟兵三千人镇守潼关。

北周雍州牧毕剌王宇文贤，与赵王、陈王、越王、代王、滕王等五王密谋袭杀杨坚，事情败露，杨坚杀了宇文贤和他的三个儿子，而暂时掩盖五王参与密谋的事，不予追究。还任命秦王宇文贽为大冢宰，杞公宇文椿为大司徒。六月二十六日［庚辰］，任命柱国梁睿为益州总管。梁睿，是梁御的儿子。

北周派汝南公宇文神庆、司卫上士长孙晟送千金公主到突厥。长孙晟，是长孙幼的曾孙。

杨坚又派建威侯贺若谊送礼给佗钵可汗，并劝说佗钵可汗交出北齐宗室高绍义。佗钵可汗假装约高绍义到南部边境打猎，让贺若谊把他抓获。贺若谊，是贺若敦的弟弟。秋季，七月初一日甲申，高绍义被押送到长安，流放到蜀地。过了很久，高绍义病死在那里。

北周青州总管尉迟勤，是尉迟迥弟弟的儿子。刚得到尉迟迥的书信时，上表转呈朝廷，不久也追随尉迟迥。尉迟迥所统管的相州、卫州、黎州、洺州、贝州、赵州、冀州、瀛州、沧州，尉迟勤所统管的青州、齐州、胶州、光州、莒州等都同时响应，兵众数十万。荥州刺史邵公胄、申州刺史李惠、东楚州刺史费也利进、潼州刺史曹孝远，各自割据本州，徐州总管司录席毗罗据兖州，前东平郡守毕义绪割据兰陵，全都响应尉迟迥；怀县永桥镇将纥豆陵惠举城投降尉迟迥。尉迟迥派他所任命的大将军石逊攻打建州，建州刺史宇文弁举州投降。尉迟迥又派西道行台韩长业攻占了潞州，活捉了刺史赵威，任用潞州人郭子胜为刺史。纥豆陵惠偷袭攻占了巨鹿城，于是围困恒州。上大将军宇文威，攻打汴州，营州刺史乌丸尼等率领青州、齐州的军队围攻沂州。大将军檀让攻克曹州、亳州，屯兵于梁郡。席毗罗的军队有八万多人，驻扎在藩城，攻占了昌虑、下邑。李申从申州进攻永州，占领了它。

尉迟迥派人招抚大左辅、并州刺史李穆，李穆扣押使者，把尉迟迥写给他的信加封呈奏朝廷。李穆儿子李士荣，认为父亲李穆镇守的并州，聚集了天下的精兵，暗中劝他听从尉迟迥，李穆坚决拒绝。杨坚派内史大夫柳裘到李穆那里，向他陈述利害，又派李穆的儿子左侍上士李浑到并州转达诚心。李穆派李浑奉送熨斗给杨坚，说："希望杨公执掌威柄，如同熨斗一样平复安定天下。"又送给杨坚十三环金带。十三环金带是天子的饰物。杨坚非常高兴，派李浑到韦孝宽军中转达李穆的心意。李穆哥哥的儿子李崇，任怀州刺史，起初想响应尉迟迥；后来得知李穆依附杨坚，慨然叹息说："李氏一家几十个人蒙受国恩富贵，正当国家有难，竟然不能匡扶倾危，延续皇室，又有什么脸面立于天地之间呢？"迫不得已也依附了杨坚。尉迟迥的儿子尉迟谊，任朔州刺史，李穆把他抓起来送到长安；又派兵征讨郭子胜，活捉了他。

尉迟迥招抚徐州总管源雄、东郡太守于仲文都不听从。源雄，是源贺的曾孙；于仲文，是于谨的孙子。尉迟迥派宇文胄从石济渡河，宇文威从白马渡河，两路进攻于仲文，于仲文丢了东郡逃回长安，尉迟迥杀了他的妻子和儿子。尉迟迥派檀让攻占河南郡县，丞相杨坚任命于仲文为河南道行军总管，派他到洛阳发兵讨伐檀让，命令杨素讨伐宇文胄。

六月二十四日丁未，北周任命丞相杨坚都督中外诸军事。

北周郧州总管司马消难也举兵响应尉迟迥。六月二十六日己酉，北周任命柱国王谊为行军元帅，派他去征讨司马消难。

广州刺史于觊，是于仲文的哥哥，与总管赵文表不和，假称得了心病，诱骗赵文表来探视，亲手杀了他，趁势公开宣言赵文表与尉迟迥串通合谋。杨坚考虑尉迟迥还没有讨平，便慰劳鼓励他，并任命他为吴州总管。

北周赵僭王宇文招密谋杀杨坚，邀请杨坚到自己家里作客，杨坚自带酒菜前去拜访。宇文招把杨坚引进自己的寝室，宇文招的儿子宇文员、宇文贯和妃子的弟弟鲁封等都在旁边侍候，佩刀而立，又在帷幕中暗藏兵器，还在后院埋伏壮士。杨坚的侍卫不准跟随，只有杨坚的从祖堂弟开府大将军杨弘、大将军元胄坐在门旁。元胄是元顺的孙子。杨弘、元胄都有勇力，是杨坚的心腹。酒喝到高兴的时候，宇文招用佩刀刺瓜接连送入杨坚口中，想借机刺杀他。元胄上前对杨坚说："相府有事，不可久留。"宇文招呵斥他说："我与丞相说说话，你要干什么！"喝令他退下。元胄双目圆睁，怒气冲冲，提刀站在杨坚身旁护卫。宇文招赐酒给他喝，说："我难道会有歹意，你为何这样猜疑戒备？"宇文招装着要呕吐，站起来想乘机进后院，元胄提心会发生变故，便多次扶他重新坐好，这样反复了好几次。宇文招又谎称喉干舌燥，让元胄到厨房取水来喝，元胄却不动身。恰好滕王宇文逌到来，杨坚下台阶迎接他。元胄趁此机会对杨坚耳语说："情况非同寻常，应当赶快离开！"杨坚说："他们没有兵马，能干什么？"元胄说："这里他们家人就是兵马，他们如果先下手，一切都完了。我元胄不是怕死，只是死得不值。"杨坚重新入座。元胄听到房后有士兵穿甲胄的声音，立即上前对杨坚说："相府公务繁忙，你怎么在此久留饮酒。"便扶杨坚下床快步离去。宇文招想追上杨坚，元胄用身体挡住门口，宇文招出不了门，等杨坚到了大门口，元胄从后面追上。宇文招后悔自己没有及时下手，气得弹击手指，竟流出了鲜血。六月二十九日壬子，杨坚诬陷宇文招与越野王宇文盛谋反，把他们及其儿子全都杀了，并重赏元胄财物不计其数。

北周皇室诸王多次想找机会杀掉杨坚，杨坚的都督临泾人李圆通常常保护他，因此得以幸免。

六月三十日癸丑，北周静帝册封弟弟宇文衍为叶王，宇文术为郢王。

北周的豫州、荆州、襄州等三州的蛮人反叛，攻占了一些郡县。

北周韦孝宽进军到永桥城，众将领请求首先攻占这座城。韦孝宽说："城小却十分坚固，如果进攻打不下来，会降低我军的士气。如果打败他的大军，这里的敌人什么也干不成！"于是进军驻扎在武陟。尉迟迥派他的儿子魏安公尉迟惇率领十万人进入武德，驻军在沁水东岸。正赶上河水上涨，韦孝宽与尉迟迥隔水相持都不向前。

韦孝宽府中长史李询向丞相杨坚秘密报告说：“梁士彦、宇文忻、崔弘度都接受了尉迟迥赠送的黄金，因此军心不稳，人心大变。”杨坚很是忧虑，与内史郑译商量要替换这三个人。李德林说：“丞相与各位大将，都是国家的贵臣，互相没有隶属关系。如今只是利用挟天子的威权控制他们罢了。前面派的人，怀疑他们有二心，后面派去的人，又怎么知道他会成为你的心腹呢！再说，接受黄金的事，真假难辨，如果一旦更换他们，可能畏罪潜逃，若果逮捕他们，那么郧公韦孝宽以下，就会人人惊恐自疑。再说，临敌换将，这正是战国时燕国、赵国败亡的原因。我的个人看法，只需派心腹，但要足智多谋，一向为众将领信服的人，迅速到军中，让他观察真假。即使他们怀有二心，也一定不敢轻举妄动，即使有异常举动，也能被制服。”杨坚醒悟，说：“你不说这话，差点儿坏了大事。”便派少内史崔仲方前往监督诸军，号令众将。崔仲方，是崔猷的儿子，推辞说父亲在山东。又派刘昉、郑译，刘昉推辞说从没有带过兵，郑译推辞说母亲年老。杨坚很不高兴。丞相府司录高颎请求前往，杨坚非常高兴，派他前往。高颎接受任命后立即出发，派人向母亲辞行。从此，杨坚处理军务，都只与李德林商议。当时军令文书每天上百件，都是李德林一人口述批复，几个人记录，各类文书和事由层出不穷，李德林口述的批复都十分贴切，文气流畅，不用修改。

北周郧州总管司马消难献出郧、随、温、应、土、顺、沔、儇、岳九州以及鲁山等八镇投降陈朝，派他的儿子为质求援。八月初六己未，陈宣帝下诏任命司马消难为大都督、总督九州八镇诸军事、司空，赐爵随公。八月初七日庚申，陈宣帝下诏镇西将军樊毅进督沔、汉诸军事，南豫州刺史任忠率领军队进逼历阳，超武将军陈慧纪为前军都督，赶赴南兖州。

北周益州总管王谦也不依附杨坚，调动巴蜀的军队攻打始州，梁睿到了汉川，被阻不能前进，杨坚立即任命梁睿为行军元帅讨伐王谦。

八月十五日戊辰，陈宣帝下诏司马消难为大都督，总领水陆诸军事。八月十七日庚午，通直散骑常侍淳于陵攻克了临江郡。

后梁世宗萧岿派中书舍人柳庄带着国书出使北周。丞相杨坚握着柳庄的手说：“我先前任开府仪同三司时，曾随军到江陵，曾蒙梁主特别看重。现今国主年幼，时势艰难，承蒙顾命辅佐少主。梁主累代效忠朝廷，应当相互共同保守松柏那样耐寒的节操。”当时众将领都劝后梁国主举兵，与尉迟迥联合共谋，认为这样进可以说是为周朝尽节效忠，退可以席卷秦岭南面的汉、沔之地，后梁国主疑虑不决。正好柳庄返回，一一转告了杨坚的话，并且说：“从前袁绍、刘表、王凌、诸葛诞，都是一代豪杰，占据了要地，拥有强兵，但是功业都没有成功，转身之间遭了灾祸，原因是曹魏、晋氏挟天子，占有京都，倚仗朝廷名正言顺发号施令的缘故。现今尉迟迥虽然是老将，但年高昏乱，而司马消难、王谦都是平庸之辈，并没有匡正天下的才干。周朝的将相，大多只顾个人的利益，争相效顺杨氏。依臣看来，尉迟迥等终究被消灭，随公杨坚肯定要篡夺周朝政权。我们不如保境安民，以观看形势的变化。”后梁国主很是赞同，大家议论起兵的事得以停止。

高颎到了前线军中，在沁水上建起了浮桥。尉迟惇从上游放出带火木筏，高颎预先制作叫“土狗”的土墩来阻挡火木筏。尉迟惇列阵二十余里，指挥军队稍为后撤，想等到韦孝宽的军队渡河一半时发起攻击；韦孝宽趁着后退的机会，鸣鼓齐进攻击。周军全军渡河后，高颎下令烧了浮桥，用以断绝士兵后退的念头。尉迟惇大败，全军覆没，单骑逃脱。韦孝宽乘胜追击，直到邺城。

八月十七日庚午，尉迟迥与尉迟惇，以及尉迟惇弟弟西都公尉迟祐，率领全部士兵十三万人列阵在邺城南面，尉迟迥另外率领一万人，全部裹绿色头巾，穿上锦绸袍子，称“黄龙兵”。尉迟迥弟弟尉迟勤率领五万，从青州赶来增援尉迟迥，派三千骑兵为前锋。尉迟迥一向熟悉军事，虽然年老，仍然披甲临阵。他部下都是关中人，为他拼死战斗，韦孝宽的军队交战不利，往后退却。邺城士民观战的有几万人。行军总管宇文忻说：“事情紧急，我用诡诈的战术打退敌兵。”于是先向观战的人群射箭，观战的人乱跑，转相践踏，声震如雷。宇文忻大声传呼说：“敌人败退了！”士气又振作起来，趁纷乱之际发起反攻。尉迟迥军队大败，退保邺城。韦孝宽挥兵包围邺城，李询和思安伯代郡人贺娄子干抢先登上城头。

崔弘度的妹妹，早先嫁给尉迟迥的儿子为妻，等到邺城攻破，尉迟迥窘迫困急，登上城楼，崔弘度从龙尾道追上他。尉迟迥拉弓，将要射崔弘度，崔弘度脱下头盔，对尉迟迥说：“是否还认识我？今天我们各为国事，不能顾及私情。看到亲戚的面上，我阻止了乱兵，不许他们凌辱你。事情到了这一步，你应早为自己考虑，还等待什么。”尉迟迥把弓箭扔在地上，竭力痛骂左丞相杨坚后自杀。崔弘度回头对弟弟崔弘昇说：“你去割下尉迟迥的头。”崔弘昇砍下了尉迟迥的头颅。在小城中的尉迟迥士兵，韦孝宽全部活埋了他们。尉迟勤、尉迟惇、尉迟祐东逃青州，还没有到达，就被开府仪同大将军郭衍追上抓获。丞相杨坚认为当初尉迟勤送上尉迟迥的信有归诚的心意，特地赦免了他的罪。李惠在尉迟迥失败之前自己束手归降认罪，杨坚恢复了他的官爵。

尉迟迥晚年老迈昏聩，等到起兵，用小御正崔达拏为长史。崔达拏是崔暹的儿子，一个文士，没有筹谋善计，举动措施有很多失误，所以起兵只有六十八天就失败了。

于仲文的军队到达蓼堤，离梁郡还有七里。檀让率兵数万，于仲文用老弱兵交战，假装失败，檀让没有提防，于仲文反击，大败檀让，俘虏了五千多人，斩首七百级。进攻梁郡，尉迟迥守将刘子宽丢下城池逃跑。于仲文进攻曹州，抓获尉迟迥任命的刺史李仲康。檀让率领残兵驻守成武，于仲文出兵袭击，打败了檀让，于是攻占了成武。尉迟迥部将席毗罗领兵十万，驻扎在沛县，将要攻打徐州。他的妻儿留在金乡，于仲文派人假称是席毗罗的使者，对金乡城主徐善净说："檀让明天午时到达金乡，宣布蜀公尉迟迥的命令，赏赐将士。"金乡人都高兴。于仲文挑选精兵，假装打着尉迟迥的旗帜，加快赶路行进。徐善净远远看见，认为是檀让，出城迎接。于仲文抓获了他，于是夺取了金乡。众将劝于仲文屠城，于仲文说："这座城是席毗罗起兵的地方，应当宽大他们的妻儿，席毗罗手下的士兵就会来投降，如果屠了城，他们绝望就会死战。"众将都说好。于是席毗罗仗着人多势众逼近官军，于仲文设下埋伏，突然袭击，席毗罗大败，士兵争着挤向洙水，结果大多被淹死，洙水都被阻断了。檀让被抓获，用囚车押送京师，斩了席毗罗，首级送到京师。

韦孝宽分兵讨伐关东的叛乱州郡，全都被平定。杨坚把相州治所移到安阳，毁了邺城及民居。分割相州，增置毛州、魏州。

后梁国主听到尉迟迥失败的消息，对柳庄说："如果听了众人的话，起兵响应尉迟迥，那么梁国就不能保全了。"

丞相杨坚刚刚掌权的时候，对黄公刘昉、沛公郑译很优厚，赏赐无法计算，并寄托腹心的重任，所以朝野上下的人都另眼相看，并称二人为"黄、沛"。这两人也居功骄傲，沉迷于金钱权利，不亲自处理相府事务，等到推辞做监军，杨坚开始疏远两人，恩惠礼遇逐渐淡薄。高颎从军中还京，恩宠待遇一天天加重。当时王谦、司马消难还未平定，杨坚忧虑提心，常常是寝食难安。而刘昉游宴玩乐，纵酒没有节制，丞相府的事留下很多没有处理。杨坚任命高颎代替刘昉任司空，但不忍心罢郑译的官，只是暗中吩咐属官不得向郑译禀报公事。郑译仍然坐在丞相府长史的位置上，但不能做什么事。郑译惶恐害怕，向杨坚叩头请罪，要求解除职务，杨坚仍然以恩惠礼遇对待他，好言安慰。

八月二十日癸酉，陈朝智武将军鲁广达攻克北周的郭默城。八月二十三日丙子，淳于陵攻克祐州城。

北周任命汉王宇文赞为太师，申公李穆为太傅，宋王宇文实为大前疑，秦王宇文贽为大右弼，燕公于寔为大左辅。于寔，是于仲文的父亲。

八月二十六日［己卯］，北周大赦。

北周王谊率领四总管到达郧州，司马消难率领部众献出鲁山、甑山两镇投降陈朝。

当初，司马消难派上开府仪同大将军段珣领兵攻围顺州，北周顺州刺史周法尚抵挡不住，弃城逃跑，司马消难俘获了周法尚的母亲和他的弟弟南下。陈将樊毅率军救援司马消难，还没到达，中途遭到北周亳州总管元景山的截击，樊毅劫掠居民退走。元景山和南徐州刺史宇文弢追击，与樊毅在漳口交战，一天之中三战三捷。樊毅退守甑山镇，司马消难所占有的城邑，都被元景山重新夺回。

郧州巴蛮群起反叛，公推大帅兰雒州为首领，依附司马消难。王谊派出众将分路讨伐，十天至一月之内，全部平定。陈纪、萧摩诃攻打广陵，北周吴州总管于颉打败陈朝军队。沙州氐帅杨永安聚众响应王谦，北周大将军乐宁公达奚儒领兵征讨。杨素在石济打败荥州刺史宇文胄，并将他斩首。

北周任命神武公窦毅为大司马，齐公于智为大司空；九月，任命小宗伯竟陵公杨惠为大宗伯。

九月初五日丁亥，北周将军王延贵领兵救援历阳，被陈将任忠打败，王延贵也被活捉。

九月初十日壬辰，北周废皇后司马氏为庶民。九月二十八日庚戌，北周任命随公嫡子杨勇为洛州总管、东京小冢宰，统辖原北齐地区。九月三十日壬子，北周任命左丞相杨坚为大丞相，废除置左、右丞相两个职官并存的建制。

冬季，十月初二日甲寅，发生日食。

北周丞相杨坚杀陈惑王宇文纯，以及他的儿子。

北周梁睿率领步骑二十万征讨王谦，王谦分路派出众将守据险要，梁睿率军奋勇攻击，多次打破险关，蜀地军民惊恐不安。王谦派部将达奚惎、高阿那肱、乙弗虔等率领十万人马攻打利州，筑土堤坝拦截嘉陵江水灌城。守城战士不过两千人，总管昌黎人豆卢勣，日夜守城抵抗，坚持了四十天，不时出奇兵偷袭达奚惎打败了他。等到梁睿大军到达，达奚惎逃走。梁睿从剑阁进兵，直逼成都。王谦命令达奚惎、乙弗虔守城，自己亲自率领精兵五万背城列开阵势。梁睿进攻，王谦战败，将要进城，达奚惎、乙弗虔献城投降，王谦率领部下三十骑逃向新都，新都县令王宝抓获了王谦。十月二十六日戊寅，梁睿杀了王谦、高阿那肱，剑南地区平定。

十一月二十二日甲辰，北周达奚儒打败杨永安，沙州平定。

十一月二十五日丁未，北周郧襄公韦孝宽去世。韦孝宽长期戍守边城，多次打败强敌，他的策谋部署，起初没有人懂得，看到成功以后，这才惊叹佩服。虽然领兵，却深深爱好文史书籍，又和睦宗族，自己的俸禄从不拿回家中，受到当时人的称赞。

十二月二十九日庚辰，陈朝河东康简王陈叔献去世。

十二月十二日癸亥，北周下诏在西魏时改姓鲜卑姓氏的人，可以恢复本姓。

十二月十三日甲子，北周任命大丞相杨坚为相国，总领百官，免去都督中外诸军事、大冢宰的官号，进爵位为王，以安陆等二十郡为随国，上朝时行朝礼司仪不直呼其名，并赐九锡之礼。杨坚接受了王爵，只领十个郡的封邑。

十二月二十日辛未，杨坚诛杀代奰王宇文达、滕闻王宇文逌以及他们的儿子。

十二月二十日壬申，任命小冢宰元孝规为大司徒。

这一年，北周境内有州二百一十一，郡五百零八。

（以上为第二段，写杨坚明察善断，迅速扑灭尉迟迥的护周叛乱，并将皇室诸王诛杀殆尽，晋爵随王，加九锡，奠定了禅代的基础。）

【点评】

隋文帝夺孤儿寡母之权。北周之末，隋国公杨坚以外戚辅孤之重，从孤儿寡妇手中夺取政权，如暴风骤雨般突发，大行皇帝还未下葬就发动了宫廷政变，一年之间政权易手，禅代之速旷古未有。南北朝时期，无论北朝还是南朝，军队干政，武力夺取，禅代为饰，天命频繁转移，人情习以为常是其外因。而周宣帝性情乖张，暴虐不仁，朝野失望，导致北周从鼎盛急剧衰落是内因。周宣帝又自剪枝辅，诛齐王宇文宪，为权臣杨坚篡政作嫁衣。周宣帝的猜忌与无行，煽起了权臣的野心，留下了极为深刻的历史教训。

陈纪九

陈宣帝太建十三年至陈长城公至德元年（公元581—公元583）

【起重光赤奋若（辛丑，公元581年），尽昭阳单阏（癸卯，公元583年），凡三年】

【大事提要】

本卷记述公元581年至公元583年南北朝史事，凡三年，时当陈朝宣帝太建十三年至十四年、后主至德元年，北朝周隋交替，北周静帝大定元年，隋文帝开皇元年、二年、三年。隋朝初建，隋文帝任贤、纳谏，约法省刑，颁布刑律，对内励精图治，对外坚决抗击突厥，北朝出现了新气象，隋朝欣欣向荣。南朝陈宣帝辞世，陈叔陵狂愚，发动政变未遂，暴露了陈朝的腐朽。于是隋文帝有灭陈之志，北方名将贺若弼出镇广陵，韩擒虎出镇庐江，南北统一的曙光初现。

高宗宣皇帝下之下

陈宣帝太建十三年（辛丑，公元581年）

春季，正月初一日壬午，陈宣帝任命晋安王陈伯恭为尚书左仆射，吏部尚书袁宪为右仆射。袁宪，是袁枢的弟弟。

北周改年号为大定。

二月初四日甲寅，隋王杨坚正式接受相国、百揆、九锡等任命和赏赐，设置台省。二月初六日丙辰，北周静帝下诏进封隋王妃独孤氏为王后，隋王嫡长子杨勇为王太子。

开府仪同大将军庾季才，劝隋王杨坚应在本月甲子日顺应天命，即皇帝位。太傅李穆、开府仪同大将军卢贲也劝进。于是北周静帝下诏，禅让帝位，迁居别宫。二月十四日甲子，北周静帝命令兼太傅杞公宇文椿捧持册书，大宗伯赵煚捧持皇帝玉玺，禅位给隋文帝。隋文帝戴上远游冠，接受了册书、玉玺，改戴纱帽，穿上黄袍，然后进入临光殿，穿戴冠冕衮服，按照元旦皇帝朝会百官的礼仪举行朝会。大赦天下，改元年号为开皇。命令主管部门奉持册书在南郊祭天。又派小冢宰元孝矩接替太子杨勇镇守洛阳。元孝矩，名矩，以字号行世，是元天赐的曾孙。元孝矩之女是太子杨勇的妃子。

少内史崔仲方劝隋文帝废除北周六官制度，改用汉魏旧制，隋文帝听从了。设置三师、三公，以及尚书、门下、内史、秘书、内侍五省，御史、都水两台，太常等十一个寺，左右卫十二府，用以分别统领各司官职、又设置上柱国到都督十一级勋官，用以酬报建功的人；特进到朝散大夫有七等散官，用来给有德政声望的文武官员作加官，改侍中为纳言。任用相国司马高颎为尚书左仆射，兼职纳言，相国司录京兆人虞庆则为内史监，兼吏部尚书，相国内郎李德林为内史令。

二月十五日乙丑，追尊皇考杨忠为武元皇帝，庙号太祖；皇妣吕氏为元明皇后。二月十六日丙寅，修缮庙社。册立王后独孤氏为皇后，立王太子杨勇为皇太子。二月十七日丁卯，任命太尉赵煚为尚书右仆射。二月十九日己巳，封北周静帝宇文衍为介公，原北周宗室各位王爵都降为公。

当初，刘昉、郑译假称北周天元皇帝诏书，引杨坚入宫辅政，天元杨皇后没有参与谋划，由于静帝年幼，担心政权落入外人手中，听说召请自己的父亲辅政，心中非常高兴。后来觉察到父亲别有野心，内心十分气愤，表露在说话脸色上，等到北周静帝禅位给杨坚，她更加愤恨和悲伤。隋文帝内心也感到惭愧，改封杨皇后为乐平公主，又过了一些日子，想逼乐平公主改嫁，乐平公主誓死不从，这才罢手。

隋文帝与原北周载下大夫北平人荣建绪是老朋友，杨坚准备接受禅让，荣建绪为息州刺史；打算赴任，杨坚对他说："请暂时停留，与我一起取富贵。"荣建绪严肃地说："明公想要说的话，我不想听。"等到杨坚登上帝位，荣建绪入朝，隋文帝对他说："你后悔了吧？"荣建绪叩头说："我的处境虽然比不上晋宋禅让时东晋臣子徐广，大概可以与汉魏禅让时汉臣杨彪差不多。"隋文帝听后发怒说："朕不懂你的引经据典，可知道你说的话很不恭敬。"

原北周上柱国窦毅的女儿听到隋禅代了北周，气愤得倒在了堂下，拍打着胸脯叹息说："只恨我不是一个男子，没法去拯救舅家的灾难。"窦毅和襄阳公主赶紧捂住她的嘴说："你不要乱说，当心惹下灭门的祸。"窦毅由此看出女儿不平凡，等到长大以后，嫁给了唐公李渊。李渊，是李昞的儿子。

隋朝内史监虞庆则劝隋文帝杀尽宇文氏，高颎、杨惠也违心地赞成，只有内史令李德林坚决反对，认为不可以。隋文帝变了脸色说："你是一个书呆子，不够资格讨论这件事。"于是周太祖宇文泰的孙子谯国公宇文乾恽、冀国公宇文绚，北周闵帝宇文觉的儿子纪国公宇文湜，北周明帝宇文毓的儿子酆国公宇文贞、宋国公宇文实，北周高祖宇文邕的儿子汉国公宇文赞、秦国公宇文贽、曹国公宇文允、道国公宇文充、蔡国公宇文兑、荆国公宇文元，北周宣帝宇文赟的儿子莱国公宇文衎、郢国公宇文术全都被处死。李德林因为这事官职再没有升迁。

二月二十五日乙亥，陈宣帝举行亲耕藉田典礼。

隋文帝册封弟弟邵公杨慧为滕王，安公杨爽为卫王，册封皇子雁门公杨广为晋王、杨俊为秦王、杨秀为越王、杨谅为汉王。

隋文帝赐给并州总管李穆的诏书说："你德高望重，又是家父的同辈好友。承蒙你来信劝我顺应天命，于义于理不敢违背，已于本月十三日恭敬地接受天命。"不久，李穆入朝，隋文帝任用他为太师，特许在朝拜时司仪不直呼他的名字；子孙即使是幼婴，一律授予仪同三司的官。李穆家族，执笏封官的有一百多人，尊贵隆盛没有人可比。又任用上柱国窦炽为太傅，幽州总管于翼为太尉。李穆上表请求退休，隋文帝下诏说："姜太公吕尚百岁高龄尚能辅佐周朝，张苍白发老翁做了汉朝的丞相，高才伟人出现在世上，不应拘泥于常礼。"确实考虑到李穆年事已高，敕令他免了朝会，碰上有军国大事，便派人到他府第咨询访问。

美阳公苏威，是苏绰的儿子，年少时就有很好的名声，北周晋国公宇文护硬把女儿嫁给他。苏威看到宇文护专权，害怕自己受牵连遭祸，便隐居到山林寺院中，以诵读诗书打发日子。北周武帝宇文邕听说他贤能，任用他为车骑大将军、仪同三司，又册封他为稍伯下大夫，苏威都称病没有接受；北周宣帝宇文赟时他才接受开府仪同大将军。隋文帝当了丞相，高颎推荐苏威，杨坚召见，与苏威谈话，非常高兴。苏威在京住了一个多月，听说杨坚要禅代北周，就逃回故里。高颎请求追苏威回京，隋文帝说："这一举动就是不想参与我们的事，别管他。"等到受禅以后，隋文帝征召苏威，任命他为太子少保，追封他的父亲为邳公，由苏威承袭爵位。

二月二十七日丁丑，隋文帝任命晋王杨广为并州总管，三月初八日戊子，任命上开府仪同三司贺若弼为吴州总管，镇守广陵。任命和州刺史韩擒虎为庐州总管，镇守庐江。隋文帝有吞并江南的雄心壮志，问高颎谁可担任将帅，高颎推荐贺若弼和韩擒虎，因此特别安置他们两人镇守南部边境，要他们暗中准备讨伐陈朝的工作。

三月十八日戊戌，隋文帝任命太子少保苏威兼任纳言、度支尚书。

当初，苏绰在西魏时，因为国家财政吃紧，所以制定了较重的征税法，实行后他感慨地说："我今天的所作所为，就像拉满的弓，不是太平时期的法度。后世的君子，谁能够放宽它呢！"苏威听到了这番话，时时把这件事作为自己的责任。到了这时，苏威上奏请求减轻赋税徭役，一定从轻从简，隋文帝一一听从，日益受到信任和重用，与高颎一起参议执掌朝政。隋文帝曾经恼怒一个人，将要杀掉他，苏威进入殿阁劝谏，隋文帝不听，准备亲自出去监斩那个人，苏威挡在隋文帝的前边不离开，隋文帝避开他绕过去，苏威又走上前去拦住。隋文帝一怒之下拂衣回到宫中，过了好一阵，才召见苏威致歉说："你能够这样，我没有什么忧虑了。"赏赐苏威马两匹，钱十余万，不久又任命苏威兼大理卿、京兆尹、御史大夫，原任官职不变。

治书侍御史安定人梁毗，认为苏威兼任五个职位，安心于繁重的事务，贪恋高官显爵，没有举荐贤才分担自己的心思，于是上表弹劾苏威，隋文帝发话说："苏威从早到晚孜孜不倦地工作，志向远大，你为什么要逼他辞去兼职呢！"便又对当朝众臣们说："苏威如果没有遇上我，就无法说出他的改革理想；朕如果没有得到苏威，就无法推行安邦定国的制度。杨素口才识见，天下没有第二个，说到斟酌古今改革制度，辅弼我宣导教化，却比不上苏威。苏威如果碰上乱世，如同汉初南山四皓，难道能轻易地让他屈身出仕吗？"苏威曾经对隋文帝说："臣的父亲经常告诫我说：'只要熟读一部《孝经》，就足可以立身治国，何必读很多书。'"隋文帝深深赞赏。

高颎极力避开权势，上表请求辞职，让位给苏威，隋文帝想成全他让贤的美名，允准他辞去仆射的职务。过了几天，隋文帝说："苏威在前朝隐居不仕，高颎推荐了他。我听说举荐贤才的人应当给予最高的奖赏，怎么能让他辞官呢！"命令高颎官复原职。高颎、苏威同心协力辅佐，无论大小的政令和案件，隋文帝没有不先找他俩商议，然后才颁布施行的。所以，隋文帝禅代改变天命只几年工夫，天下便告治平。

太子左庶子卢贲，因高颎、苏威执掌朝政，心中非常不平。当时柱国刘昉也被疏远和猜忌，于是卢贲暗示刘昉和上柱国元谐、李洵、华州刺史张宾等五人密谋废黜高颎、苏威，由他们五人共同辅政。又由于晋王杨广受到隋文帝的宠爱，卢贲就暗地里对太子杨勇说："我本想经常来拜谒殿下，但担心被皇上察觉受到责备，希望殿下明白我的一片诚心。"后来他们的密谋败露，隋文帝彻底追查元凶，刘昉等人把罪责推到张宾和卢贲头上。公卿大臣上奏论张宾、卢贲两人应处死，隋文帝考虑到他们是故旧，不忍心处死，只将他们削职为民。

三月二十日庚子，隋文帝下诏，公卿百官，凡在前朝北周时所任官职，依旧原任，不予改任降职。

三月二十七日丁未，后梁国主萧岿派遣他的弟弟太宰萧岩到长安祝贺隋文帝登基。

夏季，四月初二日辛巳，隋朝大赦。四月十九日戊戌，全部释放在太常寺演奏散乐的乐籍人为平民，并禁演杂戏。

陈朝宣帝派遣散骑常侍韦鼎、兼通直散骑常侍王瑳出使北周。四月二十二日辛丑，王瑳到达长安，隋文帝已接受禅位，隋文帝就把他们送到周静帝受封的介国。

隋文帝征召汾州刺史韦冲入朝，任命为兼散骑常侍。当时征发稽胡族人修筑长城，汾州胡人有一千多在半途逃亡。隋文帝召见韦冲询问办法，韦冲回答说："夷狄人的天性，反复无常，这都是由于州县长官不称职造成的。臣请求前去以理招抚，不必用兵镇压即可安定。"隋文帝认为说得对，就命令韦冲前去安抚叛逃的胡人，只一个多月，逃散的胡人都回来了，并且全都到长城上去服役筑城。韦冲，是韦夐的儿子。

五月初十日戊午，隋朝册封邗公杨雄为广平王，永康公杨弘为河间王。杨雄，是隋文帝的族子。

隋文帝暗中杀害了周静帝，然后为他举行葬礼，下葬在恭陵；把他的族人宇文洛过继为后嗣。

（以上为第一段，写隋文帝受禅，以及一系列人事安排，建立和巩固了隋朝。）

六月初五日癸未，隋文帝下诏规定：在郊祀上天和祭祀祖先时，冠冕服饰都必须按照《礼经》；在朝会时所穿的朝服、典礼时所用的旗帜、祭祀的牺牲，一律用红色为尊，军队将士的军服用黄色，官吏平民所用的常服可以是杂色。秋季，七月初八日乙卯，隋文帝第一次穿上黄色衣服，文武百官一齐庆贺。于是百官的常服，与平民百姓相同，都穿黄袍；隋文帝的朝服也同大家一样，只有一点不同，隋文帝的衣服系有十三环金带。

八月初五日壬午，隋朝废除了东京官。

吐谷浑侵犯凉州，隋文帝派遣行军元帅乐安公元谐等统领步骑数万出击。元谐在丰利山大败吐谷浑，又在青海打败了吐谷浑太子可博汗，杀死和俘虏的有一万多人。吐谷浑惊骇震恐，他们的王侯有三十人带领所部投降。吐谷浑可汗夸吕率领亲兵远逃。隋文帝册封吐谷浑高宁王移兹裒为河南王，由他统领归降的吐谷浑部众。任命元谐为宁州刺史，留行军总管贺娄子干镇守凉州。

九月二十四日庚午，陈朝大将周罗睺攻打隋朝的故墅城，并占领了这座城。陈将萧摩诃攻打江北地区。

隋朝奉车都尉于宣敏出使巴蜀还朝，上奏说："蜀地肥沃富饶，人才辈出，物产丰富，周朝德运衰弱之后，于是王谦得以起兵。陛下应当在那里建立藩国，封立王室子孙。"隋文帝非常赞成。九月二十五日辛未，任命越王杨秀为益州总管，改封蜀王。于宣敏，是于谨的孙子。

隋朝任命上柱国长孙览、元景山并为行军元帅，发兵入侵陈朝；任命尚书左仆射高颎掌控各路总管军队。

起初，北周、北齐所铸造的钱币分为四等，以及民间私铸的钱币，名称品种很多，轻重也不一样。隋文帝十分忧虑，便下令重铸五铢钱。所铸钱的背面、正面、钱身、钱孔、外圆内方都符合规范，每一千枚五铢钱总重四斤二两。前代古币和民间私铸的钱一律禁用。在全国各个关口，放置五铢钱样品，不合样品的钱，一律没收重铸。从这以后，钱币统一，百姓感到十分方便。

隋朝郑译以上柱国职位退休归家，赏赐的物品非常丰厚。郑译认为自己被疏远，便请来道士做法事，祈求福助，被奴婢告发，说他用巫蛊法术咒人，郑译又与母亲分居，被主管御史弹劾，最终被削职为民。隋文帝颁下诏书说："郑译如果留在人世间，做人是一个不守臣道的臣子；如果把他在朝堂上处死，到了地下是一个不孝的恶鬼。不论是死是活，都牵累阴阳两界，实在没地方安置他。应当赐给他一部《孝经》，强制他熟读书。”并命令他与母亲同住在一起。

起初，北周的刑律和北齐相比，条文烦琐不简要，隋文帝命令高颎、郑译，以及上柱国杨素、率更令裴政等人重新修订。裴政熟悉典章故事，懂得如何执政，于是采取魏晋旧律，参考齐、梁法典，考察前后沿袭变革，宽严轻重的取舍，折中适宜。当时，参与一同修订刑律的有十余人，凡有疑难之处，皆由裴政裁定。于是废除了前代斩首示众、车裂，以及鞭打致死等酷刑条例。只要不是谋反以上的重罪，不收捕家族株连。新律规定死刑有两等，一是绞，二是斩；流放刑律有三等，流放二千里至三千里；徒刑有五等，服刑一年到三年；杖刑有五等，杖六十至一百；笞刑有五等，用竹板打十至五十板。又制定了对行政官员的八议、申请减罪、官品减罪、纳钱赎罪、官职抵罪等条款，用来优待士大夫。又废除前代审讯囚徒时使用的酷刑，规定刑讯拷打不得超过二百下，刑具枷杖的大小，也做出了规定。平民百姓不服判决的冤案，县府不受理复审的，可以依次向郡、州提起上诉，如果郡、州仍不受理的，准许到京城直接向朝廷申诉。

冬季，十月十二日戊子，隋朝开始颁行新律。隋文帝下诏说："绞刑能致人死命，斩刑则使人身首分离，除奸去恶的刑法，这两项已达到极点。斩首示众、车裂，这种极刑没有人道，它对于惩恶肃纪没有好处，只是表现了安于残忍的狠心。用鞭子抽打的刑法，故意摧残囚犯的体肤，侵害肌肉，痛入骨髓，它酷虐的程度如同用刀切割，虽然是古代沿袭下来的，实在有损仁者的刑法。因此，斩首示众、车裂，以及鞭刑，全都废除。尊重功臣勋爵，不对他们使用徒刑；扩大高官显贵的荫庇，旁及他们的宗亲。前代旧法最高流刑六年，减为五年；前代五年徒刑，减为三年。其他惩罚条款，都以轻代重，改变死刑为有期徒刑的条款很多，全都载在法典上。其余烦琐的条律、严酷的禁令，也一律削除。”从隋朝开始，宽缓的刑律制度确定下来，后世各代多遵用隋律。

隋文帝曾经恼恨一位郎官，就在殿前用竹板打他。谏议大夫刘行本上前劝阻说："这位郎官一向清廉，犯的过失又小，希望陛下宽大他。"隋文帝不理睬。刘行本于是站到隋文帝跟前说："陛下不认为臣无能，把我安置在左右，臣说的话如果是对的，陛下怎能不听！如果说错了，交给司法审理。"说罢，便将笏板丢在地上退朝。隋文帝严肃地向刘行本道歉，宽赦了那位郎官。刘行本，是刘璠哥哥的儿子。

独孤皇后，家族世代显贵，而她却能够谦恭待人，喜欢读书学习，议论政事多与隋文帝的心意暗合，隋文帝很宠幸她，也敬畏她，宫中并称帝后为"二圣"。隋文帝每天上朝，独孤皇后都与隋文帝并辇前往，一直送到閤门才停止。独孤皇后还派宦官伺察文帝的言行，只要朝政有什么缺失，随即谏正。隋文帝退朝后，独孤皇后又陪同他一起回到寝宫。主管部门奏称："按照《周礼》，百官妻子的封号，应由皇后裁定，请求依照古制。”独孤皇后说：“妇人干政，或许就会从这里开始蔓延我不能带这个头。”大都督崔长仁是独孤皇后的表兄，犯法应当斩首，隋文帝看在皇后的面上，想要赦免他的罪行。独孤皇后说：“国家的事情，不能顾念私情。”崔长仁终于被依法处死。独孤皇后生性俭约，隋文帝曾经要配制一服止泻药，须用胡粉一两。皇后宫中平常不用这些化妆品，竟然找不到。隋文帝又曾经要赏赐上柱国刘嵩的妻子一件织成的衣领，宫中也没有。

由于隋文帝吸取北周丧失天下的教训，从不把大权要职授给外戚，独孤皇后的兄弟最高职位只不过是将军、刺史。隋文帝的外祖家族吕氏，是济南人，贫寒微贱，北齐灭亡后，隋文帝多方寻找，始终没有下落。等到即了皇帝位，才找到舅舅吕永吉，追赠外祖父吕双周为太尉，封齐郡公，让吕永吉继承爵位。吕永吉的叔父吕道贵，生性冥顽痴呆，说话鄙陋粗俗，隋文帝供给他丰厚的生活物质，不许他与朝士大夫接触交友。封吕道贵为上仪同三司，外出为济南太守；后来废了济南郡，吕道贵失职，终老于家。

十月十六日壬辰，隋文帝到岐州。

岐州刺史安定人梁彦光有德政，隋文帝下诏嘉奖他，赏赐束帛和御伞，用以激励全国的官员。过了一阵，迁调梁彦光为相州刺史。岐州民风淳厚，梁彦光无为而治，奏课连年为全国第一位。等到迁调为相州刺史，治理方法同在岐州一样。但相州治所邺城，自从北齐灭亡以后，衣冠士族大多迁入关中，只有那些手工业者、商户、乐户迁入充实邺城，因此民风奸险邪僻，喜欢生事诉讼，把梁彦光看成“戴帽的饴糖”。隋文帝听说后，罢免了梁彦光。一年以后，起用为赵州刺史。梁彦光请求复官为相州刺史，隋文帝准许了。相州的豪强猾吏听说后都嘲笑他。梁彦光到任后，举发奸邪所犯的隐秘案件，审理惩治，有如神明，豪强猾吏，潜逃隐伏，全境大治。梁彦光于是延请名儒，在每一个乡设立学校，亲自到学校主持考试，嘉奖勤奋上进的学生，开除怠惰落后的学生。推举秀才进京考试，梁彦光送行，资助路费。于是相州的社会风气大变，官吏百姓都感激心服，再没有打官司的人。

当时，相州又出了一个刺史陈留人樊叔略，政绩突出，隋文帝颁下玺书给予表扬，传示全国，征召入京任命为大司农。

新丰县令房恭懿的政绩在三辅地区列第一，隋文帝赏赐给他粟米绢帛。每当雍州所属各县令朝谒皇上，隋文帝看到房恭懿，一定召他到跟前就座，向他询问治民的方略。一次次升迁做了德州司马。隋文帝对各州派遣到京师的朝集使说：“房恭懿一心为国，爱护百姓，这是上天和祖先赐下的福佑。朕如果视而不见，不对房恭懿赏赐，上天和祖先一定责怪我。你们一定以他为榜样。”于是升迁房恭懿为海州刺史。因此，当时州县的长官大多称职，百姓富足安定。

十一月二十二日丁卯，隋朝派遣兼散骑侍郎郑㧑出使陈朝。

十二月二十五日庚子，隋文帝返回长安，恢复郑译的官职和爵位。

陈朝的广州刺史马靖，在岭南地区深得人心，兵马器械精良，多次立有战功。朝廷猜忌他，派吏部侍郎萧引监视他的动静，暗示马靖向朝廷送交人质。萧引表面上是到岭南督收蛮夷部族向朝廷送交的贡物。萧引到达番禺，马靖立即送子弟到朝廷作人质。

这一年，隋文帝下诏全国，听任老百姓出家为僧尼，并按人口摊派出钱营造佛经、佛像。这样一来，民风时俗随风转向，民间的佛经书籍，多于《六经》数十倍到一百倍。

突厥佗钵可汗病危快要死时，对儿子庵逻说："我的哥哥木杆可汗不立儿子大逻便，而传位给我。我死后，你们兄弟应当避让大逻便。"等到佗钵可汗死后，国人遵照他的遗言拥立大逻便为可汗，但因大逻便的母亲出身微贱，众贵臣不服；而庵逻的母亲出身尊贵，突厥贵臣也一向尊重她。摄图最后一个到会，告诉国人说："如果拥立庵逻的话，我带领兄弟们服从他；如果拥立了大逻便，我一定保有我的境地与他兵戎相见。"摄图年长，而且又雄健武勇，国人没哪个敢违抗他，终于拥立了庵逻为大可汗。大逻便没有被拥立为大可汗，心中不服庵逻，常常派人去辱骂他。庵逻控制不了大逻便，因此把国家让给了摄图。国人互相议论说："可汗的四位儿子，摄图最能干。"于是大家共同拥立摄图为大可汗，称为沙钵略可汗，居住在都斤山。庵逻退居到独洛水，称为第二可汗。大逻便对沙钵略可汗说："我和你都是可汗的儿子，各自继承父业，你如今位极尊贵，我却没有职位，为什么呢？"沙钵略心中畏惧，就封大逻便为阿波可汗，让他回去统领自己的部众。又沙钵略的叔父玷厥，居住在西面，称达头可汗。各位可汗统领自己的部属，分居四面。沙钵略勇武，深得众心，因此北方各少数部落民族都依附他。

隋文帝即皇帝位以后，对突厥恩礼很薄，突厥人非常怨恨。北周千金公主哀痛自己宗族被覆灭，日夜向沙钵略可汗进言，请求他替北周报仇。沙钵略对臣下说："我是周国的亲戚，如今杨坚自立为帝，我若不能制止，有什么脸面见可贺敦呢？"于是与原北齐营州刺史高宝宁合兵入侵隋朝边境。隋文帝很忧虑这事，下手令沿边修建城堡停障，加固长城，并派上柱国武威人阴寿镇守幽州，京兆尹虞庆则镇守并州，沿边屯兵数万防御突厥。

当初，北周奉车都尉长孙晟奉命送千金公主到突厥，突厥可汗喜爱长孙晟善于射箭，留了整整一年，命令众子弟和部落贵人与长孙晟亲近，结为朋友，希望学到他的射法。沙钵略可汗的弟弟处罗侯，称为突利设，非常得民心，遭到沙钵略可汗的猜忌，处罗侯密遣心腹与长孙晟结盟。长孙晟就和处罗侯到处游猎，趁此考察山川形势及突厥各部众的强弱，对突厥全境了如指掌。

等到突厥入侵隋朝边境，长孙晟上书说："如今华夏虽然安定，北方突厥尚未归服，发兵征讨，还不是时候，如果置之不理，又时常侵扰，因此应当暗中周密策划，制定出攘除外祸的办法。突厥达头可汗玷厥，与沙钵略可汗摄图相比，虽然兵马强盛，但地位低下，名义上臣属摄图，其实内部嫌隙已经十分明显；只要我们离间挑拨，煽动仇恨情绪，一定会自相残杀。另外，处罗侯是摄图的弟弟，心眼极多，势力弱小，他用尽心机争取人心，国人爱戴他，因而遭到摄图的猜忌，使他内心很不安定。处罗侯表面上与摄图示好弥补缝隙，其实内心怀有疑虑和恐惧。还有，阿波可汗大逻便摇摆不定，在玷厥和摄图之间中立，因为害怕摄图，受摄图控制，总是倒向势力强大的一边，并没有坚定的诚心。如今我们的对策要远交近攻，离间强大的，联合弱小的。派出使者，联络玷厥，劝说玷厥与阿波可汗大逻便联合，这样摄图就会撤退南下侵犯隋朝的军队，在本土防备西部地区。另外，再拉拢处罗侯，派出使者联络库莫奚族和霫族，那么摄图就要分兵，防备东部。这样，突厥首尾猜嫌，内部离心离德，十多年后，再乘机征讨，一定可以灭掉突厥。”隋文帝看了奏章，非常高兴，便召见长孙晟谈话。长孙晟一边口述形势，一边手画山川，指示突厥虚实所在，了如指掌。隋文帝深深赞叹，全部采纳长孙晟的建议。于是派出太仆元晖西出伊吾道，前往达头可汗玷厥住所，赐给他一面绣有狼头的大旗。达头可汗派出使者回访隋朝，隋朝把他地位安置在沙钵略使者的上头。隋朝任命长孙晟为车骑将军，经黄龙道出塞，携带钱财礼品赏赐库莫奚、霫、契丹等族，还让他们做向导，才得以到达处罗侯的住地。长孙晟与处罗侯，推心置腹交谈，劝诱他内附隋朝。长孙晟的反间计执行后，果然引发突厥各部众之间互相猜疑，出现分裂。

陈朝始兴王陈叔陵，是太子陈叔宝的二弟，与太子同父异母。陈叔陵的生母是彭贵人。陈叔陵曾任江州刺史，性情苛刻，狡诈阴险。新安王陈伯固，擅长诙谐戏谑，得到陈宣帝和皇太子的宠信。陈叔陵因此嫉恨陈伯固，就暗中收集他的过失，想要依法治罪。后来陈叔陵入朝为扬州刺史，州府事务很多牵涉到中书、尚书两省，办事的人顺从陈叔陵的旨意，陈叔陵就讽喻皇上晋升重用；如果稍有违背触犯他，他一定找机会诬陷大罪，严重的被处以死刑。陈伯固害怕他，就对他阿谀奉承，投其所好。陈叔陵喜欢发掘古墓，陈伯固喜欢射野鸡，因此两人经常一起到郊外游玩，十分亲密，进而密谋叛乱。当时陈伯固任侍中，每当听到宫中的机密，一定告诉陈叔陵。

（以上为第二段，重点写隋文帝杨坚初即位，在开皇元年约法省刑，纳谏治国，赢得民心的情形。）

陈宣帝太建十四年（壬寅，公元 582 年）

春季，正月初五日己酉，陈宣帝生病，太子陈叔宝与始兴王陈叔陵、长沙王陈叔坚一同入宫侍奉皇上疾病。陈叔陵暗中有非分的图谋，命令掌管药品的官员说：

“切药的刀太钝了，可以磨得锋利一些。”正月初十日甲寅，陈宣帝病逝。在匆忙之中，陈叔陵命令亲信到室外取剑，亲信没明白陈叔陵的意思，取来朝服上装饰用的木剑送到跟前，陈叔陵大怒。陈叔坚在旁边，听到了陈叔陵的说话，怀疑将有变故，便暗中监视陈叔陵的行动。正月十一日乙卯，陈宣帝遗体入殓，太子陈叔宝趴在地上哀哭。陈叔陵突然抽出锉药的刀子砍太子，砍中了脖子，太子昏倒在地。太子的母亲柳皇后跑上来救护太子，陈叔陵向柳皇后连砍了几刀。太子乳母吴氏从陈叔宝的后面拉他的胳膊肘，太子才趁机爬起来；陈叔陵扯住太子的衣服，太子奋力挣脱幸免于难。这时陈叔坚上前用手扼住陈叔陵的脖子，夺下他手中的锉刀，并拖着陈叔陵靠向一根房屋柱子，用陈叔陵身上衣服的长袖把他捆在屋柱上。这时乳母吴氏已把太子扶出殿外躲避。陈叔坚寻找太子，向他请示是杀掉陈叔陵，还是留下活口。陈叔陵力气大，从捆绑的袖子中奋力挣脱出来，冲出云龙门，驱车回到扬州治所东府城。陈叔陵立即召集亲信阻断青溪通道，释放东府关押的囚徒充当战士，散发金帛钱财赏赐他们；又派人到新林，调来属下兵马。陈叔陵亲自穿上甲胄，戴上白布帽，登上东府城西门招募民兵，又征调宗室各位王府亲兵将领，但没有一个人来，只有新安王陈伯固单枪匹马地赶到，协助陈叔陵指挥。陈叔陵的军队大约一千人，想占据东府城自守。

当时陈朝军队都部署在沿江据点守卫，京城空虚。陈叔坚报告了柳皇后，派太子舍人河内人司马申，以太子的名义宣召右卫将军萧摩诃入宫见太子接受敕令，带领几百名马步兵赶到东府城，驻屯在东府城西门外。陈叔陵惶恐害怕，派记室参军韦谅把自己的鼓吹仪仗送给萧摩诃，对萧摩诃说：“大事办成，一定授命将军做台阁宰辅。”萧摩诃欺骗陈叔陵，故意让韦谅回报说：“一定要王爷的心腹持节前来，才能接受命令。”陈叔陵派他的心腹戴温、谭骐驎到萧摩诃军营，萧摩诃立即将他们抓起来送到台城，朝廷将二人斩首，在东府城示众。

陈叔陵自知事情无法成功，于是回到府衙，把妃子张氏以及宠爱的七个小妾沉入井中，率领步骑数百人从小航渡过秦淮河，想逃到新林，乘船渡过长江投降隋朝。刚走到台城白杨路，就被守军截住。陈伯固看到大军到来，转身逃入小巷，陈叔陵驰马抽刀追赶陈伯固，陈伯固从小巷退回。陈叔陵的部下大多丢下武器逃散。萧摩诃的马容陈智深迎面将陈叔陵刺落马下，陈叔陵直挺挺地躺在地上，陈仲华上前割下陈叔陵的首级。陈伯固被乱兵杀死，从寅时到巳时，这场叛乱才平定。陈叔陵的几个儿子全部赐死，陈伯固的几个儿子免死废为庶民。韦谅，以及原衡阳内史彭暠、谘议参军兼记室郑信、典签俞公喜等全都斩首。彭暠，陈叔陵的舅舅。郑信、韦谅，受到陈叔陵的宠信，经常参与密谋。韦谅，是韦粲的儿子。

正月十三日丁巳，陈朝皇太子陈叔宝即皇帝位，大赦天下。

（以上为第三段，写陈宣帝病逝，陈朝发生未遂政变，陈后主即位。）

正月十七日辛酉，隋朝在并州建置河北道行台，任命晋王杨广为尚书令；在益州建置西南道行台，任命蜀王杨秀为尚书令。隋文帝吸取北周孤弱亡国的教训，所以让两个儿子各自镇守一方。由于两王年少，便精心选择忠贞贤良而又有名望的人为两王的部属，任命灵州刺史王韶为并州行台尚书省的右仆射，鸿胪卿赵郡人李雄为兵部尚书，左武卫将军朔方人李彻总管晋王府军事，兵部尚书元岩为益州总管府长史。王韶、李雄、元岩都是有名的耿直大臣；李彻是前朝北周旧臣，所以隋文帝选用了这些人。

当初，李雄家族世代以精通经学而显达，李雄唯独练习骑射。他的哥哥李子旦责备他说："习武不是士大夫的常业。"李雄说："从古以来的圣贤，不能兼备文武而能成就大功业的很少。我李雄虽然不敏捷，却也读了不少古书，只是不墨守章句训诂罢了。我能文能武，兄长为何责备我呢？"等到李雄即将到并州上任，隋文帝对李雄说："我的儿子杨广经事不多，因为你文武兼备，我把北方事务委托给你，我就没有北顾之忧了。"

杨广、杨秀两王喜好奢侈，想要违规办事，王韶、元岩总是拒绝执行两王的命令，有时自加刑铐请罪，有时推开閤门直谏。两王十分敬畏，每件大事都是先与王韶、元岩商议，然后才办，不敢违犯规章。隋文帝听到后，下令嘉奖王韶、元岩。

隋文帝又任命秦王杨俊为河南道行台尚书令、洛州刺史，统领关东兵马。

正月十九日癸亥，陈后主陈叔宝任命长沙王陈叔坚为骠骑将军、开府仪同三司、扬州刺史；萧摩诃为车骑将军、南徐州刺史，封为绥远公，还把始兴王陈叔陵的家财亿万金帛，全部赏赐给萧摩诃。任命司马申为中书通事舍人。

正月二十一日乙丑，陈后主尊崇柳皇后为皇太后。当时，陈后主伤势很严重，卧病在承香殿，不能听理朝政。柳太后居住在柏梁殿，百官大臣禀奏的繁多事务，都由太后裁决，直到陈后主伤势好转，才把政务归还给陈后主。

正月二十三日丁卯，陈后主册封皇弟陈叔重为始兴王，奉祠昭烈王祭祀。

隋朝行军元帅元景山从汉口出兵，派上开府仪同三司邓孝儒率领四千士兵攻打陈朝甑山。陈朝驻镇将军陆纶率领水军救援，被邓孝儒打败；涢口、甑山、沌阳守将都弃城逃走。正月二十四日戊辰，陈朝遣使与隋朝讲和，归还去年夺取的胡墅城。

正月二十五日己巳，陈后主册立皇妃沈氏为皇后。正月二十七日辛未，册封皇弟陈叔俨为寻阳王，陈叔慎为岳阳王，陈叔达为义阳王，陈叔熊为巴山王，陈叔虞为武昌王。

隋朝尚书左仆射高颎上奏，按礼不讨伐有丧事的国家。二月十五日己丑，隋文帝下诏高颎等伐陈诸军班师回国。

三月二十五日己巳，陈后主任命尚书左仆射晋安王陈伯恭为湘州刺史，永阳王陈伯智为尚书仆射。

夏季，四月十七日庚寅，隋朝大将军韩增寿在鸡头山打败突厥军队，上柱国李充在河北山打败突厥军队。

四月二十三日丙申，陈后主册立皇子永康公陈胤为皇太子。陈胤，是孙姬生的儿子，沈皇后养为己子。

五月十六日己未，原北齐营州刺史高宝宁引导突厥军队侵犯隋朝平州，突厥发动了五个可汗的军队四十万人进入长城。

五月十九日壬戌，隋朝任穆公于翼去世。

五月二十一日甲子，隋朝改传国玺名为“受命玺”。

六月十二日甲申，隋朝派遣使者到陈朝吊唁。

六月十三日乙酉，隋朝上柱国李光在马邑打败突厥军队。突厥军队侵犯兰州，隋朝凉州总管贺娄子干在可洛峐打败了突厥。

隋文帝认为长安宫城规模狭小，而且宫中时常出现妖异。纳言苏威劝隋文帝迁都，隋文帝认为刚即位，迁都困难。入夜，隋文帝与苏威、高颎一起商议。第二天早上，通直散骑常侍庾季才上奏说：“臣仰观天象，俯察图记，一定有迁都的事。况且自汉朝营建此城以来，已经过了八百多年，水质变咸，不宜饮用。希望陛下上应天意，下顺人心，做好迁都的打算。”隋文帝十分惊讶，对高颎、苏威说：“怎么这样神奇！”太师李穆也上奏请求迁都。隋文帝看罢奏章说：“天道神明，已经有了征兆应验，太师是有名望的人，也上奏了迁都的表章，看来迁都没什么不可以了。”六月二十四日丙申，隋文帝下诏高颎等人在龙首山下营建新宫城。因为太子左庶子宇文恺有精善巧妙的构思，让他担任营造新宫城的副监。宇文恺，是宇文忻的弟弟。

秋季，七月二十九日辛未，陈朝大赦天下。

九月初五日丙午，陈朝在太极殿举行佛教无遮大法会，陈后主舍身，布施车驾，衣服，大赦天下。

九月二十五日［丙寅］，陈后主任命长沙王陈叔坚为司空，兼领原职骠骑将军、扬州刺史。

冬季，十月初三日癸酉，隋朝皇太子杨勇屯兵咸阳防御突厥。

十二月初七日丙子，隋朝命名新都为大兴城。

十二月十六日乙酉，隋朝派遣沁源县公虞庆则领兵屯驻弘化防御突厥。

隋朝行军总管达奚长儒领兵两千，与突厥沙钵略可汗在周槃遭遇，沙钵略领兵十余万，隋兵大惧。达奚长儒神色镇定，慷慨激昂，边战边退，队伍遭到突厥军队的冲击，几度冲散又重新聚合，四面抵抗，转战三天三夜，交锋十四次，各种兵器都已耗尽，士兵赤手空拳搏斗，手掌皮开肉绽，露出了骨头，杀伤敌人一万多。突厥军队士气丧失，于是解围而去。达奚长儒身上五处受伤，穿透身体的重伤两处，部下士兵十分之九都死伤。隋文帝下诏晋升达奚长儒为上柱国，把他的余勋授给他的一个儿子。

当时隋朝柱国冯昱驻兵在乙弗泊，兰州总管叱列长叉镇守在临洮，上柱国李崇屯驻在幽州，都被突厥打败。于是突厥大肆进兵，从木硖、石门分两路入侵，武威、天水、金城、上郡、弘化、延安等郡的牲畜都被抢掠一空。

沙钵略可汗还想南侵，达头可汗不赞同，引本部兵马离去。长孙晟劝说沙钵略可汗的儿子染干，让他谎称对沙钵略报告说："铁勒等部族起兵造反，要袭击你的牙帐。"沙钵略可汗害怕了，于是退兵出塞。

隋文帝即位后，对待后梁国主萧岿恩礼更厚。这一年，娶后梁国主的女儿为晋王杨广的妃子，还想把五女兰陵公主嫁给后梁国主的儿子萧玚。由于姻亲，隋文帝撤销了江陵总管，后梁国主才得以全权统治梁国。

（以上为第四段，写隋朝、陈朝、突厥、后梁等四国的战和关系，隋朝与突厥的争战是主线。隋朝初建，为了全力抵御突厥，暂停南伐，高颎借口义不伐丧，撤军北还。）

长城公上

陈长城公至德元年（癸卯，公元 583 年）

春季，正月初一日庚子，隋朝准备迁都大兴城，大赦天下。

正月初三日壬寅，陈朝大赦，改年号为至德。

当初，陈后主受伤，不能上朝理政，事务无论大小，都由长沙王陈叔坚决断，权倾满朝。陈叔坚很是骄纵，陈后主因此猜忌他。都官尚书山阴人孔范，中书舍人施文庆，都讨厌陈叔坚而受到陈后主宠幸。两人从早到晚，寻找陈叔坚的短处，向陈后主打小报告。于是陈后主就让陈叔坚以骠骑将军的称号，用仪同三司的仪仗，外放为江州刺史，任命祠部尚书江总为吏部尚书。

正月初四日癸卯，陈后主册立皇子陈深为始安王。

二月初一日己巳，发生日食。

二月初五日癸酉，陈朝派兼散骑常侍贺彻等出使隋朝。

突厥侵犯隋朝北方边境。

二月二十五日癸巳，陈朝安葬陈宣帝于显宁陵，庙号高宗。

陈朝右卫将军兼中书通事舍人司马申掌管机密后，借势作威作福，许多人被他在陈后主面前诬陷。司马申善于看陈后主的脸色行事，凡是冒犯了自己的人，一定在陈后主面前进谗言诬陷；依附自己的人，找机会向陈后主推荐提升。因此，朝廷内外，很多人巴结他成为一时风气。

陈后主想任命侍中、吏部尚书毛喜为尚书仆射，司马申厌恶毛喜刚强正直，于是对陈后主说："毛喜，是臣的内兄，他在高宗时曾说过陛下酗酒成性，请求高宗皇帝逐走东宫的侍臣，陛下难道忘了吗？”陈后主于是打消了用毛喜为尚书仆射的念头。

陈后主伤势痊愈，在后殿摆下酒宴庆贺，请来吏部尚书江总以下的公卿大臣观看音乐演奏，赋诗助兴。陈后主醉酒以后，命令毛喜赋诗。当时，陈宣帝刚刚下葬，毛喜看到陈后主如此作乐，很不高兴，想要进谏，见陈后主已经喝醉。毛喜登上台阶，假装心病发作，扑倒在台下，被人抬出宫中。陈后主酒醒后，对江总说：“我后悔召毛喜赴宴，他根本没有病，只是想阻止我办宴会，不赞成我的做法。”于是与司马申商议，说：“这个人太高傲，我想听任鄱阳王兄弟找毛喜报仇，可以吗？”司马申回答说：“他终究不为陛下所用，就按皇上的意思办。”中书通事舍人北地人傅縡争辩说：“不能这样，如果让鄱阳王兄弟报仇，把先皇宣帝置于何地？”陈后主说：“那就把毛喜外放到一个小郡，不要让他看到朝廷的事。”于是外放毛喜为永嘉内史。

三月十八日丙辰，隋朝迁都到大兴城。

隋朝颁布新法令，规定平民男丁二十一岁为成年人，将成年男子每年服役三十天减为二十天；不服役者交纳绢一匹四丈减为两丈。北周末由官府专营的酒坊、盐池、盐井，这时也解除了禁令。

隋朝秘书监牛弘上表，认为“国家收藏的典籍，经过多次战乱，大多散失。北周积聚的藏书，仅有一万多卷。平定北齐得到的典籍，除去重复的，只增加了五千卷。大规模收藏典籍，只有在圣明的太平盛世才能做到。治国的根本，没有比这更重要的了。怎能让典籍长久流落私人手中，而不集中于国家呢！必须运用皇上的天威来动员私人献书，并给献书的人微弱的报酬，那么，奇书秘籍一定会送来，国家书库就会越聚越多”。隋文帝采纳了牛弘的建议。三月十九日丁巳，隋朝下诏向全国征集失散的典籍，每献书一卷，赏绢一匹。

夏季，四月初三日庚午，吐谷浑侵犯隋朝临洮郡。洮州刺史皮子信出战，兵败战死；汶州总管梁远出击赶走了吐谷浑。吐谷浑又侵犯了廓州，州兵将来犯之敌击退。

四月初五日壬申，隋朝任命尚书右仆射赵煚兼内史令。

突厥多次侵犯隋朝。隋文帝下诏说：“先前周、齐对抗，分裂华夏，突厥与两国都通使交好。周人忧虏东边，害怕齐人与突厥友好太深；齐人忧虑西边，害怕周人与突厥交谊太厚，都认为突厥的动向关系国家的安危。这是因为大敌当前，双方都想减轻另一边防的负担。朕认为加重百姓的赋税，送给豺狼般的突厥，一点也不感恩，反而资助了突厥攻掠的贼心。朕认为用礼来节制突厥，不再浪费财物，这样可以轻徭薄赋，国家支出也有盈余。因为，把原来送给贼人突厥的财物，用来赏赐给将士；可以减少运送物资的民夫，让他们专心耕织。清除边患，克敌制胜，心中已有成功的算计。突厥凶顽愚蠢，根本不懂这些道理，它把当前天下太平的好日子，看作是称雄争霸的战国之世，凭借前代养成的骄气，结下今日的仇恨。近来突厥倾巢出动，齐来侵犯我国北边的疆土，这是上天愤怒，驱使他们来挨利斧。各位将帅，这次出征，兼有讨伐与安抚的目的，凡是来投降的要接纳，负隅顽抗的予以歼灭，务必让突厥不敢向南张望，永远服从我大隋朝的威刑，何必等待沙钵略送质子入朝，也无须他亲自跪拜在渭桥之下。”

于是命令卫王杨爽等人为行军元帅，分兵八路出塞反击突厥。杨爽命令行军总管李充等四位将领由朔方道出塞。四月十二日乙卯，隋朝大军在白道与沙钵略军队遭遇。李充对杨爽说：“近来突厥多次获胜，一定轻视我军不加防备，如果我们用精兵攻击，一定能取胜。”众将官大多数有疑虑，只有元帅府长史李彻赞成，于是李彻和李充率领精骑五千人突击突厥，大获全胜。沙钵略丢弃了身穿的金甲，潜伏在深草中才得以逃脱。突厥军队缺少粮食，捣碎尸骨为粮，加上疾病，死亡的人非常多。

幽州总管阴寿率领步骑十万从卢龙塞出击，进攻高宝宁。高宝宁向突厥求救，突厥正在抵御隋军，不能派兵救援。四月十三日庚辰，高宝宁丢弃和龙城，逃奔大漠以北，和龙所属各县全部被平定。阴寿悬重赏购高宝宁的人头，又派人离间他的心腹；高宝宁逃奔到契丹，被他的部下杀死。

四月二十二日己丑，陈朝郢州城主张子讥派使者向隋朝投降，隋文帝因为隋陈两国和好，不肯接纳。

四月二十四日辛卯，隋文帝派遣兼散骑常侍薛舒、兼通直散骑常侍王劭出使陈朝。王劭，是王松年的儿子。

四月二十六日癸巳，隋文帝举行祈雨典礼。

四月二十七日［甲午］，突厥派出使者朝见隋文帝。

隋朝改度支尚书为民部，都官尚书为刑部，又命令尚书左仆射兼职吏、礼、兵三部事务。裁撤光禄寺、卫尉寺、鸿胪寺以及都水台。

五月初六日癸卯，隋朝行军总管李晃在摩那度口击破突厥军队。

五月初八日乙巳，后梁国太子萧琮入隋朝见隋文帝，祝贺隋朝迁都。

五月二十四日辛酉，隋文帝祭祀方泽。

隋朝秦州总管窦荣定率领九位总管步骑三万从凉州西出，在高越原与突厥阿波可汗展开激战，阿波可汗屡战屡败。窦荣定，是太傅窦炽哥哥的儿子。

前上大将军京兆人史万岁，因犯罪被发配到敦煌为戍卒，他来到窦荣定军营，请求立功赎罪。窦荣定早就听说史万岁的英勇，见面后很高兴。五月二十五日壬戌，两军将要交战，窦荣定派人对突厥说：“士兵们没有什么罪过，何必让他们互相厮杀！今天两军各派一个壮士来决胜负罢了。”突厥同意，便派出一员骑将挑战，窦荣定派史万岁出阵应战，史万岁驰马斩敌首级而还。突厥非常害怕，不敢再战，于是请求议和，领兵退走。

长孙晟当时在窦荣定军中当偏将，他派人对阿波可汗说："沙钵略可汗摄图每次入塞，都获大胜。你阿波可汗，刚一入塞，立即败逃，这是突厥的耻辱。况且摄图与阿波，兵力势均力敌。如今摄图一天天打胜仗，为众人推崇，阿波一败再败，为国家蒙羞。摄图一定会把罪名加在你头上，了却他向来的心愿，灭掉北边的牙帐。希望你自己度量一下，能够抵挡摄图吗？"阿波可汗的使者来到隋营，长孙晟又对他说："如今达头可汗玷厥已经与隋朝联合，而摄图不能控制他，阿波可汗何不依顺大隋天子，与达头可汗联合，合起来势力强大，这才是万全的计划，难道不比打败仗背罪名，依附摄图，遭到他的羞辱、杀戮强吗！"阿波可汗认为长孙晟说得对，派使者随着长孙晟入隋朝见天子。

沙钵略可汗一向猜忌阿波可汗骁勇强悍；沙钵略从白道战败回归，又听说阿波可汗背叛自己倒向隋朝，于是抢先回国，袭击北边阿波可汗的牙帐，大败阿波可汗部众，杀了他的母亲。阿波可汗回去后，没了住处，只得西奔达头可汗。达头可汗大怒，便派阿波可汗率军向东杀回。阿波可汗失散的部众纷纷前来归附约十万骑。于是阿波可汗就与沙钵略可汗交战，屡次大捷，收复了失地，兵势更加强盛。贪汗可汗一向与阿波可汗友好和睦，沙钵略可汗兼并了贪汗可汗的部众并废黜了他，贪汗可汗逃奔达头可汗。沙钵略可汗的从弟地勤察另外统有部落，地勤察与沙钵略可汗有嫌隙，也率领部落叛归阿波可汗。于是双方交战不已，后来，阿波可汗、沙钵略可汗都派使者到长安向隋朝请和求援，隋文帝都不准许。

六月十四日庚辰，隋朝行军总管梁远在尔汗山打败了吐谷浑的军队。

突厥入侵幽州，隋朝幽州总管广宗壮公李崇率领三千步骑抵抗。激战十多天，隋军伤亡惨重，退守砂城。突厥军包围砂城，砂城荒废坍塌，无法据城守御，加上日夜苦战，又没有粮草，隋军不得已乘夜去抢掠突厥军营，夺取牛羊等六畜充作军粮，突厥军队害怕，就严加戒备，每夜集结战阵等待隋军。李崇军队苦于饥饿，仍派兵去劫营，遭到反击，结果死亡殆尽，天明后，逃回城来的只有一百多人，而且大多身负重伤，不能再作战。突厥想使隋军投降就派遣使者对李崇说："如果来投降，就封你为特勤。"李崇知道难逃一死，就对部下士卒说"我李崇损兵折将，罪该万死。今天只有牺牲性命，用以报效国家。你们等我死后，可暂时投降敌军，然后寻找机会分散逃走，努力回乡。如能见到皇上，要奏报我李崇已尽力为国捐躯。"于是拔刀冲入敌阵，连杀二人，突厥军队乱箭齐发，将李崇射死。秋季，七月［初五日辛丑］，隋朝任命豫州刺史代郡人周摇为幽州总管。又任命李崇的儿子李敏继承父爵为广宗公。

李敏娶乐平公主的女儿娥英为妻，隋文帝下诏赐给一品羽仪，礼仪依照娶皇帝之女。礼毕，李敏将入宫侍宴隋文帝，乐平公主对李敏说："我把天下都让给了皇上，现在仅有你这个女婿，应当为你求得柱国高官；如果皇上授予你别的官，你千万不要拜谢。”等到李敏进宫见了隋文帝，隋文帝授给李敏仪同三司，接着又授给李敏开府仪同三司，李敏都不拜谢。于是隋文帝说：“乐平公主对我有大功，我怎么能不授给她的女婿以高官呢！现在就授给你柱国。”李敏这才跪拜谢恩。

八月初一日丁卯，发生日食。

陈朝长沙王陈叔坚还没有来得及到江州赴任，陈后主又留下他在京师担任司空，实际上是剥夺他的实权。

八月十六日壬午，隋朝派尚书佐仆射高颎从宁州道出发，内史监虞庆则从原州道出发，兵分两路，攻打突厥。

九月十八日癸丑，隋朝大赦天下。

冬季，十月初九日甲戌，隋朝废除河南道行台省，任命秦王杨俊为秦州总管，陇右各州隶属秦王管辖。

［十一月］初三日丁酉，陈后主封皇弟陈叔平为湘东王，陈叔敖为临贺王，陈叔宣为阳山王，陈叔穆为西阳王。

［十一月］初四日戊戌，陈朝侍中建昌侯徐陵去世。

［十一月］十九日癸丑，陈后主封皇弟陈叔俭为安南王，陈叔澄为南郡王，陈叔兴为沅陵王，陈叔韶为岳山王，陈叔纯为新兴王。

十一月，陈朝派遣散骑常侍周坟、通直散骑常侍袁彦出使隋朝。陈后主听说隋文帝相貌与常人不同，就让袁彦画下隋文帝的像带回来。陈后主见了画像非常害怕，说：“我不想看到这个人。”赶忙命人把画像拿走。

隋朝颁布新律令以后，纳言苏威多次要求修改其中某些条款，内史令李德林说：“修订律令时，为什么您不早说？现在新律令刚刚颁行，就应该严格遵守，除非是对平民有严重伤害，否则不能轻易更改。”

隋朝河南道行台兵部尚书杨尚希上奏说：“臣发现如今的郡县，比古代多了一倍。有的地方，方圆不到百里，境内却设置数县；有的地方居民不足千户，却设置两郡管辖。白吃俸禄而不做事的官吏太多，资财费用的开支日益增加；差役吏卒成倍增多，租调收入却逐年减少；人民少，官吏多，十只羊却有九个牧人。目前应该保留重要的官职而裁减多余的冗员，合并小的郡县为大的郡县。这样，国家就不会浪费俸禄，选拔官吏也容易得到贤才。”纳言苏威也请求废郡。隋文帝采纳了他们的建议。甲午日，隋文帝下诏废除郡级行政区，郡并为州。

［闰十二月］二十二日乙卯，隋朝派遣兼散骑常侍曹令则、通直散骑常侍魏澹出使陈朝。魏澹是魏收同族的人。

［闰十二月］二十三日丙辰，陈朝司空、长沙王陈叔坚被免职。陈叔坚失宠后，心中不安，便搞厌媚邪术，祭祀日月以祈求福祐。有人上书告发他，陈后主就叫来陈叔坚，把他囚禁在中书省，打算将他处死，命令侍卫近臣宣读敕书，列举他的罪

过。陈叔坚回答说："我本无他意，只是想讨好陛下而已。如今我既然犯了国法，罪该万死。我死的那一天，必定会在阴间见到陈叔陵，我希望向他宣读明确罪状的诏令，在阴间去谴责他。"陈后主于是赦其死罪，只免其官职。

隋朝任命上柱国窦荣定为右武卫大将军。窦荣定的妻子是隋文帝的姐姐安成公主。隋文帝想封窦荣定为三公，他推辞说："汉代卫氏、霍氏、梁氏、邓氏四姓外戚，如果能稍微谦恭退让，也不不至于覆宗灭族。"隋文帝听后，只好作罢。

隋文帝认为太师李穆功劳大，下诏书说："制定法律是为了防备小人，而不是防备君子。太师申公李穆，从今以后即使有罪，只要不是谋反，即使有百死之罪，也不要追究。"

礼部尚书牛弘请求建立明堂，隋文帝因为政权初建，许多事都在草创之中，没有允许。

隋文帝阅览刑部奏章，发现断狱结案多达上万件。认为律令还是太严酷，所以人们多触犯法律而获罪。于是又敕令纳言苏威、礼部尚书牛弘等人重修律令，删除死罪八十一条，流刑一百五十四条，徒刑、杖刑等一千余条，只保留五百条，共计十二卷。隋朝法律简明切要，疏而不漏。仍设置法律博士弟子名额。

隋文帝看到京师长安仓库粮食储备不足，这年，下诏令西起蒲州、陕州，东至卫州、汴州等沿河流域十三州招募丁壮运米。又在卫州设置黎阳仓，在陕州设置常平仓，在华州设置广通仓，由水陆依次转运充实各仓。漕运潼关以东地区和汾州、晋州的粟米供给长安。

当时州刺史多由武将担任，很多不称职。治书侍御史柳彧上表说："从前汉光武帝与二十八将一起披荆斩棘，平定天下，等到功成业就之后，二十八将都未任职。臣拜读陛下诏书，任命上柱国和千子为杞州刺史。和千子以前任赵州刺史时，老百姓用歌谣讽刺他说：'老禾不早割除，落种荒芜良田。'和千子擅长骑马射箭、带兵打仗；至于治理民众，他并不明白。陛下如果要优礼年老功臣可多赐给他金帛钱财；如果让他担任州牧刺举郡县官吏，那么会造成很大损失。"隋文帝采纳他的意见。和千子被免除刺史职务。

柳彧看到隋文帝辛勤地接受群臣的奏请，而百官奏请的事情，大多是琐碎的杂务，于是上疏劝谏说："我听说上古圣明帝王，没有谁比得上唐尧、虞舜。唐尧、虞舜从不过问琐碎小事，所以称为圣明。虞舜任用禹、稷、契、皋陶、伯益五位贤臣，唐尧则经常向掌管四方的诸侯询问治国方略，拱手垂袖，无为而治。这就是所谓劳于求贤，而逸于任使。近来见陛下留心治国安民之道，不辞辛劳，这也是由于群臣担心获罪，遇事不敢自断，都要取决于陛下圣断，因此奏请过多。甚至像建筑这样的小事，调拨供给细小物品，都要奏请陛下，在一日之内，陛下要亲自听取许多部门官员的奏请，并作出答复，以致常常天晚忘食，夜半未寝，整天为文书簿籍劳神。

希望陛下体察微臣的一番至诚之言，减少烦琐事务。如果是经国安邦的大事，不是百官大臣能裁断的，请陛下详察明断；除此一切细碎事务，可以责成主管部门长官裁决处理。那么圣体可享无量之寿；臣也可蒙受陛下覆庇养育之恩。”隋文帝看了柳彧的奏疏后大加称赞，说：“柳彧这样正直之士，是国家之宝。”

柳彧发现近世民间风俗，在每年正月十五夜晚，人们都要点燃灯笼，游戏玩耍，于是上奏请求禁止，说：“臣见京师以及外州各地，每年在正月十五日夜里，满街满巷，人们聚集嬉戏，成群游荡，锣鼓大作，火炬照地，不惜倾家荡产，只为一时的痛快。人们扶老携幼，全家出动，不论贵贱，男女混杂，僧俗不分。淫秽之事由此而成，盗贼因此而起，一般人因循沿袭这一弊风陋习，竟然没有人事先看到它的危害性。这对政教风化毫无补益，对黎民百姓实在有很大损害。请求陛下颁诏书普告天下，马上禁止这种不良风俗。”隋文帝赞同，于是颁下诏书实行。

（以上为第五段，写南朝陈后主昏庸，任用亲信小人，贤才遭忌，恰与北朝隋文帝亲贤远佞，形成鲜明对比。隋文帝纳谏、识才，对外打击突厥，对内约法省刑，励精图治，号称圣明。）

【点评】

高颎南征，义不伐丧。隋文帝派高颎南伐，恰值陈宣帝去世，陈朝请和，高颎以义不伐丧班师。王夫之认为这一事件暴露了陈朝之愚，隋朝之智，隋灭陈，契机已现。因为当时，隋朝初建，内部人心未固，而外部突厥和北齐残余高宝宁联兵大举入塞，隋军急欲停止南征而全力防北。陈朝没有抓住这一时机，君臣固守，以待隋军疲惫而退，反而主动求和，示人以弱，使急欲脱身之军，获得义不伐丧之名，振旅而回。“一智一愚，一兴一亡，于此决矣。”（《读通鉴论》卷十九）王夫之所论智愚之见，一决于形势，隋强陈弱，弱者求和，于理固当；二决于陈朝政局不稳，陈宣帝死，陈叔陵发难伤及太子，“内不靖而未遑外御”，这才是根本。俗话说“家内不和邻里欺”，古今皆然，这是历史的深刻教训。

资治通鉴（白话本） 卷第一百七十六

陈纪十

陈长城公至德二年至祯明二年（公元 584—公元 588）

【起阏逢执徐（甲辰，公元 584 年），尽著雍涒滩（戊申，公元 588 年），凡五年】

【大事提要】

本卷载述公元 584 年至公元 588 年南北朝史事，凡五年，时当陈后主至德二年至祯明二年，隋文帝开皇四年至八年。五年之间，南北朝形势发生巨大变化。北朝隋文帝代周，建立新朝，带来新气象。隋文帝治国，对内约法省刑，颁布新历新律，休养生息，筑长城于农闲，二旬即止，国力大增。对外恩威并施，使突厥臣服，招徕吐谷浑内附。隋朝欣欣向荣，全力备战南伐而外示友好。南朝陈后主君臣奢靡，君子退，小人进，国势日非而狂傲骄矜，纳后梁之降，犯大国之忌，既不设防，又触犯天威，陈朝灭亡已成必然之势。北强南弱，统一大势不可逆转，于是隋朝大举南伐。

长城公下

陈长城公至德二年（甲辰，公元 584 年）

春季，正月初一日甲子，发生日食。

正月初六日己巳，隋文帝祭祀太庙，正月初八日辛未，到南郊祭天。

正月初九日壬申，后梁国主萧岿到长安朝见隋文帝，戴通天冠，穿深红色纱袍，在长安郊外朝北站立接受隋朝使者的迎接。随后进入大兴殿朝见隋文帝。隋文帝戴通天冠，穿深红色纱袍，后梁国主改戴远游冠，穿朝服，君臣互相礼拜。隋文帝赏赐后梁国主绢一万匹，以及价值一万匹绢的珍玩器物。

隋朝前华州刺史张宾、仪同三司刘晖等修造《甲子元历》完成，上奏隋文帝。正月二十九日壬辰，隋文帝下诏领行新历。

[二月初二日] 癸巳，陈朝大赦。

二月十三日乙巳，隋文帝在灞上设宴为后梁国主饯行。

突厥苏尼部男女万余口投降隋朝。

二月十八日庚戌，隋文帝到陇州。

突厥达头可汗请求降附隋朝。

夏季，四月初九日庚子，隋朝任命吏部尚书虞庆则为尚书右仆射。

隋朝上大将军贺娄子干调发河西五州的军队出击吐谷浑，杀死男女一万多口，历时二十天，班师回朝。

隋文帝认为陇西一带经常遭受戎狄侵犯劫掠，而自古以来民间不建立定居点村庄坞壁，于是命令贺娄子干强制百姓建造城堡，并屯田积粮。贺娄子干上书说："陇右、河西地区地广人稀，边境尚未安宁，还不能全面进行耕作。我近来发现一些屯田地区，收获少而费力多，白白浪费了许多人力，最终还遭到敌人的践踏破坏。凡是偏远的屯田据点应该全部撤除。只是陇右地区的老百姓一向从事畜牧业，如果强迫他们集中定居，会更加惊恐不安。不过要多建立镇守哨所和烽火台，使其彼此连接，互相呼应，老百姓即使分散居住，也能确保安全。"隋文帝采纳了他的建议。

由于贺娄子干熟悉边疆情况，四月二十六日丁巳，隋文帝任命他为榆关总管。

五月，陈朝任命吏部尚书江总为尚书仆射。

隋文帝因为渭河多流沙，河水深浅不定，负责漕运粮食的人颇为苦恼，六月二十二日［辛卯］，诏令太子左庶子宇文恺率领民工开凿渠道，导引渭水，从新都大兴城向东直到潼关，长三百多里，名叫"广通渠"。从此，漕运通畅，关内粮食的供给，都依赖这条水渠来输送。

秋季，七月初六日丙寅，陈朝派遣兼散骑常侍谢泉等人出使隋朝。

八月十三日壬寅，隋朝邓恭公窦炽逝世。

八月二十六日乙卯，陈朝将军夏侯苗请求投降隋朝，隋文帝因为陈、隋两国通使和好，就没有接受。

九月十五日甲戌，隋文帝因为关内发生饥荒，巡幸到洛阳。

隋文帝讨厌辞章华丽，诏令天下公私文书都应实话实说。泗州刺史司马幼之上奏的表章浮华艳丽，隋文帝下令把他交给主管部门治罪。治书侍御史赵郡人李谔也认为当时流行的文章崇尚轻薄浮艳，于是上书说："从前曹魏太祖曹操、高祖曹丕、烈祖曹睿，崇尚文辞，忽略国君作为治理万民的大道，喜欢雕琢词句的小技，上行下效，于是形成一种社会风尚。到了东晋、齐、梁时代，这种文风积弊更深：为了竞逐一韵之新奇，争比一字之技巧。文章连篇累牍，不外乎刻画月华初露之形；作品积案满箱，不过是描写风起云涌之状。世俗以此攀比高下，朝廷据此选拔官吏。获取功名利禄的道路既然开通，人们崇尚华丽轻浮的情绪更加执着。因此，不论是乡间孩童，还是王公贵族子弟，六十甲子还不会数，便先学作五言诗；至于那些伏羲、虞舜、夏禹的典籍，伊尹、傅说、周公、孔子的学说，全都漠不关心，怎么能够传入人们的耳中！把傲慢怪诞当作清静玄雅，把缘情体物当作丰功伟绩，把有德的硕儒看作古板迂腐的人，把擅长辞赋之士当成君子大人。所以文翰日益繁盛，政治却日益紊乱。这都是因为人们长久以来抛弃了上古圣贤制定的法式、法则，竞相撰写无益于治道的华文艳词，把无用当作有用的缘故。如今朝廷尽管颁布了禁绝浮华文风的诏令，但是我听说一些边远州县，依然沿袭旧日衰败的风气。躬行仁义孝悌的人，被权势之家摈弃而不加录用；擅长写作轻薄浮华文辞的人，却被选拔为官，荐举到朝廷。其原因是刺史、县令没有执行陛下教化的诏令。请求陛下派人普遍察访，若发现有不执行诏令的送交御史台查劾问罪。”其后又上书说：“有些士大夫仗恃、炫耀自己的功绩门第以谋求进身做官，不再有羞愧廉耻之心，请求陛下对这些人公开加以治罪贬黜，以正社会风气。”隋文帝诏令将李谔前后奏言颁示天下四方。

突厥沙钵略可汗多次被隋朝击败，便请求和亲。千金公主宇文氏也主动请求改姓杨，作隋文帝的女儿。隋文帝派遣开府仪同三司徐平和出使突厥沙钵略可汗，改封千金公主为大义公主。晋王杨广请求乘突厥内外交困的机会派兵讨伐，隋文帝不允许。

沙钵略可汗遣使向隋文帝递交国书说：“从天生大突厥天下贤圣天子伊利居卢设莫何沙钵略可汗致书大隋皇帝：皇帝陛下，您是我夫人的父亲，也就是我的岳父。我是您的女婿，也就像是您的儿子。我们两国的礼俗尽管不同，但人的情义却是一样的。从今以后，子子孙孙以至千秋万世，亲善友好，永不断绝。上天可以作见证，始终不会背离！我国所有的羊马，都是皇帝陛下的牲畜；贵国所有的缯彩，也都是我国的财物。”

隋文帝回信沙钵略可汗说：“大隋天子致书大突厥沙钵略可汗：惠书收悉，知你有和好的善意。朕既然是沙钵略可汗的岳父，如今当然看待沙钵略可汗如同儿子一样。朕立刻派遣大臣到突厥看望女儿，也看望沙钵略可汗。”于是派遣尚书右仆射虞庆则出使突厥沙钵略可汗，车骑将军长孙晟作为副使。

突厥沙钵略可汗摆下军阵，陈列珍宝，高坐帐中接见虞庆则，假装身体有病而不能起立，并且说：“自我父辈以来，从不向人叩头下拜。”虞庆则责备他，并晓以道理。千金公主私下对虞庆则说：“沙钵略可汗豺狼本性，与他过分争执，怕他会吞噬人。”长孙晟对沙钵略可汗说：“突厥可汗和隋朝皇帝都是大国天子，可汗不肯起身跪拜，作为使臣，岂敢违背您的意思。但是可贺敦是大隋皇帝的女儿，那么可汗就是大隋皇帝的女婿，女婿怎么能不尊敬岳父！”沙钵略可汗笑着对手下显要的官员说：“是应该跪拜岳父。”于是起身下拜，跪着接受了隋文帝的玺书，顶在头上。隋使走后，沙钵略可汗感到很羞惭，与部下相聚痛哭。虞庆则又要求突厥对隋称臣，沙钵略可汗问左右亲近的人说：“什么叫臣？”左右的人回答说：“隋朝所说的臣，就是我们所说的奴。”沙钵略可汗说：“我能够作大隋天子的奴，是虞仆射的功劳。”于是赠给虞庆则马一千匹，并将堂妹许配给他为妻。

（以上为第一段，写隋文帝提倡质朴文风，惩治浮华，和好突厥，安定边境。）

冬季，十一月初四日壬戌，隋文帝派遣兼散骑常待薛道衡等人出使陈朝，并告诫薛道衡“应当明白朕的善意，不要以言辞羞辱对方”。

这一年，陈后主在光昭殿前建造临春、结绮、望仙三座楼阁，各高数十丈，连绵几十间，它的窗、门、壁带、悬楣、栏杆等都用沉香木和檀香木制成，装饰黄金、玉石，镶嵌珍珠、翡翠，室外门窗悬挂珠帘，室内陈设宝床、宝帐、一切服饰玩赏之物都非常瑰丽堂皇，近古以来不曾有过。每当微风吹拂，香飘数里。楼阁下面地上积石为假山，引水为池，栽种奇花异草。

陈后主居住在临春阁，张贵妃居住在结绮阁，龚氏、孔氏两贵妃居住在望仙阁，楼阁之间用复道连接交通。还有王氏、李氏两个美人，张氏、薛氏两个淑媛，袁昭仪、何婕妤、江修容等，都受到陈后主的宠爱，轮番到三座楼阁上游玩。陈后主又任命有文才的宫女袁大捨等人为女学士。尚书仆射江总尽管位为宰辅，却不亲理政务，整天与都官尚书孔范、散骑常侍王瑳等文士十余人，陪伴皇上在后庭游乐宴饮，不再区分君臣尊卑等等，得称外号为“狎客”。陈后主每次饮酒，便要一些妃、嫔以及女学士们跟狎客一起赋诗，互相赠答，挑选其中特别华丽的，谱上新曲，再挑选宫女千余人练习歌唱，分为若干部，依次演唱。其中乐曲名有《玉树后庭花》、《临春乐》等，大多是赞美各位妃、嫔的美丽容貌。君臣彻夜酣饮歌唱，习以为常。

张贵妃名叫丽华，原本是一个武将的女儿，做龚贵嫔的侍女，陈后主一见就喜欢上她，于是得到宠幸，生下了皇太子陈深。张贵妃的一头秀发长约七尺，光泽照人，她生性聪慧伶俐，神采照人，举止淑雅。她双眸左顾右盼，光彩四射，映照左右。张贵妃善于从陈后主的神色中体察他的心意，向后主引荐了很多宫女；后宫妃嫔宫女非常感激她，都在后主面前说她的好话。张丽华还擅长祈祷鬼神的厌魅方术，经常在后宫中搞各种不合礼制的祭祀请神，聚集女巫击鼓跳舞。陈后主懒于上朝理政，朝中百官的启奏，都要经过宦官蔡脱儿、李善度转呈请示；陈后主侧身躺在松软的靠垫上，让张贵妃坐在他的膝盖上，一起裁决批答。蔡脱儿、李善度两人没有记全陈后主的批示，张贵妃都能一一记录条理，没有什么遗漏。张贵妃经常参与探访宫外之事，外间的一言一行，她一定首先知道，然后转告陈后主，因此她更受宠爱，超过后宫，无人可比。后宫宦官与陈后主近侍内外勾结，援引亲属亲戚，横行霸道，卖官鬻爵，公然行贿；升迁赏罚的命令，不发自外朝中书，而出于宫掖。外朝大臣有不顺从的，就找机会谗毁。因此孔贵嫔、张贵妃的权势膨胀，执政大臣也都见风转舵，竞相谄媚附从。

都官尚书孔范与孔贵嫔结拜为兄妹；陈后主厌恶听到别人批评他的过失，每当有了过失，孔范必定曲意逢迎，替陈后主文过饰非，反而颂扬他的圣明。因此陈后主更加宠信孔范，礼遇优厚，言听计从。百官大臣有敢于直言进谏的人，就乱加罪名，驱逐出朝。中书舍人施文庆涉猎书史颇多，陈后主做太子时曾在东宫供职，他聪明敏慧，记忆力强，精通吏职政务，筹度谋划，口授机宜，处理紧急事务井井有条，因此大受陈后主的宠信。施文庆又向陈后主推荐了他所亲信的吴兴人沈客卿、阳惠朗、徐哲、暨慧景等人，说他们有办事才能，陈后主全都提拔重用，还任用沈客卿为中书舍人。沈客卿能言善辩，熟悉朝廷典章制度，兼掌中书省金帛局。旧制规定：政府不向军人、士人征收关市之税。陈后主因大修宫室，极尽声色之乐，因此府库空虚，再要有所兴造，总苦于财用不足。沈客卿上奏请求无论士人或百姓，都要交纳关市税，并且还在原有的数量上加重征收。陈后主于是任命阳惠朗为太市令，暨慧景为尚书金部、仓部都令史。阳、暨二人本是小吏出身，擅长考核稽查，管理簿籍，一丝不苟；但是不识为政大体，督责苛刻琐碎，搜括聚敛，没有止境，使得士大夫和百姓非常怨恨。沈客卿总领负责，每年征税收入，超过正常数额几十倍。陈后主非常高兴，更加认为启用施文庆有知人之明，对他尤其亲信重用，把朝廷大小政务都交给他处理。施文庆一伙人层层提拔亲信，这个帮派，成为达官显贵的多达五十人。

孔范自以为有文武全才，满朝没有人能比得上他，曾神色自若地对后主说："朝外那些带兵的将帅，都是行伍出身，只有匹夫之勇。至于深谋远虑，他们怎知道！"陈后主以此询问施文庆，施文庆惧怕孔范，也就附和孔范说得对；中书通事舍人司马申也在一边帮腔。自此以后，将帅如果稍有过失，就立刻剥夺兵权，交给文职官吏；领军将军任忠的部众就被削夺分配给孔范和蔡徵。由此陈朝文臣武将人心离散，最终导致灭亡。

（以上为第二段，写陈朝后主亲信群小，主荒政谬，与隋文帝的励精治国形成鲜明对比。）

陈长城公至德三年（乙巳，公元585年）

春季，正月初一日戊午，发生日食。

隋文帝命礼部尚书牛弘纂修五礼，编成一百卷；正月十一日戊辰，隋文帝下诏颁行新礼。

三月初二日戊午，隋朝任命尚书左仆射高颎为左领军大将军。

陈朝丰州刺史章大宝，是章昭达的儿子，他在丰州贪纵枉法，朝廷改派太仆卿李晕去替换他。李晕快到达时，三月初五日辛酉，章大宝袭杀李晕，领兵造反。

隋朝大司徒郢公王谊与隋文帝是故交，他的儿子娶文帝的女儿兰陵公主为妻。后来隋文帝对他的恩宠礼遇渐渐淡薄，王谊非常怨恨牢骚。有人告发王谊说他名应国谶，从相貌仪表来看应该称王；公卿大臣上奏弹劾王谊犯了大逆不道之罪。[四月十六日]壬寅，隋文帝赐王谊自杀。

[四月二十二日]戊申，隋文帝从洛阳回到长安。

陈朝叛将章大宝派遣部将杨通攻打建安，没能取胜。朝廷的军队将要到达丰州，章大宝部众溃散，章大宝也逃入山中，被追兵擒获，遭灭三族。

隋朝度支尚书长孙平上奏："请下令民间，每年秋收后每家交纳粟麦一石以下，再按贫富状况等差交纳，将交纳的粮食都储存在自己所居的社内，委派社中员吏验收看管，以备灾年赈济之用，称为'义仓'"。隋文帝听从了他的建议。五月二十九日甲申，下诏令各郡、县都设置义仓。当时很多百姓向官府谎报年老、年幼，以此来逃避赋税徭役，山东地区承袭原北齐的弊政，在户口登记和租调征收方面，弄虚作假的特别多。隋文帝下令在全国州县进行户口普查，如果申报不实，里正、党长发配戍边；堂兄弟以下仍旧同居的大家庭，都命令他们分家居住，各立门户，以防止隐瞒人丁户口。这次人口普查，全国统计的户籍簿新增加了一百六十四万多人口，左领军大将军高颎又奏请制定、核实户籍等第，按定额征收赋税的输籍法，颁行各州，隋文帝接受了他的建议，此后弄虚作假逃避赋税的人无法藏身了。

嗣后，隋朝制定了全国各地每年上调给中央的各种物资定额，黄河以南的经由潼关，黄河以北的经由蒲坂，分道输往长安，昼夜不停，长达数月之久。

后梁国主萧岿逝世，谥号孝明皇帝，庙号世宗。梁世宗孝悌仁慈，勤俭节约，境内所以安定太平。太子萧琮继位。

当初，突厥阿波可汗与沙钵略可汗有了嫌隙，后来阿波可汗逐渐强盛，势力东抵都斤山，西越金山，西域龟兹、铁勒、伊吾诸部，以及诸胡各小国都臣服了他，称为西突厥。隋文帝也派遣上大将军元契出使西突厥，以安抚阿波可汗。

秋季，七月初六日庚申，陈朝派遣散骑常侍王话等人出使隋朝。

突厥沙钵略可汗遭到达头可汗侵逼，又害怕契丹的攻击，便派使者到隋朝告急，请求允许他率领所属部落迁徙到大漠以南，寄居在白道川一带。隋文帝允准了他的请求，命晋王杨广率军支援，并供给他衣服食品，赐给他车驾服饰及鼓吹。沙钵略可汗乘机西击阿波可汗，打败了他。但阿拔国却乘虚而入劫掠沙钵略的妻儿家小；隋朝军队替沙钵略打败了阿拔军队，并把所缴获的战利品都给予了沙钵略可汗。

沙钵略可汗大喜，于是与隋朝缔约，以大漠为两国边界，并上表说："天无二日，地无二王，大隋皇帝是真正的皇帝，我怎敢依恃兵众险隘，窃取帝王名号！如今钦慕南国淳朴风俗，归心有道之君，情愿屈膝叩拜，永为大隋藩属。"并派遣他的儿子库合真入隋朝见隋文帝。

八月初二日丙戌，库合真到达长安。隋文帝下诏说："突厥沙钵略可汗以前虽然与隋朝和亲友好，但还是两个国家，现在成为君臣关系，便是一国。"于是下令到南郊天坛和太庙去敬告天地和祖先，并颁下诏书布告远近臣民。凡是赐给沙钵略可汗的诏书，不直接称呼他的名。隋文帝还在内殿宴请库合真，并把他引见给独孤皇后，赏赐慰劳的东西极为丰盛。沙钵略可汗很高兴，自此，一年四季都向隋朝进贡物品。

九月，陈朝将军湛文彻侵犯隋朝的和州，隋朝仪同三司费宝首率军反击，俘虏了湛文彻。

九月二十三日丙子，隋朝派遣李若等人出使陈朝。

冬季，十月初九日壬辰，隋朝任命上柱国杨素为信州总管。

当初，北地人傅縡曾在陈朝东宫任太子庶子侍奉陈后主，等到太子即位后，傅縡晋升为秘书监、右卫将军兼中书通事舍人，他自恃有才，盛气凌人，大家非常怨恨他。施文庆与沈客卿一同诬告傅縡收受了高丽国使者的贿赂，陈后主将傅縡拘捕下狱。

傅縡在狱中上书说："统治万民的国君，应该恭敬地事奉上天，爱民如子，节制嗜欲，疏远谄媚奸佞的臣子，天未明就穿衣起床，时已晚忘了吃饭，这样做才能恩泽普施于天下，福庆流传给子孙。但是陛下近来纵酒好色过度，祭奉天地宗庙之神不虔诚，只是专心媚事淫昏之鬼；小人留在身边，放任宦官专权；讨厌忠直之士如同仇敌，轻视生民之命如同草芥；后宫妃嫔服饰绮绣锦缎拖长及地，御用厩马喂食菽粟常有剩余，而天下百姓却流离失所，僵尸遍野；官吏公然收受贿赂，国库财物亏空，天怒人怨，众叛亲离，臣担心江南王气从此丧尽。"

傅縡上书呈进，陈后主读后大为光火。过了一会，稍微消了气，就派人对傅縡说："我想赦免你，你能否改正以前的过错？"傅縡回答说："臣的心性如同臣的面貌，假如面貌能够改变，那么臣的心性才能改变。"陈后主听了后更加愤怒，命令宦官李善庆没完没了地审理傅縡的罪案，最终赐他在狱中自尽。

陈后主每当举行郊祀的时候，经常称病不去参加，因此傅縡上书提及这件事。

这一年，后梁大将军戚昕率水军攻打陈朝荆州治所公安城，不胜退走。

隋文帝征召梁主的叔父太尉吴王萧岑入朝，拜授大将军，封怀义公，借机将他扣留在长安，不让他回国；又重新设置江陵总管来监管后梁。

后梁大将军许世武打算献城投降陈朝，暗中派人去招引陈朝荆州刺史宜黄侯陈慧纪领兵前来接应，由于事情败露，后梁国主杀了许世武。陈慧纪是陈高祖陈霸先兄弟的孙子。

隋文帝派遣司农少卿崔仲方征调壮丁三万人，在朔方、灵武之间修筑长城，东起黄河，西抵绥州，绵延七百里，以抵御北方胡人入侵。

（以上为第三段，写隋文帝普查户口，外和突厥，国势日盛；而陈朝后主沉湎酒色，排斥忠良，国势日衰。）

陈长城公至德四年（丙午，公元 586 年）

后梁改年号为广运。

[春季，正月]十三日甲子，党项羌请求归附隋朝。

正月十九日庚午，隋朝向突厥颁授历法。

二月，隋朝下令每年岁末各州刺史以及长史、司马轮流入朝，呈奏本州官吏当年的考绩簿书。

二月初六日丁亥，隋朝再次命令崔仲方征调壮丁十五万人，在朔方以东，沿边境险要地方修筑几十座哨所城堡。

二月十五日丙申，陈后主册封皇弟陈叔谟为巴东王，陈叔显为临江王，陈叔坦为新会王，陈叔隆为新宁王。

二月十九日庚子，隋朝大赦。

三月初八日己未，洛阳男子高德上书，请求隋文帝做太上皇，传皇位给皇太子。隋文帝说："朕奉承天命，抚育百姓，从早到晚孜孜不倦，仍然担心不能治理好天下。怎敢效法近代那些帝王，传位给太子，而自求安逸享乐呢！"

夏季，四月十九日己亥，陈朝派遣周磻等人出使隋朝。

五月初七日丁巳，陈后主册封皇子陈庄为会稽王。

秋季，八月，隋朝派遣散骑常侍裴豪等人出使陈朝。

八月三十日戊申，隋朝申明公李穆去世，隋文帝用很高的规格将其安葬。

闰八月十九日丁卯，隋朝皇太子杨勇出镇洛阳。

隋朝上柱国郕公梁士彦讨伐尉迟迥，每战必胜，平定尉迟迥后，代尉迟迥为相州刺史。隋文帝猜忌他，将他召回长安。上柱国杞公宇文忻与隋文帝少年时非常友好，宇文忻因善于用兵，有很高的威望，隋文帝也因此猜忌他，找借口罢了他的官。梁士彦、宇文忻与柱国舒公刘昉都被疏远，闲居无聊，满腹怨恨，他们多次互相往来，暗中图谋造反。

宇文忻要梁士彦在蒲州起兵，自己在长安做内应，梁士彦的外甥裴通参与阴谋，却告发了他们。隋文帝不动声色，故意任命梁士彦为晋州刺史，用以观察他的动静；梁士彦非常高兴，对刘昉等人说："这是苍天保佑我们啊！"他又奏请朝廷任命仪同三司薛摩儿为晋州长史，隋文帝答应他的请求。不久梁士彦等人与公卿大臣一起上朝见皇上，隋文帝命左右侍卫在朝列中拘捕梁士彦、宇文忻、刘昉三人，审问他们为何造反，起初他们还不认罪；这时薛摩儿正好被捕获带到，隋文帝命他在殿堂上与梁士彦等人当面对质，薛摩儿详细供出了梁士彦等三人谋反的情况，梁士彦大惊失色，对薛摩儿说："是你杀了我！"闰八月二十八日丙子，梁士彦、宇文忻、刘昉三人都被处死，他们的叔侄、兄弟免除死罪，被削职为民。

九月初四日辛巳，隋文帝身穿丧服亲临射殿，命令百官射取梁士彦等三家物品，以为鉴戒。

冬季，十月初二日己酉，隋朝任命兵部尚书杨尚希为礼部尚书。隋文帝每日清早就临朝听政，到太阳偏西还不休息，杨尚希进谏说："周文王由于忧勤劳苦而折寿，周武王则因安乐颐养而延年。希望陛下只抓大政方针，责成宰相处理政务。至于繁碎细事，人主不宜亲自处理。”隋文帝很赞同他的意见，但却不能采纳。

十月初六日癸丑，隋朝在襄州设置山南道行台，任命秦王杨俊为行台尚书令。杨俊妃崔氏生了男孩，隋文帝很高兴，下令赏赐百官。

直秘书内省博陵人李文博，家道素来贫寒，而今蒙隋文帝赐物，人们都去祝贺他，李文博却说：“赏罚的设立，本是为了赏功罚罪。如今王妃生了男孩，与群臣百官有什么关系，却滥受赏赐！”在旁听到这番话的人都感到十分惭愧。

十月十六日癸亥，陈朝任命尚书仆射江总为尚书令，吏部尚书谢伷为尚书仆射。

十一月初三日己卯，陈朝大赦。

吐谷浑可汗夸吕在位百年之久，多次因为喜怒无常而废黜或诛杀太子。后来所立的太子害怕，密谋劫持夸吕可汗投降隋朝，于是派使者向隋朝边防官吏请求援助，秦州总管河间王杨弘奏请朝廷派兵去接应，隋文帝不允。

吐谷浑太子密谋败露，被夸吕可汗杀掉，夸吕又立他的小儿子嵬王诃为太子。隋朝迭州刺史杜粲又向朝廷请求乘机讨伐吐谷浑，隋文帝仍旧不准许。

这一年，吐谷浑太子嵬王诃也因担心被父王杀害，密谋率领所属部落一万五千户投降隋朝，派遣使者来到长安，请求隋朝派兵接应。隋文帝说：“吐谷浑风俗败坏，与中原习俗很不相同，缺乏人伦亲情，做父亲的既不慈爱自己的儿子，做儿子的也不孝顺自己的父亲。朕以仁德教化百姓，哪有助成嵬王诃叛逆作恶的道理！”于是对嵬王诃的使者说：“父亲有了过失，儿子应以死谏争，岂能阴谋反叛，落个不孝之名！普天之下，都是朕的臣民，各自尽忠尽孝，即可使朕称心如意。嵬王诃既然想归附于朕，朕只能教导嵬王诃如何做忠臣孝子的道理，决不能远派军队，帮助嵬王诃的叛逆作恶！”嵬王诃于是作罢。

（以上为第四段，写隋文帝以仁德慈孝治理国家，和睦周边，不贪小利，布教四方。）

陈长城公祯明元年（丁未，公元 587 年）

春季，正月初三日戊寅，陈朝大赦，改年号为祯明。

正月十六日癸巳，隋文帝到太庙祭祀祖先。

正月十八日乙未，隋朝规定各州每年向朝廷荐举三个士人。

二月十二日丁巳，隋主在东郊举行迎拜太阳的典礼。

陈朝派遣兼散骑常侍王亨等人出使隋朝。

隋朝征调民夫十万余人修筑长城，二十天就停下了。

夏季，四月，隋朝在扬州开凿山阳渎，用来沟通长江和淮河之间的运输。

突厥沙钵略可汗派遣他的儿子入隋朝贡，并请求朝廷允许突厥在恒州、代州之间打猎，隋文帝准许了突厥的请求，并派遣使者赐给酒食。沙钵略可汗率领突厥部落再拜接受赏赐 。

不久，沙钵略可汗去世，隋朝停止朝会三日，以示哀悼，并派遣太常寺卿前往吊祭。

当初，沙钵略可汗认为儿子雍虞闾懦弱无能，临终遗命立弟弟叶护处罗侯为可汗。雍虞闾遵命派遣使者前往迎接处罗侯，将拥立他为可汗。处罗侯不同意，说："我突厥国自木杆可汗以来，多是以弟代兄继位，以庶夺嫡，丢弃了祖宗之法，乱了尊卑敬畏的秩序，你是嫡子，理当继位，我不怕对你下拜。"雍虞闾说："叔父与我父亲乃同胞兄弟，其根连体。我是侄儿，好比枝叶，岂能使根本反而服从枝叶，叔父屈居于侄儿之下呢！况且先父的遗命，怎么能违背呢！希望叔父不要再疑虑。"双方派遣使者相互推让了五六次，最后处罗侯即位，这就是莫何可汗。莫何可汗任命雍虞闾为叶护。并派遣使者向隋朝呈上表章，说明即位情况。

隋朝派遣车骑将军长孙晟为使者，持节册拜莫何为突厥可汗，并赏赐给他鼓吹、幡旗。莫何可汗有勇有谋，他利用隋朝所赐的旗鼓，向西进攻西突厥阿波可汗。阿波可汗的部众以为莫何可汗得到了隋军助战，便都望风降附。莫何可汗于是活捉阿波可汗，又上书隋文帝，请示怎样处置他。

隋文帝召集群臣商议此事，乐安公元谐提议将阿波可汗就地处斩，枭首示众。武阳公李充建议将阿波可汗押回长安，由朝廷处死，用以昭示天下百姓。隋文帝问长孙晟："你的意见怎样？"长孙晟回答说："若阿波可汗是违背朝命，就应当将他刑杀正法。如今只是他们兄弟之间自相残杀，阿波可汗的罪恶并不是有负于我国。假如我们趁他困穷之时，将他押来处死，恐怕不是招徕荒远之民所应采取的办法。不如赦免阿波可汗，使突厥两雄并存。"尚书左仆射高颎也说："骨肉自相残杀，败坏伦常教化，应该赦免阿波可汗，以示朝廷宽大。"隋文帝接纳了他们的建议。

二月三十日甲戌，隋朝派遣兼散骑常侍杨同等出使陈朝。

五月初一日乙亥，发生日食。

秋季，七月十六日己丑，隋朝卫昭王杨爽去世。

八月，隋文帝征召后梁国主萧琮入朝。萧琮率领群臣二百余人从江陵起程；八月十八日庚申，到达长安。

隋文帝认为后梁国主萧琮独立在外，便派武乡公崔弘度率军去戍守江陵。大军行至都州，后梁国主的叔父太傅安平王萧岩、萧琮弟荆州刺史义兴王萧瓛等人担心崔弘度借机袭取江陵，八月二十三日乙丑，萧岩、萧瓛派遣都官尚书沈君公向陈朝荆州刺史宜黄侯陈慧纪请求投降。九月十八日庚寅，陈慧纪率军到达江陵城下接应。九月十九日辛卯，萧岩、萧瓛等人带领后梁国文武官吏、平民男女共十万人投降陈朝。

隋文帝得知消息，下令废掉梁国；又派遣尚书左仆射高颎前去安置留在江陵没有投降陈朝的百姓，并下令给梁中宗、梁世宗各十户人家守护陵墓；还任命后梁国主萧琮为上柱国，降爵封为莒公。

九月二十二日甲午，陈朝大赦。

冬季，十月，隋文帝到同州；十月二十二日癸亥，隋文帝由同州转往蒲州。

十一月初五日丙子，陈朝任命萧岩为开府仪同三司、东扬州刺史，萧瓛为吴州刺史。

十一月十六日丁亥，陈朝任命豫章王陈叔英兼任司徒。

十一月二十三日甲午，隋文帝到达冯翊，亲自到故乡里社祭祀；十一月二十七日戊戌，隋文帝回到长安。

隋文帝这次出巡，内史令李德林因病未能随从，隋文帝从同州下敕书催李德林前去，共商伐陈大计。他们一起回京，文帝在马上扬鞭指着南方说："等朕平定陈朝的那一天，要用七种珍宝之物装扮你，使崤山以东的士大夫，没有人能比得上你。"

起初，隋文帝自受禅即位以来，与陈朝和睦友好，每次抓到陈朝的间谍，都赠送衣服、马匹，非常客气地遣返他们回去。但陈宣帝仍不阻止陈朝边将侵扰隋境。所以太建末年，隋朝军队进攻陈朝；适逢陈宣帝逝世，隋文帝立即下令班师，并派使者前往吊唁，在给陈后主的信中自称姓名写有"杨坚顿首"之语。而陈后主的回信却自高自大，信末说："想必你统治的境内还算可以，我国陈朝如同一统天下那样清静安泰。"隋文帝看了回信很不高兴，并把它传示朝臣，上柱国杨素认为君主受到羞辱，为臣的该死，一再跪拜叩头请罪。

隋文帝向高颎询问平陈之计，高颎回答说："长江以北地区天气寒冷，田里庄稼收获较晚；而江南地区水田里庄稼成熟较早。估量在他们收获的时候，我们稍微征集兵马，扬言要进攻江南，他们一定屯兵守卫，这样足以让他们荒废农时。在他们聚集兵马之后，我们便马上解甲散兵，这样一而再，再而三，他们就会习以为常；然后我们再调集大军真正发动进攻，他们一定不信。趁他们犹豫之际，我军就大举渡江；兵既渡江，登陆而战，我军士气就会倍增。再说江南土地低湿，房舍多用茅草竹片搭成，所有的储积都不是藏在地窖里。假如我们秘密派人借风放火，烧毁他们的粮仓，等他们重新建好，我们再去焚烧。如此不出数年，他们必定力竭财尽。"隋文帝接受了高颎的计策，陈人开始感到形势严峻。

于是杨素、贺若弼以及光州刺史高劢、虢州刺史崔仲方等人都争献平陈计策。崔仲方上书说："如今只需自武昌以下，在蕲、和、滁、方、吴、海等州增加精兵，秘密进行渡江筹划；在益、信、襄、荆、基、郢等州迅速建造舟船，多方大造声势，作水战的准备。蜀、汉二江在长江的上流，是水陆要冲，为兵家必争之地。陈朝尽管在流头滩、荆门、延洲、公安、巴陵、隐矶、夏首、蕲口、湓城等地置备了船只，但最后还是要在汉口、西陵峡口聚集大军，以水战与我们一决雌雄。如果陈朝认为我们只在上游部署有重兵，因而命令精锐部队赶赴上游增援，我们在下游的众将领即可率军乘机横渡长江；如果陈朝集中兵力坚守下游，那么我方上游诸军即可顺流而下，鼓行而前。他们虽然据有九江、五湖的险要，但失德则地利之险不足为凭；徒有三吴、百越的骁勇之兵，因为没有恩泽则不能自立。”于是隋文帝任命崔仲方为基州刺史。

等到陈朝接受后梁萧岩等人投降，隋文帝更加愤怒，对高颎说：“我作为天下百姓的父母，怎么能因为只有一衣带宽的江流阻隔，就不去拯救江南的百姓呢！”下令上游各州大造战船。有人建议应该秘密进行，隋文帝说：“我是奉行天命，要公开进行讨伐，有什么可保密的呢！”并让造船的人把砍削下来的碎木片投进江里，让它们顺流而下，隋文帝说：“假如陈朝害怕大军讨伐，能改过自新，我还要求什么呢！”

杨素在永安建造大船，名叫“五牙”战舰。上建五层楼，高一百余尺；左右前后设置六根拍竿，均高五十尺，能乘载士兵八百人。略小的战船名叫“黄龙”舰，能乘载士兵一百人。其余还有“平乘”、“舴艋”等大小船只。

晋州刺史皇甫续将要赴任，在向隋文帝叩拜辞行时，上言有三条可以平定陈朝的理由，隋文帝问具体情况，皇甫续回答说：“以大国吞并小国，这是第一条理由；以有道讨伐无道，这是第二条理由；陈朝接纳叛臣萧岩等人，我们师出有名，这是第三条理由。陛下如果下令出师，我愿意效微薄之力。”隋文帝对他加以慰劳，随后让他前去赴任。

当时江南妖异怪事非常多，临平湖面久被水草淤塞，后来水草突然自动散开。陈后主很厌恶这些事，便把自身卖给佛寺为奴，想以此来镇住妖异。陈后主还下令在建康修建大皇寺，内造七层宝塔；尚未完工，佛塔起火全部被毁。

吴兴人章华，勤奋好学，善于写文章，朝中群臣因为他并没有功劳资历，便竞相排挤诋毁他，只授任他为太市令。章华郁郁不得志，于是上书极言谏争，大略说：“从前高祖南平百越，北诛叛逆侯景；世祖文皇帝东边平定吴兴、会稽地区，西边打败王琳；高宗收复了淮南，拓地千里。三祖的功劳可说是到了顶峰。陛下即位，到现在已有五年，从不考虑先帝创业的艰难，也不知天命的可畏；受嬖妾宠臣的蛊惑，沉迷于酒色宴乐之中，祭祀太庙时借口不出宫，册封妃子时则亲临殿庭；老臣旧将，弃置于草莽之中；谄佞奸邪之人，升之于朝堂之上。如今国家边界日渐缩小，隋朝军队大兵压境，陛下若不能改革更新，臣恐怕很快就要看到吴国灭亡麋鹿游于姑苏的悲剧重演。”陈后主大怒，下令将章华斩首。

（以上为第五段，写隋文帝吞并后梁，筹谋平陈；而陈朝后主仍然醉生梦死，不思更张，不听劝谏，灭亡指日可待。）

陈长城公祯明二年（戊申，公元 588 年）

春季，正月十一日辛巳，陈后主册封皇子陈恮为东阳王，陈恬为钱塘王。

陈朝派遣散骑常侍袁雅等人出使隋朝；又派遣散骑常侍九江人周罗睺率兵屯驻峡口，进攻隋朝峡州。

三月初五日甲戌，隋朝派遣兼散骑常侍程尚贤等回访陈朝。

三月初九日戊寅，隋文帝下诏说："陈叔宝占据巴掌大一块土地，却欲壑难填，劫夺百姓，使他们倾家荡产，驱使逼迫都城内外百姓劳役不休；穷奢极侈，夜以继日；诛杀直言之士，族灭无罪之家；欺瞒苍天，无恶不作，却去祭祀鬼神，妄求赐福；与后宫妃嫔出游，侍卫手执干戈前呼后拥，清道戒严，自古以来昏庸腐败的帝王，没人能和他相比。正人君子潜逃归隐，奸臣小人为所欲为。天灾地孽接连发生，物怪人妖层出迭现。士大夫钳口结舌，道路之人敢怒而不敢言。加之背德违约，侵扰边疆，白天潜伏，夜晚偷袭，如同鼠窃狗盗一般。普天之下无一人不是朕的臣民，每当听到或审阅有关江南百姓受苦受难的奏疏，朕心中都很难过。现今可以出动师旅，颁下军令，随应时机，诛灭暴君；永远扫平吴越，在此一举。"又派遣使者致送国书给陈朝，历数陈后主二十条罪状；并命人抄写了诏书三十万份，向江南地区广为散发。

陈朝皇太子陈胤聪明敏捷，喜爱文学，却有很多过失；太子詹事袁宪恳切进谏，陈胤不听。当时沈皇后失宠，身边的近侍随从时常往来东宫，皇太子也屡次派人到沈皇后住处，陈后主猜忌他们怀恨在心，很讨厌他们。张贵妃、孔贵妃又日夜在陈后主面前捏造皇后和太子的罪状，都官尚书孔范等人又在宫外火上加油。陈后主便想立张贵妃的儿子始安王陈深为太子，曾经神情庄重地讲过这事。吏部尚书蔡徵依照陈后主的旨意，大为称赞，袁宪非常严肃地当面驳斥他说："皇太子是国家的储君，万民敬仰，你是什么人，胆敢随便谈论废立大事！"陈后主终于听从了蔡徵的建议。夏季，五月，庚子日，陈后主废黜皇太子陈胤，改封他为吴兴王，而册立扬州刺史始安王陈深为皇太子。蔡徵是蔡景历的儿子。陈深非常聪明，有志气节操，举止庄重，即便是他的近侍随从，也从未见过他喜笑和恼怒。陈后主听说袁宪曾经劝谏过陈胤，便任用他为尚书右仆射。

陈后主对沈皇后向来冷淡，张贵妃专主后宫之政，沈皇后淡然处之，没有嫉妒和怨恨。她自身居处俭约，衣着朴素，不穿锦缎，每天只是翻阅经史书籍和佛经，还多次上书向陈后主进谏。陈后主想要废掉沈皇后而另立张贵妃，适逢国亡，没有能实现。

冬季，十月初三日己亥，陈后主册封皇子陈蕃为吴郡王。

十月二十三日己未，隋朝在寿春设立淮南行台，任命晋王杨广为行台尚书令。

陈后主派兼散骑常侍王琬、兼通直散骑常侍许善心出使隋朝，隋朝把他们扣留在客馆。王琬等人多次请求回国复命，隋文帝不允。

十月二十八日甲子，隋文帝下令出师讨伐陈朝，在太庙祭告祖先，并任命晋王杨广、秦王杨俊、清可公杨素三人都为行军元帅。命杨广从六合出兵，杨俊从襄阳出兵，杨素从永安出兵，荆州刺史刘仁恩从江陵出兵，蕲州刺史王世积从蕲春出兵，庐州总管韩擒虎从庐江出兵，吴州总管贺若弼从广陵出兵，青州总管弘农人燕荣从东海出兵，共有行军总管九十名，兵力五十一万八千人，全军统一接受晋王杨广的调度指挥。东接沧海，西抵巴蜀，旌旗蔽日，舟楫满江，横亘连绵数千里。任命尚书左仆射高颎为晋王元帅府长史，并州行台尚书右仆射王韶为元帅府司马，军中大小事务全由他们裁断处理；他们安排处理军情急务，分配调度军需供应，都没有耽搁迟误。

十一月初二日丁卯，隋文帝亲自为出征将士饯行；十一月初十日乙亥，隋文帝到达定城，举行誓师大会。

十一月十一日丙子，陈后主册封皇弟陈叔荣为新昌王，陈叔匡为太原王。

隋文帝到河东，十二月初五日庚子，返回长安。

突厥莫何可汗进犯西边邻国，不幸中流箭去世。突厥人拥立雍虞闾，号为颉伽施多那都兰可汗。

隋军进抵长江北岸，晋王元帅府长史高颎问行台吏部郎中薛道衡，说："此次大举伐陈，江东地区一定能攻克吗？"薛道衡回答说："一定能攻取。我听说晋朝郭璞曾经预言：'江东分王立国三百年后，又会与中原统一。'现在三百年的周期将满，这是一。皇上生活俭朴，勤于政事，而陈叔宝却荒淫奢侈，骄横放纵，这是二。国家的安危兴亡在于用人，陈朝任用的宰相江总，只会赋诗饮酒，提拔的文臣施文庆，是一个小人，却把政事都交付给他，而重用的大将萧摩诃、任蛮奴等人，全是有勇无谋的一介匹夫，这是三。我隋朝政治清明，国土广大，陈朝政治黑暗，地域狭小，估计他们的军队顶多十万人，西起巫峡，东至大海，战线过长，假如分兵四处戍守则势单力弱，如果集中兵力重点防卫就会顾此而失彼，这是四。所以，拿下江东，此事确定无疑。"高颎听后非常高兴地说："听了你的成败分析，令人豁然开朗。我原本只是佩服你的才学，没想到你运筹帷幄竟如此不凡！"

秦王杨俊督率各军进驻汉口，节度指挥上游诸军。陈后主诏令散骑常侍周罗睺都督巴陵沿江诸军事，以抗击隋朝军队进攻。

杨素率领水军由三峡顺流而下，进至流头滩。陈朝将军戚昕率领青龙战船一百余艘扼守狼尾滩，这里地势险峻，隋朝将士十分忧虑。杨素说："胜负关键，在此一举。如果白天顺江而下，敌军就会知道我军情况，加上滩流湍急，行船难于控制，对我军非常不利；不如改在夜里突然袭击。"杨素亲自率领黄龙舰船数千艘，将士衔枚，顺流而下，又派开府仪同三司王长袭率领步兵由南岸进击戚昕别营，大将刘仁恩率领骑兵由北岸向白沙进发，全在黎明时赶到，两岸夹击陈军；戚昕大败而逃，隋军俘虏了他的部众，慰劳后加以遣返，秋毫不犯。

杨素率领水军顺流东下，舰船布满江面，旌旗甲胄与日辉映。杨素坐在一只平板大船上，很是雄伟，陈军远远望见，都心里害怕，说："清河公简直是长江水神！"陈朝沿江镇戍听说隋军将到，都相继上书告急；但是施文庆、沈客卿将奏章全部扣压，不向陈后主奏报。

起初，陈后主认为萧岩、萧瓛是后梁宗室，率领了众多江陵军民降附陈朝，便心生疑虑，就把随他们而来的军民隔离分散到各处，而任命萧岩为东扬州刺史，萧瓛为吴州刺史，并派遣领军将军任忠镇守吴兴郡，就近挟制二州；又派遣南平王陈嶷镇守江州，永嘉王陈彦镇守南徐州，严加防范。不久又召回陈嶷、陈彦二王回京城参加明年正月元旦朝会，并命令沿江各防地的船舰全部随二王开回京师，想趁机向后梁降附军民显示强大的军威。所以中下游江面上连一只战船也没有，而上流各州的军队都受到杨素军队的阻截，不能赶来增援。

陈朝湘州刺史晋熙王陈叔文，在湘州任职时间长，深受人们爱戴，陈后主认为他据有长江上流，暗地里很不放心。陈后主意识到平时对待群臣缺少恩礼，怕他们不肯为自己卖力，一时又没有可以替换陈叔文的人，就提升施文庆为都督、湘州刺史，调给他精兵两千人，希望他西上就职；同时征召陈叔文回朝。施文庆非常高兴得到这一职务，但又害怕自己出朝之后，掌权的人抓住自己的短处，于是推荐他的党羽沈客卿接替自己中书舍人的职务。

当施文庆还未出发就任时，他与沈客卿两人共掌朝政。护军将军樊毅对尚书仆射袁宪说："京口、采石都是江防要地，两地各需精兵五千人，并出动金翅舰船两百艘，沿江上下巡行，以便防备。"袁宪和骠骑将军萧摩诃都认为樊毅说得对，便与文武群臣一起商议，请求按照樊毅的计策部署军队。施文庆担心这样一来就会没有兵员随从自己，朝廷便会撤销自己出守藩职，而沈客卿又认为施文庆出朝任职，自己就可以专擅朝政大权，于是，他们二人便对朝臣们说："若有什么议论，不必当面向皇上陈奏；只需写好表启，立即代为呈奏。"袁宪等人信以为真，施文庆、沈客卿两人便拿着群臣的表启入宫。二人却对陈后主说："敌寇入侵，这是常事，边镇将帅足以抵挡。若从京师派人派船出巡江防，必然会引起惊扰。"

待到隋军进抵长江北岸，间谍大批潜入，袁宪等人又多次上奏请求。施文庆对陈后主说："元旦朝会将临，南郊祭天之日，必须由太子多带军队随从；现在如果调派军队出去，南郊祭天之事就得取消。"陈后主说："现在暂且出兵，如果北边战场无事，就用水军护从郊祀，又有什么不可！"施文庆又说："如果这样做的话，消息传到邻国，隋朝便会认为我们弱小。"后来施文庆又贿赂尚书令江总，江总入宫为施文庆游说，陈后主难于违背江总的意见，但又迫于群臣的请求，于是下令交付外廷再仔细讨论。在讨论中江总又多方压制袁宪等人，所以讨论了很久都无法决定下来。

陈后主曾经神色自若地对侍卫近臣说："帝王之气本在这个地方。齐军曾经三次来犯，周军也曾经两次入侵，无不遭到挫败。现在隋军来犯又能如何！"都官尚书孔范附和说："长江天堑，自古以来隔绝南北，今天敌军难道能飞渡过来吗！边镇将帅想立功劳，所以谎报边事紧急。我常常觉得自己官职卑微，如果敌军能越过长江，我一定能立功荣升为太尉了。"有人谎报说隋军马匹死亡，孔范又口出大言说："这些马本来将归我所有，怎么还没渡江就先死了呢！"陈后主听了大笑，认为孔范说得好，所以不严加防备，还是每天有官伎进献乐舞，后主与幸臣纵酒宴饮，赋诗赠答，没有休止。

这一年，吐谷浑裨王拓跋木弥请求率所属部落一千余家降附隋朝。隋文帝说："普天之下，都是朕的臣民，朕抚育苍生黎民，都以仁孝为本。吐谷浑可汗夸吕昏乱狂暴，结果他的妻儿恐怖不安，都想归化本朝，以拯救自己免遭屠戮。但是背叛丈夫和父亲，不忠不孝，朕不能接纳。不过他们的本意只是逃避死亡，现在如果拒绝，又显得不仁不义。若再传来要求降附的音讯，只应该加以慰勉安抚，听任他们自己率领所属部落前来归附，不必出兵接应。如果他的妹夫和外甥想来归附，也任随其意，不要进行劝诱。"

隋朝所封吐谷浑河南王移兹裒去世，隋文帝诏令他的弟弟树归继承王位，并统领其部众。

（以上为第六段，写隋文帝大举伐陈，而陈朝君臣们仍浑然不寤，亡国之君，大抵如是。）

【点评】

隋朝灭陈。本卷平行记载隋、陈史事，隋朝君明臣贤，精心治国，以图统一；陈朝主昏臣佞，荒淫误国，末世景象，二者形成鲜明对照。隋文帝治国察纳雅言，善政多多。贺娄子干熟悉边事，被任命为榆关总管；李谔上书历数轻薄文风之弊，隋文帝禁浮华；沙钵略上书请内附，隋文帝宽待平戎；群臣建言平陈，隋文帝择善而从。陈后主荒淫放纵，大臣不言，小臣切谏，傅縡、章华，枉送性命。大军压境，君臣还大言相欺，陈朝不亡，天理不容。

资治通鉴（白话本） 卷第一百七十七

隋纪一

隋文帝开皇九年至十一年（公元589—公元591）

【起屠维作噩（己酉，公元589年），尽重光大渊献（辛亥，公元591年），凡三年】

【大事提要】

本卷载述公元589年至公元591年隋朝统一全国初始三年史事，时当隋文帝开皇九年至十一年。本卷着重记述开皇九年隋灭陈的过程。隋灭陈，以大吞小，隋文帝为英武之主，陈后主是昏庸信谗的亡国之主，以英武对昏庸，故隋灭陈如摧枯拉朽，陈旬月即亡。

高祖文皇帝上之上

隋文帝开皇九年（己酉，公元589年）

春季，正月初一日乙丑，陈后主举行元日朝会，突然间大雾漫天，呼吸入鼻，又辣又酸，陈后主昏昏沉睡，直到下午晡时才醒过来。

这一天，隋朝大将贺若弼从广陵率军渡过长江。起先，贺若弼卖掉许多老马来买陈朝的船，把船藏匿起来，又买了五六十艘破船摆放在入江的水道之中。陈朝间谍侦察后，误认为北方中原没有大规模渡江的船。贺若弼请求在沿江戍守换防时，一定在广陵集中，大肆张扬旗帜，营帐遍野，故意让陈朝误判为是隋兵要大举南进，急忙调兵防守，事后知道是隋军换防，交接完毕集结的兵力解散，此后反复了几次，陈朝军队不再防备。贺若弼又派兵沿江打猎，人马喧闹，陈朝军队也习以为常。所以贺若弼渡江，陈朝军人并没有发觉。韩擒虎带领五百人从横江浦夜渡采石，陈朝守军都喝醉了，于是防守据点被攻占。晋王杨广率领大军屯驻在六合镇桃叶山。

正月初二日丙寅，陈朝戍守采石的主将徐子建飞骑赴都城上表告急；正月初三日丁卯，陈后主召集公卿大臣进宫商议军事。正月初四日戊辰，陈后主下诏书说："犬羊敌军肆意凌逼，侵犯我朝都城郊区，犹如有毒的蜂虿，应赶快消灭。朕要亲率六军，肃清八方，京城内外一律戒严。"于是任命骠骑将军萧摩诃、护军将军樊毅、中领军鲁广达都担任都督，任命司空司马消难、湘州刺史施文庆都担任大监军，并派遣南豫州刺史樊猛统率水军从白下出发，散骑常侍皋文奏率兵镇守南豫州。又下令设立重赏，令僧人、尼姑、道士等都服役。

正月初六日庚午，贺若弼攻占京口，俘虏陈朝南徐州刺史黄恪。贺若弼军纪严明，秋毫无犯，有士兵到百姓家买酒喝，贺若弼将他抓来立即斩首。贺若弼将被俘的陈朝军队六千余人全部释放，还发给粮食，加以安慰，遣返回家，并把隋文帝的敕书交给他们分别带往各地散发。所以，隋军所到之处望风披靡。

樊猛当时在建康，由他儿子樊巡代理南豫州事。正月初七日辛未，韩擒虎进攻姑孰，半天时间就攻克了姑孰，活捉了樊巡及其家属。皋文奏大败而回。江南父老早就听说过韩擒虎的威名，前来军营拜谒的日夜不断。

鲁广达的儿子鲁世真在新蔡，与其弟鲁世雄率领部众投降了韩擒虎，并派使者送信招降父亲鲁广达。鲁广达当时驻守建康，于是上表弹劾自己，并到廷尉请求治罪；陈后主安慰他，还赏赐很多黄金，遣他返回军营。樊猛和左卫将军蒋元逊率领八十艘青龙战船在白下巡逻，防御从六合方面来进攻的隋军；陈后主因为樊猛的妻子儿女全在隋军手中，恐怕他有二心，想派镇东大将军任忠代替他，又让萧摩诃慢慢劝导樊猛，樊猛很不高兴，陈后主感到十分为难，只好作罢。

这时，贺若弼率军从建康北面的京口进军，韩擒虎率军从建康南面的姑孰进军，两路并进，夹攻陈朝都城建康。陈朝沿江戍所要塞守军都望风而逃；贺若弼派兵攻占曲阿，切断交通要道，进逼建康。陈后主命司徒豫章王陈叔英驻守朝堂，萧摩诃驻守乐游苑，樊毅驻守耆阇寺，鲁广达驻守白土冈，忠武将军孔范驻守宝田寺。正月十五日己卯，任忠从吴兴来援救京师，驻军在朱雀门。

正月十七日［辛巳］，贺若弼率军占领钟山，驻军白土冈东面。晋王杨广派总管杜彦与韩擒虎会师，合并后有步骑兵两万人驻扎在新林。隋蕲州总管王世积率水军从九江出发，在蕲口打败陈将纪瑱，陈朝将士十分惊慌，纷纷向隋军投降。晋王杨广上表奏报战况，隋文帝十分高兴，赐宴文武百官。

当时建康的陈朝军队还有十余万人，但陈后主向来懦弱，又不懂军事，只是昼夜哭泣，台省内的所有事务，全交给施文庆处理。施文庆知道众将领痛恨自己，担心他们建立战功，便上奏说："这些人心怀不满，一向不诚心服从陛下，如今的危急关头，不可完全相信他们！"因此众将领的启奏请求，大都得不到批准。

贺若弼攻打京口时，萧摩诃请求率军迎战，陈后主不许。等到贺若弼占据了钟山，萧摩诃又上奏说："贺若弼孤军深入，营垒战壕还没有筑得坚固，我们出兵突袭，一定大胜。"陈后主还是不准。陈后主召集萧摩诃、任忠在内殿商议军事，任忠说："兵法云：进攻的一方利于速战速决，守卫的一方最好稳扎稳打。现在我们兵力雄厚，粮食充足，应该固守宫城，并沿秦淮河建立栅栏，隋军即使来攻，我们不交战；同时派兵截断长江水路，不让敌人音讯相通。陛下只要给我一万精兵，三百艘金翅战船，便可顺江而下，直取六合镇；这样，隋军必定会认为他们渡过长江的将士已经被俘，士气就会低落。淮南当地百姓从前就与臣熟悉，现在得知是臣率军前去，一定会如影随形群起响应。臣再扬言要攻打徐州，截断敌人归路，那么各路隋军就会不战而退。等到春天雨季江河水涨，上游周罗睺等各路军队必然顺流而下来救援。这是上策。”陈后主不肯采纳他的建议。第二天，陈后主忽然说：“两军相持久不决战，真叫人心烦，可叫萧郎出兵攻击。”任忠叩头请求不要出战。忠武将军孔范又上奏说：“请求与隋军一决胜负，我将为陛下在燕然山刻石纪功。”陈后主听从了孔范的意见，对萧摩诃说：“你可为我决此一战！”萧摩诃说：“向来打仗是一半为国，一半为自己，今天决战，还要为妻子儿子。”陈后主拿出许多金银丝帛，分发给各军作奖赏。正月二十日甲申，派鲁广达在白土冈布阵，位置在各军的最南边，在他的北边是任忠，再往北是樊毅、孔范，萧摩诃军队的位置在最北边。各军阵列南北长达二十里，前后进退调度互相不知道。

贺若弼率领轻骑兵登上山头，望见陈朝各军出动，立即奔驰下山，与所部七位总管杨牙、员明等领兵八千人摆开阵列准备迎战。陈后主和萧摩诃的妻子有私情，因此萧摩诃一开始就无心作战；只有鲁广达率领部下拼死战斗，他的军队与贺若弼的军队不相上下。隋军曾多次被击退，贺若弼部下战死的有二百七十三人，贺若弼在军中燃起浓烟隐蔽自己，才脱险振作。陈朝士兵斩得隋军人头，都跑去献给陈后主请求奖赏，贺若弼知道陈军十分骄傲懈惰，于是转而率军进击孔范；孔范的士兵与隋军刚一交战就败退，陈朝其他军队望见了，骑兵步卒纷纷逃命，无法阻止，死了五千人。员明擒获了萧摩诃，送交贺若弼，贺若弼命令拉出去斩首，萧摩诃面不改色，贺若弼于是给他松绑并以礼相待。

任忠快马跑进台城，谒见陈后主，陈述了战败情况，然后说：“陛下好好保重，臣无能为力了！”陈后主给他两袋金子，要他重新招兵出战，任忠说：“陛下最好赶紧备船，往上游投奔周罗睺等众军，臣当拼死保驾。”陈后主信以为真，命令他出外安排，又命后宫宫女收拾行装等待，奇怪的是等了很久任忠还没有来。当时韩擒虎从新林进军，任忠已经率领部下数名骑兵到石子冈投降了他。领军将军蔡征率军防守朱雀航，听说韩擒虎快到了，军心恐慌，大家一哄而散。任忠引导韩擒虎的军队直接进入朱雀门，陈朝守军还想抵抗，任忠对他们招手说：“老夫我都投降了，你们还抵抗什么！”陈军全都逃散。这时台城内群臣都已逃走，只有尚书仆射袁宪在殿内，尚书令江总等人在尚书省中。陈后主对袁宪说：“我以前对你不如对别人好，今日却只能追悔惭愧而已。这不但表明朕无德无行，也表明江东士大夫的气节全都丧失完了。”

陈后主心慌意乱，想躲藏起来，袁宪严肃地对陈后主说：“北兵进入皇宫，一定不会侵侮陛下。事已如此，陛下还能躲到哪里去？臣希望陛下整理衣冠，端坐正殿，效法以前梁武帝见侯景的做法。”陈后主不听，下了坐床飞奔而逃，还说：“刀锋底下，不能与它对抗，我自有办法！”于是带领十几个宫人逃出后堂景阳殿，想要往井里跳，袁宪苦苦劝说，后主就是不听；后閤舍人夏侯公韵用自己的身体挡住井口，陈后主和他争夺，争了很久，才跳进井里。紧接着来了隋军士兵向井里窥探，并大声呼叫，没有人答应，扬言要投下石头，才听到井里传来喊叫声，便抛下绳子往上拉，奇怪的是非常沉重，等拉出井口，才看见是陈后主与张贵妃、孔贵嫔三人拴在一起拉上来。沈皇后还住皇后宫中，跟平常一样。皇太子陈深当年十五岁，闭门而坐，太子舍人孔伯鱼在旁侍立，隋军士兵推门进去，陈深端坐不动，慰问他们说："一路行军打仗，实在辛苦了！”隋兵都纷纷向他表示敬意。当时陈朝的宗室王侯在建康的有一百多人，陈后主担心他们发生变乱，就全召进宫中，集中住留在朝堂之上，派豫章王陈叔英统领，又私下加以防备。台城失守后，他们便一窝蜂出宫投降。

贺若弼乘胜进抵乐游苑，陈朝都督鲁广达还督率残部苦战，杀死、俘获隋军数百人，当时天色已晚，鲁广达才卸下盔甲，面向台城叩头痛哭，对部下说："我不能救国，罪大啊！”部下也都流泪叹息，于是全部被俘。台城所有宫门卫队都已逃散，贺若弼夜晚烧毁北掖门进入皇宫，听说韩擒虎已经抓到陈叔宝，就命押来看看，陈叔宝惊惶恐惧，冷汗直流，浑身发抖，向贺若弼拜了又拜。贺若弼对陈后主说："小国的君王，只相当于大国的公卿大臣，向我叩拜合乎礼节。你到了隋朝少不了封一个归命侯，不必害怕。”后来贺若弼因耻于功劳在韩擒虎之后，便和韩擒虎相骂，以至拔刀相向；贺若弼又想命令蔡征替陈叔宝撰写投降书，命陈叔宝乘坐骡车到自己这边投降，但事情没有办成。贺若弼把陈叔宝囚禁在德教殿，并派兵看守。

高颎比晋王杨广先一步进入建康，高颎的儿子高德弘是晋王杨广的记室参军，杨广派高德弘驰马急奔到高颎住处，传令留下陈叔宝宠妃张丽华，高颎说："从前姜太公蒙面斩了妲己，如今怎可留下张丽华！”于是把张丽华押到青溪斩首。高德弘回去报告，杨广脸色大变，说："古人说：'无德不报'，我一定有办法回报高公！”从此痛恨高颎。

正月二十二日丙戌，晋王杨广进入建康，认为原陈朝中书舍人施文庆接受委命没有尽忠，极尽谄谀邪佞之能事，使天子受到蒙蔽；中书舍人沈客卿加重赋税，极力搜刮盘剥，以取悦皇上，与太市令阳慧朗、刑法监徐析、尚书都令史暨慧等人都是平民的祸害，将他们在石厥下斩首，以此向三吴地区民众谢罪。杨广又派遣高颎和元帅府记室裴矩一起收集档案图书，封存了国库，钱财分文不取，天下的人都称赞晋王杨广贤明。裴矩，是裴让之的侄儿。

杨广认为贺若弼在决战中提前发动攻击，违犯了军令，下令逮捕他交付军法审判。隋文帝派驿使召贺若弼入朝，并下诏给杨广说："平定江南，是贺若弼与韩擒虎两人的功劳。”赏赐布帛一万段；又赐贺若弼与韩擒虎诏书，赞美他们的功勋。

开府仪同三司王颁，是王僧辩的儿子，一天晚上，他掘开陈武帝陈霸先陵墓，把陈霸先尸骨焚烧成灰，再把骨灰掺到水中喝了，然后把自己绑起来，向晋王杨广请罪。杨广奏报皇上，隋文帝诏命赦免了他。另下诏书命令安排五户人给陈高祖、陈世祖、陈高宗三座坟陵守墓。

隋文帝派使者把灭陈的消息告诉去年出使隋朝被扣留下来的陈朝使臣许善心，许善心身穿丧服在西阶之下号哭，在地上铺上干草面朝东方独坐了三天；隋文帝下敕书慰问他。第二天，诏命许善心到客馆，拜授通直散骑常侍，赐朝服一套。许善心又大哭，十分哀痛，然后进入房里脱掉丧服，改穿所赐朝服，出来后朝北站立，流着眼泪，再拜，接受诏命。第二天上朝，又趴在殿下哭泣，极度悲哀，无法起立。隋文帝环顾左右朝臣说："我平定陈国，只得到这一个人。他既然能怀念旧日的国君，就一定会是我的忠臣。"敕令他以通直散骑常侍值事门下省。

陈朝水军都督周罗睺和郢州刺史荀法尚据守江夏，秦王杨俊督率三十名总管及水陆大军十多万人驻军汉口，不能前进，相持了一个多月。陈朝荆州刺史陈慧纪派南康内史吕忠肃驻兵岐亭，扼守巫峡，在北岸岩石上凿洞，连接三条铁链，横江拦阻隋军船舰，吕忠肃竭尽个人财物以补充军用。杨素、刘仁恩挥兵猛攻，大小四十余战，吕忠肃据守险要，奋勇抵抗，隋军士兵战死五千多人，陈军将士把他们的鼻子割下来去邀功请赏。后来隋军屡战屡捷，俘获陈军士兵，一批一批地释放了。吕忠肃军心瓦解，只好放弃阵地逃走，杨素便慢慢拆除锁链；吕忠肃又退守荆门的延洲，杨素派遣一千名巴蜑人，乘坐四艘五牙战舰，用拍竿击破陈军十余艘战舰，因此大破陈军，俘虏带甲士卒二千余人，吕忠肃只身逃走。陈朝信州刺史顾觉驻守安蜀城，弃城逃跑。陈慧纪驻兵公安，也烧掉全部物资储备，率兵东下，自此巴陵以东再没有据城而守的陈军。陈慧纪率领将士三万人，楼船一千余艘，顺江而下，想救援建康，但被秦王杨俊阻截，不能前进。这时候，陈朝晋熙王陈叔文被解除湘州刺史职务，返回建康，行到巴州，陈慧纪便推举陈叔文为盟主。但是陈叔文已经率领巴州刺史毕宝等人向杨俊递交了请降书，杨俊派出使者迎接慰劳他们。恰逢建康平定，晋王杨广命陈叔宝写信招降上游诸将，派樊毅到周罗睺处，陈慧纪之子陈正业到陈慧纪处传达陈叔宝的意旨。这时各城都放下武器，停止战斗，周罗睺于是和众将一起痛哭了三天，才把军队解散，然后投降杨俊，陈慧纪也跟着投降，上游全部平定。杨素顺江而下到达汉口，与杨俊会师。王世积在蕲口，听说陈朝已经灭亡，就告谕江南各郡，于是江州司马黄偲弃城逃走，豫章各郡太守都向王世积投降。

正月二十九日癸巳，隋文帝下诏派使臣巡视安抚原陈朝各州郡。二月初一日乙未，撤销淮南行台省。

（以上为第一段，写隋文帝灭陈，破金陵，消灭陈朝主力军队的战斗过程。）

苏威奏请每五百家设置乡正一人，让乡正治理民政，审理讼案。李德林认为：

“本来当初撤销乡官审理讼案，就是因为乡里之间，不是亲戚，就是朋友，判案很难公平。现在令乡正专管五百家，恐怕危害更严重。更何况偏远小县，有不到五百家的，难道可以让两个县共同管理一个乡吗！”隋文帝不听。二月初二日丙申，下达诏书规定：“五百家为乡，设乡正一人；一百家为里，设里长一人。”

陈朝吴州刺史萧瓛很有人望，陈朝灭亡后，吴地民众推举萧瓛为首领。右卫大将军武川人宇文述率领行军总管元契、张默言等前去讨伐。落丛公燕荣率领水军从东海进攻到吴州，陈朝永新侯陈君范从晋陵投奔萧瓛，联合抵抗宇文述。宇文述军队即将到达，萧瓛在晋陵城东设立木栅栏，留下部分兵力阻截宇文述，另派他的将领王褒防守吴州，而自己亲率大军从义兴进入太湖，打算从宇文述背后发动突然袭击。宇文述进兵攻破晋陵城东的栅栏，又回兵痛击萧瓛，把他打得大败；又派兵从另外一条路偷袭吴州，王褒换上道士服装弃城逃走。萧瓛带领残余部众退守包山，燕荣又击败了他。萧瓛带领左右数人躲藏在老百姓家里，被人抓获。宇文述进抵奉公埭，陈朝东扬州刺史萧岩献出会稽城投降，他同萧瓛一起被押送到长安斩首。

杨素攻下荆门后，派副将庞晖率兵攻城略地，向南进军到湘州，城内陈军将士无心坚守。湘州刺史岳阳王陈叔慎，年纪十八岁，摆设酒席宴请文武僚佐。酒喝到尽兴时，陈叔慎叹息说：“我们的君臣关系，就到今天结束了吗！”长史谢基拜伏在地，痛哭流涕。湘州助防遂兴侯陈正理在场，这时站起身说道：“人主受辱，臣子效死。在座诸君难道有谁不是陈朝的臣子！现在国家有难，正是我们献身报国的时候；即使不能成功，也能够表明做臣子的节操。如果陈朝灭亡我们宁愿一死，绝不做亡国奴苟活！今天已经到了危急关头，不能再犹豫了，不迅速响应的人立即斩首！”大家都一致赞成。于是杀牲歃血共结盟誓，并派人送交诈降书给庞晖。庞晖信以为真，并约定日期入城受降，陈叔慎埋伏武士等待他。庞晖进城后，立即被伏兵抓获，并斩首示众，连同他率领的部众也全部被杀掉。陈叔慎坐在射堂之上，召集士众，几天之内就召集到五千人。衡阳太守樊通、武州刺史邬居业都请求率军协助陈叔慎。此时，隋朝所任命的湘州刺史薛胄领兵正好赶到，和行军总管刘仁恩一起攻打湘州；陈叔慎派部将陈正理与樊通一起抵抗，但都被隋军击败。薛胄乘胜攻入城内，擒获了陈叔慎，刘仁恩在横桥打败邬居业，也擒获了他，一起押送到秦王杨俊处，在汉口将他们斩首。

岭南还没有归附，几个还没有降隋的郡联合起来，共同推举高凉郡太夫人冼氏为盟主，称为“圣母”，保境抵抗。隋文帝诏令派柱国韦洸等人安抚岭南，陈朝豫章太守徐璒据守南康郡进行抵抗，韦洸等人不能前进。晋王杨广派陈叔宝写信送给冼夫人，告诉她陈朝已经灭亡，让她归附隋朝。冼夫人集合首领数千人，为陈朝灭亡哀哭了一整天，然后派她的孙子冯魂率部众迎接韦洸。韦洸率军击败徐璒并将他斩首，进入岭南，到达广州，游说告谕岭南各州，全部平定了岭南；又上表请朝廷授任冯魂为仪同三司，册封洗氏为宋康郡夫人。韦洸，是韦夐的儿子。

衡州司马任瓌劝说都督王勇占据岭南，寻求陈氏子孙，拥立为皇帝，王勇没有采用他的意见，率领部下投降了隋朝，任瓌弃官而去。任瓌，是任忠弟弟的儿子。

于是陈国被全部平定，隋朝获得三十个州，一百个郡，四百个县。隋文帝诏令将建康的城邑、宫殿、房屋全部摧毁拆除，开垦为耕地，另外在石头城设置蒋州。

晋王杨广班师回朝，留下王韶镇守石头城，委托他处理善后事宜。三月初六日己巳，陈叔宝及其王公百官从建康出发，前往长安，大大小小踏上路途，前后五百里连绵不断。隋文帝命令临时征用长安一些私人住宅腾空等待，内外重新装修，派使者迎接慰劳，陈朝降人到达后就像回到家里一样。四月初六日［己亥］，隋文帝驾临骊山，亲自慰问凯旋大军。四月十二日乙巳，各路大军高奏凯歌入城，到太庙献俘，陈叔宝和陈朝王侯将相连同他们的车驾服饰、天文图籍等依次排开行列，并由铁甲骑兵四面围住，跟随着晋王杨广、秦王杨俊进入，排列在殿庭上。隋文帝授杨广为太尉，赏赐他辂车、乘马、衮服冠冕、黑圭、白璧。四月二十三日丙辰，隋文帝坐在广阳门城楼上，派人把陈叔宝带到跟前，还有陈朝太子、宗室诸王二十八人，此外还有司空司马消难以下至尚书郎共二百多人，隋文帝让纳言宣读诏书慰劳他们，接着又让内史令宣读诏书，责备他们君臣不能互相辅助，以至国家灭亡。陈叔宝及其群臣都羞愧难当，拜伏在地，大气不敢出，无言以对。隋文帝随后宽恕了他们。

当初，隋文帝的父亲武元帝杨忠迎接司马消难自北齐投降北周，与司马消难结拜为兄弟，感情很深厚，隋文帝也经常以事奉叔父的礼节侍奉他。及至平定陈朝，司马消难作为俘虏被押送到长安，隋文帝特下令免掉他的死罪，发配为身份低下的乐户，二十天后又免除乐户身份，仍然以旧日情谊特别接见他；不久，司马消难死在家里。

四月十七日庚戌，隋文帝驾临广阳门，宴请将士，从门外两侧堆积布匹绸缎，一直堆到南边的外城，按照功勋等级，分别赏赐，一共用去三百多万段。原陈朝境内，免除十年田租赋税，其他的各州免除本年田租赋税。

乐安公元谐进言说："陛下威德远播四海，臣以前请求任命突厥可汗为候正，任命陈叔宝为令史，现在可以采纳臣的建议了。"隋文帝说："朕平定陈国，原本是为了铲除叛逆，并不是为了好大喜功，你的奏请，一点也不符合我的心思。突厥可汗不了解山川形势，怎么能够侦候警戒；陈叔宝整天昏醉不醒，怎么能够派遣任事！"元谐哑口无言而退。

四月二十八日辛酉，隋文帝进封杨素的爵位为越公，任命他的儿子杨玄感为仪同三司、杨玄奖为清河郡公；赏赐一万段绢帛，一万石粟。命贺若弼坐上御座，赏赐八千段绢帛，加位上柱国，晋封为宋公。另外又分别加赐金银珍宝，并把陈叔宝的妹妹赏赐给他为妾。

贺若弼、韩擒虎在文帝面前争功，贺若弼说："臣在蒋山拼死力战，打败了陈朝的精兵，俘获了他们的骁勇将领，名声震扬，十分威武，终于平定陈国；而韩擒虎几乎没有临阵交战，怎么能与臣相比！"韩擒虎说："原本接到晋王的命令，命臣与贺若弼同时合力攻取伪都，可是贺若弼竟敢擅自提前进军，遭逢敌军便交战，致使将士伤亡很多，而臣率领轻快骑兵五百人，兵不血刃，直取金陵，降伏任忠，活捉了陈叔宝，占领他们的府库，捣毁了他们的巢穴。贺若弼到了晚上才进攻到北掖门，是臣打开城门让他进城，他连赎罪都来不及，哪能与臣相比！"隋文帝说："你们二位都是上等功勋。"于是进封韩擒虎爵位为上柱国，赏赐八千段绢帛。掌管司法的官员弹劾韩擒虎放纵士兵奸淫陈朝宫女，故而没有晋升为公的爵位，不增加采邑。

加授高颎上柱国，晋封为齐公，赏赐九千段绢帛。隋文帝慰劳他说："你出都讨伐陈国，有人说你要拥兵造反，朕已把他斩首。君臣道义相合，不是谗言可以离间的。"隋文帝让高颎与贺若弼随意谈论平定陈国之事，高颎说："贺若弼先进献平陈十策，后来又苦战蒋山，打败贼兵，臣只是一个文职官员，怎敢与大将争功！"隋文帝大笑，称赞他的谦让。

隋文帝开始讨伐陈朝时，派高颎向上仪同三司李德林请教谋略，然后转告晋王杨广；现在隋文帝要嘉奖李德林出谋划策的功劳，授予他上柱国，晋封为郡公，赏赐三千段绢帛。敕令已经宣布，有人告诉高颎说："如今把功劳都归给李德林，诸将必定愤愤不平，而且在后世看来，您在平陈之中只是白跑了一趟。"高颎进宫陈奏，隋文帝收回成命，李德林的封赏作罢。

任命秦王杨俊为扬州总管四十四州诸军事，镇守广陵。晋王杨广回到并州镇守。

晋王杨广诛杀陈朝施文庆等五个奸臣的时候，还不知道都官尚书孔范、散骑常侍王瑳、王仪、御史中丞沈瓘的罪行，因此他们能免于一死；等到了长安，事情都暴露出来，四月二十六日［己未］，隋文帝公布了他们的罪行，把他们流放到边疆，以向吴越地区的百姓谢罪。王瑳为人刻薄，贪婪鄙陋，忌恨陷害有才能的人；王仪狡诈奸巧，善于阿谀奉承，向陈后主进献两个女儿以求亲近；沈瓘阴险残忍，说话就邪恶谄媚，所以一同治罪。

隋文帝赏赐给陈叔宝的财物十分丰厚，又屡次召见，班位和三品官相同；每当陈叔宝参加宴会时，害怕引起他伤心，特意禁止演奏吴地音乐。后来监护看守的人上奏说："陈叔宝说：'既没有官秩爵位，却每次参加朝会宴集，希望有一个官号。'"隋文帝说："陈叔宝完全没有心肝！"监护的人又说："陈叔宝常常喝醉，极少有清醒的时候。"隋文帝问道："喝多少酒？"回答说："和他的子弟每天喝一石酒。"隋文帝大惊，命人节制他的酒量，不久又说："让他随性所欲吧！不然他怎么过日子呢！"隋文帝因为陈氏的子弟很多，恐怕他们在京城惹是生非，就把他们分散安置到边远州郡，分给他们农田作为生计，年节和四时都赏赐衣服以安定他们的生活。

隋文帝下诏任命原陈朝尚书令江总为上开府仪同三司，尚书仆射袁宪、骠骑将军萧摩诃、领军将军任忠都为开府仪同三司，任命吏部尚书吴兴人姚察为秘书丞。皇上称赞袁宪有高尚的品德情操，颁下诏书，称赞他是江东第一人，授任昌州刺史。听说原陈朝散骑常侍袁元友多次向陈叔宝直言进谏，因此提升他为主爵侍郎。隋文帝对群臣说："陈朝刚平定时，我后悔没有杀了任忠，他接受陈朝高官厚禄，又担当重任，不能以身殉国，危急时却说自己已无能为力，这和春秋时期卫国大臣弘演为战死的卫懿公纳肝以身殉国的所作所为相差太远了！"

隋文帝接见周罗睺，安慰勉励他，答应给他富贵。周罗睺流着眼泪回答说："臣深受陈氏厚待，现在前朝已经灭亡，我没有殉职尽节。能够免死，是陛下的恩赐，岂敢奢望富贵！"贺若弼对周罗睺说："听说你在郢、汉地区掌握兵权，就知道扬州可以取得。王师渡江果然胜利，正如所预料的那样。"周罗睺说："假如能够和您交手，胜败还不一定。"不久，周罗睺被授上仪同三司。起先，陈朝将领羊翔投降隋朝，在讨陈之战中，派他作隋军向导，到现在位至上开府仪同三司，班位还在周罗睺之上。韩擒虎在朝堂上取笑周罗睺说："你不能随机应变，到现在班位还在羊翔之下，难道不觉得羞愧吗？"周罗睺说："以前在江南，我久仰您的美名，认为您是天下节义之士，今天您说这种话，使我很失望。"韩擒虎听了满脸羞愧。

隋文帝责备陈朝君臣时，陈叔文独自洋洋得意喜形于色。接着他又上表陈述："从前在巴州，我已先向隋朝表示诚心归附，请陛下明察，希望封赏打破常例。"隋文帝虽然讨厌他的不忠，但是为了安抚江南地区，仍然授予陈叔文开府仪同三司，任命为宜州刺史。

当初，陈朝散骑常侍韦鼎出使北周，见到隋文帝，觉得他不同平凡，就对隋文帝说："您以后一定大贵，您大贵时就会天下统一，十二年之后，老夫将委身做您的臣下。"到了至德初年，韦鼎为陈朝太府卿时，把田地房屋全部卖光，大匠卿毛彪问他是什么原因，韦鼎说："江南的帝王之气，到现在已经结束，我和你将会葬在长安。"等到陈朝平定，隋文帝于是召见韦鼎并任命为上仪同三司。韦鼎，是韦叡的孙子。

四月二十九日壬戌，隋文帝下诏说："如今天下已经统一，万物都可顺适本性；太平时代的法令规章，正可普遍推行。凡是隋朝臣民，都要砥砺志行，沐浴圣德，家家修养自身，人人都要立志。武力可以树立国威，但是不能不停止；刑罚可以帮助推动教化，但是不可以任意专行。从此除了保卫京师皇宫的禁卫军和镇守四方的边防军之外，其余的军队都要解散，武器要停止使用。社会已经安定，各方无事，军人的子弟，都要开始学习儒家经书；民间的武器，全部予以销毁。通告天下，让大家都明白遵行。"

贺若弼撰写了他所筹划的平陈计策上奏隋文帝，题为《御授平陈七策》，隋文帝并不审阅，说："你想替我扬名，我不求名，你应该自己记载在家传里面。"贺若弼位高望重，兄弟都封为郡公，担任刺史、将军，家中的珍宝古玩，不计其数，身穿绫罗绸缎拖地的婢妾有几百名，世人都认为十分荣耀。后来突厥派使节来朝见，隋文帝对使节说："你听说过江南有陈国天子吗？"使节回答说："听说过。"皇上命左右侍从把突厥使节带到韩擒虎面前，对他说："这就是活捉陈国天子的人。"韩擒虎眼光凌厉逼人，看了使节一眼，突厥使节恐惧不安，不敢抬头看。

（以上为第二段，写隋文帝平定陈朝全境，以及巩固统一的措施，妥善安置陈朝君臣，封赏立功将士。隋文帝并提贺若弼、韩擒虎两员大将，用心公允，避免了纷争。）

左卫将军庞晃等在隋文帝面前说高颎的坏话，隋文帝大怒，全部罢免了他们的官职，对高颎更加亲近礼遇。隋文帝对高颎说："独孤公就像镜子，每次被打磨后，就更加明亮。"当初，高颎的父亲高宾是独孤信的僚佐，赐姓独孤氏，因此隋文帝常称呼他独孤公，而不叫他的名字。

乐安公元谐，性情豪放，行侠仗义，气度非凡，年少时和隋文帝一起学习，彼此十分友爱，隋文帝即位后，元谐屡次升任重要职位。元谐喜欢信口攻击别人，不能博取隋文帝左右近臣的欢心。元谐与上柱国王谊友情深厚，王谊被诛杀，隋文帝对元谐渐渐疏远疑忌。有人控告元谐和堂弟上开府仪同三司元滂、临泽侯田鸾、上仪同三司祈绪等人谋反，于是被交付司法官吏审理调查，司法官吏奏报说："元谐阴谋派遣祈绪统领党项兵切断通向巴蜀地区的交通要道。有一次，元谐曾经和元滂一同谒见隋文帝，元谐私下对元滂说：'我才是主人，坐在殿上的是窃国盗贼。'就让元滂观察气象，元滂说：'皇上的云气像一只蹲着的狗，又像一只奔跑的鹿，不像我们有象征福德的云气。'"隋文帝听了十分愤怒，于是处死了元谐、元滂、田鸾、祈绪。

夏季，闰四月十七日己卯，任命吏部尚书苏威为尚书右仆射。六月初四日乙丑，任命荆州总管杨素为纳言。

朝野上下都说应该封禅泰山。秋季，七月十五日丙午，隋文帝下诏书说："怎可因我朝派遣了一位将军灭掉了一个小国，引起远近的人都注意，就因此说天下已经太平。以微薄的德业而封禅名山，用虚假的话去祭告上天，这不是朕愿听的。从今以后，有关封禅的事，应该禁止再谈。"

左卫大将军广平王杨雄，特别尊贵荣宠，和高颎、虞庆则、苏威一起被称为"四贵"。杨雄宽厚容人，礼贤下士，朝野上下都倾服他。隋文帝讨厌他得人心，暗暗猜忌他，不想让他掌握军队；八月初二日壬戌，任命杨雄为司空，实际上是为了夺他的兵权。杨雄既然无实权，便紧闭家门，不与宾客来往。

隋文帝即位之初，柱国沛公郑译请求修订雅乐，诏令太常卿牛弘、国子祭酒辛彦之、博士何妥等人商议，经过多年没有成果。郑译进言说：“古乐有十二律，每律都可以作为宫音，循环转调，各调又分用宫、商、角、变徵、徵、羽、变宫七个音阶，世人没有能通晓的。”郑译因为龟兹人苏祇婆善于弹琵琶，就向他学习，才懂得确定音调乐律的方法，推演为十二均、八十四调，用来校订太乐署乐师所演奏的音乐，发现大都不正确。郑译又在七音之外，另提出一声，称为应声，并写成文章在朝廷宣示传阅。并和邳公苏威的长子苏夔商量用排列黍粒的方法测量并确定律管长度，以便重定乐律。

当时的人认为音律已经很久没有人通晓，不是郑译、苏夔一朝一夕能够确定的。隋文帝向来不注重学问，而牛弘也不精通音律，何妥自愧身为饱学宿儒而在音律方面反不如郑译等人，常想阻挠破坏修订雅乐之事，所以提出意见，反对用十二律循环转调为宫及七调，这一下引发各种不同的意见纷纷提出，互相争论，各立朋党；有人提出让各派按照自己主张的原理造出一种乐调，等完成以后，选择其中最好的来使用。何妥恐怕乐调造成后好坏很容易看出，就奏请隋文帝立即演奏比试各种乐调，并抢先告诉隋文帝说：“黄钟调象征人君的德业。”等到演奏黄钟乐调时，隋文帝说：“滔滔不绝，和顺雅致，与我的心意十分契合。”何妥于是奏请只用黄钟一种乐调，不用其他的乐律。隋文帝很高兴，采用他的建议。

当时还有一个名叫万宝常的乐师，精通音律，郑译等人制成黄钟调后，进行演奏，隋文帝召见万宝常问他效果如何，万宝常回答说：“这是亡国之音。”隋文帝非常不高兴。万宝常请求用水尺调定五音律吕，用来校正乐器，隋文帝接受了他的建议。万宝常制造出了各种乐器，其乐调比郑译等人定调低二律，他对乐器的增损改进，难于详述。这些乐器的声音雅淡，不为当时的人所喜欢，太常寺中懂得声律的人大多排斥诋毁这种音乐。苏夔非常忌恨万宝常，苏夔的父亲苏威正当政专权，凡是谈论音乐的人都附和苏夔而批评万宝常，万宝常的乐调因而被苏威所压制，不能流传。

等到平定陈朝时，获得刘宋、南齐时代的乐器与江左乐师，隋文帝命他们在殿廷上演奏，赞叹道：“这才是华夏的正声啊！”于是调整五音为五夏、二舞、登歌、房内十四调，在宴宾和祭祀时使用。并诏令在太常寺设置清商署负责管理。

当时全国统一，不同时代的乐器用品，都集中在乐府。牛弘上奏说：“中原的历史古乐多留存江左，攻取荆州时获得了梁朝的音乐，现在平定蒋州又获得陈朝的音乐，史册书传相承，都认为合于古乐。请下令派人加以修订编辑，来充实雅乐。至于北魏的音乐和北周所使用的，都掺杂有边疆夷乐，都不可使用，请全部停止。”冬季，十二月［初五日甲子］，诏令牛弘与许善心、姚察以及通直郎虞世基共同修订雅乐。虞世基，是虞荔的儿子。

十二月十一日己巳，隋文帝任命黄州总管周法尚为永州总管，前往安抚平定岭南地区，让他率领黄州兵三千五百人作为亲兵，陈朝桂州刺史钱季卿等都向周法尚投降。定州刺史吕子廓据守山洞，不接受命令，周法尚发动攻击，将其斩首。

任命驾部侍郎狄道人辛公义为岷州刺史。岷州习俗，最怕瘟疫，若一个人染上了瘟疫，全家都躲避他，因此病人大多死亡。辛公义命人将病人都抬到自己的办公厅堂内，时值三伏暑热季节，送来的病人多达数百人，厅堂和走廊里都塞满了病人，辛公义设置床榻，昼夜守在那里，用自己的俸禄请医生，付药费，还亲自探问病情。生病的人痊愈之后，就召集他们的亲属，告诉他们："一个人的生死是命中注定的，岂能互相感染疾病呢！若会互相感染，我早就死了。"病人的亲属都惭愧地道谢而去。后来有生病的人，都争着要到刺史那里去，病人的亲属都坚持要病人留下来自己看护，于是开始相互关心爱护，改变了原来的坏风俗。辛公义后来迁调弁州刺史，一下车就先到监狱露天坐下，亲自复查审问囚犯，十多天之内，全部判决发遣结束，方才回到州衙厅堂受理新的案件。案件都当堂结案，如果有的案件不能马上处理，必须囚禁的，辛公义就在厅堂住宿，不肯回家。有人劝他说："公事有一定的程序，使君您何苦要这样辛苦！"辛公义说："刺史没有德业，不能使人民不诉讼，岂能把人囚禁在监狱而自己在家中安然睡觉呢！"犯罪的人听了这些话，都主动坦白认罪。后来又有人要打官司，乡里父老马上劝阻他说："这是件小事，怎么忍心去烦劳刺史大人！"要打官司的人大多因为双方互谅互让而和解了。

（以上为第三段，写隋文帝平陈后，开始转向文治，制礼作乐，注意地方官的选举，任用贤吏。）

隋文帝开皇十年（庚戌，公元 590 年）

春季，正月初七日乙未，册封皇孙杨昭为河南王，杨楷为华阳王。杨昭，是杨广的儿子。

[二月初二日庚申]，隋文帝出巡晋阳，命高颎留守京师。夏季，四月初四日辛酉，隋文帝从晋阳回到京师。

成安文子李德林，依恃他的才能声望，喜欢辩论争胜，同僚大多嫉恨他；因此他尽管是辅佐王命的首功，却十年没有升迁。李德林屡次和苏威的意见不合，高颎都是帮助苏威，上奏李德林贪狠暴戾，隋文帝多采纳苏威的意见。隋文帝赏赐李德林庄园店舍，让他选择，李德林请求得到叛逆人高阿那肱在卫国县的市店，隋文帝同意了。等到隋文帝出巡晋阳时，店舍的人控诉说高氏强夺民田，在里面建造店舍出租营利。苏威于是上奏李德林欺君，说他妄奏民田为高阿那肱的市店，以归于己。司农卿李圆通等人又趁机帮助苏威，上奏说："这些店舍的收利如同享有千户封邑的王侯，请求按日计算，追回李德林收取的租金赃款。"隋文帝因而更加讨厌他。虞庆则等人奉派到关东巡视，回来之后都奏称："乡正治理讼案独断专行，偏私亲友，爱憎不明，公然索取贿赂，不利于民。"隋文帝因此命令废除。李德林说："设置公正这件事臣本来认为不好，但是刚刚设置，又马上停废，政令不能划一，朝令夕改，这实在不是帝王设置法令的正道。臣希望陛下从现在开始，凡是群臣对于律令有要求更改的，就一律用军法来处置他；不然的话，议论政令就不会停止。"隋文帝因此发怒，大骂他说："你想把我比作王莽吗？"起先，李德林说他的父亲是太尉谘议，以取得死后赠官，给事黄门侍郎猗氏县人陈茂等秘密上奏："李德林的父亲死时只是个校书郎，假冒说是谘议。"隋文帝十分痛恨此事。这时，隋文帝把心中积恨一并发出，便责备李德林说："你是内史，典掌朕的机密，近来不能让你参与计议的原因，是因为你的气度不够恢宏，你自己难道不知道吗？你欺蒙假冒，索人店舍，又乱加父亲的官职，朕的确很气愤，但是都压下火气没有发出，如今送你一州之地，外出做州官吧。"因此出调他为湖州刺史。李德林拜谢说："臣不敢再奢望做内史令，只请求做无职务而能参与朝会的散官。"隋文帝不准许，迁调他为怀州刺史，不久他就去世了。

李圆通原本是皇上地位微贱时候的家奴，有器识才干；等到隋文帝袭爵为隋公时，就任命李圆通和陈茂为参佐，从此很信任他。梁国萧氏被废置的时候，隋文帝任命原后梁太府卿柳庄为给事黄门侍郎。柳庄有才识器度，学问广博，善于辞令，熟悉典故，深通政事，隋文帝和高颎都很器重他。柳庄和陈茂同僚，互不迁就，陈茂常在隋文帝面前说柳庄的坏话，隋文帝逐渐疏远了柳庄，后来便命他出任饶州刺史。

隋文帝生性好猜忌，不喜欢学习，由于是运用智略权术而获得皇位的，就以精于律令自夸，以明察制驭臣下，时常命令左右的人探察朝廷内外，只要有人犯了过错，就判处重罪。担心令史贪赃枉法，于是暗中派人拿金钱丝帛赠送他们，抓到犯法的立刻斩杀。又常常在殿廷上捶打人，有时一天之内发生好几次，曾经因为愤怒行杖的人用力不重，就下令把行杖人杀了。尚书左仆射高颎、治书侍御史柳彧等人劝谏，认为"朝堂不是杀人的地方，殿廷也不是审案的场所"。隋文帝不采纳。高颎等人于是全部到朝堂请罪，隋文帝回头询问领左右都督田元说："我刑杖太重了吗？"田元说："太重了。"隋文帝又问刑杖太重的情状，田元举手比画着说："陛下的刑杖大如手指，捶打人三十下，等于一般刑杖的几百下，很多人因此被打死。"隋文帝听了不高兴，但还是下令殿内除去刑杖，如果有处罚行刑，分别交给主管的人去处理。后来楚州行参军李君才上奏说："皇上宠信高颎太过了。"隋文帝看了奏表十分生气，命令用刑杖处罚他，可是殿内没有刑杖便用马鞭把他打死了。从此殿内又设置刑杖。不多久，隋文帝盛怒，又在殿廷杀人；兵部侍郎冯基坚持劝谏，隋文帝不接受，竟在殿廷上杀死了他。隋文帝不久又后悔，抚慰冯基的家属，对群臣中竟没有一个愿意劝谏的人非常气愤。

五月初九日乙未，隋文帝下诏说："自北魏末年丧乱的时候，军人临时设置坊府，南征北战，没有固定的住所，家里没有完好的墙垣，地里很少有高大的桑树，朕非常同情。凡是军人，可以一律隶属州县，受田开垦、田籍帐簿全部和百姓相同。士兵还由军府统领，但应遵守旧有的规章。撤销山东、河南以及北方沿边界之地新设置的军府。"

六月初五日辛酉，隋朝制定平民百姓年满五十岁可免除征役，而收取绢或布作为劳役的代金。

秋季，七月十八日癸卯，任用纳言杨素为内史令。

冬季，十一月十七日辛丑，隋文帝在南郊祭天。

江南自东晋以来，刑法疏阔弛缓，世家大姓欺压贫穷低下的平民；平定陈朝以后，郡县治民官吏完全改变了这种情况。苏威又制订《五教》，要百姓不管长幼都背诵，为此士民都嗟叹怨恨。民间又谣传隋朝要把他们迁徙入关，远近的人都惊骇。因此婺州的汪文进、越州的高智慧、苏州的沈玄桧都举兵造反，自称天子，设置百官。乐安的蔡道人、蒋山的李棱、饶州的吴世华、温州的沈孝彻、泉州的王国庆、杭州的杨宝英、交州的李春等人都自封为大都督，攻占许多州县。陈朝旧境之内，大部分州县都造反了，力量大的有数万人，力量小的有几千人，互相呼应鼓动，捉拿县令，有的抽出他们的肠子，有的把他们的肉切成块来吃，说："还能要我们背诵《五教》吗？"隋文帝诏令任命杨素为行军总管去镇压他们。

杨素将要渡江，派始兴人麦铁杖顶着一束稻草，趁夜浮水渡过长江，去探察贼兵情况，返回后再次派出，被贼兵捉住，派了三十人带着武器看守他。铁杖夺过贼兵手中的刀，乱砍防守他的人，把他们全杀光了，割下他们的鼻子带着回来，杨素非常惊奇，奏报授为仪同三司。

杨素率领水军从杨子津攻入，在京口攻击贼兵主帅朱莫问，打败了他。又进兵攻击晋陵贼兵主帅顾世兴、无锡贼兵主帅叶略，全都平定了。沈玄桧战败逃跑，杨素追赶擒住。高智慧据守浙江东岸，扎下营寨，绵亘一百多里，船舰满布江面。杨素发动攻击。子总管南阳人来护兒报告杨素说："吴地的人轻快敏锐，长于舟船作战，我们很难和这些抱着必死决心的贼兵争锋，您应该严密布阵以等待他们，不要和他们交战。请给我数千名奇兵暗渡长江，突然袭击，攻破他们的营垒，使他们退回失去了根据，前进找不到战机，这是韩信打败赵军的计策。"杨素听从了他的建议。于是来护兒用数百艘轻便的船径直登上江岸，攻破敌人的营垒，接着又放火焚烧，浓烟烈火弥漫天空。贼兵回头看见大火，心中恐惧，杨素便率兵奋力攻击，大败他们，贼兵因此溃散。高智慧逃进海里，杨素跟踪追击到海湾，宣召行军记室封德彝商议军事，封德彝掉进水中，被人救起幸免不死。换好衣服来见杨素，始终不讲这件事。杨素后来知道了，问他是何原因，他说："这是私事，所以不说。"杨素惊异叹服。封德彝名伦，以字号行世，是封隆之的孙子。汪文进任命蔡道人为司空，防守乐安，杨素进兵讨伐，全都平定了。

杨素派遣总管史万岁率领两千人，从婺州小路越岭跨海，攻破溪洞不计其数。前后七百多次战役，辗转战斗一千多里，杳无音讯一百多天，远近的人都以为史万岁战死了。史万岁把信放在竹筒里，浮在水面，被打水的人得到，告诉杨素。杨素把这件事上奏隋文帝，隋文帝赞叹不已，赏赐史万岁家十万钱。

杨素在温州打败沈孝彻后，向天台进军，直达临海县，一路上追捕残余逃命的敌人，前后达一百多次战役，迫使高智慧逃亡到闽、越自保。隋文帝认为杨素长期在外辛苦，下令驿站驰送他入朝。杨素因为残余的贼兵还没有消灭，担心成为后患，又请求进兵，于是乘传车到达会稽。王国庆自以为海路艰难险阻，不是北方人所能熟习的，就不设防备；杨素渡海突然到达，王国庆仓皇弃城而逃。残余的同党逃散到海岛，有的退守溪洞，杨素派遣众将领从水陆两路追捕。又秘密派人游说王国庆，让他斩杀或捆送高智慧替自己赎罪；王国庆因此捉住高智慧送来，杨素在泉州把他处死，残余的同党全部投降。江南因而大定。

杨素班师回京，隋文帝派遣左领军将军独孤陀到浚仪迎接慰劳；等到抵达京师，每天有人来慰问。隋文帝拜授杨素的儿子杨玄奖为仪同三司，赏赐很优厚。独孤陀，是独孤信的儿子。

杨素用兵多权变谋略，统御士众非常严格，每次将要临阵对敌的时候，往往挑寻一些人的过失在阵前斩杀，多者一百多人，少者也有十多人，在他面前血流满地，他却仍旧谈笑自若。等到和敌人对阵的时候，先命令一二百人奔赴敌阵，若陷阵则已，若不能陷阵而退回来，不论是多少人，全部斩首；又下令二三百人再前进，还是用和前一次相同的方法。将士都很害怕，有死战之心，所以他战无不胜，被称为名将。杨素当时受到宠信，所说的话隋文帝没有不听从的，那些跟随杨素征战的人，很小的功劳也一定记录下来，至于别的将军，即使有大的功劳，也常常被文官所压低，所以杨素虽然很残忍，士兵却由于这个缘故愿意跟随他。

隋文帝任命并州总管晋王杨广为扬州总管，镇守江都，又任命秦王杨俊为并州总管。

番禺夷人王仲宣叛乱，岭南各族很多首领响应他，王仲宣率兵围攻广州。韦洸被流箭射中而死，诏令以他的副职幕容三藏检校广州道代行军事。又诏令给事郎裴矩巡抚岭南，裴矩到达南康，得到数千名兵力。王仲宣派遣别将周师举围攻东衡州，裴矩和大将军鹿愿击杀了周师举，进兵到达南海。

高凉冼夫人派遣她的孙子冯暄带兵救援广州，冯暄和贼兵将领陈佛智平时关系很好，故逗留而不进兵；冼夫人知道了，非常生气，派使者逮捕冯暄，关押在州府狱中，另外派遣孙子冯盎出兵讨伐佛智，并杀死了佛智。冯盎又进兵到南海与鹿愿会师，同慕容三藏合力攻打王仲宣，王仲宣的军队溃散了，广州获得保全。冼夫人亲自穿上战甲，乘着披甲的战马，张挂丝锦伞盖，率领手持弓弩的骑兵卫队，跟从裴矩巡抚二十多州。苍梧首领陈坦等人都来晋见，裴矩承奉隋文帝旨意，授任他们为刺史、县令，让他们回去统领各自的部落，岭南由此安定了。

裴矩回京禀报，隋文帝对高颎、杨素说："韦洸率领两万人不能早日度过南岭，朕经常担心他的兵力太少。裴矩以三千名衰疲的士卒径直到达南海，有这样的臣子，朕还有什么担忧的呢！"任命裴矩为民部侍郎。又授冯盎为高州刺史，追赠冯宝为广州总管、谯国公。册命冼夫人为谯国夫人，开设谯国夫人幕府，署置长史以下的官属，朝廷还授给冼夫人印信，准她有权调拨部落所属六州兵马。如果有紧急情况，可以自行决断处置。另下诏令说，由于冼夫人效诚的原因，特赦冯暄逗留不进的罪过，拜为罗州刺史。皇后赏赐冼夫人首饰和宴客的礼服一件，冼夫人都装在金箱里面，连同梁朝、陈朝时赏赐的东西，分别藏在一库之中。每年岁时大会，陈列在大庭中，给子孙们看，说："我事奉三朝的君主，只有一颗忠顺的心，现在所赏赐的东西都保存着，这就是忠顺的报偿；你们都要记住，对天子要克尽诚心。"

番州总管赵讷为人贪婪暴虐，众俚人、獠人多逃亡背叛。冼夫人派长史张融呈上密封奏章，论述安抚事宜，并说明赵讷的罪状，不能任用他招抚怀柔边远之人。皇上派人追查赵讷，查出他所贪得的财贿，结果对他依法惩办；另外委派冼夫人去抚慰叛亡的人。冼夫人亲自拿着诏书，以皇帝使者的名义，经历十几个州府，宣明皇上的旨意使众俚人、獠人明白，她所到之处都降服了。隋文帝嘉奖，赏赐冼夫人临振县作为封邑，追赠冯仆为崖州总管、平原公。

（以上为第四段，写开皇十年，隋朝平定江南反叛，安抚岭南地区，以及杨素用兵的情形。）

隋文帝开皇十一年（辛亥，公元591年）

春季，正月［二十三日丙午］，皇太子妃元氏去世。

二月初六日戊午，吐谷浑派遣使者到隋朝纳贡。吐谷浑可汗夸吕听说陈朝亡国，极为恐惧，于是逃奔远方，据守险要自保，不敢再来侵犯。不久夸吕去世，他的儿子世伏继位，世伏派遣他哥哥的儿子无素到隋朝呈上表章，请求作为藩属，进献地方物产，请求把女儿送到皇帝后宫。隋文帝对无素说："如果答应了世伏的请求，别的国家听说了，就一定会竞相仿效，朕用什么理由拒绝他们呢！朕一心想使天下百姓安居乐业，各顺天性发展，怎能搜聚女子充实后宫呢？"最终没有答应世伏的请求。

平乡县令刘旷有显著的政绩，他对前来告状的人都能晓之以理，使他们自责而离去，监狱中因为没有犯人关押，庭院长满了杂草，县衙厅堂里由于没有人来打官司，冷清得可以张网捉鸟了。刘旷调任临颍县令。尚书左仆射高颎推荐刘旷，认为他的清廉名声和良好政绩为天下第一，隋文帝于是召见了他，对他慰劳勉励，并对侍臣说："如果不给特殊奖励，如何劝勉天下官吏！"二月二十四日丙子，特下诏命，提升刘旷为莒州刺史。

二月二十九日辛巳，发生日食。

当初，隋文帝地位卑微时，与滕穆王杨瓒不和。后来隋文帝担任周朝丞相，任命杨瓒为大宗伯，杨瓒害怕招致灭族之祸，曾暗中谋划除掉隋文帝，隋文帝忍在心中，没有泄露这件事。杨瓒的妃子是周高祖的妹妹顺阳公主，与独孤皇后素来不和，常暗中用巫术诅咒独孤皇后。隋文帝下令杨瓒休掉顺阳公主，杨瓒不答应。秋季，八月［二十三日壬申］，杨瓒跟隋文帝前往栗园，突然死了，当时人们怀疑是被毒死的。八月二十六日乙亥，隋文帝从栗园回来。

沛达公郑译去世。

（以上为第五段，写开皇十一年，隋文帝安抚吐谷浑，因猜忌而暗除杨瓒的事件。）

【点评】

隋文帝对历史的贡献。本卷评说兴衰两帝王，即兴业之主隋文帝与亡国之主陈后主。在中国历史上，隋文帝是可以与秦始皇、宋太祖、元世祖等并称的杰出皇帝。隋文帝有四大历史功绩。一是结束了自东汉以后长达360余年的分裂局面，实现了中华民族发展史上的第二次大统一，其功可以与秦始皇并提。二是完善封建王朝的国家政治制度，隋文帝创立的三省六部制和机构精简，对后世影响很大。三是实施均田制，促进了社会经济的发展。四是开放思想，完善科举制度，促进文化发展。隋文帝还推行民族融合政策，直接影响唐代的开疆拓土。本卷着重载述隋文帝的统一战争，优抚陈朝的亡国之君与遗民，一碗水端平对待功臣，迅速地使统一王朝全境安定下来，显示了一个兴业之主的睿智与博大胸怀。陈后主是一个亡国之君，平庸、昏聩，但不残暴，是一个与君子处则为君子，与小人处则为小人的中庸之才。陈亡，诸王及公卿大臣竞相投降，只有尚书仆射袁宪守在后主身旁，后主愧对袁宪，自省无德无行，由此可见陈后主尚有知耻之心，还不是大恶之君。

资治通鉴（白话本） 卷第一百七十八

隋纪二

隋文帝开皇十二年至十九年（公元 592—公元 599）

【起玄黓困敦（壬子，公元 592 年），尽屠维协洽（己未，公元 599 年），凡八年】

【大事提要】

本卷载述公元 592 年至公元 599 年史事，凡八年，时当隋文帝开皇十二年至十九年，是隋文帝统治的中期。此时期，隋朝国力发展，府库充盈。对外，安定四夷，大破北方突厥。对内，隋文帝制礼作乐，完善明堂制度，制定新历法、雅乐，废公廨钱而设置职分田，努力安定民生，尚能纳谏称明主。另一方面，隋文帝日益滋长猜忌心，借故兴大狱，诛功臣；又兴建仁寿宫，穷极奢侈，开始从节俭步入奢侈。

高祖文皇帝上之下

隋文帝开皇十二年（壬子，公元 592 年）

春季，二月己巳日，隋文帝任命蜀王杨秀为内史令兼右领军大将军。

国子博士何妥和尚书右仆射邳公苏威议事时经常发生争吵，长久以来互不相让。苏威的儿子苏夔担任太子通事舍人，年纪轻轻，敏捷善辩，非常有名气，士大夫大都依附他。等到讨论修订乐律时，苏夔和何妥各持己见；文帝诏令百官署名表示赞同谁的主张，百官由于苏威的缘故，十有八九赞同苏夔。何妥很气愤地说："我当博士四十多年了，难道被一个乳臭未干的小子所屈辱吗？"于是上奏隋文帝说："苏威和礼部尚书卢恺、吏部侍郎薛道衡、尚书右丞王弘、考功侍郎李同和等人结党营私。尚书省中称呼王弘为世子，称李同和为叔，这是说他们二人犹如苏威的大儿子和兄弟。"又告发苏威用不正当手段让他的堂弟苏彻、苏肃假冒为官等多桩事件。因此隋文帝命蜀王杨秀、上柱国虞庆则等人共同查办，发现所揭发的事都有证据。隋文帝大怒，秋季，七月初一日乙巳，苏威因罪被罢免官职爵位，仅保留开府仪同三司官衔回家闲居。卢恺被免职除名，知名人士由于受苏威牵连而受处罚的有一百多人。

当初，从北周以来，选官不分清廉与污浊，等到卢恺兼管吏部，与薛道衡一起甄别官吏士子的才德，所以招致结党营私的名声，并因此获罪。没过多久，隋文帝说："苏威是一个有德行的人，只是被别人陷害了。"于是下令把苏威的名字列入可以上朝的名籍中。苏威喜欢制订各种章程条例，每年都要责令地方上报不重视"五品"道德的人家，有的地方官回答道："在我管辖的地区内没有具备'五品'道德的家庭。"他做事不切实际，大多如此。

苏威又提出编制余粮账簿，让民间有无互相调节；民部侍郎郎茂认为烦琐迂腐，不是紧要的事，奏请一律停止。郎茂，是郎基的儿子。他曾经做过卫国县令，平民张元预兄弟不和睦，县丞、县尉请求用严刑处罚，郎茂说："张元预兄弟原本互相仇视，又因此受罪，会更加仇恨，这不是教化平民的本意。"于是逐渐用义来劝谕两兄弟，张元预等人各自感悟悔恨，叩头请罪，从此兄弟和睦亲爱，受到人们称赞。

七月二十五日己巳，隋文帝祭祀太庙。

七月二十九日壬申，发生日食。

隋文帝认为执法官员对法律的理解多有错误，并常常发生罪行相同而判决不同的事。八月初一日甲戌，下制书说："各州犯死罪的，州府不要轻易判决定案，全部要移交大理寺复审，复审完毕，然后送尚书省裁决。"

冬季，十月初十日壬午，隋文帝到太庙祭祀。十一月初九日辛亥，隋文帝到南郊祭天。

十一月十七日己未，新义公韩擒虎去世。

十二月十四日乙酉，任命内史令杨素为尚书右仆射，与尚书左仆射高颎共掌朝政。杨素性情疏旷，口才辩捷，随意褒贬他人，在朝臣之中，他非常推崇高颎，尊敬太常卿牛弘，厚待薛道衡，却一点也看不起苏威，而别的朝廷权贵，都被他欺凌侮辱过。杨素的才能风度比高颎强；但在推诚待人，关心国事，处事公正，做宰相的见识和度量方面，就比高颎差多了。

右领军大将军贺若弼自以为功劳名望在群臣之上，常常以宰相自居。后来杨素升为仆射，贺若弼仍旧为将军，心中愤愤不平，并在言谈表情上显露出来，因此获罪被罢官，怨恨牢骚情绪更加强烈。最后，隋文帝把贺若弼关进了监狱，对他说："我任用高颎、杨素为宰相，你经常扬言说：'这两个人只配白吃饭。'这是什么意思？"贺若弼说："高颎，是臣的老友；杨素，是臣的舅父之子：臣知道这两人的行为，确实说过这样的话。"公卿上奏贺若弼怨恨朝廷，犯了死罪。隋文帝说："公卿大臣依法不徇私情，你可以自己找活命的理由。"贺若弼说："臣依靠皇上的声威和神灵，率领八千子弟兵横渡长江，抓获陈叔宝，自认为靠这个功劳可以活命。"隋文帝说："这已经给了你特别的重奖，提这些往事没有用。"贺若弼说："臣确实已经蒙受皇上的特别重赏，今日还希望皇上格外开恩。"随后隋文帝反复思考犹豫了好几天，爱惜贺若弼的功劳，特别下令免官除名。一年之后，恢复了贺若弼的爵位，但隋文帝还是猜忌他，不委任他做有实权的职务，然而每次宴请赏赐，对待贺若弼特别优厚。

主管官员上奏说："国家的府库都装满了钱粮，没有地方放了，就堆积在厅堂走廊上。"隋文帝说："朕已经减轻了赋税，又大量赏赐耗用，怎么会这样呢？"回答说：“收入府库的多，支出的要少，大略统计每年赏赐耗用的，最多用几百万段绢帛，对府库的收藏没有太大的影响。”于是，另外兴建左藏院收藏新征收来的钱粮。同时下诏书说：“宁愿藏富于民，不希望收藏在国家的府库。河北、河东今年的田租减收三分之一，兵户的田租减收二分之一，户调全免。”当时全国户口年年增加，京辅和三河地区地少人多，衣食不足，隋文帝因此派遣使者到全国各地，重新均分田地，地少人多的狭乡每个成年男丁只能分到二十亩土地，老人与未成年人分到的土地就更少了。

（以上为第一段，着重写隋文帝的三大重臣苏威、杨素、贺若弼与公卿大臣的微妙关系，以及在开皇十二年之际的升沉。）

隋文帝开皇十三年（癸丑，公元 593 年）

春季，正月十一日壬子，隋文帝祭祀感生帝。

正月二十一日壬戌，隋文帝巡视岐州。

二月初六日丙子，隋文帝诏令在岐州北边新建仁寿宫，派杨素监督施工。杨素奏请前莱州刺史宇文恺为检校将作大匠，记室封德彝为土木监。于是平山填谷营造宫殿，高台累榭，宛转相连。工期紧急，督使严厉残酷，很多服役丁夫劳累死了。有些人疲惫不堪，倒地而死，便全都推填到土坑里，用土石掩盖，随即填为平地。死了上万的人。

二月十七日丁亥，隋文帝从岐州回到长安。

二月初九日己卯，册立皇孙杨暕为豫章王。杨暕是杨广的儿子。

二月二十七日丁酉，隋文帝下制书说：“不准民间私藏占卜吉凶的纬候、图谶等书。”

秋季，七月三十日戊辰，发生日食。

这一年，隋文帝命令礼部尚书牛弘等人讨论明堂制度。宇文恺献上木制的明堂模型，隋文帝命令主管官吏在长安南城安业里测量规划出施工区域，准备建造明堂；但是众儒意见各异，很久不能决定，于是作罢。

隋文帝讨灭陈朝时，把陈叔宝的屏风赏赐给突厥大义公主。大义公主因为自己的宗国北周灭亡，心里一直愤慨不平，便写了叙述陈朝灭亡的诗篇在屏风上，借以寄托自己对故国思念的情怀；隋文帝知道了心里很厌恶大义公主，对待的礼遇和赏赐渐渐淡薄。彭公刘昶原先娶了周室公主为妻，有一个被流放的人杨钦逃入突厥，谎称刘昶准备和他的妻子一起反叛隋朝，派遣自己来密告大义公主，请求派兵侵犯隋朝边境。都蓝可汗听信了杨钦的话，就不再进献贡物，还时常派兵侵犯隋朝边境。隋文帝派车骑将军长孙晟出使突厥，暗中打探情况。大义公主接见长孙晟的时候，言辞不敬。大义公主又派和她有私情的胡人安遂迦与杨钦商议，煽动蛊惑都蓝可汗。

长孙晟回到京师，把全部情形奏报了隋文帝。隋文帝再派长孙晟前往突厥索取杨钦，都蓝可汗不肯给，说："经过查核，我们的宾客中没有此人。"长孙晟便贿赂突厥的高官，得知了杨钦躲藏的地方，一天夜里，突然下手将他逮捕，带给都蓝可汗看，并揭发了公主的私情，突厥人认为非常羞耻。都蓝可汗拘捕了安遂迦等人，一起交给长孙晟。隋文帝非常高兴，加官长孙晟为开府仪同三司，再次派他去突厥废除大义公主。内史侍郎裴矩请求劝说都蓝可汗，要他杀掉公主。当时处罗侯的儿子染干，号突利可汗，居住在北方，派使者到隋朝来求婚，隋文帝让裴矩告诉来使说："突厥杀了大义公主，才能答应通婚。"突利可汗便向都蓝可汗说大义公主的坏话，都蓝可汗因此发怒，杀了大义公主，再次上表请求通婚，朝臣商议准备答应他。长孙晟说："臣观察雍虞闾（都蓝可汗）这个人反复无常，只因他与达头可汗玷厥有怨恨，所以才想要依附皇上，即使和他通了婚，到最后一定会叛离。现在如果让都蓝可汗和隋朝公主结婚，依靠皇上的威灵，玷厥、染干一定会听凭他都蓝可汗调遣。都蓝可汗凭此而逐渐强大，然后再起来反叛，那将恐怕很难对付了。何况染干这个人，是处罗侯的儿子，本来就诚心归附，已经有两代了，前次曾请求通婚，不如答应他，令他向南迁徙，他兵少力弱，容易驯服，让他同雍虞闾对抗，作为我们北方边疆的一道屏卫。"隋文帝说："很好。"于是又派长孙晟前往突厥安慰劝谕染干，答应他通婚娶公主的请求。

牛弘让协律郎范阳人祖孝孙等参加制定雅乐的工作，祖孝孙向原陈朝阳山太守毛爽学习京房的律法，排列律管吹动葭灰，以测候节气，顺着时月十分灵验。又每律产生五音，十二律有六十音，重复六次为三百六十音，分别和一年的三百六十日相应，再和宫、商、角、变徵、徵、羽、变宫七个音阶配合，以形成各种律调，也就是用十二律轮流作为宫音，以构成各种不同音阶的方法，这样产生的乐律十分鲜明。牛弘等人于是奏请重新用转相为宫的方法，隋文帝还记得何妥说的"黄钟象人君之德"的话，在牛弘的奏疏上批注自己的意见，不准采用十二律转相为宫的方法，只用第一律黄钟作宫音。于是牛弘等人又上奏，迎合隋文帝的旨意，把前代的金石乐器全都毁了，以平息众人的议论。牛弘等人又作武舞，象征隋朝的功德；郊庙祭祀只用黄钟宫一个调，迎接时令的乐律用五个调，即春用角，夏用徵，中央用宫，秋用商，冬用羽。旧日的乐工逐渐减少，其余声律，全都从此失传。

（以上为第二段，写隋文帝招抚突厥，牛弘主持完成隋代雅乐的制定。由于新律只用黄钟作宫音，其他宫音的传统古乐从此失传。）

隋文帝开皇十四年（甲寅，公元 594 年）

春季，三月，雅乐制定完成。夏季，四月初一日乙丑，诏令颁行新乐，诏令说："民间的音乐，放荡邪僻，流传已经很久，又抛弃了旧有的格调，争相制作繁杂的新声，应当加以禁止约束，必须要保持其传统的根本。”万宝常听了太常所演奏的音乐，伤心地流着眼泪说：“乐音淫靡凄厉而哀伤，天下不久就要灭亡。”当时隋朝全国正处于繁盛时期，别人听了万宝常的话都摇头不信；大业末年，他的话终于应验了。万宝常家境贫困，又没有儿子，后来竟然被饿死了。临死的时候，万宝常气愤地把他的书全部烧毁了，说：“这些书有什么用。”

原先，朝廷台、省、府、寺，以及地方各州都设置办公费用，放贷收取利息以供使用。工部尚书苏孝慈认为：“官府放贷公钱，收取利息，这样做损害百姓利益，败坏风俗，请求一律禁止，应当给各级官员拨给职分田，出租农民，收取租谷以供官用。”隋文帝听从了。六月初四日丁卯，初次下诏书，“公卿以下都按级别授给职分田，不允许再放高利贷，与民争利”。

秋季，七月初三日乙未，任命邳公苏威为纳言。

当初，张宾修撰的《甲子元历》颁行以后，广平人刘孝孙、冀州秀才刘焯都说它有失误。张宾当时正得到隋文帝的宠信，刘晖附和他，一起攻击刘孝孙，把刘孝孙赶出京师。后来张宾去世，刘孝孙担任掖县县丞，他弃官进京，上奏陈述关于历法的事，隋文帝诏令他留京在太史曹为当直太史，从此以后好多年不迁调他的职务，刘孝孙于是抱着自己的书，要弟子们用车拉着棺材，来到宫阙之下，伏地痛哭；执法人员把他抓起来，奏报皇上。隋文帝觉得很诧异，便询问国子祭酒何妥，何妥说刘孝孙的历法确实好。于是派人比较刘孝孙历和张宾历的好坏。当直太史勃海人张胄玄和刘孝孙一同指出张宾历法的缺点，这时反对的意见一哄而起，议论纷纷，很久不能做出结论。隋文帝询问两种历法对日食观测的应验，杨素等人上奏说：“太史一共奏报日食二十五次，大部分没有应验；张胄玄所推定的日食，前后都预测准确；刘孝孙所推定的日食，应验的超过一半。”因此皇上召见刘孝孙、张胄玄，加以慰劳勉励。刘孝孙请求先将刘晖斩首，才可以议定历法，隋文帝很不高兴，又罢斥了他。刘孝孙过了不久就死了。

关中大旱，人民饥荒，隋文帝派左右近臣察看灾民的饭食，他们看到人们吃的是豆屑掺合糠皮，就拿回呈献给隋文帝看。隋文帝流着眼泪拿给群臣看，深深地引咎自责，为此不饮酒不吃肉，将近一年时间。八月初九日辛未，隋文帝带领灾民前往洛阳度荒，敕令侦察放哨的士兵不许随便驱赶他们。男男女女混杂在仪仗卫队之间行进，遇到有扶老携幼的灾民，隋文帝就勒马让路，好言慰勉之后才走；到了难行的地方，看见有背东西或挑担子的人，便命令左右的人帮助他们。

冬季，闰十月，二十三日甲寅，隋文帝下诏，由于齐朝、梁朝、陈朝的宗庙祭祀已经继绝，特命高仁英、萧琮、陈叔宝分别在四季向祖先致祭，所需要的器物祭品，由主管官吏供给。陈叔宝跟随隋文帝登上邙山，陪侍隋文帝饮酒，吟诗说：“日月光天德，山河壮帝居；太平无以报，愿上东封书。”并上表请求封禅泰山。隋文帝赐嘉奖诏书回复了陈叔宝。又有一天，陈叔宝陪侍隋文帝饮酒，等陈叔宝离去时，隋文帝从后面望着陈叔宝说："此人的失败亡国，难道不就是由于饮酒吗？为什么不把饮酒赋诗的功夫，用来思考国事！当贺若弼率军渡江攻击京口的时候，他们中有人密奏告急，陈叔宝正在饮酒，竟看也不看。高颎进入宫城的那天，还看见告急密奏扔在床下，竟还没有开封！这真是可笑啊，大概是天要亡他吧！从前苻坚征伐别的国家，把俘获的亡国之君都授予高官厚爵，使他们尊荣显贵，苻坚一心想博得好名声，殊不知这有背天意；给亡国之君官职，就是违背天意。"

齐州刺史卢贲在百姓闹饥荒时禁止向百姓出售粮食，获罪被免官除名。隋文帝后来又想要授任他为一个州的刺史，卢贲复命时不但未能符合皇上的旨意，而且还口出怨言，隋文帝大怒，所以不予任用。皇太子替他进言说："这些人都有佐命大功，虽然性情行为轻薄险诈，但还不至于丢开不用。"隋文帝说："我贬抑他，是保全他的性命。没有刘昉、郑译、卢贲、柳裘、皇甫绩这些人，我不会达到今天这样的地位。然而这些人全是翻手为云，覆手为雨的家伙，北周宣帝时，他们靠狡猾无赖得到了宠信。等到周宣帝病危时，颜之仪等人请求让赵王辅政，这些人行使诈骗，伪托遗诏，让我辅政。到我将要执政时，他们又想作乱，所以刘昉策划谋反，郑译用巫术诅咒害人。像卢贲这些人，都是贪得无厌，任用他们就翘尾巴，不用他们就牢骚满腹，他们自己的所作所为难以让人相信，不是朕要丢弃他们。众人只看到了表面，说成薄待功臣，事实不是这样的。"卢贲终于被废黜，死在家中。

晋王杨广率领百官直言上奏，坚决请求封禅。隋文帝命令牛弘起草封禅的礼仪制度，完成以后，隋文帝看阅了说："这件事规模宏大，朕有何德能够承受呢！但是应该巡视东方，顺便祭祀泰山罢了。"十二月初五日乙未，隋文帝起驾巡视东方。

隋文帝喜好祈求鬼神，占卜吉凶这种小技。上仪同三司萧吉上书奏事说："甲寅、乙卯，是天地相合的时候。今年是甲寅年，朔旦冬至在辛酉日，明年是乙卯年，夏至在甲子日。冬至日阳气开始产生，是到南郊祭天的日子，恰好是皇上的本命日子；夏至日阴气开始产生，是祭祀地的日子，恰好是皇后的本命日。皇上的恩德如同苍天覆盖养育众生，皇后的仁爱如同大地载养万物，所以天地阴阳二气都在这个时候会合。"隋文帝高兴极了，赏赐萧吉绢绸五百段。萧吉，是萧懿的孙子。员外散骑侍郎王劭说隋文帝的颜面简直是龙颜，眼眶上鬓角突起像龙角，并指示群臣仔细察看，隋文帝非常高兴，拜授王劭为著作郎。王劭先后多次上奏章，讲了很多皇上承受天命的祥瑞，又采集了民间歌谣，引用谶纬图书，又摘取佛经句子，糅合一起改换字句，捏造粉饰，撰写了《皇隋灵感志》三十卷上奏。隋文帝下令向全天下公布。王劭又召集全国各州派往京城呈交治绩文书的朝集使，要他们洗手焚香，诵读《皇隋灵感志》，讲究声调委婉动听，抑扬顿挫，如同唱歌，诵读了十几天，从头到尾读完全书这才停止。隋文帝更加高兴，先后赏赐非常优厚。

（以上为第三段，写隋文帝的双重性格，一方面同情平民大众，为灾民减膳；另一方面，隋文帝又好大喜功，定历法、制乐律、议封禅，牛弘等大臣顺风承旨，滋长了隋文帝的骄矜。）

隋文帝开皇十五年（乙卯，公元 595 年）

春季，正月初三日壬戌，隋文帝车驾在齐州停留。正月十一日庚午，在泰山上修筑祭坛，举行燃烧柴火的祭天典礼，由于年岁天旱，向天谢过请罪，就像在南郊的祭天仪式；隋文帝又亲自祭祀青帝，大赦天下。

二月二十七日丙辰，下诏令收缴天下的兵器，敢于私造兵器的人要判罪；关中和沿边地区不在限令之内。

三月初一日己未，隋文帝从东方巡视回到长安。

仁寿宫落成，三月二十九日丁亥，隋文帝游幸仁寿宫。当时天气炎热，服役的民工一个接一个地死在路上，杨素把尸体全部清除焚烧掩埋，隋文帝听说了，很不高兴。隋文帝到了仁寿宫，看见规模宏伟华丽，就勃然大怒，说："杨素穷尽民力修建行宫，使天下人都怨恨。"杨素听了惶恐不安，担心受到处罚，就去告诉封德彝，封德彝说："您不必担忧，等皇后驾到，一定有诏令恩赏。"第二天，隋文帝真的召杨素入宫，独孤皇后慰劳他说："您知道我们夫妇年老，没有什么可以娱乐，所以特别修建这座行宫，这难道不是一片忠孝之心！"于是赏赐钱一百万，锦绢三千段。杨素凭仗自己贵显的地位，又有才干，对朝臣多有欺凌；唯独赏识器重封德彝，常常和他谈论宰相的职务，从早到晚整天不知疲倦，并抚摸自己的坐榻，说："封郎必定会继承我这个座位。"他多次向隋文帝推荐，隋文帝提拔封德彝为内史舍人。

夏季，四月初一日己丑，大赦天下。

六月初一日戊子，诏令开凿砥柱山。

六月初三日庚寅，相州刺史豆卢通进贡绫纹布，隋文帝下令在朝堂上把布烧掉。

秋季，七月，纳言苏威因跟随隋文帝祭祀泰山时犯了不敬之罪，被免职，不久又恢复位职。隋文帝对群臣说："世人都说苏威伪装清廉，实际上家中堆满金玉财宝，这完全是胡说八道。但是他的性情凶狠暴戾，不近人情，求名之心又太重，顺从自己就喜欢，违背自己就恼怒，这是他的大缺点。"

七月二十二日戊寅，隋文帝从仁寿宫返回长安。

冬季，十月初三日戊子，任命吏部尚书韦世康为荆州总管。韦世康是韦洸的兄弟，为人平和沉静、谦虚宽厚，在吏部任职十多年，当时人都称赞他廉洁公正。他常有知足知止之心，对子弟们说："俸禄岂能越多越好，要防止过满就应退让；做官不要一直做到年老，有了病就可以辞职。"因此恳请退休。隋文帝没有批准，派他镇守荆州。当时全国只设置了四个总管，并州、扬州、益州、荆州，分别由晋王杨广、秦王杨俊、蜀王杨秀，以及韦世康担任，当时人们认为这是韦世康的光荣。

十一月初七日辛酉，隋文帝巡幸骊山温泉。

十二月初四日戊子，隋文帝敕令："偷盗边疆军粮一升以上的，就要杀头，并且查抄家中全部财产。"

十二月初五日己丑，隋文帝下诏书文武百官任职四年经过四次考核调转提升。

汴州刺史令狐熙进京朝见，考核为全国第一，隋文帝奖励给他绢帛三百匹，并通报全国嘉奖。令狐熙是令狐整的儿子。

（以上为第四段，着重记述隋文帝对四位大臣的嘉奖。杨素监造仁寿宫穷极奢侈，讨好皇上；苏威严厉；韦世康廉洁谦让；令狐熙在地方政绩第一。）

隋文帝开皇十六年（丙辰，公元 596 年）

春季，［二月初四日］丁亥，隋文帝册封皇孙杨裕为平原王，杨筠为安成王，杨嶷为安平王，杨恪为襄城王，杨该为高阳王，杨韶为建安王，杨煚为颍川王，都是太子杨勇的儿子。

夏季，六月十三日甲午，第一次颁布从事工商业的人不得做官。

秋季，八月初六日丙戌，隋文帝下诏："判处死罪的人，要三次奏报，然后执行。"

冬季，十月初十日己丑，隋文帝巡幸长春宫，十一月初三日壬子，回到长安。

党项人侵扰会州，隋文帝下诏调发陇西军队前往征讨，收降党项人。

隋文帝把光化公主嫁给吐谷浑可汗世伏为妻；世伏上奏表请求称光化公主为天后，隋文帝不允许。

（以上为第五段，记述开皇十六年有两项重大政令，一是隋文帝首次用政令方式重申自秦汉以来的重农抑商传统政策，不允许工商之民做官；二是对处决死囚的重视，要经三次奏报才可执行。）

隋文帝开皇十七年（丁巳，公元 597 年）

春季，二月初六日癸未，太平公史万岁攻击南宁州羌人，平定了他们。当初，梁睿攻克王谦的时候，西南夷、獠人统统归服，只有南宁州酋帅爨震依仗偏远不降附。梁睿上书说："南宁州在汉代叫牂柯郡，人口众多，物产丰富。梁朝南宁州刺史徐文盛被湘东王萧绎征调到荆州去讨伐侯景，当时受到华夏东部战乱的影响，顾不上经略边远地方，南宁州的土著百姓爨瓒于是趁机割据一方，朝廷只好遥授爨瓒为刺史，他的儿子爨震继承刺史职位直到今天。可是爨震不守臣道，不缴纳贡赋，臣梁睿请求借重平定蜀地的兵力，去平定南宁州。"此后南宁州夷人爨玩来投降，拜授他为昆州刺史，不久，爨玩又叛乱。于是任命左领军将军史万岁为行军总管，领兵讨伐他。史万岁从蜻玲川攻入，到达南中。夷人先后屯兵据守的险要地方，全都被史万岁攻破；史万岁率众经过诸葛亮纪功碑，渡过西洱河，进入渠滥州，行军千余里，又攻破了三十多个部落，俘获男女两万多人。各部夷人十分害怕，纷纷派遣使臣请求投降，贡献直径一寸大的明珠，于是立石刻碑称颂隋朝功德。史万岁请求带爨玩入朝，隋文帝批准。爨玩暗中怀有二心，不愿意入朝，便用金银珠宝贿赂史万岁，史万岁于是留下爨玩班师回朝。

二月十三日庚寅，隋文帝驾临仁寿宫。

桂州俚人部落酋长李光仕叛乱，隋文帝派上柱国王世积和前桂州总管周法尚领兵前去征讨，周法尚调发岭南军队，王世积调发岭北军队，一起在尹州会师。王世积率领的军队遇到瘴疫，不能前进，停留在衡州，周法尚只得单独进军讨伐。李光仕战败，率领精锐部众退守白石洞。周法尚俘获了李光仕部属的很多家属，李光仕部众有来投降的，周法尚就把他们的妻子儿女交还，过了十天，来归降的有几千人；李光仕的军队最后溃散逃走，周法尚派兵追杀了李光仕。

隋文帝又派员外散骑侍郎何稠召募军队讨伐李光仕，何稠劝降了李光仕的党羽莫崇等人，又以朝廷的命令安置这些人担任州县官吏。何稠是何妥的侄儿。

隋文帝因为岭南夷人、越人多次起兵造反，任命汴州刺史令狐熙为桂州总管十七州诸军事，允许他可以不先上奏，自行决断处置紧急事务，授权他可以以朝廷的命令任命刺史以下官职。令狐熙到任后，广施恩德信义，那些溪洞中的夷人、越人酋长互相商量说："以前的几任总管都是用军队杀伐来威逼，现在的总管却是用亲笔教令来劝说开导，我们怎能违背他的好意呢？"于是相继率领所属部落归附。以前岭南各州县抗拒朝命，刺史、县令都不能前往就职，只能寄住在总管府。现在令狐熙把他们全部派遣到职，并为各州县修建城邑，兴办学堂，汉、夷百姓同受教化。俚人部落酋长宁猛力，在陈朝时就已割据南海，隋朝也就承认安抚他，拜授他为安州刺史，宁猛力凭借险要，态度傲慢，从来不到总管府拜谒长官。令狐熙用恩德信义晓谕他，宁猛力醒悟感动，也到总管府请示拜谒，不敢为非作歹。令狐熙奏请改安州为钦州。

隋文帝认为各地的下属官吏，都不敬畏他们的长官，所以什么事情都很难办成，三月初九日丙辰，诏令："官府各部门给下属官员定罪，若遇到按法律处罚很轻，而犯罪情节严重的情况，允许在法律规定之外根据情况处以杖刑。"于是上下各部门都虐待他们的属官，一级压一级施用拷打，把残酷暴虐当作本事，把遵纪守法当作懦弱无能。

隋文帝认为盗贼太多，下令偷窃一个钱以上的全要在闹市斩首，还要暴尸街头。有的三个人一起偷了一个瓜，事情被发现便都立即处死。因此行路的人天亮了也不早起赶路，天未晚就急忙投宿，天下人心惶惶。有几个人劫持了执政官员，对他说：

“我们今天找你岂是贪求钱财！只是为替冤枉的人来讨一个说法。你替我们奏报皇上：自古以来，治国立法，没有偷一个钱就被处死的。你若不把我们的话奏报皇上，等我们再来，你们一个也活不成。”隋文帝接到了奏报，就废止了这条法令。

隋文帝曾经在盛怒之下，想在六月盛夏杖刑杀人，大理寺少卿河东人赵绰尽力谏诤说：“盛夏月份，天地间万物正在蓬勃成长，不可以在这个时候杀人。”隋文帝回答说：“六月份虽然是万物生长，但此时也一定有天帝雷霆；我效法上天而行，有何不可？”终于下令将人用刑杖打死。

大理寺掌固来旷上奏说大理寺断案判刑太宽，隋文帝认为来旷忠心耿直，派他每天早朝时在五品官员行列中参拜。来旷又控告大理寺少卿赵绰随随便便赦免囚徒。隋文帝派亲信近臣去调查验证，赵绰原本就没有徇私枉法，隋文帝大怒，下令将来旷斩首。赵绰极力谏争，认为来旷不应处死，隋文帝不听，拂衣起身进殿中去了。赵绰假装大声说：“臣不再说来旷的事，本来还有别的事，没有来得及上奏。”隋文帝派人把赵绰引进殿中，赵绰叩了两次头，向隋文帝请罪说：“臣有三条死罪：臣任职大理寺少卿，没能管束好掌固，使得来旷触犯国法，这是第一条；囚犯不应判死罪，而为臣的我不能以死谏争，这是第二条；臣本来没有别的事，可是说谎话请求进殿来见皇上，这是第三条。”隋文帝脸上的怒容缓和下来。恰好独孤皇后坐在旁边，便赏赐赵绰两金杯酒，连同金杯也赏赐给赵绰。来旷因此被免除了死罪，被流放到广州。

原陈朝将军萧摩诃儿子萧世略在江南反叛，萧摩诃应当株连判罪，隋文帝说：“萧世略还不满二十岁，他有什么能耐，因为他是名将的儿子，被别人逼迫罢了。”于是赦免了萧摩诃。赵绰极力谏争，认为不可以赦免，隋文帝不能使赵绰屈服，想等赵绰离开后再赦免萧摩诃，便让赵绰先退朝回去吃饭。赵绰说：“臣奏报的狱案还没有结果，不敢退下。”隋文帝只好说：“大理卿你就看朕的面子特别赦免萧摩诃吧！”就命令左右侍臣释放了萧摩诃。

刑部侍郎辛亶曾经穿红色裤子，世俗认为有利于官运亨通；隋文帝认为这是巫蛊一类的妖术，想把辛亶斩首。赵绰说：“按照法律他不应当处死，臣不能接受诏命。”隋文帝更加恼怒，说：“你难道顾惜辛亶而不顾惜自己吗？”便下令将赵绰拉出去斩首。赵绰说：“陛下就是杀了臣，也不可杀辛亶。”走到朝堂，脱下衣服，将要斩首，隋文帝派人再问赵绰说：“再给一次机会，你想好没有？”赵绰回答说：“一心执法，决不怕死。”隋文帝拂袖而起走进后殿，过了很久，才释放了赵绰。第二天隋文帝向赵绰道歉，慰勉他，赏赐三百段绢帛。

当时隋文帝禁止劣质铜钱流通，有两个人在市集上用被禁止的劣质铜钱兑换正品真币，负责巡察的武候抓住了他们，并奏报朝廷，隋文帝命令将这两个人都斩首，赵绰进谏说："这两个人所犯的罪，应当受杖刑，将他们斩首是不合法律量刑的规定。"隋文帝说："这不关你的事。"赵绰说："陛下不因为臣愚暗不明，把臣安排在法官的位置上，现在您想任意杀人，怎么说不关臣的事！"隋文帝说："摇撼大树，若摇不动就要赶快退下。"赵绰说："臣希望感动天子的圣心，岂止是摇动大树！"隋文帝又说："喝汤的人，汤太热就先放一下，难道天子的神威，你还敢冒犯吗？"赵绰拜伏在地上越来越往前移，隋文帝呵斥赵绰，赵绰也不肯退后，隋文帝于是转身进入殿内。治书侍御史柳彧又上奏苦苦劝谏，隋文帝才罢休。

隋文帝因为赵绰忠诚正直，常常召他进入殿中，有时碰上隋文帝和皇后同榻而坐，就招呼赵绰也坐，评论政事的得失，对赵绰前前后后的赏赐，要以万为单位来计算。赵绰与大理寺卿薛胄同时都以公平宽恕闻名于世；然而薛胄断案倾向于情理，赵绰则谨守法律，两人都很称职。薛胄是薛端的儿子。

隋文帝晚年用法更加严厉，曾有个御史在正月元旦朝会时没有纠劾一个着装佩剑不整齐的武官，隋文帝说："你身为御史，竟这样放任自流。"于是命人杀了他；谏议大夫毛思祖劝谏，又被杀了。将作寺丞因为征收麦秸迟缓，武库令因为府署大堂荒芜，左右近臣出使，有的人接受州牧县宰赠送的马鞭、鹦鹉，隋文帝发现了，都一律处死，并亲自监斩。

隋文帝已经喜怒无常，不再遵守法律。隋文帝信任杨素，而杨素又恣意放纵，处事待人不公平。杨素与鸿胪寺少卿陈延有矛盾，曾经经过接待外来使节的蕃客馆，发现庭中有马粪，还有许多仆人挤在毛毡上赌博，杨素禀报了皇上。隋文帝勃然大怒，下令将主客令和参加赌博的人都用刑杖打死，并捶打陈延，陈延也差点儿被打死。

隋文帝派亲卫大都督长安人屈突通去陇西，复查畜牧情况，查出隐瞒马匹两万多，隋文帝大怒，要把太仆卿慕容悉达和其他监官一千五百人全部斩首，屈突通劝谏说："人命最为宝贵，陛下为何为了几头牲畜，就要杀死一千多人！臣愿冒死请求陛下宽恕！"隋文帝怒目圆睁，厉声呵责，屈突通又叩头说："臣一个人罪当处死，特向陛下哀求一千多条人命。"隋文帝深受感动，猛然醒悟，说："朕糊涂不明，居然到如此地步！幸亏有你直言相劝。"于是慕容悉达等都被免除死罪，另外量刑处罚，隋文帝还因此提拔屈突通为左武候将军。

上柱国刘昶和隋文帝是旧交，隋文帝十分宠信他；他的儿子刘居士，胡作非为，不遵守法度，多次违法犯罪，隋文帝因为刘昶的缘故，每次都原谅了他。刘居士反而更加骄横放肆，常常劫持身体雄健的公卿子弟，带到家中，把车轮挂在他们的脖子上，再用棍棒毒打，打到奄奄一息仍不叫屈的，就称为壮士，释放他并和他结交。他的党羽共有三百人，常常在街巷路途行凶打人，抢劫财物，连公卿大臣王妃公主都不敢和他们计较。后来有人控告刘居士想造反，隋文帝大怒，把他斩首，公卿子弟受牵连而被免官除名的很多。

杨素、牛弘等人再次推荐张胄玄的历法。隋文帝命杨素同几位律历学者讨论提出了六十一个问题，都是旧历法很久不能解决的疑难问题，命刘晖等人与张胄玄等人辩论解析。结果刘晖哑口无言不能回答，而张胄玄可以解释清楚的有五十四个问题，隋文帝于是拜授张胄玄为员外散骑侍郎兼太史令，赏赐一千段绢帛，命他参加制定新历法。至此，张胄玄历法修订完成。夏季，四月初二日戊寅，诏令颁行新历；以前制定历法的刘晖等四人都被免官除名。

秋季，七月，桂州人李世贤起兵造反，隋文帝召集大臣们商议出兵讨伐。只有几位将领请求出征，隋文帝没有允准，却回头望着右武候大将军虞庆则说："你位居宰相，爵为上公，国家有了反贼，你竟然没有请缨出征的意思，怎么回事？"虞庆则急忙跪拜谢罪，十分恐惧，便任命虞庆则为桂州道行军总管，讨伐李世贤，全部平定。

秦王杨俊，年幼时仁慈宽厚，喜欢佛教，曾请求出家当和尚，没被准许。等到担任了并州总管，渐渐爱好奢侈，违反制度规定，大规模修建宫室。杨俊贪恋女色，他的王妃崔氏是崔弘度的妹妹，她生性嫉妒，便在瓜中放了毒药，杨俊吃了中毒得病，被召回京师。隋文帝因为他骄奢放纵，七月十三日丁亥，下令罢免了杨俊的官职，保留王爵回到府第。崔妃因为毒害秦王，被废除，赐在家中自尽。左武卫将军刘昇进谏说："秦王并没有别的过错，只是浪费点儿官府财物，营造一些房舍罢了，臣认为可以宽容他。"隋文帝说："法律不可违反。"杨素劝谏说："秦王的过错，还不至于违反法律，希望陛下明察。"皇上说："我是五个儿子的父亲，难道不是天下人民的君父？若按您的意思，为什么不另外制定一部皇帝儿子的法律！像周公那样宽厚的人，况且杀了管叔、蔡叔，我确实远远赶不上周公，怎么可以徇私枉法呢！"终于没有宽容。

七月二十四日戊戌，突厥突利可汗来迎娶公主，隋文帝安置突利可汗住在太常寺，派人教他学习汉人迎亲的六礼：纳采、问名、纳吉、纳征、请期、亲迎。隋文帝把宗室女安义公主许配突利可汗为妻。隋文帝想离间都蓝和突利的关系，因此礼仪特别隆重，派遣太常卿牛弘、纳言苏威、民部尚书斛律孝卿相继为使臣。

突利可汗原本住在大漠北方，已经娶了公主，长孙晟便劝说他领众南移，定居在度斤旧镇，赏赐的财物特别优厚。都蓝非常愤怒，说："我是最高的大可汗，反而不如染干！"于是断绝了向隋朝的朝请贡献，还不断地到边境侵扰。突利可汗打探到了消息动静，及时派遣使臣上奏，因此边境上每次都事先有了准备。

九月十一日甲申，隋文帝从仁寿宫回到京师。

何稠从岭南回京的时候，宁猛力请求随同入朝，何稠见他病重，就把他送回钦州，并和他约定：“八九月间，可以到京城相见。”何稠回到京师，奏报了这些情况，隋文帝很不高兴。冬季，十月，宁猛力病死，隋文帝对何稠说：“你先前不带宁猛力来京，如今竟然死了！”何稠说：“宁猛力与臣相约，如果他死了，一定派儿子入朝侍奉，越人生性直率，他的儿子一定会来。”宁猛力临死的时候，果真告诫他的儿子宁长真说：“我与朝廷大使有约在先，不可失信，你安葬我之后，应当立即上路。”宁长真接任钦州刺史，遵从父亲的遗言进京朝请。隋文帝非常高兴，说：“何稠在蛮人、夷人中享有信誉，竟然到了这个境地。”

鲁公虞庆则征讨李世贤时，任用他的内弟赵什住担任随府长史。赵什住与虞庆则的爱妾私通，担心事情败露，就扬言虞庆则本意不想出征，隋文帝听到后，接待的礼仪赏赐十分微薄。虞庆则回朝，到达潭州临桂岭，观赏眺望山川形胜，说：“这里真是险要坚固，加上充足的粮食，如果有得力的人把守，是无法攻克的。”虞庆则派赵什住先行飞驰京师上奏，观察皇上的态度。赵什住趁机诬告虞庆则谋反，虞庆则被逮捕交给主管部门调查审判，被定为死罪，赵什住被提升拜授为柱国。

高丽王高汤得知陈朝灭亡，十分恐惧，于是训练军队，积聚粮草，做好抵抗防守的准备。这一年，隋文帝赐给高汤加盖玺印的国书，责备他“虽然自己称藩属归附大隋，却没有尽到臣属的忠诚之节”。并且说：“你们那一片地方，虽然地小人少，现在如果把你废黜，也不能没有人治理，最终还是要另外选派官员到你们那里安抚。你如果抛却杂念，改变行为，完全遵循朝廷规章制度，就是朕的好臣子，何必让朕劳神费力另派高人？你认为辽水广阔，能和长江相比吗？高丽人口兵力，是多是少能与陈国相比吗？朕如果不存有包容化育的心怀，就不会来责备你以往的过失，只需命令一名将军征讨，何必花费如此多的气力！这样诚恳深切的晓喻规劝，是给你一个自新的机会。”高汤接到了问责玺书，惶恐不安，准备奉表陈情谢罪，不巧患病死了。儿子高元继位，隋文帝派使者封高元为上开府仪同三司，承袭爵位为辽东公。高元奉上表章谢恩，并请求封王，隋文帝答应了。

吐谷浑大乱，国人杀死世伏可汗，立他的弟弟伏允为国主，派遣使者向隋文帝报告废立之事，并对专擅废立表示请罪，同时请求依照惯例娶公主为妻，隋文帝同意了。从此，吐谷浑每年都派使臣入朝进贡。

（以上为第六段，记述隋文帝开皇十六年，成功地抚夷安边；隋文帝晚年用法苛酷尚能纳谏。这一年，隋文帝平定了岭南的叛乱，安抚西边的吐谷浑、东边的高丽，羁縻北方突厥，用人得当，都取得了成功。隋文帝晚年用法苛酷，大理寺少卿赵绰执法公平，与屈突通等人冒死谏争，避免一些大案、冤案的发生，缓解了矛盾，隋朝政治稳定。）

隋文帝开皇十八年（戊午，公元 598 年）

春季，二月初三日甲辰，隋文帝巡幸仁寿宫。

高丽王高元率领靺鞨一万多人侵扰辽西郡，营州总管韦冲打退了高元。隋文帝得知极为震怒。二月初四日乙巳，隋文帝下令，任命汉王杨谅、上柱国王世积同为行军元帅，率领水陆军队三十万人讨伐高丽，任命尚书左仆射高颎为汉王长史，周罗睺为水军总管。

延州刺史独孤陀有一个婢女叫徐阿尼，她事奉猫鬼，能指使猫鬼杀人，并说每杀一个人，能让死者的家财暗中转移到养猫鬼的人家。恰好独孤皇后和杨素的妻子郑氏都生了病。看病的医生都说："这是猫鬼作祟带来的病。"隋文帝认为，独孤陀是独孤皇后的同父异母弟弟，独孤陀的妻子杨氏是杨素同父异母妹妹，因此就认定是独孤陀使的坏，下令高颎等人共同审理，一一得到实情。隋文帝大怒，命令用牛拉车载送独孤陀夫妻到京师，打算赐死。独孤皇后三天不吃饭，替独孤陀讲情，说："独孤陀如果是误国害民，妾不敢说什么；如今是因为妾个人生病而犯罪，斗胆地为他们请命。"独孤陀的弟弟司勋侍郎独孤整也到宫阙下苦苦求情，这才免了独孤陀的死刑，免官除名贬为平民，他的妻子杨氏发落出家为尼。早先，有控告他的母亲被猫鬼杀害，隋文帝认为是妖言妄语，怒气冲冲地把告状人赶走。到这时，才又下诏诛杀上次被控告用猫鬼害人的那家人。夏季，四月十一日辛亥，隋文帝下诏："畜养猫鬼、蛊毒，以及从事诅咒妖术的人家，统统流放到偏远的四方边地。"

六月二十七日丙寅，隋文帝下诏罢黜高丽王高元的爵位。汉王杨谅大军从临渝关出发，正碰上大雨成灾，粮食运输受阻，军中缺乏食物，又遇到瘟疫流行。周罗睺从东莱渡海指向平壤城，中途遇到大风，船舰大多飘散沉没。秋季，九月二十一日己丑，隋朝远征大军撤回，水陆两军十之八九都死亡。高丽王高元也惶恐不安派遣使者来请罪，上表章自称"辽东粪土臣高元"，隋文帝于是休兵，对待高元和原来一样。百济王余昌派使者奉上表章，请求担任征讨大军的向导，隋文帝下诏告诉他："高丽已经服罪，朕已经赦免了高元，不可以再讨伐了。"赠送百济使者很多的礼物，送他回国。高丽多少知道了一些消息，就派兵侵扰百济边境。

九月二十三日辛卯，隋文帝从仁寿宫回到京师。

冬季，十一月十六日癸未，隋文帝在南郊祭天。

十二月，隋文帝从京师到仁寿宫，设置行宫十二座。

南宁夷族首领爨玩又起兵造反。蜀王杨秀奏告称："史万岁收受贿赂，放纵贼兵，以致产生边患。"隋文帝斥责史万岁，史万岁百般抵赖掩饰，隋文帝大怒，命人将他处死。高颎和左卫大将军元旻等一再请求说："史万岁雄才武略超过一般的人，将士都乐意为他效力，即使古代的名将，未必能超过他。"隋文帝稍微消了些怒气，于是罢免了史万岁的官职，贬为平民。

（以上为第七段，写隋文帝惩治妖术，远征高丽失利。）

隋文帝开皇十九年（己未，公元599年）

春季，正月初七日癸酉，大赦天下。

二月十九日甲寅，隋文帝巡幸仁寿宫。

突厥突利可汗通过长孙晟上奏说都蓝可汗正在制造攻城器具，想要攻打大同城。于是，隋文帝下诏任命汉王杨谅为元帅，令尚书左仆射高颎从朔州道出发，右仆射杨素从灵州道出发，上柱国燕荣从幽州道出发，多路同时讨伐都蓝，统一受汉王杨谅指挥，可是汉王却没有亲临前线。

都蓝听到消息，便与达头可汗结盟，合兵偷袭突利可汗，在长城下大战，最终突利大败。都蓝把他的兄弟子侄全部杀光，乘胜渡过黄河侵入蔚州。突利的部落溃散逃亡，到了夜晚，只剩下突利可汗与长孙晟连同五名骑兵往南逃，等到天亮时，跑了一百多里，在途中收拾了数百骑兵。突利和部下商议说："现在打了败仗，进京朝见，只不过是一个投降的人，隋朝天子岂能以礼待我！玷厥虽然这次来袭击我，但是我和他原本没有什么仇怨，我如果去投奔他，他一定会保全我。"长孙晟得知这一情况，便暗中派使者进入伏远镇，命令军士立即点燃告急烽火。突利可汗见四堆烽火同时点燃，便问长孙晟，长孙晟骗他说："伏远镇城池很高，地势辽阔，一定是远远望见敌军来了。我们国家规定：若是敌军少，燃起两堆烽火；敌军来得多，燃起三堆烽火；若是大军压境，就燃起四堆烽火。现在他们是望见敌军很多而又渐渐逼近啊！"突利可汗非常害怕，对他的部众说："追兵已经逼近，我们先进城躲避一下。"进入伏远镇之后，长孙晟留下突利可汗的达官执室统领可汗部众，自己带领突利可汗乘驿马入朝。夏季，四月初二日丁酉，突利可汗到达长安。隋文帝非常高兴，封长孙晟为左勋卫骠骑将军，持节监护突厥。

隋文帝命突利可汗和都蓝的使者因头特勒两人互相辩论，突利理直气壮，隋文帝因此厚待他。都蓝的弟弟郁速六抛弃妻子儿女，和突利可汗一起归附朝廷，隋文帝非常赞许郁速六，让突利可汗送给他许多珍宝表示安慰。

高颎派上柱国赵仲卿领兵三千为先锋，前进到了族蠡山，与突厥军队遭遇，交战七天，大败突厥军队；又追击逃敌直到乞伏泊，再次打败突厥兵，俘虏了一千多人，各种牲畜以万计。突厥军队却又一次集结大举来犯。赵仲卿收拢军队为一个方阵，四面拒敌，苦战了五天，正好高颎率领的主力大军赶到，内外合力夹攻，突厥军队大败逃走，隋军乘胜追击，渡过百道川，又翻过秦山追击七百多里，然后得胜班师。杨素的军队和达头可汗相遇。起先，隋军众将与突厥交战，担心突厥骑兵横冲直撞，便把战车、步兵、骑兵混合编队，又设置鹿角障碍构成方阵，骑兵布置在方阵之内。杨素说：“这只是一种自我防卫的阵法，不是以攻击取胜。”于是完全废除这种方阵，命令各军摆出骑兵阵列。达头知道后，非常高兴地说：“这是上天赐给我取胜良机！”便下马向苍天叩拜，随即率领十余万骑兵径直奔袭隋军。上仪同三司周罗睺说：“趁敌军的阵列还没整齐，请立即出击。”便率领精锐骑兵迎战，杨素率领大军随后投入战斗，突厥军队大败，达头受重伤而逃，死伤不计其数，剩下的部众哀号痛哭，向北逃去。

六月初三日丁酉，任命豫章王杨暕为内史令。

宜阳公王世积任凉州总管，他的亲信安定人皇甫孝谐犯了罪，官吏缉拿他，他逃到王世积那里，王世积没有接纳。皇甫孝谐最后被捕，发配到桂州当兵，为此他上书举报王世积阴谋造反，说：“王世积曾经让道士给他看相，看他是否能大贵。道士给他看了相后说：‘您会成为一国之主，又将要迁调凉州。’他的亲信对他说：‘河西集中了天下的精兵，可以图谋大事。’王世积说：‘凉州地广人稀，不是用武的地方。’”于是王世积被定罪杀头，皇甫孝谐反而拜授为上大将军。

独孤皇后生性嫉妒，宫女没有人敢去侍候皇上。尉迟迥的孙女，姿色美艳，早先被没入宫中。隋文帝在仁寿宫看见了她，很喜爱，因而得到宠幸。独孤皇后趁隋文帝上朝听政的时候，暗中派人杀了她。隋文帝因此极为愤怒，独自一人骑马从皇宫花园出走，不走大路，沿着偏僻小路深入山谷，走了二十多里。高颎、杨素等人从后面追了上来，拉住马头苦苦劝谏。隋文帝叹息说：“我贵为天子，却没有丝毫自由！”高颎说：“陛下难道为了一个妇人而看轻天下！”隋文帝怒气才稍微缓解，停住马蹄，过了许多，半夜才回宫内。独孤皇后在后宫等候隋文帝，等到隋文帝回来了，独孤皇后泪流满面，跪拜谢罪，高颎、杨素等人又从中劝说，隋文帝才摆下酒宴，极尽欢乐。原先，独孤皇后因高颎是自己父亲家中的常客，对他十分亲近礼遇，现在，听到高颎说自己是一个妇人，便对他心怀愤恨。

当时，由于太子杨勇已经失宠，隋文帝暗中有废黜杨勇，另立太子的打算，曾经从容地对高颎说：“有神灵告诉晋王妃，说晋王一定会统治天下，你说该怎么办？”高颎长跪在地上，说：“长幼有序，怎么可以废除太子呢！”独孤皇后知道高颎护卫太子的意志不会改变，便暗中想要除掉他。

正巧隋文帝下令选调一部分东宫卫士入宫宿卫，高颎上奏说：“如果完全挑选强壮的，恐怕东宫宿卫力量太弱。”隋文帝听了这话，变了脸色，说：“我时常要进出，宿卫之士必须要骁勇强健。太子在东宫修养德行，身边何必要强壮勇士！东宫卫队强大是一个严重弊端。依我的想法，应当经常在禁卫军轮值交接的时候，分一部分去宿卫东宫，使皇宫卫队和东宫卫队编制不分开，岂不是件好事！我非常熟悉前代的利弊，您不要仍然沿袭旧制。”高颎的儿子高表仁娶太子之女为妻，所以隋文帝用这些话来警戒他。

高颎夫人逝世，独孤皇后对皇上说：“高仆射年老，又死了夫人，陛下怎能不为他再娶一位！”隋文帝把独孤皇后的话转告了高颎。高颎流泪致谢说：“臣现已年老，退朝后，只能在家中吃斋念佛罢了，虽然陛下关心哀怜我，但是再娶不是臣所愿意的。”隋文帝于是作罢。后来高颎的爱妾生了男孩，隋文帝听说了，很是喜悦，独孤皇后却很不高兴。隋文帝问是什么原因，独孤皇后说：“陛下还在相信高颎吗？一开始，陛下想替高颎再娶，高颎心里想着爱妾，却当面蒙骗陛下。现在他的欺诈已经全暴露出来了，怎么还信任他呢！”隋文帝因此疏远了高颎。

隋文帝讨伐高丽的战役，高颎极力劝谏，隋文帝没有听从，等到大军无功退还，独孤皇后对隋文帝说：“高颎当初不愿出征，陛下强行派遣他，妾当时就知道高颎不会建功。”又，隋文帝认为汉王杨谅年少，把军事全权委托高颎掌管，高颎深感责任重大，胸怀坦荡无私，不避嫌疑，汉王杨谅的话大多不采纳。杨谅内心非常怀恨，等到班师回朝，杨谅在独孤皇后面前哭诉说：“儿子万幸，差点儿被高颎杀害。”隋文帝听了，更加气愤。

后来北伐突厥，高颎率领主力从白道川出击，计划深入大漠，派使者向朝廷请求增兵，隋文帝身边的近臣以此为由说高颎要谋反。隋文帝还没有答复，高颎已经打败突厥班师回朝。当王世积被处死，在审判调查中，牵涉到许多宫中的机密，都说是从高颎那里得到的，隋文帝非常吃惊。主管部门又奏称：“高颎和左右卫大将军元旻、元胄，都和王世积交往密切，接受王世积赠送的名马。”元旻、元胄被罢官。上柱国贺若弼、吴州总管宇文弢、刑部尚书薛胄、民部尚书斛律孝卿、兵部尚书柳述等证明高颎无罪，隋文帝更加震怒，把他们全都交给法官审问，从此朝中大臣没有人再敢说话。秋季，八月初十日癸卯，高颎被解除上柱国、左仆射官职，保留齐公的爵位，回到家中。

不久，隋文帝驾临秦王杨俊宅第，召高颎陪侍酒宴。高颎哭泣抽咽，十分悲伤，独孤皇后也对着他哭泣。隋文帝对高颎说：“朕没有对不起你，是你自认为了不起。”便对左右侍臣说：“我对待高颎，比对儿子还好，即使有时见不到他，也好像近在眼前；可是自从他解官免职，便逐渐淡忘，好像世界上原本没有高颎这个人。作臣子的不该拿自己的功劳要挟君王，目中无人。”不久，高颎的国令上奏揭发高颎隐秘的事，说高颎的儿子高表仁对高颎说：“司马仲达当初托称有病不入宫朝见，后来却夺取天下，您今天这种境遇，又怎么知道不是将来之福呢！”于是隋文帝大怒，把高颎囚禁在内史省审讯。执法部门又上奏揭发，和尚真觉曾经对高颎说：“明年国家将有大丧。”尼姑令晖也说：“开皇十七、十八年，皇上有难，十九年却过不了。”隋文帝听了更加愤怒，回头对群臣说："帝王难道是人力可以求得的吗！孔子以大圣的才干，尚不能得到天下。高颎与他儿子谈话，把自己比作晋宣帝司马懿，这打的是什么主意！"执法官吏奏请处死高颎，隋文帝说："去年杀死虞庆则，今年斩了王世积，如果再杀高颎，天下人将会怎么说我呢。"于是将高颎罢官为平民。

高颎当初担任尚书仆射时，他的母亲告诫他说："你富贵达到了极点，只差砍头罢了，你要小心啊！"高颎因此常常担心灾祸临头。到这次免官除名，没有杀头，高颎反而感到高兴，一点也没有怨恨。起先，国子祭酒元善对隋文帝说："杨素为人粗略疏阔，苏威个性胆怯懦弱，元胄、元旻只不过像鸭子一样随波逐流。可以托付朝廷大事的，只有高颎一人。"隋文帝起初认为元善说得对。等到高颎获罪，隋文帝严厉责备元善，元善因此恐惧忧虑而死。

九月，隋文帝任命太常卿牛弘为吏部尚书。牛弘选拔官吏首先看德行，然后才看文才，力求严格慎重，虽然选授迟缓，但是他所进用的人大多都称职。吏部侍郎高孝基有鉴别赏识人才的能力，机警聪明，清廉谨慎，没人比得上，但是过于爽朗洒脱，行为似嫌轻薄，当时很多执政大臣因此不信任高孝基；只有牛弘最为了解他的真实才情，对他推心置腹，委以重任。隋朝选举得到真正的人才，以此时期为最多。当时大家都很佩服牛弘的远见卓识和器量。

冬季，十月初二日甲午，册封突厥突利可汗为意利珍豆启民可汗，汉话的意思是"意志强健"。突厥归附启民可汗的男女百姓有一万多人，隋文帝命长孙晟率领五万人到朔州，修筑大利城安置他们。这时安义公主已经逝世，又派长孙晟持节送皇室之女义成公主嫁给启民可汗。

长孙晟上奏说："染干（突利可汗）的部落，归附的人越来越多，虽然居住在长城之内，但仍时常遭到雍虞闾（都蓝可汗）的袭击抢掠，不得安宁。请求把他们迁徙到五原，以黄河为屏障，在夏州、胜州之间，东西以黄河河曲为界，南北相距四百里，挖掘两条横向深沟，让他们居住在这个范围之内，使他们能够随意放牧。"隋文帝采纳了他的建议。

隋文帝又命令上柱国赵仲卿统领军队两万人驻扎在启民部众新定居的地域，为他们防备达头可汗的侵犯，代州总管韩洪等率领步骑兵一万人镇守恒安。达头可汗率领骑兵十万人来犯，虽然韩洪军队大败，而赵仲卿却从乐宁镇拦击达头军队，斩杀一千多人。

隋文帝派遣越公杨素从灵州出兵，行军总管韩僧寿从庆州出兵，太平公史万岁从燕州出兵，大将军武威人姚辩从河州出兵，各路同时向都蓝发动攻击。大军还没出塞，十二月初四日乙未，都蓝可汗被部下杀死，达头可汗自立为步迦大可汗，突厥国内动乱。长孙晟对隋文帝说："现在官军深入敌境，几次作战都胜了，敌人内部四分五裂，可汗也被杀了，如果借此机会招抚他们，一定会全部投降。请派染干的部属分几路去招抚。”隋文帝听从了他的建议。投降的突厥人果然很多。

（以上为第八段，写开皇十九年，隋文帝用兵大破突厥，保持对外英武的形象，而内政多疑偏信，杀大臣王世积，罢斥高颎，渐露专制君主晚年昏聩的迹象。）

【点评】

隋文帝晚年昏聩。本卷所载隋文帝治国已成开皇之治的盛世局面，国力大增，府库充实，四夷平定。但同时隋文帝开始从励精图治变得喜怒无常、猜疑御下，不遗余力芟夷有功大臣，初露专制帝王晚年昏聩之迹。功臣史万岁、王世积、虞庆则，受奸人诬告，隋文帝不加细察就斧钺相加，王世积、虞庆则成了冤鬼。隋文帝倚为腹心的开国元勋贺若弼、高颎、李德林均受猜疑，贺若弼下狱差点儿被处死，高颎被免官为民，李德林贬处一州。而阴狠毒辣之杨素，阿谀顺意，独受信任。杨素监造仁寿宫，穷极奢侈，工期紧迫，民夫死以万计，不仅未受责罚，而且获得重赏，只因独孤皇后的私情袒护，隋文帝的是非就模糊了。独孤皇后误国，隋文帝听之信之，为隋朝速亡设下伏笔。

资治通鉴（白话本） 卷第一百七十九

隋纪三

隋文帝开皇二十年至仁寿三年（公元600—公元603）

【起上章涒滩（庚申，公元600年），尽昭阳大渊献（癸亥，公元603年），凡四年】

【大事提要】

本卷载述公元600年至公元603年史事，凡四年，时当隋文帝开皇二十年至仁寿三年。此时期是隋文帝执政从开明到昏暴的一个转折时期，最大的政治事件是废太子杨勇，更立太子杨广。太子杨勇并无大过，近声色，亲嬖幸，只是小过，不如杨广之甚。杨勇任性率直，友爱兄弟，不施报复，闻过有悔改之意，不被废黜，隋朝不会短祚灭亡。而杨勇之被废黜，完全是一场人为制造的大冤案，本卷做了详尽的记载。

高祖文皇帝中

隋文帝开皇二十年（庚申，公元600年）

春季，二月，熙州人李英林反叛。三月初二日辛卯，隋文帝任命扬州总管司马河内人张衡为行军总管，率领步骑五万征讨，平定了叛乱。

贺若弼又犯罪下狱，隋文帝责备他说："你有三个方面太过分：嫉妒心太强；自以为是，却对人过严；太不尊重皇上。"不久，又释放了他。有一天，隋文帝对身边的侍臣说："贺若弼在将要讨伐陈朝的时候，对高颎说：'陈叔宝是可以平定的，只是我们立功后怕是要落到飞鸟尽，良弓藏的下场啊！'高颎说：'一定不会的。'等到平定了陈朝，贺若弼立即就伸手要做内史令，又要求做尚书仆射。我对高颎说：'功臣最适合授勋官，不可以干预朝政。'贺若弼后来对高颎说：'皇太子和我很亲密，我们两人之间无话不说。你怎么知道日后就一定不需要我的帮助？你为什么沉默不说话！'贺若弼一心想要广陵，又想要荆州，那都是作乱的地方，他的这个心意一点都没有改变。"

夏季，四月初四日壬戌，突厥达头可汗侵犯边塞，隋文帝下诏任命晋王杨广、越国公杨素出兵灵武道，汉王杨谅、史万岁出兵马邑道迎击达头可汗。

长孙晟率领归降的突厥军队出任秦州行军总管，接受晋王杨广指挥。长孙晟认为突厥人的饮水泉容易投毒，便把很多毒药水投放在泉水的上游，突厥人和牲畜饮用后大多死亡，突厥人于是大惊说："上天降下毒水，是要灭亡我们吗？"便连夜逃走。长孙晟乘机追击，杀死一千多人。

史万岁出塞，进军到大斤山，与突厥人遭遇。达头可汗派使臣询问："隋朝领兵将领是哪一个？"侦察骑兵回答说："叫史万岁。"突厥达头使者又问："莫非是当年镇守敦煌的那个老兵吗？"侦察骑兵说："正是他。"达头可汗害怕了，立即撤退。史万岁快马加鞭追赶了一百多里，纵兵攻击，大败突厥，杀死了几千人；又乘胜追击，深入沙漠几百里，直到敌人逃远了才回军。隋文帝诏令长孙晟仍然回到大利城，安抚新归附的突厥人。

达头可汗又派他弟弟的儿子俟利伐从大漠的东边攻击启民可汗，隋文帝又发兵援助启民可汗把守要害地方。俟利伐退兵回到大漠，启民可汗上表致谢说："大隋圣明天子怜爱百姓，恩德大如天地。染干我就像枯木逢春，朽骨生肉，愿意千世万世，永远替大隋牧羊放马。"隋文帝派赵仲卿为启民可汗修筑金河、定襄两座城。

秦孝王杨俊长久患病不能痊愈，他派使者奏表陈情谢罪。隋文帝对他的使者说："我努力开创这大业，制订规章，树立典范，希望臣下遵循；你是我的儿子，却想要败坏它，我不知道怎样责备你！"杨俊既惭愧又恐惧，病更加严重，隋文帝便重新拜授杨俊为上柱国。六月二十日丁丑，杨俊病逝。隋文帝只哭了几声就止住了；杨俊制作的奢侈华丽物品，隋文帝下令全都烧掉。秦王府僚属佐吏请求立碑，隋文帝说："要想求名，一卷史书就够了，何必要立碑呢！如果子孙后代不能保住家业，只是给别人作镇石罢了。"杨俊的嫡子杨浩，为崔妃所生。庶子名叫杨湛。群臣迎合皇上的旨意，上奏说："汉代栗姬的儿子刘荣、郭后的儿子刘强，都随母亲而被废黜，如今秦王的两个儿子，母亲都有罪，不应当承继嗣位。"隋文帝采纳了上奏的意见，命秦王府的官员做丧主。

当初，隋文帝让太子杨勇参与决策军国大事，他时常提出一些增减的建议，隋文帝全都采纳了。杨勇性情宽厚，直率坦诚，从不虚假伪装。隋文帝生性俭朴，杨勇曾经把蜀地制造的精美铠甲再加以纹饰，隋文帝看见了很不高兴，告诫他说："自古以来的帝王，没有喜欢奢侈而能江山坐得久的。你身为储君，应当以节俭为先，才能够奉承宗庙。我往日的衣服，每种留下一件，时常拿出来看看，用来警诫自己。恐怕你今天用皇太子的身份和心态，而忘记了过去之事，特地赐给你我以前用的佩刀一把，以及腌菜一盒，这是你以前作北周上士时常吃的食物。你如果能记住以前的事，应该知道我的用心。"

后来遇到冬至，百官都到杨勇那里，杨勇陈设乐队接受贺礼。隋文帝知道了，问朝臣们说："近来听说冬至日朝廷内外官员互相结队去朝贺太子，这是什么礼仪？"太常少卿辛亶回答说："到东宫，是庆贺节日，不能说是朝见。"隋文帝说："庆贺节日，正常情况是三五人或数十人，随便来去，恐怕不应当由主管部门召集，大家同时到齐吧！太子身穿礼服，陈设乐队来接待百官，可以这样吗？”于是，隋文帝特下诏书说：“礼仪有等级差别，君与臣之间是不能混淆的。皇太子尽管是皇位继承人，但在大义上他既是臣子，又是儿子。可是各地方长官冬至日前去朝贺，各自进贡土产，送给东宫；此事不符合礼法规章，应马上停止。”这事发生后隋文帝对太子的恩宠开始衰减，还逐渐产生了猜疑。

杨勇东宫有很多宠爱的姬妾，昭训云氏特别受到宠幸。太子妃元氏不受宠爱，突然心脏病发作，两天后就死了，独孤皇后认为有其他原因，严厉责备杨勇。从此云昭训总掌东宫内政，她生了长宁王杨俨、平原王杨裕、安成王杨筠；高良娣生了安平王杨嶷、襄城王杨恪；王良媛生了高阳王杨该、建安王杨韶；成姬生了颍川王杨煚；另有宫女生了杨孝实、杨孝范。独孤皇后更加愤愤不平，经常派人窥探，专找杨勇的过错。

晋王杨广更加谨慎伪装掩饰自己，只和萧妃生活在一起，后宫姬妾有了身孕也不让生育，独孤皇后因此常常称赞杨广贤德。朝中掌权的大臣，杨广都用心用意和他们交往。隋文帝和独孤皇后每次派遣左右侍从到杨广那里，来者不论身份贵贱，杨广一定和萧妃一起在门口迎接，还设宴用精美食品招待，另外还送上一份厚礼。来往的婢女仆人，没有不称赞他的仁爱和孝心。隋文帝与独孤皇后曾经驾临他的住宅，杨广把漂亮的姬妾全都藏匿在别的房间，只留下老丑的在房间，穿上朴素不带花纹的衣服，在身边伺候；房间的屏帐换上浅色的丝绢；故意弄断乐器上的弦，不让擦去上面的尘埃。隋文帝看到了，认为杨广不爱好音乐女色，回到宫中，告诉身边的侍臣，心里非常高兴，侍臣们都称赞祝贺。因此，隋文帝疼爱杨广超过了其他的儿子。

隋文帝秘密地命令一个善于看相的，名叫来和的人，给几个儿子一个一个看了相，然后来和报告说：“晋王杨广眉上双骨隆起，富贵不可言说。”隋文帝又问上仪同三司韦鼎，说：“我的几个儿子谁应该继承大位？”韦鼎回答说：“皇上、皇后最喜欢谁就是谁来接班，不是臣能够预先知道的。”隋文帝笑着说：“卿不敢把话说穿吧！”

晋王杨广仪表堂堂，生性机敏聪慧，而又深沉稳重，爱好学习，写得一手好文章，能恭敬地接待朝中官员，非常礼貌恭谦，因此，名声越来越好，远在诸王之上。

杨广任职扬州总管，入京朝见，将要回到镇所扬州，进宫拜别母亲独孤皇后，趴在地上痛哭，独孤皇后也陪着潸然泪下。杨广说：“臣生性愚笨，才识浅薄，经常维护兄弟间平时的感情，不知有什么罪过让太子不喜欢我，总是怒气冲冲，想要陷害我。我时时担心，遭到连亲人也相信的谗言加身，更担心酒杯汤勺之中有毒药，因此日夜忧虑惶恐，生怕踏上灭亡的境地。”独孤皇后生气地说：“睍地伐（杨勇）

越来越使人不可忍耐，我替他娶了元氏女，竟敢不以夫妇之礼对待她，一心只宠爱阿云，使她生下一大堆猪狗。先前新娶的媳妇遭到毒害而死，我没有深究，为何又对你动了杀害的念头！我还活着况且这样，我要死了，那不把你们当鱼肉吗？我常常想到太子竟然没有正妻生的嫡子，皇上千秋万岁后，让你们兄弟去向阿云的儿子叩头问安，这是何等的痛苦啊！”杨广接着叩头，呜咽悲伤不能停止，独孤皇后也悲伤得控制不住。从这此后，独孤皇后铁定了心要废除杨勇而立杨广为太子。

杨广和安州总管宇文述一向交情深厚，他想让宇文述更加靠近自己，便奏请让他担任寿州刺史。杨广特别亲近信任总管司马张衡，张衡替杨广拟订了夺取太子地位的策略。杨广向宇文述请教，宇文述说："皇太子失宠已经很久，他的美德不为天下人所知。大王的仁爱忠孝闻名天下，才能无人可比，又多次带兵打仗，屡建大功；皇上和皇后，都十分喜爱你，四海万民瞩望，实际已经归向大王。然而废黜太子另立储君，是国家大事，我处在别人父子骨肉之间，确实不容易出谋划策。但是能够改变皇上心意的，只有杨素一人而已，而杨素能够接受与他一起议事的人只有他的弟弟杨约。我宇文述十分了解杨约，让我入京师朝见，便能同杨约会面，共同商议。”杨广非常高兴，送给他很多金银财宝，以便宇文述入京打点。

杨约当时任大理寺少卿，杨素凡是要做什么事，都要先和杨约商议后再行动。宇文述约请杨约，摆了很多珍宝古玩，和他一起畅饮，又一起赌博，每次假装输给他，所带的金银财宝全都输给了杨约。杨约赢了很多财宝，向宇文述略微表示歉意。宇文述趁机说："这些东西都是晋王送的，让我与你一同娱乐罢了。”杨约大惊说："为什么要这样？”宇文述便告诉了杨广的心意，并劝杨约说："遵守正道，本应是做臣子的准则；但是违反常规而合于义理，也是通达事理的人的最好谋划。自古以来的贤人君子，无不是顺应潮流的避免祸患。你们兄弟，功劳名望超过了世人，位居权要已经有很多年了，朝中大臣遭受你家凌辱的不知有多少。还有，皇太子要求的很多事没有办成，时常对掌权的人切齿痛恨；你虽然得到当今皇上的宠信，可是一心想谋害你的人一直很多。皇上一旦抛弃群臣，你到哪里去找靠山！如今皇太子失去了皇后的宠爱，皇上一向有废黜太子的心意，这是你知道的事。现今如果请求皇上立晋王杨广为太子，只不过是你哥哥的一句话罢了。如果真的借这机会建立了大功，晋王一定刻骨铭心，牢牢记住，这样，你们兄弟就可以排除累卵的危险，而成就像泰山一样稳固。”杨约非常赞同，便报告给了杨素。杨素听了，非常高兴，拍掌说："在我的思考谋划中，还没有考虑太子废立的事，全靠你提醒我。”杨约知道自己的计谋已经收到成效，便又对杨素说："如今皇后说的话，皇上没有不听的，应当趁这时机早一点巴结上皇后，就能长保荣华富贵，把福禄传给子孙后代。兄长如果迟疑，一旦发生变故，让太子掌权，恐怕大祸就要临头了。”杨素听从了。

几天以后，杨素进宫陪伴酒宴，婉转地说："晋王孝顺友爱，尊敬节俭，有些像皇上。"用这话来揣摩独孤皇后的心意。皇后笑着说："你说得好！我的阿麽儿（杨广）最孝敬友爱，每次听到皇上和我派的内使要到达，必定亲自远迎；说起远离双亲，没有不伤心流泪的。还有他新娶的媳妇也十分可爱，我派婢女去看望，经常让婢女和她同床睡觉，同桌吃饭。哪里像睍地伐（杨勇）只和阿云面对面相坐，整天饮酒玩乐，亲近小人，猜疑陷害骨肉兄弟！我所以特别怜爱阿麽，时常担心睍地伐暗害他。"杨素既然明白了独孤皇后的心意，趁机添油加醋地说太子不成器。独孤皇后于是送给杨素很多金银，让杨素帮助劝说隋文帝废除太子另立杨广。

杨勇也察觉到这种阴谋，忧愁恐惧，不知道怎么办，便让新丰人王辅贤造设了许多巫术诅咒之物来镇伏；又在后园修建了一个平民村，房屋低矮简陋，杨勇时常在里面睡觉休息，穿粗布衣服，垫草褥席，希望以此来抵消谗言。隋文帝知道杨勇内心不安，在仁寿宫派杨素到长安观察杨勇的作为。杨素到了东宫，在宫外停留休息，让杨勇穿戴衣冠等候，杨素故意逗留很久不进去，以此来激怒杨勇，杨勇怨恨在心，接见杨素时，便在言辞和脸色上表现出来。杨素于是回报说："杨勇满怀怨恨，恐怕要发生其他的事变，希望严加防备！"隋文帝听了杨素的诬陷，更加猜疑杨勇。独孤皇后又派人暗中监视东宫，细小琐事都随时奏报皇上，再加上诬告增饰，以构成杨勇的罪状。

隋文帝于是疏远并且猜忌杨勇，便在玄武门到至德门中间，按一定距离布置密探，侦察杨勇的动静，随时奏报。另外，侍卫东宫的人，凡是侍官以上的，名册全部划归十二禁军府，有勇武健壮的，全都调走。又调出东宫左卫率苏孝慈为淅州刺史，杨勇更加不高兴。太史令袁充对隋文帝说："臣夜观天文，应该废黜太子。"隋文帝说："天象已经出现很久了，只是群臣不敢说罢了。"袁充是袁君正的儿子。

晋王杨广又命督王府军事姑臧人段达暗中贿赂东宫宠臣姬威，要他监视太子行踪，秘密报告杨素；因此朝廷内外喧闹诽谤，太子的过失每天都可以听到。段达还威胁姬威说："太子的过失，皇上都已知道。已经接到密诏，决定要废立太子；你如果能抢先告发，那么一定能大富大贵！"姬威答应了，便马上上书告发。

秋季，九月二十六日壬子，隋文帝从仁寿宫回到京师。第二天，登上大兴殿，对侍臣说："我刚刚回到京师，应当心胸开朗，高兴快乐，不知为什么反而郁闷愁苦。"吏部尚书牛弘回答说："臣等不称职，所以让皇上忧愁劳苦。"隋文帝既然多次听到了诽谤太子的谗言，怀疑满朝大臣都知道，故意当众发问，希望听到说太子的坏话。牛弘的回答不合心意，隋文帝于是变了脸色，斥责东宫的官员说："仁寿宫离这里没多远，而我每次返回京师，都要严密设置兵仗警卫，就像进入敌国。我甚至拉肚子，也不敢脱下衣服睡觉。昨晚睡觉，想靠近厕所，便住在后房，又担心有紧急事变，只得又搬回前殿，这难道不是你们想要毁掉我的家国吗！”于是逮捕太子左庶子唐令则等数人，交给司法部门审问，命杨素陈述东宫的情况，通报近臣让大家都知道。

杨素于是公开指控太子说：“臣从仁寿宫奉手谕到京师，让皇太子清理刘居士的党羽，太子接了诏令，变了脸色，怒气冲冲，暴跳如雷，对臣说：‘刘居士同党全都伏法，派我到哪里去追查！你任职右仆射尚书，责任不轻，你应自己去追查，与我有何相干！’又说：‘先前禅让大事如果不成功，我第一个被诛杀，现今做了天子，竟然待我还不如几个弟弟，做任何一件事，我都不遂心意！’”便长叹一声，回头看着阿云说：“我大梦初醒才知道身不由己。”隋文帝说：“我早就知道这个儿子不能继承帝位，皇后常常劝我废黜他。我看在他是我还是平民时所生的，又是长子，希望他慢慢改过，所以一直克制忍耐拖到今天。杨勇曾经指着皇后的侍女对人说：‘这些都将属于我。’这话说得太怪了！他的妻子刚死，我深深怀疑是中毒死的，曾经责备他，杨勇当即怨恨地说：‘应当杀掉元孝矩。’这是想害我而迁怒到岳父头上啊！长宁王杨俨刚出生的时候，朕与皇后一起抱过来抚养他，杨勇自己心怀隔阂，几次派人来要回，并且说是云定兴的女儿，在外面与人私通生下的儿子。想想这个由来，怎能断定是他的亲生骨肉！从前晋惠帝的太子娶了屠户的女儿，所生的儿子就喜欢杀猪。现在如果传位不伦不类，就会乱了皇家宗祠。我虽然自愧德行不如尧舜，也断不会把天下百姓交给不肖的儿子！我经常害怕他加害于我，如同防大敌似的，今天想把他废黜了以安定天下。”

左卫大将军五原公元旻劝谏隋文帝，说：“废立是国家大事，诏旨颁行以后，后悔就来不及了。谗言无孔不入，希望皇上明察。”隋文帝不吭声，命令姬威尽情陈述太子的罪恶。姬威说：“太子与臣讲话，从来只留心骄纵奢侈，他还说：‘如果有人来劝谏，就应杀他的头，只要杀他一百多，劝谏就会永远消失。’太子营造亭台殿阁，一年四季都不停止。先前苏孝慈被解除了左卫率，太子气得吹胡子瞪眼睛，不停地挥舞拳头说：‘大丈夫会有扬眉吐气的一天，我永远不会忘记这件事，一定要报仇才能消我心中的气。’还有，东宫所需的物品，尚书大多按法规定下的标准供给，太子就发怒说：‘尚书仆射以下，我要杀他一两个，才会知道怠慢我是什么样的下场。’他还经常说：‘皇上讨厌我有很多小妾生的儿子，北齐末主高纬、陈朝末主陈叔宝难道是庶子吗！’太子曾经命巫婆占卜吉凶，对臣说：‘皇上开皇十八年将归天，这个期限快到了。’”隋文帝泪流满面，说：“谁人不是父母所生，太子竟然到了这个地步。朕近来翻阅《齐书》，看到高欢放纵儿子，真是气愤难忍，我怎么能够效法高欢呢！”于是拘禁了杨勇和他的几个儿子，派人分头逮捕太子的党羽。杨素舞文弄墨，歪曲捏造，罗织罪名把太子打成铁案。

过了几天，司法官吏按照杨素的旨意，向隋文帝奏告说元旻经常曲意事奉杨勇，一心攀附。隋文帝在仁寿宫时，杨勇曾派亲信裴弘送一封信给元旻，信上题写“不要让别人看见”。隋文帝说：“朕在仁寿宫，有一点点小事，东宫都知道，速度比驿马传信还快，长时间以来我都觉得很奇怪，肯定是这个家伙泄密的！”因此隋文帝派武士到左卫禁军行列中逮捕元旻。右卫大将军元胄当时正要下朝，却不肯离去，便上奏说：“臣刚才没有回家去，就是为了防备元旻。”隋文帝把元旻以及裴弘一齐关进监狱。

起初，杨勇看到一棵老枯槐树，问身边的人说：“这树还有用吗？”有人回答说：“古槐最适用于取火。”当时卫士随身带有火燧，杨勇命令工匠制作了几千枚火燧，打算分配赐给下属；到现在，这些东西在藏库中查获。此外，在药藏局储存了数斛艾草，也搜查出来了，隋文帝感到非常奇怪，便问姬威，姬威说：“太子这样做另有目的。皇上在仁寿宫，太子经常养马一千匹，说：‘只要直接守住城门，皇上自然就要饿死。’”杨素用姬威的话去审问杨勇，杨勇不服，说：“我听说你家养马几万匹，我身为太子，养马千匹，能说是谋反吗！”杨素又把从东宫收缴来的服饰珍玩，以及加工雕饰过的物品，全部摆在殿庭之中，让群臣参观，作为太子谋反的罪证。隋文帝和独孤皇后轮番派出使者责问杨勇，杨勇不认罪。

冬季，十月初九日乙丑，隋文帝派使者召见杨勇，杨勇见到使者吃惊地说：“该不是要杀我吧？”隋文帝穿上戎装，出动军队戒严，登上武德殿，集合文武百官站立在东面，皇室宗亲站立在西面，带领杨勇和他的几个儿子站在殿堂中间，命令内史侍郎薛道衡宣读诏书，废黜杨勇以及他的儿女有王爵、公主封号的都为庶民。杨勇连续叩头说：“臣应当陈尸长安闹市，为后来的人鉴戒；蒙陛下哀怜，保全了性命！”说完，泪流满襟，随后跪拜退出，左右的人无不默默悲伤。长宁王杨俨上表请求担任京师的宿卫，言辞情意哀伤恳切，隋文帝看了也感动悲切。杨素进言说：“臣拜伏希望圣上下狠心，就像毒蛇咬伤手指，壮士挥刀断腕一样，不要留下温情。”

十月十三日己巳，隋文帝下诏说：“元旻、唐令则，以及太子家令邹文腾、左卫率司马夏侯福、典膳元淹、前吏郭侍郎萧子宝、前主玺下士何竦，一律问斩，妻妾子孙都籍没入官为奴，车骑将军林阎毗、东郡公崔君绰、游骑尉沈福宝、瀛州术士章仇太翼、特赦免死罪，各处杖刑一百，但本人及妻子儿女、家产田地房屋都藉没入官府。副将作大匠高龙叉、率更令晋文建、通直散骑侍郎元衡，赐其自尽。”于是在广阳门外集合朝官，宣读诏书，对罪臣执行死刑。然后将杨勇转送内史省，给他五品官员的俸禄。赐给杨素三千段绢帛，元胄、杨约各一千段，赏赐他们审讯杨勇的功劳。

文林郎杨孝政上书进谏说：“皇太子被小人迷误，应该加强训诲教导，不应该废黜。”隋文帝大怒，命人鞭打他的前胸。

（以上为第一段，写隋文帝开皇二十年废黜太子杨勇的过程。）

当初，云昭训的父亲云定兴，可以随意进出东宫，不受节制。云定兴多次进献一些奇装异服、珍贵器物，用来讨好太子。左庶子裴政常劝谏，杨勇不听。裴政对云定兴说：“你的做法违反法度。而且，元妃突然死了，人们议论纷纷，到处传扬，对于太子来说，并不是什么好名声。您应当自行引退，不然，将要大祸临头。”云定兴把裴政说的话转告了杨勇，杨勇更加疏远裴政，最后还把他调去做襄州总管。唐令则一直受到杨勇的亲近宠爱，常常命他教宫女妃妾弹琴唱歌，右庶子刘行本责备他说：“太子庶子应当正道辅佐太子，哪有在房帷之间献媚取宠的道理！”唐令则深感惭愧，但却不能够改正。当时沛国人刘臻、平原人明克让、魏郡人陆爽，都因为有文学才华受到杨勇宠爱。刘行本痛恨他们不能辅导太子，常常对这三个人说：“你们只知道死读书罢了！”夏侯福曾经在后阁和杨勇嬉戏，夏侯福哈哈大笑的声音传到外面，刘行本听到了，等他出来之后，责备他说：“殿下宽宏大度，赏脸给你。你算什么东西，竟敢这样轻慢无理！”便把他交付执法官员治罪。过了几天，杨勇替夏侯福说情，才释放了他。杨勇曾得到一匹好马，想让刘行本骑上马欣赏一下，刘行本很严肃地说：“皇上把臣安排在太子庶子这个职位上，是要让臣辅导殿下，不是当殿下的弄臣。”杨勇自觉惭愧只好作罢。等到杨勇被废黜，裴政和刘行本都死了，隋文帝叹息说：“假如裴政、刘行本还活着的话，杨勇就不会到这地步。”

杨勇曾经宴请东宫官员，唐令则自弹琵琶，自唱《娬媚娘》。太子洗马李刚起身向杨勇报告说：“唐令则身为宫卿，职责是辅导太子，如今他却在大庭广众中扮演一个歌伎的角色，进献靡靡之音，污秽太子的耳朵。这事如果皇上知道了，唐令则的罪责不小，难道不会连累殿下吗！臣请求立即惩处他。”杨勇说：“我想取乐，你不要多事。”李纲拂袖退出。等到杨勇被废黜，隋文帝召集东宫官属严厉责备，大家都惊恐慌张，没有敢说话。只有李纲站出来说：“废立太子是国家大事，现在文武大臣都知道不可以，但不敢出来说话。臣怎么敢只是怕死，就不对陛下明明白白说一下是非呢！太子是一个中等人才，可以使他为善，也可以使他为恶。当初陛下如果选择正直的人辅导太子，是可以继承大隋的伟大基业。如今选用的是唐令则做太子的左庶子，邹文腾做太子的家令，这两个人只知道用声色狗马讨取太子的欢心，怎能不是这个下场。这原本是陛下的过错，并不是太子的过错。”于是伏在地上痛哭流涕，呜咽不止。隋文帝也难过了好一阵，才说：“李纲你责备我，不是没有道理，但是你只知道一面，不知道另一面。我选择你为东宫的臣子，可是杨勇不亲任你，即使我选择了别的正直的人，又有什么用！”李纲回答说：“臣之所以不被太子信用，实在是因为奸人在太子身边的缘故。陛下只要杀了唐令则、邹文腾，挑选别的正直人才辅导太子，怎么知道臣就不被太子信用呢？自古以来，废黜嫡长子，很少有不倾覆危亡的，希望陛下三思，以免将来后悔。”隋文帝很不高兴，起身退朝，满朝官员都被这一紧张场面吓得浑身发抖。正巧尚书右丞空缺，主管部门请求人选，隋文帝指着李纲说：“这就是一个好右丞。”立即任命了李纲。

太平公史万岁从大斤山回来后，杨素嫉妒他的功劳，对隋文帝说：“突厥本来已经投降了，并没有入侵，只不过来塞上放牧罢了。”于是把封赏功劳的事搁置下来。史万岁几次上表陈述战况，隋文帝都没有醒悟。当时，隋文帝废黜了太子，正忙着铲除党羽。隋文帝问史万岁在什么地方，史万岁当时正在朝堂之上，而杨素却说：“史万岁到东宫拜见太子去了！”以此激怒皇上。隋文帝信以为真，传令召见史万岁。当时史万岁所率领的将士在朝堂上声称冤屈的有数百人，史万岁对他们说：“我今天为你们向皇上尽力说明情况，事情会有结果的。”史万岁见到隋文帝后说：“将士作战有功，却被朝廷怠慢！”言词语气激愤严厉。隋文帝大怒，命令左右的人把他拖出去乱棍打死。过了一会儿派人传令停止行刑，已经来不及了，便下诏列举史万岁的罪状，天下的人都觉得他冤枉，深感悲痛惋惜。

十一月初三日戊子，隋文帝册立晋王杨广为皇太子。国内发生大地震，太子杨广请求礼服降低一等，东宫官属对太子不以臣自称。十二月初三日戊午，隋文帝下诏同意杨广的请求。任命宇文述为左卫率。当初，杨广阴谋夺取太子地位的时候，洪州总管郭衍参与了此事，因此征召郭衍为左监门率。

隋文帝把前太子杨勇囚禁在东宫，交给太子杨广负责掌管。杨勇自认为无罪而被废黜，屡次请求见皇上申诉冤屈，但杨广总是从中阻拦，使杨勇的请求不能让皇上知道。杨勇没办法便爬到树上大声喊叫，让声音传到皇上那里，希望能够被召见。杨素便说杨勇神志已经昏乱，被鬼魂附身，治不好了。隋文帝信以为真，始终没有召见杨勇。

（以上为第二段，写废立太子前前后后的错综关系。杨勇蒙冤，却也咎由自取。杨广与杨素阴谋夺嫡成功，又继续扩大冤案，因而史万岁遭冤杀，隋朝的清平政治开始走下坡。）

当初，隋文帝平定陈朝的时候，人们认为天下将要太平了。监察御史房彦谦私下对亲近的人说：“皇上猜忌刻薄而又苛严残酷，太子卑微懦弱，诸王各占一方，专擅政权，天下虽然表面上安定，我正担忧危急祸乱发生。”他的儿子房玄龄也暗中告诉父亲说：“皇上本来没有什么功德，用欺诈方法夺取天下，几个儿子都骄纵奢侈没有仁德，一定会互相残杀，现今虽然太平，它的灭亡会很快到来。”房彦谦，是房法寿的玄孙。

房玄龄和杜杲的侄孙杜如晦都被推荐到吏部接受选拔，吏部侍郎高孝基以识人知名，他见了房玄龄，吃惊地说："我见过的人很多，还没有见过像你这样的年轻人，日后一定成为一个大人物，遗憾的是我不能亲眼看到你的成功。"高孝基见了杜如晦，对他说："你有应变的才干，一定能够担当栋梁的重任。"高孝基把子孙同时托付给房玄龄和杜如晦两个人。

隋文帝晚年笃好佛法、道士、鬼神。十二月二十六日辛巳，第一次下诏说："敢有毁坏佛像和道教元始天尊神像，以及五岳、九镇、二海、四渎神像的人，以不道论罪；僧人毁坏佛像，道士毁坏元始天尊像的，以大逆不道论罪。"

这一年，隋文帝征召同州刺史蔡王杨智积入朝。杨智积，是隋文帝弟弟的儿子，生性内向谨慎，家中没有私事请托的，自己日常生活简易朴素，隋文帝非常怜爱他。杨智积有五个儿子，只教他们读《论语》，不让他们交往宾客。有人问他是什么缘故，杨智积说："你不了解我。"他的用意大概是担心几个儿子不要因有才能而招来祸患吧！

齐州代理参军章武人王伽，押送被判流放的囚徒李参等七十多人上京城，行到荥阳，王伽可怜囚犯疲劳，便把他们全都叫来说："你们犯了国法，身子被绳索捆绑，这是罪有应得；却还要连累押送的狱卒一起受辛苦，你们难道不惭愧吗！"李参等人向王伽谢罪。王伽于是把全体囚犯的枷锁解开，把负责押送的狱卒遣回，自己与囚犯们相约，说："某天你们应当到达京师，如果早到或后到，我当替你们受死。"于是放开他们一人前行。被流放的人感动高兴，都按期到达京师，没有一个人逃走。隋文帝听到后非常惊异。召见王伽，与他谈话，赞不绝口。又召集全体流放的犯人，让他们带着妻子儿女一起入朝，在殿廷上赐宴，然后赦免了他们的罪过，借这件事下诏书说："凡是有生命的人，都有灵气善性，都知道善恶，明辨是非。如果用诚心对待他们，耐心劝导，那么习俗一定能够改变，人人都会一心向善。从前因为海内战乱，道德教化废弛断绝，官吏没有慈爱之心，黎民怀有奸诈的邪念。朕想要遵循古代圣贤的方法，用道德教化民众，而王伽深刻了解朕的心意，诚心宣谕劝导，使李参等人感动醒悟，自动到执法机关认罪，这生动地说明全天下的人，不是很难教育。如果所有的官吏都和王伽一样，所有的黎民都像李参，那么搁置刑法的日子就不远了。"为此还提拔王伽为雍县县令。

太史令袁充上表奏称："隋朝建立以后，白昼渐渐加长，开皇元年，冬至的日影长一丈二尺七寸二分；从那时以后渐渐缩短，到了开皇十七年，日影比从前缩短三寸七分。太阳离北极近，则日影短而白昼长；太阳离北极远，则日影长而白昼短。太阳在黄道之北运行则离北极近，在黄道之南运行则离北极远。谨按《元命包》说：

'日月在黄道之北运行，天文仪器观测就正常。'《京房别对》上说：'太平之世，太阳在黄道之北运行；升平之世，在黄道运行；乱世，在黄道之南运行。'臣想大隋创业，感动上天，所以日影短白昼长，这是自古以来很少有的。"隋文帝临朝，对文武百官说："影短日长的吉庆，是上天的福祐。现在太子刚刚册封，应当改年号，可以取白昼增长的意思作为年号。"此后工匠、民夫作工，都加大了工作量，因为白昼时间加长了。民间工匠都深受其苦。

（以上为第三段，写有识之士预感到隋朝盛世已潜伏危机。隋文帝嘉奖王伽释囚事件，表明隋文帝尚未糊涂昏聩；而太史令袁充的上奏，让隋文帝又被阿谀的言词弄昏了头。）

隋文帝仁寿元年（辛酉，公元601年）

春季，正月初一日乙酉，大赦天下，改年号为仁寿。

隋文帝任命尚书右仆射杨素为左仆射，纳言苏威为右仆射。

正月十三日丁酉，改封河南王杨昭为晋王。

突厥步迦可汗侵犯边塞，在恒安郡打败代州总管韩弘。

隋文帝任命晋王杨昭为内史令。

二月初一日乙卯，发生日食。

夏季，五月初七日己丑，突厥男女九万人来隋朝归附。

六月初三日乙卯，隋文帝派出十六批使者巡察各地风俗。

六月十三日乙丑，颁布诏令说："全国各级学校生员很多，但是学业不精，只挑选七十名学生留在国子学，太学、四门学以及各州各县的州学、县学全都停办。"殿内将军河间人刘炫上表恳切地劝谏，隋文帝不听。秋季，七月［十七日戊戌］，把国子学改为太学。

当初，隋文帝接受北周禅让，怕民心不服，因此就多次声称有符瑞兆应，以此来炫耀自己登基是依天意行事。假造符瑞征兆的人不计其数。冬季，十一月初九日己丑，隋文帝到京师南郊祭天，仪式隆重，跟泰山封禅一样，把祭文刻到木版上，详细叙述符瑞出现前前后后的征兆以此来报谢上天。

居住在山中的獠人造反，朝廷任命卫尉少卿洛阳人卫文昇为资州刺史，前往镇抚。卫文昇名玄，以字号行于世。他刚到职时，獠人正在攻打大牢镇，他单枪匹马前往獠人军营，对獠人说："我是刺史，是奉天子诏命前来安抚保护你们的人，不要怕。"獠人们没有敢乱动。于是卫文昇进一步向他们阐明利害关系，獠人首领为其感动，撤兵而去，前后归附的有十多万人。隋文帝非常高兴，赏赐卫文昇两千匹绢帛。十一月十二日壬辰，任命卫文昇为遂州总管。

居住在潮州、成州等五州的獠人造反，高州酋长冯盎急奔京师，请求朝廷派兵去征讨。隋文帝敕令杨素和冯盎讨论这一情况，杨素叹息说："没想到蛮夷中有这样忠心的人！"随即派遣冯盎征调江南、岭南的军队攻打獠人。乱事平定后，任命冯盎为汉阳太守。

隋文帝下诏任命杨素为云州道行军元帅，长孙晟为受降使者，会同启民可汗北上攻击步迦可汗。

（以上为第四段，写隋文帝仁寿元年裁减学校，边患再起。）

隋文帝仁寿二年（壬戌，公元 602 年）

春季，三月二十一日己亥，隋文帝临幸仁寿宫。

突厥思力俟斤可汗等人南渡黄河，掳掠启民可汗部落男女六千人、各种牲畜二十多万头而后离去。杨素率领各路大军追击，追了六十多里，将思力俟斤打得大败。突厥人又向北逃跑，杨素紧追不舍，终于在夜里追上。杨素担心敌人四散逃跑，便命令骑兵稍稍拉开距离在后面尾随，自己亲率两名骑兵和两名投降的突厥人混入敌军中一起行进，敌人没有发觉。等到敌人停下住宿还没有安顿妥当的时候，急令尾追的骑兵发起突然袭击，彻底打败了突厥人，全部收回被俘的人口与牲畜，归还启民可汗。从这以后，突厥人跑得远远的，大漠南边再没有突厥人的侵扰。杨素因为这次战功，他的儿子杨玄感被赐爵柱国，杨玄纵被赐爵淮南公。

兵部尚书柳述，是柳庆的孙子，娶隋文帝第五女兰陵公主，他恃宠骄横，任性霸道，连杨素他都看不起。隋文帝问符玺直长万年人韦云起，说："宫外有不便说的事，你不妨说一说。"柳述当时陪坐在旁边，韦云起奏说："柳述骄横放纵，没办过大事，兵机重事，他担当不起，只因是皇上的女婿，于是担任了要职，臣担心舆论会认为陛下'用人不择贤，而是用人唯亲'，这是最不便说的事。"隋文帝非常赞同韦云起的话，回头对柳述说："韦云起说的话，对你是治病的良药苦口，你应当把他当作你的良师和益友。"秋季，七月初十日丙戌，隋文帝下诏让朝内朝外的官员推荐自己了解的贤才，柳述荐举韦云起，隋文帝任命韦云起为通事舍人。

益州总管蜀王杨秀，容貌伟壮威猛，有胆有识，爱好练武。隋文帝常常对独孤皇后说："杨秀一定不得善终，我在世的时候当然不必担心，等到他们兄弟当政时，杨秀肯定要反叛。"大将军刘哙讨伐西爨的时候，文帝曾命令上开府仪同三司杨武通率领军队随后继进。杨秀派他的宠信弄臣万智光担任杨武通的行军司马，隋文帝认为杨秀任用的人不合适，便责备他，还对群臣说："破坏我的法度的，是我的子孙。这好比是老虎，别的动物伤不了它，反倒是它自己身上皮毛间的小虫子却可以损害它。"于是减少了杨秀统领的军队数量。

自从长史元岩去世后，杨秀日益奢侈违规制度，竟然制造了天子用的浑天仪，又捕捉了很多的山居獠人充当宦官，车马服饰，比拟皇上的仪仗。

等到太子杨勇因为谗言伤害而被废黜，晋王杨广做了太子，杨秀心意更加不平衡。太子杨广担心杨秀成为后患，暗中让杨素找他的过错谗害杨秀，隋文帝于是征召杨秀入朝，杨秀迟疑不决，假托有病不启程。总管司马源师进言规劝，杨秀变了脸色说："这是我的家事，与你有什么相干！"源师流着眼泪说："源师忝列王府幕僚，怎敢不尽忠心！圣上有敕令催促大王，已经拖延了很长时间了，如今还在拖延不动身。百姓不了解大王的心意，如果生出种种非议，朝廷内外猜疑震惊，皇上颁下雷霆震怒的诏书，再派出一个使臣来问罪，大王将用什么来解释清楚呢！希望大王认真考虑。"朝廷担心杨秀生出变乱，三月初十日戊子，隋文帝任命原州总管独孤楷为益州总管，乘驿站车马快速去接替杨秀。独孤楷到了益州，杨秀仍不愿意启程；独孤楷劝说了很长时间，杨秀才上了路。独孤楷观察杨秀启程后又有后悔之意，便部署军队，做了防备；杨秀走了四十多里，打算返回袭击独孤楷，侦察得知独孤楷已有了防备，这才罢休。

八月十九日甲子，独孤皇后逝世。太子杨广当着皇上和宫女宦官的面悲伤欲绝，仿佛承受不了一样；可是回到府中，和平时一样吃喝谈笑。又，杨广每天早上使人只送进府中两镒米，而暗中却命人把肥肉、干肉、腌鱼等，放在竹筒里，用蜡封口，用包头巾裹着送进府中。

著作郎王劭上奏说："佛经说：'人的灵魂应当升天的和进入极乐世界的，到时候天上的佛会放大光明，并用香花和女子乐舞来迎接。'臣私下认为，大行皇后的福缘善果，祯祥符瑞，在各种秘籍里都有记载，都说是妙善菩萨。臣谨慎考虑，八月二十二日，仁寿宫内再次从天上降下金银花；二十三日，大宝殿后面在夜晚出现神奇的光彩；二十四日卯时，永安宫北面出现天乐，响彻空中；到了夜晚五更，万籁俱静，如入梦境，皇后圣洁的灵魂随即升天，与佛家经文所说的，事事全都符合。"隋文帝看了奏章悲喜交加。

九月十一日丙戌，隋文帝从仁寿宫回到京师。

冬十月初九日癸丑，任命工部尚书杨达为纳言。杨达是杨雄的弟弟。

闰十月，初十日甲申，诏令杨素、苏威和吏部尚书牛弘等修订五礼。

隋文帝命令上仪同三司萧吉替独孤皇后选择葬地。萧吉选得一处风水宝地，上奏说："占卜年代，隋朝可享年二千岁；占卜世代，皇家可传二百代。"隋文帝说："吉凶在于人，不在于地。北齐高纬埋葬父亲，难道没有占卜选择葬地吗？不久国家就灭亡了。正如我家的墓地，如果说不吉利，朕就不该当为天子；如果说不凶险，我弟弟就不该战死。"但是最终还是采纳了萧吉的意见。萧吉退出后，告诉族人萧平仲说："皇太子派左卫率宇文述向我深表感谢，说：'你以前说我当为太子，竟真的应验了，我不会忘记的。现今占卜选择皇后葬地，一定要让我早日即位，我即位之后，一定用富贵报答你。'我告诉他说：'四年以后，太子要统治天下。'如果太子当政，隋朝就要灭亡了啊！我先前不过是骗他说'占卜年代，隋朝可享二千年'，其实是'三十'两字；'占卜世代，皇家可传二百世'，是取能传二世的意思。你把这件事记住！"

闰十月二十八日壬寅，在太陵安葬了文献皇后。隋文帝下诏说："杨素办理丧事，辛苦找寻吉地，他的这份心意至诚至孝，平定夷狄寇贼的功劳怎能与此相比？可另外封一个儿子为义康公，食邑一万户。"并赏赐田地三十顷，绢一万段，米一万石，另外还有与这价值相当的金珠绫锦等物品。

蜀王杨秀到达长安，隋文帝见了他，没有和他说话；第二天，派使者严厉谴责他。杨秀谢罪认错，太子和几个王也在殿庭上流泪求情。隋文帝说："不久前秦王浪费财物，我以父亲的身份教训他。现在杨秀残害百姓，应当以为君之道制裁他。"于是把他交给执法官吏。开府仪同三司庆整劝谏说："庶人杨勇已经废黜，秦王杨俊也死了，陛下现有的儿子不多了，何必要这样处置！蜀王性格十分耿直刚强，现今受到严厉责罚，恐怕他会出事。"隋文帝大怒，要割掉庆整的舌头，便又对群臣说："应当把杨秀在闹市斩首，以向百姓谢罪。"于是命令杨素等人审处。

太子杨广暗中制作了两个木偶，用绳子绑了双手，用铁钉钉在心上，再加上枷锁和脚镣手铐，写上皇上杨坚和汉王杨谅的姓名，还写上"请求西岳慈父圣母收杨坚、杨谅的魂魄，就像这个样子，不要让他们四处游荡"。秘密埋在华山脚下，由杨素把它挖出来；太子还指控杨秀胆大妄为，引述图谶，声称京师有妖怪，捏造蜀地有种种祥瑞；还制作了檄文，说"到时兴师问罪"，把这篇檄文收进杨秀的文集中，这些材料全部上奏皇上。隋文帝说："天下难道有这样的事？"十二月二十日癸巳，废黜杨秀为庶人，囚禁在内侍省，不让与妻子儿子相见，只派两个獠女婢子供驱使，株连判罪的有一百多人。杨秀呈上奏表，悲伤哀痛地谢罪说："恳求陛下慈悲施恩，赐下怜悯，让我在苟延残喘的时候，能够和我儿瓜子见上一面；请求赐一个墓穴，让尸骨有一个安葬的处所。"瓜子是杨秀最疼爱的儿子。隋文帝于是下诏书列举杨秀十大罪状，并说："我不知道杨坚、杨谅是你的什么亲人？"后来还是让杨秀和他的儿子在一起。

当初，杨素曾经因为一点小过错被敕令送到御史台，命令诏书侍御史柳彧治罪。杨素凭借贵宠，坐在柳彧床上。柳彧从外面进来，在台阶下端持笏板，整齐衣饰，严肃仪容，对杨素说："奉皇上敕令治你的罪。"杨素赶快下床。柳彧坐在文案后面，杨素站立在厅堂上，接受案情调查。杨素从此怀恨在心。蜀王杨秀曾经向柳彧求索李文博的《治道集》，柳彧给了杨秀，杨秀送给柳彧十个奴婢。等到杨秀获罪，杨素奏告柳彧身为朝内大臣交通诸侯，罢官除名，贬为平民，发配到怀远镇戍边。

隋文帝派司农卿赵仲卿前往益州追查杨秀犯罪事实，凡是杨秀的宾客所到之处、所往来的人，赵仲卿一定苛刻地曲解法律条文构成犯罪，加以处罚，州县长吏有一大半受牵连获罪。隋文帝认为赵仲卿能干，赏赐给他很丰厚的财物。

过了很久，贝州长史裴肃派遣使者上书，说：“高颎以天生的优异才能，成为开国元勋，却遭到众人的嫉妒，以至于被免官除名。希望陛下念他的大功，忘记他的小过。另外，杨勇、杨秀两人被废黜为平民，获罪受罚已经很久了，难道就没有悔过自新的表现？希望陛下发扬君父的慈爱，念及父子的情义，各封他们一个小国，观察他们的作为：如果能够改过向善，就逐渐增加封邑；如果仍不悔改，再贬黜削夺也不迟。如今是改过自新之路永远断绝，他们惭愧悔恨的心意没法见到，岂不令人悲哀。”上书奏报后，隋文帝对杨素说：“裴肃忧虑朕的家事，也是一片诚心。”于是征召裴肃入朝。太子杨广得知消息，对左庶子张衡说：“让杨勇自新，意图是什么？”张衡说：“看来裴肃的意思，是想让杨勇做周时的吴太伯、汉代的东海王罢了。”裴肃到了京师，隋文帝面谕杨勇不可能再收为太子的原因，然后打发他回去。裴肃，是裴侠的儿子。

杨素的弟弟杨约和叔父杨文思、杨文纪以及族叔杨忌都担任尚书、列卿，他们的儿子都没有什么功劳，却得高官柱国、刺史；杨家大肆扩充家产，从京城到地方各大都会，客店、磨坊、上等的田产和宅第不计其数；有几千个家奴，养在庭院里的穿着绫罗绸缎拖地的歌伎姬妾也有几千人；宅第豪华奢侈，规模制度可以和皇宫相比；亲戚和旧属都安置高官显位。当皇室废黜了一个太子和一个王以后，杨素家族的声威权势更加显赫。朝廷大臣敢冒犯杨素的人，就要杀头，甚至灭族；攀附杨素以及沾亲带故的人，即使没有才干，也一定得到升迁提拔；朝廷官随风一边倒，没人敢不畏惧他，附从他。敢与杨素叫板不屈服的人，只有侍御史柳彧、尚书右丞李纲、大理寺卿梁毗几个人。

当初，梁毗担任西宁州刺史，共任职十一年，当地的蛮夷酋长都以金子多的人为英雄豪杰，因此他们总是互相攻击掠夺，简直没有安宁的日子，梁毗深感忧虑。后来，各酋长都争着送金子给梁毗，梁毗把金子放在座位旁边，对着金子痛哭，并对送金子的豪酋们说：“这种东西饥饿的时候不能吃，寒冷的时候不能穿，你们为了这种东西互相残杀，死了无数的人，现在又把这种东西拿来给我，是想害死我！”他一点金子也不要。于是蛮夷都受感化，从此不再互相残杀。隋文帝听说此事十分称赞，征召梁毗入朝，并任命他为大理寺卿，他执法公正。

梁毗见杨素专权，担心他成为国家的祸患，于是呈上一封密奏说：“臣听说人臣不可以作威作福，那样将要伤害家庭，毁灭国家。臣私下看到尚书左仆射越国公杨素所受到的宠幸恩遇越来越重，权势一天比一天隆盛，在朝做官的人，全都听他指挥，冒犯人的，夏天也遭寒霜；承奉他的，冬季也降甘霖；一个人是荣华富贵还是身败名裂，全凭他口中一句话；一个人飞黄腾达还是罢黜杀戮，决定于他挥手之间。他所宠爱的都不是忠诚正直的人士，他所荐举提拔的人全是他的亲戚，子弟遍布全国，连州跨县。天下若太平无事，他们或许止息背叛的图谋；四海如果有什么动静，他们必定成为祸乱之根源。奸臣专擅权力，是逐渐形成的，王莽凭借多年的积累，桓玄依据两代的基业，最后才灭掉了西汉王朝，倾覆了晋朝皇位。陛下假若以杨素为宰辅，臣恐怕他的心未必能像伊尹。臣恳求陛下考察古今，酌情处置，使王朝大业永远稳固，天下百姓就万幸了！”密奏呈上，隋文帝大怒，把梁毗抓起来投入监狱，亲自审问他。梁毗极力陈言：“杨素依恃宠信，专擅用权，他率兵所到之处，屠杀平民，残酷无道。此外太子、蜀王获罪被废的时候，百官无不震惊恐惧，只有杨素扬眉吐气，喜形于色，把国家的灾难当作自己的幸事。”隋文帝不能使梁毗屈服，便释放了他。

此后，隋文帝也逐渐疏远猜忌杨素，便下敕令说：“尚书仆射是国家的宰辅，不可以事事躬亲去处理一些细事，只需三五天到一次尚书省，处理大事。”表面上看起来是对他优礼尊崇，其实是剥夺他的实权。杨素因此直到仁寿末年，都不再掌理尚书省政事。隋文帝还外放杨约为伊州刺史。

杨素被疏远之后，吏部尚书柳述更加专权，他兼任兵部尚书，参与决策国家大事，杨素因此厌恶他。

太子问贺若弼说：“杨素、韩擒虎、史万岁并称为良将，他们各自的长短究竟如何？”贺若弼回答说：“杨素是猛将，不是运筹帷幄的谋将；韩擒虎是斗将，绝不是统率全军的将领；史万岁是骑将，不是大将。”太子说：“那么大将是谁呢？”贺若弼叩拜说：“全靠殿下察断！”贺若弼言下之意是以大将自比。

交州俚人豪帅李佛子叛乱，占据了越王旧城，派遣他哥哥的儿子李大权攻占了龙编城，他的部将李普鼎占据了乌延城。杨素举荐瓜州刺史长安人刘方，称他有将帅的才略，隋文帝下诏任命刘方为交州道行军总管，统领二十七营军队进讨。刘方军令严肃，违犯军令的人一定斩杀；但他又爱兵如子，有生病的士兵，他亲自慰问照料，士兵们因此十分拥戴他。刘方进军到都隆岭，遭遇贼兵，打败了敌人。进军进逼李佛子的兵营，先派人晓谕李佛子利害关系。李佛子害怕了，请求投降，被押解到长安。

（以上为第五段，写仁寿二年的政事变故。独孤皇后去世，蜀王杨秀被废，奸臣杨素被疏远。）

隋文帝仁寿三年（癸亥，公元 603 年）

秋季，八月初三日壬申，隋文帝赐幽州总管燕荣自裁。燕荣生性暴虐，经常鞭打左右的人，一打就是上千棍，他曾经看到路旁长着一丛一丛的荆条，认为是做刑杖的好材料，派人砍伐回来，就找一个人来试验。被试验的人陈述没有罪过，燕荣说："以后有罪，可以免除你的杖刑。"不久，有人犯罪，将要施以杖刑，那个人说："前些天被杖打，使君答应以后有罪就赦免我。"燕荣说："上次没有罪还遭了杖刑，何况有罪呢！"照样施以杖刑。

观州长史元弘嗣被调任为幽州长史，害怕遭受燕荣的凌辱，坚决推辞。隋文帝敕令燕荣："元弘嗣若犯罪应受杖刑，十棍以上，都要事先向朝廷奏报。"燕荣气愤地说："这小子胆敢戏耍我！"于是派元弘嗣监收仓库粟米，如果从粟米中扬出一粒糠一粒秕，都要处罚。每次责打虽然不满十下，但是一天之中，有时连遭三次杖刑。这样过了一年，双方的仇怨隔阂日益加深。燕荣于是逮捕元弘嗣关进监狱，不给饭吃，元弘嗣抽取棉絮用水吞吃。他的妻子到宫阙喊冤，隋文帝派遣使者查验，上奏燕荣残暴酷虐，贪赃枉法非常严重，被征召回朝，赐死。元弘嗣代替燕荣为幽州刺史，残暴程度更超过了燕荣。

九月二十三日壬戌，设置常平官。

这一年，龙门人王通到宫阙进献《太平十二策》，隋文帝没有采纳，王通只好作罢返回。王通于是在黄河汾水之间讲学授徒，学生从远方到来的很多。朝廷多次征召，他都不出来做官。杨素非常敬重他，劝他出来做官。王通说："我王通有祖辈留下来的破旧住房，可以遮风避雨，几亩薄田可以供我喝点稀粥，读书论道也足以怡然自乐。希望明公端正身心治理天下，四时和顺，年年丰收，那我王通所受到的恩赐就很多了，不愿意做官。"有人在杨素面前说王通的坏话："他实际上是怠慢您，您为何还这样尊敬他？"杨素便问王通，王通说："假使您是可以怠慢的，那么我就有所得；假使您不可以怠慢，那么我就有所失；得与失都在于我，与您有何干呢！"杨素对待他一如既往。

学生贾琼问王通怎样才能止住诽谤，王通说："不要辩解。"又问怎样消除怨恨，王通说："不要相争。"王通曾经说："不用下达赦令的国家，它的刑法一定公平；横征暴敛的国家，它的财力必然削弱。"又说："听到诽谤就发怒的人，是招引谗言的媒介；听到赞扬就欢喜的人，是招致谄佞的媒介；断绝这两种媒介，谗言邪佞就会远离而去。"大业末年，王通在家中去世，学生们送他一个谥号叫文中子。

突厥步迦可汗所统部落大乱，铁勒仆骨等十多个部落，都背叛步伽降附启民可汗，步迦可汗部众溃散，向西逃往吐谷浑；长孙晟把启民可汗送到碛口，启民可汗于是统领了步迦可汗的部众。

（以上为第六段，仁寿三年无大事，略记二三事：隋文帝惩治暴吏，杨素礼遇王通，西突厥众溃。隋文帝赐令暴吏幽州刺史燕荣自裁，但继任者暴虐更甚。由于隋文帝晚年为政暴虐，上行下效，虽然惩治了个别暴吏，但无济于风气的改变。）

【点评】

隋文帝更立太子被弑。本卷史事的最大事件是隋文帝废黜太子杨勇，更立太子杨广。杨勇沉溺于声色，亲爱群小，铺张浪费，不是一个理想的继位人。杨广有平陈之功，又矫饰伪善投父母之好，处心积虑地夺取太子之位，结交权臣，施恩下人，杨勇的悲剧在情理之中。杨广心狠手辣，不论怎么伪装，难免露出马脚。他伪造谎言陷害兄长，制造伪证嫁祸弟弟杨秀，而杨勇从不言杨广之过，一个宽厚，一个狠毒，可以说对比鲜明。独孤皇后偏听偏爱，与一个妒悍之妇的性情相合。而隋文帝却迷惑不悟，殊难理解。大概隋文帝因运用诈术取天下，心性本来就不正，在悍妇、权臣、群小的重围中迷失方向，也许就是正常的吧！隋文帝晚年暴虐、拒谏、刚愎，惧失天下，违心废黜蜀王杨秀，担心身后他造反，亦不忍之人矣。之后，杨广弑父弑君，隋文帝得了现世报，亦如杨勇之失太子位，也是咎由自取啊！

隋纪四

隋文帝仁寿四年至隋炀帝大业三年（公元604—公元607）

【起阏逢困敦（甲子，公元604年），尽强圉单阏（丁卯，公元607年），凡四年】

【大事提要】

本卷载述公元604年至公元607年史事，凡四年，时当隋文帝仁寿四年至隋炀帝大业三年。这是隋朝多事和盛衰转折的一个时期。重大史事有：隋炀帝弑君弑父得以继位；平定汉王杨谅的叛乱，国家遭受一次浩劫，平叛后遭杀戮和流放者达二十万人；隋炀帝建东宫、修运河、筑长城、巡游江都、耀兵北疆、通西域，加之赏赐无节，都耗费了隋朝大量资财。由于当时天下承平，无内忧外患，尚能支撑。

高祖文皇帝下

隋文帝仁寿四年（甲子，公元604年）

春季，正月初九日丙午，大赦天下。

隋文帝将要到仁寿宫去避暑，术士章仇太翼极力劝阻，隋文帝不听。章仇太翼说："这次出行恐怕圣驾回不了京师。"隋文帝大怒，把章仇太翼逮捕下狱，期限是回京时斩首。正月二十七日甲子，隋文帝驾临仁寿宫。正月二十八日乙丑，隋文帝下诏，凡是赏赐、财政支出，事无巨细，全都交给太子杨广处理。四月［十四日己卯］，隋文帝生病。六月初六日庚申，大赦天下。秋季，七月初十日甲辰，隋文帝病重，卧床与百官诀别，并与大臣们握手呜咽，命太子杨广赦免章仇太翼。七月十三日丁未，隋文帝在大宝殿驾崩。

隋高祖杨坚，生性谨严持重，所发号令，坚决执行，所要禁止，坚决不做。每天早上听朝理政，到了太阳偏西仍不知疲倦。虽然吝啬钱财，可是赏赐有功之臣，却十分慷慨；将士战死，一定优厚抚恤，并派使者慰问家属。他爱护百姓，鼓励农桑，轻徭薄赋。他自己的日常生活，力求节俭，乘坐的御车以及日常用品，破旧了的还随时修补再用；除了宴请宾客，平时吃饭只有一个肉菜；后宫嫔妃都穿洗旧了的衣服。全国风气都受到感化，开皇仁寿年间，男人们都穿绢布衣物，不穿绫罗绸缎，装饰用品不出铜铁骨角，没有用金银珠玉装饰。所以国民吃穿增加，国家仓库装满。隋文帝接受禅让的初年，编民之户不满四百万，到了仁寿末年，超过了八百九十万户，单单冀州就过了一百万户。但是，隋文帝猜疑忌妒心太重，喜欢苛求细察，听信谗言，功臣故旧，没能保全始终的；甚至对自己的子弟，也都当作仇敌，这是他的短处。

当初，独孤皇后去世以后，宣华夫人陈氏、容华夫人蔡氏都受到隋文帝的宠幸。陈氏是陈宣帝的女儿，蔡氏是丹杨人。隋文帝卧病仁寿宫，尚书左仆射杨素、兵部尚书柳述、黄门侍郎元岩都进宫侍候，召皇太子杨广进宫住在大宝殿。杨广想到皇上万一去世，必须预先作好应变防备，他亲自写了一封密函，派人送出来询问杨素。杨素把各种情况及要采取的措施，一条条地写下来回复太子，宫人把回信误送到了皇上那里，隋文帝看后十分气愤。陈夫人天亮时出去上厕所，被太子逼迫非礼，陈夫人竭力抗拒，才得以逃脱，她回到隋文帝寝宫，隋文帝看到她神色失常，问是什么原因，陈夫人流泪说："太子无礼！"隋文帝大怒，用手捶床说："这个畜生怎么能交付给他国家大事！独孤害了我！"便叫来柳述、元岩说："召见我儿！"柳述等人准备去叫杨广。隋文帝说："是勇儿。"柳述、元岩出了寝宫，撰写敕书。杨素听到消息，告诉了太子杨广，于是假传隋文帝诏令逮捕柳述、元岩，关进大理寺牢狱。迅速追调东宫的士兵增补台省宿卫，宫禁出入，全由宇文述、郭衍调度指挥；命令东宫右庶子张衡进入寝宫侍候，把寝宫的宫女宦官全部驱赶到其他地方。一会儿，隋文帝驾崩。因此朝廷内外有各种不同的议论。陈夫人与后宫女子听到变故，面面相觑，全身发抖，面无人色。黄昏时分，太子派使者送来一个小金盒，接口处贴上纸条，太子亲自题字签封，赐给陈夫人。陈夫人看见小金盒，惊恐不安，以为是毒药，不敢打开。使者催促她，她才打开，盒内却放有几枚同心结。宫女们都很喜悦，互相说："可以免死了！"陈夫人很气愤，退后坐下，不肯答谢。宫女们一起催逼她，才拜谢使者。当天夜里，太子杨广奸淫陈夫人。

（以上为第一段，写隋文帝暴崩于仁寿宫，太子杨广弑父弑君，蒸淫陈夫人。）

七月二十一日乙卯，发丧，太子杨广即皇帝位。正巧伊州刺史杨约来朝见，杨广派杨约进入长安，调换了看守杨勇的宿卫，假传隋文帝的诏命，赐死故太子杨勇，结果杨勇被人勒死；然后陈列军队会集朝官，发布高祖驾崩的消息。隋炀帝得知这一切，对杨素说："令兄的弟弟，果然能担负大任。"追封杨勇为房陵王，但不立爵位继承人。八月初三日丁卯，隋文帝灵柩从仁寿宫运到京师；八月十二日丙子，设灵堂于大兴前殿。柳述、元岩一起被罢官除名，柳述发配到龙州，元岩发配到南海。隋炀帝强迫兰陵公主与柳述离婚，要她改嫁；公主誓死不从，不再朝请，上表请求陪伴柳述发配，隋炀帝大怒。兰陵公主忧愤而死，临死的时候，又上表请求埋葬在柳氏墓地，隋炀帝更加愤怒，竟然不去哀悼，致送的葬礼也很微薄。

太史令袁充上奏说："新皇帝即位的时日，与帝尧接受天命的时间相合。"暗示百官上表庆贺。礼部侍郎许善心提出异议，认为"国丧刚开始，不应当庆贺"。左卫大将军宇文述一向憎恨许善心，暗示御史弹劾许善心，贬为给事郎，官品降二等。

汉王杨谅很受隋文帝的宠爱，担任并州总管，从太行山以东，直到大海，南到黄河，有五十二州的地方隶属于并州。还特许汉王可以不上奏，自行处置事务，不必拘泥法律条文。杨谅自认为他所在的地方是天下精兵会聚的地方，他看到太子杨勇因受诬陷而被废黜，常常闷闷不乐；等到蜀王杨秀获罪，杨谅更加不安，暗中怀有异图。他对隋文帝说，由于"突厥正日益强盛，应该整修武备"。于是大规模征调工匠夫役，修理器械，召集亡命之徒，安置在自己身边，这样的私人武装有数万人。突厥人曾侵扰边境，高祖派杨谅抵御，他被突厥人打败，他所率领的将帅因罪被解职除名的有八十余人，都被发配到岭南戍守。杨谅因为这些人是他多年的旧部，奏请留下他们。高祖发怒说："你作为藩主，只应服从朝廷命令，怎么可以因私而强调故旧关系，废弃国家的法令呢！你这小子，你一旦没有了我，假如轻举妄动，人家抓你就像抓笼子里的小鸡一样，你那些心腹将领又有何用！"

王頍是王僧辩的儿子，性格豪爽，善于谋略，担任杨谅的谘议参军。萧摩诃是陈朝的旧将。两个人都不得志，经常郁郁寡欢，图谋作乱，都受杨谅宠信，赞同杨谅的阴谋。

正巧，荧惑处在井宿的位置，仪曹邺人傅奕通晓占星术，杨谅问他说："这是什么征兆？"傅奕回答："天上的井宿，在黄道带上，荧惑通过，是正常的现象，假如进入地上井宿的分野，那就奇怪了。"杨谅听了十分不高兴。

到隋文帝去世时，隋炀帝派车骑将军屈突通持高祖玺书召杨谅进京。原来，隋文帝曾与杨谅秘密约定："假若用玺书召你，敕字旁另外加有一点，而又和玉麟符相合的话，你就应当接受。"等到打开玺书一看没有符验，杨谅就知道出了事。杨谅盘问屈突通，屈突通不改口回答，便打发他回长安，杨谅于是起兵造反。

总管司马安定人皇甫诞恳切劝阻，杨谅不听，皇甫诞流着泪说："我料定大王的兵力和装备不能和京师相抗衡；加上君臣的名分已经确定，逆顺的形势悬殊，大王虽兵强马壮，但也难以取胜。一旦陷身为叛逆，按刑律治罪，纵然想只作一个平民也不可能了。"杨谅大怒，把他投入了牢狱。

岚州刺史乔钟葵将要追随杨谅，他的司马京兆人陶模阻止，说："汉王图谋不轨，您身受国家厚恩，理应竭诚效命，怎么能身陷祸端呢！"乔钟葵变了脸色，说："司马你反了吗？"把刀架到他脖子上，陶模言辞气度毫不屈服，乔钟葵佩服他大义凛然，就放了他。军吏说："如果不杀陶模，无法使大家心服。"于是把他囚禁起来。当时共有十九个州跟从杨谅造反。

王頍进言杨谅说："大王的部属将吏，家属都在关西，如果用这些人，那么应当长驱深入，直接去占领京师，这就叫迅雷不及掩耳，如果只打算割据旧齐的地方，应当任用东部的人。”杨谅拿不定主意，就兼用两策，声言杨素反叛，将起兵诛讨。

总管府兵备参军闻喜人裴文安进言杨谅说：“井陉以西的地方，在大王控制之内，太行山以东的兵马，也归我有，应当全部集中起来，分派老弱驻守要害地方，并命令他们随机扩张土地，率领精锐部队直接进入蒲津关。我裴文安请求作为先锋，大王统领大军继后，如风行雷击，挺进霸上。咸阳以东的地方，就可以很容易得手，这样京师震动纷扰，军队来不及调集，上下相互猜疑，人心离散，我军严阵以待，发号施令，谁敢不听！十天之内，大事可定。”杨谅非常高兴，于是派遣所任命的大将军余公理从太谷出兵，指向河阳；大将军綦良从滏口出兵，指向黎阳；大将军刘建从井陉出兵，攻略燕赵地区，柱国乔钟葵从雁门出兵，任命裴文安为柱国，与柱国纥单贵、王聃等直接指向京师。

隋炀帝任命右武卫将军洛阳人丘和为蒲州刺史，镇守蒲津。杨谅挑选几百个精锐骑兵，戴上妇女的面纱，诈称是杨谅的宫人回到长安，守门的卫兵没有发觉，径直进入蒲州城，城中也有一些亡命徒响应，丘和觉察了变故，翻过城墙逃回长安。蒲州长史勃海人高义明、司马北平人荣毗都被叛军抓获。裴文安等人到达距蒲津关一百余里处，杨谅忽然改变主意，派纥单贵拆断河桥，据守蒲州，而召裴文安回来。裴文安回来后，对杨谅说：“用兵的机要贵在诡诈神速，本来想出其不意。大王既没有前行，文安又被召回，让对方制定好计划，我们的大事就完了。”杨谅不语。他任命王聃为蒲州刺史，裴文安为晋州刺史，薛粹为绛州刺史，梁菩萨为潞州刺史，韦道正为韩州刺史，张伯英为泽州刺史。代州总管天水人李景率兵抵抗杨谅。杨谅派郭将刘嵩攻击李景，李景斩杀了刘嵩。杨谅又派乔钟葵率领三万精兵攻打代州，李景手下士兵只有几千人，加上城池不稳固，受到乔钟葵进攻，城墙相继崩塌，李景一边作战一边筑城，士卒们都拼死战斗，乔钟葵的多次进攻被击退。代州司马冯孝慈、司法吕玉都骁勇善战，仪同三司侯莫陈乂足智多谋，善于防御战术。李景知道这三人可以重用，便诚心诚意任用他们，自己不干预交战事务，只是在衙署内主持大计，并经常抚慰巡视而已。

杨素率领轻骑兵五千人指向蒲州攻击王聃、纥单贵。夜里杨素到达河边，收集商人船只，得到几百艘，船内铺上许多草，人马踏到上面没有声音，又让马口含上木片不能出声，静悄悄地渡过黄河。黎明时分发起攻击，纥单贵战败逃走，王聃非常恐惧，献出城池投降。隋炀帝下诏召回杨素。当初，杨素将要出发时，计算日期打败叛贼，结果完全和预料的一样。于是任命杨素为并州道行军总管、河北道安抚大使，率领数万军队征讨杨谅。

杨谅最初起兵的时候，王妃的哥哥豆卢毓任汉王府主簿，苦苦劝谏，杨谅不听。豆卢毓私下对他弟弟豆卢懿说：“我如果一人回归朝廷，自然能够免祸，但这只是为自己打算，不是为国家。不如暂且假装服从，慢慢等待机会。”豆卢毓是豆卢勣的儿子。豆卢毓的哥哥显州刺史豆卢贤对隋炀帝说：“臣的弟弟豆卢毓平素就有气节，一定不会跟着作乱，只是在凶威逼迫之下，不能够按自己心意办事。我请求带兵出征，与豆卢毓里应外合，打败杨谅没有问题。”隋炀帝同意了。豆卢贤派家人带上敕书到豆卢毓的住所，和他商量。

杨谅出城，将要到介州，命豆卢毓与总管属朱涛留守。豆卢毓对朱涛说：“汉王发动叛乱，很快就要失败，我们难道可以坐等灭族，有负国家吗！我和你应当出兵抵抗汉王。”朱涛吃惊地说：“大王把大事交给我们，怎么能说这种话！”便拂袖而去，豆卢毓追上去杀了朱涛。接着从牢狱中放出皇甫诞，与他商议，并和开府仪同三司宿勤武等共同关闭城门抵抗杨谅。还没有部署妥当，有人报告了杨谅，杨谅领兵攻城，豆卢毓看到杨谅到来，就哄骗守城士兵说：“这是敌军。”杨谅攻打南门，稽胡人守卫南城，不认识杨谅，用弓努射杀，箭矢如雨，杨谅转攻西门，守城士兵认识杨谅，立即开门让杨谅进城，豆卢毓、皇甫诞都被杀死。

綦良进攻慈州刺史上官政，没能攻克，转攻代理相州刺史薛胄，又没有取胜，于是从滏口进攻黎州，封锁白马津。余公理从太行直下河内，隋炀帝任命右卫将军史祥为行军总管，驻军在河阴。史祥对军吏说：“余公理轻率无谋，依靠兵多而骄傲，很容易打败他。”余公理驻扎在河阳，史祥在南岸准备好了船只，余公理集中兵力抵挡。史祥挑选精锐在下流偷偷渡河，余公理得到消息，领兵抵抗，两军在须水相遇交战。余公理还没有摆好阵势，史祥就发起了攻击，余公理大败。史祥领兵东指黎阳，綦良的军队还没有交战就溃散了。史祥，是史宁的儿子。

隋炀帝要调发幽州军队，怀疑幽州总管窦抗要背叛，就问杨素谁能擒获窦抗。杨素推荐前江州刺史勃海人李子雄，隋炀帝任命李子雄为上大将军、广州刺史。又任命左领军将军长孙晟为相州刺史，去征调山东的军队，与李子雄合兵取幽州。长孙晟以他的儿子长孙行布是杨谅的部下为由推辞就任相州刺史，隋炀帝说：“你体谅国家为重，终不会因为儿子而损害大义，朕托付你大事，不要推辞。”李子雄驰马到达幽州，停留在驿站，召募了一千多人。窦抗来见李子雄，李子雄埋伏武士抓获了窦抗。窦抗，是窦荣定的儿子。

李子雄于是调发幽州兵步骑三万，从井陉向西攻击杨谅。当时刘建围攻井陉戌将京兆人张祥，李子雄在抱犊山下打败了刘建，刘建逃走。李景被围攻了一月多，隋炀帝诏令朔州刺史代郡人杨义臣救援。杨义臣率领步骑两万，乘夜出西陉关，乔钟葵率领全部兵马迎击。杨义臣因为自己兵少，全部抽出军中的牛驴，共有数千头，又派了几百个兵丁，每人拿一百鼓暗中驱赶牛驴，隐藏在山谷中。下午晡时左右，杨义臣再次与乔钟葵交战，刚一交兵，杨义臣命令驱赶牛驴的士兵迅速驱赶前进，一时间鼓声大震，尘埃满天，乔钟葵军不知虚实，认为埋伏的士兵出击，立即溃逃，杨义臣全线出击，大败叛军。晋州、绛州、吕州三座州城都是杨谅兵驻守，杨素每州留下两千人牵制，大部队离开州城向前推进。杨谅派部将赵子开率领十余万人，用栅栏阻断交通，在高壁岭上据守，连营五十里。杨素命令众将靠拢高壁岭，自己率领一支轻骑出奇兵潜入霍山，沿着悬崖陡壁前进。杨素驻扎在山谷口，自己坐在营帐外边，派军司入营选派三百人守营，士兵害怕杨谅军队强大，不愿出战，多愿守营，因而迟迟定不下来，杨素责问原因，军司据实回答，杨素立即召唤留守的三百人出营，全部杀头。他重新下令选派留守的人，再没有人愿意留下。杨素于是率领军士飞驰前进，在杨谅军队的北边突然出现，直冲杨谅的军营，鸣鼓放火。杨谅军队不知所措，自相践踏，杀伤数万，杨谅委派的介州刺史梁修罗屯守介休，听到杨素到来，丢了城池逃跑。

杨谅得知赵子开打了败仗，十分恐惧，亲自率领近十万大军，在蒿泽抵抗杨素。正赶上大雨，杨谅想率领军队退回，王頍劝阻说："杨素孤军深入，人困马疲，大王亲自率领精兵攻击，看这情势一定取胜。如今望见敌人就退走，向人显示胆怯，挫伤我军将士的斗志，增强敌人的士气，希望大王不要后退。"杨谅不听，退守清源。

王頍对他儿子说："形势不好，我军必败，你要紧紧跟着我。"杨素进击杨谅，将他打得大败，并擒获了萧摩诃。杨谅撤退到晋阳防守，杨素进军包围，杨谅窘迫无路，请求投降，余党都被扫平。隋炀帝派杨约送亲笔诏书慰劳杨素。王頍打算投奔突厥，走到山中，道路断绝，他自知一定不能幸免，对他的儿子说："我的谋略不比杨素差，但因为言不听计不从，才落到了这种地步。我不能坐在这里等人抓获，让杨素那小子成名。我死后，你小心谨防不要去投亲靠友。"于是自杀，尸体被埋葬在石窟中。他儿子几天吃不上饭，就到朋友家去，终于被人抓获。同时寻获王頍的尸体，一起在晋阳枭首示众。

群臣上奏称汉王杨谅应当处死，隋炀帝不许，只将杨谅削职为民，并从宗室族籍中除名，最后将他囚禁而死。他的部属及平民受牵连而获罪，被处死和流放的有二十余万家。当初，隋文帝与独孤皇后十分亲爱，发誓不和别的姬妾生儿子。隋文帝曾经对群臣说："前朝天子，溺爱宠幸的姬妾，嫡子与庶子互相争斗，便有废立太子之事，严重的因此亡国。我没有别的姬妾生子，五个儿子都是一母所生，都是亲兄弟，难道还有废立的忧患吗！"隋文帝又借鉴北周宗室微弱，所以让几个儿子分据大镇，专制一方，权力与皇室相当。到了晚年，父子兄弟互相猜忌，五个儿子都不得善终。

臣司马光评论说：从前辛伯劝谏周桓公说："内宠姬妾与王后平列，外宠重臣专擅政权，庶子与嫡子匹对，大镇与封国都相等，这都是祸乱的根源。"人主真能在这四个方面特别慎重，祸乱就不会发生。隋高祖只知嫡庶之间常有争斗，皇室孤单容易被摇动，却不知道势均力敌地位相当，即使是同母所生，也不能避免互相倾轧的祸患。考察辛伯说的话，隋高祖只领会了一条，而丢掉了三条啊！

冬季，十月十六日己卯，安葬隋文帝于太陵，庙号高祖，与文献皇后同坟异穴。

隋炀帝下诏免除妇女，以及奴婢、部曲的赋税，规定男子二十二岁为成丁。

章仇太翼进言隋炀帝说："陛下得的是木命，雍州是破木的要冲，不可长久居住。又图谶上说：'修治洛阳还晋家。'"隋炀帝极为赞同。十一月初三日乙未，隋炀帝巡幸洛阳，留晋王杨昭守长安。因为杨素的功劳拜授他的儿子杨万石、杨仁行、侄儿杨玄挺为仪同三司，赏赐丝帛五万段，绮罗一千匹，杨谅的歌伎侍妾二十人。

十一月初四日丙申，征发丁男数十万人挖长壕，从龙门起东向接长平、汲郡，直到临清关，越过黄河到浚仪、襄城，到达上洛，沿壕沟布置关卡。

十一月二十日壬子，陈叔宝去世，赠大将军、长城县公，谥号曰炀。

十一月二十一日癸丑，隋炀帝下诏在伊水洛水交汇之间营建东京，仍有这样的话："宫室制度，原本是方便起居，如今建造，一定要节约。"

蜀王杨秀获罪时，右卫大将军元胄因与杨秀往来被罢官除名，长久没有起用。当时慈州刺史上官政犯罪发配岭南，将军丘和因为丢失蒲州被罢官除名。元胄与丘和是旧交，喝酒到高兴的时候，对丘和说："上官政，是一位英雄，如今发配岭南，该不会出什么事吧！"然后拍着自己的肚子说："如果是你，不会无所作为吧！"丘和上奏朝廷，元胄被处死。于是召回上官政，任命为骁卫将军，任命丘和为代州刺史。

（以上为第二段，写隋炀帝讨平汉王杨谅的反叛。）

炀皇帝上之上

隋炀帝大业元年（乙丑，公元 605 年）

春季，正月初一日壬辰，大赦天下，改年号为大业。

册立王妃萧氏为皇后。

撤销各州总管府。

正月二十五日丙辰，册立晋王杨昭为皇太子。

隋文帝晚年时，群臣中有人说林邑出产许多稀奇珍宝。当时天下太平，刘方刚刚平定交州，隋炀帝于是任命刘方为驩州道行军总管，开拓林邑。刘方派钦州刺史宁长真等率领步骑一万多出兵越裳，刘方亲自率领大将军张愻等以水师出比景进兵，当月，到达林邑的出海口。

二月初七日戊辰，隋炀帝敕命主管部门大量陈列金宝、器物、锦彩、车马，引导杨素以及平定汉王杨谅的各位有功将领站在前面，让奇章公牛弘宣读诏书，表彰功劳，赏赐各有等级。杨素等人一再拜谢离去。二月十八日己卯，任命杨素为尚书令。

下诏全国良民一律除去丧服，只有隋炀帝穿浅色黄衫，系黑色腰带。

三月十七日丁未，下诏命杨素与纳言杨达、将作大匠宇文恺等营建东京，每月投入的工役二百万丁男，迁移洛州城内的居民，以及各州富商大贾数万户用以充实东京，废除二崤道，开通葼册道。

三月十八日戊申，下诏说："君王应当听取民众的意见，与庶民百姓一起商议治国大事，这样才能了解刑政的得失，朕现今将巡视淮海，观察各地民俗风气。"

隋炀帝下令宇文恺与内史舍人封德彝等人营建显仁宫，南边连接皂涧，北边横跨洛水。征调大江以南、五岭以北的奇材异石，运送到洛阳。又征求全国所产嘉木异草，珍禽奇兽，用来充实皇家园林。三月二十一日辛亥，命令尚书右丞皇甫议征发河南、淮北各郡的民夫前后百余万，挖通济渠。从西苑导引谷水、洛水通达黄河；又从板渚引河水经荥泽进入汴水；又从大梁的车边引汴水进入泗水，通达淮水；又征发淮南民夫十余万挖邗沟，从山阳经扬子进入长江。运河宽四十步，河旁修筑御道，栽种柳树。从长安直到江都，沿途修建离宫四十余处。三月三十日庚申，派黄门侍郎王弘等前往江南造龙舟，以及其他船只数万艘。修建东宫的官吏催督工期十分严厉紧急，服役的民夫十分之四五死亡，主管部门用车载死尸，东到成皋，北到洛阳，沿途不断。又在东京建造天经宫，四时祭祀高祖。

林邑王梵志派兵把守险要，刘方进攻把他们赶走。隋军渡过阇黎江，林邑兵乘坐大象，从四面包围上来，刘方交战失利。于是隋军挖了许多小土坑，用草盖在上面，用兵挑战，交战以后，假装败退；林邑人追赶，很多大象踏陷入土坑摔倒，林邑兵惊慌害怕，互相波及，军队大乱，刘方用箭弩射大象，大象转身逃跑，践踏林邑军的阵列，刘方趁机用精锐兵攻击，林邑军大败，被俘被杀数以万计。刘方领兵追击，多次战斗都胜利了，经过汉代马援铜柱以南，八天就到达了林邑国都。夏季，四月，林邑王梵志弃城逃到海上。刘方进城，获得林邑庙主牌位十八个，都是用黄金铸成，立碑纪功班师。士兵不服水土，患了脚肿病，死亡的占十之四五。刘方也生了病，死在半道。

当初，尚书右丞李纲因为多次发表不同建议冒犯了杨素和苏威。杨素向高祖推荐李纲，任命为刘方的行军司马。刘方秉承杨素的旨意，凌辱李纲，差点儿死掉。军队回朝，长久不提升。苏威又派李纲到南海处理林邑事务，长久不召他回朝。李纲自己回京奏报公务，苏威弹劾李纲擅自离开职守，交由司法官审理，恰遇大赦，罢免官职，隐居在鄠县。

五月，营建东京西苑，周长二百里。苑内有海，周长十余里，海中造蓬莱、方丈、瀛洲几座神山，高出水面一百多尺，亭台楼阁，排列山上，从正面背面各个角度看，都美如仙山。海的正面有龙鳞渠，渠水弯弯曲曲地流入海内。沿着渠水，建造了十六处宫院，院门都面临渠水，每院安置一个四品夫人主持。殿堂楼观，极其华丽。秋冬时节，宫中树木绿叶凋落，就剪彩绸为绿叶花朵，缀连在树枝上，要是褪了颜色就换新的，使常年保持阳春三月景象。在池沿之中也剪彩绸为荷叶菱角，如果皇上在冬天来游玩，就除去池中水棱，用彩绸布置成荷塘春色。十六院的夫人争相用精美的食品比试高低，用以求得皇上恩宠。隋炀帝喜欢在月夜带领几千名宫女，骑马游西苑，就在马背上奏演《清夜游曲》。

隋炀帝对待诸王薄情寡恩，猜忌防范；腾王杨纶、卫王杨集心怀忧惧，便叫来方术士问吉凶祸福，以及打醮求福。有人控告二王怨望诅咒，主管部门奏请诛杀二王。秋季，七月十八日丙午，隋炀帝下诏废黜二王，除名为平民，发配到边郡。杨纶，是杨瓒的儿子；杨集，是杨爽的儿子。

八月十五日壬寅，隋炀帝巡幸江都，从显仁宫出发，王弘派龙舟北上迎接。八月十八日乙巳，隋炀帝乘坐小朱航，从清渠使出洛口，换乘龙舟。龙舟高四层，有四十五尺，长二百丈，最上层有正殿、内殿、东西朝堂，中间两层有一百二十间房，都用金玉装饰，底层是内侍居住的地方。萧皇后乘坐的翔螭舟，稍微小一些，然而装饰没有差别。另外有浮景船九艘，三层楼，都是水上宫殿。又有漾彩、朱鸟、苍螭、白虎、玄武、飞羽、青凫、陵波、五楼、道场、玄坛、板艙、黄篾等名号的船数千艘，供后宫、诸王、公主、百官、僧尼、道士、蕃客乘坐，以及运载内外百官向隋炀帝献纳的物品。一共征发了拉纤的船工八万多人，其中拉漾彩这一级的纤夫才九千多人，称为殿脚。纤夫都身穿锦缎彩绸的袍服，还有平乘、青龙、艨艟、艚艘、八棹、艇舸等几千艘兵船，供十二卫的士兵乘坐，以及运载兵器。兵船由士兵自己牵引，不配民夫。船舰前后相接，连绵二百多里，灯火照耀河面及两岸陆地，骑兵夹岸行进，旌旗遍野。所经过的州县，五百里以内都奉命供给食物，多的一个州要出动一百多辆车来运送，所产的水陆珍奇物品都要贡献，后宫都吃腻了，每从停留的一站将要起程的时候，就把吃不完的食物扔掉掩埋。

契丹入侵营州，下诏通事谒者韦云起监护突厥兵去讨伐，启民可汗调集两万骑兵，接受韦云起指挥。韦云起分为二十营，四路并进，每营相隔一里，不得相混，听到鼓声前行，听到角声停止，除传递公事的乘骑以外，不得驰马，三令五申，然后击鼓出发。突厥军的一个纥干犯了军令，立即斩首示众。于是突厥将帅入见韦云起，都要膝行而前，两脚发抖，没有人敢仰视。契丹人原本是归附突厥的，双方没有猜忌之心。韦云起进入契丹境内，让突厥人谎称到柳城去与高丽人做生意，敢泄露真实情况的就杀头。契丹人没有防备，在距离契丹兵营只有五十里时，突然快骑行进发起袭击，全部俘虏了契丹男女四万人，把男子都杀死，妇女及畜产的一半赏赐给突厥人，其余的都集中起来作为战利品带回。隋炀帝非常高兴，召集百官说："韦云起用突厥人平定了契丹，兼备文武才能，朕今天要亲自提拔他。"于是升迁韦云起为治书侍御史。

当初，西突厥阿波可汗被叶护可汗俘获，国人拥立鞅素特勒的儿子，称他为泥利可汗。泥利去世，儿子达漫继位，称处罗可汗。达漫的母亲向氏原本是中原人，在泥利去世后改嫁泥利之弟婆实特勒。开皇末年，婆实特勒和向氏到长安觐见，正遇上达头可汗叛乱，只得留居长安，住在鸿胪寺。处罗可汗经常停留在乌孙国故地，由于安抚不当，于是很多国人叛乱，外部又受到铁勒人侵扰。铁勒是匈奴后裔，分为很多部族，有仆骨、同罗、契苾、薛延陀等部，酋长都称俟斤。各部族姓氏都不同，但都统称铁勒，大致与突厥人的习俗相同，以抢劫掠夺为生，没有大的君长，分别属于东、西两突厥。这一年，处罗可汗率兵袭击铁勒各部，对铁勒人的财物课以重税，又猜忌薛延陀部，担心发生变故，于是召集薛延陀部酋长几百人，全部屠杀。因此铁勒各部族全都叛变，拥戴俟利发俟斤契苾歌楞为莫何可汗，又拥立薛延陀部俟斤字也咥为小可汗。与处罗部交战，多次打败处罗可汗。莫何可汗勇猛刚毅，无与伦比，很受部众拥护，使邻国十分畏惧，伊吾、高昌、焉耆等国都归附他。

（以上为第三段，写隋炀帝大业元年，执政伊始就穷奢极欲，建东都、修运河、下江南。征役数百万，毫不顾惜民力。）

隋炀帝大业二年（丙寅，公元 606 年）

春季，正月初六日辛酉，东京营建完成，将作大匠宇文恺被升迁为开府仪同三司。

正月十二日丁卯，隋炀帝派出十路使者执行州县的裁撤合并。

二月初一日丙戌，下诏吏部尚书牛弘等制定皇帝的车服仪仗制度。任命开府仪同三司何稠为太府少卿，由他负责制造，送到江都。何稠聪慧巧思，博览图书典籍，参照古今式样，有许多增删改进。皇帝衮服和冠冕都绣上日、月、星、辰，鹿皮冠改用漆纱帽。何稠又制作朝会所用三万六千人的黄麾仪仗，以及皇帝的御车御轿和皇后的仪仗，文武百官的礼服，都力求华丽壮观以博皇上欢心。又督责各州县送交羽毛，百姓为了能捕捉到鸟兽，水上陆地设下了天罗地网，不管是飞禽还是走兽，只要有羽毛、皮毛可作装饰品的，几乎都被捕尽杀绝。乌程有一棵高树，高超过一百尺，树干没有可以攀附的枝条，这棵树上有鹤鸟建巢，人们想捉鹤取羽毛，但爬不上树，就用斧头砍伐树根。鹤担心它的幼鹤跌死，就自己把羽毛拔下来扔在地上。当时有人认为是一种吉兆，说："天子造有羽饰的仪仗，鸟兽自动呈献羽毛。"制造仪仗所役使的工匠达十万余人，耗费的金银钱帛多得数以亿计。隋炀帝每次出行，仪仗队伍都堵塞街巷，连绵二十余里。三月十六日庚午，隋炀帝从江都出发。

夏季，四月二十六日庚戌，迎接他的仪仗从伊阙开始排列车驾，共有车乘一千辆，骑兵一万人，浩浩荡荡，簇拥圣驾进入东京。四月二十七日辛亥，隋炀帝驾临端门，下诏大赦天下，免去当年的租赋。又制定文武百官的服饰，五品以上文官的乘车，上朝穿弁服，佩挂譬玉；武官的马勒加白螺装饰，要戴包头巾，着“骑马装”。文物典制的隆盛，近世没有比得上的。

六月二十九日壬子，任命以杨素为司徒；进封豫章王杨暕为齐王。

秋季，七月初八日庚申，规定百官不能仅凭考绩优秀就可升迁，一定要德行、功劳和才能显著的人才能得以升迁。隋炀帝很吝惜名位，群臣中有应当进升官职的，大多署为兼职暂代。即使职务有空缺，宁可空留着也不让人补上。当时牛弘任吏部尚书，不能独立行使自己的权力，而另外敕令纳言苏威、左翊卫大将军宇文述、左骁卫大将军张瑾、内史侍郎虞世基、御史大夫裴蕴、黄门侍郎裴矩一起掌理选用官吏之事，时人称之为“选曹七贵”。虽然这七个人都在座，但是用与不用的实权，却由虞世基独掌，他接受贿赂，行贿多的人可以破格提拔，不行贿的人就只在名册上登记一下姓名履历而已。裴蕴，是裴邃的堂曾孙。

元德太子杨昭从长安来朝见皇上，停留数月，要返回长安，他请求再留住一些时日，隋炀帝不允许。杨昭跪拜请求了很多次，由于身体本来很肥胖，以至过于劳苦而得病，七月二十二日甲戌，太子杨昭病死。隋炀帝装模作样地哭了几声就停止了，立即又命女伎演奏音乐，与平日没有什么不同。

楚景武公杨素，虽然立有大功，特别遭到隋炀帝的猜忌，表面上受到特殊礼遇，内心感情十分淡薄。太史令说隋地分野内会有大丧，隋炀帝就把越国公杨素改封为楚国公，用意是因楚与隋在同一分野内，用杨素来压邪。杨素患病卧床，隋炀帝经常派名医去看病，赐给上等医药，但暗中询问医生，担心他不死。杨素也自认为名声地位到了极点，不肯服用医药，也不悉心调养，对他的弟弟杨约说：“我哪里还想再活啊！”七月二十三日乙亥，杨素病死，追赠太尉公、弘农等十郡太守，赙仪丰厚，葬礼十分隆重。

八月初九日辛卯，隋炀帝册封皇孙杨倓为燕王，杨侗为越王，杨侑为代王，他们都是杨昭的儿子。

九月十四日乙丑，册立秦孝王的儿子杨浩为秦王。

隋炀帝认为隋文帝晚年法令严峻苛刻，冬季，十月，下诏命令修改法令。

隋炀帝在巩县东南平原上建造洛口仓，修筑仓城，方圆二十余里，开凿两千口地窖，每口地窖可存粮食八千石以上，设置粮仓监官和镇守的士兵一千人。十二月，在洛阳北七里建造回洛仓，仓城方圆十里，开凿三百口地窖。

当初，齐温公高纬在位时，有鱼龙、山车等杂戏，叫散乐。周宣帝在位时，郑译奏请征召这些杂戏乐人。隋高祖受周禅让后，命令牛弘制定雅乐，凡是不属正声清商和牛弘制定的九部乐和四舞的乐舞，全部遣散不用。隋炀帝由于启民可汗将要入朝，想要向他炫耀隋朝如何富庶欢乐，太常少卿裴蕴迎合隋炀帝的心意，奏请征召天下原周、齐、梁、陈等国的乐家子弟都编入乐户。此外，凡六品官员以下和庶民百姓，凡擅长音乐的，都要到太常寺当差。隋炀帝采纳了这个建议。于是全国各地各种乐舞，都荟萃到了东京，在芳华苑积翠池旁边公开表演。首先出场的是舍利兽，欢腾跳跃，突然激水满街，鼋鼍、龟鳖、会泅水的人、虫鱼，游动翻腾铺满了街。又有一个节目是鲸鱼喷水成雾遮天蔽日，忽然间化作黄龙，长七八丈。又一个节目是二人头顶长竿，竿子上有人起舞，一眨眼两竿上的人飞腾而过，互相交换了位置。还有神鳌背负大山，魔术师吐火等节目，千变万化。艺人们都穿绫罗绸缎，跳舞的人身上环佩叮当作响，还用彩色羽毛作装饰。分派京兆、河南两地制作艺人所穿的彩服，以至长安、洛阳两京绸缎为之一空。隋炀帝亲自创作了许多篇艳诗命乐师白明达谱上新曲教人演奏，音调极为哀婉愁怨。隋炀帝非常喜悦，对白明达说："齐氏偏在一隅，乐工曹妙达况且能够封王，我现在天下统一，正要让你显贵，你应当慎重努力！"

（以上为第四段，写大业二年隋炀帝制仪仗，创艳乐，穷奢极侈，歌舞升平，以及权臣杨素之死。）

隋炀帝大业三年（丁卯，公元 607 年）

春季，正月初一日，早晨，大量陈列礼乐车服以及观赏物品。当时，突厥启民可汗入朝，看了非常羡慕，请求穿戴隋朝服饰，隋炀帝没有允许。第二天，启民可汗又带领随从部属上表恳切请求，隋炀帝非常高兴，对牛弘等人说："现今衣冠十分完备，以至于单于也要解开辫子，更换服饰，这都是你们臣子的功劳。"给每个臣子赏赐了丰厚的丝帛。

三月初二日辛亥，隋炀帝回到长安。

三月初四日癸丑，隋炀帝下令羽骑尉朱宽出海寻访外国习俗，朱宽到达流求后返回。

当初，云定兴、阎毗巴结太子杨勇被判罪，与妻子儿女都罚没为官奴婢。隋炀帝即位，大兴土木，听说他两人心思奇巧，就召见两人，派他们掌管营建事务。阎毗被任用为朝请郎。当时宇文述掌权，云定兴用夜明珠细罗帐贿赂宇文述，宇文述很高兴，待他如兄长。隋炀帝将要讨伐四夷，大造兵器，宇文述推荐云定兴监造，隋炀帝同意了。宇文述对云定兴说："兄长制造的兵器，皇上非常满意，可是没有给你封官，因为你的外甥长宁王兄弟还在世。"云定兴说："这都是无用的东西，为什么不劝皇帝把他们杀了呢！"宇文述便上奏说："房陵王杨勇的几个儿子长大成人，现今皇上正要出师征讨，如果让他们跟随圣驾，那么看管很困难，如果把他们留在一个地方，恐怕要出事，左右为难，请求早作了断。”隋炀帝认为很好，就用毒酒杀死了长宁王杨俨，把他的七个弟弟分别发配到岭南，又派密使在半道把他们都杀了。襄城王杨恪的王妃柳氏自杀殉夫。

夏季，四月初二日庚辰，隋炀帝下诏安抚河北，巡视赵魏地区。

牛弘等人修订新律完成，共十八篇，叫作《大业律》，四月初六日甲申，颁布生效。百姓长久以来怨恨旧律严酷苛刻，喜欢新律宽缓。但不久就征发劳役接连不断，人民不能忍受，而官吏们就临时设立名目压迫百姓，以求办成征发指标，不再用律令了。旅骑尉刘炫参与律令起草，牛弘曾经随意地问刘炫说：“按照《周礼》制度，主管事务的官员多而承办具体文牍案卷的属吏少，现今属吏百倍于官员，减少了还不行，这是什么缘故呢？”刘炫说：“古代任命官吏责以成效，年终要考核分出最好最坏，案件审结不再重复，文书不求烦琐，属吏的责任仅仅是掌握大纲节目罢了。现在的文案簿书，时常担心复查，如果办理不周密，就要不远万里去追查百年旧案。所以谚语说：‘老吏抱着案卷累死。’事务烦琐，政令衰败，这就是属吏多而效率低的原因。”牛弘说：“北魏、北齐时期，属吏们清闲自在，如今却忙忙碌碌不得休闲，又是什么原因。”刘炫说：“先前，官员由朝廷委任，州衙只设置长史、司马，郡衙设置郡守、郡丞，县衙设置县令，仅此而已，其他办事僚属则由长官自己任命，接受诏命上任的，每州不过几十人罢了。现今不是这样，大大小小的官，全都由吏部选任，细小的事，也要由考功曹来核准。减少官吏不如减少事务，官吏们的事务不减省，还想要清闲，能办得到吗？”牛弘很是赞赏刘炫说的话，但是不能采用。

四月十四日壬辰，改州为郡，又改革度量衡，全部恢复古制。改上柱国以下的官叫大夫，增设殿内省，与尚书省、门下省、内史省、秘书省一共有五省。增设谒者台、司隶台，与御史台一起合称三台；分太府寺设置少府监，以及长秋、国子、将作、都水四监共为五监；又增改左、右翊卫等为十六府；废除伯爵、子爵、男爵，仅留王、公、侯三等爵位。

[四月十八日丙申]，隋炀帝巡视北方。四月二十一日己亥，车驾停留赤岸泽。五月初九日丁巳，突厥启民可汗派遣他的儿子拓特勒入朝。五月初十日戊午，征发河北十几个郡的男丁开凿太行山，直达并州，计划修筑驰道。五月十八日丙寅，启民可汗又派遣他哥哥的儿子毗黎伽特勒入朝。五月二十三日辛未，启民可汗遣使上奏，要求亲自入塞迎接圣驾，隋炀帝不允准。

当初，隋高祖接受禅位，只设立了四座亲庙，而且都在同一个殿堂之内，只是再分为四个不同的房间。隋炀帝即位以后，命令有关部门讨论建七庙的仪制，礼部侍郎兼太常少卿许善心等人上奏请求为太祖、高祖各建一座殿，按照周代标准，建文王、武王两座祖庙，与始祖庙共是三座祖庙，其余的祖先都在一座庙里只是分室祭祀，依照“亲尽则毁”的原则，后代每增加一主，就把最先的那个祖先撤去，永保七庙之数。到现在，有关部门上奏请求按照以前议定的那样，在东京建立宗庙。隋炀帝对秘书监柳䛒说："如今始祖与两座祖庙都已具备，后世子孙把朕又放到何处呢？"六月初十丁亥，隋炀帝下诏令为高祖另外建立一庙，仍然每月致祭。后来由于忙于巡游的事务，终于没有建立。

隋炀帝经过雁门，雁门太守丘和进献的食物十分精美；到达马邑，只有马邑太守杨廓却没有奉献什么东西，隋炀帝很不高兴。任命丘和为博陵太守，并且要杨廓到博陵去参观，向丘和学习。从此以后，隋炀帝所到之处地方官员竞相进献食物，互相攀比奢侈。

六月十一日戊子，圣驾暂时留驻榆林郡。隋炀帝想出塞显示军威，穿越突厥境内，直达涿郡。担心启民可汗畏惧，先派武卫将军长孙晟宣谕旨意。启民可汗接到诏命，就把他属下的奚、霫、室韦等部族的酋长几十人都召集起来。长孙晟见启民可汗牙帐内长满杂草，想让启民可汗亲自除掉，以向各部落显示天子的威严。就指着帐前的草对启民可汗说："这草非常香。"启民可汗急忙闻了一下，说："一点都不香。"长孙晟说："天子巡幸所到的地方，诸侯都要亲自洒扫，清除道路，以表示崇敬的心意。现在牙帐内杂草丛生，所以把它说成是留下的香草嘛！"启民可汗恍然大悟，说："这是我的罪过！我身上的骨肉都是天子赐给的，能为天子效力，怎敢推辞呢？只是因为边远之人不懂法度，幸亏依靠将军教诲，将军的恩惠，乃是我的荣幸。"于是拔出佩刀，亲自割草。其他贵族和各部酋长都竞相仿效他。于是从榆林北境开始除草，西到可汗牙帐，东到蓟城，开辟出长三千里、宽一百步的御驾车道，突厥人全都投入了这一工程。隋炀帝得知是长孙晟的计谋，更加赞赏。

六月二十日丁酉，启民可汗和义成公主来行宫朝见。六月二十二日己亥，吐谷浑、高昌都派遣使者前来朝见、进贡。

六月二十七日甲辰，隋炀帝登上北楼观看渔人在黄河中捕鱼，宴请百官。定襄太守周法尚到行宫朝见。太府卿元寿对隋炀帝说："汉武帝出关，旌旗连绵千里。臣建议除了警卫皇上的御营卫队以外，把军队分成二十四军，每天派遣一军出发，相隔三十里，前后旗帜可以互相望见，钲鼓号令也听得清楚，首尾相连，千里不断。这可以显示出师的盛况。"周法尚说："不对。军队连绵千里，时时被山川所阻隔，突然遭到不测，队伍就会四分五裂；若中间受到攻击，而首尾都不知道，况且道路险阻漫长，难以相救；虽然历史上有先例，但却是导致失败的办法。"隋炀帝听了不高兴，说："那你说该怎么办？"周法尚道："将军队列成为方阵，四面向外防御，六宫及百官家属都在方阵中心，如果有变乱发生，受敌的一方马上抵抗，并从阵内派奇兵，冲出阵外奋力攻击，以车辆作为壁垒，再设置弯弯曲曲的钩阵，这和据守城池的道理一样。假如交战得胜，就抽调骑兵追赶，万一不胜，也可以屯营自守，臣认为这是万全之策。"隋炀帝说："好！"于是拜授周法尚为左武卫将军。

启民可汗又上表，以为“先帝可汗可怜臣，赏赐给臣安义公主。供应物资，使我们办什么事都不缺乏。臣的兄弟嫉妒，要共同杀我，臣在当时，走投无路，抬头只看到天，低头只看到地，便把自身托付给了先帝。先帝可怜臣将死，便收留抚养，还让臣做了大可汗，回来安抚突厥的人民，供给物资，什么都不缺，臣深蒙圣上的恩德，用语言难以尽意。臣现今不是先前的突厥可汗，而是皇上的臣民，臣愿意率领部落百姓改变服饰，同华夏一样”。隋炀帝认为不可以这样做。秋季，七月初四日辛亥，赏赐启民可汗玺书，告谕他“漠北还没有安定，还要有征讨，只要诚心恭顺朝廷，不必改变服饰”。

隋炀帝想向突厥炫耀，下令宇文恺制作大帐，帐内能坐下几千人。七月初七日甲寅，隋炀帝在城东设置大帐，备好仪仗待卫，宴请启民可汗和他的部落，表演各种杂戏。各胡族的人非常惊喜，争着贡献牛羊骆驼马匹达几千万头。隋炀帝赏赐启民可汗锦帛两千万段，他的部落按照不同的等级都有赏赐。又赏赐给启民可汗路车、坐骑和鼓吹幡旗等仪仗，特许他朝拜时司仪不呼其名，列位在诸侯王之上。

隋炀帝又下诏征发一百万人修筑长城，西起榆林，东到紫河。尚书左仆射苏威劝谏，隋炀帝不听，修筑了两个月完工。隋炀帝又征集全国各种杂戏艺人，太常卿高颎劝谏，隋炀帝不听，高颎退朝后，对太常丞李懿说：“周天元皇帝因为爱好音乐而亡国，殷鉴不远，怎么能再这样呢！”高颎又认为隋炀帝对待启民可汗太优厚，就对太府卿何稠说：“这个胡人非常熟悉中原的情况，山川险要，恐怕要成为后患。”高颎又对观王杨雄说：“近来朝廷太没有纲常法纪了。”礼部尚书宇文弢私下对高颎说：“周天元皇帝奢侈，拿今天的情况相比，不是更严重吗？”又说：“修筑长城也不是当务之急！”光禄大夫贺若弼也私下议论宴请启民可汗太奢侈。这些情况被人上奏，隋炀帝认为是诽谤朝政。七月二十九日丙子，高颎、宇文弢、贺若弼都被诛杀，高颎的几个儿子发配边疆，贺若弼的妻子儿女籍没为官奴。这事牵连到苏威，也被罢官。高颎有文武才略，精通世务，自从蒙受重任以来，竭尽忠诚操守，推荐忠贞贤良人才，以天下为己任。苏威、杨素、贺若弼、韩擒虎都是高颎推荐的人才，其余建功业的人不胜枚举。高颎在朝执政近二十年，朝野上下都推心敬服，他办的事都没有异议。国家富足，与高颎的贡献分不开。当他被杀，全国的人没有不伤心的。起先，萧琮因为皇后的缘故，受到隋炀帝的亲近推重，任命为内史令，改封梁国公。萧氏宗族，五服以内的人都被量才使用，萧琮的几个兄弟，都为朝廷大臣。萧琮性情恬淡儒雅，不把高官当回事，虽然客居北方，却对隋朝的豪族贵胄，从不低声下气。与贺若弼友好，贺若弼被杀，有童谣说：“萧萧苏复起。”隋炀帝听到了因此猜忌萧琮，便让他免职回家，没多久萧琮就死了。

八月初六日壬午，圣驾从榆林出发，经过云中，逆行金河。当时天下太平，百物丰实，甲士五十多万，马十万匹，旌旗辎重，绵延千余里。隋炀帝命令宇文恺制造观景的移动宫殿，殿上可容纳侍卫几百人。行殿可以拆开，重新安装组合，下设轮轴，可以快速推移。宇文恺还制造移动城堡，城堡周长两千步，用木板制成骨架，用布覆盖，画上彩画，城堡上的城楼、瞭望台一应俱全。突厥人惊叹认为是天神创造的，每次望见御营，十里之外就跪下叩头，无人敢骑马。启民可汗恭奉庐帐以等待圣驾。八月初九日乙酉，隋炀帝驾幸启民可汗营帐，启民可汗捧着酒杯为皇上祝寿，跪伏在地上很是恭敬。突厥王侯以下的人都站立在帐前袒衣割肉，不敢仰视。隋炀帝非常高兴，即兴赋诗云："呼韩顿颡至，屠耆接踵来。何如汉天子，空上单于台！"皇后萧氏也临幸义成公主营帐。隋炀帝赐启民可汗和义成公主每人一只金瓮，另外还有衣服、被褥、彩缎。特勒以下，得到的赏赐各有等差。隋炀帝返回，启民可汗跟随入塞。八月十三日乙丑，隋炀帝让启民可汗回国。

八月十七日癸巳，隋炀帝入楼烦关；八月二十六日壬寅，到达太原，诏令营建晋阳宫。隋炀帝对御史大夫张衡说："朕想看看你的家，你可要作为主人办招待。"张衡便先骑马回到河内，准备酒宴。隋炀帝登上太行山，命令开辟九十里的直道通达张衡的家。九月十三日己未，抵达济源，驾幸张衡宅第。隋炀帝喜爱这里的山泉，便住下来欢宴三天，赏赐的财物非常丰富。张衡又进献食物，隋炀帝下令赏赐臣下、公卿大臣及卫士，没有一人不沾圣恩。九月二十三日己巳，回到东都。

九月二十六日壬申，任命齐王杨暕为河南尹；九月二十七日癸酉，任命民部尚书杨文思为纳言。

冬季，十月，敕令河南各郡选送一家艺户到东京协助原有的三千余户艺户，在洛水南边设置十二坊来安置他们。

西域很多胡人都到张掖做生意。隋炀帝委派吏部侍郎裴矩负责管理。裴矩知道隋炀帝好大喜功，做生意的胡人来了，裴矩就探询各国的山川地理和风俗情况，以及国王、平民的仪表形貌和服饰，写成《西域图记》三卷，共记有四十四国，入朝上奏皇帝。另外还绘制地图，详细说明西域所有险要的地方，从西倾山以西，纵横连亘将近二万里。从敦煌出发，前往西海，一共有三条路：北路从伊吾起，中路从高昌起，南路从鄯善起，三条路东边总汇到敦煌。裴矩还说："以国家的威德，将士的骁勇，渡过濛汜水，越过昆仑山，易如反掌。但是突厥、吐谷浑分别控制羌人、胡人的国家，由于他们从中阻挡，所以不能来朝贡。现在都通过商人暗地里送达诚恳的心意，伸长脖子，翘首盼望，希望成为大隋的臣民。如果使他们归服，用心安抚，促使他们安定和睦，只需由朝廷派出使者，不必劳师动众，诸蕃就会归服大隋，那么，吐谷浑、突厥就可以吞灭。统一戎狄、华夏，当前是最好的时机。"隋炀帝非常高兴，赏赐裴矩丝帛五百段，每天让裴矩坐到御座旁，亲自询问西域的事务。裴矩极力夸张地说："西域有很多珍宝，吐谷浑很容易吞并。"隋炀帝十分感慨，羡慕秦始皇汉武帝的功业，一心要再次开通西域，于是把开拓四夷的事，都交付给裴矩。

隋炀帝任命裴矩为黄门侍郎，又派他到了张掖招引西域各国的胡人，用重利引诱，劝告他们入朝。从这以后，西域胡人一个接一个来到中原。胡人经过的郡县，忙于招待迎接，耗费的资财以万万计，最终导致隋王朝疲困灭亡，这都是裴矩引起的。

铁勒人侵入边境，隋炀帝派将军冯孝慈从敦煌出击，没有取胜。不久，铁勒人遣使入朝请罪，愿意归附，隋炀帝派裴矩安抚他们。

（以上为第五段，写隋炀帝大业三年，巡视北疆，观兵突厥；筑长城，诛大臣，刚愎拒谏；通商西域，奢靡夸富，对外赏赐无节，将导致隋朝府库衰竭。）

【点评】

高颎、贺若弼之死。王夫之在《读通鉴论》中评论高颎、贺若弼之死，非常中肯。隋炀帝弑父弑君，屠戮兄弟，子死不哀，骄淫无度，是一个狼心狗肺、不可理喻的残忍之人，满朝文武都心知肚明，所以杨素病重不治，只求速死免祸。高颎、贺若弼盛年时叱咤风云，为一世之人杰。高颎料敌如神，眼睛能看千里之远，机敏透彻；贺若弼看不起杨素、韩擒虎，自诩为大将。可是两人在残暴之君隋炀帝面前，看不清形势，摆不正位置，厕身在奸佞之臣李懿、何稠之间混日子，他们议论隋炀帝的小过，不敢触及大恶。隋炀帝征求杂戏，对启民可汗赏赐无度，将国家存亡置之不顾。高、贺二人对隋炀帝的骄奢淫逸有所议论，即遭到杀身之祸。高颎、贺若弼死得冤，也死得不值。他们昔日的睿智与铮铮硬骨，丝毫不存。原因是，年老体衰，智术已尽，富贵已极，子孙拖累，血气不存，既不能奋起蹈仁，又不能引退避祸，最终落得身首异处的下场，真是可悲！

隋纪五

隋炀帝大业四年至八年（公元608—公元612）

【起著雍执徐（戊辰，公元608年），尽玄黓涒滩（壬申，公元612年），凡五年】

【大事提要】

本卷载述公元608年至公元612年史事，凡五年，时当隋炀帝大业四年至大业八年。此时期隋炀帝的统治用四个字概括，就是“外征内作”。大业四年招抚西突厥，兵伐伊吾，南通赤土；大业五年亲征吐谷浑；大业七年、八年举国动员，兵伐高丽，只有大业六年无战事。又大兴土木，扩建东都，营建洛阳宫、江都宫、汾阳宫，可以说隋炀帝无年不生事。老子说：治大国如烹小鲜。只有十余年的开皇年间的承平积蓄，怎能支撑如此荒唐的折腾！

炀皇帝上之下

隋炀帝大业四年（戊辰，公元608年）

春季，正月初一日乙巳，隋炀帝下诏征调河北各郡的军队一百多万人开凿永济渠，引导沁水向南流入黄河，向北通达涿郡。丁男不够数量，开始征用妇女服役。

正月二十八日壬申，任用太府卿元寿为内史令。

裴矩得知西突厥处罗可汗思念母亲，派遣使者招抚他。二月初六日己卯，隋炀帝派遣司朝谒者崔君肃带着诏书去安抚晓谕处罗可汗。处罗可汗接见崔君肃时，态度傲慢，接受诏书又不肯起身叩拜，崔君肃对他说：“突厥原本是一国，后来中分为两国，每年交战，经过了几十年谁也吃不了谁，明摆着两国势均力敌。但是，启民可汗率领百万之众的部落，谦卑屈身，臣服大隋天子，又是什么原因呢？正因为他切齿痛恨你处罗可汗，又不能独自制服你，想从大国借兵，一同灭掉你罢了。群臣都想接受启民可汗的请求，天子也已经同意了，眼看就要发兵了。考虑到你的母亲向夫人害怕西突厥遭到灭亡，从早到晚守在宫门外，哭泣哀求，匍匐在地上谢罪，请求天子派遣使臣来召唤可汗，让你归服。天子可怜夫人，所以派使臣到这里。如今可汗你的态度如此傲慢，那么向夫人岂不是对天子说了谎话，一定会被在闹市上处斩，将把首级传送到西域各国示众。大隋的兵马就要出发，借助东突厥的力量，两面夹击可汗你，灭亡就不远了。为什么要吝惜一个臣服叩拜的礼节，去断送慈母的生命，为了不愿说一句称臣的话，却让国家灭亡呢！”处罗可汗惊惶地站起来，流着泪拜了两拜，跪着接了诏书，也派出使者随崔君肃入朝贡献汗血马。

三月十九日壬戌，倭王多利思比孤遣使进贡，送国书给隋炀帝说：“日出处天子致信给日落处天子，问候您身体平安！”隋炀帝看后非常不高兴，对鸿胪卿说：“蛮夷书信凡是不懂礼仪的，都不要再给我看了。”

三月二十二日乙丑，隋炀帝临幸五原，趁便出塞巡视长城。行宫设有木制的六合城，用枪车来装载，每到一个地方暂住，便把车辕朝外作外围，里面布置铁蒺藜；还安设弩床，全都插上钢锥，钢锥朝外；上面装置旋机弩，用绳子系在弩的扳机上，如果有人触动绳子，弩机就旋转，向触动的方向射箭。在弩机外边环绕一周安置能弋射的短箭，并装设铃柱、木槌、石磬，只要有人触动，就发出声音报警。

隋炀帝招募能够出使外国极远的人，屯田主事常骏等人上奏请求出使赤土，隋炀帝很高兴。三月二十三日丙寅，命令常骏带上丝帛五千段，用以赏赐赤土国王。赤土国，是地处南海遥远的国家。

隋炀帝每天都在建造宫室，长安、洛阳两京，以及江都，林园苑囿、亭台楼阁虽然很多，时间久了也感到厌烦，每次巡游，左顾右盼，没有赏心悦目的东西，不知到哪里去好。于是遍求天下山川的地理图形，亲自一一察看，寻找可以建造宫苑的好地方。夏季，四月，隋炀帝下诏在汾州北边汾水源头地方营建汾阳宫。

当初，元德太子杨昭死了，河南尹齐王杨暕依序当为嗣子，元德太子所属两万余名官兵，全部隶属杨暕。隋炀帝为他精心挑选了僚属，任命光禄少卿柳謇之为齐王长史，并且告诫柳謇之说：“齐王的德行和学业都兼备，那么荣华富贵就会进你家门，若果齐王不好，罪过就伴随你。”柳謇之，是柳庆之的侄儿。杨暕受到宠信日益隆盛，文武百官竞相去拜谒他，以至于进进出出车马堵塞了道路。杨暕因此骄傲放纵，亲近小人，干了许多不法的事。杨暕派亲近乔令则、库狄仲锜、陈智伟去寻找歌伎美女。乔令则等人因此肆意横行，打听哪户人家有美女，就假传杨暕的命令召唤出来，拉上车子送进杨暕的府第，奸淫后把美女赶走。库狄仲锜、陈智伟到了陇西，用酷刑拷打各部落的胡人，勒索名马，得到了几匹好马进献给杨暕，杨暕让他们归还原主人，库狄仲锜谎称是齐王的赏赐，牵马回了自家，杨暕还蒙在鼓里。乐平公主曾经上奏隋炀帝说，柳家的女子长得很美，隋炀帝没有回答。过了很久，乐平公主又把柳氏女子进献给杨暕，杨暕收纳了。这之后，隋炀帝问乐平公主说：“柳氏美女在哪里？”乐平公主回答说：“在齐王府里。”隋炀帝很不高兴。杨暕随从隋炀帝游幸汾阳宫，举行大规模的围猎，隋炀帝下诏杨暕带领一千人围猎，杨暕猎获了大批麋鹿进献，而隋炀帝却没有什么猎获。隋炀帝对随从官员发脾气，官员们奏称是杨暕的人阻拦，野兽到不了跟前。隋炀帝于是大怒，寻找杨暕的过失。当时制度规定：县令无故不得出境，有一位叫皇甫诩的伊阙县令，受到杨暕的宠信，杨暕违反制度，把皇甫诩带进了汾阳宫。御史韦德裕迎合隋炀帝的心意弹劾杨暕。隋炀帝命令一千多甲士去搜查杨暕的府第，严厉追查这件事。杨暕的妃子韦氏早死，杨暕与王妃姐姐元氏妇私通，生了一个女儿。杨暕召来一个相面师，一一相面王府宫中的姬妾，相面师指着王妃姐姐说："这个生了孩子的女人应当成为皇后。"杨暕认为元德太子生有三个儿子，担心自己不能继位，于是想暗中靠妖术，用诅咒来求胜，这些事到现在全都被揭发出来了。隋炀帝大怒，将乔令则等人斩首，赐王妃姐姐自尽，杨暕府中的僚属都流放到边疆。柳謇之因为不能辅助齐王纠正过失，被免官除名。当时赵王杨杲尚幼，隋炀帝对侍臣说："我只有杨暕一子，否则应当将他在闹市斩杀示众，用以昭明国法。"杨暕受到的恩宠从此一天不如一天，虽然担任京尹之职务，却不能参加议政。隋炀帝一直派一名虎贲郎将负责监视齐王府，杨暕哪怕有点小过失，虎贲郎便会立即奏报隋炀帝。隋炀帝也常常担忧杨暕会作乱，所以派到杨暕身边的人，都是年老体弱的，只是充数而已。太史令庾质是庾季才的儿子，他的儿子是齐王府的府属。隋炀帝对庾质说："你不能忠心侍奉我，让你儿子去侍奉齐王，为何背离我到这种样子？"庾质回答说："我侍奉陛下，儿子侍奉齐王，都是忠心的，不敢有别的念头。"隋炀帝仍然怒气冲冲，便把庾质调出京师去做合水县令。

四月十三日乙卯，隋炀帝下诏令说，突厥启民可汗敬慕隋朝教化，想变更戎狄习俗，可以在万寿戍建城造屋，所需帷帐、床褥等物，一定要从优供应。

秋季，七月初十日辛巳，征调二十余万丁男修筑长城，从榆谷向东修筑。

裴矩说服铁勒，出兵攻打吐谷浑，把吐谷浑打得大败。吐谷浑可汗伏允向东逃亡，逃到西平境内，派人向隋朝请降求救，隋炀帝派遣安德王杨雄从浇河郡出发、许公宇文述从西平郡出发迎接。宇文述抵达临羌城，吐谷浑惧怕宇文述兵强马壮，竟不敢投降，于是率领部众向西逃亡；宇文述领兵追击，攻破曼头、赤水两城，斩杀三千余人，俘虏王公以下二百人，以及男女平民四千人班师。伏允可汗向南逃到雪山，吐谷浑原有故土全部空无一人，东西四千里，南北两千里，都被隋朝占领，隋朝设置了州、县、镇、戍，把全国轻罪囚犯发配到这里居住。

八月二十一日辛酉，隋炀帝亲自到北岳恒山祭祀，下诏大赦天下。河北道郡守都集中到恒山，裴矩招抚的十几个西域国都派了使者来赞助祭祀。

九月初一日辛未，征召全国的驯鹰师集中到东京，到达的有一万多人。

冬季，十月十六日乙卯，颁布新制度量衡。

常骏等到达赤土境内，赤土王利富多塞派遣三十只大船迎接，进献黄金锁拴缆常骏的船只。常骏等在海上共行走了一百多天，登岸后又陆行了一个多月，才到达了赤土都城。赤土王的王宫器甲，都非常珍贵华丽，接待使者的礼仪很优厚。赤土王派他的儿子那邪迦随同常骏入朝。

隋炀帝任命右翊卫将军河东人薛世雄为玉门道行军大将，与突厥启民可汗合兵攻击伊吾。隋朝军队出了玉门关，启民可汗没有发兵。薛世雄孤军穿过戈壁，伊吾人起初认为隋军不会来伐，没有做好防备，得知薛世雄已经穿过戈壁，极为恐惧，请求投降。薛世雄就在汉时故伊吾城的东边筑城，留银青光禄大夫王威领兵一千余人镇守，大军班师回朝。

（以上为第一段，写隋炀帝大业四年向外扩张，招抚西突厥，兵伐伊吾，通使南海赤土国。齐王骄恣失宠。）

隋炀帝大业五年（己巳，公元 609 年）

春季，正月初八日丙子，改东京为东都。

突厥启民可汗入朝，迎接的礼仪和赏赐更加优厚。

正月十五日癸未，隋炀帝下诏重申均田令。

正月二十日戊子，隋炀帝从东都起程回西京长安。

正月二十一日己丑，规定民间禁止使用铁叉、搭钩、铁矛一类器具。

二月十一日戊申，隋炀帝驾临西京。

三月初二日己巳，隋炀帝西巡河西地。三月初八日乙亥，驾临扶风郡杨氏故宅。夏季，四月二十七日癸亥，车驾出临津关，渡过黄河，到达西平，进行军事演习，将要攻击吐谷浑。五月初九日乙亥，隋炀帝到拔延山大规模围猎，所设长围绵延二十里。五月十四日庚辰，进入长宁谷，翻过星岭。五月二十日丙戌，到达浩亹川。过河的桥没有完工，隋炀帝就杀了都水使者黄亘以及监督官员九人，几天以后，桥建成，又继续前行。

吐谷浑可汗伏允领兵防守覆袁川，隋炀帝分兵，命令内史元寿驻守南面的金山，兵部尚书段文振驻守北面的雪山，太仆卿杨义臣驻守东面的琵琶峡，将军张寿驻守西面的泥岭，四面围攻。伏允可汗带领数十骑逃出，派他的一位名王谎称是伏允可汗，据守车我真山。五月二十六日壬辰，隋炀帝下诏右屯卫大将军张定和进兵车我真山捕获伏允可汗。张定和认为吐谷浑兵少，就不穿铠甲，领头登山，被吐谷浑的伏兵射死。张定和的副将柳武建进兵攻击吐谷浑，打败了敌人。五月二十八日甲午，吐谷浑仙头王走投无路，率领男女十余万口投降。六月初二日丁酉，隋炀帝派左光禄大夫梁默等追击伏允，打了败仗，梁默被伏允杀死。卫尉卿刘权从伊吾道出兵，攻击吐谷浑，到达青海，俘虏千余人，乘胜追击，直到伏俟城。

六月初六日辛丑，隋炀帝对给事郎蔡徵说："自古天子都要到各地去举行巡狩的礼仪；可是先前江东南朝的皇帝大多喜欢涂脂抹粉，坐在深宫之内，不与百姓相见，这是什么道理呢？"蔡徵回答说："这正是他们不能世代长久的道理。"六月十一日丙午，隋炀帝到达张掖。在隋炀帝将要西巡时，命令裴矩去劝说高昌王麴伯雅和伊吾吐屯设等，以厚利相诱惑，召令他们入朝。六月十七日壬子，隋炀帝抵达燕支山，麴伯雅、吐屯设及西域二十七国国王、使者皆迎驾于路边。隋炀帝下令让他们都佩戴金玉，穿上绸缎和毛织品，奏乐焚香，歌舞欢庆。隋炀帝又让武威、张掖两郡青年男女盛装艳服供人观赏，衣服、车马不新颖漂亮的，由郡县督责改换。于是马匹车辆堵塞于道，绵延几十里，用来表示中国的富强。吐屯设献上几千里土地，隋炀帝非常高兴。六月十八日癸丑，设置西海、河源、鄯善、且末等郡，贬谪天下的罪人作为戍卒守卫这些地方。又命刘权镇守河源郡积石镇，大量开荒垦田，蓄聚粮食，防备吐谷浑，以确保西域道路通畅。

此时，全国一共有一百九十个郡，一千二百五十五个县；八百九十多万户；东西长九千三百里，南北宽一万四千八百一十五里。隋朝达到了强盛的巅峰。

隋炀帝认为裴矩有安抚怀柔的才能，于是晋升他的爵位为银青光禄大夫。从西京各县以及西北各郡，都要千里转辗运送粮食物资到塞外，每年耗费数以亿计，所经路途遥远而艰险，经常遭到抢劫，人畜死亡的缺额，郡县就要重新征调，造成许多的人家破人亡。因此百姓常失生计，西部郡县首先陷于贫困。

当初，吐谷浑可汗伏允让他的儿子顺入朝，隋炀帝将顺留下。伏允失败逃死，生计困难，就率领几千名骑兵在党项境内客居下来。隋炀帝册立顺为可汗，把他送到玉门，让他统领吐谷浑余部，又让吐谷浑的大宝王尼洛周做他的辅佐。顺抵达西平时，他的部下杀了尼洛周，顺无法进入吐谷浑而返回。

六月二十一日丙辰，隋炀帝在行宫举行观风典礼，陈列仪仗、规模很大，邀请高昌王麴伯雅和伊吾的吐屯设上殿宴饮，其余陪同的蛮夷使者共有二十多个国家。演奏九部乐，并表演鱼龙杂戏，用来欢庆娱乐，各国来使都得到不同等级的赏赐。六月二十三日戊午，大赦天下。

吐谷浑占据青海湖时，民间传说只要把母马带到湖中山上，就会有龙来交配。秋季，七月，在青海设置牧马场，把两千匹母马赶到川谷间，希望得到龙种，没有得到验证，停止了这项配种活动。

隋炀帝车驾向东回返，途经大斗拔谷，山路险峻，人马只能单行鱼贯而出。风雪交加昏天黑地，文武百官衣服湿透，又冻又饿深夜还没有到达前面的营地，士卒冻死的有大半，马驴冻死的十之八九，后宫的嫔妃、公主有的狼狈走失，与士兵混在一起留宿山中。九月［十九日癸未］，车驾回到西京。冬季，十一月十三日丙子，隋炀帝再次临幸东都。

民部侍郎裴蕴认为民间的户籍中脱漏户口以及登记老少不实的情况很多，于是奏请查阅形貌以验老少。如果有一个人不真实，主管的官员就要被免职。又鼓励人人检举揭发，只要有人检举一个人，就让被检举的人替检举人缴纳赋税或代替他服役。这一年，各郡呈报户口统计，原有户口男丁增加了二十万三千人，新增加的户口人数竟达到了六十四万一千五百人。隋炀帝上朝阅览奏章，对群臣说："前代没有贤才，导致户口虚假不实，现在户口都确实了，这都是裴蕴的功劳。"因此对他亲信有加，不久，提升他为御史大夫，让他和裴矩、虞世基一起掌管机密。裴蕴善于观察逢迎皇上深微的心意，凡是隋炀帝想要加罪的人，裴蕴就曲解法律条文罗织罪状；隋炀帝想要赦免的人，裴蕴就附和意旨，一定要寻出从轻的条款，予以开脱。此后各种狱案，都交给裴蕴办理。刑部、大理寺都不敢与裴蕴争论，一定顺着裴蕴的意向，然后才敢决断。裴蕴机警善辩，口若悬河，犯人的罪过轻重，全都由裴蕴一人说了算，他说得头头是道，当时的人无法对他提出诘问。

突厥启民可汗去世，隋炀帝为此停止朝会三天。册立启民可汗的儿子咄吉，称为始毕可汗。他上表要求娶庶母义成公主，诏命遵从突厥风俗。

当初，内史侍郎薛道衡由于有才能学问而享有盛名，长期掌管枢要，隋文帝晚年，调任襄州总管。隋炀帝即位，把他从番州召回，想任用他为秘书监。薛道衡回到京城，上奏《高祖文皇帝颂》，隋炀帝看了，心中不高兴，对苏威说："薛道衡颂扬前朝皇帝，这是效法《鱼藻》诗来寄托讽刺。"因此隋炀帝只授给他司隶大夫职位，想找机会治他的罪。司隶刺史房彦谦劝薛道衡闭门谢绝宾客，要言辞谦虚，低声下气，薛道衡不听。恰好要商议新的律令，长久争执不决，薛道衡对朝臣们说："要是高颎没死，这律令早就施行了。"有人上奏，隋炀帝大怒，说："他还在怀念高颎啊！"把薛道衡交给司法部门治罪。裴蕴上奏说："薛道衡依仗有才能又是老臣，眼里看不起皇上，把过恶推给国家，随意制造祸端。真要判他的罪又不明显，但他的真实内心，实在是大逆不道。"隋炀帝说："正是这样。我年轻时与他一起讨伐陈朝，就看轻我年少，与高颎、贺若弼等人在外专权；等到我即位，心怀不安，幸亏天下无事，才没来得及造反罢了。你认为他悖逆，真是精妙地看透了他的内心。"薛道衡自认为没有犯大错，就催司法部门早些判决，希望在上奏那天皇上一定赦免，还送信给家里人，要求备办酒席，好招待前来问候的宾客。等到判决上奏，隋炀帝让他自尽，大出薛道衡的意外，薛道衡不愿自杀。司法部门再次上奏，隋炀帝派人绞死了薛道衡，把他的妻子儿女流放到且末，天下的人都认为他冤枉。

隋炀帝大规模检阅军队，尤其称赞器械精美。宇文述趁机进言说："这都是云定兴的功劳。"隋炀帝提升云定兴为太府丞。

（以上为第二段，写大业五年，隋炀帝无事亲征吐谷浑，枉杀大臣薛道衡。）

隋炀帝大业六年（庚午，公元 610 年）

春季，正月初一日癸亥，天没亮三更时分，有几十个盗贼，戴着白帽，穿着白衣，燃着香，手持一束花，自称是弥勒佛，从建国门进城，守城门的卫士都向他们叩头，这些人趁便抢了卫士的武器，将要作乱。齐王杨暕正好遇上，杀了这群人。

于是京都大搜捕，受牵连被判罪的有一千多人家。

隋炀帝因为各民族的部落酋长都会集洛阳，于是正月十五日丁丑，在端门街举行盛大的活动表演百戏。剧场周围五千步，奏乐的有一万八千人，乐声远传几十里，从黄昏开始直到天亮，灯火照亮了天地，整整一个月才结束，耗费金钱亿万。从这以后，每年都如此。

各民族部落酋长请求在东都东边的丰都市场做生意，隋炀帝同意了。先下令整修装饰店铺，屋檐式样统一，设置漂亮的帷帐，珍稀货物堆积成山，商人们衣饰华丽富贵，卖菜的人也坐在用龙须草编织成的席子上。胡人若有路过酒食店的，店主邀请他们都进店就座，酒足饭饱之后就离开，不要他们付钱，并骗他们说："中原很富，喝酒吃饭向来不用付钱。"胡人都惊奇赞叹。其中聪明的人有些觉察，看到用丝绸缠树，就问："中原也有许多穷苦人，他们穿布衣服，为什么不把这些丝绸送给这些贫苦人，缠在树上做什么？"市集上的人非常惭愧无言以对。

隋炀帝赞赏裴矩的才干，对群臣说："裴矩十分了解朕的心意，只要是他陈述奏报的事，都是朕已经考虑好的，只是还没有讲出来，裴矩就上奏说出来了，如果他不是尽忠国家，怎么能够做到这点！"这时裴矩与右翊卫大将军宇文述、内史侍郎虞世基、御史大夫裴蕴、光禄大夫郭衍都因为善于谄媚而受到炀帝宠爱，宇文述很会奉承隋炀帝，一举一动都迎合皇上心意，侍卫隋炀帝的人都学他的样子。郭衍曾经劝说隋炀帝五天上一次朝，还说"不要学高祖，白白自己辛苦"。隋炀帝更加相信郭衍忠心，说："只有郭衍的心和朕想的一样。"

隋炀帝上朝时态度严肃，讲话下诏，文辞义理粲然可观；可是他心里却喜好声色，他在东、西两京以及到各地巡游的时候，常常携带和尚、尼姑、道士、道姑陪同，称之为四道场。梁公萧矩，是萧琮的侄子；千牛左右宇文晶，是宇文庆的孙子，两人都受隋炀帝宠信。隋炀帝天天都在苑中林亭间摆酒席，让燕王杨倓与萧矩、宇文晶以及高祖的妃嫔同坐一席；和尚、尼姑、道士、道姑竟然也同坐席间；隋炀帝和他的宠姬同坐一席，各席差不多互相连接。隋炀帝一退朝就入席，他们互相劝酒，酒醉饭饱之后就混乱不堪，不管什么事都做得出来，经常都是这样。杨氏女子中有长相好的，常常被送给炀帝。宇文晶进出皇宫不受门禁限制，有丑闻的妃嫔、公主，隋炀帝也不加罪。

隋炀帝又派遣朱宽去招抚流求。流求不愿臣服，隋炀帝就派虎贲郎将庐江人陈稜、朝请大夫同安人张镇周征调一万余东阳兵，从义安渡海发动进攻。海上航行一个多月后，抵达流求，张镇周为先锋。流求王渴剌兜派兵迎战，隋军连续击败流求军，一直打到流求都城，渴剌兜亲自出战，也败了，于是退入营寨，陈稜等人乘胜攻下流求都城，杀死了渴剌兜，俘虏一万余人班师。二月十三日乙巳，陈稜等人向隋炀帝进献流求俘虏，隋炀帝百官颁赏，进升陈稜为右光禄大夫，张镇周为金紫光禄大夫。

二月二十三日乙卯，隋炀帝下诏，说："近世以来赐封的各级爵位采邑有虚假，有的人名实不符，从今以后只有立功的人才可以得到赐封，仍由子孙继承。"于是清理以前赐封的五等爵位，无功的人都被免除。

二月二十八日庚申，把征召来的，原属北周、北齐、梁、陈旧时的杂戏艺人，全都配属太常，并都设置博士弟子传授技艺，乐工总数有三万多人。

三月初二日癸亥，隋炀帝巡幸江都宫。

当初，隋炀帝想要大规模营建汾阳宫，让御史大夫张衡绘制好图样奏报。张衡趁这个机会进言劝谏，说："连年劳役繁多，百姓疲困，希望皇上留意，稍稍减省。"隋炀帝心里很不高兴，事后隋炀帝眼睛盯着张衡的背影说："张衡自认为是他的谋划，才使我有了天下。"于是翻出旧账，先前齐王杨暕私带皇甫诩随从车驾到汾阳宫，又巡幸涿郡祭祀恒山时，父老拜见时有很多人衣冠不整，作为执法官的张衡没能举劾匡正，隋炀帝给以申斥，调张衡出朝为榆林太守。过了很久，张衡监督修筑楼烦城，因为隋炀帝巡幸，张衡得以拜谒隋炀帝。隋炀帝厌恶张衡没有瘦下来，认为他没有自省悔过，对张衡说："你这么肥胖，还应该回到榆林郡。"又让张衡去做榆林郡守。没多久，敕令张衡去做江都宫的监督。礼部尚书杨玄感出使到江都，张衡对杨玄感说："薛道衡死得冤枉。"杨玄感上奏了。江都郡丞王世充又上奏张衡一次又一次削减筑宫器具。隋炀帝大怒，命令用枷锁锁住张衡押送到闹市，将要斩首，过了很久又把他放了，免官除名，回到原籍。任命王世充为江都宫的督造总监。

王世充原本是西域胡人，姓支氏，父亲叫支收，年幼时随母嫁王氏，冒用王姓。王世充，生性诡诈，能言会道，读了许多典籍史传，爱好兵法，学习律令。隋炀帝几次巡幸江都，王世充善于观察皇上脸色阿谀奉承，精心装饰水池亭台，进献奇珍异宝，因此受到宠信。

夏季，六月二十四日甲寅，规定江都太守俸禄与京尹等同。

冬季，十二月初三日己未，文安宪侯牛弘去世。牛弘宽弘忠厚，谦逊节俭，学问渊博，隋朝的老臣，始终得到两代皇帝信任，没有罪咎和灾祸的，只有牛弘一个人。弟弟牛弼喜欢喝酒，常耍酒疯，曾经因醉酒射杀了牛弘的驾车牛。牛弘回到家里，他妻子对他说："叔叔射死了你驾车的牛。"牛弘没有责备，也不询问原因，随口回答说："把死牛拿去做牛肉干。"坐定之后，妻子又说："叔叔突然射死了牛，真是奇怪。"牛弘平静地说："知道了。"脸色平静，只顾埋头读书。

隋炀帝敕令开凿江南运河，从京口到余杭，长八百余里，宽十多丈，是为了便利龙舟通航无阻，并在沿岸设置驿站、行宫、临时休息站，隋炀帝准备东游会稽。

隋炀帝认为随驾百官穿上衣和套裤相连的服装，在军旅中行动不便，这一年，首次下诏规定："随驾远行之人，不论文武群臣都穿戎服，五品以上的官员，一律穿紫袍，六品以下的官员，要以兼用红绿色，文书小吏着青衣，庶民百姓穿白衣。屠户商人穿黑衣，士兵穿黄衣。”

隋炀帝驾临启民可汗营帐时，正好高丽使者也在，启民可汗不敢隐瞒，就和使臣一起去朝见隋炀帝。黄门侍郎裴矩对隋炀帝说：“高丽原是西周箕子的封地，汉、晋时都是郡县，现在却不称臣，另立国家。先帝早就想伐高丽，由于杨谅不使力，以致他无功而返。现在正逢陛下盛世，怎么能不讨伐攻取，而使文明之境竟沦为蛮荒之邦呢？今天高丽的使者亲眼看到启民举国归化中原，可以趁他害怕时，胁迫他们入朝。”隋炀帝赞同了他的意见。敕令牛弘对高丽使者宣读诏旨说：“朕因为启民诚心崇奉中原，所以亲自驾临他的营帐。明年应当巡视涿郡，你回去转告高丽王，不必惊恐疑惧，朕对你们的存在和保护，对待的礼节与启民可汗一样。如果不来朝贡，将要率领启民可汗到你的国土巡行。”高丽王高元恐惧，因应尽的藩国礼节多有缺失，隋炀帝打算进行征讨。下令征收全国富人捐税，用来购买战马，每匹战马高达十万钱。隋炀帝又下令检查武器，一定要精良新造，如果有粗制滥造的，那么监造军械的使者将立即被处斩。

（以上为第三段，写隋炀帝大业六年起，大办岁首灯节，厚敛以奉胡人，夸饰国威，耗费民脂。继续大兴土木，营建汾阳宫，扩建江都宫，二下江都，荒淫无度。）

隋炀帝大业七年（辛未，公元 611 年）

春季，正月十六日壬寅，真定襄侯郭衍去世。

二月初三日己未，隋炀帝登上钓台，观临杨子津，大宴百官。二月十九日乙亥，隋炀帝从江都游巡到涿郡，乘坐龙舟，渡过黄河进入永济渠，并敕令吏部、门下省、内史省、御史四个部门的官员，随船办公，选任调补全国的官吏，这一路参加选补的人有三千多人，有的步行随船行进了三千多里，也没有得到选补，这些人挨冻受饿，疲困不堪，因此死亡了一两成人。

二月二十六日壬午，隋炀帝下诏征讨高丽，敕令幽州总管元弘嗣到东莱海口造船三百艘，官吏监督工程，服役工匠昼夜站在水中，一点也不敢休息，从腰部以下都生了蛆，死亡达十之三四。

夏季，四月十五日庚午，隋炀帝巡幸涿郡的临朔宫，随从的文武官员，九品以上的均由涿郡拨出房舍安置。

起先，下诏在全国征调军队，无论远近，都到涿郡集中。又征发江淮以南的水手一万人、弓弩手三万人、岭南排镩手三万人，于是四方赶赴涿郡的人如江河奔流而来。五月，敕令河南、淮南、江南等地制造辎重运输车五万辆送往高阳，用来装载衣服、盔甲、帐幕，让士兵自己拉车；又征发黄河南北地区的民夫运送军用物资。秋季，七月，征发长江、淮河以南的民夫以及船只把黎阳和洛口仓的米运输到涿郡，大小船舶前后依次相连上千里，运输武器铠甲以及攻城器具，道路上来来往往多达几十万人，以至道路拥塞，日夜不停，士兵和民夫在途中大批死亡，尸体压着尸体，污秽满路，恶臭扑鼻，天下因此骚动不安。

山东、河南发大水，三十余郡被淹没。冬季，十月初三日乙卯，黄河砥柱崩塌，阻塞河水倒流数十里。

起初，隋炀帝西巡，派遣侍御史韦节征召西突厥处罗可汗，命他前往大斗拔谷与隋炀帝车驾相会，西突厥人不从，处罗可汗用别的借口谢绝了使者。隋炀帝非常恼怒，但又无可奈何。适逢西突厥酋长射匮派使者来求婚，裴矩趁机启奏说："处罗可汗不来朝见，是自恃强大，臣请求用计谋削弱他，使他们国家内部分裂，到那时就容易制服了。射匮是都六可汗的儿子，达头可汗的孙子，世代都是可汗，统治突厥西部，现在听说射匮丢了可汗的职位，已依附处罗可汗。因此才派使者来结交求援，希望皇上用厚礼赏赐他的使者，拜射匮为大可汗，那么突厥势必争斗分裂，两部分都将臣服我们。"隋炀帝说："你说得有理。"于是就派裴矩早晚都到驿馆，委婉地暗示使者。然后，隋炀帝在仁风殿召见使者，讲了处罗可汗不顺从的情况，并对射匮的一向亲善大加称赞，表示将要立他为大可汗，命令他发兵诛灭处罗可汗，事成后再行通婚。隋炀帝取出一支桃竹白羽箭赐给射匮，并对他说："这件事要快，要像箭一样快。"使者返回，路经处罗可汗的地方，处罗可汗很喜欢这支箭，想留下它，射匮的使者用诡计骗他才保住了箭。射匮听了使者的回报，非常高兴，便发兵袭击处罗可汗，处罗可汗大败，抛弃妻儿率领几千骑兵向东逃窜。沿途不断受到劫掠，最后寄居在高昌境内，东面据守时罗漫山，高昌王麴伯雅上奏报告情况。隋炀帝派遣裴矩和处罗可汗的母亲向氏的亲信驰马到达玉门关晋昌城，劝说处罗可汗入朝。十二月初八日己未，处罗可汗来到临朔宫朝见，隋炀帝非常高兴，用隆重的礼仪接待。隋炀帝宴请处罗可汗，处罗可汗叩头谢罪，为这么晚才觐见皇帝而谢罪。隋炀帝用好言劝慰，摆出全国各地的美味食品，安排盛大的女子乐队演奏，个个穿着绫罗绸缎，手拿着各种管弦乐器，看得眼花缭乱，可是处罗可汗始终怏怏不乐。

隋炀帝从去年就谋划征讨高丽，下诏山东设置府库，饲养战马以供军用。又征发民夫运输粮米、积储在泸河、怀远两镇。前往的车和牛都没有返回，士兵死亡过半，因此误了耕作，田地荒芜，加上严重饥荒，谷价飞涨，东北边境地区还尤其严重，一斗米值数百钱。运送前方的米，有些很粗劣，就强迫百姓买好米来补偿。又征发小车夫六十多万，两人共推米三石，路途遥远艰险，这三石米连给车夫做干粮都不够，到达交粮的镇所，车夫们已经无粮可交，都畏罪逃亡。加上官吏贪污残暴，借机侵蚀盘剥，百姓穷困，财力都枯竭了。安分守己，经不住受冻挨饿，死亡迫在眼前，抢掠劫夺还可活命，于是开始聚集为群盗。

山东邹平县平民王薄，聚众占据长白山，劫掠到达了齐郡、济北郡的郊外，自称知世郎，意思是能知世事，又创作了《无向辽东浪死歌》用来号召感动百姓，那些逃避征兵服役的人许多前去投靠他。

平原郡东部有个叫豆子𬇙的地方，靠海带河，地形幽深险阻，自从北齐以来，群盗多隐匿在那里。有个叫刘霸道的人，住在附近，世代为官，家产富有。刘霸道喜欢行侠仗义，家中常有数百食客，及至群盗纷纷兴起，远近的人很多都前去投奔他，他拥有部众十几万人，号称“阿舅贼”。

漳南人窦建德，年轻时就行侠仗义，胆识气力都超过一般人，乡里人都归心依附。恰逢朝廷招募人去征伐高丽，窦建德因勇敢而被挑选为二百人长。同县的孙安祖也因骁勇而被选为征士，孙安祖因为房屋家产全被洪水冲走，妻子儿女又都饿死了，要求免役，县令发怒，用鞭子毒打孙安祖。孙安祖把县令杀死，逃到窦建德家中，窦建德把他藏起来。官府追捕孙安祖，跟踪追寻到窦建德家。窦建德对孙安祖说:“文皇帝的时候，国家富庶强盛，发兵百万讨伐高丽，尚且失败，如今水涝成灾，百姓穷困，加上往年西征吐谷浑，士卒一去不回，国家的元气还没有恢复，皇上不体恤百姓，竟还要出兵亲自攻打高丽，天下必定大乱。大丈夫不死的话，应当建立大功，怎么能只做逃犯呢？”于是聚集无赖少年几百人，由孙安祖率领进入高鸡泊中为盗，孙安祖自称将军。当时还有鄃县人张金称在河曲聚众为盗；蓨郡人高士达在清河郡内聚众为盗。郡县官吏怀疑窦建德与盗贼勾结，逮捕了他的全家，全部杀死。窦建德率领二百人逃跑，投奔高士达，高士达自称东海公，任用窦建德为司兵。不久，孙安祖被张金称杀害，孙安祖的部众归附窦建德，兵力达到一万多人。窦建德能够礼贤下士，与士兵同甘共苦，因此起事的人争着归附他，愿意替他出死力。

从此，各地群盗蜂起，不可胜数，有的兵力多达一万余人，到处攻城掠地。十二月十三日甲子，隋炀帝敕令都尉、鹰扬郎将与郡县互相配合追捕盗贼，随时捕获，立即就地斩首，但是仍然不能禁止。

（以上为第四段，写隋炀帝大业七年，横征暴敛，征兵征役，讨伐高丽，全国骚动，加上山东、河南广大地区遭受水灾，人民走头无路，聚众起义。山东王薄首倡，河北窦建德、高士达等人相继。很快，山东河北呈燎原之势。）

隋炀帝大业八年（壬申，公元612年）

春季，正月，隋炀帝把西突厥处罗可汗的部众分为三部分，命令处罗可汗的弟弟阙度设率领一万多口老弱伤残居住在会宁，又命令特勒大奈率领其余的部众居住在楼烦，命令处罗可汗率领五百骑兵随从车架巡幸，赐号曷婆那可汗，赏赐优厚。

当初，嵩高山道士潘诞自称有三百岁，替隋炀帝炼金丹。隋炀帝为他建造了嵩阳观，华丽的房屋几百间，派了童男童女各一百二十人供使唤，官位等同三品。他经常役使几千人，耗费了亿万资财。他说炼金丹要用石胆、石髓，征发石工开凿嵩高山的大石头，深达百尺的有几十处。花了六年时间，金丹还没炼成。隋炀帝责问他，潘诞回答说："没有石胆、石髓，如果用童男童女的胆和骨髓三斛六石，就可以代替。"隋炀帝大怒，将潘诞上了枷锁，送到涿郡，把他杀了。潘诞临死前，对人说："这是天子无福，当我被兵器解脱成仙的时候，我就升上梵摩天了！"

四方的军队都集中到涿郡，隋炀帝召见合水令庾质，问道："高丽的人口还不如我国的一个郡多，今天朕率领这么多的军队讨伐它，你认为能否打败它？"庾质回答："讨伐可以取胜，但臣私下有愚见，不希望陛下亲自出征。"隋炀帝脸色一变，说："朕今天统率大军到此，难道还没看见敌军自己就先后撤吗？"庾质回答说："作战而不能取胜，恐怕有损陛下威望。如果陛下留在涿郡，只派猛将劲卒，指示机宜，倍道兼行，出其不意，一定能够攻克。军机在于神速，迟缓就会无功。"隋炀帝听了不高兴，说："你既然害怕前往，自己可以留在此地。"右尚方署监事耿询上书恳切劝谏，隋炀帝非常恼怒，命令左右将他斩首。何稠苦苦哀求，耿询才幸免一死。

正月初二日壬午，隋炀帝下诏，命令左翼十二军分别出兵进攻镂方、长岑、溟海、盖马、建安、南苏、辽东、玄菟、扶余、朝鲜、沃沮、乐浪；右翼十二军分别出兵进攻黏蝉、含资、浑弥、临屯、候城、提奚、蹋顿、肃慎、碣石、东暆、带方、襄平。各路人马络绎不绝，限期在平壤城会师，军队共达一百一十三万三千八百人，号称二百万，运送军需的人数是士兵人数的两倍。隋炀帝在桑乾水的南面祭祀社主，在临朔宫南祭祀上天，在蓟城北郊祭祀马祖。隋炀帝亲自指挥：下令每军设大将、副将各一人，骑兵四十队，每队一百人，十个骑兵队组成一个骑兵团；步兵八十队，分为四个步兵团，每团设偏将一名；头盔铠甲、帽缨马缨、旗帜旌幡，每团有不同的颜色；每团另外设置受降使者一人，直接秉受诏命安抚慰劳投降的人，不受大将指挥。辎重后勤部队也分成四个团，在步兵左右掩护下前进，军队前进、停止、扎营，都按一定的次序法度进行。正月初三日癸未，第一军出发，以后每天出发一军，前后相距四十里，一营接着一营前进，过了四十天，才全军出动完毕。各军首尾相继，鼓角相闻，旌旗连绵九百六十里。御营内共有十二卫、三台、九省、九寺，分别隶属内、外、前、后、左、右六军，紧跟着最后出发，又连绵八十里。近古以来出兵征伐，如此盛况是从未有过的。

正月二十四日甲辰，内史令元寿去世。

二月十二日壬戌，观德王杨雄去世。

北平襄侯段文振任兵部尚书，他上奏表，认为隋炀帝"恩宠突厥太过优厚，让他们住在塞内，又供应他们武器粮食。然而戎狄的本性没有感恩之情，而又贪得无厌，将来一定会成为国家的祸患，应该及时加以晓谕，遣返他们回到塞外，然后设置烽火台及侦察哨所，沿边境加强镇守防御，一定要严密警戒，这才是长治久安的上策”。兵曹郎斛斯政，是斛斯椿的孙子，因为精明强干，得到隋炀帝的宠信，让他专掌军事。段文振深知斛斯政阴险刻薄，不可让他掌管机要，他多次向隋炀帝进言，隋炀帝都没有听从。等到征伐高丽，隋炀帝任命段文振为左候卫大将军，出兵进攻南苏道。段文振在途中身患重病，向隋炀帝上表说：“臣私下认为辽东小丑，不服从朝廷的严令，致使大军长途跋涉，劳烦陛下御驾亲征。但夷狄生性狡诈，一定要严加防备，他们口头上表示投降，不应当马上接受。如今大雨连绵将要成灾，不可逗留迟缓。希望严令众军迅速进军水陆并进，出敌不意，那么平壤这座孤城，肯定能够攻克。只要摧毁了他们的根本，其他城池就会不攻自破。如果不能及时平定，一旦遇到秋雨连绵，愈加遭受艰难险阻，军粮接济断绝，强敌在我们面前，靺鞨人将攻击我们背后，如果还迟疑不决，就决非上策了。”三月十二日辛卯，段文振去世，隋炀帝深感惋惜。

三月十四日癸巳，隋炀帝开始亲自统率诸军，进兵到达辽水。各路大军汇合在一起，紧靠辽水岸边摆开庞大的阵势，高丽军队依靠辽水在东岸抵抗，隋军不能渡过辽水。左屯卫大将军麦铁杖对人说：“大丈夫性命自有归宿，怎么可以燃点艾草在鼻梁灸治，用瓜蒂在鼻孔喷汁，治热病不愈，而死于儿女之怀！”于是主动请求担任前锋，并对三个儿子说：“我身受国恩，今天到为国捐躯的日子了，我死得其所，你们应得享富贵。”隋炀帝命工部尚书宇文恺在辽水西岸建造三座浮桥，浮桥建成后，向东岸移动，但桥身太短，还差一丈多不能到达东岸。这时高丽大部队赶到，隋军中骁勇的士兵争相跳进水中与高丽士兵交战，高丽士兵在高岸上拦击，隋军无法上岸，死了很多人。麦铁杖一跃上岸，与虎贲郎将钱士雄、孟叉等都战死了。于是隋军收兵，将桥又移到西岸。隋炀帝下诏追赠麦铁杖为宿公，由他的长子麦孟才继承爵位，次子麦仲才、麦季才都拜授正议大夫。又命少府监何稠接长浮桥，两天才完成，各军按顺序相继进发，与高丽军在东岸大战，高丽军队大败，死亡了几万人。各路大军乘胜进击，包围了辽东城，也就是汉代的襄平城。隋炀帝车驾也渡过了辽水，他带领曷萨那可汗和高昌王麹伯雅一起巡视战场，以使他们恐惧慑服。隋炀帝因取胜下诏大赦天下。命令刑部尚书卫文昇、尚书右丞刘士龙安抚辽东百姓，免除十年徭役赋税，设置郡县，以利于统辖管理。

夏季，五月初四日壬午，纳言杨达去世。

众将领东征出发时，隋炀帝亲自告诫他们说：“这次出兵，是为了解救百姓，讨伐罪逆，不是为了建功立名。各位将领，有的不了解朕的本意，想用轻兵偷袭，孤军独斗，建立个人的功名用来获得封赏，不是这次大军征伐的目的。你们进攻，应当分为三路，要是发动攻击，要三路相互配合，不要轻军独进，以招致失败。还有，凡是军事运动，无论前进停止都要奏报，等待回复，不得专擅。”辽东高丽军队几次出战不利，于是闭城固守，隋炀帝命令各军加紧进攻，又敕令诸将，高丽人如果请求投降，应立即安抚接纳，不得纵兵进攻。辽东城即将攻破，城中高丽人就放话说投降，诸将奉圣旨不敢抓住战机，而是先派人飞马奏报隋炀帝，等到批奏回来，城中又做好了防守战备，随后继续抵抗。像这样重复了好几次，隋炀帝仍然不醒悟。结果城池久攻不下。六月十一日己未，隋炀帝巡视辽东城东南郊，察看城池形势，然后把众将领召集起来斥责说："你们自以为官位高，又依仗是豪门世家，想把我当成是糊涂胆小的人吗？在京都的时候，你们都不愿我来，担心打了败仗蒙羞。我现今来到这里，正是要亲眼看看你们的表现，恨不得砍掉你们的脑袋。你们怕死，没人肯尽力，认为我不能杀你们吗！"众将领都吓得发抖变了脸色。隋炀帝便留在城西几里外的地方，坐镇六合城。高丽各城都坚守很难攻破。左翊卫大将军来护兒率领江淮水军，船舰相连几百里，横渡黄海，首先进入高丽境内，沿汊水前进，离平壤六十里时与高丽军队遭遇，隋水军进攻，把高丽军队打得大败。来护兒乘胜进攻平壤城，副总管周法尚劝阻他，请求等待各路大军到达后一同进攻。来护兒不听，他精选了四万甲士，直逼城下。高丽人在外城的空寺庙中设下埋伏，出城与来护兒交战，伪装失败，来护兒追击入城，放纵士兵抢劫，乱不成军。高丽伏兵发起攻击，来护兒大败，只身逃出，士兵回来的只剩几千人。高丽人追击到停船的地方，周法尚严阵以待，高丽兵才退走。来护兒率军后撤，在海滨驻扎，不敢留下来与后继的各路军会合。

左翊卫大将军宇文述出兵进攻扶余道，右翊卫大将军于仲文出兵进攻乐浪道，左骁卫大将军荆元恒出兵进攻辽东道，右翊卫将军薛世雄出兵进攻沃沮道，左屯卫将军辛世雄出兵进攻玄菟道，右御卫将军张瑾出兵进攻襄平道，右武候将军赵孝才出兵进攻碣石道，涿郡太守检校左武卫将军崔弘昇出兵进攻遂城道，检校右御卫虎贲郎将卫文昇出兵进攻增地道，全都到鸭绿水西岸会师。宇文述等率各军从泸河、怀远二镇启程，人马都配备一百天的粮食，又供给铠甲、刀枪、长矛，以及衣物、攻城用具、取暖帐篷等，每人都负担三石以上的重量，没有人能够如此重负行军。于是下令军中："丢弃粮食的士卒一律斩首！"军士们便都在营帐下挖坑把粮食等物埋起来，所以队伍才走到半路，粮食已快要吃光。

高丽派遣大臣乙支文德到隋军军营诈降，其实是想打探虚实。于仲文事先接奉密旨："要是遇到高元和乙支文德来，一定要抓获。"于仲文想把乙支文德抓起来，尚书右丞刘士龙担任慰抚使，坚决制止，于仲文只好放乙支文德返回，但很快他就后悔了，派人骗乙支文德说："另外还有话说，请回来。"乙支文德头也不回，渡过鸭绿水离去。于仲文与宇文述等人因为让乙支文德跑掉了，心里十分不安。宇文述又因为粮食用尽，想要回军。于仲文建议派精兵追捕乙支文德，以此立功，宇文述坚决阻止。于仲文生气地说："将军统领十万之众，却不能打败一个小敌，有什么脸面去见皇上。况且我于仲文这次出征，原本就知道不能成功。为什么呢？古代良将之所以成功，军中事务，一人决断，现今人各有心，怎么能够战胜敌人呢！”当时，隋炀帝认为于仲文有谋略，命令各军向他咨询，听从指挥，所以他才敢这样说。因此宇文述等不得已听从了于仲文，渡过鸭绿水追击乙支文德。乙支文德看到宇文述士兵面有饥色，因此采用疲劳战术，每次与隋军交战就立即撤退，宇文述在一天之中七战七胜。既然多次打了胜仗，又迫于各种议论，于是推进，向东渡过萨水，离平壤城三十里，依山扎营。乙支文德又派来使者诈降，请求宇文述说：“如果大军向后撤退，一定让国王高元朝见行在所。”宇文述看到士兵疲惫，无力再交战，加上平壤城池险要坚固，估计难以迅速攻破，于是趁着高丽人的假投降顺水推舟撤军。宇文述将队伍列成方阵行进，高丽人从四面八方包抄攻击，宇文述边打边退。

秋季，七月二十四日壬寅，隋军后撤到达萨水，刚渡过一半，高丽人攻击后卫军，右屯卫将军辛世雄战死，于是各军全线溃败，无法制止。将士拼命逃跑，一天一夜跑到鸭禄水，跑了四百五十里。将军天水人王仁恭殿后，发起反击，才打退了高丽兵。来护兒得知宇文述等兵败，也率军撤退。只有卫文昇一军全军返回。

当初，九路大军渡过辽河，共三十万五千人。等到退回辽东城，只剩下二千七百人，所有军资器械价值亿万，全部丧失殆尽。隋炀帝大怒，上枷锁拘捕了宇文述等人，七月二十五日癸卯，率军返回。

当初，百济国王璋遣使请求讨伐高丽，隋炀帝让他侦察高丽的动静，璋却暗中与高丽勾结。隋军快要出征时，璋派遣使臣国智牟来请问出兵日期，隋炀帝非常高兴，给了优厚的赏赐，并派尚书起部郎席律到百济，通报会师的日期。等到隋军渡过辽水之后，百济也在边境上集结军队，声称支援隋军，实际是坐观成败。

这一次东征，隋军只在辽水西岸攻占了高丽武厉逻，设置了辽东郡和通定镇。八月，敕令运送黎阳、洛阳、洛口、太原等粮仓的谷子到望海顿，委派民部尚书樊子盖留守涿郡。九月十三日庚寅，隋炀帝车驾回到东都。

冬季，十月初八日甲寅，工部尚书宇文恺去世。

十一月初三日己卯，将宗室女封为华容公主，嫁高昌王。

宇文述一向受到隋炀帝的宠信，他的儿子宇文士及娶隋炀帝的女儿南阳公主，因此隋炀帝不忍心处死宇文述。十一月初八日甲申，宇文述与于仲文等都被罢官除名，贬为平民，只将刘士龙斩首以谢天下。萨水溃败时，高丽军追击包围薛世雄于白石山，薛世雄奋起反击，打败了高丽军队，因此只有他一人没有罢官。任命卫文昇为金紫光禄大夫。众将领都把罪过推到于仲文身上，隋炀帝赦免了众将领，只把于仲文一人投到牢狱。于仲文忧愁怨恨，生了重病，便放他出狱，于仲文死在了家中。

这一年，大旱，瘟疫流行，山东地区尤为严重。

张衡被免官回到乡里，隋炀帝经常命张衡的亲属监视张衡的行动。隋炀帝从辽东回来之后，张衡的妾告发张衡怀恨在心，诽谤朝政，隋炀帝诏令赐张衡在家自尽。张衡临死前大喊：“我替人做了那样的大事，还能指望长久活命吗？”监刑的人赶紧堵住耳朵，下令立即杀死张衡。

（以上为第五段，写隋炀帝大业八年御驾亲征高丽，详细载述了这一战役高丽以弱胜强的全过程，发人深思。）

【点评】

高丽以弱胜强的历史教训。本卷所载史事，最发人深思的是隋炀帝兵伐高丽之役。高丽以小敌大，以弱胜强；反之，隋朝以大欺小，以强凌弱而惨败，各自给予历史的借鉴意义，值得认真总结。首先高丽是一个小国，举国之众不如隋朝一个大郡，而高丽何以能抗衡大国呢？不仅昏暴之主隋炀帝兵败辽东，而且隋文帝攻之于前不克，唐太宗征之于后亦丧师。王夫之认为，陈朝的灭亡，给高丽君臣敲了警钟，因而上下一心，团结民众，选将练兵，积蓄粮草，修治器械，严阵以待大国来犯，所以不可攻克。一个小国有敌国外患之忧，就足可以抗衡大国。三国时，蜀汉灭亡，孙皓不知警惧；南北朝时，北齐高纬灭亡，陈朝陈叔宝不知警惧；五代时后蜀孟昶灭亡，南唐李煜不知警惧。他们等到兵临城下，不知所措，只有委身投降的份。可以说，有敌国外患而知警惧，从而奋起有为，才能自强，方能御辱。像谯周畏敌而不战，宋高宗畏金人而称臣，知惧而不奋起，还不如不知惧。知惧而发奋自强，高丽人在此役中做出了榜样。其次，作为一个超级大国的隋朝，出动百余万大军征伐一个弹丸小国，出兵之盛，旷古未闻，结果大败而归，出人意表，启人深思。隋军征伐，用牛刀杀鸡，百万大军，行动迟缓，敌方早做好准备，此其一。隋炀帝亲征，又刚愎自用，还要亲自指挥，不知阵前变化，众将无所适从，连连丧失战机，此其二。兵马未动，粮草先行。隋军后勤辎重粮秣，基地在涿郡，距离辽东仍然遥远，进军平壤，兵士自负粮秣辎重，实际上没有后勤支持，兵愈多，其败愈速，此其三。可以说这是一次残虐之主发动的必败的战争，教训是极为深刻的。

资治通鉴（白话本） 卷第一百八十二

隋纪六

隋炀帝大业九年至十一年（公元613—公元615）

【起昭阳作噩（癸酉，公元613年），尽旃蒙大渊献（乙亥，公元615年），凡三年】

【大事提要】

本卷载述公元613年至公元615年史事，凡三年，时当隋炀帝大业九年至十一年。三年中，隋炀帝又两征高丽，平定杨玄感之乱，在雁门受困于突厥，民变四起，遍布全国。隋炀帝四面楚歌，仍执迷不悟，因隋军还貌似强大，隋炀帝之令，尚能行于朝野。但农民起义的烈火，却是越烧越旺，隋军征讨，胜利越多，杀戮越重，民变愈炽，正如老子所说："民不畏死，奈何以死惧之。"

炀皇帝中

隋炀帝大业九年（癸酉，公元613年）

春季，正月初二日丁丑，隋炀帝下诏征调军队到涿郡集结。首次招募平民组建骁勇敢死队。修建辽东古城积蓄军粮。

灵武贼帅白瑜娑抢夺牧马，勾结北方突厥，陇右各郡遭受祸害，人们称之为"奴贼"。

正月二十三日戊戌，大赦天下。

正月二十四日己亥，命令刑部尚书卫文昇等辅佐代王杨侑留守西京。

二月［初八日壬子］，隋炀帝下诏说："宇文述的军队因为缺少军粮，才打了败仗，这是军吏没有及时供应物资的过失，不是宇文述的罪过，应当官复原职。"没多久，又提升为开府仪同三司。

隋炀帝对侍臣说："高丽小虏，竟敢侮慢上国，如今移山填海，隋朝也能办得到，何况这个小虏。"于是重提讨伐高丽的事。左光禄大夫郭荣劝谏说："戎狄不懂礼节，是臣下们办的事；千钧大弩，不会向小老鼠发箭，怎能烦劳圣驾去对付一个小小的虏呢！"隋炀帝不听。

三月初二日丙子，济阴人孟海公聚众造反，占据周桥，有众数万。他看到有人说话引经据典，就要杀掉。

三月初三日丁丑，征发十万民夫修筑大兴城。

三月初四日戊寅，隋炀帝巡视辽东，命令民部尚书樊子盖等人辅佐杨侗留守东都。

当时聚众造反的人遍布各地：齐郡人王薄、孟让，北海人郭方预，清河人张金称，平原人郝孝德，河间人格谦，勃海人孙宣雅各自聚众谋反攻城抢劫，人数多的达十余万，少的也有几万。崤山以东多受其苦。天下太平的日子太久，人们都不熟习打仗，郡县的官吏每次与"贼兵"交战，都望风而逃，只有齐郡郡丞阌乡人张须陀很得士众之心，他勇敢果断善于打仗，率领郡兵在泰山下进攻王薄。王薄倚仗自己多次打胜仗，疏于防备。张须陀率兵突袭，大败王薄。王薄收集残余部众，北渡黄河，张须陀追击到临邑，再次打败了他。王薄联合北边的孙宣雅、郝孝德等部十余万人攻打章丘，张须陀率领步骑兵两万人迎击，王薄等人被打得大败。贼兵首领裴长才等人率领二万生力军突然杀到章丘城下，大肆劫掠。张须陀来不及集合军队，只带领身边五名骑兵迎战。贼兵蜂拥而上，把张须陀包围了一百余重，张须陀身上多处受伤，但他越战越勇。正好城里官兵赶到，贼兵稍退，张须陀指挥部众攻击，裴长才等人大败而逃。三月二十六日庚子，郭方预等部合兵攻陷北海，大肆抢掠后离去。张须陀对部属说："贼兵依仗人多势众，以为我无力救援北海，我们现在急速进军，一定能出其不意地打败他们。"于是挑选精兵日夜兼程，大破贼兵，斩首数万，前后缴获贼兵辎重物资难以计数。

历城人罗士信，年十四岁，跟随张须陀在潍水攻打贼兵。贼兵刚开始布阵，罗士信已驰马冲到阵前，刺杀了几个人，并斩下一个人头，抛到空中，再用长矛接住，高挑人头在阵前疾驰而过，贼众惊得目瞪口呆，没有人敢靠近。张须陀趁机率兵奋力进攻，贼众大败，罗士信追杀溃逃的贼兵，每杀一人，就割下鼻子揣在怀中，回营之后，清点所杀贼兵的数目。张须陀很喜爱他，就把罗士信留在自己身边。每次打仗，张须陀冲锋陷阵，罗士信紧随其后。隋炀帝派遣使者慰问，并画下张须陀、罗士信阵前作战情形来观赏。

夏季，四月二十七日庚午，隋炀帝车驾渡过辽水。四月二十九日壬申，隋炀帝命令宇文述与上大将军杨义臣进军平壤。

左光禄大夫王仁恭向扶余道进兵。王仁恭挺进到新城，遭到几万高丽兵的抵抗，王仁恭率领精锐骑兵一千多人打败了高丽军，高丽军闭城固守，隋炀帝命令众将攻打辽东，允许众将相机行事。隋军用高楼、冲车、云梯、地道，绕城四面围攻，昼夜不停，但高丽守军也随机应变，坚决抵抗，围攻了二十多天，仍没有攻破，双方死伤都很惨重。冲车云梯和拍竿长十五丈，骁果战士吴兴人沈光爬到云梯顶端，靠近城墙与高丽兵交战，短兵格斗，沈光杀死了十几个敌兵，高丽士兵群起攻击沈光，沈光从城墙上掉下来，还没落到地面上，恰好抓到了冲车拍竿上垂下的一根绳子。

沈光抓住绳子又向上爬，隋炀帝看见了，认为他很勇敢，立即任命他为朝散大夫，经常带在身边。

（以上为第一段，写大业九年隋炀帝第二次亲征高丽。沉重苛严的征兵征徭，扰动天下，即将进一步激发起全国农民大起义。隋军在河北、山东讨伐，虽然屡次获胜，但无法扑灭农民起义。）

礼部尚书杨玄感，十分骁勇，精于骑马射箭，爱好读书，喜欢交朋友，全国很多知名人士都与他交往。杨玄感与蒲山公李密是好朋友。李密是李弼的曾孙，从小就有才能谋略，志向远大，疏财仗义，结交好汉，职任左亲侍。隋炀帝看到李密，对宇文述说："刚才在左翊卫队列中那个皮肤黑黑的青年，目光尖锐，非同一般，不要让他担任宿卫！"宇文述便暗示李密假说有病，自己辞职。李密于是断绝与人来往，一心一意读书。李密曾经骑在黄牛身上读《汉书》，杨素碰上了很是惊异，就把李密召到家中，和他交谈，非常高兴，对他的儿子杨玄感等说："李密的识见气度很不寻常，你们没一个赶得上他。"因此，杨玄感和李密结交成为好朋友。有时杨玄感故意欺侮李密，李密就对他说："人说话应该诚实，怎么能当面奉承！如果两军阵前交战，怒吼呐喊，使敌人震惊慑服，我李密不是您的对手；若果是招纳天下贤士俊杰使他们各自发挥才能，您不如我李密；怎么可以因为您地位较高就轻视天下的士大夫呢！"杨玄感笑了笑，十分佩服他。

杨素居功自傲，在朝廷宴会上有时失去人臣礼节，隋炀帝怀恨在心但没说出口，杨素也觉察到了。等到杨素逝世，隋炀帝对近臣说："假使杨素不死，最终一定会被诛灭九族。"杨玄感很清楚这一情况，而且自知累世显贵，朝中文武大臣很多人都是父亲旧部，他看到朝政日益混乱，隋炀帝又多猜疑忌恨，内心非常不安，便和他的几个弟弟暗中策划谋反。隋炀帝这时正忙于征伐高丽，杨玄感请求说："我家世代蒙受国恩，愿意率军出征。"隋炀帝高兴地说："将门一定出将，相门一定出相，果然不假。"因此对杨玄感的宠信一天比一天隆盛，常常让杨玄感参与朝政。

隋炀帝征伐高丽，命令杨玄感在黎阳督运军资。杨玄感于是和虎贲郎将王仲伯、汲郡赞治赵怀义等人策划，故意拖延水上运输，不按时发运，想使渡过辽河的各路隋军缺乏军粮，隋炀帝派遣使者催促，杨玄感声称水路盗贼甚多，不能随时发运。杨玄感的弟弟虎贲郎将杨玄纵、鹰扬郎将杨万石，都随从隋炀帝到了辽东，杨玄感暗中派人召他们回来。二人偷偷逃回。杨万石跑到高阳，被监事许华抓住，在涿郡斩首。

当时右骁卫大将军来护兒率领水军，将要从东莱渡海进攻平壤，杨玄感派家奴伪装成使者从东边来，谎称来护兒反叛。六月初三日乙巳，杨玄感进入黎阳，关闭城门，大规模搜索男丁扩充军队，用帆布制作头盔、铠甲，任命委派官职，按照隋文帝开皇年间的旧体制设置。向附近各郡行文，打着讨伐来护兒的名义，命令各郡发兵到黎阳仓集中，郡县官吏中有才干的人，杨玄感就用押运粮草的名义召集起来，任命赵怀义为卫州刺史，东光县尉元务本为黎州刺史，河内郡主簿唐祎为怀州刺史。

治书侍御史游元，在黎阳督运军粮，杨玄感对他说："独夫横行暴虐，陷身在边远绝域，这是天要灭亡他的时候。我现今亲自率领正义之军诛灭无道昏君，你有何意见。"游元严肃地说："你父亲享受国家的恩宠，近古以来，没人比得上。你们兄弟个个都是高官显爵，应当对国家竭尽忠诚，遵守臣节，用来报答厚恩，没想到你父亲坟土未干，你却图谋造反。我只有一死而已，不敢听命。"杨玄感大怒，把游元下到监牢，多次用刀威逼他，没能让游元屈服，于是杀了游元。游元，是游明根的孙子。

杨玄感挑选年轻力壮的运粮民夫五千人，丹阳、宣城的水手三千多人，宰杀牛羊猪三牲祭旗，聚众誓师，晓谕众人说："皇上无道，不体恤老百姓，造成天下动乱，战死在辽东的人成千上万。现今我和大家一同起兵拯救亿万老百姓，怎么样？"全体欢呼踊跃，高喊万岁。于是杨玄感统率军队，部署任务。唐祎从杨玄感军中逃回河内。

起先，杨玄感暗中派家僮回到长安，召李密和他的弟弟杨玄挺到黎阳。等到起兵的一天，李密刚好赶到，杨玄感非常高兴，用李密为谋主，对李密说："你经常以拯救苍生为己任，现在正是时候，你认为怎样谋划？"李密说："天子出征，远在辽水之外，距离幽州还有一千里，南边有大海，北边有强大的胡人，中间只有一条通道，按理说极其艰险。你率领军队出其不意，长驱直入占据蓟城，把守临渝关的险要，锁住咽喉，切断归路，高丽人听到了，一定紧追在后边，不过一月光景，军资粮草用尽，东征军不投降也要溃散，可以不战抓住皇上，这是上策。"杨玄感说："另说第二策。"李密说："关中四面都是屏障，称为天府之国，虽然有卫文昇，但不必担心。现今率领部队，大张旗鼓地向西挺进，经过城池不去攻取，直取长安，收取那里的豪杰人士，安抚那里的民众，占据险要的地方，守住长安，天子即使从高丽回来，但已失去了根本，我们可以慢慢进取。"杨玄感说："你另外再说下策。"李密说："选取精锐士兵，昼夜兼程，袭击东都，用以号令四方。但担心唐祎已经通报东都，提前做好了防守。如果领兵攻打，一百天还没攻下来，天下之兵从四面八方围攻上来，那就不是我能预料的了。"杨玄感说："不对。如今百官的家属都在东都，如果先攻占了东都，足以扰乱皇家军心。再说，经过城池不加以攻占，怎能显示我们的军威！你说的下策，才真正是上策。"杨玄感于是领兵南下洛阳，派杨玄挺率领一千名骁勇精兵为先锋，首先攻占河内。唐祎占据河内城坚守，杨玄挺一无所获。

唐祎又派人通告留守东都的越王杨侗与樊子盖等部署军队守城。修武县的民众自动组织起来把守临清关，杨玄感无法通过，便在汲郡南边渡过黄河，追随的人像赶集一样。杨玄感派他的弟弟杨积善率领三千士兵从偃师南边沿着洛水向西进入东都，杨玄挺从白司马坂翻过邙山从南边进入东都，杨玄感率领三千多人紧随其后，相距十里左右，自称主力大军。杨玄感的士兵，都拿着单刀和柳木盾牌，没有弓箭，没有头盔铠甲。东都派出河南令达奚善意率领五千精兵迎战杨积善，将作监、河南赞治裴弘策等率领八千人迎战杨玄挺。达奚善意渡过洛水，在南岸汉王寺扎营。第二天，杨积善领兵来到，官兵不战自溃，铠甲兵器全被杨积善的军队缴获。裴弘策出兵到达白司马坂，与杨玄挺的军队一交战就被打败后退，丢弃了一大半铠甲兵器，杨玄挺也不追击。裴弘策后退三四里，收拢散兵，重新结集摆开阵势等待。杨玄挺慢慢赶来，士兵坐下休息了很长一阵，突然发起攻击，裴弘策又被打败，就这样一天五战，裴弘策五战都败。六月十四日丙辰，杨玄挺进兵直达太阳门，裴弘策只带了十几名骑兵奔跑，才逃回进入了宫城，其余没有一个人返回，全都投降了杨玄感。

杨玄感在上春门外扎营，每次誓师对众说："我身为上柱国，家财有价值上亿的黄金，对于富贵，不是我要追求的。可是现今我不顾灭族的危险造反，为的是解救天下老百姓倒悬的危难啊！"部众非常高兴。父老乡亲争着献上牛肉美酒，青年子弟都到军营门口请求投军效力，每天有上千的人。

（以上为第二段，写杨玄感顺应民心思变，起兵反隋。杨玄感野心勃勃，急于称帝，不听李密上计，即置隋炀帝于死地，而妄想侥幸取胜，采用下策，向西进兵东都，响应者从之如云。）

内史舍人韦福嗣，是韦洸哥哥的儿子。他从军抵抗杨玄感，被杨玄感俘获，杨玄感厚礼相待，让他和自己的亲信胡师耽共同掌管文书。杨玄感命韦福嗣写信给樊子盖，历数隋炀帝的罪恶。信中说："今日我要废黜昏君另立明主，希望您不要囿于小节，给自己留下祸患。"樊子盖刚从外地调入东都做京官，东都旧有的官吏大多对他比较轻慢，甚至军事部署，也很少向他汇报请示。裴弘策和樊子盖官居同列，前些天出城讨伐贼兵连续失利，樊子盖又派裴弘策出战，裴弘策不肯出战，樊子盖就下令将裴弘策拉出去斩首示众。国子监祭酒河东人杨汪对樊子盖流露出些微不敬，樊子盖又要将他斩首。杨汪叩头流血，才得免一死。于是东都的将领官吏都震惊畏惧，没有人敢抬头仰视，令出即行，没人再敢犯禁。杨玄感集中全部精兵攻城，樊子盖根据情况顽强抵抗，杨玄感久攻不克。但是贵族高官子弟应募从军的人，听到裴弘策被处死，都吓得不敢进城。韩擒虎的儿子韩世谔、观王杨雄的儿子杨恭道、虞世基的儿子虞柔、来护兒的儿子来渊、裴蕴的儿子裴爽、大理卿郑善果的儿子郑俨、周罗睺的儿子周仲等四十余人都投降了杨玄感，杨玄感将亲近显贵的要职都授予了他们。郑善果是郑译的哥哥的儿子。

杨玄感招募到五万余人的军队，他分兵五千把守慈涧道，五千人把守伊阙道，派韩世咢率三千人围攻荥阳，并派顾觉率五千人攻取虎牢，虎牢隋军投降，杨玄感于是任命顾觉为郑州刺史，镇守虎牢。

代王杨侑命令刑部尚书卫文昇率军四万救援东都，卫文昇到了华阴，挖掘杨素的坟墓，并焚烧了杨素的尸体，向士卒们显示自己必死的决心。于是卫文昇大张旗鼓进兵，穿过崤谷、渑池，直奔东都城北。杨玄感率军迎击，卫文昇且战且行，驻兵金谷。

辽东城好久不能攻下来，隋炀帝派人制作一百多万口布袋，装满泥土，想堆积成为鱼梁大道，宽三十步，高与城墙相等，派士兵登上鱼梁大道攻城。又制造八个轮子的楼车，高出城墙，排到鱼梁大道两旁，想居高临下向城内射箭。隋军定下日期攻城，城内危急万分。恰好杨玄感造反的公文到达，隋炀帝非常惊慌，便宣召纳言苏威进入军帐，对苏威说："这小子很聪明，能不能造成祸患。"苏威说："能识别是非，判断成败，才叫作聪明，杨玄感为人粗疏，不必忧虑。只是要提防这个消息会引起更大的动乱。"隋炀帝听说高官显贵的子弟都在杨玄感手下，更加忧虑。兵部侍郎斛斯政一向与杨玄感交情就好，杨玄感造反，斛斯政与他暗通信息，杨玄纵兄弟得以逃回，其实是斛斯政偷偷放走的。隋炀帝要彻底追查杨玄纵的同党，斛斯政内心惶恐不安。六月二十六日戊辰，斛斯政出逃投奔高丽。六月二十八日庚午，夜里二更时分，隋炀帝秘密召见众将领，命令他们率军撤退，军用物资、辎重器械、攻城器具，堆积如山。营垒、帐幕原封不动地全部丢弃。隋军暗暗撤离，军心惶恐不安，乱成一团，不成建制，各路队伍分散逃亡。高丽也及时发现了，但是不敢出城追击，只在城内击鼓呐喊。到了第二天中午，才逐渐派兵出城，四处远远侦察，仍然怀疑隋军诈退。两天之后，才出动几千人尾随追踪，害怕隋军势众，不敢逼近，远远跟在后边距离八九十里。快要到达辽水，得到隋炀帝御营隋军全部渡过了辽水，才敢逼近隋军的殿后部队。当时隋军的殿后军队还有几万人，高丽军队包抄袭击，最后杀死了几千老弱的殿后隋军。

当初，隋炀帝准备再次征讨高丽，曾经再次问太史令庾质："这次情况怎么样？"庾质回答："臣确实愚昧，但还是坚持上次的意见，陛下若是御驾亲征，劳苦耗费实在太多。"隋炀帝大怒说："我亲自征伐尚不能取胜，只派别人去，又岂能成功！"等到隋炀帝从高丽回来，对庾质说："你以前不想让我去，应当是为了这桩事。杨玄感能成功吗？"庾质回答："杨玄感虽然地位很高，权势很大，但一向不得人心，他想凭借百姓的力量，侥幸成功。如今天下一统，是不容易摇动的。"

隋炀帝派遣虎贲郎将陈棱进攻黎阳的元务本，又派遣左翊卫大将军宇文述、右候卫将军屈突通乘驿站的快速传车发兵讨伐杨玄感。来护兒率军到达东莱，听说杨玄感已将东都包围，于是召集诸将商讨回师救援。诸将都认为没得到皇帝的敕命，不宜擅自回师，坚持不赞同来护兒的建议。来护兒厉声说道："洛阳被包围，是心腹之患；高丽抗拒王命不过是如皮肤上的疥癣一般小毛病。国家大事，既然知道了处于危难，怎么能不行动。擅自行动的责任由我一人承担，跟各位无关，再有阻拦回师之事的按军法处置！”来护兒即日回师，命令儿子来弘、来整先乘驿马飞报隋炀帝，隋炀帝当时已经回到涿郡，并且下敕令让来护兒救援东都。隋炀帝见到来弘、来整，非常高兴，在赐给来护兒的玺书中说：“你回师之时，正是我下令之日，君臣心意不约而同，虽距离遥远，却如同符契一样相合。”

起先，右武候大将军李子雄因罪被免官除名，发配在军队中效力，他跟随来护兒到东莱，隋炀帝怀疑他，诏令将他上枷锁送到皇帝行宫。李子雄在途中杀死押护使者，逃奔杨玄感。卫文昇率领步骑兵两万人渡过瀍水，与杨玄感交战，被杨玄感多次打败。杨玄感每次战斗都身先士卒，所向披靡。他还善于抚慰部下，大家都甘心为他效命，所以每次作战都能取胜，部众愈来愈多，达十万人。卫文昇寡不敌众，阵地作战使他的部下死伤大半，快要全军覆没。卫文昇改变策略，他挺进驻守在邙山的南面，与杨玄感决战，一天之内双方交战十多个回合。恰巧杨玄挺中流箭而死，杨玄感的军队才稍稍后退。

秋季，七月十一日癸未，余杭人刘元进起兵响应杨玄感。刘元进手长一尺有余，手臂垂下来超过膝盖，他自认为相貌非凡，早就暗下谋反之心，正逢隋炀帝再次征调三吴军队征伐高丽，三吴士兵都议论说：“往年国家全盛之时，我们父兄出征高丽都还有大半没回来；如今国家已经疲惫，又要被征调去打高丽，我们这些人恐怕都会死光！”因此很多人都逃亡。郡县官吏搜捕非常急迫，逃亡的人听说刘元进起兵造反，纷纷前来投奔他，一个月内，部众就有几万人。

起先，杨玄感到达东都，他自认为天下响应。俘获韦福嗣后，把他当作亲信，委以重任，不再专信李密。韦福嗣每次出谋划策，都模棱两可。李密揣摩韦福嗣留一手的心意，就对杨玄感说：“韦福嗣原本不是我们的同盟，实际上他心存观望，你刚起来办大事，就有奸邪小人在身边，若听从他的是非不明的瞎说，一定会被他所误，请求杀了他。”杨玄感说：“还不到这一步。”李密退下来对他亲近的人说：“楚公喜欢谋反，却不想获胜，我们这些人如今都要成为俘虏。”

李子雄劝杨玄感赶快称帝，杨玄感询问李密，李密说：“从前陈胜自己想称王，张耳劝谏，却把他排斥在外边；魏武帝曹操想得到九锡，荀彧劝阻却遭杀害。召集我李密要说出正确意见，恐怕就要追随张耳、荀彧两人去了；但阿谀奉承，随顺上意，又不是我李密愿意的。为什么呢？我们起兵以来，虽然多次打胜仗，但是没有一个郡县响应，东都防守的力量还很强大，全国的救兵越来越多地到来，你应当带头奋起作战，早一点安定关中，你却要急于称尊号，岂不是向人展示心胸不广吗？”杨玄感一笑作罢。

屈突通率领军队屯驻在河阳，宇文述领兵紧紧跟上来。杨玄感向李子雄询问计策，李子雄说："屈突通懂得用兵，若果让他一旦渡过了黄河，那么胜负难料了，我们不如分出一部分兵力抵抗。屈突通不能渡过黄河，那么樊子盖、卫文昇就失去了援兵。"杨玄感赞成这个意见，准备去抵抗屈突通；樊子盖得知了这个计谋，多次袭击杨玄感的军营，杨玄感无法前往。屈突通渡过了黄河，驻扎在破陵。杨玄感分兵为二，西边抵抗卫文昇，东边抵抗屈突通。樊子盖再次出兵大战，杨玄感军多次战败。杨玄感和他的同党商议对策，李子雄说："东都的援军越来越多的到达，我军多次战败，不可以久留，不如直入关中，打开永丰仓救济贫苦百姓，关中三辅地区就可指日平定，我们占据府库，向东争夺天下，也可以成就霸王之业。"李密说："弘化郡留守元弘嗣拥有强兵在陇右，我们可以散布流言说他谋反，他派来使者迎接你，趁这机会进入关中，这样可以蒙蔽部众团结一心。"

恰好华阴县杨氏宗族人请求当向导，七月二十日壬辰，杨玄感解除对东都的包围，领兵向西进逼潼关，大肆宣扬说："我军已经攻破了东都，现在要攻取关西了。"宇文述等各支隋军紧紧咬在后头。杨玄感到达弘农宫，父老们挡在路上劝杨玄感说："弘农宫城空虚，又有很多积粮，攻打它，很容易攻下来。"杨玄感认为说得对。弘农太守蔡王杨智积对众官员部属说："杨玄感的大军马上就要来到，想西进夺取关中，如果他的计谋成功，那么就难以制服了。应当用计谋来牵制他，使他无法前进，要不了十天，就可以抓获他。"等到杨玄感兵临城下，杨智积登上城墙的女墙上大骂杨玄感，杨玄感被激怒了，就留下来攻城，李密劝阻说："你如今是蒙蔽众人向西进军，兵贵神速，况且追兵即将赶到，怎么可以停留！如果进不能占据潼关，退后没有地方可以据守，大军一哄而散，您拿什么保全自己？"杨玄感不听，于是率军攻城，他放火烧弘农城的城门，杨智积在内把火加大，杨玄感的士兵无法进入，三天仍未攻克，杨玄感只得率军向西而去。到达閿乡，宇文述、卫文昇、来护兒、屈突通等各路军队在皇天原追上了杨玄感。杨玄感率军据守槃豆，列阵五十里，边战边走，一天之内接连败了三次。八月初一日壬寅，杨玄感又在董杜原列阵，各路官军一起进攻，杨玄感大败，只有十余骑随同逃奔上洛，追击的骑兵赶上来了，杨玄感大声训斥，追兵都转身逃走。杨玄感到了葭芦戍，只剩下他和弟弟杨积善徒步逃亡，他自知无法幸免，对杨积善说："我不愿遭受别人诛杀侮辱，你先把我杀掉！"杨积善抽刀将杨玄感杀死，然后自杀，但未死，被追兵抓住，杨积善和杨玄感的首级都被送到隋炀帝的行宫。隋炀帝下令在东都闹市将杨玄感的尸首处以车裂之刑，陈尸三天，然后又切成碎块焚烧。杨玄感的弟弟杨玄奖担任义阳太守，准备投奔杨玄感，被郡丞周旋玉杀死；杨仁行担任朝请大夫，也在长安被处死。

杨玄感包围东都时，梁郡人韩相国举兵响应杨玄感。杨玄感封韩相国为河南道元帅，韩相国一个月内就拉起了十余万人的部众，率兵攻掠郡县。韩相国攻打襄城时，得知杨玄感败亡的消息，部众逐渐溃散，韩相国也被官吏抓获，处死后首级传送东都示众。

隋炀帝认为元弘嗣是斛斯政的亲戚，留守弘化郡。隋炀帝派卫尉少卿李渊驰马去抓获元弘嗣，趁此代替元弘嗣为留守，关西十三个郡的兵力都受李渊调遣。李渊对待部下宽厚简约，人们很多愿意依附他。隋炀帝认为李渊相貌奇特怪异，名字又暗合图谶预言，非常猜忌他。没有多久，隋炀帝下令征召李渊到行在所，李渊正巧生病没有去拜见隋炀帝。李渊的外甥女王氏是后宫的嫔妃，隋炀帝便问王氏："你舅舅为何迟迟不来见朕？"王氏回答说李渊生了病，隋炀帝脱口说出："该不会死吧？"李渊听到了，十分恐惧，于是放纵饮酒，收受贿赂，用来伪装自己。

（以上为第三段，写杨玄感志大才疏，刚愎自用，屯兵于东都坚城之下，又屡误战机，用人不专，西进入关不速，很快兵败身亡。）

八月初二日癸卯，吴郡人朱燮、晋陵人管崇聚众在江东一带抢掠。朱燮是个还俗道人，读过儒家经典和史书，颇通兵法。朱燮形体瘦小，在昆山县当县学博士，他率领几十名学生起事，饱受赋役之苦的百姓都去投奔他。管崇身材高大，相貌英武，志气不凡，隐居常熟，自称有帝王之相，因此群盗都拥护他为首领。当时隋炀帝在涿郡，命令虎牙郎将赵六儿领兵一万人驻守扬子，分为五营以防备南面的刘元进和管崇、朱燮等人。管崇派部将陆顗渡江，夜袭赵六儿，攻破他的两个营垒，缴获官军的武器物资，然后退走。管崇的部众越来越多，多达十万人。

八月二十日辛酉，司农卿云阳人赵元淑因为是杨玄感的同党被株连判罪而死。隋炀帝派大理卿郑善果、御史大夫裴蕴、刑部侍郎骨仪与东都留守樊子盖追查杨玄感的同党。骨仪原是天竺胡人。隋炀帝对裴蕴说："杨玄感振臂一呼，响应的人就有十万，我越发知道天下的人不应太多，人多了就容易聚集为盗。不把造反的人完全杀绝，就无法惩戒后人。"樊子盖本来就性情残酷，裴蕴也接受了隋炀帝的这个旨意，因此，用严刑峻法惩治杨玄感同党，屠杀了三万多人，把他们的家产全部没收，冤枉而死的人占了一大半，流放发配边地的有六千余人。杨玄感包围东都时，曾打开粮仓赈济百姓。凡是收受粮米的百姓，都被赶到东都城南活埋。与杨玄感交好的文士会稽人虞绰、琅邪人王胄也被罚流放边疆。虞绰、王胄相机逃亡，后来被抓获，杀了头。

隋炀帝写得一手好文章，但嫉妒别人超过他。薛道衡被赐死，隋炀帝说："还能写'空梁落燕泥'吗？"王胄被处死，隋炀帝吟诵他的佳句："'庭草无人随意绿'，他再也无法写这样的句子了！"隋炀帝自负有文才学问，非常骄傲，看不起天下的文士，曾对侍臣说："天下人都认为朕继承先帝的遗业才拥有天下，实际上即使让朕和士大夫比试选拔，我也应当作天子。"

隋炀帝曾从容地对秘书郎虞世南说："我生性不喜欢别人进谏，尤其不能容忍位高望重的人还想进谏来博取名声。那些地位卑贱的士人，虽然可以稍许宽容，但最终也不会让他有安身立命之地。你记住这些话！”虞世南是虞世基的弟弟。

隋炀帝派裴矩安抚聚集陇右。裴矩到了会宁，慰问曷萨那可汗部落，便派阙度设劫掠吐谷浑来增加财富。裴矩回到京都向隋炀帝奏报，隋炀帝大加赞许。

九月初八日己卯，东海郡人彭孝才起来造反，有数万之众。

九月二十三日甲午，隋炀帝车驾到达上谷，因为供应物资不足，罢免了太守虞荷等人的官职。闰九月二十八日己巳，隋炀帝巡幸博陵。

冬季，十月初七日丁丑，造反头领吕明星围攻东郡，虎贲郎将费青奴打败了他。

刘元进率领众将渡过长江，恰好杨玄感败亡，朱燮、管崇一起迎接刘元进，推举他为头领，攻占吴郡，自称天子，朱燮、管崇都被任命为尚书仆射，并设置了百官，毗陵、东阳、会稽、建安等郡的地方豪绅，抓捕了地方长官，用来响应刘元进。隋炀帝派遣左屯卫大将军代郡人吐万绪、光禄大夫下邽人鱼俱罗领兵讨伐。

十一月初九日己酉，右候卫将军冯孝慈在清河郡讨伐张金称，冯孝慈战死。

杨玄感向西进兵的时候韦福嗣逃到东都投案自首，当时像这样的人都不追究。樊子盖收缴了杨玄感的文书信札，发现了韦福嗣所写的文书草稿，就密封后送给隋炀帝，隋炀帝下令把韦福嗣押送到行在所。李密逃亡，被人抓获，也押送到东都。樊子盖把韦福嗣、李密，以及杨积善、王仲伯等十多个人上了枷锁，押送到高阳。李密与王仲伯等人暗中策划逃亡，于是拿出了身边所带的全部金子给使者看，并说：“我们死的那一天，这些金子全部留下交给你，请你用来给我们安葬，剩余的金子你收下算是报答你的恩德。”使者贪图金子，满口答应，慢慢地放松了防备。李密请求使者允许到酒店买酒食，每次大吃大喝，行酒喧哗直到通宵，使者满不在意。走到魏郡石梁驿，再次宴饮，防守的人都喝醉了，李密等人凿穿墙壁逃走。李密叫韦福嗣一起逃走，韦福嗣说：“我没有罪，天子不过当面训斥我一顿罢了。”到了高阳，隋炀帝把缴获的文书草稿给韦福嗣看，把他交给大理寺发落。宇文述上奏说：“凶恶叛逆之徒，臣下都应该痛恨，如果不处以重刑，就不能警戒后来。”隋炀帝说：“任你处置。”十二月十五日甲申，宇文述在野外，把那些应该受刑的人绑在木头支架上，用车轮套住头颈，让九品以上的官员全都手持兵器，或用刀砍，或用箭射，乱箭射到受刑者身上，多得像刺猬毛一样，受刑者肢体糜烂破碎，仍留在车轮之中。杨积善和韦福嗣另外还要处以车裂之刑，然后再将尸体焚化扬灰。杨积善说亲手杀死了杨玄感，希望能免一死。隋炀帝说：“你的行为不过是枭一类的东西！”便改杨积善姓枭。

唐县人宋子贤，擅长幻术。能变幻成佛的形象，自称是弥勒佛出世。远近的人都受他的迷惑，宋子贤于是图谋利用无遮大会的机会举兵袭击隋炀帝车驾；事情泄露，宋子贤被斩首，牵连被杀的同党有一千余家。

扶风和尚向海明也自称是弥勒佛出世，凡是想要归附他的人就会做吉利的梦，因此三辅地方的人都纷纷信奉他，向海明于是举众造反，部众达数万人。十二月十八日丁亥，向海明自称皇帝，改年号为白乌。隋炀帝诏命太仆卿杨义臣讨伐，向海明被击败。

隋炀帝宣召卫文昇、樊子盖到行宫，慰劳他们，赏赐极为丰厚，然后命他们回到自己的任上。

刘元进攻打丹阳，吐万绪率兵渡江把他打败，刘元进解围离去，吐万绪追击驻屯曲河。刘元进构筑栅栏抵抗吐万绪，双方相持百余日；吐万绪发起进攻，刘元进部众大败，死者数万计。刘元进突破重围，连夜逃回，坚守自己营垒。朱爕、管崇等人驻守毗陵，军营连绵一百多里。吐万绪乘胜进击，又将朱爕、刘元进等人击败。朱、刘等人率部众退保黄山，吐万绪将他们包围，刘元进、朱爕只身逃出，官军在阵前斩杀管崇及其将士五千余人，俘获其子女三万余人。吐万绪乘胜进兵，解除了叛乱者对会稽的包围。鱼俱罗与吐万绪一起出征，战无不胜，但是百姓起来造反的人越来越多，多得如同像赶集一样，反隋士兵溃散后不久又聚集起来，声势更加浩大。

刘元进退守建安，隋炀帝命令吐万绪继续进军讨伐，吐万绪因士卒疲惫不堪，请求稍事休整，到来年春天再战，隋炀帝非常不高兴。鱼俱罗也认为造反的人不是一年两年就可以平定的，他的几个儿子都在东都洛阳，暗地派家奴来接鱼俱罗，隋炀帝知道了大怒，主管官员迎合隋炀帝的旨意，上奏说吐万绪懦弱怯敌，鱼俱罗常打败仗，于是鱼俱罗获罪被斩，隋炀帝召吐万绪到行宫，吐万绪忧惧悲愤，在途中死去。

隋炀帝另外派遣江都郡丞王世充征调淮南兵几万人讨伐刘元进。王世充率军渡江，多次打胜仗，刘元进、朱爕在吴县兵败身亡，残余部众有的投降，有的四散逃走。王世充召集先投降的人在通玄寺的佛像前焚香盟誓，约定不杀投降的人。逃散的人起先想下海为盗，听到这个消息，一个月内，几乎全部回来自首，但王世充却把这些人在黄亭涧全部活埋，处死了三万多人，于是，其余的人又相聚为盗，直至隋朝灭亡，官军也没能讨伐平定。隋炀帝认为王世充有将帅之才，对他更加宠信重用。

这一年，隋炀帝诏令凡作盗贼的人，他的家属财产都由官府查抄没收。当时遍地都是起义的人，各地郡县官吏借机作威作福，生杀大事随意处置。

章丘人杜伏威和临济人辅公祏两人是生死之交，他们都逃亡聚众为盗。杜伏威十六岁，每次出战都冲锋在前，撤退时则由他殿后，因此得到同伙的敬佩，被推举为首领。下邳人苗海潮也聚众为盗，杜伏威派辅公祏对苗海潮说："如今我和您都深受隋朝苛政之苦，各举义旗聚众造反，但各自为战，势单力薄，常常害怕被擒获，若是我们合为一体，那么就足以与隋朝抗衡了。要是您能当领袖，我理当恭敬顺从，要是您估量自己不能胜任领袖，就应前来听从我的命令；否则我们可以一战以决雌雄。”苗海潮自思不如杜伏威，就率领部众归附了杜伏威。杜伏威率领部众在淮南一带转战掠夺，自称将军。江都留守派校尉宋颢率兵讨伐，杜伏威与宋颢交战，假装战败，把宋颢部众引入芦苇丛中，然后从上风放火，宋颢部众都被烧死。海陵起义军首领赵破陈认为杜伏威兵少，看不起他，就召杜伏威来，想将他纳入旗下。杜伏威派辅公祏在外面布下重兵，自己和左右十个人带着牛肉美酒进入赵破陈的营帐谒见他，杜伏威在座位上把赵破陈杀死，吞并了他的部众。

（以上为第四段，写隋炀帝平定杨玄感之乱，并未警悟诫惧，而是变本加厉地施行暴政，信用群小，赏罚颠倒。民不堪命，江淮地区民众暴动，成为大起义的中心。）

隋炀帝大业十年（甲戌，公元 614 年）

春季，二月初三日辛未，隋炀帝下诏百官朝议出兵讨伐高丽。一连几天，都没有人敢说话。二月十二日戊子，下诏再次征调全国军队，被征调的各路军队同时进发。

二月二十九日丁酉，扶风的造反首领唐弼拥立一个叫李弘芝的人为天子。有部众十万，自称唐王。

三月十四日壬子，隋炀帝出行驾临涿郡，途中士兵，不断有人死亡。三月二十五日癸亥，隋炀帝到达临渝宫，在野外祭祀黄帝，斩杀叛逃的士兵并用死者的血涂在鼓上，但逃亡仍无法禁止。

夏季，四月，榆林太守成纪人董纯与彭城反隋兵首领张大虎在昌虑交战，董纯大败张大虎，斩杀一万多人。

三月二十七日甲午，隋炀帝车驾到达北平。

五月二十三日庚申，延安反隋兵首领刘迦论自称皇王，建元年号为大世，拥有部众十万人。刘迦论与稽胡部落里应外合抄掠抢劫。隋炀帝下诏任命左骁卫大将军屈突通为关内讨捕大使，发兵进击刘迦论，在上郡交战，屈突通杀了刘迦论及其部众一万多人，俘虏男女数万人，得胜回军。

秋季，七月十七日癸丑，隋炀帝车驾驻停在怀远镇。当时全国大乱，征调的兵马多数不能按期到达，高丽也困乏疲惫。来护兒到达毕奢城，高丽发兵迎战，来护兒打败高丽军队，将要进逼平壤，高丽王高元害怕了。七月二十八日甲子，派遣使者请求投降，把隋朝叛臣斛斯政用囚车遣送。隋炀帝非常高兴，他派使者持节召来护兒回师。来护兒集合众将说：“隋朝大军三次出征，没有能够平定高丽，这次回去不可能再来了，付出了辛苦，毫无功劳，我个人深感羞愧。如今高丽确实陷入困境，拿我们这么强大的军队攻击它，要不了多久就可以攻克，我想直接进兵包围平壤，抓获高元，献上捷报然后班师，不是更好吗！”于是来护兒回报奏表请求进兵，不肯接受回军的诏命。长史崔君肃坚决反对，来护兒还是听不进去，说：“高丽已经暴露出了崩溃的形势，只有我们这一路军队，就足可以平定。我现在统兵在外，有事可以独断专行，宁愿抓获高元回来遭受治罪，也不愿丢掉这次成功，我做不到啊。”崔君肃告诉众将官说：“如果听从元帅违抗诏命，我一定要上奏皇上，大家都要被治罪。”众将官都害怕了，一起请求回师，来护兒这才听从了诏命。

八月初四日己巳，隋炀帝从怀远镇班师。途经邯郸，那里的反隋首领杨公卿率领同党八千人，抢劫车驾后面的第八队官兵，抢走了飞黄上厩所养御用骏马四十二匹。冬季，十月初三日丁卯，隋炀帝到达东都洛阳。十月二十五日己丑，回到西京长安。隋炀帝把高丽使者和斛斯政用来祭告主庙，便征召高丽王高元入朝觐见，但高元竟然没来。隋炀帝下令将帅进入战备装束，准备再次东征高丽，结果没有成行。

当初，隋文帝开皇末年，国家殷实富强，朝野上下都想讨伐高丽，唯独刘炫认为不可出征，作了《抚夷论》来批评，他的话这时得到了验证。

十一月初二日丙申，在金光门外杀了斛斯政，就像杀杨积善的方法一样，还把他的肉下锅煮熟，让百官们吃，一些奸佞之徒甚至吃饱了肚子，最后把剩下的骨头烧成灰散扬。

十一月十一日乙巳，隋炀帝在南郊祭天，可是隋炀帝没有在住地斋戒。早上，备好法驾，到达南郊立即举行祭祀典礼。当天，刮起大风，隋炀帝单独向上帝献祭，三公分别向五帝献祭。礼仪完毕，隋炀帝骑上御马飞奔回宫。

十一月二十一日乙卯，离石郡胡人刘苗王造反，自称天子，有众数万。隋军将领潘长文征讨，没有取胜。

汲郡反隋军首领王德仁拥有部众几万人，据守林虑山为盗。

隋炀帝要巡幸东都，太史令庾质劝谏说：“连年征伐辽东，百姓实在困苦疲惫，陛下应该安抚关内，使百姓致力农业生产，三五年内，等到国家逐渐殷实富裕了，然后再巡视各地，这样才比较合宜。”隋炀帝听了不高兴。于是庾质假称有病不跟随皇上出行。隋炀帝大怒，把庾质投进监狱，不久庾质死在狱中。十二月初九日壬申，隋炀帝前往东都，大赦天下。十二月二十五日戊子，隋炀帝进入东都。

东海反隋军首领彭孝才辗转抢掠到沂水，彭城留守董纯率兵讨伐并将他擒获。董纯虽然屡战屡捷，但是造反的人却一天比一天多。有人诬陷董纯怯懦，隋炀帝大怒，命人将董纯抓起来，带上枷锁，押送东都，把他处死。

反隋首领孟让从长白山到各郡抢掠，到达盱眙，有部众十多万，占据都梁行宫，凭借淮水固守。江都丞王世充领兵抵抗孟让，构建了五个营寨阻塞险要地方，故意显示力量薄弱。孟让果真笑道，说：“王世充是个文法小吏，哪里会用兵！我今天要活捉他，一鼓作气进攻江都。”当时百姓都构筑堡垒自守，野外一无所获，孟让的反隋军队开始挨饿。孟让于是留下少量兵力守卫，分兵包围王世充的五处营寨，又分兵到南方抢掠。王世充趁孟让松懈，突然出击，大败孟让，孟让只带了几十个骑兵突围逃走，部众有一万多人被杀死。

齐郡反隋首领左孝友有部众十万，占据了蹲狗山，齐郡郡丞张须陀列阵进逼蹲狗山，左孝友走投无路下山投降。张须陀威震东夏，因为功劳升迁齐郡通守，兼任河南道十二郡黜陟讨捕大使。涿郡反隋军首领卢明月有部众十多万人占据了祝阿县，张须陀带兵一万人攻击，双方相持十多天，粮食快要吃完，将要撤退，张须陀对将士们说：“贼兵看见我们后退，一定出动全部人马来追击，如果用一千人袭击并夺取他们的大营，一定能够建立奇功，这当然很危险，谁人能前往？”大家没有吱声，只有罗士信和历城人秦叔宝请求前往。于是张须陀弃营退走，让罗士信和秦叔宝各率一千士兵埋伏在芦苇丛中，卢明月果然出动所有部众追击张须陀。罗士信、秦叔宝骑马飞驰到卢明月营寨，营门紧闭，于是二人爬过栅栏登上门楼，各杀死几个人，一时营中大乱；二人砍开营门，放外面官兵进入，并趁势纵火烧毁了三十多处营寨，火光冲天浓烟滚滚。卢明月飞奔回营，张须陀回军迎击，杀得卢明月大败。卢明月率领几百骑逃走，被官军俘获杀死的部众不计其数。秦叔宝名琼，以字号行世。

（以上为第五段，写大业十年，隋军在全国各地镇压起义军，各路隋军多次打胜仗，但造反的人却越来越多，在全国形成了燎原之势。）

隋炀帝大业十一年（乙亥，公元 615 年）

春季，正月，增加秘书省官员一百二十名，都任用学士补缺。隋炀帝喜好读书写文章，自从做扬州总管起，就设置晋王府学士多达一百人，常年命令学士编撰典籍，直到他登上帝位，前后二十年，从没有中断过编撰。从儒家经典、文学、军事、农业、地理、医药、占卜、佛教、道教，以致赌博、猎鹰犬马等，都编撰成新书，无不精审博洽，总计成书三十一部，一万七千多卷。当初，西京嘉则殿有藏书三十七万卷，隋炀帝命令秘书监柳顾言等人把这些书分类编次整理，剔除其中重复和庞杂的书籍，精选出供皇帝御览的正本三万七千余卷，收藏在东都的修文殿。又抄写了五十部副本，列为三等，分别存放在西京、东都的宫内、省署和官府中。御览的正本书装帧华美整洁，玉石为轴，锦缎为端，隋炀帝在观文殿前设置十四间藏书室，藏书室的门窗、床褥、书橱帷幔都极尽珍贵华丽。每三间藏书室开一个方形门，悬挂丝锦帷幔，上面悬丝两个飞仙，大门之外的地下埋设机关，隋炀帝驾临藏书室时，有宫人手捧香炉，走在前面脚踏机关，飞仙就会下来将帷幔卷上去，门窗和书橱也都自动打开；隋炀帝从藏书室出去后，帷幔又自动垂下，门窗和书橱也关闭如故。

隋炀帝因为户口大量逃亡，造反的人日益增多，二月初七日庚午，诏令平民全都迁入城内居住，就近分给耕地。郡县、驿亭、村落，都修筑城堡自卫。

上谷郡造反首领王须拔自称漫天王，定国号为燕；另一个造反首领魏刀兒自称历山飞，他们的部众各有十多万，北边与突厥勾结，南边寇掠燕赵地区。

当初，隋文帝梦见都城被洪水淹没，心中不快，所以迁都大兴。申明公李穆去世，孙子李筠继承爵位。他的叔父李浑十分痛恨李筠吝啬，就派侄儿李善衡暗杀了李筠，而李浑却诬陷堂弟李瞿昙是凶手，杀了李瞿昙抵命。李浑对他妻兄左卫率宇文述说："如果我得到诏命封赏继承申明公的爵位，我把一半国赋分给你。"宇文述就替李浑在太子杨广面前说情，并通过太子上奏隋文帝，隋文帝就让李浑继承了李穆的爵位。可是两年以后，李浑就不再给宇文述国赋。宇文述对其恨之入骨。隋炀帝即位，李浑不断升官一直做到右骁卫大将军，改封为郕公。隋炀帝看到李浑家族门第强盛，心中起了猜忌。适逢有方士安伽陁说"李氏当为天子"，劝隋炀帝杀尽天下姓李的人。李浑的侄儿将作监李敏，小名洪儿。隋炀帝怀疑这个名字应验了谶语，曾当面告述李敏，暗示李敏自杀。李敏非常恐惧，多次与李浑及李善衡屏退旁人私下商议对策。宇文述在隋炀帝面前说李浑的坏话，又指使虎贲郎将河东人裴仁基上表告发了李浑谋反，隋炀帝于是逮捕李浑全家，派尚书左丞元文都、御史大夫裴蕴共同审理。审问了几天，却没有谋反证据，只得据实奏报隋炀帝，隋炀帝改派宇文述彻底追查李浑的罪状，宇文述诱使李敏的妻子宇文氏上表，诬告李浑企图利用隋炀帝渡辽河的机会，率领李氏为将的子弟袭击御营，立李敏为天子。宇文述拿着宇文氏的揭发奏表进宫，上奏皇上，隋炀帝感激涕零地对宇文述说："我的宗庙社稷差点儿倾覆，全靠您才得到保全。"三月初五日丁酉，杀李浑、李敏、李善衡，以及宗族三十二人，三亲以内的家人，都发配到边疆。几个月后，李敏妻子也被毒死。

亲卫校卫高德儒等十几个人看见有两只孔雀从西苑一起飞到宝城朝堂前面，上奏说是鸾鸟。当时孔雀已经飞走，无法验证，于是百官称贺。隋炀帝下诏褒奖高德儒，认为他心地虔诚通达于天，才能看到美好的祥瑞，特别提升为朝散大夫，赏赐绢帛一百段，其余的人都得到一束帛的赏赐，并在孔雀降临地建造仪鸾殿。

三月十七日己酉，隋炀帝巡幸太原。夏季，四月，巡幸汾阳宫避暑。由于宫城狭小，百官和士兵分散在山谷间露宿，只好搭盖草棚栖身。

隋炀帝任命卫尉少卿李渊为山西、河东抚慰大使，可以秉承制命任免郡县文武官吏，并征调河东之兵讨捕群盗。李渊率军进抵龙门，进攻造反军首领毋端儿，把他击败。

秋季，八月初五日乙丑，隋炀帝巡幸北地关塞。

当初，裴矩因为突厥始毕可汗势力逐渐强盛，就向隋炀帝献策，应该用计使突厥内部分裂，打算把宗室女嫁给始毕可汗的弟弟叱吉设，封他为南面可汗，但叱吉设不敢接受。始毕可汗知道后就逐渐产生怨恨。突厥的大臣史蜀胡悉足智多谋，深得始毕可汗的宠爱信任。裴矩假称要与史蜀胡悉商谈双方贸易，把史蜀胡悉引诱到马邑，杀害了他。然后派使者向始毕可汗宣布诏命说："史蜀胡悉背叛可汗前来投降，我已经替您将其斩首。"始毕可汗知道实情，从此不再入朝。

八月初八日戊辰，始毕可汗率领几十万骑兵打算暗中袭击隋炀帝车驾，义成公主先派使者向隋炀帝密报了变故。八月十二日壬申，隋炀帝车驾驰入雁门城，齐王杨暕率领后军防守崞县。八月十三日癸酉，突厥骑兵围攻雁门郡，隋军上下慌作一团，拆毁民房制作守城器具，城中军民有十五万人，粮食仅能支持二十天，雁门郡所属四十一座城池，已被突厥攻陷了三十九座，只剩下雁门、崞县仍未攻克，突厥军队急攻雁门，箭都射到了隋炀帝面前。隋炀帝吓得抱住幼子赵王杨杲哭泣，眼睛都哭肿了。

左卫大将军宇文述劝说隋炀帝挑选精锐骑兵数千人突围出去，纳言苏威阻止说："守城我方尚有余力，而用轻骑兵则是对方长处，陛下是万乘之主，怎么能轻举妄动？"民部尚书樊子盖也说："陛下身处危境而希图侥幸，一旦失败，则后悔莫及！不如固守坚城，挫败敌人的锐气，坐守城池，即刻征召全国各地兵马前来救援，陛下亲自抚慰士卒，宣布不再征伐辽东，增加功勋赏格，一定人人奋勇作战，何必担忧不成功！"内史侍郎萧瑀认为："按突厥的习俗，可汗的妻子可贺敦能够参与军事谋议，况且义成公主以皇帝女儿的身份远嫁外夷，也必须依靠大国作后援。如果派一个使者告诉她现在的情况，即使没有益处，也绝不会有损害。另外，将士们的顾虑，是怕陛下一旦解除了突厥的祸患又会去征伐高丽，如果颁下明诏，宣布赦免高丽，专心征伐突厥，那么大家自然安心，就会人人奋勇作战。"萧瑀是萧皇后的弟弟。虞世基也劝隋炀帝加重赏格，下诏不再征伐辽东。隋炀帝听从了他们的意见。

隋炀帝亲自巡视慰劳将士，对他们说："你们努力杀敌，如能保住城池，凡是参加战斗的人，不愁没有富贵，保证不会让主管部门的官吏舞文弄墨埋没你们的功劳。"于是颁布命令："守城有功的人，没有官职的直接提升为六品，赏赐绢帛一百段，已经有官职的，提升官职以及赏赐，依次增加。"派出慰问将士的使者，在路上一批接一批往来不断。于是大家奋勇杀敌，昼夜抵抗，死伤的人很多。

八月二十四日甲申，隋炀帝下诏向全国招募勤王军队，郡守县令纷纷前来解救危难。李渊的儿子李世民，当年十六岁，应募勤王，隶属卫将军云定兴，他劝说云定兴多带旗鼓以为疑兵。李世民说："始毕可汗敢于出兵围攻天子，一定认为我们无力救援突发事变，我们应当在白天多张旌旗，连绵几十里不断，夜晚钲鼓之声互相呼应，敌人认为我方援军大量到达，敌人一定望风逃走。否则，敌众我寡，如果对方全军来战，我军肯定不能支撑。"云定兴听从了李世民的意见。

隋炀帝派密使向义成公主求救，公主派人告知始毕可汗说："北边告急。"这时东都和各郡援兵已经到达忻口。九月十五日甲辰，始毕可汗解围撤退。隋炀帝派人出去侦察，山谷都空了，没有突厥的兵马，便派出两千骑兵追击跟踪，到了马邑，俘获突厥老弱两千多人而回。

九月十八日丁未，隋炀帝车驾回到太原。苏威对隋炀帝说："如今盗贼一时不能止息，兵马疲惫，希望陛下尽快回到西京，巩固根本，为国家着想。"隋炀帝起初同意了。宇文述却说："扈从的官员家属多在东都，应当顺便取道洛阳，然后从潼关进京。"隋炀帝听从了。

冬季，十月初三日壬戌，隋炀帝到达东都，沿街左顾右盼，对侍臣们说："街上的人还很多嘛。"意思是说先前平定杨玄感，杀的人太少了。苏威提出追叙功勋赏格太重，应该斟酌，樊子盖再三请求，认为不应该失信，隋炀帝说："你想收买人心吗？"樊子盖害怕了，不敢回答。隋炀帝吝啬封赏官爵，当初平定杨玄感，应当封赏官爵的人很多，便重新建置军职的品秩；建节尉为正六品，以下依次是奋武、宣惠、绥德、怀仁、秉义、奉诚、立信等尉，依次降低一级。守卫雁门的将士有一万七千人，可是得到勋位的只有一千五百人，都按照平定杨玄感时行赏的标准，一次作战得第一功的人晋升一级，先前无军职品秩的人只能得到立信尉；三次作战得第一功的人提升秉义尉；那些四次参加作战但未立功的人晋升一级，没有物品赏赐。恰好隋炀帝又商议讨伐高丽，因此将士们无不愤怒。

当初，萧瑀以外戚身份，又有才干德行，隋炀帝做太子时他就在东宫任职，经屡次升迁，官至内史侍郎，被委以机密重任。萧瑀性情刚强耿直，因为多次言事违背了隋炀帝的旨意，隋炀帝逐渐疏远他。等到雁门之围解除后，隋炀帝对群臣说："突厥狂妄悖逆，能有多大作为！突厥人暂时没有散开，萧瑀就表现出恐慌动摇，不可宽恕！"于是将萧瑀调出为河池郡守，当天就逼他赴任，候卫将军杨子崇跟随隋炀帝在汾阳宫，他知道突厥必定来犯，一再请求隋炀帝早日回京，隋炀帝大怒说："杨子崇胆小懦弱，动摇军心，不能担任禁卫将军的官职。"于是将其调出为离石郡守。杨子崇是隋文帝的族弟。

杨玄感作乱时，龙舟水殿全被烧毁，隋炀帝于是诏令江都重新建造龙舟水殿，一共几千艘，规模比以前更为庞大。

十月十三日壬申，卢明月率领部众十万人劫掠陈州、汝州。

东海人李子通，有勇力，起先依附长白山反隋军首领左才相，当时群盗都十分残忍，只有李子通宽厚仁慈，因此很多人都愿归附他，不到半年，部众达一万人，左才相猜忌他，李子通于是率领部众离去，南渡淮河，与杜伏威会合。杜伏威挑选军中的壮士收养为义子，共三十余人，济阴人王雄诞、临济人阚稜是其中最杰出的两位。不久李子通图谋刺杀杜伏威，派兵袭击，杜伏威受重伤从马上跌落，王雄诞背着他逃到芦苇丛中隐藏，随后收集残兵败将，军威又重新振作。隋朝将军来整率领官军袭击杜伏威，并且打败了杜伏威；杜伏威的部将西门君仪的妻子王氏勇敢而且力气大，她背着杜伏威逃跑，王雄诞率领壮士十几个人保护，与隋军竭力死战，因此得免于难。来整又袭击李子通，打败了李子通。李子通率领残余部队逃到海陵，收拾残余势力，有两万人，自称将军。

城父人朱粲，开始为县佐吏，后来从军，从军队中逃出聚合部众为盗，叫作“可达寒贼”，自称迦楼罗王，部众十余万。朱粲率领转辗抢掠荆州、沔阳地区，以及长安南山以南的郡县，所过之处不再有一个活人。

十二月庚寅日，隋炀帝下诏命令民部尚书樊子盖征调关中数万官兵攻击绛郡贼人敬盘陀等，樊子盖不分好坏，从汾水以北，村落墙垣全部焚毁，投降的贼人全部活埋。百姓怨恨，更多的人聚集起来造反。隋炀帝下诏任用李渊替代樊子盖，有投降的人，李渊安置在自己的身边，因此很多造反的人降附了他，前前后后归降的有几万人，余众逃散到其他郡县。

（以上为第六段，写大业十一年，隋炀帝因猜忌杀逐李浑，巡幸北疆，受困雁门，差一点被突厥人抓获。隋炀帝脱险后，仍执迷不悟，虐政不改，西部地区，西京山南郡县，也遍地民变。）

【点评】

本卷评析以下两事。

一、隋炀帝两征高丽，无功而返。隋炀帝两征高丽，无功而返，从表面上看，一是因为杨玄感兵变；二是因为农民起义，干扰了隋军的后方，导致功败垂成。根本原因是高丽国虽小而军民固守，隋朝虽强大而内政已坏，分崩离析，有识者都认为高丽不可伐。强大未必就能战胜弱小，这是本卷带给读者的深思问题之一。

二、杨玄感、李密起事无成。杨玄感、李密以公侯之裔，累世为重臣，门生故吏占朝右之半，金钱衣币富可敌国，因此，攘臂一呼，一月之间从者十万，但兵起两月而亡，如同暴风骤雨，来势凶猛，去也匆匆。再看民变首领，王薄、张金称起于淄、济，窦建德、刘元进、朱燮、管崇、杜伏威、刘苗生、王德仁、孟让、魏刀兒、李子通等，攘臂相仍，隋军征讨，屡战屡胜，不但不能根除，而且造反者越来越多，独夫杨广，最终败亡。两相对照，又是强者败，弱者胜，这是本卷带给读者的深思问题之二。王夫之认为，杨玄感虽强，但因为树大招风，遭到隋朝全力讨伐，因而易败；民变虽然蜂起，却未受独夫重视，所以群帅虽败，可以藏身，有机会东山再起，终于亡隋。此是表因。杨玄感出身贵族，力量虽大，却不能与皇室对抗，总体力量仍是弱小。民变首领，起身草莽，根植于民。民为国之本，本固邦宁，本不固，国何以存。隋炀帝为政暴虐，乃一独夫，即使有国，又岂能与民本相抗？这才是隋炀帝国破家亡的根本原因。

隋纪七

隋炀帝大业十二年至隋恭帝义宁元年（公元 616—公元 617）

【起柔兆困敦（丙子，公元 616 年），尽强圉赤奋若（丁丑，公元 617 年）五月，凡一年有奇】

【大事提要】

本卷载述公元 616 年至公元 617 年五月史事，凡一年半，时当隋炀帝大业十二年至恭皇帝义宁元年上半年。大业十二年是隋末农民起义的第六年，全国黄河南北、江淮地区全面爆发大起义，隋炀帝却在权奸包围下昏暴自恣。这年，隋炀帝又违众强行巡幸江都，连杀几位劝谏的大臣，倒行逆施，不可救药。大业十三年李密兵围东都，李渊谋反，隋朝根基动摇。十一月李渊攻克长安，立傀儡皇帝恭皇帝，史称义宁元年。恭皇帝杨侑，十三岁，隋炀帝之孙，元德太子杨昭之子。

炀皇帝下

隋炀帝大业十二年（丙子，公元 616 年）

春季，正月，有二十多个郡的朝集使没有到达京师，朝廷开始慎重商议讨伐事宜，分派十二路使者出发到各地征调军队，讨伐捕捉盗贼。

隋炀帝下诏命令毗陵郡通守路道德，集中十郡的军队数万人，在毗陵郡东南建造行宫苑囿，周长十二里，内建十六所离宫，大体是仿效东都西苑的规模样式，但更加新奇华丽。还想在会稽建筑离宫，适逢天下大乱，没有建成。

三月上巳节，隋炀帝与群臣在西苑水榭上宴饮，命令学士杜宝撰写《水饰图经》，采集了古代关于水上游乐的七十二个故事，让朝散大夫黄衮用木头雕刻出来，并配上乐伎坐船、酒船，人物自己活动，栩栩如生，还配有钟磬筝瑟，还能自动奏乐。

三月初三日己丑，张金称攻占平恩县，一个早晨就杀了男女一万多人，又攻占了武安、巨鹿、清河等几座县城。张金称比其他的盗贼更加残暴，所过之地，不留一个活口。

夏季，四月初一日丁巳，大业殿西院发生火灾，隋炀帝以为是盗贼来了，惊慌而逃，跑进西苑，躲藏在草丛中，直到火被扑灭后才回到宫中。隋炀帝从大业八年起，每天夜里经常被恶梦惊醒，大喊有贼，让几个女人在身边抚摸才能入睡。

四月初七日癸亥，历山飞的部将甄翟儿率领部众十万进犯太原，将军潘长文战败身亡。

五月初一日丙戌，发生日全食。

五月初九日［甲午］，隋炀帝在景华宫搜求萤火虫，采得好几斛，夜里游山时，把萤火虫放出来，点点萤火遍布高山深谷。

隋炀帝向侍臣询问造反情况，左翊卫大将军宇文述说："逐渐减少。"隋炀帝说："比过去少多少？"宇文述回答说："不到过去的十分之一。"纳言苏威后退躲在殿柱后面，隋炀帝把他叫到座前问他，苏威回答，说："臣不主管这方面，不甚清楚有多少造反的人，只知反叛的祸患离我们越来越近。"隋炀帝问："这是什么意思？"苏威说："先前盗贼只占据长白山，如今已近在汜水县。而且先前应该缴纳的租赋，应该摊派的徭役，现在到哪里去了？这岂不是人们都造反了吗？近来各地奏报的贼情都不真实，致使朝廷措施失当，不能及时剿灭盗贼。另外，以前在雁门时，已经许诺不再征伐辽东，现在又征调士兵，造反怎么能够平息！"隋炀帝听了很不高兴，宣布退朝。不久临近五月五日，百官都进献珍玩，唯独苏威献上《尚书》。有人诋毁苏威说："《尚书》中有《五子之歌》，苏威用意甚不恭敬。"隋炀帝更加恼怒。不久，隋炀帝向苏威询问征伐高丽的事情，苏威想暗示隋炀帝天下有很多盗贼，就回答说："现今征辽，希望不要征调军队，只要赦免群盗，即能得到几十万人，派他们去东征，他们感激被赦免罪过，一定会争着立功，高丽自可平灭。"隋炀帝很不高兴，苏威退了出来。御史大夫裴蕴上奏说："这太不恭敬了！天下哪里有这么多盗贼！"隋炀帝说："这老兵一肚子坏水，想拿盗贼多来威胁我。我真想打他嘴巴，暂且再忍耐一下。"裴蕴知道隋炀帝的心意，于是让河南郡平民张行本上奏诬告苏威，说："苏威从前在高阳负责选拔官员时，随便授人官职；又惧怕突厥，请求返回京师。"隋炀帝派人进行审理查验，构成罪案，于是下诏历数苏威的罪状，将他削职为民。一个多月后，又有人奏报苏威暗中勾结突厥图谋不轨，这事交给裴蕴追查审理，裴蕴判苏威死刑，苏威无法为自己辩白，只是叩头流血谢罪而已，隋炀帝怜悯他就把他放了，说："不忍心立即诛杀。"苏威和他的子孙三代都被削职为民。

秋季，七月初八日壬戌，济景公樊子盖去世。

江都重新制造的龙舟完成，送到东都；宇文述劝隋炀帝巡幸东都，右候卫大将军酒泉人赵才劝谏说："现今百姓疲惫，府库空虚，造反的人蜂拥而起，政令无法推行，希望陛下返回京师，安定亿万黎民。"隋炀帝勃然大怒，把赵才交给司法官吏惩治。过了十天，隋炀帝怒气稍为消解，才把他放出。朝中大臣都不愿隋炀帝出行，但隋炀帝出行之意极为坚决，没有人敢于进谏。建节尉任宗上书极力劝谏，当天就在朝堂上被刑杖活活打死。七月初十日甲子，隋炀帝巡幸江都，命越王杨侗与光禄大夫段达、太府卿元文都、检校民部尚书韦津、右武卫将军皇甫无逸、右司郎卢楚等人共同掌理东都留守政务。韦津是韦孝宽的儿子。隋炀帝作诗向宫人作别："我梦江都好，征辽亦偶然。"奉信郎崔民象认为遍地皆是反贼，在建国门上表劝阻，隋炀帝勃然大怒，先割下崔民象的下巴，然后将他斩首。

七月十四日戊辰，冯翊郡人孙华起兵造反。虞世基认为盗贼遍布，请求隋炀帝派兵屯驻洛口仓，隋炀帝说："你真是文弱书生，天下安定却还如此忧惧。"七月十四日戊辰，隋炀帝到达巩县，敕令有关部门将箕山、公路二府移到洛口仓内，并命令修筑城池以备不测。隋炀帝到达汜水县，奉信郎王爱仁又上表请求隋炀帝回西京，隋炀帝将他斩首，又继续南行。隋炀帝到达梁郡，梁郡有人拦阻车驾，上书说："陛下如果一定要巡幸江都，天下就将不再是陛下的了！"隋炀帝又斩了上书人。这时，李子通占据海陵，左才相劫掠淮北，杜伏威屯兵六合，他们各自拥有部众几万人。隋炀帝派光禄大夫陈稜率领宿卫精兵八千人前往讨伐，官军连连获胜。

八月二十一日乙巳，反隋军首领赵万海率领部众数十万，从恒山郡进犯高阳郡。

冬季，十月初六日己丑，许恭公宇文述去世。当初，宇文述的儿子宇文化及、宇文智及都是无赖。宇文化及曾在东宫侍奉隋炀帝，隋炀帝非常宠爱他。等到隋炀帝即位后，就任用宇文化及为太仆少卿。隋炀帝巡幸榆林时，宇文化及、宇文智及违反禁令与突厥人做买卖，隋炀帝大怒，准备将两人斩首，已经解开了他们的衣服和发辫，随即又赦免了他们，赏赐给宇文述为奴仆。宇文智及的弟弟宇文士及，因为娶了公主为妻的缘故，向来看不起宇文智及，只有宇文化及与宇文智及亲近。宇文述死了以后，隋炀帝又起用宇文化及为右屯卫将军，宇文智及为将作少监。

（以上为第一段，写隋炀帝不听忠言以安抚天下，而是在民变蜂起、烈火燎原背景下巡幸江都，有识者知其不返。）

李密逃亡，前去投奔郝孝德。郝孝德对李密没有以礼相待；李密又去投奔王溥，王溥也没有重用他。李密穷困疲乏，以至于剥树皮充饥，躲藏在淮阳郡的乡村里，改名换姓，收了几个学生教他们读书认字。郡县官员产生怀疑派人去抓他，李密只得再次逃亡，投奔他妹夫雍丘县令丘君明。丘君明不敢收留，就把李密转送到游侠王秀才家。王秀才把女儿嫁给李密。丘君明的堂侄丘怀义告发了这件事，隋炀帝命令丘怀义亲自携带敕书交给梁郡通守杨汪，由杨汪去抓人。杨汪派兵包围了王秀才住宅，正巧李密外出不在，因而幸免于难。丘君明、王秀才都被处死。

韦城人翟让担任东都法曹，被控有罪该当斩首。狱吏黄君汉赏识翟让骁勇不凡，便在夜里暗中对翟让说："翟法司，天时人事，或许能够看得很清楚，怎能守在狱中等死呢？"翟让又惊又喜，说："我翟让是关在圈里的猪，是生是死，只能听从黄曹主的吩咐了。"黄君汉当即打开了翟让的脚镣手铐，把他释放，翟让再三拜谢说：

“我蒙您的再生之恩，实在幸运，但黄曹主您怎么办呢？”说着流下泪来，黄君汉生气说：“我原本认为你是个大丈夫，可以拯救百姓的生命，所以不顾杀头死罪来解救你，你怎么却像一个女人一样用哭泣流泪来表示感谢呢！您尽管努力逃命吧，不必替我担忧！”翟让于是逃亡到瓦岗拉起队伍造反，同郡人单雄信骁勇矫健，善长在马上使用长矛，合聚了一群青年人去投奔翟让。离狐人徐世勣家在卫南县，年十七岁，有勇有谋，劝说翟让：“东郡对你和我都算是家乡，人们都互相认识，不方便侵扰掠夺。荥阳、梁郡是汴水流经的地方，到哪里抢掠过往行船，夺取商人旅客的资财，足够用度。”翟让非常赞同，率领部众进入荥阳、梁郡两郡边境，抢掠公私船只，资用丰足，依附的人越来越多，聚集部众达一万多人。

当时，又有外黄人王当仁、济阳人王伯当、韦城人周文举、雍丘人李公逸等都拉起队伍造反。李密从雍州逃亡，在各个首领之间来往游说，向他们进献取天下的计谋，开始，都不相信。过了很久，渐渐有人认为李密说得对，议论说：“这个人是公卿子弟，有吞天下的志气。现今人人都说杨氏将要灭亡，李氏将要兴起。我听说命当称王的人大难不死。这个人多次逃脱危难，难道称王的就是这个人吗？”因此，渐渐敬重李密。

李密观察各部首领，认为翟让势力最强，便通过王伯当的引荐见到了翟让。李密为翟让出谋划策，又成功劝说其他小股造反军，归附了翟让。翟让很高兴，渐渐亲近李密，与他一起议事，李密于是进一步对翟让说：“刘邦、项羽都出自平民而做了帝王，如今皇帝在上面昏庸无道，百姓在下面怨愤不平；精锐兵力都在辽东丧失了，与突厥的和亲也告断绝。却仍在巡游扬、越，抛弃东都，现在正是效法刘邦、项羽奋起的大好时机。凭您的雄才大略、兵强马壮，完全可以席卷东西二京，诛灭暴君，推翻隋朝并不是难事！”翟让向李密推辞说：“我辈身为群盗，日夜在草野间苟且偷生，你所说的，不是我们这些人做得到的。”恰巧有个叫李玄英的人，从东都逃出来，遍寻各部反隋军所在地，求访李密下落，并宣扬说：“这个人当取代隋家天下。”别人问他缘故，李玄英说：“近来民间流行一首叫《桃李章》的歌谣，歌谣唱道：‘桃李子，皇后绕扬州，宛转花园里。勿浪语，谁道许！’‘桃李子’，是说逃亡的人是李氏之子；皇与后都是指国君；‘宛转花园里’，指的是隋炀帝在扬州回不来了，将会葬身于沟壑；‘莫浪语，谁道许’是指密字。”不久他遇到李密，便委身投靠李密。原宋城县尉齐郡人房玄藻，自恃才学，恨自己不被朝廷重用，曾参与过杨玄感的谋乱，后来改名换姓逃亡，在梁郡、宋城之间遇见了李密，于是就和李密遍游汉、沔地区，深入各部反隋军，游说其中的豪杰之士；返回时，有几百人跟从他们，李密仍以游客身份，留在翟让的营寨内。翟让看见豪杰们都归附李密，打算采纳李密的计谋，但仍然犹豫不决。

有一个叫贾雄的人，通晓阴阳占卜，是翟让的军师，说的话没有不被采用的。

李密用心与贾雄交朋友，让他用占卜之术劝说翟让，贾雄答应了，心中盘算好了正要抓机会说。恰好翟让召见贾雄，翟让把李密说称王的事告知贾雄，询问对不对。贾雄回答说："大吉大利，不可言说。"贾雄又说："你自己称王恐怕不能成功，如果让李密称王，事情一定成功。"翟让说："照你的说法，蒲山公应当自己称王，何必来追随我？"贾雄回答说："事情是相辅相成的，他之所以到你这来，因为将军姓翟，翟是水泽的意思，蒲草只能生在水泽中，所以必须依靠将军你啊。"翟让相信了，与李密的感情，一天比一天加深。

李密便对翟让说："如今全国沸腾，百姓得不到耕种，您的兵马虽然众多，但没有供军粮的仓储，只有依靠野外掠夺，经常苦于供给不足，如果旷日持久，再加上大敌来临，一定会分崩离析。不如先攻取荥阳，然后驻兵休整，就地取粮，等到兵强马壮后，再去和别人较量高低。"翟让听从了李密的计谋，于是打破金隄关，攻打荥阳等县城，多数县城被攻占了。

荥阳郡太守郇王杨庆，是杨弘的儿子，不能讨伐翟让，隋炀帝调张须陀为荥阳通守讨伐翟让。十月二十七日庚戌，张须陀率军攻击翟让，翟让先前几次都败在张须陀手下，听说他到来，大为恐惧，打算逃走躲避。李密说："张须陀有勇无谋，他的军队又屡次打胜仗，既骄傲又凶狠，正可以一战把他擒获。您只管严阵以待，我保证为您打败他。"翟让不得已，部署军队准备交战，李密分兵一千多人埋伏在大海寺北面的树林之中。张须陀一向轻视翟让，排方阵向前推进，翟让与张须陀交战，战败，张须陀乘胜追击，追赶了十余里，李密发动伏兵突然袭击，张须陀大败。李密与翟让以及徐世勣、王伯当等合兵一处包围了张须陀，张须陀冲破重围，但他的亲信部将有的没有冲出包围，张须陀又跃马冲入包围圈去救援，这样冲出又冲入，来回好几次，终于战死。张须陀的部众号哭了几天几夜，都没有停止。河南各郡县因为张须陀之死而士气低落。鹰扬郎将河东贾务本是张须陀的副手，也受了重伤。贾务本率领残兵五千多人逃到梁郡，没多久，贾务本也死了。隋炀帝诏令光禄大夫裴仁基为河南讨捕大使，接替张须陀统领这支队伍，移驻虎牢关镇守。

翟让于是让李密建立独立的大营，另外率领所属的部众，称为蒲山公营。李密军纪严明整肃，对士兵下达号令，即使是盛夏，士兵们背上感到沉重的像霜雪一样的寒意。李密自己穿戴节俭朴素，得到了金银财宝，全部分给部属，因此，人人乐意为他效劳。他的部下很多受到翟让部属的凌辱，由于一向军纪严明，没有人敢报复。翟让对李密说："如今军资粮食已经充足，我想回到瓦岗，你如果不想一同前去，随便你去到哪里，我翟让和你告别。"翟让携带辎重向东走，李密领兵向西行。李密来到康城，劝说几座城池归降，获得了大批军资粮食。翟让不久后悔了，便又率领部众追随李密。

（以上为第二段，写瓦岗军兴起，翟让、李密计败张须陀，从此，北方地区，农民起义军占据了主导地位。）

鄱阳郡反隋军首领操师乞自称元兴王，建年号为始兴，攻占豫章郡，任用同乡人林士弘为大将军。隋炀帝下诏，命令诏书侍御史刘子翊领兵征讨。操师乞被流箭射中而死，林士弘接替统领部众，与刘子翊在彭蠡湖交战，刘子翊战败身亡，林士弘军威大振。十二月初十日壬辰，林士弘自称皇帝，国号楚，建年号为太平。林士弘又攻占了九江、临州、南康、宜春等郡，各地豪杰都争先恐后起来杀了隋朝的郡守县令，献出郡县归附林士弘。北起九江，南到番禺，这一广大地区全被林士弘控制。

隋炀帝下诏任命右骁卫将军唐公李渊为太原留守，任命虎贲郎将王威、虎牙郎将高君雅为李渊的副将。李渊率兵讨伐甄翟儿，在雀鼠谷与甄翟儿遭遇。李渊部众只有几千人，被甄翟儿的军队包围了好几层。李世民率领精兵救援，把李渊从万众重围中救出来，正好步兵也赶到了，隋军合兵攻击，把甄翟儿打得大败。

隋炀帝对亲生骨肉也极为刻薄，蔡王杨智积一直恐惧不安，后来他患病，不愿请医生治疗，临死时，对他的亲人说："我今天才确知能够保全头颅而葬于地下了！"

张金称、郝孝德、孙宣雅、高士达、杨公卿等抢掠河北，攻陷郡县，大肆屠杀；隋朝的将帅败亡的人接连不断，只有虎贲郎将蒲城人王辩、清河郡丞华阴人杨善会多次获胜立功。杨善会前后与反隋军交战七百多次，没打过败仗，隋炀帝派遣太仆卿杨义臣讨伐张金称，张金称在平恩县东北扎营，杨义臣率兵直抵临清以西，紧靠永济渠扎营，距离张金称的营地四十里。杨义臣深挖壕沟，高筑营墙，不出来交战。张金称每天进兵到杨义臣军营西边挑战，杨义臣率领士兵，身穿铠甲，约定日期交战，到时却不出来。一天过去，直到太阳落山，张金称只好率军返回营地。第二天一早，张金称又来挑战，就这样过了一个多月，杨义臣始终没有出来交战。张金称认为杨义臣胆怯，多次逼近杨义臣的军营辱骂挑战。杨义臣对张金称说："你明天早上再来，我一定和你决战。"张金称不当一回事，不再警戒。杨义臣挑选精锐骑兵两千人，在夜里从馆陶渡河，趁张金称率领军队离开营地之时，立即偷袭张金称的营地，打击辎重。张金称得知消息，领兵退回，杨义臣从后追击，张金称大败，和随身侍从逃到清河的东边。一个多月后，杨善会讨伐抓获了张金称。隋朝官吏在闹市中立了一根木头，把张金称的头吊起来，又伸开张金称的手脚，命令张金称的仇人活活割吃张金称的肉。张金称没死的时候，还不断唱歌。隋炀帝下诏，任命杨善会为清河郡通守。

涿郡通守郭绚领兵一万多人讨伐高士达。高士达自认为才能谋略赶不上窦建德，于是就提拔窦建德为军司马，把兵权全部交给他。窦建德请高士达看守辎重，自己挑选精兵七千人抵抗郭绚。窦建德诈称与高士达有矛盾而叛变，派人向郭绚请求投降，表示愿意做郭绚的前锋，进攻高士达，以图报效。郭绚相信了他，率兵跟随窦建德到长河，不加防备。窦建德突然袭击郭绚，杀死和俘虏了几千人，砍下郭绚的首级献给高士达。张金称的残余部众也全部归附了窦建德。杨义臣乘胜进兵到平原郡，打算进入高鸡泊讨伐高士达。窦建德对高士达说："我一个个观察隋朝将领，善于用兵打仗的人，没有一个赶得上杨义臣，他如今灭了张金称杀来，他的士气正锋利，不可阻挡，请你率领部众先避开他，让他想战却得不到，白白浪费时间，等到将士疲惫，然后找机会袭击他，才可以打败他。不这样，恐怕你赢不了他。"高士达不听从，留下窦建德守住军营，亲自率领精兵迎战杨义臣，初战小胜，便大肆饮酒庆祝。窦建德听到了说："东海公还没打败敌人，就自高自大，大祸不久就要临头了。"过了五天，杨义臣大败高士达，在交战阵前杀了高士达，乘胜追击，直到军营，营中守兵全都逃散。窦建德率领一百多骑兵逃出，到达饶阳县，趁官兵没有防备，攻占了饶阳县，得到了三千多人。杨义臣已经杀了高士达，认为窦建德不值得忧虑，就领兵撤离。窦建德回到平原，收留集聚高士达的散兵，埋葬死了的人，替高士达办了丧事，军威又重新振作起来，窦建德自称将军。起先，各路反隋军抓获隋军官吏和士族子弟，全都杀了，只有窦建德善待他们，因此，隋朝官员逐渐献城投降，声势一天天强大，部众士兵达到了十万人。

内史侍郎虞世基因为隋炀帝不愿意听到盗贼的情况，所以就把诸将及各地郡县报告战败、请求救援的奏章，全都扣下或毁损，不据实奏报，只说："鼠窃狗盗，郡县搜捕追逐，快要消灭干净了。请陛下不要在意！"隋炀帝认为说得很对，有时还用手杖打击报告实情的使者，认为他们说的都是谎话，因此盗贼遍布海内，不断攻陷郡县，隋炀帝全然不知，杨义臣击败并收降河北贼众几十万，他条列情状上奏隋炀帝，隋炀帝看后感叹道："我原来没听说过，盗贼为何突然多到如此地步，杨义臣降服的贼人怎么这样多？"虞世基回答说："小贼虽然多，但不必担心，杨义臣击败小贼，却拥兵不少，将帅久在京城之外，这是最不妥当的。"隋炀帝说："你说的是。"立刻派人追回杨义臣，将其部众遣散，盗贼因此又多了起来。

治书侍御史韦云起上奏弹劾，说："虞世基和御史大夫裴蕴职掌枢要机密，维持朝廷内外联系，现在四方告急，却不上奏皇上，盗贼的数量实际很多，他们却谎报很少，陛下既然听说贼少，发兵自然不多，以致众寡悬殊，出讨的官兵往往不能取胜，所以多次失败，而贼党却一天比一天增多。请将他们二人交付有关部门追查定罪。"大理卿郑善果上奏说："韦云起诬蔑国家重臣，他所说的都不属实，他诽谤朝政，妄自作威作福。"韦云起因此被贬为大理司直。

隋炀帝到达江都后，凡江、淮各郡官员谒见，隋炀帝只问进献礼物多少，礼物丰富则越级升迁为郡丞、郡守，礼物稍薄则大多停职罢官。江都郡丞王世充进献铜镜屏风，升迁为通守；历阳郡丞赵元楷进献珍美食品，升迁为江都郡丞。因此各郡县争相刻剥民众，搜刮进献物品。平民外受盗贼抢掠，内受官吏征税逼迫，没有了生的活路，加上饥荒缺粮，平民开始采集树皮树叶充饥，有的人把稻草捣成碎末为食，有的煮泥土来吃，所有能吃的东西都吃光了，于是人吃人，而官方粮库仍然充足，官吏都害怕法律惩办，没有人敢开仓救济灾民。王世充暗中挑选江淮美女进献隋炀帝，因此更加受到宠信。

河间郡反隋军首领格谦拥有部众十多万人，占据豆子𠙶，自称燕王。隋炀帝命令王世充率兵讨伐，杀了格谦。格谦的部将勃海人高开道收集余部，劫掠燕地，军势又振作起来。

当初，隋炀帝准备征伐高丽，把器械军资和粮食贮备都集中在涿郡；涿郡人口众多、物产殷实，有几万军队驻守。另外，涿郡临朔宫里藏有很多珍宝，各地的贼寇纷纷前来抢掠，留守官虎贲郎将赵什住等人没办法抵抗，只有虎贲郎将云阳人罗艺独自出战，前后打败贼兵很多人，罗艺的威名越来越高，赵什住等人暗中嫉妒他。罗艺想要造反，他先大力宣传以鼓动他的部众，说："我们讨贼屡建战功，城中的仓库粮食堆积如山，但控制在留守官手中，不肯发放一些来救济贫苦困乏的百姓，这怎么能够勉励将士！"大家听后都极为愤怒。军队回城，郡丞出城迎接罗艺，罗艺便把郡丞抓起来，列队入城。赵什住等人害怕了，都前来听命，于是打开府库赏赐战士，打开粮仓救济贫苦困乏的百姓，涿郡之内都归服了罗艺。罗艺杀了不同心的勃海太守唐祎等几个人，声威震动燕地，柳城、怀远等郡都归附了罗艺。罗艺罢免了柳城太守杨林甫，改郡为营州，任命襄平太守邓暠为营州总管。罗艺自称幽州总管。

突厥多次侵扰北边，隋炀帝下诏晋阳留守李渊率领太原道的兵马与马邑太守王仁恭反击突厥。当时突厥正强，李渊、王仁恭两支军队总计不满五千，王仁恭很担忧。李渊挑选善于骑射的两千人，让他们装扮成突厥人，饮食起居与突厥人一样，用这办法接近突厥人，一有机会就打击，前后多次告捷，突厥人很是害怕。

（以上为第三段，写河北、江淮起义军如火如荼，而隋炀帝在江都信用权奸，花天酒地，充耳不闻。隋炀帝甚至猜忌功臣，斥逐杨义臣，自毁长城。而罗艺造反，预示隋朝官吏基础动摇，隋炀帝的末日不远了。）

恭皇帝上

隋恭帝义宁元年（丁丑，公元617年）

春季，正月，右御卫将军陈稜讨伐杜伏威，杜伏威率领部众抗击。陈稜紧闭营垒，不肯出战。杜伏威派人送妇人衣服给陈稜，称他为"陈姥"。陈稜被激怒，出营作战，杜伏威率军奋力攻击，大败官军，陈稜仅只身逃脱。杜伏威乘胜攻破高邮，率兵占据历阳，自称总管，任命辅公祏为长史，派出将领分路攻取江都郡所属各县，大军所到之处，城池全都投降，江淮间小股反隋军争相归附杜伏威。杜伏威经常选拔敢死勇士五千人，称之为“上募”，对这支队伍特别宠爱待遇优厚。凡是战斗，就命令“上募”作先锋，战斗结束后逐一检查将士，凡背上有伤的立即处死，认为他是转身后退才被敌人击伤的。所缴获的军资财物，全都用来犒赏战士，战士有战死的，杜伏威就用女人作为死者的妻妾以殉葬。因此这支“上募”军队人人奋勇作战，所向披靡。

正月初五日丙辰，窦建德在乐寿县设坛，自称长乐王，设置文武百官，改年号丁丑。

正月三十日辛巳，鲁郡反隋军首领徐圆朗攻陷东平，他继续分兵攻战土地，从琅邪以西，北边到东平，全都占有，拥有作战士兵两万余人。

卢明月转移劫掠河南，到达淮北，拥有的部众号称四十万，自称无上王。隋炀帝令江都通守王世充讨伐卢明月。王世充与卢明月在南阳交战，大败卢明月，并杀了卢明月，其他部众四散逃走。

二月初一日壬午，朔方郡鹰扬郎将梁师都，杀了郡丞唐世宗，占据郡城，自称大丞相，北边勾结突厥为援。

马邑太守王仁恭，收受大量财物贿赂，却不赈济百姓。马邑郡人刘武周非常勇敢，喜欢行侠仗义，担任鹰扬府校尉。王仁恭因为刘武周是本郡豪族，对他格外亲信厚待，让他率领亲兵驻防内宅。刘武周与王仁恭的侍女私通，担心事情败露，就图谋作乱，先扬言说：“如今百姓闹饥荒，饿死的尸体满路都是，而王府君却关闭粮仓不肯赈济抚恤，做父母官的怎么能这样呢！”大家听了都非常愤怒。然后刘武周装病躺在家里，当地豪杰都来问候，刘武周便杀牛摆酒宴请他们，放出大话说：“壮士怎么可以坐在这里等死！如今仓里堆积的粮食已经腐烂，谁能和我一起去取粮？”在场的豪杰都答应愿意前往。二月初八日己丑，王仁恭正坐在厅堂里办理公事，刘武周上堂谒见，他的党羽张万岁等人随后而入，登上台阶，杀了王仁恭。刘武周拿着王仁恭的首级出来示众，郡内无人敢动。于是刘武周打开粮仓赈济饥民，向郡属各县发布檄文，各县全都降附，集结兵马一万余人。刘武周自称太守，派遣使者归附突厥。

李密向翟让献计说：“如今东都空虚，守城士兵平时缺乏训练，越王杨侗年幼，留守官员政令不能统一，军民离心离德，段达、元文都，昏暗没有谋略，我私下估计，他们不是将军您的对手，如果将军能够用我的计策，天下一挥手就可安定。”于是派遣同党裴叔方侦察东都虚实，被留守东都的官员觉察，开始了防御准备，并且驰马送表到江都报告。李密对翟让说：“形势既然这样，不能不发兵攻击。兵法说：‘抢先下手主动权控制在自己手中，后动手就会被别人控制。’如今百姓饥饿，洛口仓有很多积粮，距离东都有一百多里，将军如果亲自率领大军，轻装偷袭，敌人因为路远不能及时救援，事先又没有防备，夺取洛口仓如同拾起遗失物一样容易。等到敌人得知消息，我们已经夺取到手。发放粮食救济穷苦百姓，远近的人谁不来归附！百万大军，一个早晨就可集结，依靠这样的军威，可以睡着养精蓄锐，以逸待劳，敌人即使来攻，我军已有防备。然后传檄号召四方，招揽豪杰贤士，听取他们的计策，选拔骁勇强悍的将军，交给他兵权，除掉隋朝的社稷，颁行将军的政令，难道不是壮举吗！”翟让说：“这是英雄的伟略，不是我能胜任的。我只能听从你的号令，拼尽全力去办，请你打头阵，我随后进发。”二月初九日庚寅，李密、翟让率领精兵七千人，从阳城北边出发，翻过方山，从罗口偷袭兴洛仓，攻占了它。于是开仓听凭百姓随意取粮，前来取粮的人携老扶幼，沿路络绎不绝。

朝散大夫时德叡献出尉氏县响应李密，原宿城县令祖君彦从昌平前往归附李密。祖君彦，是祖珽的儿子。他博学强记，文章辞藻详赡流利，著称国内。吏部侍郎薛道衡曾经推荐给隋文帝，隋文帝说：“他就是用歌谣来杀害了斛律明月那个人的儿子吗？朕不要这种人！”隋炀帝即位，尤其嫉妒祖君彦的名声，按常规把他选调到东平郡做书佐，为宿城县候补县令。祖君彦自认为有才，总是郁郁不得志想要作乱。李密早就听说了他的名声，得到他非常高兴，把他待为上宾，军中书信文告，全都交给祖君彦办理。

越王杨侗命令虎贲郎将刘长恭、光禄少卿房崱率领步骑两万五千人讨伐李密。当时东都人都认为李密是一群抢粮的饥饿盗贼，乌合之众，容易打败，争着应募从军，国子、太学、四门三个馆的学子，以及贵族豪富皇亲国戚也来从军，兵器精良，衣服华美，旌旗满天，钲鼓震响，声势极为盛壮。刘长恭等人率领军队正面攻击，又派出河南讨捕大使裴仁基等率领本部兵马从汜水关进入袭击李密的后背，约定二月十一日在兴洛仓南面会师。李密、翟让打探到了这个计谋。东都官兵先到达兴洛仓，士兵都还没有吃早饭，刘长恭驱赶他们渡过洛水，在石子河西岸布阵，南北十多里。李密、翟让分兵为十队，命令四个队埋伏在横岭山脚拦截裴仁基，其余六个队在石子河东边布阵。刘长恭等，看见李密兵少，不放在眼里。翟让打头阵与隋兵交战，不占上风，李密率领部下横冲过去，隋军又饿又疲乏，于是大败。刘长恭等人脱掉官服，躲藏起来逃脱，跑回东都，士兵死亡十之五六。越王杨侗免了刘长恭等人兵败之罪，慰问安抚一番。李密、翟让收缴了隋军的全部辎重兵器，声威大振。

翟让于是推举李密为全军的首领，尊奉李密为魏公。二月十九日庚子，设置坛场，李密即位，称元年，大赦天下。发布的文告命令，称为行军元帅府。魏公府设置三司、六卫，元帅府设置长史以下的官员。拜授翟让为上柱国、司徒、东郡公，也设置长史以下官职，减人数是元帅府的一半。任命单雄信为左武候大将军，徐世勣为右武候大将军，各自统领原有部众；任命房彦藻为元帅左长史，东郡人邴元真为右长史，杨德方为左司马，郑德韬为右司马，祖君彦为记室，其他的人都有不同等级的封拜。于是赵、魏以南，江、淮以北地区的反隋军全都云集响应，孟让、郝孝德、王德仁以及济阴人房献伯、上谷人王君廓、长平人李士才、淮阳人魏六兒、李德谦、谯郡人张迁、魏郡人李文相、谯郡的黑社、白社、济北人张青特、上洛人周比洮、胡驴贼等都归顺李密。李密对他们全都封官授爵，让他们各自率领原有部众，设置百营簿来统领他们。前来归降的人源源不绝，部众达数十万人。于是李密命令护军田茂广修筑洛口城，方圆四十里，以供居住。李密派房彦藻率兵往东扩展土地，先后攻占了安陆、汝南、淮安、济阳，黄河以南的郡县大部分被李密控制。

雁门郡丞河东人陈孝意与虎贲郎将王智辩一起讨伐刘武周，包围了刘武周的据点桑乾镇。三月二十一日壬寅，刘武周与突厥人合兵进攻，斩杀了王智辩；陈孝意逃回雁门。三月十七日丁卯，刘武周攻陷楼烦郡，又进兵夺取了汾阳宫，俘获隋朝宫人。这些宫人被作为礼品送给了突厥的始毕可汗。始毕可汗用马匹作为回报，刘武周兵势因此愈发强大，又攻占了定襄。突厥人立刘武周为定杨可汗，送给他狼头大旗。刘武周即皇帝位，立妻沮氏为皇后，改元天兴。任命卫士杨伏念为尚书左仆射，妹夫同县人苑君璋为内史令。刘武周领兵包围雁门，陈孝意全力抵抗防守，伺机出击，几次打败刘武周；以后的战斗因外面没有援兵，陈孝意派密使去江都告急，可是一直没有回音。陈孝意誓死守卫雁门，每日早晚向存放皇帝诏敕的库房跪拜哭泣，悲恸之情感动了左右的人。雁门被包围一百多天，城中粮尽，校尉张伦杀了陈孝意，出城投降。

梁师都攻占了雕阴、弘化、延安等郡，于是即皇帝位，国号梁，改年号为永隆。始毕可汗送给他狼头大旗，号称大度毗伽可汗。梁师都引突厥人入侵河南之地，攻破盐川郡。

左翊卫蒲城人郭子和因事获罪流放榆林。适逢榆林郡闹饥荒，郭子和带领他暗地结交的敢死之士十八人进攻郡门，抓获了郡丞王才，列举他不体恤百姓疾苦的罪状，将他斩首，开仓赈济百姓。郭子和自称永乐王，改年号丑平。尊称父亲为太公，任命弟弟郭子政为尚书令，郭子端、郭子升为左右仆射。郭子和拥有两千多名骑兵，南面勾结梁师都，北面依附突厥，双方各送一个儿子作为人质以求得联盟稳固。始毕可汗封刘武周为定杨天子，梁师都为解事天子，郭子和为平杨天子，郭子和坚决不接受，于是改封他为屋利设。

汾阴人薛举，侨居金城，骁勇过人，有亿万家财，喜欢结交豪杰之士，称雄于西边，担任金城府校尉。当时陇右盗贼纷纷起事，金城令郝瑗招募了几千士兵，命薛举率领他们前去讨伐盗贼。夏季，四月初三日癸未，给新募士兵发铠甲，金城府摆设酒宴犒劳将士，薛举和他的儿子薛仁果以及同党十三人，在筵席座位上劫持郝瑗，举兵造反，并囚禁其他郡县官吏，开仓赈济百姓。薛举自称西秦霸王，改年号秦兴。封薛仁果为齐公，幼子薛仁越为晋公。薛举招抚集中小股群盗，抢掠官府牧马。贼兵首领宗罗睺率众归附，被封为义兴公。将军皇甫绾率兵一万屯驻枹罕，薛举挑选精兵两千人袭击他。岷山羌人酋长钟利俗率领部众两万人归附薛举，薛举兵势大振。薛仁果被改封为齐王，兼领东道行军元帅，薛仁越为晋王，兼河州刺史；宗罗睺为兴王，任薛仁果的副将。薛举分兵攻占土地，夺取了西平、浇河二郡。不久，薛举全部占有陇西之地，部众达十三万人。

李密任命孟让为总管、封为齐郡公。四月初九日己丑，夜晚，孟让率领步、兵骑兵两千人，攻入东都外城，焚烧抢掠丰都市区，到天快亮时才离去。于是东京居民全都迁入宫城，台、省、府、寺都住满了人。巩县人柴孝和、监察御史郑颋献出城池归降李密，李密任命柴孝和为护军，郑颋为右长史。

裴仁基每次打败敌兵把缴获的军粮物资全部赏赐给士卒。监军御史萧怀静不准许，士卒们对他心怀怨恨；萧怀静又多次搜求裴仁基的过失上奏弹劾他。洛口仓城之战，裴仁基误期没按时赶到，他听说刘长恭等人已败，十分惧怕，不敢进城，屯驻在百花谷，坚壁自守，又害怕被朝廷治罪。李密侦知裴仁基处境狼狈，派人劝说投降，用厚利引诱。贾务本的儿子贾闰甫在裴仁基军中，也劝裴仁基投降。裴仁基说："怎样处置萧怀静御史呢？"贾闰甫说："萧君就像栖止窝里的一只鸡，如果他不懂得随机应变，您一刀就结果了他。"裴仁基听从了，就派贾闰甫到李密军营请求投降。李密非常高兴，任命贾闰甫为元帅府司兵参军，兼任轮直记室事，派他向裴仁基复命，并送去一封信，安慰招抚，表示接纳裴仁基。裴仁基返回虎牢关镇守。萧怀静暗中上表奏报这件事，裴仁基知道后，于是杀了萧怀静，率领部众献出虎牢关投降了李密。李密任命裴仁基为上柱国、河东公。裴仁基的儿子裴行俨，骁勇善战，李密也任命他为上柱国、绛郡公。

李密得到了秦叔宝和东阿人程咬金，都任命为骠骑将军。李密挑选军中勇敢过人的士兵八千人，分别隶属于四位骠骑将军，作为自卫队，称为"内军"。他经常说："这八千人能够抵挡百万大军。"程咬金后来改名为程知节。罗士信、赵仁基都率领各自的部众归附李密，李密任命他们为总管，让他们依旧统领各自的原有部众。

四月十三日癸巳，李密派遣裴仁基、孟让率领两万人攻击回洛东仓，打下东仓后，放火烧了天津桥，任凭士兵抢掠。东都出兵攻击，裴仁基等败逃，李密亲自率领部众屯驻回洛仓。东都还有二十多万军队，登城击拆加强防守，昼夜都不脱离铠甲。李密进攻偃师、金墉，都没有攻克。四月十五日乙未，回军洛口。

东都城内缺粮，但布帛却堆积如山，甚至用丝绢作汲水的绳子，用布烧火煮饭。越王杨侗命人把回洛仓的米运入城内，派五千士兵驻守丰都市，五千兵驻守上春门，五千兵驻守北邙山，分为九营，前后呼应，严密防备李密。

四月十七日丁酉，房献伯攻下汝阴，淮阳太守赵陀献出郡城投降李密。

四月十九日己亥，李密率领部众三万人又占据回洛仓，大规模修筑营垒壕堑逼近东都。段达等率领七万隋军抵抗。四月二十一日辛丑，李密命他的幕府向各郡县发布檄文，宣布隋炀帝十大罪状，说："罄南山之竹，书罪无穷；决东海之波，流恶难尽。"这是祖君彦撰写的文辞。

越王杨侗派遣太常丞元善达穿过李密军的控制区域，到江都向隋炀帝奏报，说："李密拥有部众百万人，包围进逼东都，占据了洛口仓，东都城内已经没有粮食。如果陛下能迅速返回东都，乌合之众一定四散；否则，东都必定会陷落。"一边说一边呜咽流泪，隋炀帝也显露出忧戚的脸色。虞世基却进言说："越王年纪轻，受了这些人的欺骗。如果真像元善达说的那样，元善达为何能到这里来！"隋炀帝勃然大怒说："元善达小人，竟敢在朝廷上侮辱我！"于是派元善达经过起义军的控制区回到东阳去催运粮食，元善达终于被起义军所杀。从这以后，人人闭上嘴巴，没有人再把实情向隋炀帝报告。

虞世基外貌深沉稳重，说话投合隋炀帝的心意，特别受到信任宠爱，朝臣没有人能与他相比。虞世基的亲朋党羽依仗他的势力，卖官枉法，贿赂公开收受，他的家门口就像市场一样。因此，朝野上下都痛恨虞世基。内史舍人封德彝依附虞世基，因为虞世基不熟悉官场事务，封德彝暗中替他出谋划策，大造声势执行皇帝的诏命，迎合隋炀帝的心意，群臣表章疏奏违忤旨意，都丢在一边不上奏。审理案件，执法用刑，多引用严厉苛刻的条文，深加诬陷；论功行赏，则极力削减，压到最低标准。因此，隋炀帝对虞世基的宠爱日益隆盛，而隋朝的政治日益败坏，这都是封德彝干的。

（以上为第四段，写魏公李密兵围东都。）

当初，唐公李渊娶了神武肃公窦毅的女儿为妻，生了四个儿子，李建成、李世民、李玄霸、李元吉，一个女儿，嫁给太子千牛备身临汾人柴绍。

李世民聪明、勇敢、果决，见识器量超过一般的人。他看到隋王室正开始混乱，便暗中怀抱安定天下的雄心壮志。他礼贤下士，乐善好施，结交宾客，得到众人的敬仰。李世民娶右骁卫将军长孙晟的女儿为妻。右勋卫长孙顺德，是长孙晟的族弟，他和右勋侍池阳人刘弘基都因躲避辽东征役，逃亡到晋阳投奔了李渊，与李世民交情深厚。左亲卫窦琮是窦炽的孙子，也逃亡在太原，先前与李世民不和，常常疑虑不安。但李世民特意善待他，让他出入自己的卧房，窦琮的心情才安定下来。

晋阳宫监猗氏县人裴寂，和晋阳令武功人刘文静，两人在一起同住，看到城上的烽火，裴寂叹息说："我们是这样的贫贱，又遇上战乱，骨肉分离，自己靠什么来求生存呢？"刘文静笑道："现在时事可以看得很清楚，只要我们二人投合，何必担忧贫贱！"刘文静看到李世民，非常惊异，就用心和他结交，并对裴寂说："李世民不是一个平常人，他豁然大度就像汉高祖刘邦，神采英武如同魏武帝曹操，年纪虽轻，可是一个时代的杰出人才。”裴寂起初并不这样看。

刘文静因和李密联姻而获罪，被囚禁在太原监狱，李世民去探望他。刘文静说：“天下大乱，没有汉高祖、汉光武帝那样的大才，不能安定天下。”李世民说：“怎么知道没有那样的人才呢？只是人们不认识罢了。我来看望你，不是儿女情长的感情，是想来和你商议大事的，你有什么好计谋！”刘文静说：“如今皇上到南方巡幸江淮，李密包围逼近东都，反隋的军队有上万支。在这个时候，有一个真正的天下之主出来驱使驾驭这些人，夺取天下如同反掌一样容易。太原郡的百姓为了躲避群盗都进入了城，我当了几年县令，知道其中的豪杰人士，一旦集结起来，可以得到十万人。你父亲率领的兵马又有几万，一声令下，谁敢不听从！用这些兵力乘虚入关，号令天下，用不了半年，就可以成就帝王之业了。”李世民笑着说：“你的话正合我的心意。”于是暗中部署宾客，李渊并不知道。李世民担心李渊不赞同，犹豫了很久，一直没敢说。

李渊和裴寂是老朋友，常常在一起宴饮交谈，有时夜以继日。刘文静想通过裴寂劝说李渊，便引荐裴寂和李世民结交。李世民拿出自己的几百万钱，让龙山令高斌廉与裴寂赌博，一次又一次地输给裴寂，裴寂非常高兴，因此每天与世民在一道游乐，感情越来越亲密。李世民于是把自己的意图告诉裴寂，裴寂答应助一臂之力。

恰好突厥入犯侵马邑，李渊派遣高君雅率兵与马邑太守王仁恭合力抵抗。王仁恭、高君雅与突厥交战失利，李渊害怕被牵连治罪，十分忧虑。李世民乘机屏退左右劝说李渊：“如今主上无道，百姓穷困，晋阳城外都成了战场，大人您如果谨守小节，那样就会下有流寇盗贼，上有严刑峻法，您随时都有大祸来临。不如顺应民心，兴兵起义，转祸为福，这是天赐良机啊！”李渊大吃一惊说：“你怎么说出这种话，我现在就把你抓起来去报官！”于是拿起纸笔，要写奏表。世民不慌不忙地说：“我观察天时人事已是如此，才敢说这样的话。如果一定要把我抓起来告发，我不怕一死！”李渊说：“我哪里忍心告发你，你要谨慎，不要胡言乱语！”第二天，李世民又劝李渊说：“如今盗贼一天多似一天，遍布天下，大人受诏讨贼，贼众能消灭干净吗！总之，最后还是免不了获罪。况且世人都传言李氏当应验图谶，所以李金才没有任何罪过，却在一天之内被诛灭全族。大人您如果真的把贼众完全剿灭了，那么功劳太高没法赏赐，您自己会更加危险！只有昨天的话可以免除灾祸，这是万全之策，望大人不要疑虑。”李渊叹息说：“我一夜都在思考你的话，确实很有道理。今天就是家破人亡也由你，把家变成国也由你了！”

起先，裴寂私自用晋阳的宫人侍候李渊，李渊和裴寂一起饮酒，喝到最高兴的时候，裴寂从容地说：“二郎暗中蓄养兵马，想要起兵办大事，只因我私自让宫女侍候你，害怕事情败露株连被杀头，才做出这应急的计划。大家都同心协助，你的心意如何？”李渊说：“我的儿子真的有了这个图谋，事情到了这一步，就只好听从了。”

隋炀帝认为李渊与王仁恭抵御突厥不尽力，派使者逮捕送到江都，李渊非常恐惧。李世民与裴寂再次劝说李渊，说：“如今主上昏庸，国家动乱，尽忠没有益处，本来是部将违失军律，却要加罪到您身上。事情已经危急了，应当及早拿定主意。况且晋阳兵马精锐强大，宫监积蓄的军资物品价值亿万，拿这些来举办大事，何愁不能成功！代王年幼，关中豪杰纷纷起来造反，不知道依附谁，你要是起兵大张旗鼓向西进兵，招抚他们为自己的部属，如同探囊取物一样容易。怎么去接受一介之使的囚禁，坐等被杀呢？”李渊认为说得对，秘密部署军队，正要起事时，恰好隋炀帝后派的使者赶到，赦免李渊和王仁恭，让他们官复原职，李渊造反的谋划暂缓执行。

李渊任职河东讨捕使的时候，请求大理司直夏侯端做他的副手。夏侯端，是夏侯详的孙子，善于占卜天象和相人的祸福。夏侯端对李渊说：“如今玉床星座摇动，帝座星也不安定，岁星进入参宿的位置，一定有真人从参宿的分野兴起，不是您还是谁呢？主上猜忌残忍，尤其猜忌姓李的人，李金才已死在前头，你若不考虑变通，一定是下一个李金才。”李渊很赞同。等到李渊官复晋阳留守时，鹰扬府司马太原人许世绪劝李渊说：“您的姓氏在图谶上，名字应验歌谣，手握五个郡的兵马，处在四战之地的地方，造反则帝业可成，稳稳地坐着很快就会灭亡，希望你好好想一想。”行军司铠文水人武士彟，前太子左勋卫唐宪，唐宪弟弟唐俭都劝李渊起兵造反。唐俭劝谏李渊说：“明公你北面招抚戎狄，南面收揽豪杰，拿这些来夺取天下，这是成就商汤王、周武王一样的大业啊！”李渊说：“我不敢与商汤王、周武王相比，论私是为了生存，论公是为拯救祸乱，你暂且自我珍重，我要认真考虑。”唐宪，是唐邕的孙子。当时李建成、李元吉还在河东，所以李渊一再拖延，没有起兵。

刘文静对裴寂说：“先发制人，后发制于人，您为何不早劝唐公起兵，却一直推故拖延呢？况且您身为宫监，竟敢私自用宫女侍候他人，您死也就算了，为何要误唐公呢？”裴寂极为恐惧，多次催促李渊起兵。李渊就让刘文静伪造敕书，征调太原、西河、雁门、马邑等地年在二十岁以上、五十岁以下的人全部从军，约定年底在涿郡集合，去攻打高丽。因此人心扰动，更多的人图谋造反。

等到刘武周占据汾阳宫，李世民对李渊说：“大人您担任留守，而盗贼窃据离宫，如果不早定大计，大祸马上就要临头！”李渊于是召集将佐属吏，对他们说：“刘武周占据汾阳宫，我们这些人没能制止，罪当灭族，怎么办？”王威等都很恐惧，一再叩头求问对策。李渊说：“朝廷用兵，一举一动都要奏报请求。如今贼众在数百里之内，江都在三千里之外，加上道路险要，又有其他盗贼盘踞，用只够据城自守而动辄受制的军队，来抵抗十分狡诈狂奔乱窜的盗贼，必难保全。我们现在是进退两难，怎么办才好呢？”王威等人都说：“您的身份既是皇亲国戚又是显贵贤臣，同国家命运休戚与共，如果等着奏报，怎么可以及时相机行事，只要可以平定盗贼，专擅行事也是可以的。”李渊假装无可奈何听从的样子，说：“既然如此就应当先征集军队。”于是让李世民与刘文静、长孙顺德、刘弘基等人各自招募军队。远近的百姓都纷纷像赶集一样汇聚，十天之内募得近一万人。又暗中派人到河东召回李建成、李元吉，到长安去召回柴绍。

王威、高君雅看到军队大规模集中，怀疑李渊要造反，对武士彟说：“长孙顺德、刘弘基两人是逃避征辽的三侍官员，犯的是死罪，怎么能带兵？”想把两人逮捕定罪。武士彟说：“两人都是唐公的客人，如果这样做，肯定要引起大的纷争。”王威等这才作罢。留守司兵田德平想劝王威等人调查招募军人的情况，武士彟说：“讨伐搜捕盗贼的军队，全部隶属于唐公，王威、高君雅不过是寄坐在唐公身边，他们有什么能耐？”田德平也只好作罢。

晋阳乡长刘世龙密告李渊说：“王威、高君雅想利用到晋祠祷祈求雨的机会，对你下手。”五月十四日癸亥夜晚，李渊让李世民在晋阳宫城之外埋伏军队。五月十五日甲子早晨，李渊与王威、高君雅同坐议事，派刘文静带领开阳府司马胙城人刘政会进入站在厅堂上，宣称有机密情况的状子禀报。李渊用眼睛示意王威等去取状子来看，刘政会不给，说：“所要告发的是副留守的事，只有唐公有权看状子。”李渊假装吃惊地说：“岂有这等事！”接过状子来看，然后说：“王威、高君雅暗地勾结突厥人来侵犯。”高君雅挽起袖子举臂大骂说：“这是造反的人想诬陷我。”这时李世民已经在交通要道部署了军队，刘文静就和刘弘基、长孙顺德等人一起把王威、高君雅抓起来投入监狱。五月十七日丙寅，几万突厥骑兵入侵晋阳，突厥轻骑从外城北门进入，然后从东门出去。李渊命令裴寂等人部署军队监控防备，而全部大开城门，突厥人不能断定虚实，不敢进城。众将领都认为确实是王威、高君雅招来的，李渊于是杀了王威、高君雅，用他俩的人头示众。李渊部将王康达率领一千多人出战，全部战死，城中震动恐惧。李渊夜里暗中派军队出城，天明大张旗鼓从另一条道路上开来，好像是援军来到一样。突厥始终狐疑不决，在城外停留两天，大肆抢劫一番离去。

隋炀帝命令监门将军泾阳人庞玉、虎贲郎将霍世举带领关内军救援东都。柴孝和劝李密说：“秦地山川险固，秦、汉依靠它建立帝王之业。现在如果派翟司徒防守洛口，裴柱国防守回洛，明公您亲自挑选精锐部队西进袭击长安。京师攻下之后，基业稳固，兵强马壮，然后再挥师东下平定河、洛地区，只要发布一纸文告，天下就会平定。如今隋朝已失其鹿，天下豪杰竞相追逐，您若不早下手，必定有人抢在我们之前，那时后悔就来不及了！”李密说：“这确实是上策，我也考虑好久了。但是昏君还在，听从他号令的军队还很多，我的部下都是崤山以东的人，看到洛阳没有攻下，谁肯跟我向西入关？众将领都是群盗出身，留在这里就会互相争斗，这样，大业就完蛋了。”柴孝和说：“既然大军不能西进，我请求从小路去探察实情，寻找机会。”李密同意了。柴孝和与几十名骑兵到了陕县，山区盗贼归附的有一万多人。当时李密军队兵锋甚锐，常常攻入东都西苑与隋兵交战。不巧李密被流箭射中，躺在营中养伤。五月二十八日丁丑，越王杨侗派段达和庞玉等人乘夜出兵，在回洛仓西北列阵，李密与裴仁基率兵迎战，段达等人大败李密，杀伤过半。李密只好放弃回洛，逃奔洛口。这时庞玉、霍世举驻屯偃师，柴孝和的部众听到李密败退，纷纷逃散，柴孝和轻骑回到李密军中，杨德方、郑德韬全都战死。李密任命郑颋为左司马，荥阳人郑乾象为右司马。

李建成、李元吉在河东丢下弟弟李智云逃走了，当地官吏捉住李智云送到长安，把他杀死。李建成、李元吉在路上遇到柴绍，和他同行。

（以上为第五段，写唐公李渊在其次子李世民推动下策划反隋的过程。）

【点评】

李密、杨玄感私欲障目，兵败东都。魏公李密，号称智能之士，兼资文武，自诩平定天下，非己莫属。李密曾经劝说杨玄感解围东都，直接西进关中，东向以争天下，进可攻，退可守，对形势的判断，何其明朗。当他自统大军，却又一次屯兵东都坚城之下，相持不决，却不能采纳柴孝和西取关中的策谋，借口部众皆山东之人，不愿入关，识见又何其短浅！究其因，杨玄感、李密均过高地估计自己，过低地估计亡隋昏君仍有号召力，于是急于称帝，侥幸破东都以成其事，结果败不旋踵。只因私欲太重，一叶障目，不见泰山，实在可悲。

资治通鉴（白话本） 卷第一百八十四

隋纪八

隋恭帝义宁元年（公元 617）

【起强圉赤奋若（丁丑，公元 617 年）六月，不满一年】

【大事提要】

本卷载述公元 617 年六月至十二月史事，不足一年，时当隋炀帝大业十三年之下半年，史又称恭皇帝义宁元年。这一时期，事繁变剧，述史头绪繁多，分为十四段。这是隋王朝崩溃前的垂死挣扎时期，全国烽烟遍地，战争最为激烈。东都是主战场，李密率领瓦岗军围困东都，隋王朝全力救援，隋军云集东都，四面空虚。于是河北、江淮农民起义军窦建德、杜伏威等皆称王，西北梁师都、刘武周、薛举、李轨等形成边塞军阀割据。李渊乘间起兵，夺取了关中，拥立代王杨侑为恭皇帝，为隋唐禅代奠基。

恭皇帝下

隋恭帝义宁元年（丁丑，公元 617 年）

六月己卯日，李建成等人到达晋阳。

刘文静劝李渊外联突厥，借用突厥的兵马来壮大自己的声势。李渊赞同了，就写了一封亲笔信，言词谦恭，加上厚礼，送给始毕可汗。信中说：“我想大兴正义之师，到远方去迎接皇上，与突厥重新和亲，就如同开皇年间一样。如果可汗能和我一同去南方，希望突厥士兵不要侵暴百姓，如果只是和亲，坐收金银财宝，也由可汗自己选择。”始毕可汗得到这封信，对他的大臣们说：“隋朝皇上的为人，我非常了解，如果把他迎接回来，一定加害唐公并攻击突厥没有疑义。假如唐公自己做天子，我突厥不避寒暑，用我们的兵马帮助他。”就按这个意思写了回信。使者第七天回来了，李渊部将都非常高兴，请求李渊听从突厥可汗的意见，李渊不同意。裴寂、刘文静都说：“如今正义之师已经集结，但缺少战马，突厥兵不是我们需要的，但战马是不能缺少的。如果拖延回信，恐怕突厥后悔。”李渊说：“诸位再想一想别的办法。”裴寂等人于是请求尊奉隋炀帝为太上皇，立代王杨侑为帝，用来安定隋皇室；传布檄文到各郡县，改换旗帜，杂用红色和白色，按这样回信突厥，示意与隋朝不同。李渊说：“这样可以说是‘掩耳盗钟’，但为形势所逼，不得不这样做。”于是同意这样做，派使者把这个决议通告突厥。

西河郡不服从李渊的命令，六月初五日甲申，李渊派李建成、李世民领兵攻打西河郡，命令太原令太原人温大有随军出征。李渊对温大有说："我儿子年轻，请你参加谋划军事方略，事情的成败，就拿这次出征的结果作预测。"当时，士兵都是新近招募来的，全都没有经过训练。李建成、李世民与士兵们同甘共苦，遇到敌人就身先士卒，道路两旁的蔬菜瓜果，不是买的不准吃，士兵有偷吃的，一定找到物主给予赔偿，也不责怪偷吃的人，士兵及百姓们都十分感激喜悦。大军进抵西河城下，百姓想要进城的人，都听从他们进入。西河郡丞高德儒紧闭城门坚守，六月初十日己丑，李建成攻克西河城，把高德儒押到军营门口，李世民责备高德儒说："你指着野鸟说是凤凰来欺骗人主，获取高官，我们兴义兵，就是为了诛灭像你这样的奸佞之人！"于是将高德儒斩首。其余官员一个不杀，秋毫无犯，派人分头抚慰百姓，让他们各复其业，远近的人听到消息都非常高兴。李建成等人率军回到晋阳，往返一共才九天。李渊高兴地说："像这样用兵，就是横行天下也是可以的！"于是决定了进兵关中的计划。

李渊大开粮仓赈济贫民，应募当兵的人一天比一天多。李渊下令分部众为三军，三军再分左、右翼，通称为义士。裴寂等人给李渊奉上大将军的尊号。六月十四日癸巳，设置大将军府，任命裴寂为长史，刘文静为司马，唐俭和前长安尉温大雅为记室，温大雅于是和他弟弟温大有共同掌管机密，任命武士彟为铠曹，刘政会和武城人崔善为、太原人张道源都为户曹，晋阳长上邽人姜謩为司功参军，太谷长殷开山为府掾，长孙顺德、刘弘基、窦琮以及鹰扬郎将高平人王长谐、天水人姜宝谊、阳屯分别为左、右统军，其余的文武僚佐都按照才能分别授予官职。李渊又封世子李建成为陇西公、左领军大都督，左三统军归他统率；封李世民为敦煌公，右领军大都督，右三统军归他统辖，二人各自设置官府僚属。任命柴绍为右领军府长史，谘议谯县人刘赡任西河通守。张道源名河，殷开山名峤，都以字号行世。殷开山是殷不害的孙子。

李密又率部众攻打东都，六月十七日丙申，与隋军在平乐园大战。李密左边是骑兵，右边是步兵，中间部署强弩，擂动千面战鼓向敌军猛冲，东都隋军大败，李密再次夺取回洛仓。

突厥派他们的柱国康鞘利等人送一千匹马到李渊处做交易，并答应派兵送李渊入关，兵马的多少由李渊确定。六月十八日丁酉，李渊召见康鞘利等人，接受了可汗的书信，礼仪容止都非常恭敬，送给康鞘利等人的礼物十分丰厚。李渊挑选其中的良马，只买下一半。义士们请求用自己的钱把余下的马都买下来，李渊说："胡人马匹很多，却又十分贪利，他们会不断地送马来，恐怕你们就没有钱再买了。我所以买得很少，是表示贫穷，而且也不是那么急用。我当为你们赊欠下来，用不着你们出钱。”

六月二十六日乙巳，灵寿县贼兵首领郗士陵率领部众几千人投降李渊。李渊任命郗士陵为镇东将军、燕郡公，并设置镇东府，补充镇东府僚属，用这样优抚的办法来招抚潼关以东的各个郡县。

己巳日，康鞘利返回北方。李渊派刘文静出使突厥请求出兵，李渊私下告诉刘文静说：“胡人骑兵进入中原，是百姓的一大祸害。我之所以要得到突厥的援兵，是怕刘武周勾结他们一起成为边境上的祸害。此外，胡马是野外放牧饲养，不用耗费草料，只不过暂且借突厥人的兵马来壮大声势。只需要几百人，再多的就用不着了。”

秋季，七月，隋炀帝派江都通守王世充率领江淮精锐士兵，将军王隆率领邛地黄蛮，河北讨捕大使太常少卿韦霁、河南讨捕大使虎牙郎将王辩等人各自率领所属部队一同赶赴东都，互相配合讨伐李密。韦霁是韦世康的儿子。

七月初四日壬子，李渊任命儿子李元吉为太原太守，留守晋阳宫，后方事务委托他全权处理。七月初五日癸丑，李渊统帅甲士三万人从晋阳出发，在军营门前誓师，并向各郡县发布檄文，晓谕大家尊立代王为帝的主张，西突厥阿史那大奈也率领部众随从。七月初六日甲寅，李渊派出通议大夫张纶领兵征讨稽胡。七月初八日丙辰，李渊到达西河，慰劳官吏百姓，救济贫民，凡是七十岁以上的老人，都授给散官的头衔，其他的豪杰英才，随个人的才能授给职务。李渊一边询问求职人的功绩才能，一边随手写出授给的官职品秩，一天之内任用了一千多人。得到官职的人都不拿委任状，各自拿着李渊亲手写的官名离去。李渊进入雀鼠谷。七月十四日壬戌，驻屯贾胡堡，距离霍邑五十多里。代王杨侑派遣虎牙郎将宋老生率领精兵两万屯守霍邑，左武侯大将军屈突通屯守河东，抵抗李渊。正赶上连天大雨，李渊无法向前推进，派府佐沈叔安等率领老弱兵回到太原，再运一个月的粮食。七月十七日乙丑，张纶攻克离石郡，杀了太守杨子崇。

刘文静到达突厥，拜见始毕可汗，请求派兵援助，并且与始毕可汗约定：“如果进入长安，民众土地归唐公，金玉丝帛归突厥。”始毕可汗很高兴。七月十八日丙寅，始毕可汗派大臣级失特勒提前赶到李渊的军营，通知突厥援兵已经上路。

（以上为第一段，写李渊起兵，联合突厥，解除了后顾之忧，传檄郡县，大举南进。）

李渊写信招抚李密，李密自恃兵力强盛，想当盟主。他让祖君彦回信说：“我和兄长虽然支派不同，但都是李姓同宗，我虽然自己觉得势单力薄，却蒙天下英雄共同推举为盟主。希望你提携辅助，同心协力，完成在咸阳活捉子婴，在牧野杀死商辛这样的大业，这难道不是壮举吗！”并且李密还想要李渊亲自率领几千步骑到河内郡，当面缔结盟约。李渊接到回信，笑着说："李密狂妄自大，不是一封信就可以招来的，我正要进兵关中，如果立即断绝和他的来往，就又树了一个强敌；不如用谦恭的言辞给他戴高帽子，使他更加骄傲，替我挡住成皋的道路，牵制东都的军队，使我们能够专心一意地西征。等关中平定以后，我们据守险要，养精蓄锐，静观鹬蚌相争，坐收渔人之利，也为时不晚。"于是李渊让温大雅回信说："我虽然平庸愚劣，却很幸运继承了祖宗的遗业，出朝为巡行天下的使者，入朝掌管六军。国家颠危若不出来扶持，就会受到通达贤人的责备。因此，我大规模出动正义之师，北边与突厥和亲，共同匡正天下，志在尊奉隋朝。上天降生了众多的民众，一定会安置管理的官吏，当今谁能主宰万民，非你莫属！老夫我已经过了五十岁，没有了主宰人民的心意。我十分高兴拥戴老弟，攀龙附凤，希望老弟早日应验图谶，也好安定天下万民。你是宗族的盟长，能容纳我们这一支同宗，又封我在唐地，这样的殊荣足够了。在牧野杀死商辛，我不忍心说这样的话；在咸阳活捉子婴，我不敢接受这样的命令。汾晋一带，必须我去安抚，到盟津会盟，我还定不下日期。"李密得到回信非常高兴，他拿给部将们看，说："唐公拥护我，天下就很容易平定。"从此双方信使往来不断。

雨下了好几天还不停止，李渊大军缺粮，刘文静还没有回来，有传言说突厥与刘武周趁空虚袭击晋阳。李渊召集部将商量返回北方。裴寂等人都说："宋老生、突屈通，两军联合据守险要，不容易很快攻下，李密虽然说和我们联合，他的阴谋诡计很难预测。突厥人贪婪而无信义，唯利是图。刘武周，是向突厥称臣的人，太原是一个地区的都会，况且又是义军家属居住的地方，不如回去救援根本的地方，改日再做以后的打算。"李世民说："现今禾谷豆子遍地都是，还愁没粮食吗？宋老生轻狂急躁，一战就可抓获，李密留恋粮仓，还考虑不到长远打算，刘武周和突厥，表面上互相依附，骨子里互相猜疑。刘武周虽然远出贪图太原，但岂能忘记附近的马邑。我们原来是兴举大义，奋不顾身拯救天下百姓，应当抢先进入咸阳，号令天下。如今遇上小小敌人，就立即班师，恐怕跟随起义的人一旦散离，我们只能回去守住太原一座孤城当贼了，怎么能保全自己呢！"李建成也认为是这个理。李渊不听，催促军队出发。李世民将要进入李渊营帐劝阻，当时已经天黑，李渊睡下了。李世民进不了营帐，就在营门外大声哭喊，哭声传进了帐中，李渊召进李世民问话，李世民说："如今大军为了大义而出动，前进攻战必胜，后退就要离散，如果部众在前面溃散，敌人趁机在后追击，死期就在眼前，怎么不伤心！"李渊立即醒悟过来，说："军队已经出发了，怎么办？"李世民说："右路军严阵以待还没出发，左路军虽然出发，估计还没有走多远，我请求亲自去追回来。"李渊笑着说："我的成败全靠你了，知道了不必再说什么，随你去做吧！"李世民于是与李建成连夜追左路军回来。七月二十八日丙子，太原运送的粮食也到了。

（以上为第二段，写李渊用计联合李密，仍畏首畏尾，李世民挺身而出，坚定了李渊的信心。）

武威鹰扬府司马李轨，家中富有，喜欢仗义行侠。薛举在金城作乱，李轨和同郡人曹珍、关谨、梁硕、李赟、安脩仁等商量说："薛举一定会前来侵犯施暴，郡官昏庸胆小，肯定不能抵御，我们难道可以捆住双手连同妻子儿女一起被人俘虏吗！不如大家同心协力合力抵抗，占据保卫河西以等待天下的变化。"大家都认为是这个理。众人想推选一个人为首领，可是互相推让，没有人肯当首领。曹珍说："我长久以来听到图谶上说李氏应当为王，今天李轨也参加了我们的谋划，这是天命。"于是大家一起参拜李轨，推举他为首领。七月初八日丙辰，李轨命令安脩仁召集各部落胡人，李轨聚结民间豪杰，共同起兵，抓捕了虎贲郎将谢统师，郡丞韦士政。李轨自称河西大梁王，建置官府僚属，按照开皇年间的制度办理。关谨等人想把隋朝官吏杀光，瓜分他们的家财。李轨说："各位既然逼我为王，就应当听从我的号令，如今我们是兴起正义之师用来拯救黎民百姓，如果杀人取货，这就是一群强盗，我们如何能成功！"于是李轨任命谢统师为太仆卿，韦士政为太府卿。西突厥的阙度设占据会宁川，自称阙可汗，请求投降李轨。

薛举自称大秦皇帝，册立妻子为皇后，儿子薛仁果为皇太子。薛举派薛仁果领兵包围天水，当攻下天水后，薛举从金城迁都天水。薛仁果力气大，善于骑马射箭，军中称他为万人敌。但是，薛仁果生性贪婪，喜欢杀人。薛仁果曾经抓获庾信的儿子庾立，他愤怒庾立不向自己投降，就把庾立剁成肉块投在火中烧烤，再割成碎片让士兵们吃。当攻下天水的时候，薛仁果集中了全部富人，把他们倒吊起来，用醋灌鼻，索取金银财宝。薛举常常训诫他说："你的才干谋略可以办成大事，但你苛刻残暴，对人无恩，最终要倾覆我的国家。"

薛举派晋王薛仁越率领军队直逼剑口，到达河池郡时，河池太守萧瑀出兵抵抗，把薛仁越打退。薛举又派部将常仲兴渡过黄河进击李轨，与李轨的部将李赟在昌松交战，常仲兴全军覆没。李轨要把俘虏全部释放，李赟说："我们奋力作战才抓到俘虏，又放回他们去增强敌军实力，为什么这样做呢？不如全部活埋。"李轨说："上天如果赐福给我，就应当活捉他们的首领，这些人终归还是为我所有。如果事情不能成功，留下他们又有什么好处！"于是将俘虏全部释放。不久，李轨进攻张掖、郭煌、西平、枹罕，全部攻克，占据了全部河西五郡之地。

（以上为第三段，写李轨、薛举乘乱分别割据河西、陇右之地。）

隋炀帝下诏，命令左御卫大将军涿郡留守薛世雄率领燕地三万精兵讨伐李密，又命令王世充等将领都受薛世雄指挥，沿途遇见盗贼，可以随时诛杀。薛世雄前进到河间，驻扎在七里井。窦建德部众惊惶恐惧，放弃所占领的城池，向南逃走，声称要回豆子𠖥。薛世雄认为窦建德是害怕自己，不再戒备。窦建德密谋回军袭击。窦建德军队的驻地距薛世雄的军营只有一百四十里，窦建德率领敢死队二百八十人先出发，命令其余的人随后陆续出发，并与士兵约定："如果夜晚到达，就进攻薛营；如果到达时天已经大亮，就向薛世雄投降。"当大军走到距离薛营一里处，天就要亮了，窦建德惶惑不安，和大家商议是否投降；正巧天降大雾，人相距咫尺就看不清，都无法辨认。窦建德非常高兴地说："这是老天爷帮助我啊！"于是率军突然袭击薛世雄军营，薛世雄士卒大乱，全都翻越营寨逃走。薛世雄无法制止，只好与左右几十名骑兵逃回涿郡。薛世雄惭愧愤恨，发病而死。窦建德于是包围河间。

（以上为第四段，写隋炀帝身在江都，仍在遥控军事。涿郡薛世雄兵败，隋朝河北军事力量枯竭。）

八月初一日己卯，雨停天晴。八月初二日庚辰，李渊命令部队在太阳下晒铠甲、武器、行装。八月初三日辛巳早晨，队伍沿着东南山麓小路抵达霍邑。李渊担心宋老生不出战，李建成、李世民说："宋老生有勇无谋，用轻骑向他挑战，按理他不会不出战。假如他固守不出战，那么我们就散布他要叛变投降我。宋老生害怕左右的人奏报，怎敢不出战！"李渊说："你推测得很好，宋老生不敢在贾胡堡与我军交战，我就知道他没什么能耐。"李渊与几百个骑兵先到达霍邑城东面几里远的地方等待步兵，派李建成、李世民率领几十名骑兵进到城下，举起鞭子指指点点，好像要包围城的样子，还一边大骂。宋老生被激怒了，领兵三万从东门、南门分路出击，李渊派殷开山迅速召集后继部队。后续部队赶到，李渊想让军士先吃饭再交战，李世民说："机不可失。"李渊于是与李建成在城东布阵，李世民在城南布阵。李渊、李建成刚一交战稍稍往后退，李世民与军头临淄人段志玄从南原领兵飞驰而下，冲击宋老生的军阵，从背后打击，李世民亲手击杀几十个人，两把刀都砍缺了，飞溅的血沾满衣袖，李世民甩掉鲜血又投入战斗。李渊的军队也振作起来，乘势大喊："宋老生被活捉了！"宋老生的军队大败，李渊的士兵先冲到城门，城门已经关闭，宋老生下马跳入护城河中，刘弘基赶上砍了他的头。隋军的死尸遍布几里。天已经黑下来了，李渊立即命令登城。当时没有攻城器具，将士们就用血肉之身靠近城墙强行登城，终于攻下了霍邑。

李渊赏赐攻打霍邑的战功，军官们疑心从奴仆中应募的军士不能和良家子弟同样论功。李渊说："飞石流箭，不认贵贱，论功的时候，哪有等级差别，应当一律按功劳大小颁赏授官。"八月初四日壬午，李渊召见霍邑的吏民，慰劳赏赐，如同攻克西河郡一样，挑选其中的壮士从军。关中的军士想回家的，一律授五品散官，遣送回家。有人劝谏，认为授官太滥，李渊说："隋朝吝惜勋位赏赐，这是大失人心的啊，为什么要效法他！况且用官位来收揽人心，不是比用兵要好吗！”

八月初八日丙戌，李渊进入临汾郡，慰劳安抚如同霍邑。八月十二日庚寅，军宿鼓山。绛郡通守陈叔达守城抵抗。八月十三日辛卯，李渊攻城，打下了绛郡。陈叔达，是陈宣帝的儿子，有才学，李渊以礼相待，让他做官。

八月十五日癸巳，李渊到达龙门，刘文静、康鞘利带领突厥兵五百人，马两千匹到来。李渊非常高兴突厥来增援，对刘文静说：“我向西进兵到达黄河，突厥才到来，而且兵少马多，这都是你贯彻执行使命的功劳。”

汾阳人薛大鼎对李渊献策说：“请不要进攻河东，从龙门直接渡过黄河，战据永丰仓，向远近各地发布檄文，关中可以坐着取得。”李渊想要听从。众将欲请求先进攻河东，于是任用薛大鼎为大将军府察非掾。

河东县户曹任瓌对李渊说：“关中豪杰都踮起脚尖盼望义军，我在冯翊郡多年，了解那里的豪杰，请让我前去晓谕他们，一定会像随风一边倒一样来归附。义军从梁山渡过黄河，指向韩城，进逼郃阳。萧造是一个文官，一定是看到尘土飞起就会请求投降。孙华这样的人，都会远远迎接，然后大张旗鼓向前进军，直接攻占永丰仓，虽然还没得到长安，关中稳稳地已经平定了。”李渊非常高兴，任用任瓌为银青光禄大夫。

当时关中群盗，孙华最强。八月十八日丙申，李渊进军到汾阴，写信招抚孙华。八月二十一日己亥，李渊又进军到壶口，黄河岸边的民众献船的人每天有上百人，李渊便设置了水军，八月二十四日壬寅，孙华从郃阳带轻骑来见李渊。李渊和孙华握手请坐，慰问奖赏，任用孙华为左光禄大夫、武乡县公，兼冯翎太守，他的部属中有功的人，授权孙华依次授予军职，赏赐的物品极其丰厚。李渊让孙华先渡过黄河，随即又派遣左、右统军王长谐、刘弘基以及左领军长史陈演寿、金紫光禄大夫史大奈率领步骑兵共六千人从梁山渡过黄河，在黄河西岸扎营等待主力大军。任命任瓌为招慰大使，任瓌前去游说韩城，韩城投降了。李渊对王长谐说：“屈突通兵精众多，离我军只有五十多里，但不敢来战，这足以说明他的部下已经不肯效命了。但是屈突通害怕获罪，又不敢不出战。如果他亲自渡河袭击你们，那我就进攻河东，河东一定守不住。如果屈突通不出战，全力守城，那么你们就拆除河上的桥梁。前面扼住他的咽喉，后面攻击他的脊背，他如果不逃走，必定被我们活捉。”

（以上为第五段，写李渊克霍邑，下临汾，渡龙门，进兵关中，一路势如破竹。）

跟从隋炀帝到江都的骁果勇士，大多逃亡，隋炀帝十分忧心，向裴矩询问对策。裴矩回答说：“人的常情，没有配偶，难以在一个地方久留。请求让军士在这里娶妻。”隋炀帝听从了。九月，把江都境内的寡妇、处女全部召集在宫门前，任凭将士选取，有的原来就有奸情的人，让他们自首，即正式婚配为夫妻。

武阳郡丞元宝藏献出郡城投降李密。九月初六日甲寅，李密封元宝藏为上柱国、武阳公。元宝藏受派他的门客钜鹿人魏徵写信向李密表示感谢，并且请求把武阳郡改为魏州，又请求率领所部向西攻打魏郡，南下会合众将攻取黎阳仓。李密非常高兴，立即任命元宝藏为魏州总管，征召魏徵为元帅府文学参军，掌管记室。魏徵小时候死了父亲，家境贫寒，他喜欢读书，胸怀大志，穷困潦倒不善于谋生。魏徵最初当过道士，元宝藏召他掌管文书事务。李密喜欢魏徵的文辞，因此征召他。

当初，贵乡县长弘农人魏德深，为政清静无为，不用严法治理，征伐辽东的时候，苛捐杂税多如牛毛，征税的使者前后交错地来苛求郡县，百姓都承受不了。唯独贵乡县没有受到骚扰，贫富之间互相调剂，百姓的财力没有耗竭，上边需求的都能供给。元宝藏受诏讨捕盗贼，几次征调武器和军用辎重，动不动就以军法论处。贵乡县的邻县把营造工匠都集中在县衙厅堂，官吏轮流监督催促，昼夜喧嚣，还完不成任务。魏德深却听凭工匠随意选择场所修造，官府里安安静静的，就像是什么事也没有发生一样。他只是告诫官吏们，没有必要比邻县造得多造得好，而使百姓劳苦不堪。然而工匠们却都尽心竭力造作，常常为各县之冠。百姓们爱戴魏德深如同父母。元宝藏很妒忌他的才能，派他率领一千名士兵赶赴东都。魏德深率领的士兵听到元宝藏投降李密的消息，大家思念自己的亲戚，常常走出东都城门，面向东方放声痛哭，然后返回城内。有人劝他们投降李密，大家哭着说："我们与魏明府一同来的，怎能忍心丢掉他！"

河南、山东发大水，满山遍野都是饿死的尸体。隋炀帝下诏打开黎阳仓赈济饥民，但官吏们却不及时发给，每天饿死的有上万人。徐世勣对李密说："天下大乱，本来就是因为饥荒的缘故，现在如果再把黎阳仓夺取，大事就可以成功了。"李密派徐世勣率领部众五千人从原武渡过黄河，会同元宝藏、郝孝德、李文相，以及洹水反隋军首领陈升、清河反隋军首领赵君德共同攻破了黎阳仓，并占据了它，然后开仓听任饥民取食，十天之内得到二十余万能作战的士兵。武安、永安、义阳、弋阳、齐郡也相继投降了李密。窦建德、朱粲等也派遣使者表示归附李密。李密任命朱粲为扬州总管，封邓公。泰山道士徐洪客向李密呈递书信，献计说："大量部众长久聚集，恐怕粮食一吃完，人就散了，军心疲惫，人人讨厌作战，难以获得成功。"他劝李密："乘着有利进取的时机，凭借军队的锐气，沿运河东下，直取江都，捉拿暴君独夫，号令天下。"李密认为他的建议气魄宏伟，就写信召他来。但徐洪客始终没有来，也没有人知道他的下落。

九月初七日乙卯，张纶攻打龙泉、文成等郡，全部攻克，俘获文成太守郑元璹。郑元璹是郑译的儿子。

（以上为第六段，写隋炀帝日暮途穷，仍困守江都。李密军夺取黎阳仓，河北群雄归服，势力达到了鼎盛。）

屈突通派虎牙郎将桑显和率领骁果数千人乘夜偷袭王长谐等的军营，王长谐等交战失利，孙华、史大奈用游骑从背后袭击桑显和，把桑显和打得大败。桑显和脱身逃回河东城，便自己断绝了河桥。九月初八日丙辰，冯翊太守萧造投降了李渊。萧造，是萧修的儿子。

九月初十日戊午，李渊率领各路军围攻河东，屈突通闭城坚守。

众将领又推举李渊兼职太尉，增加设置太尉府僚属，李渊接受了。当时河东郡还没有攻下，三辅地区的豪杰来投奔李渊的每天有上千人。李渊打算领兵西进，直指长安，犹豫不决。裴寂说："屈突通手握重兵，据守坚固的城池，我军丢开他向前推进，如果进攻长安打不下来，身后遭到河东隋军的跟踵追击，一旦撤退，腹背受敌，这是非常危险的。不如先攻下河东，然后西上。长安依靠屈突通为外援，屈突通战败，长安一定会被攻破。"李世民说："不对。兵贵神速，我军凭借屡战屡胜的军威，安抚归顺的民众，大张旗鼓地西进，长安的人就会望风震恐，有智慧的人来不及谋划，有勇力的人来不及决断，夺取长安如同摇动枯槁的树叶一样容易。我们要是滞留在坚城之下使自己疲惫不堪，使敌人有时间完成谋划加强防备，严阵以待，而我军却待在这里白白浪费时间，就会士气沮丧，军心离散，那么大事就全完了。况且关中纷纷起事的将领还没有归属，不能不尽早招抚。屈突通只是一个自守巢穴的强盗，不值得忧虑。"李渊采纳了双方的意见，留下众将包围河东，自己率军西进。

朝邑县法曹武功人靳孝谟献出蒲津、中潬两座城池投降李渊。华阴县令李孝常也献出永丰仓投降，更便利地去接应河西的各路李渊军队。李孝常是李圆通的儿子。京兆各县也大多数派遣使者请求投降。

（以上为第七段，写李渊分兵围河东，自己亲率大军直进关中。隋朝关中郡县望风请降。）

王世充、韦霁、王辩以及河内通守孟善谊、河阳郡尉独孤武都各自率领所属部队在东都会师，只有王隆过了期限还没到达。九月十一日己未，越王杨侗派虎贲郎将刘长恭等率领东都的留守部队，庞玉等率领偃师的军队，与王世充等部合兵在一起有十余万人，进攻李密据守的洛口。隋军与李密军队隔着洛水相互对峙，隋炀帝诏令各军都归王世充指挥。

隋炀帝派遣江都代理郡丞冯慈明到东都，被李密抓获。李密早就听说冯慈明的大名，请他上座，慰劳问候，礼节很隆重。李密对冯慈明说："隋朝帝业气数已尽，您能和我一同建立大业吗？"冯慈明说："你们家几代人事奉先朝，荣华富贵和高官厚禄都兼有了，却不能很好地守住世家门第，却与杨玄感一起造反，侥幸漏网逃脱，活到今天，只是一门心思造反，不懂得最高的真理。王莽、董卓、王敦、桓玄不是不强盛，一旦诛灭，罪及祖宗。我只求一死，不敢从命。”李密大怒，把冯慈明囚禁起来。冯慈明劝说看管他的席务本，放他逃走。冯慈明揣着向江都的奏表，又写信陈述盗贼的形势。他逃到了雍丘，被李密的部将李公逸抓获，李密又一次仗义释放了他。冯慈明走到营门，被翟让杀死。冯慈明，是冯子琮的儿子。

李密攻克洛口时，箕山府郎将张季珣坚守不降，李密认为他兵少势弱，派人劝他投降，张季珣破口大骂李密，李密大怒，派兵攻打，却不能攻克。当时李密围城军队有几十万人，张季珣四面交通被切断，所率领的部众只有几百人，而意志更加坚定，誓死不屈。时间长了，粮食吃完，水也枯竭，士兵体弱多病，张季珣安抚慰问，没有一个背叛的人，从三月坚守直到九月，城池终于被攻陷。张季珣见了李密不肯下拜，说：“天子的爪牙，岂能向贼人叩头。”李密仍想劝降，用尽心思劝说，张季珣始终不屈，于是杀了他。张季珣，是张祥的儿子。

（以上为第八段，写隋朝地方官吏冯慈明、张季珣尽忠殉国。）

九月十二日庚申，李渊统帅各路人马西渡黄河。九月十六日甲子，到达朝邑，住在长春宫，关中的士人、百姓前来归附的人像赶集一样多。九月十八日丙寅，李渊派遣世子李建成、司马刘文静率领王长谐等各路兵马几万人屯驻永丰仓，据守潼关以防备东边的军队，慰抚使窦轨等人受李建成的指挥；敦煌公李世民率领刘弘基等各路军队几万人进攻渭北，慰抚使殷开山等人受李世民的指挥。窦轨，是窦琮的哥哥。

冠氏县长于志宁、安养县尉颜师古，以及李世民的妻兄长孙无忌到长春宫谒见李渊。颜师古名籀，以字号行世；于志宁，是于宣敏哥哥的儿子；颜师古，是颜之推的孙子，他们都以文学闻名。长孙无忌也有才干谋略。李渊都礼敬他们，随才任用。于志宁为记室，颜师古为朝散大夫，长孙无忌为渭北行军典签。

屈突通听说李渊西进关中，就署用鹰扬郎将汤阴人尧君素为河东代理通守，让他守卫蒲坂，自己领兵数万直驱长安，被刘文静拦阻。隋朝将军刘纲戍守潼关，屯驻在都尉南城，屈突通想去依附他。王长谐先领兵袭击刘纲，并杀了刘纲，占据城池抵抗屈突通。屈突通退守北城。李渊派出部将吕绍宗等攻打河东，没能攻克。

柴绍从长安赶往太原的时候，他对妻子李氏说：“你父亲起兵，如今一起出走不可以，你留在这里就要遭受灾祸，怎么办呢？”李氏说：“你只管快速逃走，我是一个妇人，容易躲藏，我自己想办法。”柴绍于是走了。李氏回到鄠县的别墅，变卖家产，聚集部众。李渊的堂弟李神通家住长安，也逃入鄠县山中，他与长安大侠史万宝等人起兵响应李渊。西域的胡商何潘仁流窜到司竹园为盗贼，有部众几万人，劫持前尚书右丞李纲为长史，李氏派家奴马三宝去劝说何潘仁，和她一起去投奔李神通，合兵一起进攻鄠县，结果攻下了鄠县。李神通部众超过一万人。李神通自称关中道行军总管，任命前乐城长令狐德棻为记室。令狐德棻，是令狐熙的儿子。李氏又派马三宝去劝说群盗李仲文、向善志、丘师利等人，他们都率众归附。李仲文，是李密的堂叔；丘师利，是丘和的儿子。西京留守屡次派兵讨伐何潘仁等，都被何潘仁等打败。李氏率军进攻盩厔、武功、始平，全部攻克，部众多达七万人。左亲卫段纶，是段文振的儿子，娶李渊的女儿为妻，也在蓝田聚众起兵，得到一万余人。等到李渊渡过黄河，李神通、李氏、段纶，各自派遣使者迎接李渊。李渊任命李神通为光禄大夫，李神通的儿子李道彦为朝请大夫，段纶为金紫光禄大夫，派柴绍率领几百骑兵顺着南山去迎接李氏。何潘仁、李仲文、向善志，以及关中的群盗都请求归降李渊。李渊一一去信慰劳，授予官职，让他们各自留在自己的属地，接受敦煌公李世民的指挥。

刑部尚书兼领京兆内史卫文昇年纪已老，他听说李渊军队进逼长安，忧惧成疾，不能与预政事，只有左翊卫将军阴世师、京兆郡丞骨仪奉代王杨侑的命令登上城墙抵抗防守。九月二十一日己巳，李渊到达蒲津。九月二十二日庚午，李渊从临晋渡过渭河，到永丰仓慰劳守军，开仓救济饥民。九月二十三日辛未，李渊回到长春宫。九月二十四日壬申，李渊进军屯驻冯翊。李世民所到之处，官吏平民以及群盗，归附的人像流水一样，李世民从中挑选出豪杰之士用来补充僚属，在泾阳扎营，能打仗的有九万人。李氏率领精兵一万多人在渭北与李世民会师。李氏与柴绍各自设置幕府，李氏的部众号称“娘子军”。

起先，平凉郡由一支奴仆组成的贼军包围了扶风太守窦琎，几个月没有攻下来，贼军的粮食快要吃完。丘师利派他的弟弟丘行恭率领五百人背着米麦拿着牛酒到奴贼的军营，奴帅向丘行恭敬礼作长揖，丘行恭趁机亲手杀了奴帅，对奴贼大众说：“你们都是良民，为什么要奉奴为主，让天下的人称你们叫奴贼呢！”大家都跪拜在地上说：“愿意改过而侍奉您！”丘行恭就率领这些人与丘师利一起到渭北谒见李世民。李世民任命丘行恭为光禄大夫。窦琎，是窦琮的侄子。隰城县尉房玄龄到军门谒见李世民，李世民一见如，就故像是老朋友。李世民署用房玄龄为记室参军，留在身边作谋主，房玄龄也自认为遇见了知己，竭尽心力，凡是知道了就努力去做。

李渊命令刘弘基、殷开山分兵西进攻略扶风，共有部众六万人，向南渡过渭水，屯驻在长安故城。长安城中的隋军出战，刘弘基迎击，打败了隋军。李世民率兵直指司竹，李仲文、何潘仁、向善志都率众跟随，屯驻在阿城，共有能作战士兵十三万，军纪严整，秋毫无犯。九月二十七日乙亥，李世民从盩厔派使者向李渊报告，请求约定日期进兵长安，李渊说：“屈突通向东行军，无法再回头向西，已不必忧虑了！”于是命李建成挑选在永丰仓的精兵，从新丰指向长乐宫；李世民率领新归附的各军北上进驻长安故城，到达规定的地点，听候调遣。延安、上郡、雕阴等郡都请求投降李渊。九月二十八日丙子，李渊率军西进，所经过的隋炀帝宫苑都予以罢废，放出宫女交还她们的亲属。冬季，十月初四日辛巳，李渊到达长安，在春明门西北扎营，各路军队全部汇合，共二十余万人。李渊命令部队各自坚守营垒，不准进村侵扰百姓。李渊多次派使者到城下对卫文昇等人说明自己尊奉隋室的意思，没有回音。十月十四日辛卯，李渊命令诸军围城。十月十七日甲午，李渊把中军指挥部迁到安兴坊。

（以上为第九段，写李渊成功地阻隔屈突通，用重兵围长安。）

巴陵校尉鄱阳人董景珍、雷世猛、旅帅郑文秀、许玄彻、万瓒、徐德基、郭华、沔阳人张绣等人图谋占据巴陵郡，背叛隋朝。大家推举董景珍为盟主。董景珍说：“我出身贫贱，不被众人所信服。罗川县令萧铣是梁王室的后代，他宽怀大度，请尊奉他为盟主以顺从众望吧。”于是派使者报告萧铣。萧铣高兴地接受了。他声称起兵讨贼，召募到了几千人。萧铣是萧岩的孙子。

恰逢颍川贼兵首领沈柳生侵犯罗川，萧铣出战失利，便对自己的部众说：“现在天下都造反了，隋朝政令已无法推行，巴陵的豪杰聚众起兵，要推举我为盟主。如果接受他们的请求，就可以号令江南，中兴梁氏社稷，以此召纳沈柳生，他也会跟随我们。”部众都很高兴，愿意听从命令。于是萧铣自称梁公，把隋朝的服色旗帜换成梁朝旧制。沈柳生果然率众归附了萧铣。萧铣任命沈柳生为车骑大将军。起兵五天，远近前来归附的多达几万人，于是萧铣率众向巴陵进军。董景珍派徐德基率领巴陵郡的豪杰几百人出城迎接。董景珍等人还没见到萧铣时，沈柳生就与他的同党商议说：“我是首先尊奉梁公的人，功勋应列第一。现在巴陵众将，都位高兵多，如果我进城，反而要位列他们之下。不如杀了徐德基，扣留他们的首领，独自挟持梁公进兵夺取巴陵郡城，那就没有人在我之上了。”于是杀了徐德基，进入军帐报告萧铣。萧铣大惊地说：“如今兴起义兵拨乱反正，突然自相残杀，我不能做你们的盟主。”于是起身走出军门。沈柳生非常害怕，跪伏在地上请罪，萧铣责备了一番，就赦免了他，随后整队入城。董景珍对萧铣说：“徐德基是起义的功臣，而沈柳生无故独断专行杀害了他，这样的人还不诛杀他，怎能当政！况且沈柳生长时间为盗，如今虽然起义，凶残悖逆的本性很难改变，共在一个城中，势必发生变乱。失掉今天抓他的机会，就会后悔莫及。”萧铣又听从了。董景珍抓捕了沈柳生，把他杀了，沈柳生的部众溃散离去。十月十九日丙申，萧铣筑坛焚烧柴火，祭祀上天，自称梁王，改元鸣凤。

十月二十五日壬寅，王世充乘夜渡过洛水，在黑石扎营。第二天，王世充分兵守营，自己率领精兵在洛水北岸列阵。李密得知消息，领兵渡过洛水迎战，李密兵被打得大败，柴孝和落水被淹死。李密率领精锐骑兵渡过洛水到南岸，其余部众逃走进入东边的月城，王世充追击包围了月城。李密从洛水南岸策马直扑王世充的宿营地黑石。黑石军营恐惧，接连举了六次烽火，王世充解了对月城的包围，狼狈回军自救；李密掉头迎击，大败王世充，斩首三千多级。

（以上为第十段，写后梁宗室萧铣起兵于巴陵，自称梁王，以及隋将王世充救援东都，与李密交战情况。）

十月二十七日甲辰，李渊命令包围长安的各军发起攻城战斗，严申军纪说："不得侵犯隋皇室七庙，以及代王、宗室，违犯军令的人夷灭三族！"孙华被流矢射死了。十一月初九日丙辰，军头雷永吉首先登上城墙，于是攻克了长安。代王在东宫，左右的人都逃散了，只有侍读姚思廉陪伴在身旁。军士想要登上殿堂，姚思廉严厉地呵斥说："唐公兴起义兵，为的是匡正帝室，你们不得无礼！"众军士都非常惊讶，站列在殿庭下。李渊到东宫迎接代王，迁居到大兴殿后宫，听任姚思廉扶着代王杨侑到顺阳阁下，李渊流泪叩拜后离去。姚思廉，是姚察的儿子。李渊返回，住在长乐宫，与人民约法十二条，完全废除了隋朝的苛刻法令。

李渊起兵时，长安的留守官挖了李渊的祖坟，毁掉了李氏的五庙。到这时，卫文昇已死。十一月十七日戊午，李渊抓获了阴世师、骨仪等人，列举他们贪婪苛酷的罪行，况且抗拒义师，全都斩首，共杀了十几个人，其他的人一律不追究。

马邑郡丞三原人李靖，早就与李渊有仇怨，李渊入城，要杀掉李靖。李靖大喊："您兴起义兵，想平息暴乱，怎么以私怨而杀壮士呢！"李世民再三替李靖求情，李渊才放了他。李世民便把李靖安置在自己的幕府。李靖从小就很有志气，能文能武，他的舅舅韩擒虎常常摸着他的脑袋说："可以和我谈论将帅谋略的人，只有这个孩子啊！"

（以上为第十一段，写李渊破长安，护代王，释李靖。）

王世充在洛水北岸战败后，就坚守营垒不出战。越王杨侗派使者慰劳他，王世充既惭愧又忧惧，就向李密挑战。十一月初九日丙辰，王世充与李密在石子河两岸对阵，李密布下南北长十多里的阵营。翟让先与王世充交战，不利后退，王世充追击，王伯当、裴仁基从侧面横冲切断王世充的后军，李密组织中军攻击，王世充大败，向西逃走。

翟让的司马王儒信劝说翟让自任大冢宰，总管政务，剥夺李密的权力，翟让没有听从。翟让的哥哥柱国荥阳公翟弘，是个粗鲁的笨人，他对翟让说："天子你应该自己来当，为何要让给别人！你不作天子，我就来作！"翟让只是大笑，并不在意，但李密听说后非常厌恶这件事。总管崔世枢最初在鄢陵起事时就归附李密，翟让把他囚禁在自己私宅，向他索取钱财，崔世枢想方设法也没有凑足，翟让就要给翟世枢加刑。翟让召元帅府记室邢义期来一起赌博，邢义期迟疑徘徊没有来，翟让就把邢义期杖责八十棍。翟让对左长史房彦藻说："你从前攻破汝南时，得到了大量金银财宝，只送给了魏公，一点也不给我！魏公是我拥立的，事情的结果还不知道呢！"房彦藻害怕，把情况报告了李密，便与左司马郑颋一起劝李密说："翟让贪婪而刚愎自用，不仁不义，心目中没有君王，您应该早想办法处置他。"李密说："现在我们的安危还未确定，突然互相残杀，怎能昭示远人归附！"郑颋说："毒蛇咬手，壮士砍断手腕，是为了保全性命。如果他们先下手，您后悔就来不及了。"李密于是听从了，便摆设酒席，宴请翟让。十一月十一日戊午，翟让和他哥哥翟弘及侄子司徒府长史翟摩侯一起到李密那里赴宴。李密和翟让、翟弘、裴仁基、郝孝德坐在一起，单雄信等人站着侍卫。房彦藻、郑颋来往张罗。李密说："今天和各位高官饮酒，不需要很多人，左右只留几个供差遣的就可以了。"李密身边的人全都退出，翟让身边的人还在。房彦藻对李密说："今天正好饮宴作乐，天气很冷，司徒左右的侍卫，请赏给酒食。"李密说："听司徒的安排。"翟让说："很好。"于是房彦藻就把翟让左右侍卫全部带走了。只有李密手下壮士蔡建德仍提刀站立。酒菜还没端上来，李密拿出一把良弓，交给翟让试射。翟让双手正拉满了弓，蔡建德从背后砍杀翟让，翟让倒在了坐床前面，声叫如牛吼。蔡建德把翟弘、翟摩侯、王儒信全都杀了。徐世勣逃出，被看门人砍伤了脖子，王伯当在远处呵斥制止，单雄信叩头请求饶命，李密放了他。左右的人惊慌扰乱，不知道怎么办，李密高声说："我和各位一同兴起义兵，原本是清除暴乱。翟司徒专行暴虐，凌辱僚属，眼里没有上下，今天只诛杀翟让一家，与各位没有关系。"李密命人把徐世勣扶到幕帐下边，亲自替他敷药。翟让的部属打算逃散，李密让单雄信前去宣慰安抚。不一会，李密单人独骑进到翟让军营，一一加以安抚劝说，命令徐世勣、单雄信、王伯当分别率领翟让的部众，于是内外安定下来。翟让性格残忍，翟摩侯猜疑嫉妒，王儒信贪婪放纵，因此死的那一天，所属部众没有一个人哀伤。但是，李密的部将从此有了惧疑之心。最初，王世充知道翟让与李密一定不会长久和睦，希望他们互相残杀，自己可以从中浑水摸鱼，等到他听说翟让死，大失所望，叹息说："李密天资聪明果断，到底成龙还是为蛇，根本难以预测。"

（以上为第十二段，写瓦岗军内讧，李密火并翟让，削弱了凝聚力和战斗力。）

十一月十五日壬戌，李渊准备法驾礼仪迎接代王杨侑在天兴殿即皇帝位。当时代王十三岁。大赦天下，改元年号，遥尊隋炀帝为太上皇。十一月十七日甲子，李渊从长乐宫进入长安。恭帝任命李渊假黄钺、使持节、大都督内外诸军事、尚书令、大丞相，进位封唐王。以武德殿为丞相府，把从前的教改称为令，每天在虔化门处理政事。十一月十八日乙丑，榆林、灵武、平凉、安定等郡都派遣使者来请求听命。十一月十九日丙寅，恭帝下诏，令军政事务无论大小，文武官员的任用，无论职位高低，以及法令制定，功罪赏罚，全部归丞相府处理。只有在郊外祭祀天地以及四季祭祀祖先才奏报恭帝。李渊设置丞相官属，任命裴寂为长史，刘文静为司马。何潘仁派李纲入京晋见，李渊留下李纲，任命他为丞相府司录，专门负责选用官员事宜。又任命前考功郎中窦威为司录参军，让他制订礼仪。窦威是窦炽的儿子。李渊把府库中所有的财物都拿出来赏赐给有功的人，导致国家财用不够，右光禄大夫刘世龙献策，认为："现在义军有几万人，都在京师，柴草昂贵而布帛便宜，请砍伐长安城中六街以及苑中的树木为柴，用来换取布帛，可以得到几十万匹。"李渊采纳了这个建议。十一月二十二日己巳，李渊册封李建成为唐世子，任命李世民为京兆尹，封秦公，封李元吉为齐公。

（以上为第十三段，写李渊拥立隋恭帝掩人耳目，大权独揽。）

河南各郡全都归附李密，只有荥阳太守郇王杨庆、梁郡太守杨汪还效忠隋朝，坚守不屈。李密写信招抚郇王杨庆，陈述利害，并说："您的家世，原住在山东，本来姓郭，不属于杨氏家族。虽然芝草被焚，蕙草也会叹息，您既不是杨姓，和这事就不相同。"当初，杨庆的祖父元孙早年丧父，他跟随母亲郭氏在舅舅家长大。等到隋武元帝杨忠跟随周文帝宇文泰在关中起兵，元孙在邺城，他害怕北齐高氏杀害元氏，就冒姓郭，所以李密才这样说。杨庆收到信很惶恐，立即献出郡城投降李密，并恢复郭姓。

十二月初七日癸未，恭帝，追赠唐王李渊的祖父襄公李虎谥号为景王，父亲仁公李昞谥号为元王，李昞的夫人窦氏为穆妃。

薛举派他的儿子薛仁果侵犯扶风郡，唐弼据守汧源进行抵抗。薛举派使者招降唐弼，唐弼便杀死自己所立的伪唐王李弘芝，请求归降薛举。薛仁果乘唐弼没有防备，袭击并攻取了汧源，吞并了唐弼的部众。唐弼率领几百名骑兵逃到扶风郡请求投降，抚风太守窦琎杀掉他。薛举的势力更加强大，部众号称三十万人。他图谋攻取长安，听说丞相李渊已平定长安，便包围了扶风。李渊派李世民率兵攻打薛举。又派姜謩、窦轨由散关出发，安抚陇右；左光禄大夫李孝恭招抚山南；府户曹张道源招抚崤山以东各地。李孝恭，是李渊的堂侄。

十二月十七日癸巳，李世民率兵在扶风郡进攻薛仁果，大败薛仁果军，并追击到垅坻才返回。薛举极为恐惧，问他的臣属说："自古以来，有天子投降的事吗？"黄门侍郎钱唐人褚亮说："赵佗归附汉朝，刘禅降晋为臣，近世则有萧琮，他的子孙到现在还享受荣华富贵。转祸为福这样的事，自古以来就有。"卫尉卿郝瑗快步上前说："陛下不该问这种话！褚亮的回答又是多么荒谬！从前汉高祖经过多次逃亡与失败，蜀汉先主刘备也多次失去妻子儿女，而他们最终建立了大业；陛下怎么能因为一次战役失败，便马上作亡国的打算呢！"薛举也后悔了，说："我不过试探一下各位的态度罢了。”于是重赏郝瑗，提升他为谋主。

十二月十九日乙未，平凉留守张隆，十二月二十一日丁酉，河池太守萧瑀以及扶风、汉阳郡相继来投降，李渊任命窦琎为工部尚书，封燕国公；任命萧瑀为礼部尚书，封宋国公。

姜謩、窦轨进军到长道县，被薛举打败，率军退还。李渊派遣通议大夫醴泉人刘世让安抚收容唐弼的残余部众。刘世让与薛举遭遇，战败，被薛举俘虏。

李孝恭击败朱粲，众部将请求将俘虏全部杀掉。李孝恭说：“不可以，如果这样，从此以后谁还肯投降？”于是从金川到巴蜀，檄文所到之处，投降归附的有三十多州。

屈突通和刘文静相持了一个多月，屈突通又派桑显和乘夜偷袭刘文静大营。刘文静和左光禄大夫段志玄竭力苦战，桑显和大败而逃，所领部众全部被俘获，屈突通的处境更加艰难。有人劝屈突通投降，屈突通流着泪说：“我事奉过两代皇上，他们对我的恩宠照顾非常优厚，吃人家的俸禄却在危难时背叛人家，我不能这样做！”他常常摸着自己的脖子说：“终究应当为国家挨一刀！”他慰劳勉励将士，没有一次不痛哭流涕，大家也因此很受感动。丞相李渊派屈突通的家僮去劝降，屈突通当即杀了家僮。等到听说长安已经失守，家属都被李渊俘获，便留下桑显和镇守潼关，率军东下，准备奔向洛阳。屈突通刚走，桑显和就献出城池投降了刘文静，刘文静派窦琮等人率领轻骑兵同桑显和一起去追赶，在稠桑追上了。屈突通结成阵势坚守不动，窦琮派屈突通的儿子屈突寿去劝说他，屈突通骂道：“你这个贼子怎么来了？先前我和你是父子，现在我和你是仇敌！”屈突通命令身边的人用弓箭射屈突寿。桑显和对屈突通的部众说：“如今京城已经陷落，你们都是关中人，你们向东到哪里去呢！”屈突通的部众都放下武器投降。屈突通知道自己不能幸免，于是下马面向东南方向叩头大哭说：“臣用尽了力量落到这个地步，我没有辜负国家，天地神灵都是知道的。”军士捉住屈突通押送长安，李渊任命他为兵部尚书，赐封爵为蒋公，兼任秦公李世民元帅府的长史。

李渊派屈突通到河东城下招抚晓谕尧君素，尧君素见了屈突通，止不住悲伤叹息，屈突通也流泪浸湿了衣襟，便对尧君素说：“我军已经战败，义军旌旗所指之处，没有不响应的。事势到了这个地步，您还是及早投降。”尧君素说：“您身为国家大臣，皇上把关中交给你，代王把国家托付给你，您怎么能辜负国家活着投降，回过头来替人做说客呢？您所骑的马，就是代王赐的啊，您还有什么脸面骑它呢！”屈突通说：“唉，尧君素啊，我是用尽了力量才来的。”尧君素说：“现今我的力量还没有用尽，不必多说了。”屈突通羞愧地离开。

东都的米一斗值钱三千钱，饿死的人十有二三。

十二月二十四日庚子，王世充的士兵有逃亡去投降李密的，李密问：“王世充在军中有什么举动！”降兵回答说：“近来见他大量招兵，一再犒劳将士，不知是什么缘故。”李密对裴仁基说：“我差点儿落入王世充这个奴才的算计，裴光禄大夫你知道是什么缘故吗？我长时间没有出兵，王世充的粮草快要用完，求战不得，所以招募士兵犒赏将士，想趁月黑昏暗之夜袭击仓城，我们要尽快防备。”于是命令平原公郝孝德、琅邪公王伯当、齐郡公孟让率领军队分别驻扎在仓城的两旁等待。当天夜里三更时分，王世充的军队果然来了，王伯当首先遭遇敌军，交战不利，王世充的军队立即登城，总管鲁儒率军把敌人压了回去，王伯当又集结军队攻击，王世充大败，骁将费青奴被杀死，士兵战死的有一千多人。王世充多次与李密交战，都失败了，越王杨侗派使者慰问，王世充诉说兵力太少，经过多次作战，疲惫不堪，杨侗给他增加了七万兵力。

刘文静等领兵向东攻城夺地，占领了弘农郡，于是平定了新安以西的地方。

十二月二十八日甲辰，李渊派云阳县令詹俊、武功县正李仲衮进兵巴蜀，攻占了这些地方。

十二月二十九日乙巳，方与县的贼帅张善安袭击攻下了庐江郡，趁势渡江，到豫章郡归附林士弘。林士弘猜疑张善安，安排张善安在南塘上扎营。张善安怀恨林士弘，发动偷袭打败了林士弘，焚烧了豫章郡的外城离去。林士弘移居南康县城。萧铣派部将苏胡儿袭击豫章，占领了豫章城，林士弘退守馀干县。

（以上为第十四段，写河南、陇右、关中、巴蜀各地的战斗，主战场仍是争夺东都，李密与王世充对决，陷入胶着状态。）

【点评】

李密格局器识不及李渊。本卷有两件大事引人深思，都直接与李密关联。其一，李密火并翟让，时间、地点、手段都是错误的，表现了他的心胸偏狭，不是一个真命天子。当义军与隋军争夺东都进入关键时刻，李密发起内讧，且手段卑劣，大伤部属之心，沉重地打击了义军的凝聚力与战斗力，李密后来之败，固宜。其二，对待隋王朝，李密不以大义而以仇怨之心煽动民众，与自己贵族之身份不相宜，故冯慈明诛其心，曰：“公家历事先朝，荣禄兼备。不能善守门阀”，而“唯图反噬”，李密无辞以应。李密军事并无绝对优势，而倡言“执子婴于咸阳，殪商辛于牧野”，不利争取社会上层。再看李渊起兵，乘虚入关中，取胜可十全，而仍战战兢兢，打出匡扶正义之旗，北联突厥，示好李密，兵围长安，口口声声“以安隋言”，颁示三军：“犯七庙及代王宗室者，夷三族。”两相对照，李渊之宽仁豁达，非李密可比。乱世争雄，真命天子者，政治成熟者之谓也，李渊所作所为，确实是命世之才，凡夫俗子不能望其项背。